UND **HANDELSFLAGGEN.**

BRASILIEN
riegs & Handelsflagge

CHILI
Kriegs & Handelsflagge

CHINA

COLUMBIA

DEUTSCHES REICH
Handelsflagge

DOMINGO (SAN)

ECUADOR

FRANKREICH
Kriegs & Handelsflagge

GUATEMALA

HAITI

HONDURAS

JAPAN

MEXIKO
Handelsflagge

NICARAGUA

NIEDERLANDE
Kriegs & Handelsflagge

NORWEGEN
Kriegsflagge

PERSIEN

PERU
Kriegsflagge

PERU
Handelsflagge

PORTUGAL
Kriegs & Handelsflagge

DWICHS JNSELN

SIAM

SCHWEDEN
Kriegsflagge

SCHWEDEN
Handelsflagge

TUNIS
Kriegsflagge

URUGUAY

VENEZUELA

VEREINIG. STAATEN v NORD-AMERICA
Kriegs & Handelsflagge

R. Brommy / H. v. Littrow

DIE
MARINE

REPRINT – VERLAG
LEIPZIG

Die zum Teil geminderte Druckqualität ist auf den
Erhaltungszustand der Originalvorlage zurückzuführen.

Die Deutsche Bibliothek – CIP-Einheitsaufnahme

Ein Titeldatensatz für diese Publikation ist bei
Der Deutschen Bibliothek erhältlich.

© REPRINT-VERLAG-LEIPZIG
Volker Hennig, Goseberg 22-24, 37603 Holzminden
ISBN 3-8262-0214-7

Reprint der Originalausgabe von 1878
nach dem Exemplar des Verlagsarchives

Lektorat: Andreas Bäslack, Leipzig
Einbandgestaltung: Jens Röblitz, Leipzig
Gesamtfertigung: Westermann Druck Zwickau GmbH

DIE MARINE.

R.v.WALDHEIM.WIEN

ALEXANDRA
ENGLISCHES PANZERSCHIFF.

DIE MARINE.

EINE GEMEINFASSLICHE DARSTELLUNG

DES

GESAMMTEN SEEWESENS

FÜR DIE

GEBILDETEN ALLER STÄNDE

VON

WEILAND **RUDOLF BROMMY** UND **HEINRICH VON LITTROW**
KONTRE-ADMIRAL   K. K. FREGATTEN - KAPITÄN A. D. UND
K. UNGAR. SEE-INSPEKTOR.

DRITTE

UNTER BERÜCKSICHTIGUNG DER FORTSCHRITTE DER GEGENWART NEU
BEARBEITETE UND VERMEHRTE AUFLAGE

VON

FERDINAND REICHSRITTER VON KRONENFELS
*K. K. HAUPTMANN D. R.

MIT 12 SCHIFFSPORTRAITS VON H. PENNER,   EINER FLAGGENKARTE IN FARBENDRUCK
4 LITHOGRAPHIRTEN TAKELUNGSTAFELN      UND 156 IN DEN TEXT GEDRUCKTEN
TECHNISCHEN   ABBILDUNGEN.

WIEN. PEST. LEIPZIG.

A. HARTLEBEN'S VERLAG.

1878.

VORWORT

zur

dritten Auflage.

〰〰〰〰

Seit dem Erscheinen der ersten Auflage dieses Buches sind 30 Jahre verflossen, ein Zeitraum, in dem eine zweimalige Umwandlung des gesammten Flottenmateriales — von der Segel- zur Dampfflotte und von der Holz- zur Eisenflotte — stattfand.

Das Bedürfniss nach Belehrung über ein den meisten Binnenländern mehr oder minder fern liegendes Gebiet, wie es das Seewesen bildet, ist jedoch dasselbe geblieben. Wie damals, so ist auch jetzt das Verlangen vorhanden, sich über eine Institution, die man meist nur dem Namen nach kennt, zu informiren, ja dies Verlangen muss, der natürlichen Entwicklung der Dinge gemäss, seitdem Oesterreich und Deutschland in die Reihe der Seemächte eingetreten sind, ein lebhafteres geworden sein.

Ist sonach einerseits die Nützlichkeit eines allgemein verständlichen Buches über die Marine ausser allem Zweifel, so muss andererseits der Gedanke des Verlegers, das als trefflich anerkannte Brommy-Littrow'sche Werk in neuer, die Fortschritte der Gegenwart berücksichtigender Bearbeitung dem Publikum vorzulegen und damit die Erkenntniss der Wichtigkeit des Seewesens besonders in Oesterreich-Ungarn in weitere Kreise zu bringen, als ein äusserst glücklicher bezeichnet werden.

Bei dieser neuen Bearbeitung wurden dieselben Gesichtspunkte und Grundsätze festgehalten, welche sich bereits bei den früheren Auflagen bewährt haben. Nach wie vor soll das Brommy-Littrow'sche Buch den N i c h t-Seemann mit der Einrichtung und dem Wesen der Marine vertraut machen.

Die grossartigen Fortschritte, welche das Seewesen in den letzten Jahren gemacht hat und durch die es fast gänzlich umgewandelt ist, verlangten jedoch tiefgreifende Umgestaltungen, Erweiterungen und Verbesserungen.

Das erste Kapitel, ‚Das Meer‘, blieb so ziemlich unberührt und erhielt nur einige unwesentliche Ergänzungen.

Dagegen musste das zweite Kapitel, ‚Die Schiffbaukunst‘, einer sehr bedeutenden Umgestaltung unterzogen werden. Die Kenntniss der Grundprincipien der Dampfmaschinen musste ich bei den Lesern dieses Buches voraussetzen, so dass ich mich darauf beschränken konnte, nur die gebräuchlichen Motoren (Räder, Schrauben) zu berücksichtigen. Den historischen Theil, sowie die Vorzüge und Nachtheile der verschiedenen Konstruktions-Systeme habe ich dem leichtfasslichen, weil äusserst koncis geschriebenen Werke des Herrn Admiralitätsrathes Koch entnommen.

Dasselbe gilt von den verschiedenen Arten der Ruder im dritten Kapitel, ‚Das Schiffsgebäude‘, und dem Materiale der Masten im vierten Kapitel, ‚Die Zurüstung‘.

Von dem letztgenannten Kapitel habe ich die Nomenklatur der Takelung, die nothwendig in eine wenig anregende, trockene Aufzählung blosser Namen ausarten hätte müssen, ausgeschieden und in Tabellenform an den Schluss des Buches gegeben.

Das fünfte Kapitel, ‚Die Ausrüstung‘, erhielt eine Erweiterung durch Einschaltung einer kurzen Entwicklungsgeschichte der modernen Schiffsgeschütze nach Kontre-Admiral Werner's ‚Buch von der deutschen Flotte‘, jedoch vervollständigt bis auf die neueste Zeit. Die dazugehörigen, am Ende des Buches befindlichen Geschütz-

Tabellen sind grösstentheils dem XIX. Bande des ‚Engineering‘ entnommen.

Das sechste Kapitel, ‚Der Seemann‘, war schon in der zweiten Auflage des Buches enthalten. Es rührt vom Herrn Fregatten-Kapitän von Littrow her und gereicht dem Buche zu besonderer Zierde.

Das siebente Kapitel, ‚Die Bemannung‘, gab keinen besonderen Anlass zu bedeutenden Aenderungen. Dasselbe gilt von dem neunten Kapitel, ‚Das Seearsenal oder die Kriegswerft‘, dem zehnten, ‚Der Dienst im Hafen und auf der Rhede‘, dem elften, ‚Der Dienst zur See‘, und dem dreizehnten Kapitel, ‚Die Heimkehr‘.

Das zwölfte Kapitel, ‚Die Seeschlacht‘, wurde mit einer Skizze der Seeschlacht bei Lissa, die ich dem ‚Archiv für Seewesen‘ entnahm, vermehrt. Der Schluss dieses Kapitels hat den Herrn Fregatten-Kapitän von Littrow zum Autor, der mir zu diesem Behufe seinen interessanten Aufsatz: ‚Die Torpedos, kosmologische Betrachtungen über Krieg und Frieden‘ gütigst zur Disposition stellte.

Ganz neu hinzugekommen ist das achte Kapitel, ‚Schwimmendes Flottenmaterial‘, welches nach den Werken von Dislère, Heriz, Marchal, Reed und den neuesten Journal-Artikeln zusammengestellt wurde. Bei der Beschreibung der verschiedenen Schiffe, welche das Flottenmaterial der Seemächte gegenwärtig bilden oder demnächst bilden werden, habe ich mich auf dasjenige beschränkt, was allgemeines Interesse zu beanspruchen berechtigt ist, dagegen alle Konstruktions-Details der Schiffsgebäude und Maschinen, die nur für den Fachmann von Interesse sind, bei Seite gelassen. Um dem Leser ein ungefähres Bild dieser neuesten ‚Wunder des Oceans‘ zu geben, wurde dieses Kapitel mit einer grossen Anzahl Zeichnungen illustrirt. Die wichtigsten Daten (Panzerstärke, Deplacement, Pferdekräfte, Bestückung, Fahrgeschwindigkeit, Material und Stapellauf) sind übrigens in den am Schlusse des Buches befindlichen und mit möglichster Genauigkeit ausgearbeiteten Flotten-Tabellen, welche mit Erlaubniss der Redaktion dem ‚Almanach für Sr. Majestät Kriegs-

Marine 1877' entnommen sind, enthalten und können dortselbst bequem nachgeschlagen werden.

Eine besondere Sorgfalt habe ich auf das 'Alphabetische Verzeichniss der am häufigsten vorkommenden Seeausdrücke' verwendet. Bei der Ausarbeitung desselben war ich hinsichtlich der bei jedem Worte befindlichen Erklärungen bemüht, mich so deutlich auszudrücken, dass sie ohne Figuren oder Illustrationen verständlich sein werden; doch ist zu bemerken, dass bei den einzelnen Erklärungen öfters wiederum Seeausdrücke vorkommen: man schlage deshalb die betreffenden Wörter ebenfalls nach. Das 'Alphabetische Verzeichniss' enthält die Erklärung von circa 2000 Seeausdrücken, um circa 300 mehr als das 'Internationale Wörterbuch der Marine' von H. Tecklenborg, welches nur 1700 Vokabeln aufweist; ja man wird darin viele Termini finden, welche man in den umfangreichen Wörterbüchern von Röding und Bobrik vergebens sucht. Es ist selbstverständlich, dass die Erklärungen nur ganz kurz gegeben werden durften, da sonst das 'Alphabetische Verzeichniss' einen Band für sich allein in Anspruch genommen hätte. Dass ich auch die gebräuchlichsten der spöttelnden und scherzenden Wörter und Redensarten aufnahm, wird dem Leser gewiss nur angenehm sein.

Im grossen Ganzen habe ich den mir von vielerfahrener Seite zugekommenen Rath, das Buch nicht zu technisch zu gestalten, befolgt, und mich in richtiger Erkenntniss desselben bemüht, in die trockene Wüste der unvermeidlich technischen Abhandlungen kleine, frische, grüne Oasen von poetischen und philosophisch-meditativen Anflügen einzuschieben, die ich, gleichwie sämmtliche im Buche enthaltenen Gedichte und Mottos, grösstentheils der Güte des Herrn Fregatten-Kapitän von Littrow zu verdanken habe.

Die in diese neue Ausgabe des Brommy-Littrow'schen Werkes aufgenommenen Erweiterungen und Ergänzungen machen somit durchaus keinen Anspruch auf Originalität und wollen nichts anderes sein als eine Kompilation aus den neuesten deutschen, englischen

und französischen Werken und Journalen. Ich lege ein besonderes
Gewicht darauf, dies ausdrücklich zu betonen.

Denn als ausserhalb der Marine Stehender hielt ich es gegenüber dem Leser für meine erste Pflicht, überall die betreffenden
Autoren selbst sprechen zu lassen, Männer, deren Namen im Bereiche
der Wissenschaft unbestrittene Geltung haben. Meine eigenen Zuthaten
durch besonderen Druck kenntlich zu machen, wozu vielleicht Autoren-
eitelkeit hätte verleiten können, habe ich unterlassen, um dem Leser
ein Werk aus ganzem Gusse zu bieten. Aus demselben Grunde
unterliess ich die Quellen-Citate im Texte, gebe jedoch hier ein
Verzeichniss aller benutzten Werke.

Mit einem Buche, welches weder marinetechnisches Wissen, noch
Kenntnisse in der Navigation verbreiten, sondern lediglich nur jenes
allgemeine Verständniss der Marine anbahnen will, ohne welches das
Seewesen eines Staates nun und nimmermehr gedeihlich sich entwickeln kann, kann man nicht eigenen literarischen Ruhm suchen
wollen: je mehr man auf Eigenes verzichtet, desto besser dient
man dem allgemeinen Nutzen und erwirbt sich den stillen Dank
des Lesers.

Die benutzten Werke sind, ausser den in der ‚Literatur‘
enthaltenen deutschen und österreichischen Werken, folgende:

Chapman, All about Ships, London 1873.

Dislère, La Marine cuirassée, Paris 1873.

Dislère, Les Croiseurs, Paris 1875.

Dislère, La guerre d'escadre et la guerre des cotes (Les nouveaux
navires de combat), Paris 1876.

Fremenville, Traité pratique de construction navale, Paris 1864.

Heriz, Memoria sobre los barcos acorazados, Barcelona 1875.

L'Année maritime, première année, Paris 1876.

Marchal, Les navires de combat les plus récents, Paris 1876.

Reed, Naval Science, London 1872—1873.

Reed, Our Ironclad Ships, London 1870.

Reed, Shipbuilding in Iron and Steel, London 1869.
Revue maritime et coloniale, Paris.
Rivista marittima, Roma.

Es erübrigt mir nun noch allen jenen Herren, welche die Güte hatten, mich bei Besorgung dieser neuen Ausgabe des Brommy-Littrow'schen Werkes mit Rath und That zu unterstützen, oder welche mir in der liebenswürdigsten Weise die Benutzung ihrer Werke gestatteten, hier öffentlich meinen besten Dank auszusprechen. Es sind dies namentlich die Herren: Kontre-Admiral Werner in Kiel, Admiralitätsräthe Koch und Brix in Berlin, Fregatten-Kapitän von Littrow in Fiume und Hydrograph Paradeiser, Vorstand der k. k. Marine-Bibliothek in Pola.

Mein theuerer und bewährter Freund, Herr Penner in Elbing, hat für das Buch die zwölf Schiffs-Portraits zu zeichnen die Güte gehabt. Als matter Ersatz für seine wahrhaft aufopfernde Willfährigkeit sei ihm hier — dem jetzigen Weltumsegler — in treuer Liebe und Freundschaft ein kleines Monument dankbarer Erinnerung geweiht!

Diese zwölf Bilder sollen einen doppelten Zweck erfüllen. Sie sollen einerseits dem Leser einige der neuesten Schiffs-Typen der deutschen, englischen, französischen und österreichisch-ungarischen Flotte vorführen, andererseits aber auch die verschiedenen Segel-stellungen zur Darstellung bringen. Herr Penner hat diese schwierige Doppelaufgabe nicht nur in vollkommen fachgemässer, sondern auch in höchst künstlerischer Weise gelöst. Dessenungeachtet können diese Skizzen bei ihrer nothwendig beschränkten Anzahl, dem unvermeidlich kleinen Formate und der technischen Ausführung in Holzschnitt einem eingehenderen Studium des ‚Schiff in See' nicht genügen, und habe ich mich deshalb häufig im Texte auf die grossen photographischen Reproduktionen der Meisterwerke A. Melbye's und Fr. Hünten's bezogen.

Obwohl ich mich eines grossen Eifers für die Sache der Marine rühmen darf und bereits seit einem Vierteljahrhunderte ihre Fortschritte und Wandlungen aufmerksamst und mit dem grössten Interesse verfolge, so fürchte ich dennoch, dass meine Fähigkeiten viel zu unbedeutend sind, um derselben Gerechtigkeit widerfahren zu lassen. Nichtsdestoweniger glaube ich, dass das Brommy-Littrow'sche Buch auch in seiner neuen Gestalt immerhin geeignet sein dürfte, seine ursprüngliche Mission, dem Nicht-Seemanne einen Ueberblick der Marine zu geben, zu erfüllen.

Obwohl es das erste in Oesterreich-Ungarn erscheinende populäre Buch über die Marine ist, so will es sich durchaus nicht als bahnbrechendes Werk hinstellen, sondern macht nur den schüchternen Versuch, eine offenbar vorhandene Lücke bis zu jenem Zeitpunkte auszufüllen, wo sich fähigere Kräfte finden werden, eine Literatur zu schaffen, die bis nun in Oesterreich-Ungarn unbetretene Wildniss ist.

Schliesslich sei dem öffentlichen Gesellschafter der Verlagsfirma A. Hartleben, Herrn E. Marx, der für eine dem Auge gefällige Form und für die reiche illustrative Ausstattung des Buches in liebevollster Weise Sorge trug, sowie Herrn F. W. Bader, Compagnon der Firma R. von Waldheim, in deren Officin sowohl der Druck als sämmtliche Illustrationen in gewohnter Meisterschaft ausgeführt wurden, der beste Dank zuerkannt.

Wien, November 1877.

Neuere Literatur.

(Deutschland und Oesterreich-Ungarn.)

Albrecht und Vierow, Lehrbuch der Navigation, 4. Auflage, Berlin 1873.

Almanach für die k. k. Kriegs-Marine, herausgegeben von der Redaktion der ‚Mittheilungen aus dem Gebiete des Seewesens‘, Pola 1877—1878.

Annalen der Hydrographie und maritimen Meteorologie. Organ des hydrographischen Bureaus und der deutschen Seewarte. Herausgegeben von der kaiserlichen Admiralität, Berlin 1875—1877.

Archiv für Seewesen, herausgegeben von J. Ziegler, Triest und Wien 1865—1872.

Attlmayer, Ueber Seetaktik. Herausgegeben von der Redaktion der ‚Mittheilungen aus dem Gebiete des Seewesens‘, Pola 1875.

Attlmayer, Elemente des internationalen Seerechtes, Wien 1872—1873.

Becher, Die österreichische Seeverwaltung 1850—1875, Triest 1875.

Bischoff, Des Schiffbauers Taschenbuch, Braunschweig 1867.

Bobrik, Handbuch der praktischen Seefahrtskunde, 3 Bände, Leipzig 1848.

Bobrik, Allgemeines nautisches Wörterbuch, 2. Ausgabe, Leipzig 1858.

Breusing, Steuermannskunst, 2. Auflage, Bremen 1864.

Brix, Der Bau eiserner Kriegs- und Handelsschiffe (mit 33 Tafeln), Berlin 1876.

Crousaz, Kurze Geschichte der deutschen Kriegs-Marine, Wriezen 1873.

Davids, Leitfaden für den Unterricht in der Schiffs-Artillerie, Berlin 1870.

Dislère, Die Panzerschiffe. Aus dem Französischen übersetzt von Karl Freiherrn von Codelli (mit 7 Tafeln), Wien 1874.

Dislère, Die Panzerschiffe der neuesten Zeit. Aus dem Französischen übersetzt von C. Pott. Pola 1877.

Dittmer, Die Deviation der Kompasse an Bord eiserner Schiffe, Berlin 1872.

Domke, Nautische, astronomische und logarithmische Tafeln, 6. Auflage, Berlin 1874.

Domke und Beyer, Verzeichniss der Seeleuchten, 9. Auflage, Berlin 1872.

Ernst, Handbuch für den Schiffsmaschinendienst, 3 Bände, Triest 1870—1871

Freeden, von, Handbuch der Nautik, Oldenburg 1864.

Friedmann, Marinewesen (Officieller Ausstellungsbericht), Wien 1874.

Graser, Norddeutschlands Seemacht, Leipzig 1870.

Handbuch für die deutsche Handels-Marine auf das Jahr 1877, Berlin 1877.

Hansa, Zeitschrift für Seewesen, Hamburg 1864—1877.
Heincks, Kapitän, Berechnung und Schnitt der Segel, Bremen 1877
Hildebrandt, Lehrbuch für junge Seeleute, 3. Auflage, Danzig 1872.
Jahrbuch der deutschen Marine, Kiel 1874—1875.
Jahrbuch der k. k. Kriegs-Marine, Wien 1871—1874.
Jahrbuch der k. k. Kriegs-Marine. Herausgegeben von der Redaktion der ‚Mittheilungen aus dem Gebiete des Seewesens‘, Pola 1875.
Jilek, Lehrbuch der Oceanographie (mit 1 Karte), Wien 1857.
Instruction für den Kommandanten eines von Sr. Majestät Schiffen oder Fahrzeugen, Berlin 1877.
Jülfs und Balleer, Die wichtigsten Seehäfen der Erde, 2 Bände, Oldenburg 1870—1875.
Knoor, Handbuch der Schiffs-Dampfmaschinenkunde, Berlin 1867.
Koch, Leitfaden für den Unterricht im Schiffbau, Kiel 1872.
Kommando-Worte für Schiffe und Boote, Berlin 1877.
Littrow, Handbuch der Seemannschaft (mit 12 Tafeln), Wien 1859.
Marchetti, Die Schiffsdampfmaschine, Wien 1868.
Marine-Verordnungsblatt (sammt Beiheften), Berlin 1870—1877.
Marine-Zeitschrift, österreichische, Triest 1853—1856.
Milichhofer, Anleitung zum Schiffbau, Wien 1857.
Mittheilungen aus dem Gebiete des Seewesens. Herausgegeben vom k. k. hydrographischen Amte (Marine-Bibliothek), Pola 1873—1877.
Mittheilungen aus der norddeutschen Seewarte, Hamburg 1869—1870.
Mittheilungen aus der technischen Tages-Literatur über Schiffbau von Johannes Ziegler, Triest 1864.
Mittheilungen, Hydrographische, Berlin 1873—1875.
Paugger, Lehrbuch des terrestrischen Theiles der Nautik, 2. Auflage, Triest 1874.
Peichl, Geschichte der Entwicklung des magnetischen Charakters von Eisenschiffen S. M. Kriegsflotte und Entwurf eines aus derselben abgeleiteten Depolarisirungsverfahrens, Pola 1876.
Prömmel, Anleitung zum Schiffbau, 2. Auflage, Hamburg 1864.
Prömmel, Benennung der hauptsächlichsten Theile, Rundhölzer, Segel und des stehenden und laufenden Tauwerkes eines Schiffes (deutsch und italienisch), Triest 1864.
Rang- und Quartier-, sowie Anciennetäts-Liste der kaiserlichen Marine für 1877—1878, Berlin.
Rauch, Zeichnungen des Materials der Marine-Artillerie, Kiel 1872—1873.
Röding, Wörterbuch der Marine, 4 Bände, Hamburg 1797.
Rümker, Handbuch der Schiffahrtskunde, 6. Auflage, Hamburg 1857.
Schaub, Leitfaden für den Unterricht in der nautischen Astronomie, 2. Auflage, Wien 1860.
Schiffs- und Küstengeschütze, Die, der deutschen Marine, Berlin 1876.
Schwarz-Flemming, Die Kesselabtheilung auf Dampfschiffen (mit 47 Tafeln), Berlin 1873.

Sirk, Der Betrieb der Schiffs-Dampfkessel und Maschinen, Wien 1875.
Stabenow, Sammlung der deutschen Seeschiffahrtsgesetze, Leipzig 1875.
Steinhaus, Die Schiffbaukunst in ihrem ganzen Umfange, 2 Bände, Hamburg 1858.
Steinhaus, Die Konstruktion und Bemastung der Segelschiffe, Hamburg 1869.
Steinhaus, Der Eisen-Schiffbau, 2. Auflage, Hamburg 1870.
Steinhaus, Schiffs- und Flaggenkarte, 2. Auflage, Hamburg 1877.
Takelung und Ankerkunde, verfasst von mehreren k. k. Seeofficieren (mit 69 Tafeln), Wien 1873.
Tecklenborg, Internationales Wörterbuch der Marine, Bremen 1870.
Ulffers, Handbuch der Seemannschaft (mit 41 Tafeln), Berlin 1872.
Werner, Atlas des Seewesens (Separat-Abdruck aus Brockhaus' Bilder-Atlas), 25 Tafeln mit Text, Leipzig 1871.
Werner, Das Buch von der deutschen Flotte, 2. Auflage, Bielefeld und Leipzig 1874.
Werner, Die Schule des Seewesens, Leipzig 1866.
Weyer, Vorlesungen über nautische Astronomie, Kiel 1871.
Wilder von Maithstein, Die Schiffahrt mit Kompass und Logg, Wien 1866.
Wilhelmi, Versuch zu einem Leitfaden für den Unterricht in der Marine-Artillerie, Pola 1869—1872.

Schöne Literatur.

Littrow, Aus der See, Gedichte, Vierte Auflage, Triest 1876.
Werner, Seebilder, Bielefeld und Leipzig 1876.
Wilcken, Bilder aus dem deutschen Flottenleben 1849, Hannover 1861.

Kunstblätter.

Hünten, Photographische Reproduktionen nach den Original-Gemälden, ausgeführt von O. Joop in Hamburg (Admiralitätstrasse ³/₄), circa 30 Nummern in vier verschiedenen Grössen. (Preis von M. 0.₇₅ bis 4.₅₀ per Blatt.)
Melbye*), Photographische Reproduktionen nach den Original-Gemälden, ausgeführt von O. Joop in Hamburg, circa 80 Nummern in vier verschiedenen Grössen. (Preis von M. 0.₇₅ bis 4.₅₀ per Blatt.)

---

*) Professor Anton Melbye, geb. den 13. Februar 1818 zu Kopenhagen, war einer der berühmtesten Marine-Maler, dessen Bilder die innigste Vertrautheit mit der See zeigen und mit einem Aufwande von wenig Mitteln überraschenden Effekt hervorbringen. Er starb den 10. Januar 1875 zu Paris.

Brommy-Littrow

DIE MARINE.

Das Leben gleicht auf Erden
Dem Meer mit Ebb' und Fluth,
Man muss Matrose werden,
Und dann durchschifft man's gut.

Vom Sturm umdröhnet schiffen
Wir nach der Sterne Lauf,
Und schau'n, bedroht von Riffen,
Getrost zum Himmel auf.

Heinrich von Littrow.

Einleitung.

In keinem Fache des menschlichen Wissens ist der Fortschritt
bewunderungswürdiger als im Seewesen.

Bis in die graue Vorzeit der Fabel und der Mythologie verliert
sich die Geschichte der Navigation. Alle Nachforschungen blieben
fruchtlos, um Denjenigen ausfindig zu machen, der zuerst die
Heldenidee erfasste und ausführte: sein Leben einem schwimmenden
Gegenstande anzuvertrauen.

Sicher war, wie bei so vielen anderen Entdeckungen und Erfindungen, der Zufall auch hier im Spiele, um den Menschen zu bewegen,
sich einem Elemente zu befreunden, für das er nicht berufen schien,
das ihm feindlich gegenüber stand, und das er allmählich nur und
nach unsäglichen Mühen und Opfern, durch die Macht des Wissens
beherrschte. Mit Noth und Gefahr, mit Entbehrungen aller Art und
häufig mit dem eigenen Leben hat der Seemann seine Errungenschaften
bezahlt. Wenn man den ersten schwimmenden Balken als die
primitive Idee zu einem Schiffe betrachtet und diesem das mächtige
Panzerschiff unserer Tage zur Seite stellt; wenn man den ersten
kühnen Gedanken bewundert, sich einem ausgehöhlten Baumstamme
anzuvertrauen, um vielleicht nur das nächste Ufer zu erreichen, und
jetzt die transatlantischen Reisen und die Polarexpeditionen damit
vergleicht; wenn uns die erste Anwendung des Segels überrascht,
dessen Gebrauch man dem Schleier einer Nymphe verdanken will,
und welcher so zur fruchtbringenden Ausnutzung einer Naturkraft geführt hat, die durch Jahrtausende der mächtige und einzige Motor der
Nautik blieb, und heute den riesigen GREAT-EASTERN unbekümmert
um Wind und Welle über den Ocean dampfen sieht: da regt sich

1*

mit Recht der Stolz des Menschen, dessen schaffender Geist, dessen Durst nach Wissen, dessen Ausdauer allein solche Ziele erstreben und sich auf eine solche Höhe schwingen konnte.

Kein menschliches Wissen wurde mit grösseren Opfern erkauft als eben die Navigation; — viele kostbare Erfahrungen sind mit Jenen am Meeresgrunde begraben, die sie für ihre eigene Rettung vielleicht einen Moment zu spät gemacht, und die Laufgräben, die zur Eroberung der Nautik führten, sind mit Leichen ausgefüllt, über die allein man siegreich in die Geheimnisse der Natur dringen konnte.

Unsicher, wem somit die erste Erfindung der Navigation zugeschrieben werden könne, giebt die allgemeine Stimme doch den Phöniciern die Ehre derselben. — In einem unfruchtbaren Landstriche ings der Küste wohnend, musste dieses fleissige und unternehmende olk bald auf dem Meere das suchen, was ihm der eigene Boden erweigerte. Mag allerdings, wie es so häufig im Leben geschieht, es Menschen Wissen sich durch das Studium der Thierwelt bereichert und entwickelt haben, mag der herrliche Nautilus die erste Idee zum Segel gegeben, und der Fisch durch seine Flossen- und SchwanzBewegung auf die Konstruktion des Ruders und des Steuers, und durch die Form seines Körpers auf jene des Schiffsrumpfes geführt haben — genug — die Grundidee bestand; das Kanoe aus einem hohlen Baumstamme, das Floss aus mehreren mit einander verbundenen Stämmen und endlich das Schiff, die Rudergaleere waren entstanden und entsprachen den damaligen bescheidenen Anforderungen der Navigation. Reicher Gewinn belohnte die ersten Kühnen, die sich des neuen Vehikels bedienten — und eröffnet waren die Bahnen, welche dahin führen, wo man Alles findet, was Menschenbegehr ist. die Jedem offen stehen, der den Muth hat, sie zu betreten; aber nichtsdestoweniger bleiben die Worte des Dichters wahr:

Illi robur et aes triplex
Circa pectus erat, qui fragilem truci
Commisit pelago ratem
Primus, nec timuit praecipitem Africum.

Hor. Lib. I. Carm. III.

Dreifaches Erz umgürtete die Brust des Kühnen, der zuerst seinen Fuss in das gebrechliche Fahrzeug gesetzt, und es den trügerischen Wellen anvertraut hat, ohne Furcht vor dem stürmischen Africus.

Die Geschichte erzählt uns von den kostbaren Schätzen, welche durch die Nautik gewonnen, wie Völker und Könige mächtig und bereichert wurden, wie unsere Welt, die wir bewohnen, allmählich enthüllt und durch die Navigation das entdeckt wurde, was der Schöpfer von Anbeginn uns zum ewigen Lehen bestimmt hatte — und wie noch heute nach Jahrtausenden unermüdeten Ausbeutens die Quelle des Reichthums ebenso ergiebig sprudelt und noch immer mit dem berauschenden Göttertrunke des Gewinnes und Besitzes die Becher aller Jener füllt, die ihr muthig nahen. — Ja, es drängt sich uns die Ueberzeugung auf, dass im Wettstreite der Völker jenen der Sieg wird, welche über mächtige maritime Kräfte zu gebieten im Stande sind, und der Spruch: *le trident de Neptune c'est le sceptre du monde,* hat seine Wahrheitskraft noch zu jeder Zeit bethätigt. Welche Kraftäusserungen eines thätigen Lebens zeichnet uns die Geschichte von den Phöniciern, Karthagern, Griechen, Holländern, Spaniern, Engländern und Franzosen auf, so lange sie den Zepter des Neptuns kräftig in ihren Händen schwangen, was wären England, Amerika, Frankreich, Russland und Deutschland ohne Schiffahrt, ohne Handel zur See, — und wen muss der Gedanke nicht begeistern, durch die verhältnissmässige Entwicklung von Kriegsflotten die ergiebigste Quelle des nationalen Reichthums zu erhalten, zu fördern und kräftig zu beschützen. — Wir haben den Vortheil, dass wir in einer Zeit leben, in welcher wir die Erfahrungen unserer Vorgänger ausnutzen; die blutige Saat, die ersten gewagten Unternehmungen zur See, wo man noch zur Zeit des trojanischen Krieges die unbedeutende Fahrt von Griechenlands Küste nach Kleinasien für ein Wunder hielt, das ohne besondere Gunst der Götter nicht vollbracht werden konnte, — jene Zeiten und jene theuer erkauften Erfahrungen kommen uns zu Gute — die kleine Lampe des Wissens, die von Hand zu Hand wanderte, in die immer mehr Oel gegossen wurde, auf dass sie leuchte; diese kleine Lampe glänzt, zur mächtigen Fackel geworden, in unserer Hand, und wie ein Pharus streut sie ihre wohlthätigen Strahlen über die ganze Welt und hat aus dieser hoffentlich ein für alle Male die Finsterniss verbannt.

Die ersten Schiffe der Alten hatten so ziemlich einerlei Form, alle waren nach derselben Art gebaut; wie aber die Navigation sich ausbreitete, wurde der denkende Geist darauf hingeleitet, die Schiffe dem Zwecke derselben anzupassen. Man baute Fahrzeuge mit flachem Boden für Flüsse, schmale mit tieferem Kiel für das Meer, und endlich kam man darauf, zweierlei Klassen zu bauen: Lastschiffe und Kriegsfahrzeuge.

Der Wind diente natürlich als die kosmische bewegende Kraft, aber freilich war man noch nicht so weit gediehen, auch einen ungünstigen Wind mit Vortheil benutzen zu können; man segelte mit gutem Winde, ankerte sobald er umsprang oder die Bildung der Küste, von der man sich nicht gern entfernte, eine andere Richtung nöthig machte. Windstille oder leichter ungünstiger Wind ward durch Rudern überwältigt; die Anzahl der Ruderbänke — welche aber nicht senkrecht über einander sich befanden — unterschieden die Klassen der Fahrzeuge. Bedeutende Maschinen zum Steinschleudern wurden angebracht und deswegen die Schiffe der Alten bis zu enormer Grösse erbaut. Das Hinter- und Vordertheil war zu sehr erhöht und der Gewalt des Windes zu sehr ausgesetzt; noch kannten die Alten nichts von der Kunst, welche wir das Manöver nennen und welche darin besteht, durch das Wenden der Segel und die entsprechende Stellung derselben auf die leichteste, sicherste und einfachste Weise die mannichfachsten Bewegungen des Schiffes hervorzubringen und sich selbst den ungünstigsten Wind zu Nutzen zu machen. Die Theorie, die Gesetze der Mechanik mussten den Weg zeigen, um auch ungünstige Winde zu benutzen und durch Kreuzen sein Ziel zu erreichen.

Jahrhunderte vergingen, grosse Flotten bedeckten bereits die Meere, ohne dass im Manöver Fortschritte gemacht worden wären.

Einem Andreas Doria war es vorbehalten, Verbesserungen anzubringen, wofür freilich der Aberglaube der Zeit ihn der Zauberei beschuldigte. Darf man den Nachrichten eines Marco Paolo Glauben schenken, so gab es schon im dreizehnten Jahrhundert in den indischen Gewässern Fahrzeuge, die den unseren an Bemastung glichen.

Man näherte sich der endlichen Ausbildung nun insofern, dass man von der absoluten Richtung des Windes sich lossagte und einigermassen gegen denselben zu steuern versuchte.

Gegen das Ende des siebzehnten Jahrhunderts fing man an, die Mechanik auf die Seefahrtskunde anzuwenden, ein Versuch, der zwar nur theilweise gelang, aber doch anderen den Weg zeigte; die Bahn war gebrochen, die nächsten Jahre brachten bedeutende Verbesserungen zu Stande und die Wissenschaft machte seit einem Jahrhunderte mehr Fortschritte, als sie seit der Erfindung des Kompasses gethan. Mit Stolz blicken wir auf eine der kostbarsten Erfindungen des menschlichen Geistes, auf das Dampfschiff, das die feindlichsten Elemente, Wasser und Feuer, zu Alliirten gemacht, ihre vereinte Kraft benutzt hat, um sie dem eisernen Riesen als bewegende Kraft zur Verfügung zu stellen, der endlich doch wieder als Sklave des Menschen den Menschen zum Herrn des Oceans macht, unter seinen Befehlen siegreich gegen die Stürme kämpft, die gewaltigen Wogen mit Sicherheit theilt, als schwimmendes Haus Tausende beherbergt, als schwimmende Festung die fernsten Regionen beschützt oder bedroht, und die Rechte der Landesflagge, die an seiner Gaffel weht, glorreich vertritt und aufrecht erhält; die grosse Wasserstrasse von Piraten säubert, sich selbst und seine Bewohner nährt und sie trotz aller Hindernisse wohlerhalten von Pol zu Pol befördert. Was die Nautik leistet, das leistet keine andere Kunst, keine andere Wissenschaft, doch leistet sie auch darum nur so Grosses, weil Kunst und Wissenschaft in ihr so herrlich vereinigt sind.

I.

Das Meer.

Thou glorious mirror, where the Almighty's form
Glosses itself in tempests; in all time,
Calm or convulsed — in breeze, or gale, or storm,
Icing the pole, or in the torrid clime
Dark-heaving; — boundless, endless and sublime.

Byron,
Childe Harold's Pilgrimage.
IV. Gesang, 183. Strophe.

Anblick des Meeres. — Farbe des Meeres. — Salzigkeit des Meeres. — Verhältnisse der Bestandtheile. — Schwere. — Temperatur und Druck des Meeres. — Leuchten des Meeres. — St. Elms-Feuer. — Bewegung. — Wellen. — Strömungen. — Flaschenpost. — Die Gezeiten oder Ebbe und Fluth. — Wind. — Steuermannskunst. — Kompass. — Logg. — Seeuhren. — Seekarten. — Loth. — Taucherglocke. — Fernröhre.

Die Oberfläche der Erdkugel enthält eine grosse, zusammenhängende Wassermasse, welche über beinahe drei Viertheile, ungefähr 386 Millionen Quadratkilometer, derselben sich erstreckt und im Allgemeinen mit dem Namen M e e r belegt, in der Seemannssprache aber die S e e genannt wird. Das Festland verhält sich zum Meere wie 10:27.

Einen imposanten und majestätischen Anblick gewährt das Meer zu allen Zeiten. Versetzen wir uns an eine vorgeschobene Felsenküste des Oceans. Dort rollen vom Orkane gepeitscht die mächtigen Wogen und zerschellen mit donnerndem Getöse an den Riffen und Klippen, die ihnen seit Jahrtausenden kühn die Stirne bieten; der Schaum der Wellenkuppen wird abgerissen und weit hinein in das Land geweht — Donnerschlag auf Donnerschlag folgt, und der Schrei, welchen die Beängstigung unserer Brust entlockt, vermag nicht einmal unser eigenes Ohr zu erreichen. Hier spricht die Natur mit ihrer vollgewaltigen Stimme und jeder andere Laut vertönt. Betrachtet man dasselbe Element in seiner lieblichen Ruhe als Spiegel des klaren Himmels, der sich darüber wölbt, mit seiner sanft am Gestade plätschernden Fluth, die tausendfarbige Muscheln und Gärten von Algen und Seeblumen an den Strand legt, das Ufer küsst und wieder zurückrollt, zur unermesslichen, aber friedlichen Masse; betrachten wir die See in Eis verwandelt in den Polargegenden, wo sich die Schollen zu Bergen thürmen und sich der graue Horizont kaum von der Ebene abtrennt, die hier starr und todt das Nordlicht spärlich erhellet; betrachten wir es von des Südens Sonne, oder in den Tropen vom Mond- und Sternenlicht magisch beleuchtet: immer bietet das Meer durch seine Grösse, durch seine Unendlichkeit etwas Majestätisches dar, das Staunen, Ehrfurcht, Bewunderung, Andacht erweckt, und uns unwillkürlich an den Grossen erinnert, den kein Name nennt, den Alle anbeten, und zu dessen Füssen alle Oceane der Welt nur als Thautropfen schillern. — Unerreicht steht das Meer auch für die nachahmende Menschheit da — künstliche Seen, Berge, Wiesen, Wälder und Gärten vermag der Mensch in bewunderungswürdiger Art zu schaffen — am Meere aber scheitert jeder Versuch, und der Dichter *) hat Recht, der da singt:

> Hier liegst du uns zu Füssen,
> Du einzig schönes Meer,
> Lass' dich mein Lied begrüssen,
> Ich liebe dich so sehr.

> Du bist und bleibst die Perle
> Der Schöpfung, ihre Pracht,
> Die Gott in seiner Liebe
> Mit Liebe hat gedacht.

> Du strömst nicht, deine Masse
> Liegt stets in edler Ruh' —
> Das Bild der wahren Grösse,
> Erhab'nes Meer, bist du.

*) Heinrich v. Littrow.

Wie herrlich sind die Länder
Durch Gottes Hand geschmückt,
Wie hat die Welt der Alpen
Mein trunk'nes Aug' entzückt,

Wie hat des Waldes Dunkel
Mit Schauder mich erfüllt.
Doch nichts hat meine Sehnsucht
Nach dir, o Meer, gestillt.

So gross und so ergreifend
Im Sturm und in der Ruh',
So reich an jedem Zauber
Bist, Meer, allein nur du.

Dich adelt das Gepräge,
Dass dich ein Gott gedacht,
Die Erde scheint dagegen
Von Menschen nur gemacht;

Sie bauten Pyramiden,
Sie könnten Berge bau'n,
Man wird noch Riesenwerke
Von Menschenhänden schau'n.

Doch Meere zu erschaffen
Mit ihrer salz'gen Fluth,
Auf deren Spiegelfläche
Der blaue Himmel ruht,

Durch die der Windsbraut Flügel
Mit eis'gem Hauche stürmt,
Und schaumbedeckte Wogen
Zum Wolkenhimmel thürmt:

Die kann ein Gott nur denken,
Nicht menschlicher Verstand,
Die zaubert nur Dein Wille
Und schafft nur Deine Hand.

D'rum stehst du da, so einzig,
So gottgeweiht, so gross,
Du bist die Freudenthräne,
Die auf die Erde floss,

Als Gott sein Werk vollendet,
So schön, so gross, so hehr,
Da perltest du hernieder:
Und so entstand das Meer.

Einzig in seiner Art steht es da — das herrliche, imposante Meer, und vereint in sich, trotz des Eindruckes der Harmonie, den es auf uns macht, die sonderbarsten, grössten, schroffsten Widersprüche: eintönig und doch voll der reizendsten Abwechslung — still und doch ewig bewegt, oberflächlich und doch tief — scheinbar öde und wüst — während in seinem Inneren Urwälder von Pflanzen wuchern — freundlich und doch tückisch — offen und doch falsch — schmiegsam und nachgiebig und doch fest und unerschütterlich; das Bild des frischen, frohen Lebens, in dem sich Alles geschäftig regt — und doch das tiefste, stillste Grab, das grausam schon Millionen Opfer verschlungen.

Nirgends lässt die Kugelform der Erde sich leichter erkennen und besser beweisen, als auf dem Meere, wo sanft gebogen das Himmelsgewölbe sich auf dasselbe zu neigen und mit ihm zu verschwinden scheint: denn von einem am Rande des Horizontes erscheinenden Schiffe erblickt man deutlich Segel und Masten, ehe der Rumpf desselben sich aus dem Wasser hebt und dem Auge sichtbar wird.

An und für sich ist das Meer farblos; ein Glas Wasser, aus dem Meere geschöpft, erscheint krystallhell und eigentlich ohne Farbe. Die verschiedenen Namen, die man einigen Theilen des Meeres nach Farben beilegt, haben einen anderen Grund als die Färbung des Wassers. Dennoch ist der Anblick der Meeresoberfläche hinsichtlich der Farbe verschieden. Dunkelblau liegt der atlantische und stille Ocean vor uns, wie auch das grosse Mittelmeer mit seinen Nebenzweigen, dem adriatischen und dem ägäischen Meere, während ein bläuliches Grün die anderen Meere färbt. Die Tiefe des Meeres, die Nähe des Landes und andere Umstände sind die Ursachen des verschiedenen Farbenwechsels, der oftmals auf kurzen Strecken stattfindet. An manchen Stellen sieht das Meer trübe aus, während an anderen der Schein einer hineingeworfenen weissen Platte noch bis auf 30 Meter Tiefe sichtbar ist.

Der Geschmack des Seewassers ist vorherrschend salzig und bitter; es kann daher in seinem natürlichen Zustande durchaus nicht getrunken werden. In neuerer Zeit sind viele Versuche angestellt worden, das Seewasser trinkbar zu machen, und es ist endlich gelungen, eine Destillirmaschine zu erfinden, welche bei geringem Verbrauch von Brennmaterial (Steinkohlen) in einem Tage 400 bis

600 Liter Trinkwasser erzeugt. Obwohl diese Destillirmaschinen ein ziemlich gutes Wasser liefern, so muss dasselbe doch gelüftet, geschüttelt und mit kohlensaurem Gas geschwängert werden, bevor es gebraucht wird, um nicht ekelhaft geschmacklos zu sein. Das in Eis verwandelte Seewasser ist ganz salzfrei und kann geschmolzen als Trinkwasser verwendet werden.

Der Salzgeschmack des Seewassers rührt vom Chlornatrium her, das es enthält, die Bitterkeit von organischen Materien und Salzen mit einer Basis von Magnesia. Die Salzsaturation ist an der Oberfläche am grössten und nimmt ab im Verhältnisse zur Tiefe.

Wenn das Meer nicht salzig wäre, so würde die Menge der aufsteigenden Dünste, mithin auch der atmosphärische Niederschlag, wie Thau, Regen, Schnee, weit beträchtlicher sein und die Erde wäre dann von fürchterlichen, unaufhörlichen Ueberschwemmungen heimgesucht. Nach Halley's Berechnung verwandeln sich im Mittelmeere allein täglich gegen drei Millionen Hektoliter Wassers in Dünste.

Die Salze, welche das Seewasser enthält, sind: Chlornatrium, Chlormagnesium, schwefelsaure Bittererde, kohlensaure Magnesia, kohlensaurer Kalk, Chlorkalium, Brom- und Jod-Magnesium und organische Stoffe. Die Quantität der im Seewasser aufgelösten Salze beträgt durchschnittlich drei bis vier Procent, von diesen bildet das Chlornatrium $^5/_7$ der Quantität.

Animalischer Schleim — das Produkt von zahllosen lebenden Wesen des Meeres — ist immer mit dem Seewasser vermischt und verursacht jene Fettigkeit, worüber sich Alle wundern, die im Meere baden.

Nicht überall ist das Meer gleich stark salzig. Man fand in $^1/_2$ Kilogramm Wasser von $0._{02}$ bis zu $0._{07}$ Kilogramm Salz; daher denn auch das specifische Gewicht des Seewassers verschieden ist. Gewöhnlich nimmt man das Gewicht des Seewassers mit 1020 bis 1029 Kilogramm per Kubikmeter an. Trotz der in ihm enthaltenen Salze schützt es nicht gegen Fäulniss; im Gegentheil faulen Gegenstände leichter darin als im süssen Wasser. Seine Tragfähigkeit wird dagegen durch den Salzgehalt vermehrt, so dass ein jedes Schiff im süssen Wasser merklich tiefer geht als im Meere. Im Allgemeinen kommen 18,275 Kubikcentimeter Seewasser an Gewicht 18,805 Kubikcentimeter süssen Wassers gleich.

Die Temperatur des Meeres ist sehr verschieden und nimmt mit der Tiefe nach Umständen ab oder zu. So fand man an Bord der französischen Korvette ASTROLABE in 28° 59′ N. Breite und 16° 55′ O. Länge von Paris, und bei einer Temperatur der Luft von 22.$_6$° Celsius, dass die Temperatur des Meeres auf der Oberfläche 23.$_6$° Celsius war, in einer Tiefe von 1624 Meter aber nur 5.$_1$° Celsius betrug. Im nördlichen und südlichen Polarmeere nimmt die Temperatur mit der Tiefe zu, so dass, wenn das Thermometer auf der Oberfläche 0° oder 1.$_2$° unter Null zeigte, in einer Tiefe von 487 Meter 3.$_7$° bis 5° Celsius über Null gefunden wurden.

In der Baffinsbay erleidet dies jedoch eine Ausnahme, da dort die Temperatur abnimmt; in diesem abgeschlossenen, den wärmenden Strömen des Oceans unzugänglichen Golfe, fand man in 71° 24′ N. Breite in 1624 Meter Tiefe die Temperatur des Wassers 14.$_4$° Celsius unter Null, während die Oberfläche 2.$_5$° über Null hatte. In 162 Meter Tiefe war der Thermometerstand bereits 1.$_2$° unter Null.

Wie bedeutend der Druck des Wassers ist, erhellt aus Folgendem: Als man eine Flasche, deren Kork mittels eines Schlägels eingetrieben war, in 183 Meter Tiefe versenkte und beim Heraufziehen den Kork in die Flasche gedrückt fand, zeigte sich der Druck auf die Oberfläche derselben — circa 591 Quadratcentimeter — etwas über 10,160 Kilogramm. In einer Tiefe von 1646 Meter ist der Druck auf jeden Quadratmeter Oberfläche gleich 1.536,875 Kilogramm.

Eine merkwürdige Erscheinung ist das Leuchten des Meeres, dessen schon Plinius erwähnt. Das Meersalz, die in Verwesung übergegangenen thierischen Ueberreste, auch lebende Thiere — Myriaden von beinahe mikroskopischen Mollusken, Infusorien und Zoophyten, die diese Eigenschaft haben, sind die Ursache dieses wundersamen Phänomens, der Phosphorescenz des Meeres, das selbst bei einer niederen Temperatur von + 5° Celsius beobachtet wurde. Der Meeresspiegel scheint zuweilen besäet mit glänzenden Sternen, und nicht nur dieser, sondern auch der Grund - des Meeres leuchtet manchmal wie Feuer, ja selbst die Fische erscheinen oft im Feuerglanze und lassen wie Sternschnuppen leuchtende Streifen hinter sich. In den Lagunen Venedigs hat man leuchtende Würmer entdeckt und der Naturforscher Karl Vogt, welcher sich mit der Phosphorescenz des Meeres lange beschäftigt hat, behauptet, dass diese immer von verschiedenartigen leuchtenden Thierchen herrühre. Auf der Insel Helgoland bietet sich öfter der wahrhaft magische Anblick dieses Phänomens. Myriaden kaum sichtbarer Thierchen glänzen wie Johanniswürmchen. Das Meer hat dort manchmal einen Geruch wie von faulen Fischen, und dieser charakteristische Geruch des Phosphorwasserstoffes, wie auch das so häufige Leuchten des Meeres dürften von der in Fäulniss übergegangenen organischen Substanz des Meeres abhängen, welche Phosphorwasserstoff entwickelt, der sich in Berührung mit der Luft entzündet, langsam brennt und die Phosphorescenz verursacht.

Der animalische Schleim der sich im Meere decomponirenden organischen Wesen, dem man auch die Phosphorescenz zuschreibt, bleibt oftmals auf der Haut der Badenden kleben, so dass die letzteren beim Heraustreten aus dem Wasser in der Dunkelheit für eine Weile mit leuchtender Haut erscheinen. Auch lässt sich im Finstern unter einem Vorrathe von Makrelen oder anderen ungekochten Fischen jeder faule aus dem Leuchten gleich erkennen.

Eine ähnliche Erscheinung, die ihren Grund aber in der Elektricität hat, und an der leider noch Vorurtheile der Matrosen haften, ist das sogenannte St. Elms-Feuer, auch St. Elias- oder Helenen-Feuer genannt, das sich nach Stürmen an den Spitzen der Masten in Form von Flammen zeigt, die oft bis ein Meter Länge haben, und wenn sie doppelt erscheinen, von den Seeleuten auch Castor und Pollux genannt werden. Der richtige Name dieser Erscheinung ist nach Schweigger ‚Hermes-Feuer‘. Wenn es einzeln erscheint, halten es die Seeleute für ein böses, wenn doppelt für ein gutes Vorzeichen. Auch auf den Spitzen der Wellen kommt es zuweilen vor, und lässt dann einzelne Punkte des Meeres in geisterhafter Beleuchtung erscheinen. Im griechischen Archipel und in der Südsee kommt diese Erscheinung bei stürmischem Regenwetter am häufigsten vor.

Das Meer sollte als Flüssigkeit zwar überall eine und dieselbe Höhe haben, allein durch die Anziehungskraft der Erde, die unter und bei den Polen stärker wirkt als unter dem Aequator, leidet diese bedeutende Veränderungen, zu denen noch drei interessante

Erscheinungen kommen, die dazu dienen, die Oberfläche des Meeres aus ihrem Gleichgewichte zu bringen: die Wellenbewegung, die Strömungen und die regelmässig wiederkehrende Ebbe und Fluth.

Die Wellenbewegung, eine Wirkung des Windes, ist die erste Bewegung des Meeres; verliert die Luft ihr Gleichgewicht, so geräth sie in wellenförmige Schwingung, stösst somit auf die Fläche des Wassers und stört die horizontale Lage desselben. Der angestossene Theil erhebt, um dem Drucke zu weichen, den nächstfolgenden, es entsteht also eine Erhöhung, die aber, vermöge der Schwere des Wassers, sogleich wieder sinkt und eine andere Masse dadurch in die Höhe drückt. Demnach ist die Wellenbewegung ein fortwährendes Steigen und Fallen zweier Wasserhügel, wobei aber das Wasser nicht fortfliesst.

Mit der Stärke des Windes nimmt auch die Bewegung des Wassers zu; die Wellen wachsen an und üben einen grösseren Druck aus. Ein zu heftiger Druck der Luft, wie beim Taïfun (Wirbelorkan, Drehsturm), lässt jedoch die Wellen nicht sogleich steigen, welche nur, nachdem die erste Wuth des Sturmes über das Wasser brauste, sich erheben können.

Durch das in der Luft hergestellte Gleichgewicht — die eingetretene Windstille — werden indessen die Wellen nicht sogleich beruhigt, sondern rollen, besonders im Ocean, noch lange fort, was man ,todte See' nennt.

Die Höhe, zu welcher die Wellen steigen, ist nicht genau bestimmt, obschon in neuerer Zeit Versuche gemacht wurden, sie in offener See zu messen; man nimmt jedoch 10 Meter für deren Höhe beim Sturme an. Zu furchtbarer Höhe wachsen sie, vom Orkan aufgewühlt, am Kap Horn und dem der guten Hoffnung*). An Küsten, wo sie sich an Hindernissen brechen, steigen sie zu bedeutender Höhe, mit der Gewalt der Brandung Alles vor sich wegreissend.

Eine zweite Bewegung des Meeres ist die Strömung, welche darin besteht, dass das Meer, auch ohne vom Winde bewegt zu sein, nach einer gewissen Richtung treibt. Die Bewegung oder Strömung

---

*) Wüllerstorf: Reise der österreichischen Fregatte NOVARA um die Welt (1857 bis 1859).

des freien Meeres ist zufolge des Umschwunges der Erde von Osten nach Westen, dort ausgenommen, wo sie Widerstand findet, wie im Golf von Mexico, wo der sogenannte Oststrom, vom einschliessenden Lande zurückgestossen, die Richtung nach Nordost einschlägt und in dieser fortströmt, bis er in höheren Breiten sich verliert.

Meeresströmungen geben oft sehr interessante Nachrichten durch die sogenannte ‚Flaschenpost‘, die theilweise auch dazu benutzt wird, um die Richtung der Strömungen im Meere zu erforschen. In eine gewöhnliche Flasche von starkem Glase, wie die Champagner-Flaschen oder die sogenannten, mit Stroh überflochtenen Damisans sind, oder in verpichte Holzgefässe, werden von Schiffen, die sich in Gefahr befinden, oder die überhaupt Nachrichten der Strömung übergeben wollen, einige Notizen, wie Name des Schiffes, Länge und Breite des Ortes, wo man sich befindet, Datum etc. auf ein Blatt Papier geschrieben, in die Flasche gelegt, worauf man sie gut verkorkt in die See wirft. Diese Flaschenpost ist etwa seit einem halben Jahrhundert förmlich organisirt und hat die besten Resultate geliefert. Kapitän Beecher, der ehemalige Redakteur des ‚Nautical-Magazine‘, beschäftigte sich viele Jahre hindurch mit der Sammlung der Berichte, welche die in der See oder an der Küste aufgefundenen Flaschen enthielten. Er entwarf eine Karte, welche die Reisen angiebt, die jede solcher Flaschen von ihrem Abgangspunkte bis zur Stelle ihrer Auffindung gemacht hat, indem er beide Endpunkte direkt mit einander verbindet, was die beste Methode bleibt, um die durchlaufenen Gewässer zu ergründen. Sie zählt 119 solcher Flaschen und begreift nur den Theil des atlantischen Oceans, welcher zwischen den Orkney-Inseln und Guinea liegt. Viele Flaschen, welche in der Nähe der afrikanischen Küste über Bord geworfen wurden, fanden den Weg nach Europa — eine begann ihre Reise am Panama-Isthmus und landete an der irischen Küste, und anticipirte so die Austral-Panama-Route; drei bis vier, von Grönlandsfahrern an der Davisstrasse entsendet, gelangten an die Nordwestküste von Irland; eine andere ging vom südlichen atlantischen Ocean aus, schwamm nach der Westküste Afrika's, bei der Strasse von Gibraltar vorbei, dann längs der portugiesischen Küste, durch den Golf von Biscaya längs der Küste Frankreichs, und wurde bei der Insel Jersey aufgefunden; wenigstens berührt die gerade Linie, welche von ihrem

Ausgangspunkte zur Landung gezogen wird, alle diese Punkte, und es ist sehr wahrscheinlich, dass sie erst gegen Nordwest und dann gegen Nordost getrieben hat, um rund um die afrikanische Küste zu gelangen und die europäische zu erreichen, da die Strömung im mittelländischen Meere innerhalb Gibraltar wieder wechselt und an Spaniens Küste dem Ocean zufliesst. Wenige dieser aufgefundenen Flaschen waren über ein Jahr auf der Reise, eine sogar nur fünf Tage. Diese wurde vom Kapitän des Schiffes RACEHORSE am 17. April 1855 in der caraibischen See entsendet und schon am 22. April aufgefischt; sie hatte in dieser kurzen Zeit drei Längengrade in westlicher Richtung durchlaufen. Die Berichte, welche Kapitän Beecher seiner Flaschenpostkarte in einer Tabelle beilegt, sind beiläufig in folgender Weise und womöglich gleichlautend in drei Sprachen verfasst: „Ich schreibe diese Zeilen, um die Strömung auszumitteln; lasst mich wissen, wann und wo Ihr die Flasche gefunden. Kapitän N. N. Schiff N. Breite .... Länge .... Datum ...."

In einigen dieser Flaschen befanden sich auch andere Notizen — über Wetter — Krankheiten — Gefahren — ja sogar kleine Gedichte. Die Nachrichten der Flaschenpost werden im ‚Nautical-Magazine‘ von den Seeleuten mit dem höchsten Interesse gelesen. Wir verdanken der Flaschenpost wichtige Berichte bezüglich der Nordpol-Expeditionen; so hat z. B. im Jahre 1848 an Bord des INVESTIGATOR Kapitän Bird ein Kästchen mit Papieren dem Meere übergeben, welches von dem Huller Schiff PRINCE OF WALES aufgefangen wurde, und die englische Admiralität von der Richtung, die der bereits für verloren gehaltene INVESTIGATOR und dessen Geleitschiff ENTREPRISE genommen, und von deren Zustande benachrichtigte. Wie manches Schiff ging in den letzten Jahren verloren, von dessen Schicksale uns nur die Flaschenpost einige Nachrichten gab und über die Verhältnisse aufklärte, in denen sich Schiff und Mannschaft kurz vor dem Untergange befanden. — Eines der merkwürdigsten Ereignisse bleibt aber in der Geschichte der Flaschenpost das durch Kapitän d'Auberville des Barkschiffes CHIEFTAIN von Boston an der afrikanischen Küste am Fusse des Berges Abylus aufgefundene Cedernfässchen, das — aussen mit Muscheln ganz bedeckt — in seinem Inneren

..eine übertheerte Kokosnuss enthielt, in welcher auf einem Pergamentstreifen ein kurzer Bericht, von der Hand Christoph Columbus 1493 geschrieben und an Ferdinand und Isabella gerichtet war. Columbus schrieb: „Ich glaube nicht, dass die Mannschaft den nächsten Tag erleben wird, die Schiffe befinden sich zwischen den westlichen Inseln, und ich übergebe nebst diesem Berichte noch zwei gleiche den Wellen, in der Hoffnung, dass man sie auffinden wird." — Morier Evans theilte dem Redakteur der ‚Times' kurz nach der Veröffentlichung dieses interessanten Fundes eine alte Reisebeschreibung aus der Zeit Christoph Columbus mit, in der sich folgende Stelle befand: Der Admiral, als er den Tod vor Augen sah, wünschte, dass die Kunde seiner Entdeckung (da er bereits bei den Azoren war) zur Kenntniss der katholischen Majestäten gelangen möchte; in dieser Absicht schrieb er den Erfolg seiner Unternehmung auf ein Pergament, umwickelte es mit Wachstuch, legte es in ein hölzernes Kästchen und senkte es in Gegenwart der ganzen Mannschaft, welche dieser Handlung mit religiöser Feierlichkeit beiwohnte, in die See.

Die Flaschenpost hat vor Kurzem sogar Petermann's Behauptung, dass eine nordöstliche Strasse in das Polarmeer führe, durch eine norwegische Flasche bestätigt, die an der Küste Sibiriens aufgefangen wurde.

Wenn auch Nachrichten, wie die eben erwähnten, uns etwas verspätet durch die Flaschenpost zukommen, so bleibt dieses Mittel doch jedenfalls das einzige, um über die Stärke und Richtung der Strömungen im Meere aufgeklärt zu werden, deren genaue Kenntniss für die Schiffahrt von hohem Interesse ist.

Ausser dem grossen Golfstrome giebt es in verschiedenen Theilen des Meeres noch viele Strömungen, welche nach verschiedenen Richtungen fliessen, und deren Ursachen noch nicht genügend bekannt sind.

Durch entgegengesetzte Strömungen entstehen Wirbel auf dem Meere, deren berühmtester der Maelstrom an Norwegens Küste ist. Der neueren Schiffahrt sind die aus der alten Geschichte berühmten Wirbel Scylla und Charybdis in der Meerenge von Messina zu unbedeutend, als dass sie weitere Erwähnung verdienten.

Die dritte und unstreitig die merkwürdigste Bewegung ist die täglich zweimal wiederkehrende Fluth und Ebbe. Allmählich steigt das Meer, bis es nach sechs Stunden seine grösste Höhe erreicht hat, steht dann einige Minuten still und fällt wieder während der nächsten sechs Stunden, bis es auf die grösste Tiefe hinabkommt, wiederum einige Minuten still steht und von Neuem zu steigen beginnt. Im Ocean und besonders zwischen den Wendekreisen tritt der Augenblick des höchsten Wasserstandes, wenn nicht Nebenumstände, wie die Nähe des Landes, hindernd einwirken, ungefähr drei Stunden, nachdem der Mond durch den Mittagskreis (Meridian) des betreffenden Ortes gegangen ist, ein.

Ununterbrochen dauert dieses Steigen und Fallen fort, nur tritt die hohe Fluth täglich ungefähr 49 Minuten später ein, indem um eben so viel Zeit der Mond täglich später durch den Meridian geht (kulminirt). Ueberall wo diese Bewegung des Meeres nicht durch einengende Küsten gehindert ist, zeigen sich in diesem Phänomen drei regelmässige Veränderungen: eine tägliche, eine monatliche und eine jährliche. Hieraus ergiebt sich nun deutlich, dass Mond und Sonne durch ihren vereinten Einfluss auf den Erdkörper Fluth und Ebbe hervorbringen; eine Kenntniss, welche bereits die Alten besassen, und welche durch viele, namentlich im Weltmeere angestellte Beobachtungen bestätigt wurde.

Nach dem Gesetze der Anziehung ist bewiesen, dass, wenn eine beträchtlich grosse Kugel mit einer dünnen Lage eines flüssigen Gegenstandes umgeben, in allen ihren Theilen gegen einen äusseren Punkt oder Körper gravitirt, die sie umgebende Flüssigkeit die Kugelform verlassen muss und die Gestalt eines elliptischen Sphäroids annimmt, dessen grosse Achse gegen den anziehenden Körper gerichtet ist. Je näher nun Sonne und Mond der Erde sind, desto grösser sind ihre Wirkungen auf Fluth und Ebbe; die Trägheit des Wassers und der Umschwung der Erde verspäten indess die Fluth und vermindern ihre Höhe. In den Tagen des Neu- und Vollmondes (Syzygien) treten natürlich die stärksten Fluthen ein, die alsdann den Namen ‚Springfluthen‘ erhalten; ist zugleich der Mond in der Erdnähe (Perigäum), so werden diese noch gewaltiger. Dem grossen Newton hat man die Erklärung dieses Phänomens zu verdanken, das durch Bernoulli und Euler noch erschöpfender ausgearbeitet ward.

Ueber den 65° Breite hinaus werden Fluth und Ebbe unbedeutend; Binnenmeere, wie das mittelländische und baltische, haben wenig oder gar kein bemerkbares Steigen und Fallen des Wassers, indem sie im Verhältniss zum Ganzen zu unbedeutend sind; die Anziehungskraft der Sonne und des Mondes ist an beiden Extremitäten fast gleich und kann daher auf das Wasser nur einen geringen Einfluss ausüben.

Die Höhe, zu welcher das Wasser während der Fluth steigt, ist sehr verschieden und von mancherlei Umständen abhängig; an einigen Stellen in England und Nord-Amerika steigt die Springfluth bis 21^m, während sie an anderen, wie in Port Royal in Jamaika, nur eine Höhe von 15^{cm} erreicht.

Für den Seefahrer ist es von grösster Wichtigkeit, genau zu wissen, wann Fluth und Ebbe stattfinden, indem er nicht allein dadurch einen unersetzlichen Zeitverlust, sondern zuweilen auch dem Untergange seines Schiffes und seiner Ladung vorbeugen kann, wenn er z. B. vor einen Hafen kommt, der von Untiefen umgeben ist, über welche er nur mit steigender Fluth zu segeln vermag, und er sich genöthigt sieht, die Fluth abzuwarten, um mit derselben einzulaufen.

Nach der Beschreibung des Meeres ist es nöthig, noch einige Worte über einen Gegenstand zu sagen, der einen ebenso grossen Einfluss wie jenes auf die Schiffahrt ausübt.

Die den Erdball umgebende Luft zeigt, wie alle ausdehnsam flüssigen Körper, ein ewiges Bestreben, das Gleichgewicht zu erhalten, oder das gestörte wieder herzustellen. Wird dieses Gleichgewicht durch ausdehnende Wärme oder durch zusammenziehende Kälte aufgehoben, so strömt zur Wiederherstellung desselben die daran grenzende Luft herzu: dies ist die Ursache des Windes.

Beständige Ursachen erzeugen beständige Wirkungen; die stärkere Erwärmung der Luft zwischen den Wendekreisen bewirkt natürlich ein fortwährendes Zuströmen kälterer Luft aus den Polargegenden. Dieses Zuströmen, mit dem Luftzuge vereint, welcher durch den Umschwung der Erde hervorgebracht wird, bringt in jenen Breiten einen fortwährenden Ostwind hervor, der nördlich vom Aequator zwischen Nord und Ost, südlich von ihm zwischen Süd und Ost weht (Passat-Winde).

Ausser diesem beständigen Winde giebt es noch periodische, welche in gewissen Meeren eine Zeit des Jahres nach einer, die andere Zeit nach einer entgegengesetzten Richtung wehen. Diese

Winde, unter dem Namen Monsun bekannt, wehen nördlich vom Aequator und in der ganzen Ausdehnung, welche zwischen der Ostküste von Afrika und dem Meridian enthalten ist, der durch den westlichen Theil Japans geht, aus Südwest von der Mitte April bis Mitte Oktober, und von Nordost während der anderen Monate; das rothe Meer und der persische Golf, in denen veränderliche Winde herrschen, sind ausgenommen. Die Abwechslung des südlichen zum nördlichen Monsun geschieht indess nicht plötzlich; den Uebergang von einem zum anderen bezeichnen Windstille, veränderliche Winde und Stürme.

In höheren Breiten kennt man nur veränderliche Winde, mit Ausnahme der in der guten Jahreszeit täglich konstant abwechselnden See- und Landbrisen, die sich in folgender Weise erklären: Das Seewasser erwärmt sich weniger an der Oberfläche als das feste Land, da die Sonnenstrahlen, die es treffen, weit tiefer eindringen als auf dem Kontinente, und weil der Wasserspiegel eine grössere Refraktion bietet, während die Landoberfläche als besserer Leiter und auch in Folge ihrer Farbe die Wärme einsaugt. Hieraus erklären sich die bei schönem Wetter konstanten, in gewissen Tagesstunden regelmässig eintretenden See- und Landbrisen, die im mittelländischen Meere ‚imbatto‘ oder ‚forean‘ und ‚vento da terra‘ heissen. — Das zu einer gewissen Tagesstunde (gegen 10 Uhr Morgens) bereits durchgewärmte Land bildet über sich die verdünnte Luft, in welche die dichtere kältere von der See aus einströmt (Seewind). Nach Sonnenuntergang findet dasselbe Phänomen umgekehrt statt. — Die Erde als besserer Leiter kühlt schneller ab als die langsam erwärmten Luftschichten über der See. Vom Lande strömt dann die dichtere Luft in die noch verdünnte wärmere, die sich über dem Meere befindet, und so entsteht die nächtliche Landbrise. Gegen Morgen, wo das Gleichgewicht wieder hergestellt ist, treten die Windstillen ein, die dann gewöhnlich bis zum Beginne des Seewindes dauern.

Die schnelle Evaporation eines kahlen unbebauten Landes erzeugt daher auch die heftigen Lokalwinde, wie der Nord-West im mittelländischen, der Mistral in der Provence, der Nord im griechischen Archipel, der Nord-Ost und Ost-Nord-Ost (Bora) im adriatischen Meere. Allmähliche Bewaldung solcher Länder bleibt die einzige Abhilfe gegen diese verheerenden Stürme, und als Beweis dafür dient, dass bei reichlichem Schneefalle auf kahlen Gebirgen vollkommen Windstille herrscht, da die Evaporation dann weit geringer ist, als sie das kahle poröse Land unter den Sonnenstrahlen nach einem Regen bietet. Die verdienstvollsten Leistungen bezüglich des Studiums der Luftströmungen bleiben ohne Zweifel jene des amerikanischen See-Officiers Maury, die er in seiner physischen Geographie des Meeres und in seinen ‚Sailing directions‘ veröffentlicht hat, und die vom österreichischen Vice-Admirale Freiherrn von Wüllerstorf während der Erdumseglung an Bord der Fregatte NOVARA (1857—1859) so kostbar bereichert wurden. Durch Maury's bewunderungswürdige Zusammenstellung der ‚Wind- and current charts‘ wird den Seefahrern gleichsam die Wasserstrasse vorgezeichnet, auf der ihnen die Elemente bei transatlantischen Reisen die grössten Vortheile bieten. Nicht immer ist der gerade Weg zur See auch der kürzeste.

Maury's Werk und seine Karten gleichen guten Führern, die auf jedem Punkte des unendlichen Weltmeeres dem Schiffer zeigen, wie er zwar nicht auf dem kürzesten Wege, aber in der kürzesten Zeit zu den verschiedenen Zielen gelangt, für die er bestimmt ist. Erst wenige Decennien sind verflossen, seit Dove durch sein ‚Drehungs-Gesetz der Winde‘ die erste Basis zu einer meteorologischen Wissenschaft gelegt hat, und darum nennt man ihn mit Recht, nebst Kämptz, den Gründer der wissenschaftlichen Meteorologie. Die Drehung der Erde, die Wärme und die Gravitation sind die drei Motoren, welche den Wasser- und den Luftocean in Bewegung setzen, sie sind es, die durch die verschiedenen Verhältnisse ihrer Wirkungen, in Verbindung mit der so vielgestalteten festen Erdrinde jene Phänomene veranlassen, welche wir unter dem Namen ‚Wetter‘ begreifen. Das Drehungs-Gesetz auf eine allgemeine Formel zurückgeführt, lautet: der Wind geht mit der Sonne, d. h. die Drehung des Windes, der Luftströmungen, erfolgt auf der Nordhälfte der Erde wie der Zeigergang einer Uhr, von Nord durch Ost und Süd nach West; auf der südlichen Hemisphäre von Süd durch Ost und Nord nach West. Die Ursache ist einfach die folgende: Vertikal unter der Sonne ist der heisseste Punkt der Erde, und da die Erde sich dreht, entsteht daraus eine heisse Linie. Wärme dehnt die Körper aus; die erwärmte Luft steigt also als leichterer Körper in die Höhe, das Gleichgewicht ist dadurch gestört, und es strömt nun die kältere Luft vom Pole dem Aequator zu. Die Luft hat die Bewegung des Ortes, von dem sie ausgeht; am Aequator dreht sie sich mit einer Schnelligkeit von 15 geographischen oder 60 Seemeilen (= 11.₁₃ Myriameter) in der Stunde von West nach Ost, auf der Breite von Berlin nur mit 9 Meilen (= 6.₉₈ Myriameter) stündlicher Geschwindigkeit; am Pole ist die Bewegung Null. Die Luft, die vom Pole gegen den Aequator strömt, bleibt also gegen die Schnelligkeit des Ortes, dem sie zuströmt, zurück, sie erscheint daher nicht als ein Luftstrom aus Nord, sondern mit einer Abweichung nach Osten, die um so grösser wird, je grösser der Unterschied in den Geschwindigkeiten ist. Nordostwind auf der nördlichen Hemisphäre ist somit nichts anderes als ein Nordwind, der aus grosser Entfernung kommt, und darum auch der kälteste Wind. Bei einer Strömung der kälteren Luft zum Aequator wird daher jeder Nordstrom zu einem immer mehr östlichen, je länger er dauert, d. h. aus je höheren Breiten er kommt, bis das Gleichgewicht im umgekehrten Sinne gestört wird, dann fliesst der warme, in der Richtung vom Aequator kommende Strom wieder nach Norden, verdrängt den nordöstlichen Strom, wird aber, je länger er dauert, d. h. aus je näher dem Aequator gelegenen Breiten er kommt, allmählich immer mehr zum westlichen Strome, bis dieser wieder vom kalten nördlichen Strom verdrängt, und so die vollständige Drehung der Luftströmung durch die Windrose gemacht wird. Das umgekehrte Phänomen findet auf der südlichen Hemisphäre statt. Die ungleiche Temperatur-Vertheilung und die Drehung der Erde sind daher die Grundmotoren der Luftströmungen. Unter der Sonnenbahn (Ekliptik), wo es nur einen aufsteigenden Strom giebt, liegt die Zone der Kalmen. Die Luft strömt unten als kalte und schwere dem Aequator zu, und oben als warme und leichte vom Aequator ab. Die Passatwinde sind der einfachste Fall dieser Luftströmung. Die verschiedene Vertheilung von Land und Wasser, von Hochland und Tiefland etc. modificiren unendlich diese einfachen Grundformen. Niederschläge, wie Regen, Schnee, Hagel, sind die Resultate der Kämpfe zweier Strömungen. Wegen seiner Kälte ist der Polarstrom schwer und trocken, der warme Aequatorialstrom leicht und feuchter, weil sich der Feuchtigkeitsgrad nach der Wärme richtet. Weil der Polarstrom aus Breiten niederer Temperatur kommt und seine Temperatur also zunimmt, bringt er heiteren Himmel; der Aequatorialstrom hingegen, da seine Temperatur abnimmt, bringt Wolken. — Das Gesetz dieser Erscheinungen war uns durch lange Zeit unbekannt, aber es war darum nicht unbestimmt. Was uns im grossen All überhaupt als regel- und gesetzlos dünkt, erscheint uns eben nur so in Folge der uns mangelnden Kenntniss, und so nennen wir oft Zufall, was nur die nothwendige Folge einer höheren Anordnung war, die wir nicht begriffen, nicht gewusst, nicht geahnt haben. Zu diesen Phänomenen, deren innerer Verlauf sich lange Zeit dem Forscherblicke entzog, gehört vor Allem die Kenntniss des Luft- und Wassermeeres. Wir leben am Boden des ersten, auf der Oberfläche des zweiten. Ein Fortschritt, eine Kenntniss dieser beiden für uns so mächtigen Elemente ist aber nur durch unzählige Beobachtungen denkbar. Dem unermüdlichen Sammel- und Sichtungs-Eifer Maury's und seinem Scharfblicke, mit dem er die zahllosen Einzelbeobachtungen auf die Grundwahrheit zurückführte und das Stetige im Wechsel nachwies, dieser seltenen Gabe eines seltenen Mannes ist es gelungen, das Unbegriffene begreiflich zu machen, und aus Tausenden von Loggbüchern der Oceanfahrer seine herrlichen ,Wind- and current charts‘ zusammenzustellen, die nun das Evangelium des Seemannes geworden sind, das sie freilich schon früher in dem Buche der Natur gelesen hatten, das ihnen aber Maury erklärte.

Cyklonen, Taïfune, Pamperos sind Drehstürme, die schon unzählige Opfer gefordert haben; — sie unterscheiden sich von den gewöhnlichen Stürmen dadurch, dass sie nicht in ein und derselben Richtung wehen, sondern sich kreisförmig mit grosser Geschwindigkeit um einen Mittelpunkt (Centrum, Vortex) des Orkans bewegen. Betrachtet man die Entstehung einer Wasserhose auf See oder eines Staubwirbels am Lande, so hat man, wenn man sich den Durchmesser derselben um Hunderte von Meilen vergrössert denkt, ein deutliches Bild des Orkans. Ausser dieser kreisförmigen Bewegung des Orkans um das Centrum besitzt derselbe noch eine zweite: die fortschreitende des Centrums und mit ihm des ganzen Orkanfeldes in einer Richtung. Diese zweifache Bewegung ist etwa mit jener des Rades an einem fahrenden Wagen zu vergleichen. Während das Rad sich um seine Achse dreht, schreitet diese selbst in der Richtung der Bewegung fort; ebenso dreht sich der Orkan um das Centrum, während das ganze Sturmfeld in einer gewissen Richtung fortschreitet. Demnach sind bei Orkanen zwei Bewegungen zu berücksichtigen: 1. die kreisförmige, 2. die fortschreitende des Centrums oder der Weg des Orkans. Die Orkane kommen in den Herbstmonaten in beiden Hemisphären vor, sobald sich die Sonne von ihrem Sommer-Solstitium nach dem Aequator bewegt, in der südlichen Hemisphäre somit von December bis April, in der nördlichen von Juni bis Oktober. Der Ort ihrer Erscheinung beschränkt sich auf die heisse Zone, der gefährlichste Punkt des Orkans ist sein Centrum, wo der Wind durch die schnelle Drehung des Sturmfeldes auch am schnellsten wechselt und die See am unregelmässigsten durcheinander läuft. Bei gewöhnlichen Stürmen, wo die See vor dem Winde läuft, kann sich ein gut gebautes und gut gesteuertes Schiff immer halten; wenn der Wind aber von der einen Seite weht und die See von der entgegengesetzten in mächtigen Wogen daherrollt, wird das beste Schiff hilflos. Eine solche Lage, wo alle Geschicklichkeit und Seemannschaft nichts helfen, muss um jeden Preis vermieden werden. Selbst die zuweilen plötzlich eintretende Windstille im Centrum des Orkans ist höchst gefährlich, weil dieser immer sehr heftige unvorhergesehene Windstösse folgen, die bei der geringsten Segelführung den Verlust der Masten und selbst das Kentern des Schiffes zur Folge haben können. Die Vorzeichen der Orkane sind: merkliches Fallen des Barometers, dieses treuesten Freundes des Seemannes auf dem hohen Meere, unreine obere Luft, Hof um Sonne und Mond, zerrissene massenhafte Wolkenbänke, trüber, mistiger Horizont, und meistens ein immer mehr zunehmender Seegang von einer ganz anderen Seite, als die wehende Kühlte ihn mit sich bringen sollte. Dieser Swell, wie ihn der Seemann nennt, zeigt sich oft mehrere Tage vor dem Auftreten des Orkans; vor Allem aber bediene man sich zur Erkennung des nahenden Orkans jenes unschätzbaren und besonders in den Tropen nie trügenden Instrumentes — des Barometers. Maury hat in seinen ‚Sailing directions' durch unzählige Beobachtungen aber auch gegen diese verheerenden Orkane den Ariadne-Faden der Wissenschaft gefunden, der den Bedrängten den Weg zeigt, um dem fürchterlichen Labyrinthe zu entkommen. Die Aufgabe besteht einfach darin, das Centrum des Drehwindes zu erfahren, um dieses sorgfältig und um jeden Preis zu vermeiden, und hierfür wurden bestimmte, unfehlbare Regeln für jede der Hemisphären festgesetzt, wie z. B. die folgende: Um auf der südlichen Hemisphäre die Richtung zu finden, in welcher das Centrum des Orkans liegt, drehe man das Gesicht gegen den Wind und bestimme seinen Namen; acht Kompass-Striche von dieser Richtung zur linken ist die Richtung, in der das Centrum liegt. Nun weiss man, in welcher Richtung das Schiff zu laufen hat, um sich von dem Centrum zu entfernen. Hat es die Wissenschaft hier nicht zu einem bewunderungswürdigen Resultate gebracht und Tausende von Menschenleben und Millionen an Werth sichergestellt? Im II. Bande der Reisebeschreibung der Fregatte NOVARA finden wir die lebendige Schilderung eines solchen Taïfuns in der Südsee und die lohnenden Folgen der genau beobachteten Sturmregeln.

Und diese kostbaren Schätze werden allen Seefahrern unentgeltlich geboten: jeder Steuermann oder Kapitän, der beweisen kann, dass er die nöthige Fertigkeit besitzt, um vergleichsweise einfache Beobachtungen zu machen, der sich verpflichtet, dieselben vorzunehmen und hiervon Abschriften an das National-Observatorium zu Washington einsendet, erhält unentgeltlich ein Exemplar der herrlich gezeichneten Wind- und Strömungskarten und des Buches ‚Sailing directions‘. Es ist mehr Schuld der Rheder und der Kapitäne sowie der nautischen Schulen, als der ersten Anregung und Basis für eine wissenschaftliche Navigation, wenn in dieser Beziehung noch Vieles zu wünschen übrig bleibt und Wenige sich dieses Prämium verdient haben. Der deutsche und österreichische Seemann leistet im Allgemeinen Alles, was er seiner Lage nach leisten kann. Das Seemanns-Element ist in Deutschland und Oesterreich auf das Glänzendste vertreten. Aber die Institute, in denen er seine Ausbildung erhält, kann er sich nicht besser schaffen als sie sind, sich deren Besuch nicht erleichtern, er kann den Schiffbau nur wenig fördern: Alles das muss, wenn nicht vom Rheder, vom Ganzen, von den Regierungen ausgehen. Betheiligung, vortheilhafte Betheiligung am Welthandel ist ohne entsprechende Schulen nicht denkbar; gebildete Kapitäne, theoretisch-praktisch entwickelte Seeleute sind die Basis, auf der jedes andere Projekt, jede transatlantische

Spekulation beruht. Bis heute sind die deutschen und österreichischen Seeleute, wie es in einem werthvollen Aufsatze*) in der
‚Allgemeinen Zeitung‘ heisst, leider auf einen Unterricht in der
Nautik angewiesen, der sich auf das Minimum beschränkt, und für
die gründliche theoretische Ausbildung wird noch viel zu wenig
gesorgt. In Allem, was die Oceanographie, die Technik der Schiff-
fahrt, den neueren Schiffbau, die bezüglichen merkantilen Verhältnisse etc. betrifft, ist er lediglich auf sich angewiesen. Gelegenheit,
Erfahrungen zu machen, hat er freilich, aber ein Unwissender
braucht beiweitem länger, um sich Erfahrungen zu erwerben, und
in vielen Fällen geht ohne theoretische Vorkenntnisse auch die
Erfahrung unbeachtet an uns vorüber. Schulen, in denen der theo-
retisch-praktische Unterricht dem jungen Manne als kostbare Aus-
steuer im Momente mitgegeben wird, wo er sich dem Meere ver-
mählt, nautische Schulen, von erfahrenen Fachmännern geleitet,
sind die unentbehrliche Institution, deren Kosten kein seefahrender
Staat scheuen sollte, weil das ausgelegte Kapital sichere Zinsen
trägt. Je mehr Kenntnisse man dem Seemanne mit an Bord geben
kann, desto besser wird er fahren, denn nicht Der ist der beste
unter ihnen, der Stengen und Raaen über Bord wirft und unüberlegt
in's Blaue segelt, sondern Der, welcher keinen Zoll Segeltuch mehr
setzt, als Schiff und Umstände erfordern, aber auch keinen Zoll
weniger. Wer die Seetüchtigkeit zweier so wichtigen Elemente, wie
sie Deutschland und Oesterreich bieten, gehörig verwerthen will,
muss das grosse Ganze im Auge haben. Jeder Seemann wird uns
zugeben, dass eine Septemberfahrt im Nordatlantik gar nicht zu
vergleichen ist mit der Herbstfahrt in der Nordsee. Die Mühen des
Kap Horn verschwinden für die in Wintermonaten geschulten Seeleute des deutschen oder auch des schwarzen Meeres. Der Nord-
und Südländer der deutschen und österreichischen Flagge verdient
es, sorgfältig herangebildet zu werden, und eine der interessantesten
Erscheinungen im socialen Leben ist: ein gebildeter Seemann.
Wer so wie Graefe die Gesetze der Orkane**) in einem fasslichen
Vademekum tabellarisch zusammenstellt, und die Theorie Dove's

---

*) Hermann Orges.
**) Ueber Orkane, von Kapitän Graefe. Hamburg. 1856.

und Maury's, durch seine eigenen Erfahrungen bereichert, seinen Gefährten übergiebt, der zeigt uns den Nutzen gründlicher Bildung und sollte unseren Kauffahrer-Kapitänen zum Muster dienen, und zur Veröffentlichung ähnlicher kostbarer Werke über das Seewesen aufmuntern.

In der Seesprache bezeichnet man den Wind durch die Worte: Brise, Kühlte, mit den Beiworten: flau, frisch, steif, da das Wort Wind die Richtung desselben nach dem Kompass-Striche ausdrückt und oft gleichbedeutend mit ‚Kurs‘ ist. Je nachdem die Kühlte mehr oder minder, d. h. unter einem kleineren oder grösseren Winkel in die Segel fällt, steuert das Schiff entweder dicht, hart ‚am Winde‘ (Figur 1), oder mit ‚raumen Winde‘ (Figur 2) oder ‚vor dem Winde‘ (Figur 3). Wenn die Heftigkeit eines Sturmes ein Schiff zwingt, gerade vor dem Winde zu laufen, so nennt man dies ‚Lenzen‘.*) Können hierbei keine Segel geführt werden, so nennt man dies ‚vor Topp und Takellenzen‘. Legt man sich bei heftigem Gegenwind mit wenigen Segeln dicht an den Wind, um sich so viel als möglich auf der Stelle zu erhalten, auf der man sich befindet, so nennt man dies ‚Beiliegen‘ (Figur 4).

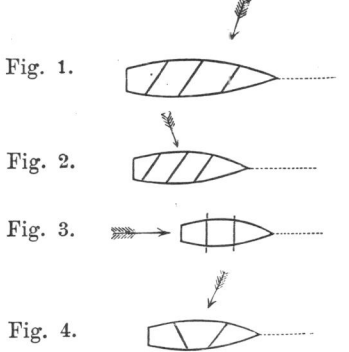

Fig. 1.

Fig. 2.

Fig. 3.

Fig. 4.

Das Wenden des Schiffes geschieht entweder durch den Wind, indem man das Schiff erst ganz in die Richtung des Windes hineindrehen und diesen dann von der anderen Seite in die Segel fallen lässt, und heisst ‚über Stag gehen‘ oder nur ‚Wenden‘

---

*) Wer eingehendere Studien des ‚Schiff in See‘ machen will, als es der enge Rahmen dieses Buches gestattet, dem seien als vorzüglichstes Anschauungsmittel hierzu die meisterlichen photographischen Reproduktionen der weltberühmten Original-Gemälde von A. Melbye (circa 80 Blätter) und von Fr. Hünten (circa 30 Blätter) empfohlen, welche im Verlag von Otto Joop in Hamburg (Admiralitätstrasse ³/₄) in vier verschiedenen Grössen und zum Preise von M. 0·75 bis M. 4·50 per Blatt erschienen sind. — Melbye Nr. 65 zeigt ein im Sturm ‚lenzendes Schiff‘.

(Figur 5); oder es geschieht vor dem Winde und heisst ‚Halsen‘ (Figur 6). Stosswinde oder Böen sind plötzliche Luftentladungen,

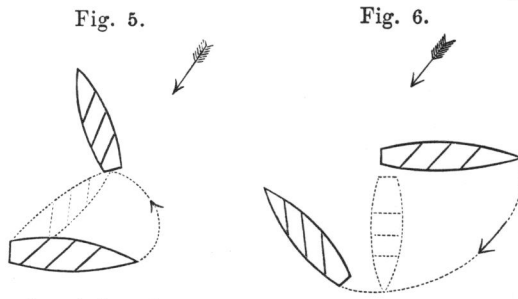

Fig. 5.   Fig. 6.

die nur bei Gewittern oder unter Land vorkommen. Die grösste Geschwindigkeit des Windes beträgt circa 46^m in der Sekunde; er ist dann im Stande, die zerstörendsten Wirkungen hervorzubringen und wird mit dem Namen Orkan belegt.

Durch Wirbelwinde werden die, kleinen Fahrzeugen gefährlichen, Wasserhosen erzeugt.

Bemerkenswerth ist es, dass der zwischen dem 4° und 10° N. Breite und zwischen dem 20° und 25° W. Länge von Paris gelegene Theil der See zu beständiger Windstille verurtheilt zu sein scheint, die von bedeutenden Gewittern und fast beständigem Regen begleitet ist, weswegen dieser Theil bei Seeleuten auch vielfach den Namen ‚der Regen‘ führt.

Die Steuermannskunst lehrt, ein Schiff auf dem sichersten und kürzesten Wege von einem Hafen zum anderen zu führen und zu jedem Zeitpunkte den geographischen Ort zu bestimmen, an dem es sich befindet. Als Hilfswissenschaft der Steuermannskunst ist die Mathematik unerlässlich, und es basiren alle nautischen Berechnungen auf der Trigonometrie.

Man findet den Ort eines Schiffes auf See auf zweierlei Weise: einmal durch Beobachtungen und Messungen auf der Erdoberfläche, das andere Mal durch Messungen von Gestirnsabständen am Himmel. Die erstere Art heisst geographische Schiffahrt (gegisstes Besteck). Die Messungen, welche für diese erforderlich sind, werden mit Hilfe des Kompasses und des Loggs ausgeführt. Die Erde wird trotz ihrer Rundung als Ebene angesehen und bei Berechnungen demgemäss die ebene Trigonometrie zu Grunde gelegt.

Die Ortsbestimmung durch Messungen von Gestirnsabmessungen an der Himmelskugel, bei der man nur mit Bogen grösster Kreise zu thun hat, heisst die astronomische Schiffahrt (wahres Besteck). Ihre Aufgaben werden mit Hilfe der sphärischen Trigonometrie gelöst.

Da sowohl Logg, als Kompass unvollkommene Instrumente sind, und die geographische Schiffahrt bei ihrem Gebrauche somit oft von unrichtigen Voraussetzungen ausgeht, so kann das gegisste Besteck nur für einen beschränkten Zeitraum ein gewisses Vertrauen verdienen.

Als Hauptregel gilt daher für den Seemann, nur dann von dieser Rechnung Gebrauch zu machen, wenn Observationen unmöglich sind, sie aber sofort zu verwerfen, sobald er Gelegenheit hat, zuverlässige Beobachtungen von Gestirnen zu erhalten. —

Das wichtigste Instrument, dessen der Seemann sich bedient, ist der Kompass, ohne welchen er die Meere nicht mit Sicherheit befahren könnte.

Auf die uns leider noch mystische Kraft des Erdmagnetismus gegründet, wird die kleine Eisennadel zum verlässlichsten Führer auf dem wüsten Weltmeere; wenn bei sturmumwölktem Himmel kein Stern leuchtet, bezeichnet uns die Spitze der Magnetnadel aber doch den Nordpol und wird so zur einzigen Orientirung bei Tage und Nacht. Unberechenbar sind die Vortheile, die Entdeckungen, welche die Navigation der Magnetnadel verdankt, und die eigentliche Entwicklung der Schiffahrt datirt auch nur von der Epoche der Anwendung der Magnetnadel auf den Schiffskompass.

Magneteisenstein (lateinisch Magnes, lapis Lydius oder Heraclius, von dem Orte seiner Auffindung so benannt, oder lapis nauticus wegen seiner Verwendung in der Navigation, oder wie Andere wollen vom Schäfer Magnes, der ihn am Fusse des Berges Ida mittels seines eisenbeschlagenen Stockes aufgefunden haben soll, wie Nicander erzählt) ist ein Eisenerz, welches in Oktaedern krystallisirt, derb eingesprengt und in Körnern auf Lagern in älteren Gebirgen und lose im Sande in Schweden, Sibirien und Nordamerika vorkommt. Es ist eisenschwarz von Farbe, stark und metallisch glänzend und hat muscheligen Bruch. Dieses Erz nennt man natürlichen Magnet, zum Unterschiede von den Magneten, welche durch die Kunst, d. i. durch Mittheilung oder durch Erweckung der magnetischen Kraft im Eisen und Stahl hervorgebracht werden. Kobalt und Nickel ziehen aber auch im reinen Zustande nicht nur das Eisen an, sondern wirken auch selbst magnetisch, so dass man auch Magnetnadeln aus reinem Kobalt und Nickel anfertigen kann. An allen Magneten lassen sich zwei einander entgegengesetzte Punkte finden, wo die Anziehungskraft am stärksten wirkt. Dies zeigt sich am deutlichsten, wenn man einen Magnet über Eisen-Feilspäne wälzt, welche sich dann allenthalben, aber am meisten an den erwähnten beiden Punkten festsetzen, wo sie gleichsam einen Bart bilden. Diese beiden Punkte werden die Pole des Magnetes genannt, die Neigung aber, sich, wenn er frei in der Bewegung ist, mit seinen Polen nach den Polen der Erde und des Himmels zu stellen, welche Eigenschaft zur wichtigen Erfindung des Kompasses geführt hat, nennt man die Polarität des Magnetes. Der nach Süd gekehrte Punkt wird Südpol, der entgegengesetzte Nordpol genannt. Die gerade Linie. welche diese beiden Pole verbindet, heisst die Achse des Magnetes Die Stärke des Magnetes wird dadurch erhöht, dass man ihm (bis zu einer gewissen Grenze) immer mehr und mehr zu tragen giebt. Ein 5^{kg} schwerer Magnet kann auf diese Weise bis zur Tragfähigkeit von 226^{kg} gebracht werden. Elektricität, Rost, Glühen und sofortiges Erkaltenlassen nehmen dem Magnete seine Kraft. Die ungleichnamigen Pole zweier Magnete ziehen sich an, die gleichnamigen stossen sich ab. Der Magnetnadel wird die magnetische Kraft durch das Streichen mit einem Magnete mitgetheilt, wobei man die Nadel von

Fig. 7.

ihrer Mitte aus nach der einen Seite mit dem einen, nach der anderen mit dem anderen Pole des Magnetes streicht. Magnetismus ist nur in starren Körpern thätig, weder Luft noch Wasser können magnetisch werden. Die Magnetnadel muss, um kräftig wirken zu können, ganz horizontal und völlig frei schweben. Beim Seekompass befindet sich die Magnetnadel unter einer pappenen Scheibe, die Windrose genannt, auf welcher die 32 Striche gezeichnet sind, und dreht sich, mit einem harten Achatlager (Achathütchen) auf einer Metallspitze (Pinne) ruhend, in einer Büchse von Messing oder Kupfer, die frei in doppelten Bügeln (Figur 7) hängt, allen Bewegungen des Schiffes leicht nachgiebt und somit die Scheibe stets horizontal erhält. Da die Nadel unterhalb der Scheibe an dieser befestigt ist, so dreht diese sich natürlich, ohne dass man die Nadel bemerkt, und bezeichnet so den Kurs oder den Windstrich, welchen das Schiff steuert, durch jenen Strich der Windrose, der in die Ebene des Kieles zu liegen kommt oder das Schiff seiner Länge nach genau halbirt. Die Rose ist auf ihrer Oberfläche in 360° oder 32 Striche eingetheilt, deren jeder 11° 15′ gross ist und einen besonderen Namen führt. Denkt man sich die Rose durch zwei senkrecht aufeinander stehende Durchmesser, deren einer durch die Mittellinie der Magnetnadel geht, in vier Theile getheilt, so heissen diese Theile Quadranten und die Endpunkte der Durchmesser die Kardinalpunkte. Von der Spitze der Magnetnadel ausgehend und rechts herumgerechnet bezeichnet man diese Punkte mit Nord, Ost, Süd, West. Die Namen aller übrigen Striche werden aus diesen

Fig. 8.

vieren zusammengesetzt und heissen Nord, Nord zum Ost, Nord Nord Ost, Nord Ost zum Nord, Nord Ost, Nord Ost zum Ost, Ost Nord Ost, Ost zum Nord, Ost u. s. w.

Obwohl diese Benennungen von Alters her gebräuchlich, so sind sie doch für den Anfänger nicht leicht zu erlernen und können ausserdem leicht zu Verwechslungen Anlass geben.

Viel klarer, einfacher und zweckentsprechender ist es, nur die Kardinalpunkte festzuhalten und von Nord und Süd ausgehend die

3

Striche nach Ost und West mit Zahlen zu bezeichnen. Dann heissen dieselben Nord 1, 2, 3, 4, 5, 6, 7, O, — Ost — Süd 1, 2, 3, 4, 5, 6, 7, O, und ebenso Nord 1, 2, 3, 4, 5, 6, 7, W. u. s. w. Die Figur 8 zeigt die neue Eintheilung der Rose.

Dieselbe ist schon vielfach eingeführt und weit praktischer, weil man beim Ausnehmen der Kurse aus den Strichtafeln nicht erst die Strichnamen in Strichzahlen zu verwandeln braucht und dadurch Missverständnissen vorgebeugt.

Bei grösseren Reisen und bei Erdumseglungen hat man übrigens die Erfahrung gemacht, dass die Spitze der freischwebenden Magnetnadel nicht genau die Polgegend der Erde anzeigt, sondern merklich bald gegen Osten, bald gegen Westen abweicht. Diese eigenthümliche Erscheinung, die bei einer längeren Reise von der höchsten Wichtigkeit für die Schiffahrt ist, und die schon von Christoph Columbus bei seiner Fahrt nach Amerika bemerkt, aber später nicht beachtet wurde, nennt man die Variation (Deklination) oder Missweisung der Magnetnadel, und da sie bald grösser, bald kleiner, bald östlich, bald westlich, und nur an wenigen Stellen der Erdkugel gleich Null ist, so muss sie der Seemann genau kennen, um darnach seine Kurse zu korrigiren. Die vielfältigen Beobachtungen, die man hierüber angestellt hat und immer noch fortsetzt, werden auf eigenen ‚magnetischen Deklinationskarten‘ verzeichnet, die von Zeit zu Zeit erneuert und verbessert werden müssen, weil sich auch die Missweisung ändert und seit 150 Jahren z. B. beständig von Nord gegen West zunimmt. Die erste dieser magnetischen Deklinationskarten wurde 1530 vom Kosmographen Alonzo de Santa Crux, Lehrer Kaiser Karl's V., gezeichnet und veröffentlicht.

Eine andere Erscheinung ist die Inklination oder Neigung der Magnetnadel, welche sich dadurch zeigt, dass die eine Spitze bei völligem Gleichgewichte der Nadel sich gegen den Horizont neigt. Bei Schiffen, die in hohen Breiten segeln, oder bei Polar-Expeditionen, wird diese Neigung sehr fühlbar, doch kann man ihr leicht durch ein kleines Gegengewicht von Wachs oder Blei abhelfen. Am Aequator ist diese Neigung beinahe Null. Ausser der für die praktische Navigation so wichtigen Variation (die Inklination kommt für dieselbe sehr wenig in Betracht) ist die Magnetnadel an Bord noch einer anderen horizontalen Abweichung unterworfen. Dies ist die Deviation oder örtliche Ablenkung der Magnetnadel. Sie ist für die sichere Führung eines Schiffes äusserst wichtig, wird aber leider im Allgemeinen nicht genug beachtet, ungeachtet durch diese Vernachlässigung viele Schiffe verloren gehen.

Bekanntlich zieht Eisen die Magnetnadel an. Da sich eine Menge dieses Materials in jedem Schiffe befindet, und zwar zum grössten Theile vor den auf dem Hinterschiffe aufgestellten Kompassen, so werden die Nadeln derselben in höherem oder geringerem Grade nach vorn gezogen und es wird mithin ihre Richtung nicht mehr den magnetischen Meridian angeben. Auf Holzschiffen kann diese örtliche Ablenkung bis 11° oder 1 Strich, auf Eisenschiffen bis 3 Striche und mehr steigen, und ihre Kenntniss ist daher für den Seemann von hervorragender Wichtigkeit.

Die Deviation wurde Anfangs dieses Jahrhunderts entdeckt. In der Neuzeit hat die Wissenschaft ihr Wesen ergründet und die Gesetze erforscht, welchen sie unterworfen ist. Es kann nicht unsere Aufgabe sein, auf diese Theorie hier näher einzugehen, jedoch bemerken wir, dass die Deviation aus drei verschiedenen Grössen, der konstanten, quadrantalen und semicirkularen zusammengesetzt ist.

Der konstante Theil ist ein Beobachtungsfehler und bei guten Beobachtungen immer nur sehr klein. Der quadrantale ist eine Wirkung des Eisens im Schiffe und er ändert sich nicht, so lange die Anordnung des Eisens dieselbe bleibt. Der semicirkulare Theil dagegen ist Folge des Erdmagnetismus, er ändert sich mit der geographischen Position, wird Null am magnetischen Aequator und ändert sein Zeichen beim Uebergange aus nördlicher in südliche magnetische Breite.

Daraus geht hervor, dass auf längeren Reisen eine einmalige Bestimmung der Deviation nicht genügt, sondern dass dieselbe so oft wiederholt werden muss, wie sich Gelegenheit dazu bietet.

Wem die Erfindung des Kompasses (auch Boussole genannt) zuzuschreiben ist, wurde noch nie mit Genauigkeit ermittelt, nur so viel ist gewiss, dass er im 12. Jahrhunderte in Frankreich unter dem Namen Marinette bereits bekannt und an Bord benutzt war. Bedeutend verbessert wurde er im 14. Jahrhunderte durch die Italiener Gioja und Giri, und Humboldt fand in einem Portolano des Andrea

Bianco vom Jahre 1436 sogar schon der magnetischen Abweichung erwähnt. Die ersten Missionäre trafen die Magnetnadel schon bei ihrer Ankunft in China an. Den Engländern verdankt man die sinnreiche Einrichtung der schwebenden Scheibe des Seekompasses, den Holländern die Benennungen der Weltgegenden nach Strichen auf der Windrose.

Um die Schnelligkeit, mit welcher das Schiff segelt, zu finden, bedient man sich des Loggs und des Viertel-Minuten-Glases. Das Logg hat seinen Namen von dem Engländer Lock erhalten, der es im Jahre 1660 erfunden hat. Dieser Apparat, der bisher noch nicht übertroffen wurde und daher noch immer an Bord verwendet wird, besteht aus einer circa 228^{m} langen, dünnen Leine, die in Entfernungen von je $7._{31}{}^{m}$ (erfahrungsmässig statt $7._{72}{}^{m}$) mit Knoten versehen ist und auf eine Rolle aufgewunden wird. An dem einen Ende der Leine befindet sich ein kleines dreieckiges Brettchen in Form eines Kreissektors, das an der unteren runden Seite mit Blei beschwert ist, um im Wasser lothrecht zu stehen. Soll der Lauf des Schiffes gemessen werden, so wird das Brettchen am Hintertheile des Schiffes über Bord geworfen; der Druck des Wassers hält es auf und sobald der sogenannte Vorläufer von der Leine ausgelaufen, was durch eine Marke angezeigt ist, wird das Viertel-Minuten-Glas umgedreht. Dieser Vorläufer, der beiläufig die Schiffslänge hat, dient, dazu, den Kreissektor aus dem Bereich des Kielwassers zu bringen. Sobald die kleine Sanduhr abgelaufen, wird die Leine angehalten: so viel Knoten nun über Bord waren, so viel Seemeilen ging das Schiff in einer Stunde, da zwischen den Knoten und Seemeilen genau dasselbe Verhältniss stattfindet als zwischen Viertel-Minuten und Stunden. Die Rechnung ist also ein einfacher Regeldetrisatz.

Gewöhnlich wird alle halbe Stunden geloggt; die Schnelligkeit des Schiffes, sowie der Kurs, den das Schiff während der letzten halben Stunde steuerte, werden aufgeschrieben, womit am Ende der vierundzwanzig Stunden mit Hilfe des Koppelkurses das Resultat der Distanz und des Kurses: Gesammtkurs und Distanz, ermittelt und auf der Karte bemerkt wird, um den Ort des Schiffes, d. i. die Breite und Länge, in der es sich befindet, zu bestimmen, oder wie der Seemann sagt, das Besteck zu machen.

Figur 9 zeigt die Loggrolle, Figur 10 giebt die Ansicht des Loggsektors (Loggschiffchen) während des Loggens, Figur 11 die Ansicht des Loggsektors beim Einholen, Figur 12 zeigt das Logg-Glas. —

Das Patentlogg (Figur 13) ist ein Instrument von grösserer Genauigkeit als das gewöhnliche Logg. Durch die Fahrt des Schiffes drehen sich die Flügel im Verhältnisse zu dessen Geschwindigkeit. Die Drehung setzt ein Uhrwerk in Bewegung, und auf dessen Zifferblättern zeigt sich die abgelaufene Distanz. Das Patentlogg schleppt beständig aussenbords, während das alte Logg, wie oben erwähnt, nur alle

Fig. 9.

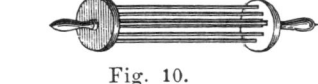

Fig. 10.

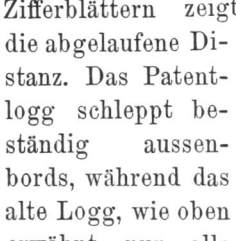

Fig. 11.

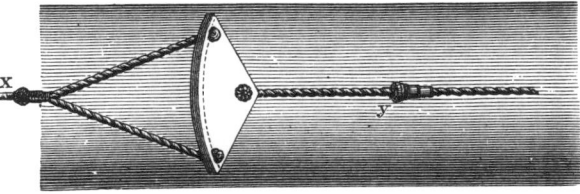

halben Stunden ausgeworfen wird; aber ersteres wird sehr leicht beschädigt und findet desshalb nur wenig Eingang.

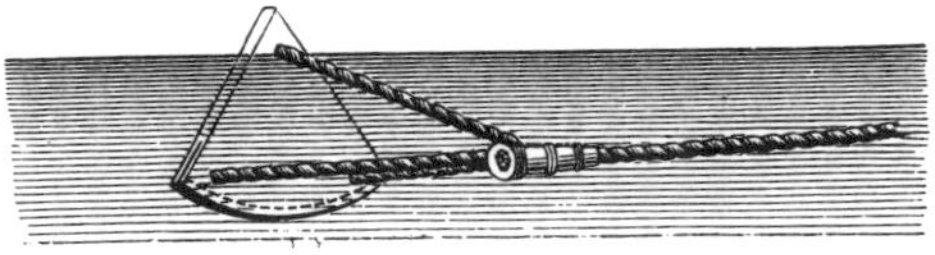

Es ist indessen, wie bereits oben erwähnt, nicht hinreichend, blos auf diese Weise den Standpunkt des Schiffes ausfindig zu machen, da mancherlei Hindernisse eintreten, die störend auf die Richtigkeit der Berechnung einwirken, als z. B. unbekannte Strömungen, ungenaues Loggen und unsichere Bestimmung der Abtrift*) zur Nachtzeit etc. Der Seemann stellt daher astronomische Beobachtungen an, um seine tägliche Berechnung zu verbessern. Mit Hilfe des Sextanten und Oktanten (je nachdem der Bogen oder Limbus einen Sechstel oder Achtel-Kreis umfasst, benannt) misst er die Sonnen- und Sternhöhen zur

Fig. 12.

*) Abtrift ist der Winkel, den die Ebene des Kieles mit dem Kielwasserstriche bildet. Wenn ein Schiff nämlich am Winde segelt, so bringt es der Seitendruck aus seinem Kurse; die Wirkung dieses Seitendruckes nennt man die Abtrift. Sie muss in Rechnung gebracht werden, weil das Schiff nur scheinbar den Kurs steuert, in dem der Bug liegt. (Figur 14, Winkel $a\, b\, c$ = Abtrift.)

38

Berechnung der Breite, und die Distanzen zwischen dem Monde und
der Sonne oder den Sternen, mittels deren er die Länge berechnet
(Figur 15).

Welche Genauigkeit und Sorgfalt er jedoch auf die letzteren
Beobachtungen auch verwenden mag, stets wird sich ein kleiner

Fig. 15. Fig. 13.

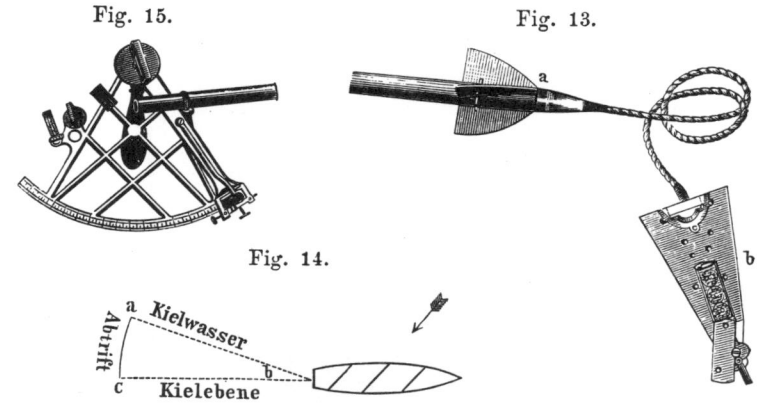

Fig. 14.

Fehler in der so bestimmten Länge finden; um diesen zu berichtigen,
werden in der neueren Zeit die Seeuhren oder Chronometer, deren
Konstruktion zu einer grossen Vollkommenheit gebracht ist, an Bord
gebraucht, da mit ihrer Hilfe der Zeitunterschied zweier Orte, und
mithin die Länge, mit der grösstmöglichen
Genauigkeit gefunden werden kann.

Fig. 16.

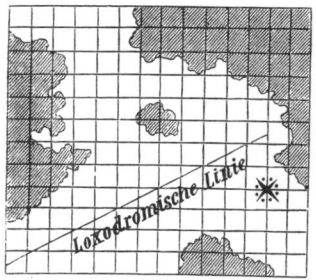

Die Seekarten, deren man sich
allgemein bedient, sind nach Mercator's
System*) entworfen und weichen von der
Konstruktion der Landkarten dadurch ab,
dass die Meridiane alle zu einander parallel
laufen und von den Breitenparallelen im
rechten Winkel durchschnitten sind. Hierdurch bieten sie den Vortheil, dass die
loxodromische Linie, das heisst die schiefe Linie des Schiffskurses
(im Gegensatze zu den in der Richtung Nord-Süd oder Ost-West
laufenden Linien, welche die orthodromischen heissen) einen gleichen

*) 1594 zum ersten Male veröffentlicht.

Winkel mit allen Meridianen bildet, die von ihm durchschnitten werden, was die Schiffsrechnung bedeutend vereinfacht (Figur 16). Um aber die stets gleiche Entfernung der Meridiane, die gegen die Pole eigentlich konvergiren sollten, auszugleichen, werden die Entfernungen der Breitenparallelen von einander nach den Polen zu verhältnissmässig vergrössert (wachsende Breiten), wodurch allerdings die fern vom Aequator liegenden Länder eine scheinbar unrichtige Zeichnung erhalten, aber dennoch können Entfernung und Lage der Orte leicht und bestimmt auf diesen Karten gefunden werden.

Da auf Seekarten das Land nur Nebensache ist, so sind blos die Küsten desselben genau und gut gezeichnet. Hingegen müssen Sandbänke, Felsen, Riffe und sonstige gefährliche Stellen, die Tiefe des Wassers bei gewöhnlichem, niedrigem Stande in Faden oder Klaftern (Lothung), sowie die Strömungen und die Variation des

Fig. 17.

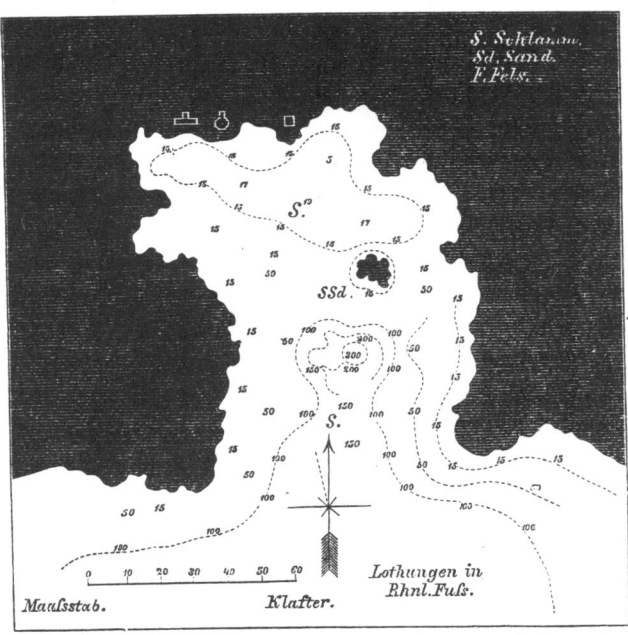

Kompasses genau angegeben sein. Windrosen sind auf mehreren Stellen der Karte angebracht, um mit ihrer Hilfe schnell den gesteuerten Kurs des Schiffes bezeichnen zu können.

Zur genaueren Uebersicht einzelner Passagen, Kanäle, Rheden und Häfen oder gefährlichen Stellen dienen die Special-Karten, Hafen-Karten und Seepläne. Eine wichtige Verbesserung bilden die sogenannten isobathen *) Schichten-Karten, auf welchen der Meeresgrund je nach den Tiefen durch Farbentöne in Schichten beinahe plastisch und jedenfalls weit klarer dargestellt wird als auf den gewöhnlichen Seekarten. Die herrlichen Leistungen der Neuzeit im Farbendruck erleichtern diese fassliche Darstellung der Meerestiefen auf Seekarten. Die Figuren 17 und 18 zeigen den Unterschied zwischen der alten und neuen Methode. **)

Fig. 18.

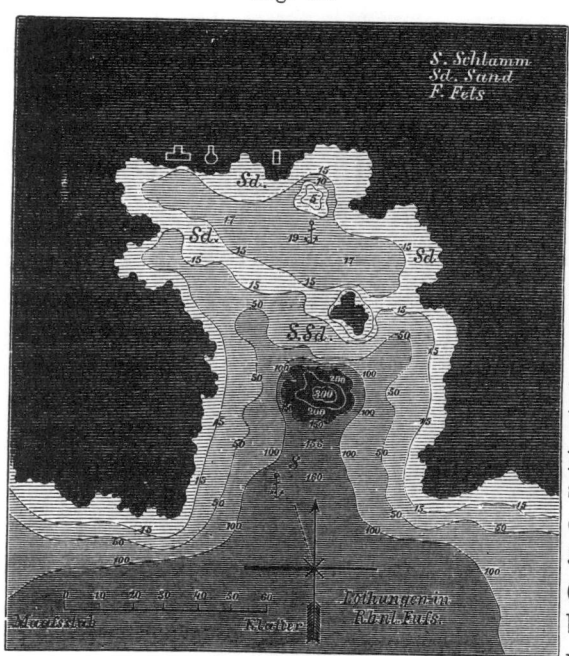

Dass bereits Landkartenzeichner sich mit der Darstellung des Seegrundes zu beschäftigen beginnen, ist ein erfreuliches Zeichen. Würden doch alle Kartographen statt der ganz unnützen dem Lande parallel laufenden Wasserschraffirung vor Allem diejenigen Grenzlinien von flachem und tiefem Wasser angeben, die praktisch von Bedeutung sind! — Wir meinen erstens die Linie von 5 oder auch 6 Faden $(9._{14}{}^{m}$ — $10._{97}{}^{m})$ Tiefe bei mittlerer Fluth, welche angiebt, bis wohin das Fahrwasser allen, auch den schwersten Kriegsschiffen zugänglich ist. Die zweite Linie wäre die von 3 Faden $(5._{48}{}^{m})$ Tiefe bei mittlerer Fluth, die also Kauffahrteischiffen von nicht allzu

---

*) Isobath = gleichtief; wie isotherm = gleichwarm etc.
**) H. von Littrow: ‚Ueber Seekarten neuerer Art und plastische Darstellung des Meeresgrundes‘, Pest, Buchdruckerei-Actien-Gesellschaft.

bedeutender Grösse binnen längstens zwölf Stunden stets den Zugang gestattet, aber ebenso den grössten Schiffen, wenn sie etwas gelichtet haben. Diese beiden Linien sollten auf jeder Karte, ja selbst auf Schulkarten angegeben sein, wobei ihre Distanz ohne Schaden im Interesse der Deutlichkeit nach der See hin grösser genommen werden kann, als sie nach dem Massstabe der Karte sein müsste, da es sich hier lediglich darum handelt, zu zeigen, wo diese Tiefen an's Land herantreten, bez. Verbindungskanäle bilden. Der Raum zwischen beiden punktirten Linien würde auf der Karte passend mit einem locker punktirten Grunde, der Raum zwischen der inneren Linie und dem Lande mit einem dicht punktirten Grunde auszufüllen sein. Auf Karten in etwas grösserem Massstabe könnzen noch zwei andere Linien eingezeichnet werden: Die Linien von 4 Faden ($7._{31}^m$), welche die Grenze für gedeckte Korvetten angiebt, und die Linie von 2 Faden ($3._{66}^m$), welche die Grenze für leichte Schiffe der Handelsmarine und für Kanonenboote bezeichnet. Derartige Linien würden auch dem Laien oft erwünschten Aufschluss geben.

Um die Tiefe des Wassers zu bestimmen, bedient man sich des Lothes oder Senkbleies. Dies ist in der Gestalt eines abgestumpften Kegels von Blei gegossen und hat an der Basis Fig. 19. eine Höhlung, welche mit Talg ausgefüllt wird, damit an diesem am Meeresgrunde, dessen Beschaffenheit man untersuchen will, leicht ablösbare Theile hängen bleiben oder Eindrücke machen. Am oberen Ende ist ein Oehr, um die Lothleine daran befestigen zu können (Figur 19).

Das kleinere oder Handloth wiegt 3 bis 4^{kg}, die Leine ist circa 55^m lang, und fast alle Fadenlängen sind durch Tuchstückchen von verschiedenen Farben oder durch Knoten markirt. Man bedient sich desselben in geringer Tiefe und lothet, ohne das Schiff im Laufe zu hemmen, von der grossen Rüste aus, wobei fortwährend die Tiefe abgerufen wird. *) Das grosse oder Tiefloth, zwischen 14 und 18^{kg} schwer und an einer stärkeren circa 366^m langen Leine, die nur auf je $18._3^m$ durch sogenannte Knoten nach Art der Loggleine markirt ist, befestigt, wird im tiefen Wasser gebraucht, wenn man der Küste sich

---

*) Das sogenannte: Loth absingen.

nähert oder auch auf hoher See, um den Standpunkt des Schiffes zu berichtigen. Um mit dem Tieflothe zu lothen, wird das Schiff, wenn es ein Segelschiff ist, beigedreht, das heisst in seinem Laufe durch die entgegengesetzte Stellung der Vorder- und Achtersegel gehemmt.

Gemeiniglich hielt man dafür, dass die Meere zwischen 4 — 5000ᵐ tief seien und La Place hielt es für wahrscheinlich, dass die grösste Tiefe der grössten Höhe der Berge, also beiläufig 8000ᵐ, gleichkomme. Diese Annahmen fanden durch die Ergebnisse der in den Jahren 1872 — 1876 zum Zwecke von Tiefen-

Fig. 20.

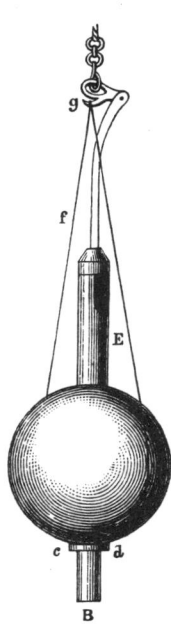

Forschungen ausgerüsteten Expedition der englischen Korvette CHALLENGER Bestätigung, während welcher nachfolgende grösste Tiefen gelothet wurden. Im atlantischen Ocean auf den Touren: Teneriffa — St. Thomas 5670ᵐ, St. Thomas — Bermudas 6975ᵐ, Bermudas — Azoren 5715ᵐ, Kap Verd — Pernambuco 4500ᵐ, Bahia — Kap 4770ᵐ, Montevideo — Tristan 5220ᵐ, Tristan — Ascension 3580ᵐ, Ascension — Kap Verd 4230ᵐ, Kap Verd — Azoren 5330ᵐ; im stillen Ocean auf den Touren: Neu-Seeland — Neu-Guinea 5220ᵐ, Neu-Guinea — Jokohama 8055ᵐ, Jokohama — Sandwichs-Inseln 7160ᵐ, Sandwichs-Inseln — Tahiti-Inseln 5400ᵐ, Tahiti—Valparaiso 4680ᵐ.

Ein sinnreiches Loth ist das des amerikanischen See-Officiers J. M. Brooke. Dieses Tiefloth besteht aus einem metallenen, cylindrischen Stabe E (Figur 20) und einer in ihrer Achse durchbohrten und über jenen gestreiften Kanonenkugel. Die Lothleine ist an einem beweglichen Gliede (g) des Stabes befestigt und die Kugel, getragen von einem Teller (c d) mit einer über einen Haken des beweglichen Gliedes gehakten Schnur f, hängt dermassen an dem Stabe, dass im Moment, wo dieser den Meeresgrund berührt, sich die Schnur von dem dann herabfallenden Haken und so die Kugel vom Stabe abstreift. Die schwere Kugel sammt Teller und Schnur bleibt am Grunde liegen, und durch den plötzlichen Unterschied im Gewichte wird angezeigt, dass das Loth den Grund erreicht hat. Da der Stab, der nun, seines Gewichtes ledig, heraufgezogen wird, an seinem unteren Ende B ausgehöhlt und mit Talg gefüllt ist, so wird es zugleich möglich, die Beschaffenheit des Meeresgrundes zu erkennen, die sich entweder im Abdrucke zeigt, wenn er von hartem Felsen oder Gerölle gebildet ist, oder daran klebt, wie Sand, Schlamm, Muscheln etc.

Fig. 21.

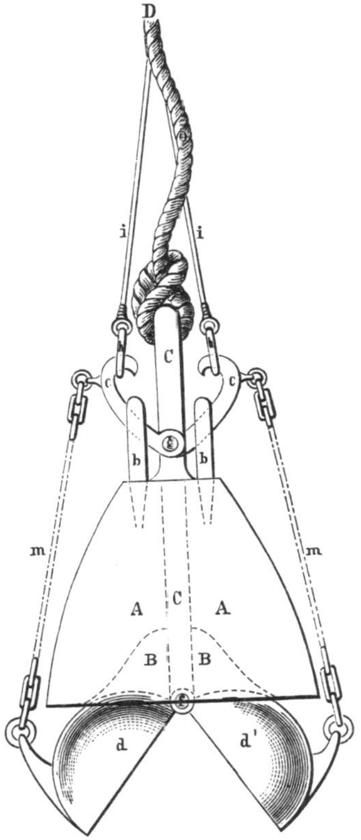

In neuester Zeit hat der österreichische Schiffslieutenant Hopfgartner zwei Lothe konstruirt, welche bei den Versuchen vorzüglich entsprochen haben. Figur 21 zeigt eine, Figur 22 die zweite Art der beiden Hopfgartner'schen Grundzangen. Auf dem der Länge nach durchbohrten Bleimantel A sind die beiden Ringe b b, in denen die Haken c c spielen, festgenietet. Der Bleimantel ist zur sicheren Lagerung der beiden Kugelschalen d d' bei B ausgehöhlt. An der metallenen Achse C sind unten die beiden Kugelschalen, die um f drehbar sind, befestigt; oben die um g drehbaren Haken c c. Die Schale d' ist kleiner, damit sie beim Schliessen etwas in die grössere d hineindringen könne, was das etwaige Ausschwemmen beim Heraufholen von Schlamm u. s. w. aus grossen Tiefen verhindern soll. Figur 21 zeigt die Zange im Augenblicke des Hinunterlassens. Vor dem Lothen werden die beiden Ringe h h, deren Leinenenden i i an der Lothleine o bei D zusammengesplisst sind, in die Haken c c eingehakt. Durch den Zug an der Lothleine werden die Leinenenden i i straff, der Bleimantel A wird gelüftet und die Kugelschalen d d' durch die an ihnen und an den Haken angebrachten Kettchen m m in die Lage gebracht, wie es die Figur zeigt. Stösst die Zange auf den Grund, so fallen durch den nachgelassenen Zug an den Leinenenden *i i* die Haken *c c* aus den Ringen *h h,* die Achse *C* wird durch den Zug an der Lothleine gehoben und die Kugelschalen werden in die dafür angebrachte Lagerung *B* gepresst. Es ist also unmöglich, dass sich die Schalen

Fig. 22.

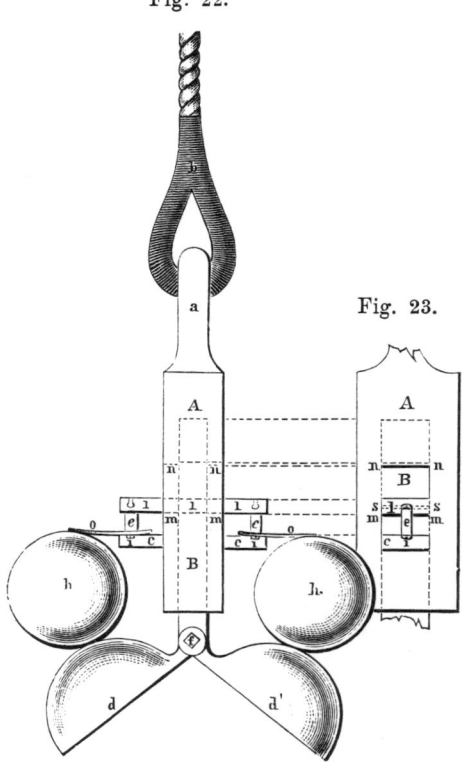

Fig. 23.

öffnen oder dass die Zange bei ruhigem Stande des Schiffes keinen Grund heraufholen sollte.

Figur 22 veranschaulicht die Lage der zweiten Zange während des Hinunterlassens. An dem massiven mit einem Ringe *a* zu Aufnahme der Lothleine *b* versehenen stählernen Träger *A* sind die beiden Ansätze *c c* festgenietet. Die Ansätze haben an ihren Enden kleine Löcher bei *i i* zur Aufnahme der Stifte *e e.* An der Achse *B* sind die beiden um *f* drehbaren stählernen Kugelschalen *d d'*, deren jede eine angenietete massive Kugel *h h* trägt, befestigt. An diesen Kugeln *h h* sind wieder eiserne an den Enden mit einem Loche versehene Hebel *o o* angebracht. Die Stange *l* geht durch die Achse *B* und trägt an ihren Enden die beiden um *s s* drehbaren Stifte *e e.* Die Achse *B* hat im Träger *A* eine Führung, die der Lage der Zangenschalen im offenen und geschlossenen Zustande entspricht. In Figur 22 reicht diese Führung von der punktirten Linie *m m* bis zur zweiten ebenfalls punktirten Linie *n n*, was auch aus der als Seitenansicht gezeichneten Figur 23 zu ersehen ist. Will man die Grundzange hinunterlassen, so werden die beiden massiven Kugeln *h h* gelüftet und durch ihre Hebel *o o* die Stifte *e e* in die dazu gehörigen

Löcher *i i* gesteckt. Die Zange wird nur durch die Reibung der beiden Stifte *e e* in den Löchern *i i* in dieser Lage gehalten. Trifft nun die Zange auf den Grund, so fällt der Träger *A* seiner Schwere wegen über die Achse *B,* die Stifte *e e* werden ausgelöst und die Kugelschalen *d d',* indem sie den Grund greifen, geschlossen. Während des Heraufholens werden die Kugelschalen durch ihre massiven Kugeln gepresst, und da das Ganze um *f* drehbar ist, können sie durch keinen Stoss oder Schlag aus ihrer Lage gebracht werden. Bei häufigem Lothen sind stählerne Kugelschalen den metallenen vorzuziehen, weil letztere beim Auftreffen auf Felsengrund durch Einbuge leiden und den Schluss nicht mehr vollständig herstellen können.

So lange eine Leine, Schnur oder ein Draht benutzt wird, um Meerestiefen zu messen, können keine richtigen Resultate erzielt werden, da selbst bei geringen Tiefen die Schnur etc. niemals straff gespannt werden kann, und es wegen der stets existirenden Oberflächenströmung unausführbar ist, das Gewicht senkrecht unter dem sondirenden Schiffe zu erhalten. Es wird demzufolge stets eine falsche Ablesung gemacht, indem statt der Kathete die Hypothenuse des rechtwinkligen Dreieckes gemessen wird, welches zwischen dem Schiffe, dem senkrecht darunter liegenden Punkte des Meeresgrundes und dem Orte, wo das Loth wirklich liegt, besteht. Abgesehen von diesen Fehlern, welche dem Lothe mit Leine anhaften, ist es auch bei grossen Tiefen schwer zu bestimmen, wann das Gewicht am Grunde anlangt; man begeht daher auch hierin leicht Fehler, entweder zu viel oder zu wenig von der Leine auszustechen. Endlich nimmt dieser Vorgang bei dieser Art Lothungen sehr viel Zeit in Anspruch.

Obwohl dies ganz bedeutende Unzukömmlichkeiten sind, die den Wunsch nach besseren Instrumenten wachrufen, werden dennoch Meerestiefen-Messungen noch immer nach dieser Art vorgenommen, ein Beweis, dass es hier an den richtigen Apparaten gebricht.

Verschiedene Versuche wurden ausgeführt, um diesem Mangel abzuhelfen, doch ohne durchschlagenden Erfolg. Das hier passendste Instrument wäre ein Loth, welches, unabhängig von der Leine als messendes Mittel, eine Vorrichtung besitzen müsste, um die gemessene

Tiefe richtig zu registriren. Die bis jetzt in dieser Richtung konstruirten Lothe basiren auf die Umdrehungszahl eines Woltman-Flügels oder einer Schraube, welche durch Zahnrad-Uebersetzungen auf ein System von Zeigern übertragen wird und abzulesen ist, und darnach auf die Tiefe schliessen lässt.

Wie ungenügend diese Art von Lothungsapparaten ist, beweist der Umstand, dass solche Apparate nirgends zu Geltung gekommen sind, und dass man es vorzieht, sich mit den Lothen an Leinen und ihren Resultaten zu begnügen. Der Mechanismus des Zeigerapparates dieser Instrumente birgt Fehlerquellen in sich, die sich nicht bestimmen lassen, und ist Aenderungen ausgesetzt, die — keinem Gesetze unterworfen — nicht festgestellt werden können.

An die Versuche, dem obgenannten Mangel abzuhelfen, reiht sich ein neues Tiefloth des Civil-Ingenieurs M. Arzberger in Wien.

Der leitende Gedanke bei Konstruktion desselben war, es von der Leine unabhängig zu machen und ihm wenn möglich ähnliche Principien zu Grunde zu legen, wie dem Aneroïd-Barometer. Ein solches Instrument sollte demnach den Druck der ober ihm lastenden Wassersäule anzeigen und die Stärke dieses Druckes bleibend markiren.

Herr Arzberger hat die Möglichkeit der Ausführbarkeit jener Idee festgestellt und durch die Anfertigung eines Versuchsinstrumentes die Gelegenheit gegeben, aus angestellten Proben die Richtigkeit des Principes festzustellen und die unvergleichliche praktische Verwendbarkeit desselben zu konstatiren. Das in Rede stehende Instrument überwindet durch die überraschende Einfachheit seiner Konstruktion nicht nur alle oben erwähnten Mängel, sondern liefert, indem es die angeführten erwünschten Bedingungen erfüllt, die fehlerfreien Tiefenangaben. Diesem registrirenden Apparate musste eine zweckmässige Umhüllung gegeben werden, um ihn als Tiefloth anwenden zu können, und dessen Zusammenstellung zu einem Lothe ohne Leine ist, obwohl in Form und Konstruktion von den bisher existirenden derartigen Instrumenten verschieden, doch der Hauptsache nach diesen ähnlich. Wie diese besteht es aus drei Theilen, nämlich a) aus der Vorrichtung zum Auslösen des belastenden Gewichtes, b) dem indicirenden Apparate und c) dem Auftriebskörper mit den Signalvorrichtungen. Das Wesentlichste an diesem Lothe bildet der Indicirapparat.

Der bereits früher genannte und auf diesem Gebiete sehr erfahrene österreichische Schiffslieutenant, Herr F. Hopfgartner, hat die Bedeutung dieses Instrumentes in praktischer, wie wissenschaftlicher Beziehung klargelegt, und erklärt, dass ein Schritt vorwärts gethan sei, um die Messungen von Tiefen zu ermöglichen, welche zu eruiren man bis jetzt schwer in der Lage war.*)

Man hat mittels der Tieflothe gefunden, dass am Meeresgrunde ausgedehnte Ebenen, bergige Erhöhungen, Bergketten und isolirte Berge, wie auf der Erdoberfläche vorkommen, — und man überdies Thäler, Klüfte, Abgründe, Höhlen und sogar süsse Quellen findet, sowie auch, dass es Lager von Muscheln und anderen Schalthieren, Berge von Madreporen und Wälder von Zoophyten, Korallen und Algen giebt.

Die Spitzen und Rücken unterseeischer Berge, die sich über den Wasserspiegel erheben, bilden die Inseln. Ragen sie nicht über den Meeresspiegel, so bilden sie Bänke, unterseeische Riffe, mit einem Worte Untiefen, die je nach der Höhe des Wassers, das sie überragt, und mit Rücksicht auf Ebbe und Fluth der Schiffahrt mehr oder minder gefährlich werden, und auf Seekarten bezeichnet sein sollen. Für eben solche Stellen bieten die isobathen, kolorirten Schichten-Karten den leichtesten Ueberblick.

Aehnliche Untiefen führen je nach ihrer Beschaffenheit den Namen: Sandbank, Korallenbank, Riffe u. s. w. Es giebt auch Bänke und Inseln, die vulkanischen Ursprunges sind, plötzlich erscheinen und nach einiger Zeit wieder spurlos verschwinden oder sich dermassen senken, dass sie sich von ursprünglichen Inseln in unterseeische Bänke verwandeln. Untiefen erkennt man bei Tage von der Höhe der Masten durch die lichtere grünliche Farbe des Wassers auch bei Seestille, — bei bewegter See an der Brandung, die, selbst wenn die Bank 9 und 12^m unter

---

*) Um den Meeresgrund genauer zu erforschen, oder um Gegenstände vom Grunde zu Tage zu fördern, bedient man sich der bekannten Taucherglocke oder grossartiger Tauchapparate, worunter in letzter Zeit der Apparat des Deutschen B a u e r ohne Zweifel der vollkommenste ist und bereits grosse Resultate erzielt hat, wie die Hebung des gesunkenen Dampfers LUDWIG im Bodensee.

dem Meeresspiegel liegt, sichtbar für das Auge, für das Schiff
fühlbar und bei Stürmen und heftigem Seegange oft auch gefährlich
wird.

Die Jedem bekannten Fernröhre sind nirgends nothwendiger
als auf der See, wo der Gesichtskreis so bedeutend erweitert und
es von höchster Nothwendigkeit ist, am äussersten Rande des
Horizontes Gegenstände zu entdecken. Die Fernröhre, deren man
sich an Bord bedient, sind für gewöhnlich Tag- und Nachtröhre;
doch gebraucht man auch besondere Nachtfernröhre. Eine Haupt-
eigenschaft der Seefernröhre ist Akromatik und ein grosses Sehfeld,
um einestheils die Farben der Flaggen und Signale mit Sicherheit auf grosse Distanzen und bei ungünstiger Beleuchtung unterscheiden zu können, anderentheils, um trotz der Schiffsbewegung
den beobachteten Gegenstand nicht gar zu leicht aus dem Rohre
zu verlieren.

Häufig bedient sich der Seemann des Sprachrohres, besonders
wenn es sich darum handelt, Schiffe anzupreien. Diese sind meistens
aus dünnem Metall verfertigt und je nach ihrer Bestimmung grösser
oder kleiner.

Wir schliessen dieses Kapitel mit H. v. Littrow's herrlicher
Ode an den Ocean.

Säulen des Herkules*) schmähliche Schranken,
  Die man dem menschlichen Geiste gelegt,
Euch gilt mein Abschied bei dem Gedanken,
  Dass mich die Welle des Oceans trägt;

Gross, majestätisch, einzig, erhaben
  Liegst du, o Weltmeer, heute vor mir,
Lass meine Seele sich an dir laben,
  Freudig, begeistert vertraue ich dir.

Endlose Masse — Wüste voll Leben,
  Nur in der Ferne vom Himmel begrenzt,
Was kann die schwärmende Seele erheben
  Wie deine Fläche sonnenbeglänzt!

---

*) Meerenge von Gibraltar.

Wie deine Ufer von Brandung umkräuselt,
Wie deine Wogen vom Sturme geschwellt,
Wie deine Fluthen vom Zephyr umsäuselt,
Wie deine unterseeische Welt?

Urkraft der Schöpfung, erstes Gebilde,
Chaos, das freundlich die Erde gebar,
Als noch der Ursprung aller Gefilde
Nur deinem Schoosse anvertraut war.

Aus deinen Tiefen stiegen die Berge,
Aus deiner Muschel die Schönheit *) hervor,
Aus deinen Riesenkorallen die Zwerge —
Unsere Blumen der Erde empor.

Vater Okeanos, liebreich und mächtig,
Schlingst deine Arme du um die Welt,
Die sich entfaltet glänzend und prächtig,
Und sich so brüderlich innig gesellt.

Scheinbarer Abgrund, du bist die Brücke,
· Du bist die Freiheit, die uns vereint,
Trenntest die Welten zu ihrem Glücke,
Denn nur die Trennung hat sie vereint.

Vor deiner dunklen, mystischen Hülle
Hat sich der menschliche Geist nicht gebeugt,
Kühne Entdecker und Forscher in Fülle
Hat uns der Drang nach dem Wissen erzeugt.

Schiffe mit kostbaren Schätzen durchfliegen
Gierig nach Reichthum die salzige Fluth,
Orlogs **) mit hundert Kanonen bekriegen
Heut' sich wie einstens in grimmiger Wuth.

Du bist der Cirkus, die Gladiatoren
Kämpfen und ringen bei Tag und bei Nacht,
Sterne des Himmels, zu Führern erkoren,
Strahlen die Worte: Wissen ist Macht.***)

---

*) Venus Anadyoméne.
**) Orlogschiff = Kriegsschiff.
***) Knowledgs is power.

Wer auf dem Meere herrscht, der regieret,
Ihm nur allein gehöret die Welt,
Ob er im Kampfe gewinnt, ob verlieret,
Ob er als Sieger gekrönt oder fällt.

Herrscher, Tyranne kann man wohl werden,
Wenn man im Kampfe den Gegner bezwingt;
Unbesiegt aber verbleibt doch auf Erden
Nur wer den Dreizack Neptuns sich erringt.*)

---

*) Le trident de Neptune c'est le sceptre du monde.

Ortolani.

II.

Die Schiffbaukunst oder die Marine-Architektur.

Bohlen sodann zum Bord, an häufigen Rippen befestigt,
Stellt er umher und schloss des Verdeckes weitreichende Bretter,
D'rinnen erhob er den Mast, mit der kreuzenden Raae gefüget.
Auch ein Steuer daran bereitet er wohl zu lenken.

Odyssee.
Γ. Gesang, 250. Vers.

Die Schiffbaukunst bis zur Einführung des Dampfes. — Risse und Pläne. — Verhältnisse aller Theile. — Erfordernisse eines guten Schiffes. — Bau eines Schiffes. — Stapellauf. — Deplacement und Tonnengehalt. — Eintheilung der Kriegsschiffe vor Einführung des Dampfes. — Eintheilung der Kauffahrteischiffe. — Eintheilung der Schiffe nach dem Segelapparate. — Dampfschiffe. — Raddampfer. — Schraubendampfer. — Pferdekraft. — Vorzüge und Nachtheile der Räder und Schrauben. — Fortschritte in der Konstruktion der Segelschiffe. — Klipper. — Eisenschiffe. — Grundzüge des Eisenschiffbaues. — Vorzüge und Nachtheile der hölzernen und eisernen Schiffe, sowie der verschiedenen Bausysteme. — Hydraulische Reaktionsschiffe. — Unterseeische Fahrzeuge. — Dauer der Schiffe. — Panzerschiffe und deren Bausysteme.

Nach dieser einleitenden Betrachtung des Schauplatzes, der Arena, auf welcher der Seemann als kühner Fechter seine Kunst und Wissenschaft in Anwendung bringt, gehen wir zur Beschreibung des sinnreichsten Gebäudes über, auf dem der Mensch die See beherrschend thront, und womit er ihren Gefahren Trotz bietet.

Der Ursprung des Schiffbaues verliert sich in die graueste Vorzeit. Weder über die Art, noch über die Form der ersten schwimmenden Gebäude lässt sich irgend etwas Bestimmtes sagen. Anzunehmen ist indessen, dass das Kanoe, aus einem hohlen Baumstamm, und das Floss, aus einer Anzahl nebeneinander befestigter Stämme entstanden, die ersten Fahrzeuge gewesen sind.

4*

Ebenso wie der Ursprung des Schiffbaues ist auch die Vervollkommnung der ersten Anfänge, und namentlich die Zeit, in der diese stattgefunden, in vollständiges Dunkel gehüllt. Jedenfalls werden viele Jahrhunderte bis dahin schon verflossen gewesen sein, und erst die Zunahme der Bevölkerung an den Strömen und Küsten und die dadurch hervorgerufene Vergrösserung des Handels wird auf dieselbe geführt haben. Die Ungewissheit darüber reicht indessen noch tief in die durch die Geschichte schon aufgeklärten Zeitalter hinein, denn selbst über die Form und Bauweise der phönizischen Fahrzeuge sind keine Daten vorhanden. Es ist nichts weiter bekannt, als dass sie zwei Arten von Fahrzeugen, Gauli und Galeeren oder Triremes, besessen haben sollen.

Die Benennung Trireme scheint zwar darauf hinzudeuten, dass diese Fahrzeuge durch drei übereinander angebrachte Reihen Riemen (Ruder) bewegt worden sind; über die Bauweise derselben giebt aber keiner von beiden Aufschluss und es ist wahrscheinlich, dass es die aus der Verbesserung der Flösse entstandenen Prahmen gewesen sind.

Erst über die Form, Bauweise und Grösse der Schiffe, namentlich der Kriegsschiffe der Griechen, sind uns zuverlässige Daten durch die verdienstvollen Werke von Boekh und Graser bekannt geworden.

Die Kriegsschiffe der Griechen waren diesen Autoren zufolge in der Form des Unterschiffes und im Verbande einigermassen den jetzigen Schiffen ähnlich, mit einer Art Ramme über Wasser zum Einrennen feindlicher Schiffe versehen, wurden durch Riemen (Ruder), die je nach der Grösse der Fahrzeuge in einer oder mehreren Reihen übereinander angebracht waren, namentlich im Gefecht, bewegt, hatten jedoch auch eine schon ziemlich komplicirte Takelung, bei der der Grossmast eine grosse Aehnlichkeit mit der jetzigen Takelung eines Vollmastes hatte, während Fock- und Besahnmast mit sogenannten lateinischen Segeln versehen waren. Die Fahrzeuge wurden durch zwei Ruder gesteuert, von denen eines an jeder Seite in der Nähe des Hintertheiles angebracht war.

Nach dem Verfalle Griechenlands trieben die Römer zwar bedeutenden Schiffbau und landeten mit ihren, wahrscheinlich aber an der jetzigen nordfranzösischen Küste erbauten Fahrzeugen sogar in England — etwas Zuverlässiges über die Form und Bauweise derselben ist aber nicht bekannt. Nach den wenigen auf die Jetzt-zeit gekommenen Notizen scheint es, als ob sie gegen die Griechen nicht nur keine Fortschritte gemacht, sondern als ob ein grosser Theil der Kunst mit dem Verfalle Griechenlands verloren gegangen sei, namentlich ist dies wohl in Betreff der Takelung der Fall gewesen, da selbst in viel späteren Jahrhunderten diese noch ziemlich primitiv war.

Mit dem Ende des achten Jahrhunderts beginnen die Nachrichten über den Schiffbau in dem nördlichen Theile Europa's, namentlich in England und Dänemark.

Die Fahrzeuge sind, den Ueberlieferungen zufolge, zwar nur von geringer Grösse, den in den Mooren Schleswigs gefundenen Ueberresten von Booten aus dieser Periode nach zu urtheilen, indessen, namentlich bei der letzteren Nation, schon ähnlich unseren kleinen Schiffen aus Spanten und Planken zusammengesetzt, und in ihrer Form, mit Ausnahme des sehr hochgezogenen Vorder- und Hintertheiles, von den jetzigen nordischen Booten nicht viel verschieden gewesen.

Der Schiffbau wurde in den folgenden Jahrhunderten hauptsächlich im Mittelmeer sehr schwunghaft betrieben, und waren es dort die Genuesen und Venetianer, die sowohl was die Zahl, als die Grösse und Bauart der Schiffe betrifft, Bedeutendes leisteten. Diese Schiffe hatten über Wasser sehr nach aussen fallende Seiten, um das Disponiren der oft in mehreren Reihen übereinander befindlichen Riemen (Ruder) zu erleichtern. Im Vordertheile befand sich ein kastellartiger Aufbau, hinten eine hoch aufragende Hütte, der Vorsteven war über Wasser mit einem Stachel zum Rammen feindlicher Schiffe versehen. Da die Fortbewegung, namentlich im Gefechte, durch die Riemen (Ruder) erfolgte, so begnügte man sich mit einer sehr einfachen Takelung. Die Herstellung der Schiffskörper erfolgte einigermassen ähnlich der jetzt üblichen Methode.

Im 14. Jahrhunderte kam die Aufstellung von Geschützen in Aufnahme und wurde bald allgemein, beschränkte sich jedoch zunächst auf eine Reihe von wenigen Stücken auf dem Oberdeck an den Seiten und auf ein paar Buggeschütze in dem kastellartigen Vordertheile.

Gegen Ende des 15. Jahrhunderts begann man Geschütze in mehreren Decken übereinander aufzustellen, nachdem durch den

Schiffbau-Ingenieur Decharge zu Brest die Geschützpforten erfunden waren. Hierbei stellte es sich nun heraus, dass die wegen der Anordnung der Riemen (Ruder) überhängend geformten Seiten sehr schlecht zur Aufstellung von Geschützen geeignet waren und auch die Riemen (Ruder) selbst den Gebrauch und die Aufstellung der ersteren hinderten. Die Venetianer waren die Ersten, die die Form der Seiten dahin änderten, dass dieselben statt des Falles nach aussen, einen solchen nach innen zu erhielten. Da diese Form aber für die Anordnung der Riemen gar nicht passte, liess man dieselben bald ganz weg und verbesserte bei diesen grossen Schiffen — Galionen genannt, — denen man im Anfange fünf Pfahlmasten mit lateinischen Segeln gegeben hatte, die Takelung.

Zu dieser Verbesserung gab noch die in diese Zeit fallende Erfindung des Genuesen Andreas Doria, die Segel beim Manövriren zu gebrauchen, den Anstoss. Die Genuesen und Venetianer machten sich diese Kunst zuerst zu Nutzen, stellten den vordersten der fünf Masten schräg, wodurch derselbe einige Aehnlichkeit mit unserem Bugspriet erhielt, und benutzten den hintersten nur als Flaggenstange, so dass die Dreimast-Takelung entstand.

Die einzige Nation im Mittelmeer, welche den Gebrauch der Riemen (Ruder) für Fahrzeuge mit mehreren Reihen Geschützen noch beibehielt, waren die Spanier. Die der sogenannten unüberwindlichen Armada angehörigen Galionen hatten sämmtlich noch eine Reihe Riemen unter der untersten Geschützreihe. Im 16. Jahrhunderte wurden in England einige grosse Kriegsschiffe mit mehreren Reihen Geschützen übereinander gebaut, überhaupt dem Schiffbau in dieser Zeit, namentlich während der Regierung der Königin Elisabeth, grosse Aufmerksamkeit gewidmet. Die grossen Schiffe hatten in England meist vier Masten und waren nicht mit Riemen (Ruder) versehen.

In den vielen Kriegen zwischen den Engländern, Franzosen, Spaniern und Holländern im 17. Jahrhunderte vervollkommnete sich der Schiffbau, namentlich der Kriegsschiffbau, immer mehr, die Takelung wurde verbessert, und im Norden Europa's, mit Ausnahme der an der Ostsee gelegenen Staaten, der Gebrauch der Riemen (Ruder) bei den Kriegsschiffen für alle Klassen ganz aufgegeben, da bei den hier häufigen Stürmen sich ihr Gebrauch als unpraktisch erwies.

Die Verbesserungen im Schiffbau bestanden in England hauptsächlich in einer vorläufigen Feststellung der Verhältnisse der Dimensionen und in der Verstärkung des Verbandes, während in Frankreich auch der Theorie grosse Aufmerksamkeit gewidmet wurde.
Die Folge war, dass die französischen Kriegsschiffe den englischen
fast in allen Beziehungen, namentlich aber im Segeln, bedeutend
überlegen waren.

In's 17. Jahrhundert fällt auch die Eintheilung der Kriegsschiffe in Klassen, je nach der Kanonenzahl, und die Bezeichnung
derselben als Linienschiffe und Fregatten, je nachdem sie mehrere
oder nur eine Reihe Geschütze in gedeckten Batterien führten.
Kleinere eigentliche Kriegsschiffe gab es damals kaum, diese wurden
vielmehr, je nach Bedarf, aus den Handelsschiffen entnommen, ein
Verfahren, das in jener Zeit, wo ein Unterschied in der Bauweise
zwischen Kriegs- und Handelsschiffen kaum existirte und auch die
letzteren bei der Verwendung für Handelszwecke schon stets zum
Schutze gegen Kaper und Piraten armirt waren, keine besonderen
Schwierigkeiten bot. In England war diese Entnahme von Handelsschiffen für Kriegszwecke schon seit dem 11. Jahrhunderte durch
Wilhelm den Eroberer in ein eigenes System durch die Institution
der fünf Häfen gebracht, die verpflichtet waren, im Bedarfsfalle die
Schiffe für Kriegszwecke zu stellen, während dieselben beim Nicht-
bedarf dem Handel dienen konnten. Selbst noch zu Ende des
18. Jahrhunderts wurden in England von der ostindischen Kom-
pagnie grosse Handelsschiffe gekauft, um als Fregatten ausgerüstet
und verwendet zu werden.

Die auf den Kriegsschiffen verwendeten Geschützkaliber waren
im 17. Jahrhunderte, mit Ausnahme der auf dem untersten Deck der
Linienschiffe, verhältnissmässig klein, und wurde eine Höhe der Untertrempel der Pforten in der untersten Batterie von 137^{cm} über der
Wasserlinie für genügend erachtet.

Im 18. Jahrhunderte begann die Einführung grösserer Geschützkaliber und wurden dem entsprechend die Dimensionen der Kriegsschiffe bedeutend vergrössert, dem Verbande grössere Aufmerksamkeit gewidmet und zuerst der Versuch gemacht, die nach Westindien
bestimmten Kriegsschiffe gegen den Angriff des Bohrwurmes durch
Beschlagen des Bodens mit Kupferplatten zu schützen.

Die Befestigungsbolzen und Nägel der Aussenhautplanken wurden indessen zunächst noch von Eisen genommen. Da diese indessen in zwei bis drei Jahren durch die Einwirkung des galvanischen Stromes (dessen Vorhandensein damals noch unbekannt war) vollständig verzehrt wurden und alle dagegen angewendeten Mittel, der Natur der Sache nach, keine Abhilfe gewähren konnten, ersetzte man dieselben endlich unter dem Kupferbeschlage durch aus Kupfer oder Bronce gefertigte.

Trotz aller Verbesserungen des Verbandes liess derselbe aber noch immer viel zu wünschen übrig, namentlich bogen die Kriegsschiffe sehr der Länge nach durch und wurden damit bald unbrauchbar. Diesem Uebelstande suchten zuerst die Franzosen durch Anbringung von Diagonalverbänden zu steuern und auch die Engländer wendeten dieselben sowohl in Gestalt von Diagonalhölzern, als auch von eisernen Diagonalschienen an.

Die grossen Kriege Englands und Frankreichs zu Ende des 18. und im Anfange des jetzigen Jahrhunderts führten zu weiteren Verbesserungen im Kriegsschiffbau, namentlich zu einer mehr dem Geschützkaliber entsprechenden Vergrösserung der Schiffe, zu einer dem Zwecke, für den sie benutzt werden sollten, angemesseneren Bauart und Takelung und zu einer rationellen Klassificirung in Linienschiffe, Fregatten, Korvetten (Sloops), Briggs, Schuner und Kutter; jedoch wurden bis zum Ende des vorigen Jahrhunderts von Engländern, Franzosen und Spaniern noch immer Schiffe mit 64 und selbst mit 50 Kanonen gebaut, die diese Geschützzahl in zwei gedeckten und einer auf dem Oberdeck gelegenen offenen Batterie (Back und Schanze) führten und zu den Linienschiffen gezählt wurden, deren ganze Konstruktion ihnen aber nur eine verhältnissmässig geringe Brauchbarkeit geben konnte.

Die Amerikaner machten sich in ihrem Befreiungskriege von der englischen Herrschaft zuerst von den bei den europäischen Nationen üblichen Grössen und Formen der Kriegsschiffe los und konstruirten einige Fregatten, die zwar dieselbe Zahl Geschütze, aber von viel grösserem Kaliber, wie die gleichen Klassen in der englischen Marine führten. Da die Schiffe eine ihrer Bewaffnung entsprechende Grösse, gute Formen und eine tüchtige Takelung hatten, so waren sie den gegen sie entsandten englischen Schiffen bedeutend überlegen und machten ihnen viel zu schaffen.

Während bis dahin die Formen der Schiffe meist ganz nach Willkür des betreffenden Ingenieurs, seinen Ideen über ihre Zweckmässigkeit entsprechend, gewählt und nur in Frankreich schon Berechnungen und Vergleiche angestellt wurden, in England namentlich aber der Schiffbau ein reines Handwerk blieb, strebte der königlich schwedische Chef-Konstrukteur Chapman in der Mitte des 18. Jahrhunderts darnach, denselben als ein Ganzes in ein wissenschaftlich begründetes System zu bringen und aus den nach allen möglichen Richtungen, selbst unter Zuhilfenahme der höheren mathematischen Disciplinen, angestellten Berechnungen einer sehr grossen Zahl von Schiffen, die in einer oder der anderen Beziehung sich als vorzüglich bewährt hatten, Regeln abzuleiten, nach denen bei der Wahl der Dimensionen, der Formen und der Beseglung der Schiffe, je nach den Anforderungen, die man an dieselben stellte, verfahren werden sollte.

In Schweden und Dänemark machte man sich die Ergebnisse der Chapman'schen Studien beim Bau der Schiffe bald zu Nutzen, die Franzosen und auch die Spanier waren inzwischen in theoretischer Beziehung ebenfalls bedeutend fortgeschritten, nur die Engländer blieben nach wie vor fast ganz auf ihrem alten Standpunkte und hatten selbst im Anfange dieses Jahrhunderts kein festes wissenschaftliches System. Auch nach Beendigung der napoleonischen Kriege begnügten sie sich damit, nur auf dem praktischen Versuchswege weiter zu gehen und höchstens Vergleiche über das Segeln und Manövriren von Schiffen anzustellen, ohne jedoch eine wissenschaftliche Prüfung und Zergliederung der Versuche vorzunehmen, wodurch dieselben denn auch im Ganzen ziemlich werthlos blieben. Dem Beispiele der Amerikaner folgend, vergrösserten sie die Dimensionen der Fregatten und kleineren Fahrzeuge bedeutend, um die Aufstellung schwerer und langer Geschütze auf denselben zu ermöglichen.

Die Schiffbaukunst oder Marine-Architektur, die den schwimmenden Palast den Wellen übergiebt, beruht auf Grundsätzen der Mechanik und Hydraulik, nach denen das Schiff, je nach seiner Bestimmung, als schnellsegelndes oder lasttragendes konstruirt wird. Diese Kunst besteht darin, Pläne und Risse von Schiffen zu entwerfen, nach denen der praktische Schiffszimmermann den einzelnen Theilen des Fahrzeuges die gehörige Gestalt, Zusammensetzung und Verbindung zu geben hat, aus welchen das künstliche Gebäude geformt wird, das wir bewundern.

Da der Körper des Schiffes von drei verschiedenen Standpunkten aus betrachtet werden kann, so entwirft man auch drei Pläne desselben.

Die erste Ansicht, den Spantenriss oder Quer-Durchschnitt (Figur 24), erhält man, wenn man das Auge in einiger Entfernung in der Verlängerung des Kiels sich denkt. Das Hauptspant des Schiffes dient dann als Ebene, innerhalb welcher die anderen Spanten gezogen werden. Diese Projektionsart giebt den Vertikalschnitt des Schiffskörpers seiner Breite nach.

Fig. 24.

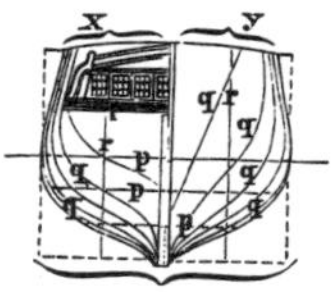

Bei der zweiten Projektion, dem Seitenriss oder Längen-Durchschnitt (Figur 25), befindet sich das Auge in einiger Entfernung seitwärts vom Kiele; die Entwerfung des Risses geschieht auf dem senkrechten Durchschnitte des Schiffes seiner Länge nach.

Bei der dritten Projektion endlich, dem Wasserlinienriss oder der Horizontal-Projektion (Figur 26), befindet sich das Auge

Fig. 25.

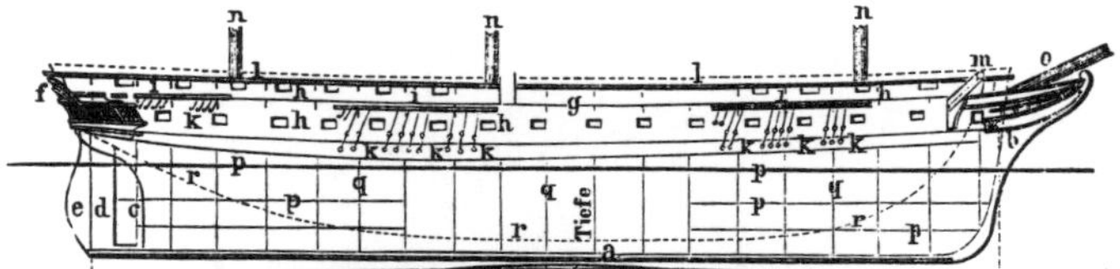

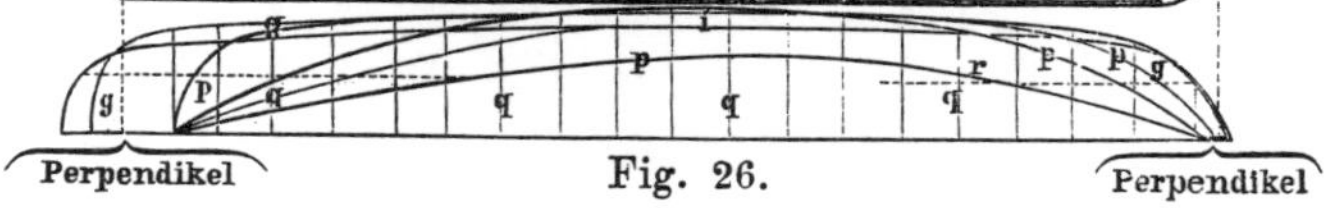

Fig. 26.

in einiger Höhe senkrecht über dem Kiel; der Riss schneidet das Schiff horizontal in der Wasserlinie.

Die Form des ganzen Schiffes wird durch diese drei Projektionsarten genau bestimmt, und es bleibt — wenigstens unterhalb der Wasserlinie — nichts übrig, was der Willkür des praktischen Baumeisters überlassen wäre.

Die grösste Breite des Schiffes oder die Länge des Haupt-
oder Segelbalkens bestimmt alle anderen Ausdehnungen des Schiffes.
Dies ist förmlich in ein System gebracht und nicht allein auf alle
Ausdehnungen der verschiedenen Theile des Schiffes, die Bemastung,
Takelung und das Segelwerk angewandt, sondern auch die Quantität
der zum Bau, zu der Zu- und Ausrüstung nöthigen Gegenstände
richtet sich nach der grössten Breite des Schiffes, deren Quadrat
oder Kubus diese verschiedenen Quantitäten mit ziemlicher Gewissheit
finden lässt. So viele und unzählige Versuche indessen gemacht wurden,
um die besten Verhältnisse beim Bau der Schiffe zu bestimmen,
sind doch die Schiffbau-Ingenieure noch nicht einig; noch sind die
Verhältnisse der Länge und Breite nicht unwandelbar festgesetzt,
obschon im Allgemeinen bei Panzerschiffen das Verhältniss der Länge
zur Breite $4._5 : 5._5$, bei Kreuzern $5._5 : 6._5$ beträgt.

Die Erfordernisse eines guten Schiffes bestehen darin, dass es
bei grösster Festigkeit, Dauerhaftigkeit und Räumlichkeit nicht rank
sei, d. h. sich nicht zu leicht auf die Seite neige, schnell laufe und
wende, und nicht zu stark rolle oder stampfe, ferner, wenn mit
einem Segelapparate versehen, dass es so nahe am Winde als nur
möglich (5—6 Striche = 57—66°) segle, leicht durch und vor
dem Winde drehe und nicht zu sehr bei Gegenwind seitwärts abtreibe
(Abtrift, Leeweg).

Alle diese Erfordernisse sind indessen schwer zu vereinigen
und zu erreichen; die grosse Aufgabe des Ingenieurs besteht darin,
die richtigen Verhältnisse, diesen Endzwecken entsprechend, zu finden.
Ein scharfgebautes und schmales Schiff hat zu starke Bewegung von
vorn nach hinten, was in der Seesprache stampfen heisst; ein
breites und flachgebautes hat diesen Uebelstand nicht, dahingegen
rollt es mehr von einer Seite zur anderen, welche Bewegung schlingern oder rollen genannt wird.

Obgleich nun besonders in der neuesten Zeit bedeutende Fortschritte in der Schiffbaukunst gemacht wurden, so ist man trotz
aller Berechnungen und Erfahrungen noch nicht dahin gekommen,
dass man des Erfolges gewiss sein könnte, und man sieht noch
täglich, dass zwei nach demselben Plane gebaute Schiffe oft einen
merklichen Unterschied geben, der nicht immer in der Ausrüstung
oder in der fehlerhaften Anordnung der Belastung zu suchen ist, an

der im letzten Falle beständig dadurch geändert wird, dass man den Schwerpunkt mehr nach vorn oder nach hinten, weiter nach oben oder nach unten zu bringen sucht.

Festigkeit und Dauerhaftigkeit sind die Haupterfordernisse, die ein Kriegsschiff vor allen anderen Fahrzeugen besitzen muss, damit es der vereinten Wirkung des Windes und der Wellen, sowie der des feindlichen Geschützes zu widerstehen vermöge; es muss daher der grösste Fleiss auf die Verbindung der einzelnen Theile verwendet werden. Darum ist es ein Hauptgegenstand der Untersuchung und des Strebens der modernen Marine-Architektur, die beste Art der Verbindung zu erreichen und dennoch das Schiff gleichzeitig so leicht als möglich zu machen, damit es mit grosser Stärke und Schwimmkraft die schweren Batterien zu tragen vermöge und mit der Leichtigkeit des Seebootes die Ueberlegenheit im Segeln verbinde. Fahrzeuge, die einer dieser Eigenschaften entsprechen, können leicht gebaut werden, aber in allen gleichzeitig das Beste zu leisten, ist etwas, was selbst ausserordentlichem Studium und gediegener Erfahrung wohl schwerlich jemals gelingen wird. Eine Annäherung zur Vollendung ist fast unmöglich, und das Höchste, was gehofft werden kann, ist, dass ein Ingenieur weniger Fehler mache als ein anderer. Was in der Schiffbaukunst geleistet ward, zeigt das Beispiel der englischen Fregatte PIKE, die vor einigen Jahren, von Quebeck auslaufend, auffuhr, einen Theil des Kiels und der Bauchplanken losscheuerte und dennoch ihre Reise nach England glücklich vollendete.

Wie das zur Konstruktion der Schiffe dienende Holz am besten zubereitet sein soll, um dem Zwecke der Dauer zu entsprechen, ist leider noch nicht genau bestimmt. Trotz aller Versuche, die seit langen Jahren deswegen gemacht wurden, ist die trockene Fäule noch nicht verbannt, und es dürfte noch einige Zeit vergehen, ehe eine glückliche Lösung des Problems gefunden wird. Die nöthigen Krümmungen, die dem Bauholze gegeben werden müssen, erzeugt man in der letzten Zeit durch Dampfhitze, was vollkommen entspricht.

Um einen deutlichen Begriff eines Schiffes zu geben, folgt die Beschreibung der Bauanlage oder der Ordnung, nach welcher die verschiedenen Theile des Schiffes zusammengesetzt werden.

Nach der vom Schiffbau-Ingenieur gegebenen Zeichnung werden im Plansaale (Mallboden) die Umrisse des Vorderstevens, sämmtlicher Rippen, Knie- und anderer Krummhölzer, welche das Gerippe des Schiffes bilden, im wirklichen Massstabe auf den Fussboden gezeichnet, und nach diesen Zeichnungen die Schablonen (Mallen) aus dünnen Brettern geschnitten, welche den Zimmerleuten zur Anfertigung der verschiedenen Stücke in natürlicher Grösse dienen.

Der Schiffbauhof heisst die Werft, und die schräg gegen das Wasser und unter dessen Spiegel hinab reichende Ebene, die aus einem mit starken Bohlen belegten Pfahl- oder Balkengerüst besteht und worauf das Schiff beim Bau steht, die Helling, die in den besser eingerichteten Werften der Marine überbaut ist, um das Fahrzeug während der Konstruktion soviel als möglich gegen den Einfluss der Witterung zu schützen. Auf der Helling liegen die Stapelblöcke, auf denen das Gebäude während der Konstruktion ruhen soll, in Entfernungen von 1.₅—2^m voneinander, in der Art, dass die niedrigsten dem Wasser am nächsten liegen, und von demselben weg immer höher gelegt werden, damit das Gebäude auf eine schiefe Ebene zu stehen komme. Auf manchen Werften ist diese schiefe Ebene aufgemauert und mit einem Roste versehen, was die Stapelblöcke unnöthig macht.

Im Allgemeinen unterscheidet man beim Bau eines Schiffes drei Hauptabschnitte:

1. Das Setzen des Schiffes in Spanten,
2. Anfertigung der äusseren und
3. Anfertigung der inneren Verzimmerung.

Zu ersterem gehört die Anfertigung und Verbindung des Kiels, des Vorstevens, der vorderen und hinteren Binnensteven, des Hinterstevens, der Aufklotzung, der Spanten, Ohr- und Klüshölzer, der Heckstützen und des Kielschweines.

Zur Anfertigung und Verbindung der äusseren Verzimmerung gehört: die Beplankung aussenbords, das Galjon, die Krahnbalken, die Rüsten und das Ruder.

Zur Anfertigung und Verbindung der inneren Verzimmerung gehört: die Garnirung, die Balkweger, die Bug- und Heckbänder, die Deckbalken, die Schlingen, das Deck, die Einrichtungen auf Deck und des Schanzkleides.

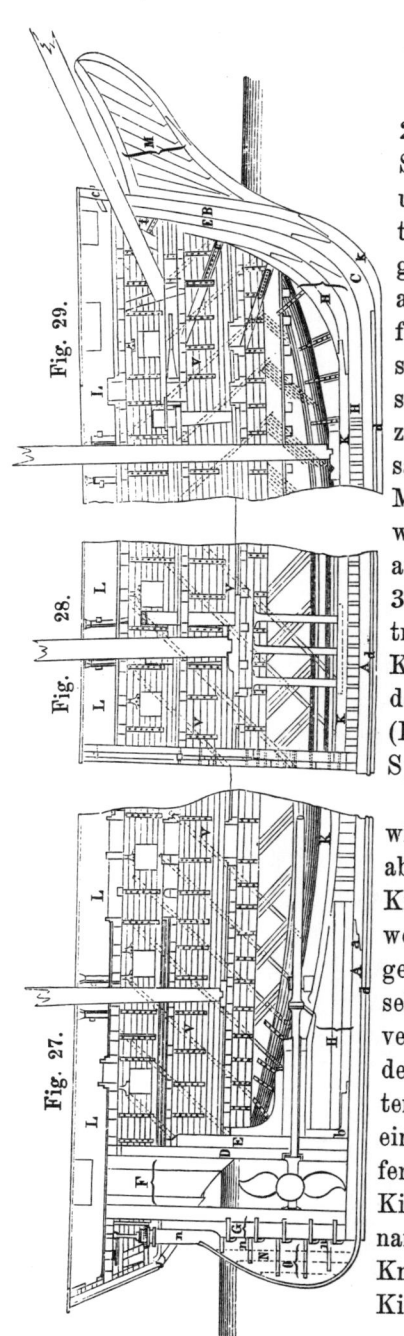

Fig. 29.

Fig. 28.

Fig. 27.

62

Der Kiel *A* (Fig. 27, 28 und 29) bildet den untersten Theil des Schiffskörpers der ganzen Länge nach und ist deshalb auch einer der wichtigsten Theile desselben. Er wird gewöhnlich aus Eichenholz, seltener aus Rothbuchen oder Ulmenholz gefertigt. Ist er aus einem Stücke in seiner ganzen Länge nicht zu erhalten, so wird er aus mehreren Stücken zusammengesetzt, doch darf der Zusammenstoss (Laschung) nie unter die Mastspuren kommen. Die Laschungen werden am zweckmässigsten horizontal angebracht und muss ihre Länge $3\frac{1}{2}$—4mal die Höhe des Kiels betragen. Die zu beiden Seiten des Kiels eingearbeitete Rinne, worin die dem Kiel zunächst liegende Planke (Kielplanke) eingesetzt wird, heisst Sponnung.

Der Vorsteven *B* (Figur 29) wird aus einem, bei grossen Schiffen aber aus mehreren Stücken Eichen-Krummholz angefertigt. Er stösst entweder mit seinem Unterende stumpf gegen den Kiel oder wird mit demselben durch eine Langlaschung verbunden; hat der untere Theil des Stevens aber eine so bedeutende Krümmung, dass er nicht aus einem einzigen Stück Holz angefertigt werden kann, so werden Kiel und Steven mittelst eines sogenannten Unter- oder Vorlaufs *C* (ein Knie, dessen beide Schenkel mit Kiellaschungen versehen werden) verbunden. Die Laschungen erhalten die $4\frac{1}{2}$—5malige Breite des Sturvens zur Länge.

Der Hintersteven D (Figur 27), auch Achtersteven genannt, wird gewöhnlich aus einem Stücke Eichenholz gearbeitet, eventuell durch einen Binnensteven verstärkt. Er wird entweder stumpf auf den Kiel gesetzt oder man giebt ihm einen Zapfen und verbindet ihn in beiden Fällen durch ein Knie (das Steven- oder Reitknie b) mit dem Kiel.

Bei Schraubenschiffen hat man an der Hinterkante des Brunnens F noch einen Hintersteven und nennt diesen zum Unterschied von ersterem den Ruderpfosten G, weil an ihm die Ruderscheeren für das Steuerruder befestigt werden. — Die Binnensteven E (Fig. 27 und 29) werden sowohl vorn an die Innenkante des Vorstevens, als auch hinten an die Innenkante des Hinterstevens gefügt und dienen zur Verstärkung derselben. — Die Aufklotzung H (Fig. 27 und 29), auch Todtholz genannt, liegt unmittelbar vorn und hinten auf dem Kiel und dient zur Befestigung der Kantspanten, deren Unterenden oder Füsse zur Seite angepasst werden; ausserdem aber gewährt es noch den Nutzen, dass die Spanten nicht bis zum Kiel herabzureichen brauchen, sondern an diesem Holze gebolzt werden können. Die Höhe der Aufklotzung ist durch die grössere oder geringere Schärfe des Schiffes bedingt.

Die Spanten oder Rippen X (Figur 30), auch Innhölzer genannt, sind aus mehreren Stücken Krummholz zusammengesetzt, bei welchen man unterscheidet: ganze Bodenwrangen, halbe Bodenwrangen, Kimmstücke oder Sitzer und Auflanger. Die ganzen Bodenwrangen sind die ersten Innhölzer, welche quer über den Kiel gelegt und in denselben circa 2.5^{cm} eingelassen werden; halbe Bodenwrangen nennt man

Fig. 30.

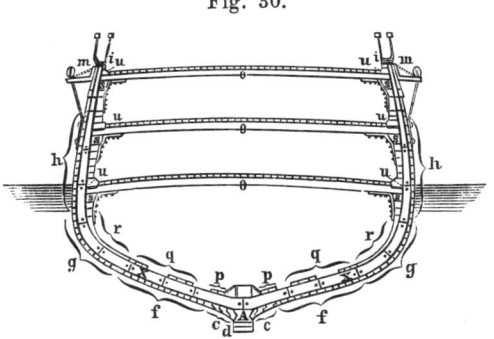

diejenigen Hölzer, welche auf der Mitte des Kiels zusammentreffen und, mit den ganzen Bodenwrangen durch Bolzen verbunden, den sogenannten Floor bilden; Sitzer und Auflanger heissen diejenigen Hölzer, welche in der Verlängerung der Bodenwrangen angebracht werden.

Die Zahl der zu einem Spante erforderlichen Hölzer ist sehr verschieden und hängt von der Beschaffenheit des vorräthigen Holzes und der Lager der Stösse ab, welche oftmals bedingen, dass nicht alle Spanthölzer aus einer gleich grossen Anzahl Theile zusammengesetzt werden können.

Ein solches Spant (Figur 31) besteht, wie erwähnt, aus mehreren Theilen; *a* ist die Bodenwrange, *c* sind die Sitzer und *d e* die Auflanger. Da diese Theile, wenn sie

Fig. 31.

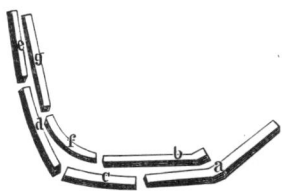

stumpf gegeneinander stossen, keinen Halt haben, so konstruirt man die Spanten doppelt, indem man *a* und *c* seitwärts mit der Wrange *b*, *c* und *d* mit dem Sitzer *f* u. s. w. verbolzt, jedoch so, dass man die Hölzer durch Cylinderzapfen, durch welche, wie beim Kiellasch, die Bolzen gehen, einige Centimeter voneinander fern hält, um Ventilation zwischen ihnen zu schaffen und sie dadurch vor Fäulniss zu bewahren. Die Figur 32 zeigt ein solches, durch provisorisch angenagelte Latten in seiner Form

Fig. 32.

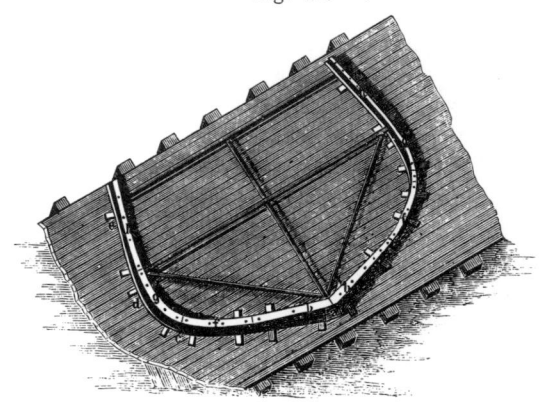

gehaltenes Doppelspant, und die Figur 33 stellt dar, wie es mit Flaschenzügen auf dem Kiel aufgerichtet wird.

Voraufgeführte Spanten nennt man auch Ganze- oder Winkelspanten, weil sie winkelrecht zum Kiel stehen und zum Gegensatze von den Kantspanten, welche, am vorderen und hinteren Ende des Schiffes angebracht, keinen rechten Winkel mit der Mittellinie des Schiffes bilden.

Die Kantspanten unterscheiden sich ausserdem von den Winkelspanten auch noch dadurch, dass sie aus zwei voneinander unabhängigen verbundenen Hälften bestehen, die unten gegen die beiden Seiten der Aufklotzung verbolzt werden.

Die Ohrhölzer befinden sich zu beiden Seiten des Vorstevens und reichen nach vorn bis zur Innenkante der Sponnung. Sie dienen hauptsächlich zur seitlichen Stützung des Bugspriets und zur Befestigung der Enden der äusseren Beplankung.

Fig. 33.

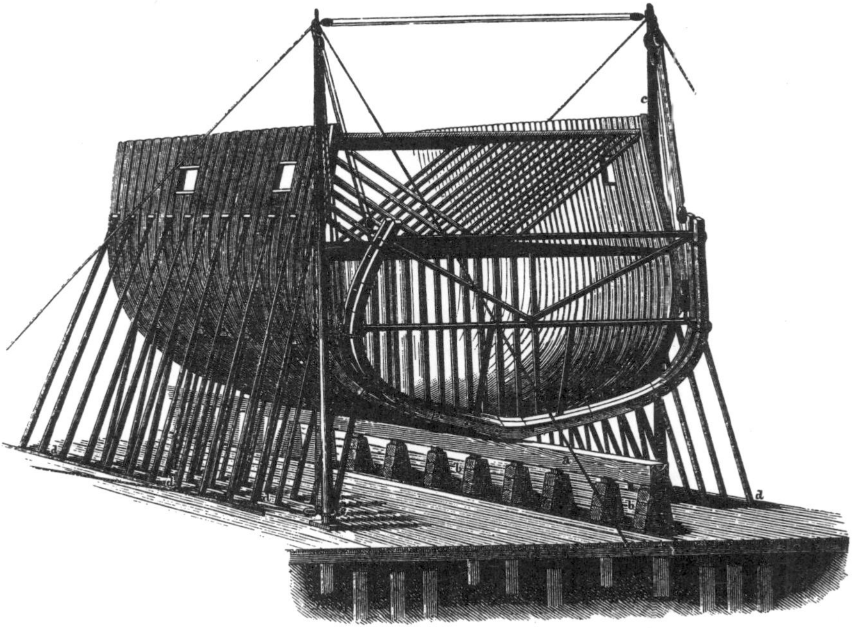

Die Klüshölzer sitzen an der Aussenseite der Ohrhölzer und sind mit denselben durch Bolzen verbunden. Sie dienen theils zur Verstärkung der Ohrhölzer, theils zur Aufnahme der Klüsen. Aus letzterem Grunde müssen sie auch, wenn irgend möglich, aus Einem Stücke bestehen, eventuell so verbunden sein, dass die Naht nicht auf die Mitte kommt, wo später die Löcher für die Klüsen durchgehauen werden.

Die Heckstützen oder Spiegelhölzer J (Figur 27) sind aufrecht stehende Hölzer, welche hinten dem Spiegel seine Form geben. Sie stossen mit ihren Unterenden entweder gegen den Heckbalken oder, wenn ein solcher nicht vorhanden, gegen die hinteren Kantspanten.

Das Kielschwein *K* (Fig. 27, 28 und 29) ist ein Balken, der, ähnlich wie der Kiel, aus langen vierkantigen Hölzern zusammengesetzt, im Innern des Schiffes mit den Bodenwrangen verkämmt und mit denselben, sowie mit dem Kiele durch Bolzen verbunden ist. Das Kielschwein dient vornehmlich dazu, den Schiffen eine grössere Festigkeit zu geben und sie gegen das Durchbiegen zu schützen. Kauffahrteischiffe erhalten gewöhnlich nur ein Kielschwein, Kriegsschiffe, sowie grosse Dampfer, bekommen indessen häufig noch zwei sogenannte Schwester-Kielschweine. Dieselben liegen parallel mit dem mittleren Kielschwein ungefähr auf den Enden der ganzen Bodenwrangen und dienen theils als Fundament für die Maschine, theils zum stärkeren Verbande des Schiffes.

Füllhölzer zwischen den Spanten, welche von dem Kiele bis zur leichten Wasserlinie gehen, kommen gewöhnlich nur bei Kriegsschiffen zur Anwendung. Dieselben werden meistentheils aus Fichten- oder Lärchenholz gefertigt und von innen und aussen abgedichtet, damit, wenn die Aussenhaut unten schadhaft wird, das Wasser nicht in das Schiff dringen kann.

Der lose oder falsche Kiel *d* (Fig. 27, 28 und 29) dient zur Verminderung der Abtrift bei völlig gebauten Schiffen, sowie auch zum Schutze und zur Unterstützung des Kiels. Er wird nur leicht an den Kiel mittels Hakbolzen befestigt, damit, wenn das Schiff auf Grund aufstösst, der Loskiel sich um so leichter vom Schiffe trennt und somit das Flottwerden des letzteren erleichtert. Kriegsschiffe erhalten deshalb auch oft zwei Loskiele.

So steht nun das Gerippe des Schiffes da und gewährt, trotz seiner Unvollkommenheit, bereits einen höchst interessanten Anblick, bei dem man die sinnreiche Einrichtung einer Grundlage nicht genug bewundern kann, die später eine solche schwere Masse zu tragen hat, deren ungeheures Gewicht mit der Leichtigkeit der Bewegung desselben sich kaum vereinbar denken lässt.

Sowie das Gerippe vollkommen aufgerichtet ist, wird mit der Beplankung desselben begonnen.

Unter Beplankung aussenbords versteht man alle Plankengänge, welche in der Längenrichtung des Schiffes die äussere Fläche der Innhölzer bedecken. Man verwendet zu derselben gewöhnlich Eichenholz, indessen wird auch mitunter über Wasser Teakholz und unter Wasser im Boden Fichten- und Lärchenholz benutzt. Die einzelnen Plankengänge müssen mindestens eine Breite von 178—229^{mm} haben und die Stösse der aneinander liegenden sich um circa 1.$_5$^{m} verschiessen; daher es auch am zweckmässigsten ist, recht lange Planken, von circa 9^m und darüber, zu verwenden. Bei Bearbeitung der Planken ist besonders darauf zu achten, dass die Naht innen nicht grösser als aussen gemacht wird, weil dieses für das Dichten von nach-theiligem Einflusse ist. Sämmtliche Planken werden gewöhnlich mittels Bolzen und eiserner, respektive kupferner und hölzerner Nägel befestigt, jedoch ist die Befestigungsweise mit nur kupfernen, respek-tive eisernen Bolzen entschieden die beste Methode. Kupferne Bolzen werden überall da geschlagen, wo später von aussen Kupferplatten angebracht werden sollen, indem das Eisen, sobald es mit dem Kupfer in Berührung kommt, durch den entstehenden galvanischen Strom zersetzt wird.

Die Holznägel werden gewöhnlich von Akazienholz, zuweilen auch von gutem Fichtenholze gefertigt und nur zur Ersparung von Bolzen angewendet.

Im Speciellen unterscheidet man bei der Beplankung aussenbords: die Kielplanken c (Figur 30), die Bodenplanken f, die Kimmungs-planken g, die Bergholzplanken h, die Farbgangsplanken und das Schanz-kleid aussenbords L (Fig. 27, 28 und 29). Die Berghölzer beginnen bei grösseren Schiffen in der leichten Wasserlinie und gehen dann nach oben mit 6—8 Gängen; kleinere Schiffe erhalten nur 4—6 Bergholzgänge.

S c h a n d e c k e l i (Figur 30) nennt man diejenige horizontal liegende Planke, welche oben auf den Enden der Innhölzer liegt, und wird derselbe mittels Bolzen mit den daran stossenden Planken-gängen verbunden.

Galjon, Krahnbalken und Rüsten werden später erwähnt werden.

Unter G a r n i r u n g versteht man alle Plankengänge, welche in der Längenrichtung des Schiffes die i n n e r e Fläche der Inn-hölzer bedecken, und nur folgende Gänge derselben haben noch besondere Benennungen. Der Raum, welcher sich auf beiden Seiten des Kielschweines befindet, circa 152—305^{mm} breit ist und durch welchen das Wasser nach den Lenzpumpen fliesst, wird Füllung genannt. Bei Kauffahrteischiffen wird diese Füllung durch schräg gegen das Kielschwein liegende Bretter und auf Kriegsschiffen durch schrägliegende eigens zu diesem Zwecke geformte Stücke Ballasteisen bedeckt. Die ersten Gänge neben der Füllung heissen Sandstrakplanken q (Figur 30). Dann folgen die Kimmwegerungsplanken r, circa 5—7 Gänge, welche die Enden der Bodenwrangen bedecken. Balkweger s nennt man diejenigen Gänge, welche sich in der Höhe des Deckes über die ganze Länge des Schiffes erstrecken und die Deckbalken tragen. Sie werden ganz besonders stark gemacht, weil von ihnen die Haltbarkeit des Verbandes hauptsächlich mit abhängt.

Die B u g - und H e c k b ä n d e r t (Figur 29) werden in den scharfen Theilen des Schiffes hinten und vorn angebracht und in neuerer Zeit meistens von Eisen gefertigt.

Die D e c k b a l k e n o (Figur 30) sind diejenigen querschiffs liegenden Hölzer, welche mit ihren Enden auf den Balkwegern ruhen und auf welche die Deckplanken genagelt werden. Sie werden entweder aus einem oder aus mehreren Stücken gefertigt, je nach der Grösse des Schiffes und nach der Beschaffenheit des Holzvorrathes. Man macht sie gewöhnlich aus Eichenholz, indessen wird auch häufig Fichten-, Teak- und Mahagoniholz angewendet. Mit den Seiten des Schiffes werden sie mittels hölzerner oder eiserner Kniee verbunden.

S c h l i n g e n nennt man die kurzen, in der Längenrichtung des Schiffes liegenden Hölzer, welche hauptsächlich in der Gegend, wo die Geschütze zu stehen kommen, zwischen die Deckbalken eingelassen werden, und liegt die Oberkante der Schlingen in gleicher Höhe mit derjenigen der Deckbalken.

Die h a l b e n B a l k e n liegen zwischen den Deckbalken, mit dem einen Ende auf dem Balkweger und mit dem anderen auf der zugehörigen Schlinge in der Weise, dass ihre Oberkanten in gleicher Flucht mit den Oberkanten der Deckbalken liegen.

W a s s e r g ä n g e u (Figur 30) nennt man diejenigen Planken, welche auf den Deckbalken zunächst der Schiffsseite angebracht werden. Sie sind gewöhnlich doppelt so stark als die betreffenden Deckplanken und werden aus Eichen- oder Teakholz gearbeitet.

S e t z b o r d nennt man den Plankengang, welcher auf den Wassergängen steht und bis zum Schandeckel oder bei Kriegsschiffen bis zu den Geschützpforten reicht.

Für das Deck werden im Allgemeinen fichtene Planken von 76—100^{mm} Stärke genommen, und nur an den Stellen, wo später

Geschütze placirt werden sollen, desgleichen bei Kauffahrteischiffen zu den mittelsten Gängen, nimmt man häufig Eichenholz. Bei der Auswahl der fichtenen Planken hat man hauptsächlich darauf zu sehen, dass sie nach ihrer Bearbeitung vollkommen splintfrei und frei von grossen oder an den Seiten sitzenden Aesten sind, desgleichen müssen sie eine möglichst grosse Länge haben. Die Stösse der Deckplanken müssen so eingetheilt werden, dass mindestens fünf Gänge dazwischen liegen, ehe wieder auf demselben Balken eine Planke endigt. Befestigt werden die Deckplanken mit zwei eisernen (gewöhnlich verzinnten) Nägeln auf jedem Balken und mit einem Nagel auf jedem halben Balken. Die Nägel werden so tief in die Deckplanken eingetrieben, dass ein fichtener Pfropfen auf die Köpfe der Nägel gesetzt werden kann. Das Loch ist vorher mit Terpentin oder Firniss auszufüllen und der Propfen so zu setzen, dass sein Faden dem Faden der Deckplanke parallel läuft.

Diagonalschienen *v* (Fig. 27, 28 und 29) nennt man die eisernen Schienen, welche, auf den Innhölzern befestigt, dazu dienen sollen, dem Schiffe einen stärkeren Verband zu geben und besonders das Durchbiegen zu verhindern. Sie liegen gewöhnlich 2.$_4$ ^{m} voneinander entfernt und bilden einen Winkel von 40—50° mit den Spanten, in welche sie halb oder ganz eingelassen werden.

Die Figur 34 stellt einen Theil des halben Querschnittes einer gedeckten Korvette in perspektivischer Ansicht dar. *a* Kiel. *b* Loskiel. *c* Kielschwein. *d* Bodenwrange. *e e* Aeussere Beplankung. *f g* Bodenweger. *h* Kimmweger.

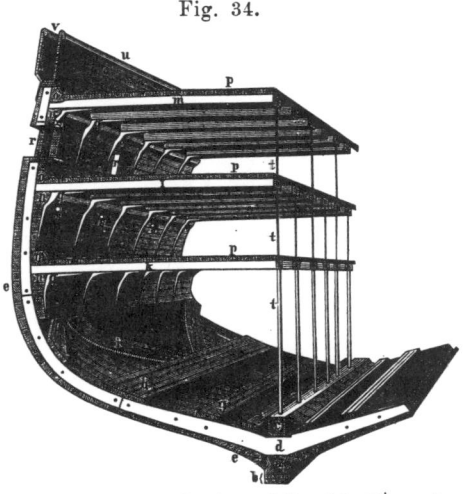

Fig. 34.

i Diagonalverband. *k* Deckbalken des Zwischendeckes. *l* Deckbalken des Batteriedeckes. *m* Deckbalken des Oberdeckes. *n n n* Balkweger. *o o o* Wassergänge. *p p p* Deckplanken. *q q q* Eiserne Deckkniee. *r r* Kanonenpforten. *s s s* Ochsenaugen, durch welche das Zwischendeck erhellt wird. *t t t* Deckstützen. *u v* Verschanzung des Oberdeckes mit den Finkenetzen zum Stauen der Hängematten.

Das Gebäude steht jetzt in der rohen Zimmerarbeit fertig da, durch kupferne und eiserne Bolzen und Nägel und sogenannte Holznägel — hölzerne Bolzen — verbunden. Jetzt wird es kalfatert, das heisst, es wird wasserdicht gemacht, dadurch, dass man alle zwischen den Planken befindlichen Fugen, Nähte genannt, mit Werg (auseinander gezupftem getheertem Tauwerk) verstopft und diese Nähte dann mit einer Mischung von Harz und Pech im flüssigen Zustande überstreicht.

Nunmehr wird eine Lage von Pech, Theer und Harz über den ganzen unteren Theil des Schiffes gestrichen, so weit dies im Wasser gehen soll, und um eine gleich dicke Lage zu erhalten, abgebrannt, wobei natürlich die grösste Vorsicht obwalten muss, damit nicht, wie es vor mehreren Jahren in Toulon mit dem prächtigen Dreidecker TROCADERO geschah, das Schiff Feuer fange und verbrenne. Ueber diese Lage wird nun ein grobes, in kochendem Theer getränktes Papier — nach einer anderen Methode eine Art Filz — gelegt, und der ganze damit bedeckte Theil hierauf mit kupfernen Platten beschlagen, welche von hinten nach vorn und von unten nach oben gelegt werden, damit die vorderen Bleche die scharfen Kanten der hinteren und die oberen die der unteren bedecken und dem Wasser somit eine glatte, keinen Widerstand leistende Fläche darbieten. Diese Platten werden mit messingenen oder kupfernen Nägeln befestigt. Nur kleinere Schiffe werden vor dem Ablauf auf der Helling gekupfert; grössere Schiffe werden in ein Trockendock gebracht und daselbst gekupfert oder gezinkt.

Seitdem man begann, die Schiffe mit kupfernen Platten gegen den Wurmfrass zu belegen, fand man, dass, soweit dieselben reichen, man sich nicht mehr des Eisens zu Nägeln und Bolzen bedienen dürfe, da dasselbe durch den Kontakt mit dem Kupfer binnen Kurzem in Folge galvanischen Processes so litt, dass es förmlich aufgezehrt ward. Diesem Uebelstande half man dadurch ab, dass man sich nunmehr kupferner und messingener Bolzen und Nägel bedient, was natürlich die Kosten bedeutend erhöht. Das ganze lebendige Werk, das heisst der Theil des Schiffes, der bei voller Ladung unter der Wasserlinie liegt, ist kupferfest, oder mit anderen Worten, ausser den Holznägeln, welche mit zur Befestigung dienen, mit kupfernen und messingenen Bolzen und Nägeln verbunden; das todte Werk, der Theil, der über der Wasserlinie liegt, bleibt nach wie vor durch Eisen befestigt.

Ist das Schiff soweit gediehen, so bringt man es zu Wasser, d. h. man lässt es vom Stapel laufen. Figur 35 stellt den Durchschnitt eines zum Ablauf fertigen Schiffes mit dem darunter angebrachten und bereits aufgekeilten Ablaufgerüst vor. Letzteres besteht aus einem in der Längsrichtung auf der Helling befestigten Balkenlager, auf dem oben die Schmierplanke c ruht, an deren äusserer Seite eine andere starke und mit Klampen gestützte Planke in Hochkant angebracht ist. Sie dient dem losen oberen Theil des Ablaufgerüstes, dem Schlitten und Läufer, als Führung und sichert letzteres gegen seitliches Ausgleiten. Die Konstruktion von Schlitten und Läufer ist aus Figur 35 b und a im Durchschnitte, aus Figur 36 von der Seite ersichtlich. Der Läufer a ist ein auf der Schmierplanke c ruhender Balken, und bestimmt, auf ihm zu gleiten. Auf dem Läufer ruht wieder der Schlitten b und ist mit ihm durch Cylinderzapfen so lose verbunden, dass er sich von ihm heben lässt. Vorn und hinten erhöht sich der Schlitten in der Figur 36 angegebenen Weise, so dass letzteres wie in einer Wiege in ihm ruhen kann. Bis zum wirklichen Ablauf findet aber ein eigentliches Ruhen nicht statt, obwohl der Schlitten so

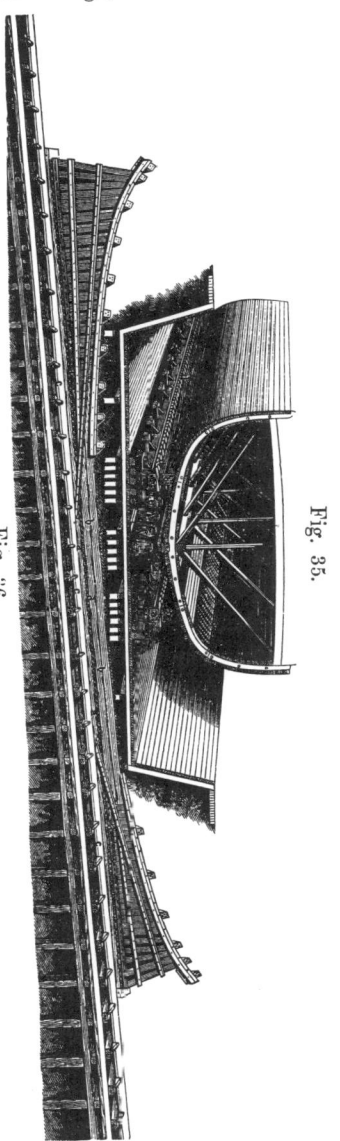

Fig. 36.

Fig. 35.

eng unter das Schiff gebracht wird, wie möglich. Soll der Ablauf stattfinden, so werden in der ganzen Länge des Gerüstes zwischen Schlitten und Läufer Holzkeile eingeklemmt d (Fig. 35 und 36) und für jedes Antreiben von je zwei Keilen ein Schiffszimmermann aufgestellt. Auf ein bezügliches Signal werden dann sämmtliche Keile gleichzeitig so weit angetrieben, wie dies möglich ist. Ein wirkliches Heben des Schiffes findet dadurch zwar nicht statt, namentlich wenn letzteres gross ist, aber der Schlitten wird doch so nahe an das Schiff getrieben, dass man ohne Gefahr die seitlichen Stützen (Figur 33) fortnehmen und die Stapelklötze e (Figur 35) fortspalten kann. Die Stützen nimmt man sämmtlich, die Stapelklötze bis auf die vier oder sechs vordersten weg, durch welche das Schiff vorläufig noch festgehalten wird. Sodann wird von neuem aufgekeilt. Sobald man dies gethan, werden die letzten Stapelklötze fortgespalten, der ganze jetzt nur auf dem Schlitten ruhende Bau setzt sich in Bewegung und gleitet durch seine eigene Schwere auf der schiefen Ebene der Helling in das Wasser. Um die Reibung zu vermindern, werden die Schmierplanke oben und der Läufer unten vor dem Aufkeilen mit Fett und grüner Seife geschmiert. Der Schlitten geht, weil er oben am Schiff befestigt, beim Ablaufe mit zu Wasser und wird später abgenommen. Bisweilen will das Schiff von der Helling nicht von selbst laufen. Dann hilft man ihm durch Schrauben nach, schraubt mit Daumkräften oder mit hydraulischen Pressen das Vordertheil in die Höhe und giebt damit einen Impuls.

Es ist unstreitig eines der interessantesten Schauspiele, ein Schiff, und besonders eines der grösseren Klassen, vom Stapel laufen zu sehen; dies ist ein Festtag für Alle, die bei seinem Baue beschäftigt waren.

Der Tag des Ablaufens ist bestimmt und bekannt gemacht; Pavillons und Gerüste sind für die Zuschauer aufgerichtet. Die Werft feiert einen Festtag, und in schimmernden Uniformen eilen die Officiere herbei, den in glänzenden Toiletten erscheinenden Damen die besten Plätze anzuweisen; Einige von ihnen, um die Pracht des Anblickes zu erhöhen, begeben sich auf das Deck des abzulaufenden Schiffes, das mit den Nationalflaggen — die stolz in dem leichten Winde wehen — geschmückt, noch unbeweglich seinen Platz einnimmt. Die Gerüste füllen sich mit der schaulustigen Menge, bestehend aus Personen, die Theil am Baue hatten oder mit der Werft in Verbindung stehen, oder Solchen, die sich für die Marine interessiren und in jedem neuen Schiffe eine Vermehrung oder Beförderung der Grösse und des Wohlstandes des Staates erblicken, oder endlich mit Neugierigen, an denen kein Land Mangel hat.

Unzählige Boote voll Zuschauer bedecken den Hafen, die Kajen sind dicht besetzt; Dampffahrzeuge, von Gesellschaften gemiethet, eilen mit schnellem Schaufelschlage aus allen Richtungen herbei, und fröhliche Musik ertönt. Alle umliegenden Schiffe sind beflaggt. Das Deck des zum Ablaufen bestimmten Schiffes ist mit Menschen gefüllt, die sich ein Vergnügen daraus machen, mit vom Stapel zu laufen und das gemischte Gefühl der Freude und Angst zu geniessen, das ihnen dieser Moment darbietet.

Alle nöthigen Vorbereitungen sind getroffen; — Vivat-Rufe und rauschende Musik verkünden die Ankunft der Admiralität, die in dem ihr bestimmten Pavillon Platz nimmt. Auf dem Vordertheile des Schiffes werden von einem der Officiere oder Ingenieure einige gehaltvolle Worte der Hoffnung über den neuen Zuwachs der Macht des Staates und über die Bestimmung des noch unbenannten Fahrzeuges gesprochen. Hierauf reicht man, wie es bei einigen Nationen gebräuchlich ist, einer der geladenen Damen Wein, denselben als Libation taufend über den Bug auszügiessen und dem Schiffe seinen Namen unter dem Jubel der Menge zu geben.

Auf ein Zeichen werden jetzt die letzten Stützen weggenommen; nur noch ein einziges Tau hält den Schlitten am Lande fest. Stille, erwartungsvolle Stille herrscht; ein Zimmermann, mit schwerer Axt bewaffnet, naht dem Widerhalt-Taue und mit kräftigem Schlage kappt er es.

Langsam und kaum bemerkbar rückt der Koloss von der so lange inne gehabten Stelle gegen sein Element, das Wasser, die untergelegten Balken krachen und erhitzen sich durch die gewaltige Reibung, Rauchwolken erheben sich, von Sekunde zu Sekunde nimmt die Bewegung zu, bis endlich, in allen seinen Fugen erzitternd, das Schiff, mit rasender Schnelle auf der Unterlage hingleitend und mächtig die Fluthen theilend, sich in das Wasser stürzt. Allgemeines Freudengeschrei, Hut- und Tücherschwenken und rollender Donner der Batterien verkünden diesen Moment der Umgegend. Schreckensrufe mischen sich in das frohe Jauchzen, denn hoch auf rauschen die Wogen um das Schiff, den Booten Gefahr drohend; eine lange und tiefe Furche, mit weissem Schaume gefüllt, hinter sich lassend, rollt es schwer von Seite zu Seite, nach und nach seine Schnelligkeit verlierend, bis es endlich von selbst still liegt oder vom hemmenden Anker aufgehalten und von Booten oder Dampfschiffen nach dem Orte seiner Bestimmung bugsirt wird.

Die Wogen legen sich, das überwundene Element schmiegt sich an den stolzen Kiel des Schiffes, das so gewaltsam seinen Einzug hielt, der Schlitten löst sich ab, sobald er im Wasser ist, und wird an's Land gezogen; die Menge der Zuschauer aber, voll des erlebten Hochgenusses, geht zufrieden auseinander.

Nach den hydrostatischen Gesetzen ist das Gewicht eines schwimmenden Körpers gleich dem Gewichte, der kubische Inhalt seines eingetauchten Theiles gleich dem kubischen Inhalte der verdrängten Wassermenge. Dies Gesetz findet auf schwimmende Schiffe vollständige Anwendung. Die von einem schwimmenden Schiffe verdrängte Wassermasse wird das Deplacement des Schiffes genannt. Das Deplacement wird in Gewichtseinheiten, als: Centner, Normallasten, Tonnen, oder in Raumeinheiten als Kubikfuss, Kubikmeter ausgedrückt.

Man unterscheidet bei Schiffen zwei Deplacements: das des vollständig seefertig ausgerüsteten oder beladenen Schiffes und das des leeren Schiffes.

Durch die Berechnung ist das Deplacement eines Schiffes bis zu seiner Konstruktions- oder Ladewasserlinie ermittelt, liegt das beladene Schiff aus irgend einem Grunde nicht auf der bei der Berechnung angenommenen Wasserlinie, so ist sein Deplacement nicht unmittelbar bekannt, es muss vielmehr durch Vornahme weiterer Berechnungen erst festgestellt werden. Das Gleiche ist der Fall, wenn man beim schwimmenden leeren Schiff das Eigengewicht (das Deplacement bis zur leichten Wasserlinie) ermitteln und darnach seine Tragfähigkeit bis zur Konstruktions- oder Ladewasserlinie feststellen, oder endlich, wenn man das Gewicht einzelner Gruppen der Belastung eines Schiffes aus der dadurch hervorgerufenen Tiefersenkung desselben bestimmen will. Zur Vereinfachung dieser nothwendigen Berechnungen wird meistens von vornherein eine besondere Kurve berechnet, aus der durch direkte Abmessung entweder das Deplacement, oder die Tragfähigkeit des Schiffes bei jedem beliebigen Tiefgange, oder umgekehrt der Tiefgang des Schiffes bei einem beliebigen Deplacement sofort gefunden werden kann. Diese Kurve heisst der Lastenmassstab.

Die Aichung giebt das Mass für den Rauminhalt des Schiffes; sie bildet daher die Grundlage für die Bemessung aller zu entrichtenden Hafenabgaben, sowie 'zur Bestimmung der Stärke der zu seiner Herstellung zu verwendenden Materialien, der Schwere, resp. Grösse seiner Inventarien. Hinsichtlich des Tonnengehaltes muss man den Unterschied festhalten, welcher zwischen der Gewichtstonne, der Raumtonne und der Registertonne obwaltet, und man muss vor einer naheliegenden Verwirrung dieser Begriffe sich hüten. Während die Gewichtstonne eine in den verschiedenen Seestaaten variirende Gewichtseinheit und die Raumtonne das Mass einer kubischen Einheit darstellt, ist die Registertonne ein ideeller Begriff, welcher eine Mittelziffer zwischen der nach Gewicht und Volumen mit Rücksicht auf die verschiedenen Waaren sehr wechselnden Trag- und Ladungsfähigkeit des Schiffes zu erreichen sucht. Die Registertonne ist das Ergebniss eines auf vielfacher Beobachtung ruhenden mathematischen Kalküls.

Von den in den einzelnen Ländern üblichen Messmethoden basirt keine auf der Berechnung des Deplacements oder der Benutzung des Lastenmassstabes; die Ermittlung des Tonnengehaltes erfolgt vielmehr entweder durch Berechnung der Grösse des Laderaumes des Schiffes oder gar nur durch Multiplikation der Hauptdimensionen miteinander und mit einem gewissen Koëfficienten. Die nach erstgenannter Art vorgenommene Ermittlung des Tonnengehaltes ist je nach ihrer Genauigkeit ein mehr oder minder genauer Ausdruck für die Tragfähigkeit, die nach letzterer Art ausgeführte entweder nur ein ziemlich roher Anhalt, oder nur als Vergleichszahl unter ganz bestimmten Voraussetzungen von einigem Werthe.

Alle Segel-Fahrzeuge wurden und werden noch nach der Anzahl ihrer Masten in drei-, zwei- und einmastige getheilt; die dreimastigen theilte man zu jener Zeit, als die Kriegsschiffe noch Segelschiffe waren, wieder nach der Anzahl ihrer Batterien oder der Kanonenzahl, die sie führten, in Dreidecker, Zweidecker,

Fregatten — oder Eindecker — und Korvetten. Hierbei muss noch bemerkt werden, dass man unter dem Worte ‚Deck‘ nur die bedeckten Batterien verstand, wonach also die Korvette nicht ein eindeckiges Schiff genannt werden konnte, sondern diese Gattung eigentlich mit der Fregatte begann, obwohl man in der letzten Zeit der Segelschiffs-Periode auch schon Korvetten mit gedeckten Batterien (gedeckte Korvetten) baute.

Sämmtliche Kriegsschiffe von zwei oder mehr Decken hiessen Linienschiffe,*) da sie bei der früheren Seetaktik in der Schlacht in Linie gereiht wurden. Nach der Anzahl der Kanonen waren sie in mehrere Rangordnungen getheilt, die bei den verschiedenen Nationen von einander abwichen. So hatte Grossbritannien vier Klassen Linienschiffe, nämlich Dreidecker, Zweidecker von 80 Kanonen aufwärts, die von 70 bis 80 Kanonen und Schiffe von 50 bis 70 Kanonen. Frankreich theilte seine Linienschiffe nur in drei Klassen: Dreidecker, Schiffe von 82 bis 90 und solche von 74 bis 82 Kanonen ein. Dieselbe Ordnung galt in Russland. Andere Nationen besassen keine Dreidecker, oder es waren dieselben alte, fast nicht mehr seetaugliche Schiffe; denn die grössten Linienschiffe der Vereinigten Staaten von Nord-Amerika, welche in drei vollkommenen Batterien über 100 Kanonen führten, gehörten doch nur in die Klasse der Zweidecker. Den Schiffen mit vier Decken machte die Schlacht bei Trafalgar ein Ende.

Nach den Linienschiffen kamen die Fregatten,**) die in der Schlacht nicht in die Linie gereiht wurden; sie waren von verschiedener Grösse und sehr ungleicher Kanonenzahl; England theilte die seinigen in zwei, Frankreich in drei und Russland in vier Klassen ein.

Da nun keine allgemeine Regel für Rangbestimmung der Kriegsschiffe galt, so pflegte man bei ihnen, nebst Angabe der Klasse, zu der sie gehörten, noch die Kanonenzahl mit anzuführen; man sagte deshalb: ein Linienschiff von 74, 80, 90 Kanonen, eine Fregatte von 44, 50, 60 Kanonen, eine Korvette von 18, 20, 26 Kanonen.

Es gab überhaupt folgende Klassen von Kriegsfahrzeugen: 1. Dreidecker, 2. Zweidecker, 3. Fregatten, 4. Korvetten,

---

*) Melbye Nr. 7, 9, 17 (Dreidecker), 10, 36 und 39 (Zweidecker).
**) Melbye Nr. 16 und 28; Hünten Nr. 7 und 10.

alle mit drei Masten; 5. Briggs, 6. Schuner, sämmtlich mit zwei Masten; 7. Kutter, mit einem Maste; 8 Kanonenboote, ohne Masten, mittels Ruder fortbewegt; 9. Dampfschiffe, bei denen die Zahl der Masten nicht bestimmt war.

Segel-Kriegsschiffe giebt es schon seit 25 Jahren nicht mehr. Die verschiedenen Marinen besitzen zwar noch mehr oder minder Segelschiffe, aber sie werden nicht mehr zur Kriegführung, sondern nur zu besonderen Zwecken, wie Schulschiffen, Wach- und Kasern-schiffen u. s. w. aufgebraucht. Seit 1850 baut man für Kriegszwecke nur noch Dampf-, und zwar Schraubenschiffe.

Kauffahrtei-Segelschiffe mit drei, zwei oder einem Maste theilen sich nach der Art ihrer Bemastung, Besegelung oder Ausrüstung in viele Unterabtheilungen; zu bemerken ist, dass bei ihnen die Tragfähigkeit oder die Last, die sie zu tragen vermögen, nach Tonnen (zu 1000^{kg}) angegeben wird, wenn man sie bezeichnen will; man sagt deshalb ein Vollschiff von 800—1000 Tonnen, eine Bark von 600 Tonnen, eine Brigg von 400 Tonnen, ein Schuner von 200 Tonnen.

Das Gros der Handelsflotten besteht aus Segelschiffen. Im Jahre 1874 bildeten die Dampfschiffe unter der Gesammtheit der Seeschiffe der Zahl nach 8.$_7$ %, dem Tonnengehalte nach 26.$_4$ %.

Die Annahme, als hätte, wie in den Kriegsflotten, auch in den Handelsflotten, das Dampfschiff das Segelschiff verdrängt, ist demnach eine ganz unrichtige. Die Zahl der Dampfer ist noch eine verhältnissmässig kleine. Sowie es am Lande neben den Eisenbahnen stets Wagen, von Pferden fortbewegt, geben wird, so wird es zur See neben den Dampfern immer Segelschiffe geben.

Die Tabelle XXVIII am Schlusse des Buches zeigt den Stand der Kauffahrteiflotten für das Jahr 1874.

Beim Segelschiffe beruht die ganze Manövrirfähigkeit auf der Takelung, d. h. seiner Bemastung mit den verschiedenen Raaen und Segeln, die sie trägt, und da ausserdem die Form der Takelung das Augenfälligste und äusserlich am besten Unterscheidende für die verschiedenen Schiffe ist, so lag es nahe, dass man die verschiedenen Schiffsklassen nach der Verschiedenheit ihrer Takelung bestimmte.

Das Princip, welches für die Takelung der Schiffe aller, auch der verschiedensten Klassen gleiche Geltung hat, beruht nun darin, dass man über der Mitte des Schiffes R a a s e g e l anbringt, d. h. viereckige Segel, welche in normaler Lage querschiffs, parallel einem senkrechten Querschnitte des Schiffes, stehen und die besonders geeignet sind, das Schiff v o r dem Winde (d. h. wenn dieser von hinten her weht) mit grösstmöglicher Kraft vorwärts zu bewegen. Am vorderen und hinteren Ende des Schiffes aber sind stets S c h r a t s e g e l angebracht, d. h. Segel, welche in normaler Lage längsschiffs, parallel einem senkrechten Längen-Durchschnitte des Schiffes stehen und bei Seitenwind vorzüglich geeignet sind, das Schiff zu drehen und zu wenden: es sind dies vorn am Bugspriet die Klüver und Vorstag-segel, dreieckige, mit ihrer Vorderseite an den Stagen, an starken Tauen, welche Mast und Stengen nach vorn halten, befestigte Segel; und hinten ist es ein Gaffelsegel, ein am hintersten Maste befestigtes Segel von trapezoïdischer Form. Will man das Schiff nach der Seite hindrehen, woher der Seitenwind kommt, so wird das hintere Gaffel-segel gesetzt und die Klüver vorn werden weggenommen; will man nach der anderen Seite hinwenden, so wird das Gaffelsegel weg-genommen und die Klüver gesetzt: in bei-den Fällen dreht dann der Wind das Schiff ganz von selbst nach der gewünschten Rich-tung. Uebrigens lassen sich alle diese Segel auch so stellen, dass sie das Schiff mit vor-wärts treiben helfen. Je nachdem nun das eben erklärte Princip der Ta-kelung sich bei Schiffen

Fig. 37.

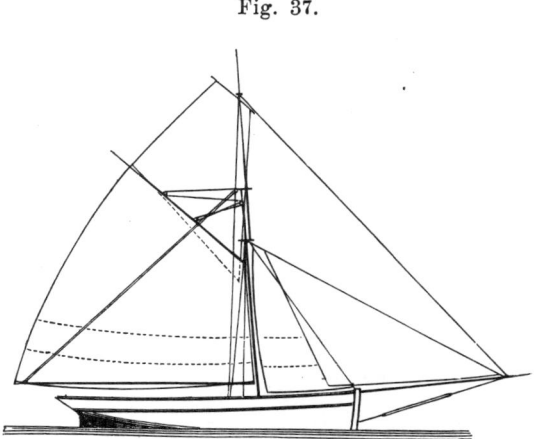

mit einem, mit zwei oder mit drei Masten durchgeführt findet, entstehen die verschiedenen Klassen der Segelschiffe.

Ein Fahrzeug mit e i n e m Mast, an welchem sich als Haupt-segel ein verhältnissmässig grosses Gaffelsegel befindet und das aber zugleich vorn mehrere Stagsegel führt, heisst ein K u t t e r (Figur 37). In den nordischen Meeren, wenn man von den Fischer-

booten absieht, sind die Kutter die kleinsten Fahrzeuge der Handelsmarine, mit verschiedenen Lokalbenennungen. Die Kutter waren gegen
Ende des vorigen und im Anfange dieses Jahrhunderts als kleinste
Kriegsfahrzeuge sehr beliebt, während sie sich heutzutage nur noch
als Zoll- oder Lootsen-Wachschiffe (Zollkutter oder Lootsenkutter)
oder aber als Lustfahrzeuge (Jachten), deren Wettfahrten in England
keine geringere Bedeutung haben als die berühmten Pferderennen,
ausserhalb der Handelsmarine erhalten haben. *) Uebrigens sind diese
Kutter nicht mit den gleichnamigen Booten grösserer Kriegsschiffe
zu verwechseln.

Die nächstgrössere Klasse von Segelschiffen bilden diejenigen,
welche z w e i M a s t e n führen: hat bei denselben blos der vordere
Mast Raasegel, der hintere Mast dagegen blos ein Gaffelsegel, so
heisst das Fahrzeug ein S c h u n e r (Figur 38); hat aber das Schiff

Fig. 38.

ausser den eben angegebenen Segeln am Hintermaste noch Raaen,
so dass also jeder der beiden Masten mehrere (3—4 oder auch 5)
Raasegel übereinander führt, so heisst es eine B r i g g (Figur 39).
(Von kleinen Variationen der Takelung und der Nomenklatur sehen
wir hier ab.) Die Schuner, **) meist mit einer Tragfähigkeit von

---

*) Hünten Nr. 13 ‚Kutter am Winde‘.
**) Melbye Nr. 29 ‚Schuner bei schwerer See‘; Hünten Nr. 24 ‚Brigg-
schuner‘.

etwa 150—300 Tonnen, und namentlich die Briggs,*) gewöhnlich von etwa 250—500 Tonnen Lastigkeit, bilden der Zahl nach den grössten Bestandtheil der Handelsflotten; sie sind schon Hochseeschiffe, Fahrzeuge, welche Fahrten nach den entferntesten Gewässern machen. Als Kriegsschiffe dagegen finden sich jetzt beide Klassen nicht mehr benutzt, während sie bis zur Hälfte dieses Jahrhunderts die gewöhnlichsten Kriegsschiffe niederen Ranges waren. Die Schuner hatten gewöhnlich 3—8, die Briggs 8—18 Kanonen. Doch werden Segelbriggs noch heutzutage in manchen Flotten als Uebungsschiffe zur Ausbildung der jungen Mannschaft im Manövriren

Fig. 39.

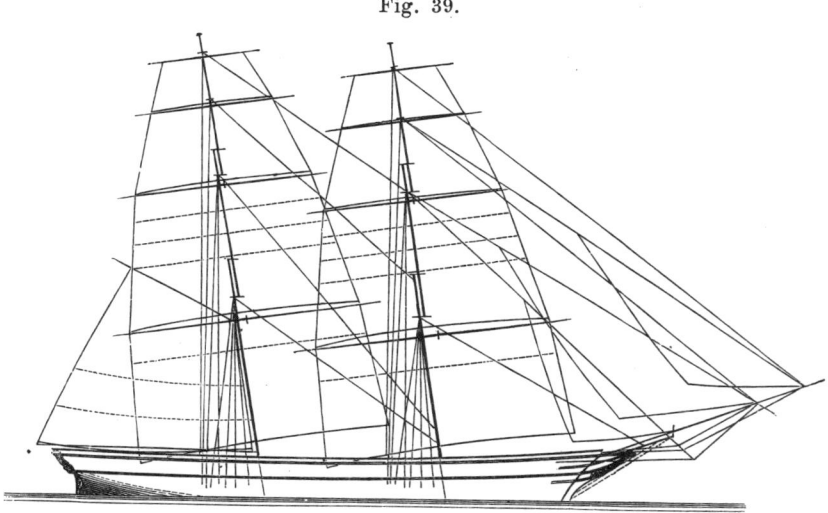

mit der Takelung benutzt, und die kleineren Avisos und Kanonenboote der modernen Flotten sind fast durchgängig als Schuner, die grossen Hamburger und Bremer Postdampfer durchgängig als Briggs getakelt.

Seeschiffe grösster Art sind endlich diejenigen, welche drei Masten führen. Hat bei einem Schiffe dieser Art blos der vorderste Mast Raasegel, die beiden hinteren Masten dagegen Gaffelsegel, während vorn natürlich die Stagsegel nicht fehlen, so heisst das Fahrzeug ein

---

*) Hünten Nr. 15 ‚Brigg vor dem Winde‘.

Dreimast-Schuner (Figur 40); haben der vorderste und der mittlere Mast Raasegel und der rückwärtige blos ein Gaffelsegel, so heisst das Fahrzeug eine Bark (Figur 41); führt endlich auch der hinterste

Fig. 40.

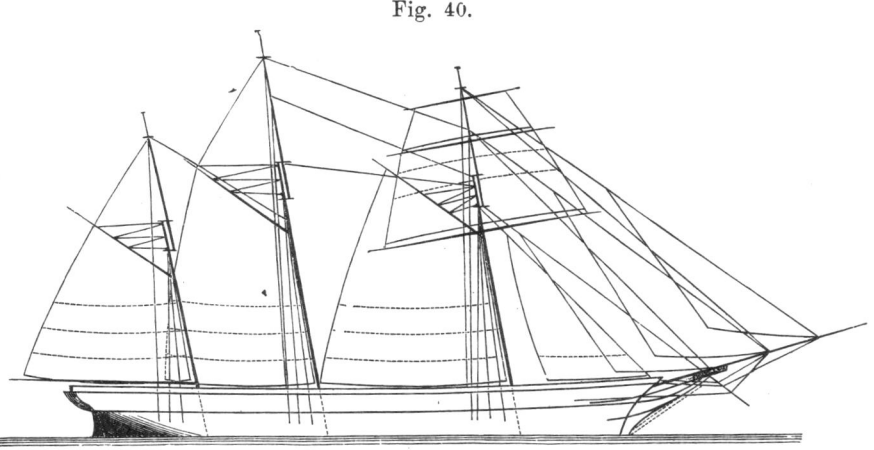

Fig. 41.

Mast ausser seinem Gaffelsegel noch Raasegel, so dass also neben den vorderen Stagsegeln und dem hinteren Gaffelsegel alle drei

Masten je vier bis fünf Raasegel führen, so heisst das Fahrzeug ein Vollschiff oder Schiff schlechtweg (Figur 42).

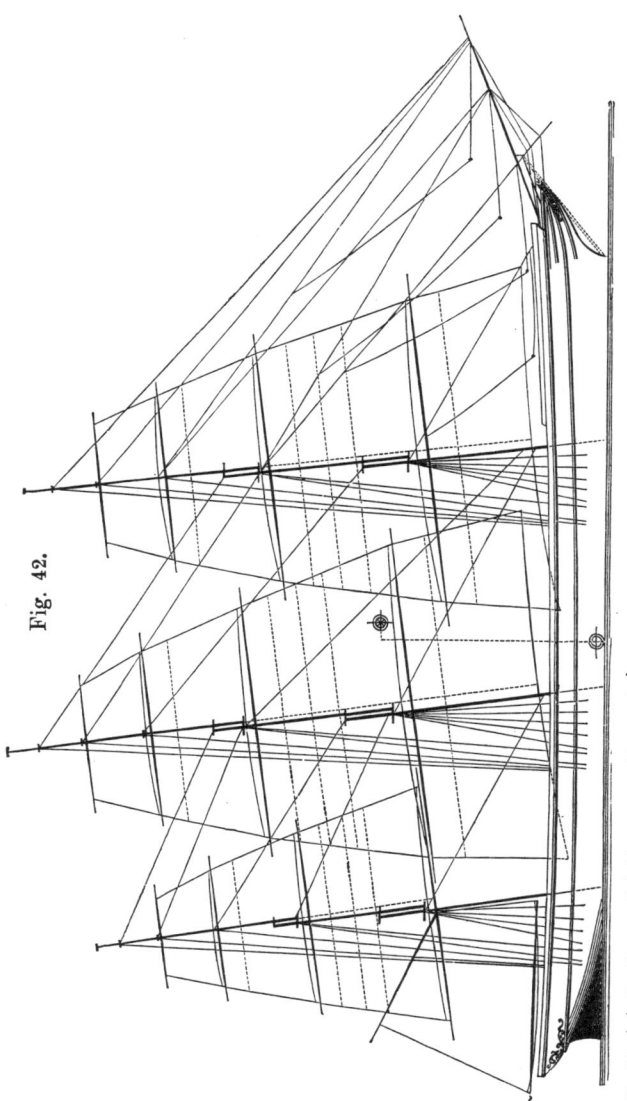

Fig. 42.

Von den genannten drei Hauptarten der dreimastigen Schiffe (der Ausdruck ‚Dreimaster' wird von Seeleuten nie gebraucht) sind die Dreimast - Schuner als Segelschiffe etwa von gleichem Tonnengehalte wie die Briggs; sehr häufig ist diese Takelung bei den Dampfern der Handelsmarine und ebenso in den Kriegsflotten nicht selten für Avisos, für die Schrauben-Kanonenboote grösserer Art und auch für manche Panzerschiffe, namentlich die zuerst gebauten in Frankreich und Italien.

Weit häufiger sind in den Handelsmarinen die Bark- und Vollschiffe, welche das Gros der Fahrzeuge für weite Fahrten ausmachen, und zwar haben die Barkschiffe *) meist

*) Hünten Nr. 28 ‚Bark'.

eine Tragfähigkeit von 500—1000 Tonnen, die Vollschiffe *) gewöhnlich eine Tragfähigkeit von 600—1500 Tonnen und darüber.

Früher waren die Vollschiffe in den Handelsflotten vorzugsweise beliebt; seit einigen Jahren aber haben sie den Barkschiffen gegenüber bedeutend an Terrain verloren, weil die Barkschiffe weniger Bedienung erfordern. Viele der grossen englischen Postdampfer sind als Barkschiffe getakelt.**) In den Kriegsflotten ist die Barktakelung dagegen viel spärlicher vertreten als die Vollschiff-Takelung. Man trifft sie an bei kleineren Glattdeck-Korvetten (den englischen und amerikanischen Sloops), bei grossen Kanonenbooten und bei vielen Panzerschiffen. Die Vollschiff-Takelung ist in den Kriegsmarinen am allerhäufigsten vertreten. Sie ist die gewöhnliche Takelung für alle grösseren Kriegsschiffe von der Korvette aufwärts.

Mehr als drei Masten führt kein Schiff, von einzelnen ganz seltenen, besonderen Ausnahmen abgesehen, wie einigen viermastigen Klippern der amerikanischen und englischen Handelsflotte, einzelnen Postdampfern, sodann dem ursprünglich viermastigen englischen Panzerschiffe ACHILLES, den fünfmastigen englischen Panzerschiffen vom Typ MINOTAUR, und endlich dem sechsmastigen berühmten englischen Riesendampfer GREAT EASTERN.

Je nach den lokalen Verhältnissen der Gewässer, für welche die Fahrzeuge bestimmt sind, giebt es noch sehr viele verschiedene Arten der Bemastung und Takelung, besonders für Küstenfahrzeuge, deren weitere Kenntniss jedoch keine allgemeine Bedeutung hat.***)

Kauffahrteischiffe werden noch ausserdem nach ihrer Bestimmung benannt, wie Ostindienfahrer, Walfischfänger, Kohlenschiffe, etc.

Während nach den für den Bau von Segel-Kriegsschiffen nach und nach ziemlich allgemein zur Geltung gekommenen Principien kaum eine besondere Aenderung der Dimensions-Verhältnisse, Grösse und Formen, von dem Beginne des zweiten Viertels dieses Jahrhunderts

---

*) Melbye Nr. 15 ‚Vollschiff bei schwerer See‘, 25 ‚Vollschiff im Sturm‘, 34 ‚Vollschiff im Kanal‘, 73 ‚Vollschiff im Sturm‘;⸗
    Hünten Nr. 14 ‚Vollschiff bei aufsteigender Bö‘, 26 ‚Vollschiff am Winde‘.
    **) Melbye Nr. 41.
    ***) Zeichnungen der Lugger-, Trabakel- und Schebeck-Takelung sind im Kapitel V ‚Die Ausrüstung‘ bei den Bootstakelungen zu finden.

ab, stattfinden konnte, war es der Anwendung des Dampfes vorbehalten, darin eine vollständige Revolution hervorzurufen. Die erste Benutzung der Dampfmaschinen zur Bewegung von Schiffen gehört zwar nicht dem jetzigen Jahrhunderte an, gebührt vielmehr, spanischen Urkunden nach, einem spanischen See-Officiere, Blasco de Garay, der schon im Jahre 1543 zu Barcelona ein Schiff damit unter Anwendung von Schaufelrädern bewegte; da seine Erfindung indessen trotz allseitig anerkannter Vorzüglichkeit nicht weiter beachtet, die Maschine aus dem Schiffe wieder entfernt und im Arsenale zu Barcelona aufbewahrt wurde, so gerieth die Sache in Vergessenheit.

Im Jahre 1737 gab der Engländer Jonathan Hulls eine kleine Schrift heraus, welche die Beschreibung und Zeichnung einer für die Bewegung von Schiffen bestimmten Dampfmaschine enthielt. Das Schaufelrad war dabei, ähnlich wie bei den jetzt noch auf den amerikanischen Kanälen und dem Oberländer Kanale in Ost-Preussen fahrenden Dampfbooten, hinter dem Fahrzeuge angebracht. Der Genannte nahm ein Patent auf seine Erfindung, hatte jedoch, wegen der Unvollkommenheit des Apparates, keinen praktischen Erfolg damit.

Erst James Watt war es vorbehalten, nach Anbringung mehrerer Verbesserungen, die namentlich die Erzielung einer kontinuirlichen Bewegung der Maschine zum Zwecke hatten, im Jahre 1782 den ersten gelungenen Versuch mit einem allerdings sehr kleinen Boote in Schottland zu machen.

Im Jahre 1803 konstruirte der Amerikaner Fulton ein Dampfboot in Frankreich zum Befahren der Seine; das Boot sank indessen in Folge seiner leichten Bauart und Fulton kehrte nach Amerika zurück, wo er im Jahre 1807 das erste Dampfboot für die Fahrt zwischen New-York und Albany erbaute, dem, da es den gehegten Erwartungen entsprach, nach und nach mehrere folgten.

Es zeigte sich sehr bald, dass die bis dahin für Segelschiffe üblichen Verhältnisse zwischen Breite und Länge für durch Dampf bewegte Fahrzeuge nicht passten, dass es vielmehr zweckmässig sei, die letztere so viel als möglich zu vergrössern, um namentlich bei einem nicht zu überschreitenden Tiefgange Maschinen verwenden zu können, die dem Fahrzeuge eine entsprechende Geschwindigkeit zu geben im Stande wären. Das bis dahin übliche Verhältniss der Länge zur Breite von $3\frac{1}{2}:1$ wurde dem entsprechend nach und nach in $6:1$ bis $7:1$ für Flussdampfer verändert.

Die zuerst in Amerika erbauten Dampfboote hatten einen vollständig flachen Boden mit eckigem Uebergange zu den Seitenwänden; die Abrundung der Kimmung und überhaupt die Wahl ähnlicher Formen, wie für Segelschiffe, erfolgte erst später.

In England wurde das erste Rad-Dampfboot zu einer regelmässigen Flussfahrt im Jahre 1813 in Glasgow erbaut, ihm folgten im Laufe von zwei Jahren noch mehrere andere, so dass am Schlusse des Jahres 1815 auf dem Clyde zehn Dampfboote verkehrten. Im Jahre 1817 erschien das erste Dampfboot auf dem Rhein.

Das erste zur Fahrt über den Ocean bestimmte Dampfschiff wurde in Amerika im Jahre 1818 gebaut. Es hatte ausser seiner Maschine eine gewöhnliche Vollschiff-Takelung, war aber nach unseren heutigen Anschauungen nur von sehr bescheidener Grösse. ($30._5{}^\mathrm{m}$ lang, $7._9{}^\mathrm{m}$ breit, $4._3{}^\mathrm{m}$ Tiefgang.)

Im Jahre 1821 wurde der erste Post-Raddampfer zur Fahrt zwischen Holyhead und Dublin gebaut. 1830 begannen Packetdampfer zwischen England und dem Mittelmeere, 1838 zwischen England und Amerika zu fahren.*)

Während so Dampfschiffe für Handelszwecke schon die weitestgehende Verwendung fanden, erfolgte die Einführung in die Kriegsmarine nur sehr langsam. In England wurde das erste Dampfschiff für Marinezwecke, und zwar ein Schleppdampfer, im Jahre 1821 gebaut, dem in den nächsten Jahren mehrere ebenfalls nur kleine folgten.

Im Jahre 1828 wurden die ersten Raddampfer für eigentliche Kriegszwecke gebaut, und man begann in England in den nächstfolgenden Jahren auch grosse Raddampfer mit einer armirten gedeckten Batterie zu konstruiren. Sie konnten sich indessen, trotzdem eine grosse Zahl von bedeutender Grösse erbaut wurde, dort nicht recht Geltung als Kriegsschiffe verschaffen, da sie naturgemäss im Verhältnisse zu ihren Dimensionen nur eine geringe Armatur tragen, und auf ein Breitseitengefecht, wegen der

---

*) Melbye Nr. 1, 20 und 45.

den feindlichen Kugeln ausgesetzten Schaufelräder und über Wasser liegenden Maschinentheile, ohne Zerstörung des ganzen Apparates zu gewärtigen, sich nicht einlassen konnten.

In Frankreich hielt man dagegen die Raddampfer für ganz taugliche Kriegsschiffe und erbaute dort vom Jahre 1830 ab eine grosse Zahl Avisos, Korvetten und Fregatten mit Rad-Dampfmaschinen, ja war sogar nahe daran, ein Segel-Linienschiff von 90 Kanonen mit einer solchen Maschine als Hilfskraft zu versehen.

Die Fregatten führten eine Reihe Geschütze unter Deck, die Korvetten 6—12 Kanonen auf Deck. Unter Avisos verstand man alle kleineren und schnellen Raddampfer, die nur 2—4 Kanonen auf Deck führten und hauptsächlich zum Avisodienst verwendet wurden. Die Takelung aller drei Klassen war meistens die eines Schuners oder einer Bark und niedrig. Ein grosser Segeldruck würde die Schiffe auf die Seite geneigt, das Rad an der Leeseite (unter dem Winde) zu sehr eingetaucht und dadurch nicht allein die Fahrt, sondern auch die Steuerfähigkeit sehr beeinträchtigt haben.

In der Jetztzeit kommen die Raddampfer in den Flotten nur mehr als Avisos und Jachten vor, weil für Jachtzwecke die Anwendung der Schraube wegen der nicht zu vermeidenden Vibrationen des Hinterschiffes unbequem ist.

Die ersten in England für den Seedienst als Postdampfer gebauten Raddampfer hatten sehr scharfe Hauptspanten, ähnlich den Segelschiffen; erst bei späteren Konstruktionen gab man denselben völligere Formen.

Das Verhältniss von Länge zur Breite bei den älteren Raddampfern der Handelsmarine, welches zuerst etwa 4:1 war, wurde bald bei diesen und den Raddampfern der Kriegsmarine auf $5\frac{1}{2}$—6:1 erweitert und verblieb bei letzteren auch in diesen Grenzen; bei den Raddampfern der Handelsmarine ist es in neuerer Zeit successive bis auf 7—$8\frac{1}{2}$:1 gesteigert worden.

Die als Packetschiffe verwendeten Raddampfer wurden früher meistens so konstruirt, dass sie im Kriegsfalle als Kriegsschiffe eingerichtet werden konnten. Jetzt ist man von allen dergleichen unpraktischen, nur unnütze Geldkosten verursachenden und doch im Ernstfalle nichts nutzenden Anordnungen zurückgekommen. Die im Verhältnisse zu den Segelschiffen immerhin grosse Länge, selbst der älteren Raddampfer, machte Verbesserungen im Verbande der letzteren Fahrzeuge, gegen die bis dahin üblichen, zur Nothwendigkeit und wurde namentlich der Längenverband durch Anbringung von Diagonalplanken, Diagonalschienen, schweren und langen eisernen Knieen bedeutend verstärkt.

Fast gleichzeitig mit der Anwendung der Schaufelräder zur Bewegung von Dampfschiffen, wurde auch die archimedische Schraube zu diesem Zwecke in Vorschlag gebracht. Schon in den zwanziger Jahren machte der österreichische Ingenieur J. Ressel auf der Rhede von Triest Versuche mit derselben. Theils die Unvollkommenheit der zuerst versuchten Schrauben, hervorgegangen aus der Unkenntniss der Verhältnisse der einzelnen Theile derselben zu einander, theils die Art der Anbringung waren Schuld, dass die Versuche lange Zeit kein befriedigendes Resultat ergaben; erst dem Engländer Smith und dem Schweden Ericson gelang es im Jahre 1836, einigermassen brauchbare Konstruktionen herzustellen.

Trotzdem nun die Versuche mit kleineren durch Smith's Schrauben getriebenen Fahrzeugen in England die Anwendbarkeit dieses Propellers, ja seine Ueberlegenheit über das Schaufelrad in manchen Beziehungen dokumentirten, fand derselbe doch weder in der Handels- noch in der Kriegsmarine zunächst Anwendung, obgleich er gerade für letztere, wegen der Möglichkeit, hierbei die Maschine ganz unter Wasser legen, sie also den feindlichen Kugeln entziehen zu können und eine freie Batterie, gleich den Segel-Kriegsschiffen, zu erhalten, eine eminente Wichtigkeit hatte und durch diese Vortheile die Hauptbedenken gegen die Brauchbarkeit der Dampfer als Kriegsschiffe beseitigt wurden.

Erst im Jahre 1843 begann die englische Admiralität, auf einem Fahrzeuge von 200 Pferdekraft, dem RATTLER, zur Prüfung verschiedener Schrauben-Systeme und zur Feststellung der besten Konstruktions-Verhältnisse derselben während zweier Jahre Experimente vornehmen zu lassen, bei denen sich schliesslich die vollkommene Bewährung der Schraube als Schiffspropeller ergab, ein Resultat, welches indessen dennoch nicht zu sofortiger Einführung derselben in die Kriegsmarine veranlasste.

In Frankreich wurden im Jahre 1842 drei kleinere Schraubenschiffe für die Marine gebaut und etwas später begonnen, Segel-

Linienschiffe versuchsweise mit einer Auxiliar-Schrauben-Dampfmaschine zu versehen.

In England wurde im Jahre 1846 endlich ebenfalls damit begonnen, einige Segel-Linienschiffe mit Auxiliar-Schrauben-Dampfmaschinen von geringer Kraft zu versehen, um dieselben als Küstenwächter zu verwenden, gleichzeitig aber auch der Bau von ein paar leichten Schrauben-Fregatten und kleineren Fahrzeugen, welche letztere bestimmt waren, die Raddampf-Avisos zu ersetzen, in Angriff genommen, doch wurde bis zum Jahre 1850 nur wenig zur Herstellung einer Schraubenflotte gethan, es wurden vielmehr die Segelschiffe, namentlich die Segel-Linienschiffe und Fregatten, in allen Flotten immer noch gebaut.

Erst die Probefahrten des in Toulon im genannten Jahre vom Stapel gelaufenen Schrauben-Linienschiffes NAPOLEON, *) bei denen sich eine nach keiner Richtung hin mehr wegzuleugnende Ueberlegenheit der Schrauben-Kriegsschiffe über die Segelschiffe ergab, namentlich aber die grosse Geschwindigkeit des Schiffes (12 Knoten), machten endlich in Frankreich, aber auch in England, dem Zaudern ein Ende, und beide Mächte gingen nunmehr mit ganzer Energie daran, sich eine aus Schraubenschiffen zusammenzusetzende Dampfflotte zu schaffen.

Während man dies in Frankreich am schnellsten dadurch zu erreichen suchte, dass man die auf Stapel stehenden und die noch neuen fertigen Segel-Linienschiffe und auch einige Fregatten mit Auxiliar-Schrauben-Dampfmaschinen versah, und ausserdem theils nach dem Muster, theils unter Verbesserung des NAPOLEON-Modells Schrauben-Linienschiffe mit starken Maschinen für grosse Geschwindigkeit erbaute, wurden die Schrauben-Linienschiffe und Fregatten in England neu erbaut und nur einige noch unvollendet auf Stapel stehende Segelschiffe durch Verlängerung dazu hergerichtet.

Der bei den Raddampfern nicht zu beseitigende Uebelstand, dass sie nur eine ungenügende Takelung führen und auf das Segeln ohne Mitbenutzung der Maschine sich kaum einlassen konnten, war bei den Schraubenschiffen nicht vorhanden; ihnen konnte eine entsprechende Takelung und dadurch die Möglichkeit gegeben werden,

---

*) Melbye Nr. 31, 37 und 42.

sich der Segel fast ausschliesslich, des Dampfes nur in dringenden Fällen und im Gefechte zu bedienen.

Bei den in diesen Beziehungen vorgenommenen Versuchen zeigte es sich indessen, dass die feststehende Schraube einen ziemlich bedeutenden Widerstand bot und die Geschwindigkeit des Schiffes hemmte, dass derselbe sich dagegen, sobald sie entkuppelt wurde und sich als unabhängig von der Maschine drehen konnte, auf ein sehr geringes Mass reducirte. Selbst dieser geringe Geschwindigkeitsverlust wurde aber in England für nicht zweckmässig erachtet und die Einrichtung versucht, die Schraube beim Segeln ganz aus dem Wasser zu heben, wobei sich ein weiterer Gewinn an Schnelligkeit ergab. Es wurde daher dort für Kriegs-Schraubenschiffe das Heraufziehen der Schraube beim Segeln als das Zweckmässigste erklärt. Diese Anordnung war aber nur ausführbar, wenn ein Brunnen im Hintertheile des Schiffes eingeschnitten und eine zweiflügelige Schraube angewendet wurde, zu welchen Massregeln man sich in England auch entschloss, da die Versuche mit zwei-, drei- und mehrflügeligen Schrauben dort ergeben hatten, dass die ersteren ebenso leistungsfähig seien wie die letzteren.

In Frankreich hatten die Versuche nicht zu diesem Resultate geführt, vielmehr war dort die grössere Wirkungsfähigkeit der drei- und mehrflügeligen Schrauben über zweiflügelige konstatirt, eine Abweichung der Ergebnisse von den in England erhaltenen, die zum grossen Theil in der verschiedenen Leistungsfähigkeit der englischen und französischen Schiffs-Dampfmaschinen begründet war. Das Herausziehen der Schraube wurde daher in Frankreich, wenige kleinere Schiffe abgerechnet, nicht eingeführt, die drei- und vierflügeligen Schrauben wurden dort allgemein verwendet und zum raschen Entkuppeln eingerichtet.

Die von Ericson vorgeschlagene Schraube wurde in Amerika angenommen und versucht, und für die Marine der Vereinigten Staaten eine damit versehene Korvette gebaut, auch hier indessen für die allgemeine Einführung der Schraubendampfer in die Kriegsmarine bis zum Jahre 1850 fast nichts gethan. Erst nach dieser Zeit ging man an die Herstellung mehrerer grosser Schrauben-Fregatten, die mit gewöhnlichen zweiflügeligen Schrauben versehen wurden.

In neuester Zeit sind statt der bisher zur Bewegung verwendeten einen Schraube bei einigen Schiffen zwei Schrauben in Anwendung gekommen, die beide im Hintertheile des Schiffes, seitlich von der Mittellinie angebracht werden, wobei dem Schiffe entweder für jede Schraube ein Hintersteven und dem entsprechend auch zwei Ruder gegeben werden, oder auch nur ein Hintersteven beibehalten wird. Die Kriegsflotten bauten, wie erwähnt, seit 1850 nur noch Schrauben-Dampfschiffe und nicht mehr Rad-Dampfschiffe, als sie zu Avisos und Jachten bedurften. Die Klassifikation der Schrauben-Kriegsschiffe blieb beinahe so, wie sie früher für Segelschiffe festgestellt war.

Es gab Schrauben-Linienschiffe, Schrauben-Fregatten und Schrauben-Korvetten.*) Bei letzteren unterschied man gedeckte Korvetten und Glattdeck-Korvetten. Erstere führten eine volle Lage Geschütze unter Deck, aber nur 2—3 Kanonen auf Deck (vorn und hinten), während die Fregatten deren 16—30 hatten; die Glattdeck-Korvetten führten nur eine Lage Geschütze auf Deck und waren bedeutend kleiner als die gedeckten Korvetten. An die Stelle aller kleineren Segel-Kriegsfahrzeuge, wie Briggs, Schuner u. s. w. traten seit Einführung der Schraube die Schrauben-Kanonenboote**) ursprünglich, wie seinerzeit die Ruder-Kanonenboote, zur Küstenvertheidigung bestimmt und ohne Takelung, später aber gedeckt und seefähig gebaut und zumeist als Schuner oder Dreimast-Schuner getakelt.

Das Verhältniss von Länge zur Breite bei den ersten Schrauben-Kriegsschiffen, namentlich den Linienschiffen, war etwa $4^1/_2 : 1$ und wurde später auf $5 : 1$ erhöht, für Schrauben-Fregatten ging man auf $5—5^1/_2 : 1$, für Schrauben-Korvetten auf $5^1/_2 : 1$, in neuester Zeit sogar bis auf $6^2/_3 : 1$; bei den Kanonenbooten für die kleineren auf $5 : 1$, für die grösseren auf $6 : 1$.

Der Diagonalverband musste auch für die Schrauben-Kriegsschiffe in ausgedehnter Weise zur Herstellung eines guten Längenverbandes zur Anwendung kommen. Bei den langen Fregatten und

---

*) Melbye Nr. 19 ‚Korvette vor dem Winde‘, 43 ‚Korvette bei schwerer Bö‘, 44 ‚Korvette vor Anker‘.
Hünten Nr. 1 und 19 ‚Deutsche Korvette ARCONA‘, 6 und 25 ‚Deutsche Korvette GAZELLE‘, 31 ‚Deutsche Korvette ELISABETH‘.
**) Hünten Nr. 21 ‚Deutsches Kanonenboot ALBATROSS‘.

Korvetten, namentlich bei letzteren, musste noch eine weitere Verstärkung desselben durch Anbringung von breiten eisernen Längsverbandplatten auf dem Oberdecke stattfinden.

Während beim Segeln sich die bewegende Kraft ausserhalb des Schiffes befindet, erfolgt die Entwicklung derselben bei der Fortbewegung durch den Dampf im Schiffe selbst; der Apparat, durch den dies stattfindet — die Maschine — ist mit dem Schiffe unverrückbar verbunden.

Durch den Druck des Dampfes auf einzelne bewegliche Theile der Maschine wird die rotirende Bewegung der an der Aussenseite des Schiffes angebrachten Propeller erzielt und durch den von letzteren auf das Wasser ausgeübten Druck das Schiff in Bewegung gesetzt. Die hauptsächlichsten Propeller sind Schaufelrad und Schraube.

Die Arbeitsleistung einer Dampfmaschine wird nach Pferdekräften gemessen. Die Einführung dieser Basis rührt daher, dass bei den zuerst auf dem Lande zum Betriebe von Pumpwerken benutzten Dampfmaschinen Vergleiche der Leistung derselben mit dem für diesen Zweck bis dahin in Betrieb gewesenen Pferdegöpeln angestellt wurden. Bei dem zu diesem Behufe über die Leistungsfähigkeit eines Pferdes vorgenommenen Ermittlungen fand Watt, dass dasselbe im Stande sei, während einer Sekunde 550 Pfund englisch 1 Fuss englisch hoch zu heben. Wenngleich sich später herausstellte, dass diese Leistung zu hoch gegriffen sei, so ist dieselbe doch als Basis beibehalten worden, da es auf die grössere oder geringere Genauigkeit derselben nicht ankommt und nur von Wichtigkeit ist, dass für das Mass der Leistung der Maschinen stets dieselbe Basis genommen wird.

Das Mass der Arbeitsleistung eines Pferdes ist aber nicht in allen Ländern dem oben angeführten gleich genommen, was bei Vergleichung von Maschinen eines Landes mit den in den anderen Ländern gebauten nicht ausser Acht gelassen werden darf. So z. B. wird in Preussen eine Pferdekraft $= 554{,}_8$ Sekundenfusspfund englisch, in Frankreich $= 542{,}_4$ Sekundenfusspfund englisch angenommen.

Bezüglich der in Pferdekräften ausgedrückten Leistung der Maschinen sind drei verschiedene Werthe dafür zu unterscheiden, nämlich:

Die indicirte Pferdekraft,
die effective Pferdekraft und
die nominelle Pferdekraft.

Die indicirte Pferdekraft ist die Bruttoleistung der Maschine und gleich dem Produkte aus dem mittleren Bruttodrucke des Dampfes auf die Cylinderkolben während einer Umdrehung der Maschine, dem Hube des Kolbens und der Umdrehungszahl der Maschine in der Minute, dividirt durch den Ausdruck für eine Pferdekraft.

Die effective Pferdekraft ist die Nettoleistung der Maschine, d. h. die Wirkung des Propellers auf die ihn umgebende Wassermasse; diese Leistung ist — einzelne abnorme Fälle ausgenommen — stets kleiner als die indicirte Pferdekraft und ihre Grösse abhängig von den zu überwindenden passiven Widerständen der Maschine und dem Wirkungsgrade des Propellers, der je nach Art, Form, Grösse und Anbringung desselben verschieden gross ausfällt.

Die jetzt durch den Ausdruck nominelle Pferdekraft bezeichnete Leistung der Maschine war bei den ältesten Maschinen der Ausdruck für die Nettoleistung derselben. Mit der wirklichen Leistung der jetzigen Maschinen steht der Ausdruck für die nominelle Pferdekraft in keinem Zusammenhange; er ist vielmehr geeignet, Verwirrung in die Schätzung der wirklichen Leistungen zu bringen und jetzt ganz werthlos.

Fig. 43.   Fig. 44.

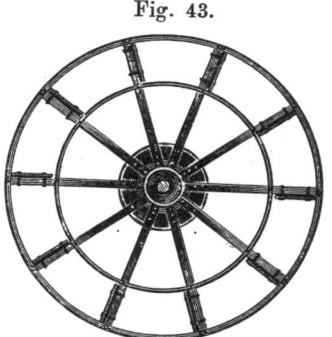
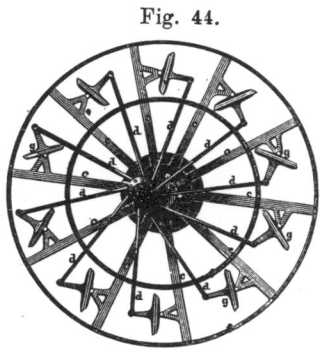

Die Schaufelräder scheiden sich in solche mit festen Schaufeln (gewöhnliche Schaufelräder) (Figur 43) und in solche mit beweglichen Schaufeln (Patent-Schaufelräder) (Figur 44). Gewöhnlich wird ein Rad an jeder Seite des Schiffes etwas vor der Mitte der Länge desselben, oder bei sehr langen scharfen Schiffen in oder etwas hinter der Mitte angebracht. Die Schaufeln der ersteren Räder sind an den radialen Speichen unverrückbar befestigt (Figur 43), die der Patenträder (Figur 44) sind um eine gewöhnlich in der Mitte ihrer Höhe gelegte horizontale Achse a drehbar und werden durch an ihnen befestigte starke eiserne Arme c und an diese greifende Lenkstangen d, die, mit Ausnahme einer einzigen, in einer gegen die Radwelle excentrisch gestellten am Radkasten befestigten Scheibe b beweglich sind, derart gedreht, dass die in's Wasser eintretenden und austretenden Schaufeln g stets in bestimmten Winkeln stehen.

Die Fortbewegung des Schiffes erfolgt durch den Druck der in's Wasser eingetauchten Schaufeln, der um ihre Achse von der Dampfmaschine in rotirende Bewegung gesetzten Schaufelräder.

Die Grösse des Druckes, den die Schaufeln auf die Fortbewegung eines Schiffes ausüben, ist abhängig von der Umdrehungszahl derselben in der Minute, dem Flächeninhalte der in jedem Augenblicke eingetauchten Schaufeln und deren mehr oder minder günstigen Stellung; die Geschwindigkeit des durch sie in Bewegung erhaltenen Schiffes von dem Widerstande des Schiffes bei dieser Geschwindigkeit und von dem Verhältnisse der eingetauchten Schaufelflächen zum eingetauchten grössten Querschnitte desselben.

Selbst unter den allergünstigsten Verhältnissen ist indess die Geschwindigkeit des Schiffes nie gleich der Peripherie-Geschwindigkeit des Druckmittelpunktes der Schaufeln, da das Wasser dem Stosse der letzteren stets etwas ausweicht.

Der Procentsatz, um welchen die Peripherie-Geschwindigkeit des Druckmittelpunktes der Schaufeln grösser ist als die des Schiffes, wird die Abgleitung, der Rücklauf, der Slip der Schaufelräder genannt.

Der hierdurch bedingte Kraftverlust wird um so kleiner (der Rücklauf geringer), je schlanker die Form des Schiffes, je grösser die eingetauchten Schaufelflächen im Verhältnisse zum eingetauchten Theile des Hauptspantes, und je günstiger auf Fortbewegung die Schaufeln gestellt sind.

Die Schaufelräder benöthigen für ihre Wirksamkeit nur eine geringe Wassertiefe, sind daher für Dampfer, welche behufs Befahrung seichter Gewässer, oder aus anderen Gründen einen geringen Tiefgang bei verhältnissmässig grosser Breite und Länge erhalten müssen, vorzugsweise als Propeller geeignet, namentlich wenn solche Schiffe schnell sein sollen, da sich das Verhältniss zwischen dem eingetauchten grössten Querschnitte und der eingetauchten Schaufelflächen dann sehr günstig dazu wählen lässt.

Bei der Bewegung der Schaufelräder vibriren die Schiffe wenig oder gar nicht, was bei Passagier-Beförderung ein grosser Vorzug und auch für Erhaltung der Verbände des Schiffes von Vortheil ist.

Schaufelräder arbeiten insofern ökonomisch, als der Rücklauf bei ein und demselben Schiffe über ein bestimmtes Verhältniss nicht hinausgeht; sobald sich daher der Widerstand des Schiffes z. B. durch heftig von vorn wehenden Wind bedeutend vermehrt, wird auch die Umdrehungszahl der Räder kleiner, und da hierdurch auch der Dampfverbrauch und dadurch der Kohlenverbrauch der Maschine sich verringert, kostet die geringere Geschwindigkeit auch weniger.

Die Schaufelräder haben dagegen den Nachtheil, dass sie weit über die Seiten des Schiffes hinausstehen, in engem Fahrwasser daher Beschädigungen sehr ausgesetzt sind, dass die Radkasten einen sehr grossen Windfang haben und in bewegter See bald ein Rad, bald das andere, selbst bei nur mässigem Schlingern des Schiffes ganz aus dem Wasser taucht, während das an der entgegengesetzten Seite liegende tief eintaucht, wodurch sehr bedeutende Unregelmässigkeiten im Gange der Maschine entstehen und auch das Schiff plötzlich von seinem Kurse abgelenkt wird.

Zur Fortbewegung von Kriegsschiffen sind Schaufelräder ganz ungeeignet, weil sie und nothwendigerweise auch ein Theil der Maschine dem feindlichen Feuer ausgesetzt sind.

Raddampfer können nur sehr mangelhaft zum Segeln eingerichtet werden und sind daher beim Unbrauchbarwerden der Maschine fast hilflos.

Der Wirkungsgrad der Schaufelräder leidet durch Aenderung des Tiefganges, für welchen sie konstruirt sind, bedeutend, sie sind daher für Schiffe, welche lange Reisen machen sollen, wenig geeignet, da durch den Verbrauch des erforderlichen Kohlenquantums der Tiefgangswechsel während der Reise sehr bedeutend ist.

Die Vorzüge der Räder mit festen Schaufeln bestehen in ihrem verhältnissmässig geringen Gewichte, in der Leichtigkeit, mit der zerbrochene Schaufeln ersetzt werden können, und der Möglichkeit, die Räder ganz von den Radkasten zu isoliren, so dass eine Beschädigung der letzteren, ja selbst das vollständige Wegschlagen derselben das Funktioniren der Räder nicht hindert.

Sie haben dagegen folgende Nachtheile. Die Schaufeln dürfen nur eine geringe Breite erhalten, weil entgegengesetzten Falles leicht die Peripherie - Geschwindigkeit ihrer Innenkante kleiner als die Geschwindigkeit des Schiffes werden könnte, ein Umstand, der auf Hemmung der Fortbewegung einwirken würde. Da andererseits eine grosse Länge der Schaufeln aus vielen Gründen durchaus vermieden werden muss, so ist es, um ein gutes Verhältniss zwischen dem Areale der eingetauchten Schaufeln und dem grössten eingetauchten Querschnitte des Schiffes herzustellen, nothwendig, die Anzahl der Schaufeln gross zu nehmen, damit an jedem Rade mehrere gleichzeitig sich im Wasser befinden.

Ihrer festen radialen Stellung wegen wirken aber die nicht normal im Wasser stehenden Schaufeln nur wenig auf Fortbewegung des Schiffes, die gute Funktionirung der Räder wird durch das Schlagen der eintretenden Schaufeln auf das Wasser und die Hebung einer bedeutenden Wassermenge durch die austretenden Schaufeln vielmehr erheblich beeinträchtigt. Nur bei Rädern mit sehr grossem Durchmesser werden diese letzteren Uebelstände etwas gemildert. Tiefgangsänderungen des Schiffes verändern den Wirkungsgrad dieser Räder am empfindlichsten.

Die Vorzüge der Schaufelräder mit beweglichen Schaufeln bestehen darin, dass die Schaufeln durch eine Lenkvorrichtung so gestellt werden können, dass die im Wasser befindlichen den grösstmöglichen Nutzeffekt ergeben, die eintretenden fast gar nicht auf's Wasser schlagen, die austretenden wenig oder gar kein Wasser heben; dass sie bedeutend breiter als feste Schaufeln gemacht werden können, demzufolge eine geringere Anzahl als für Räder mit festen Schaufeln zulässig ist, und die Wirkungsfähigkeit durch Tiefgangsänderungen des Schiffes nicht so bedeutend verschlechtert wird.

Sie haben dagegen die Nachtheile, dass sie doppelt so schwer als Räder mit festen Schaufeln von gleichem Durchmesser sind, dass wegen Verbindung des Lenkmechanismus der Schaufeln mit den Radkasten eine Beschädigung der letzteren die Funktionirung der Räder hemmen kann, der Ersatz beschädigter oder zerbrochener Schaufeln sehr zeitraubend ist und das Brechen des Lenkmechanismus das ganze Rad vollständig unbrauchbar macht.

Die S c h r a u b e n werden je nach der Anzahl ihrer Flügel in zweiflügelige und mehrflügelige getheilt; nach der Art ihrer Installirung in feste und heissbare. Die Flügel aller dieser Schrauben sind entweder mit der Nabe aus Einem Stücke gegossen, oder lose eingesetzt und verstellbar. Die Figuren 45, 46 und 47 zeigen eine gewöhnliche zweiflügelige Schraube; die Figur 45 giebt davon die obere Ansicht und zugleich die Lagerung im Brunnen. Fortwährende

Fig. 46.   Fig. 47.   Fig. 48.

Fig. 45.

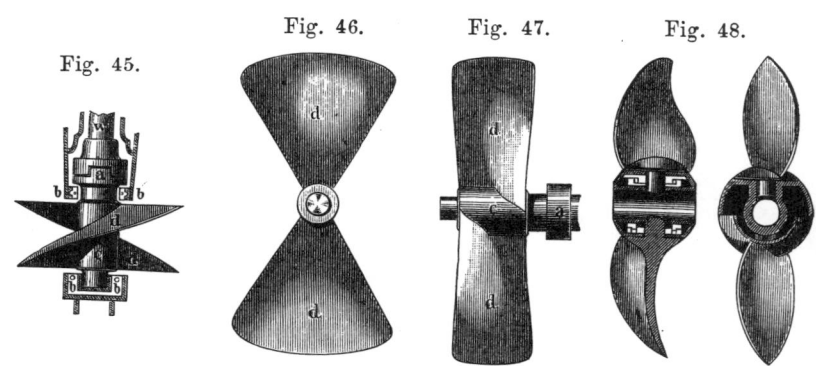

Versuche änderten die Form der Schraube von Jahr zu Jahr und haben erst allmählich die zweckmässigste Form festgestellt. Gegenwärtig ist die Figur 48 abgebildete Griffith-Schraube mit Kugel in der Mitte eine der gebräuchlichsten. Die Kugel soll die Ansammlung von Todtwasser in dem Winkel der Schraubenflügel verhindern, das sich durch die schnelle Drehung dort bildet und der Fortbewegung des Schiffes hinderlich ist.

Kürzlich hat Hirsch in Londen ein Patent auf eine wiederum neue Konstruktion der Schraubenflügel genommen, deren gewundene Fläche sich zwar der Griffith-Form anschliesst, die jedoch in der Endprojektion die Figur eines Kreisbogens erhält, der mit der konkav gekrümmten gewundenen Fläche das Wasser aufnimmt, wodurch das Divergiren der Strahlen verhindert wird und die erfasste Wassermenge in mehr geschlossener Form zum Wurfe kommt. Obschon die Hirsch-Schraube bei dem Rückwärtsgehen des Schiffes, wobei die konvexe Krümmung der Flügel gegen das Wasser tritt, nicht mehr leistet als die Griffith-Schraube, so hat sich ihre Konstruktion für die schnellere Fortbewegung des Schiffes, worauf es hauptsächlich ankommt, als die vortheilhafteste bewährt.

Erhält ein Schiff nur e i n e Schraube, so wird dieselbe entweder in einem Ausschnitte zwischen Hintersteven und Rudersteven, bei Schiffen mit Balanceruder zwischen diesem und dem Hintersteven, oder auch hinter dem Ruder angebracht; erhält ein Schiff zwei Schrauben (Zwillingsschrauben), so sind dieselben im Hinterschiffe, und zwar entweder eine an jeder Seite des Hinterstevens, etwas mehr als die Grösse ihres Halbmessers von demselben abstehend, angebracht, oder das Schiff erhält zwei Hintersteven und zwei Rudersteven, zwischen denen dann je eine Schraube sich befindet.

Die festen Schrauben sind auf der Welle fest aufgesetzt und durch hinten vorgeschraubte Muttern gegen das Loslösen gesichert; die heissbaren Schrauben ruhen mit den Enden ihrer Nabe in einem Rahmen, der zwischen Gleitschienen, die an der Hinterkante des Hinterstevens und der Vorkante des Ruderstevens angebracht sind, geheisst und niedergelassen werden kann. Die Verbindung der niedergelassenen Schraube mit der Welle w (Figur 45) erfolgt durch eine gabelförmige Kuppelung a (Figur 45).

Für eine heissbare Schraube ist die Anbringung eines Brunnens zwischen Hintersteven und Rudersteven erforderlich. Die Grösse und Form desselben hängt von der Grösse der Schraube und von der Form der Schraubenflügel ab.

Jede Schiffsschraube ist als ein Abschnitt von einer zwei- oder mehrgängigen Schraube mit sehr dünner Seele (gleich der Nabe der Schiffsschraube) und sehr breiten Schraubengängen zu betrachten.

Ihr Durchmesser und ihre Steigung (ihr Neigungswinkel) sind den gleichen Dimensionen jener Schraube, die Anzahl der Flügel ist der Anzahl der Gänge der letzteren gleich, ihre Länge ist nur ein Theil der Ganghöhe jener Schraube.

Die Grösse des Druckes, den die Schrauben auf die Fort-
bewegung eines Schiffes ausüben, ist abhängig von der Zahl ihrer
Umdrehungen per Minute, von ihrer Steigung, ihrem Durchmesser
und von ihrer Lage; die Geschwindigkeit des durch sie in Bewegung
erhaltenen Schiffes von dem Widerstande des letzteren bei dieser
Geschwindigkeit und von dem Verhältnisse des Durchmessers der
Schraube, oder des mit dem Schrauben-Halbmesser beschriebenen
Kreises zum eingetauchten grössten Querschnitte des Schiffes.

Der von dem Schiffe in der Minute zurückgelegte Weg ist,
falls keine Segel gesetzt sind, oder mit der Bewegungsrichtung gleich-
laufende Strömungen oder starker Wind von hinten auf den Schiffskörper wirken, stets kleiner als das Produkt aus der Steigung und
der Umdrehungszahl der Schraube in der Minute; der Procentsatz,
um den letzterer Weg grösser ist als der des Schiffes, wird der
Rücklauf oder der Slip der Schraube genannt. Dieser Procentsatz wird um so kleiner, je schlanker die Schiffsform, je
grösser der Durchmesser der Schraube im Verhältnisse zum eingetauchten grössten Querschnitte des Schiffes, je kleiner die Steigung der Schraube im Verhältnisse zu ihrem Durchmesser und je
tiefer sie angebracht ist.

Zeigt ein Schiff eine grössere Geschwindigkeit als das Produkt
aus Steigung und Umdrehungszahl der Schraube ergiebt, so sagt
man: die Schraube habe negativen Slip. Das Eintreten dieses
Verhältnisses zeigt, wenn nicht etwa die oben angegebenen Ursachen
darauf gewirkt haben, dass die Form des Hinterschiffes für diese
Geschwindigkeit zu völlig ist. Eine gute Ausnutzung der Maschinenkraft
is durch diesen Vorgang keineswegs konstatirt.

Jede Schraube wirkt ausser auf die Fortbewegung in der
Richtung der Längenachse auch auf Drehung des Hinterschiffes nach
der ihrer Umdrehungsrichtung entgegengesetzten Seite. Dies Bestreben·
wird um so grösser, je grösser die Steigung im Verhältnisse zum
Durchmesser ist.

Die Schrauben haben vor Rädern den Vorzug, dass sie ihrer
Lage wegen Beschädigungen wenig ausgesetzt sind, dass sie, wenn
ihr Durchmesser nicht zu klein ist, bei bewegter See nicht leicht
ganz aus dem Wasser kommen, der Gang der Maschine also weniger
leicht unregelmässig wird, dass Schraubendampfer mit vollständiger

Takelung versehen werden und diese ganz wie Segelschiffe benutzen können, selbst wenn die Maschine im Gange ist, so dass dadurch eine Erhöhung der Schnelligkeit ohne nachtheilige Folgen für den Gang der Maschine stattfinden kann; dass diese Schiffe, auch wenn die Maschine ausser Thätigkeit ist, gleich den Segelschiffen segeln können, sei es, dass die Schraube geheisst oder auch nur entkuppelt wird, und dass endlich die Schraubenmaschinen bei Kriegsschiffen ganz unter Wasser placirt werden können, so dass sie dem feindlichen Feuer nicht direkt ausgesetzt sind.

Die Schrauben haben aber den Nachtheil, dass sie nur gute Wirkungsgrade für Schiffe mit möglichst grossem Tiefgange haben, dass sie für grosse Schiffe mit geringem Tiefgange dagegen nicht zu verwenden sind, wenn dieselben Schnelligkeit besitzen sollen, und dass sie, falls das Schiff gegen Wind und Wellen ankämpft, unökonomischer als Räder arbeiten.

Die heissbaren Schrauben haben den Vorzug, dass sie, sobald das Schiff segelt, in geheisster Lage den ziemlich bedeutenden Widerstand, den selbst die entkuppelte Schraube der Bewegung entgegensetzt, nicht bieten, dass bei Beschädigung der Schraubenflügel das Wechseln oder Repariren derselben und eine etwa wünschenswerthe Veränderung des Steigungswinkels möglich ist, ohne das Schiff zu docken.

Sie haben aber den Nachtheil, dass ein Brunnen nothwendig ist, der den Verband des Hinterschiffes sehr schwächt, dass die Kuppelung mit der Welle sich häufig lockert und dadurch ein sehr starkes Stossen der Schraube entsteht, dass das hinten am Schiffe befindliche Gewicht durch den schweren Rahmen der Schraube sehr vermehrt wird, und dass nur zweiflügelige Schrauben verwendet werden können, die den Uebelstand haben, die hinteren Verbände des Schiffes stärker zu erschüttern als mehrflügelige.

Die festen Schrauben haben den Vorzug, dass ihre Verbindung mit der Welle solid und unwandelbar ist, dass sie mehr als zwei Flügel erhalten können, das Hinterschiff durch den Wegfall des Brunnens stärker verbunden bleibt und um das Gewicht des Schraubenrahmens und der Lagerstühle desselben erleichtert wird.

Sie haben dagegen den Nachtheil, dass sie beim Segeln des Schiffes nur entkuppelt werden können und, im Falle sie sich dann nicht von selbst mitdrehen, oder durch kleine Maschinen gedreht werden, der Fortbewegung einen sehr bedeutenden Widerstand entgegensetzen, sowie endlich, dass bei Beschädigungen der Flügel, oder bei wünschenswerther Veränderung der Steigungswinkel derselben, zu den bezüglichen Reparaturen und Arbeiten stets das Docken des Schiffes nothwendig ist.

Die Vorzüge der Zwillingsschrauben vor den einfachen Schrauben bestehen darin, dass sie Schiffen von geringem Tiefgange, denen eine Schraube nur eine sehr geringe Geschwindigkeit ertheilen könnte, eine grössere zu geben im Stande sind, dass sie dem Schiffe eine grössere Manövrirfähigkeit ertheilen als eine Schraube, in engen Fahrwassern und für kurze Drehungen daher sehr zweckentsprechend sind, wenngleich die Zeit, innerhalb deren z. B. eine ganze Wendung mittels derselben vollführt werden kann, nicht geringer ist als bei einer Schraube; und dass sie für Fahrzeuge, welche keine Takelung erhalten, insofern von grossem Werthe sind, als denselben nach Beschädigung einer Schraube noch immer die Möglichkeit bleibt, sich fortzubewegen.

Sie haben dagegen den Nachtheil, dass ihr Wirkungsgrad geringer ist als derjenige einer Schraube, deren Kreisflächeninhalt gleich der Summe der Kreisflächeninhalte der Zwillingsschrauben ist, dass zwei getrennte Maschinen für dieselben nothwendig sind und entweder zwei Hintersteven und Rudersteven, durch welche die Verbände des Hinterschiffes sehr komplizirt werden, oder zwei lange aus dem Hintertheile des Schiffes heraustretende Röhren zur Umhüllung der Welle bis zum Stützbock der Schraube am Hintersteven erforderlich sind, welche wegen ihrer Lage Beschädigungen sehr ausgesetzt sind und durch die bedeutende Lecke im Schiffe entstehen können.

Bis zum Anfange des jetzigen Jahrhunderts wurden alle Schiffe ausschliesslich aus Holz erbaut; mit der Einführung der Dampfmaschinen für die Bewegung von Schiffen begann man in England aber auch das Eisen zur Herstellung der Schiffsgebäude zu verwenden, und wurde das erste eiserne Dampffahrzeug im Jahre 1821 in Schottland hergestellt.

Bei den Handelsdampfern fand das Eisen für die Herstellung der Schiffsgebäude bald ausgedehnte Verwendung und wird in der

Gegenwart ausschliesslich für dieselben benutzt; für die Kriegs-Dampfschiffe wurde es anfangs sehr wenig verwendet.

In England wurden nur wenige, namentlich nur kleine Rad-dampfer, in Frankreich ebenfalls nur einige Rad-Avisos von Eisen erbaut; erst die Einführung der Panzerschiffe hat ihm auch in der englischen Kriegsmarine für diese Schiffe eine ausgedehnte, jetzt ausschliessliche Verwendung verschafft, in Frankreich werden erst in ganz neuester Zeit die Panzerschiffe aus Eisen hergestellt. Die ersten amerikanischen Monitors waren gleichfalls von Holz, die neueren sind von Eisen, ebenso die meisten neueren Panzerschiffe der übrigen Seemächte.

So lange es beim Handel noch nicht so sehr auf Schnelligkeit der Geschäftsabwicklung ankam und die Löhnung und Unterhaltung der Schiffsbesatzungen sich billig stellte, war es nicht erforderlich, der Verbesserung der Segelschiffe besondere Aufmerksamkeit zu widmen. Selbst als die Raddampfer in Aufnahme kamen, waren keine Aenderungen nothwendig, da letztere wegen ihrer grossen Unkosten sich auf die Beförderung von Passagieren und feinen Gütern gegen hohe Frachten beschränken mussten, als Konkurrenten der Segelschiffe mithin nicht auftreten konnten.

Mit Ausnahme kleinerer, für den Transport von Südfrüchten bestimmter Schiffe, der sogenannten Fruchtjäger und Baltimore-Schuner, wurden daher die Handels-Segelschiffe nach wie vor meist nur auf grosse Tragfähigkeit, also sehr völlig konstruirt, und segelten sehr langsam, so dass z. B. die früheren englischen und holländischen Ostindienfahrer fast ein Jahr für eine Fahrt nach Indien und zurück brauchten.

Nachdem indessen eine raschere Geschäftsabwicklung im Handel zur Nothwendigkeit wurde, dieser selbst sich bedeutend vermehrte, die Zahl der Handelsschiffe sehr zunahm und dadurch ein Steigen der Löhne für die Besatzungen eintrat, hauptsächlich aber, nachdem die Schraubendampfer, welche mit geringeren Unkosten als die Raddampfer fahren und daher zu billigeren Sätzen Frachten übernehmen konnten als diese, in Aufnahme kamen, fing man an, der Verbesserung der Segelschiffe Aufmerksamkeit zu widmen, und waren es zuerst die Amerikaner, die durch Veränderung der Dimensions-Verhältnisse, ohne der Tragfähigkeit Abbruch zu thun, die Schnelligkeit zu vermehren suchten.

Das frühere Verhältniss von Länge zur Breite von $3\frac{1}{3}$—$3\frac{1}{2}:1$ wurde zu diesem Behufe auf 4—$4\frac{1}{2}:1$, für die Klipperschiffe sogar auf 5—6:1 erweitert.

Die Handels-Segelschiffe wurden früher ausschliesslich und werden jetzt noch zum allergrössten Theile aus Holz hergestellt, nur in England und Holland sind in neuerer Zeit eiserne Segelschiffe mehr in Aufnahme gekommen.

Der Bau der Klipperschiffe, die sich von den anderen nur durch ihre ungewöhnliche Länge, grösseren Tiefgang und den scharfen Schnitt im lebendigen Werke (dem Unterwassertheile) unterscheiden, während ihr Verhältniss der Breite zur Länge wie 1:6 als das vortheilhafteste erprobt wurde, hat in der letzten Zeit so sehr zugenommen, dass beinahe auf allen Werften nur diese Gattung Schiffe, und zwar nach Plänen der bereits erprobten auf den Stapel gebracht werden. Das Klipperschiff ist auf den ersten Blick auch für den Laien durch seine elegante, schlanke Figur erkennbar: die Masten stehen meist ein wenig nach achter (nach hinten) geneigt, und was diese neuartigen Segelschiffe, die Klipper, die jetzt durch ihre schnellen Reisen zu den gefürchteten Rivalen der Dampfer herangediehen, an Segelfähigkeit und Fahrt zu leisten im Stande sind, beweist uns die SOVEREIGN OF THE SEA, die in 83 Tagen von Honolulu nach New-York segelte und somit während einer Fahrt von 22 Tagen durchschnittlich 245 Seemeilen täglich zurücklegte, d. h. im Ganzen 5931 Seemeilen, ein Viertheil des Erd-Aequators. Die Klipper FLYING CLOUD, SWORD FISH, SURPRISE machten die Fahrt von New-York nach Californien in 95 und 97 Tagen, worunter einige Tage vorkamen, in denen diese Schiffe 374 Seemeilen zurücklegten, somit beiläufig 15 Seemeilen in der Stunde, was der Schnelligkeit unserer Eisenbahnen beinahe gleichkommt. Bis zur Zeit, wo Maury durch seine ‚Sailing directions‘ Zeit und Raum verkürzte, Kräfte und Leben ersparte, war die durchschnittliche Fahrzeit von den nordatlantischen Häfen um Kap Horn nach St. Francisco 180 bis 200 Tage. Seit die segelfähigen Klipper, mit Maury's Führer an der Hand, den neuen auf Erfahrung gegründeten Seeweg laufen, langen sie in 130, ja sogar in 120 Tagen an, was eine Zeitersparniss von durchschnittlich 50 Tagen ergiebt. Zeit ist aber beim Kaufmanne wie beim Matrosen Geld — time is money — und wenn man die Lasten

des Waarentransportes zu Schiff zwischen Amerika und Europa zu
12 Cents per Tag und Tonne rechnet, so würde ein Schiff von nur
500 Tonnen 75 Dollars für jeden Tag ersparen, um den es durch die
Benutzung von Maury's Führer und durch die Klipper-Konstruktion seine
Reise verkürzt, was bei einem Unterschiede von 40 Tagen 3000 Dollars
Gewinn ergeben würde. Somit bewährt sich auch hier wieder der
Satz, dass die echte Wissenschaft kein anderes Gold als das der
Wahrheit sucht, das andere findet sie sicher nebenher.*) Das Geld,
das die Schiffahrt aber durch den Verein des Baues von Klipper-
schiffen und durch Maury's wissenschaftlichen Führer im Ocean so
n e b e n h e r findet, beträgt, wie England öffentlich bestätigt hat,
jährlich viele Millionen, und den Vorständen und Lehrern der nautischen
und Schiffbau-Schulen kann man es nicht genügend an's Herz legen,
für den Unterricht in der Oceanographie nach Maury's kostbarem
Werke zu sorgen, da sich vielleicht in keinem anderen Zweige menschlichen Wissens die Ignoranz so empfindlich selbst straft wie
eben hier.

Der Weg von Nord - Amerika nach St. Francisco ist der
schwierigste und längste, den der Welthandel kennt, und dennoch
ist man durch Maury's vortreffliche Anleitung und durch den zweckmässigen Bau der Klipperschiffe dahin gelangt, diese Strecke von
15.000 Seemeilen gleichsam im Weltmeere zu durchlaufen. Es ist
jedenfalls die grösste Bahn der Welt, auf welcher FLYING CLOUD,
HORNET, TRADE WIND, SOVEREIGN OF THE SEA, diese klipper-
gebauten Renner, deren Jockeys die Kapitäne C r e e s y , P u t m a n n ,
D o a n e und M i c k e l s waren, um die Wette liefen. Welch' ein
interessantes Rennen, welch' ein ‚Sweepstake' über die Ebene von
blauen Wellen, durch volle drei Monate, durch beide Hemisphären,
durch Tag und Nacht, durch alle Klimate, durch Kalmen (Windstillen) und Stürme, durch Eiseskälte und Tropengluth! Aus den
Loggbüchern dieser Schiffe geht hervor, dass sie oft tagelang Raa
an Raa liefen, wie Steigbügel an Steigbügel, oder der eine im Kielwasser des anderen, ohne auch nur ‚eine halbe Kopflänge' gewinnen
zu können. Das erste der genannten Schiffe erreichte sein Ziel in
90 Tagen, das zweite in 92 Tagen — über 100 Tage brauchte keines.

---

*) Bernhard Cotta.

Man sieht aus diesen und vielen anderen genau verzeichneten Angaben, dass hier kein Zufall im Spiele ist, sondern dass Kenntniss und Geschicklichkeit Alles entscheiden. Rheder und Kapitäne wissen jetzt, was Klipperschiffe, mit Maury's Instruktion versehen, wenn sie diese genau befolgen, leisten können.

Die Neuzeit hat sich mit Vorliebe dem Bau von eisernen Schiffen zugewendet, und obwohl Fachmänner ihr pro und contra täglich in Abhandlungen und Broschüren in die Welt schleudern, hat doch die Eisenkonstruktion in einem Masse zugenommen und so erstaunliche, vollkommen entsprechende Resultate geliefert, dass die Zukunft dieser Bauart als gesichert zu betrachten ist. Die Erfahrung hat hinlänglich bewiesen, dass Holz beim Baue eines Schiffes nur dann Dauer gewährt, wenn es gesund, in der entsprechenden Jahreszeit gefällt und vollkommen ausgetrocknet ist, sowie endlich wenn die schon gezimmerten Formen eine geraume Zeit auf dem Stapel liegen, und es lässt sich nicht leugnen, dass bei strenger Einhaltung aller dieser Vorsichtsmassregeln mitunter ganz erstaunliche Resultate geliefert wurden und solche Schiffe ein hohes Alter erreichten. Aber nur ein reicher Staat kann über hinreichende Mittel verfügen, um für die meisten Fälle solche kostbare Vorräthe bereit zu haben und die Schiffsgerippe jahrelang auf den Stapeln trocknen zu lassen. Wenn aber unvorhergesehene Fälle eine schnelle Vermehrung der Flotte bedingen, wenn man endlich gezwungen wird, jede Rücksicht bei Seite zu setzen und um jeden Preis zu bauen, so wird man die grössten Vorräthe trockenen Holzes schnell verbrauchen und zu dem frischen Bauholze seine Zuflucht nehmen müssen.

Abgesehen von dieser Lage, in die der mächtigste Staat kommen kann, hat der Privatmann, der Rheder, nicht die Mittel, solche riesige Vorräthe anzuschaffen und jahrelang unbenützt liegen zu lassen, blos um sie zu trocknen. Anders verhält es sich mit der Konstruktion in Eisen, das als Schiffs-Baumaterial beinahe die entgegengesetzten Vor- und Nachtheile des Holzes besitzt. Es lässt sich unmittelbar nach der Erzeugung verwenden und stets je nach Bedarf beschaffen; durch Schmieden, Walzen, Schneiden kann man ihm jede beliebige und bleibende Form geben; seine Zähigkeit und Festigkeit sichern den Verband aller Theile des Schiffskörpers; die

Vernietung ersetzt jede andere Verbindungsart, die beim Holz angewendet werden muss, wie Verkerbung, Kalfaterung, Splissung, Laschung etc. Durch einfache Verbindungen von Blech und Winkeleisen lassen sich alle Formen erreichen, welche der Bau verlangt; durch Anbringung vernieteter wasserdichter Scheidewände wird das Eindringen des Wassers im Falle eines Lecks oder das Umsichgreifen des Feuers im Falle eines Brandes vollkommen verhindert; wo es die Umstände erfordern, können einzelne wichtige Schiffstheile doppelt konstruirt werden, wie z. B. an Bord des GREAT-EASTERN die doppelte Blechdecke in der Längenrichtung des Schiffes, die starken Kielschweine und Doppelböden, durch welche letzteren eben der GREAT-EASTERN in einem furchtbaren Sturme gerettet wurde, während eine bedeutende Anzahl Eisenschiffe sich durch ihre wasserdichten Scheidewände vor dem Sinken bewahrten.

Dass überdies die Reparaturen der Schäden am Schiffskörper selbst mit Leichtigkeit ausgebessert werden können, selbst im Falle einer Strandung oder eines Zusammenstosses, beweisen uns zahlreiche Fälle eiserner Kauffahrer wie: GREAT-BRITAIN, TYNE, VANGUARD, PHASE, GREAT-EASTERN. Die Feuerfestigkeit des Materials, verbunden mit den erwähnten wasserdichten Zwischenwänden, erlaubt sogar im Falle der Noth ein durch gewöhnliche Mittel nicht zu bewältigendes Feuer dadurch zu löschen, dass man selbst in die Schiffswand ein Leck stösst, das Seewasser eindringen und bis zur nöthigen Höhe im Inneren der bedrohten Abtheilung steigen lässt, und so durch den einen furchtbaren Gegner den anderen bekämpft, was ein hölzernes Schiff nicht thun könnte, ohne ein Raub des Alliirten zu werden und frei von Scylla in der Charybdis unterzugehen. Zu den Nachtheilen der Eisenkonstruktion, die aber beiweitem deren Vortheile nicht aufwiegen, gehören: der Verlust an Schnelligkeit der Fahrt durch das bisher noch nicht verhinderte Ansetzen von Schalthieren an das lebendige Werk (Schiffskörper unter dem Wasserspiegel); der Einfluss der vermehrten Lokal-Attraktion auf die Magnetnadel, dem aber in der letzten Zeit die Wissenschaft völlig abgeholfen hat, so dass es nur der Ignoranz des Kapitäns zuzuschreiben ist, wenn er in dieser Hinsicht sein Schiff gefährdet meint; der Rost, der allmählich das Eisen angreift und die Stärke der Platten, welche die Schiffswände bilden, vermindert. Diese Nachtheile sind aber besonders

~~bei~~ bei den grossen Schraubendampfern gar nicht in Anschlag zu bringen, wo der Vortheil der festen Verbindung der einzelnen Schiffstheile und deren Widerstandsfähigkeit im Vergleiche zu der unvermeidlichen Lockerung, die durch die Schraubenbewegung auf hölzerne Schiffe hervorgebracht wird, das Eisenschiff hoch über das Holzschiff stellen.

Der Artillerie-Oberst Libert von Paradis, der in seinem Werke ‚Ueber den Bau von eisernen Seeschiffen‘ (Wien 1864) die werthvollsten Daten über die Vor- und Nachtheile der beiden Bauarten zusammengestellt hat, erzählt von einer getreuen Abbildung des im Jahre 1845 bei Cork auf Felsengrund gestrandeten Eisendampfers VANGUARD von 670 Tonnen und 300 Pferdekraft, die er zu Govan bei Glasgow im Bureau der berühmten Napier'schen Schiffswerft gesehen und geprüft hat. Das gestrandete Schiff wurde von der See während seines längeren Aufliegens stark herumgeworfen, so dass es auch nicht eine Rippe in seinem Boden hatte, die nicht mehr oder minder beschädigt gewesen wäre. Alle Platten waren eingedrückt, viele von den Felsenspitzen durchbohrt, der Hintersteven zerbrochen und das Schiff voll Wasser. Ein hölzerner Schiffskörper wäre in diesem Falle unrettbar verloren gewesen, während der VANGUARD so wenig in seinen Formen und Verbindungen gelitten hatte, dass er nach Hebung seiner Maschine und der in kurzer Zeit vollendeten Reparatur wieder so vollkommen dastand wie vor dem Unglücke. Die Fundamentirung hatte in ihrer Form gar nicht gelitten, weil sonst die Maschine nicht mehr so vollkommen gearbeitet hätte, wie dies thatsächlich der Fall war.

Ein ähnliches Beispiel liefert der in der Meerenge von Bonifacio gestrandete Eisendampfer PHASE, dessen grosses Leck von Innen durch hydraulischen Cement verstopft, das Wasser ausgepumpt, von aussen eine theilweise Bretterverschalung und dicke Segelleinwand über das Leck gezogen und das Schiff in den Hafen gebracht wurde. Herr von Paradis schliesst seine Aufzählungen merkwürdiger Havarien an Eisenschiffen mit der Schilderung des Unterschiedes der Lage, in der sich bei einer schauerlichen Katastrophe der eiserne Dampfer PERSIA und der hölzerne PACIFIC während einer Fahrt von Liverpool nach New-York befanden, wo beide Schiffe grossen Massen schwimmenden Eises begegneten. Der hölzerne PACIFIC ging mit allen Passagieren jämmerlich zu Grunde, während die eiserne PERSIA mit voller Fahrt an einen solchen Eisberg rannte, denselben in zwei Stücke zerspaltete, ohne selbst andere Beschädigungen als einige von den Eisschollen zertrümmerte Radschaufeln davon zu tragen.

Gegenwärtig zählen die eisernen Dampfer schon nach Tausenden und nur mit diesem Baumateriale war es möglich, Schiffe von so grossartigen Dimensionen zu erzeugen, wie der GREAT BRITAIN, CONNECTICUT, HIMALAYA und GREAT-EASTERN etc. sind, da bei hölzernen von denselben Dimensionen es unmöglich gewesen wäre, die Verbindungen der einzelnen Theile verlässlich für die See herzustellen, oder deren Festigkeit schon auf dem Stapel zu erproben, wie es beim GREAT-EASTERN der Fall war, der 90 Tage hindurch blos auf eine Länge von 103^m unterstützt, beim Misslingen des Stapellaufes nach der Breite und nicht wie gewöhnlich nach der Länge am Lande stand, während seine eigene Länge 208^m betrug, bei einem Gewichte von 12.000 Tonnen, und während ein jedes der überhängenden Enden mehr als ein ausgerüstetes Linienschiff wog, und der Riese seine Linie doch nur um 12.$_7^{mm}$ änderte. Auch hat das kolossale Leck in seinem ʻDoppelboden gezeigt, welche Sicherheit einem Eisenschiffe durch einen derartigen Bau verliehen werden kann.

In seiner Form richtet sich das Eisenschiff nach den in Holz ausgeführten Klippern.

Die Grundzüge des Eisen-Schiffbaues stimmen mit dem des Holz-Schiffbaues überein, d. h. das Schiff hat Kiel, Spanten, Aussenhaut, Deckbalken u. s. w. Es ist nur Alles von Eisen und in eine Form gebracht, die bei geringstem Materiale die grösste Stärke giebt und wie sie Theorie und Praxis der Eisenindustrie festgestellt haben.

Die Figur 49 stellt einen Theil des halben Querschnittes eines eisernen Panzerschiffes in perspektivischer Ansicht dar. Der Kiel ist aus einem aufrechtstehenden $a\,a$ und einem horizontalen Stück $b\,a\,c$ zusammengesetzt, die beide mit einander vernietet sind; e und d sind die Seitenkiele. Die Winkeleisen $s\,s\,s$ und $s'\,s'\,s'$, durch die dazwischen gesetzten Bleche $x\,x$ gestützt, bilden die Spanten. Den Längenverband bilden die Gürtungen $g\,g\,g$, die mit den Spanten ein Rahmwerk von grösster Stärke bilden. Vorn laufen diese Gürtungen im Steven zusammen. Das Schiff hat einen doppelten Boden. Der äussere besteht aus den Platten *pl pl*, der innere aus den Platten *p p*. Dieser doppelte Boden steigt dann vertikal in der Eisenwand

Fig. 49.

Fig. 50.

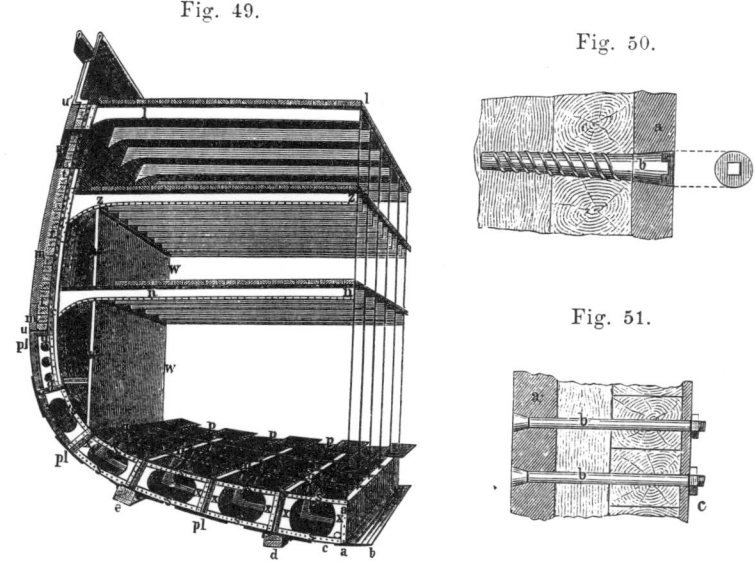

Fig. 51.

w̕ w bis an das Batteriedeck. Der Raum zwischen der Wand *w w* und der Schiffsseite bildet die Wallgänge. Auf der obersten Längsgürtung ruht der Panzer *m m* mit seiner Fütterung *t t* von Teakholz und reicht von *u* bis *u'*; *n n* ist das Zwischendeck, *z z* das Batteriedeck,

Fig. 52.

Fig. 53.

l l das Oberdeck. Die Figuren 50 und 51 zeigen die Befestigung der Panzerplatten, die Figuren 52, 53, 54 und 55 die verschiedene Konstruktion eiserner Schiffsböden, die Figuren 56, 57, 58, 59, 60 und 61 die verschiedene Façon der Verbandstücke. Da die grösste Stärke der zum Bau verwendeten Eisenbleche höchstens $25._4$—$38._1{}^{mm}$ beträgt, so ist von solchen Bolzen, wie bei den Holzschiffen, keine Rede,

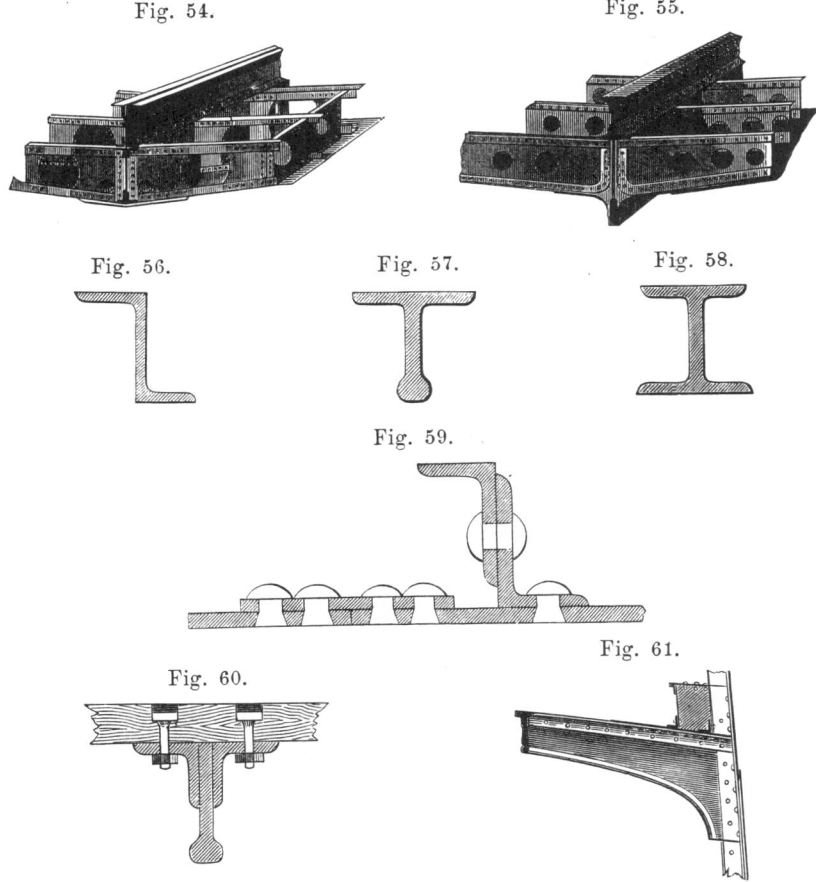

Fig. 54. Fig. 55.

Fig. 56. Fig. 57. Fig. 58.

Fig. 59.

Fig. 61.

Fig. 60.

sondern der ganze Eisenbau wird zusammengenietet, und zwar werden die Nieten heiss eingezogen.

Resumiren wir nun die verschiedenen Bausysteme, sowie ihre Vorzüge und Nachtheile, so erhalten wir folgendes Bild:

Die Schiffsgebäude können nach dem hauptsächlich zu ihrer Herstellung verwendeten Materiale in zwei Hauptgattungen: h ö l - z e r n e und e i s e r n e, geschieden werden.

Für jede der beiden Gruppen giebt es zwei Hauptbaumethoden:
für erstere den Bau aus Spanten mit einfacher äusserer
Plankenbekleidung und den Diagonalbau,
für letztere den Bau mit Querspanten und den mit
Längsspanten.

Bis vor wenigen Jahren wurden, wie oben erwähnt, die Kriegsschiffe fast ausschliesslich noch aus Holz nach der erstgenannten
Methode erbaut; in neuerer Zeit sind jedoch in den Kriegsflotten
auch die eisernen Schiffe bald nach der einen, bald nach der anderen
der beiden genannten Methoden, hauptsächlich aber nach der letztgenannten erbaut, sehr in Aufnahme gekommen und werden jetzt
namentlich die Panzerschiffe bei allen Seemächten fast ausschliesslich
von Eisen erbaut.

In den Kauffahrtei-Marinen aller Nationen sind die Segelschiffe
grösstentheils aus Holz nach der zuerst genannten Methode erbaut,
nur in England und Holland findet man eine grössere Anzahl eiserner.
Die Dampfer dagegen sind überall fast ausnahmslos von Eisen
hergestellt.

Ganz in der neuesten Zeit sind Schiffe nach dem sogenannten
gemischten Systeme gebaut (mit eisernen Spanten und hölzerner
Beplankung) wieder in Aufnahme gekommen.

Jede Baumethode hat ihre Vor- und Nachtheile.

Die nach der ersten Methode erbauten hölzernen Schiffskörper
sind in allen Klimaten gleich gut zu gebrauchen und der Gesundheit
der am Bord befindlichen Mannschaften am zuträglichsten; sie eignen
sich zum Laden fast aller Arten von Gütern, ohne darunter zu leiden;
sie können durch das Bekupfern des Bodens gegen das Ansetzen
von Unreinigkeiten und dadurch vor Verlust an Geschwindigkeit
geschützt werden und erhalten beim Stossen auf den Grund nicht
leicht gefährliche Lecke; die Lecke lassen sich meistens ohne zu
grosse Schwierigkeiten dicht machen, und wenn dies nicht möglich
ist, so sinken diese Schiffe, im Anfange wenigstens, nicht mit grosser
Geschwindigkeit.

Dagegen haben sie aber einen kleineren Laderaum als eiserne
Schiffe von denselben Dimensionen und der gleichen Schärfe; grosse,
namentlich im Verhältnisse zur Höhe, lange, hölzerne Schiffe können
nur schwer so kräftig verbunden werden, dass sie lange dienstfähig

sind; je grösser sie sind und je stärker daher die zum Bau nothwendigen Hölzer sein müssen, desto leichter werden diese von der
Trockenfäule ergriffen und dadurch unbrauchbar; sie bedürfen häufiger
Reparaturen, die, sobald Spanthölzer erneuert werden müssen, sehr
kostspielig sind; hölzerne Dampfer leiden sehr von der durch die
Dampfkessel entwickelten Hitze; hölzerne Kriegsschiffe gerathen
durch Granatfeuer leicht in Brand.

Die hölzernen Diagonal-Schiffskörper besitzen beinahe alle Vortheile der aus Spanten und einfacher äusserer Plankenbekleidung
hergestellten Schiffe und vereinigen ausserdem grosse Leichtigkeit
mit Festigkeit.

Dagegen können sie nur als Passagier- oder Aviso-Schiffe
und zum Laden ganz leichter Güter verwendet werden; Reparaturen
an der Beplankung sind sehr kostspielig; sie leiden ebenso wie die
nach der ersteren Methode erbauten hölzernen Schiffe, sehr von der
durch die Dampfkessel entwickelten Hitze.

Die mit Querspanten erbauten eisernen Schiffskörper können
bei der gleichen Schwere mit hölzernen Schiffen derselben Dimensionen stärker verbunden sein als diese; sie haben bei gleicher
Schärfe und denselben Dimensionen mit hölzernen aus Spanten und
einfacher Plankenbekleidung erbauten Schiffen einen bedeutend grösseren Laderaum; sie können schärfer als die genannten hölzernen
Schiffe gemacht werden, ohne dass der Verband leidet; ihre Dauerhaftigkeit wächst mit der Stärke des verwendeten Materials; ihre Unter-
haltungskosten sind auf die Dauer geringer als bei hölzernen Schiffen.

Dagegen ist der längere Aufenthalt am Bord eiserner Schiffe
für die Gesundheit der Menschen nicht günstig; sie können nicht
alle Arten Güter laden; sie verlieren, namentlich in wärmeren
Gegenden, durch das Ansetzen von Muscheln und Pflanzen am
Boden sehr rasch viel von ihrer Geschwindigkeit; sie sinken beim
Leckwerden, falls sie keinen doppelten Boden haben, schnell, und
wird diesem Uebelstande durch die Anbringung der wasserdichten
Querschotten nur wenig vorgebeugt; lange, flache, nach dieser
Methode gebaute Schiffe biegen bei grosser Belastung der Enden
bald durch und öffnen die Vertikalnähte der Aussenhautplatten.

Die mit Längsspanten erbauten eisernen Schiffskörper haben
einen sehr starken Längenverband, können daher auch an jeder

Stelle grosse Gewichte tragen, ohne durchzubiegen, selbst wenn sie lang und flach sind; mit Ausnahme des grösseren Laderaumes gegen hölzerne Schiffe haben sie alle übrigen Vorzüge der nach der ersteren Methode erbauten eisernen Schiffe, desgleichen auch alle Nachtheile mit Ausnahme des Durchbiegens der Länge nach bei starker Belastung.

Die nach dem gemischten Systeme (mit eisernen Spanten und hölzernen Planken) erbauten Schiffskörper können fast eben so gut, wie ganz hölzerne, in allen Klimaten verwendet werden; durch Wegfall der hölzernen Spanten ist der schlimmste Feind der hölzernen Schiffe, die Trockenfäule, beseitigt; sie können endlich ebenso, wie ganz hölzerne Schiffe, gekupfert und dadurch vor Verlust an Geschwindigkeit geschützt werden.

Aber die Herstellung solcher Schiffe ist ziemlich kostspielig; Holz und Eisen lassen sich nie so mit einander verbinden, dass Lecke zu vermeiden sind, und Reparaturen sind meistens sehr zeitraubend und theuer.

Es mögen hier noch die durch hydraulische Rückwirkung (Wasserprallmaschinen) getriebenen Fahrzeuge und die submarinen Fahrzeuge Erwähnung finden.

Erstere sind eine Erfindung des Schotten Ruthwen, der im Jahre 1828 ein Patent auf dieselben erhielt. Sie haben aber bis jetzt sich weder in den Kriegs- noch in den Handelsmarinen Eingang verschaffen können, da der Wirkungsgrad dieses Propellers sich bei den bisherigen Konstruktionen als zu gering erwiesen hat. Ein früher in Schottland zur Benutzung beim Fischfange in See erbautes derartiges Fahrzeug hat wegen seiner geringen Brauchbarkeit keine Nachahmung gefunden. Die übrigen mit diesem Propeller versehenen Fahrzeuge beschränken sich auf ein jetzt ausser Fahrt gesetztes, kleines, für die Benutzung auf der Oder vom Ingenieur Seydel erbautes Boot, auf zwei in Seraing zur Fahrt nach Rotterdam erbaute Fahrzeuge und auf das von der englischen Admiralität zum Versuche mit diesem Propeller erbaute Panzer-Kanonenboot WATERWICH. Falls es gelingt, diesem Propeller einen grösseren Nutzeffekt zu sichern, ist es unzweifelhaft, dass derselbe vielfache Verwendung finden wird.

In neuerer Zeit hat man sich viel mit dem Bau unterseeischer Fahrzeuge beschäftigt, die entweder nur durch Drehung einer Schiffsschraube mittels Menschenkraft oder durch eine Dampfmaschine bewegt werden sollen. Da das Vorhandensein einer genügenden Menge frischer Luft im Fahrzeuge unter Wasser die Grundbedingung für die Existenz der darin befindlichen, zur Handhabung desselben nothwendigen Besatzung, und die Zuführung von Luft mit sehr vielen Schwierigkeiten verbunden ist, so können sich derartige Fahrzeuge nur wenige Stunden unter Wasser halten und ist ihre Verwendungsfähigkeit daher eine sehr geringe.

Die ziemlich allgemein verbreitete Ansicht, dass die in älterer Zeit gebauten Schiffe ein hohes Alter erreicht haben, beruht auf einem Irrthume. Die lange Lebensdauer einzelner Schiffe ist eine scheinbare, sie basirt zumeist auf wiederholten kostspieligen Reparaturen; es sollen sogar Fälle vorgekommen sein, wo die Ausgaben für Haupt-Reparaturen die Höhe der Kosten eines Neubaues von zwei Schiffen derselben Gattung erreicht haben.

Das achtzehnte Jahrhundert gab indessen zwei merkwürdige Beispiele der Dauer von Schiffen in der englischen Marine. Das erste war der ROYAL WILLIAM, von dem, obgleich das Datum seiner Konstruktion ungewiss blieb, nachgewiesen ward, dass er am 16. März 1700 auslief und nach vielen Veränderungen 1813 auseinander genommen ward. Das zweite Beispiel war die BESTY CANES, die als König Wilhelm's Jacht bereits 1688 existirte und abwechselnd als Kauffahrer und Kriegsfahrzeug bis 1827 diente, wo sie Schiffbruch litt, nachdem sie 150 Jahre die See befahren.

Im Anfange dieses Jahrhunderts wurde im englischen Parlamente der Nachweis geliefert, dass die auf Staatswerften für die englische Marine gebauten Schiffe eine durchschnittliche Lebensdauer von 15 Jahren erreichten.

Indessen haben die in der grossen Friedensepoche von 1815 bis zur Einführung der Schraube im Jahre 1850 gebauten Schiffe durchschnittlich eine viel längere Lebensdauer erreicht.

Die Anwendung des Dampfes als Motor und besonders die Verwendung der Schraube als Treibapparat für Kriegsschiffe hatten jedoch eine wesentliche Aenderung dieser Sachlage zur Folge.

Jede Marine war besorgt, den ihr zu Gebote stehenden Mitteln entsprechend, das alte Flotten-Material umzugestalten oder sich neues zu beschaffen, daher überall mit grosser Eile gebaut wurde. Unter diesen Umständen war es nicht mehr möglich, eine sorgfältige

Auswahl des Materials zu treffen; ausserdem war dasselbe auch nicht mehr in den Quantitäten zur Auswahl vorhanden wie früher, weil durch die Einführung der Schraube das Deplacement der Schiffe ausserordentlich zugenommen und die neuartigen Schiffe durchgehends stärkere Baustücke erforderten.

Aber mehr' noch als der mit grösserer Eile betriebene Bau hatten nachfolgende Umstände eine nachtheilige Einwirkung auf die Dauer der modernen Kriegsschiffe. Das veränderte Verhältniss der Breite zur Länge, welches bei Segelschiffen $1:3\frac{1}{2}-3\frac{3}{4}$ betragen hatte, stellte sich nunmehr wie $1:5-6\frac{1}{2}$ und darüber. In Folge der relativ grösseren Länge musste die Konstruktion des Verbandes der einzelnen hölzernen Baustücke zu einem widerstandsfähigen Ganzen geändert werden; verschiedene eiserne Bautheile, die früher entbehrlich waren, als Kniebänder, Langschienen, Lang- und Diagonalbänder, wurden eingeführt; ferner erlitt die Verbolzung der hölzernen Bautheile untereinander eine wesentliche Aenderung. Die geänderte Konstruktion erschwerte jedoch das Auswechseln einzelner schadhafter Bautheile, wie solche bei mit Eile vorgenommenen Bauten stets mehr oder weniger zum Vorscheine kommen. Um solche krankhafte Bautheile zu entfernen, mussten mehrere gesunde Stücke demolirt werden; eine solche Reparatur, die früher leicht auszuführen war, wurde dadurch zeitraubend und kostspielig, und scheute man sich in den meisten Fällen, solche Reparaturen vorzunehmen. Durch die Belassung solch' schadhafter Theile in den Schiffen wurde die Deteriorirung der übrigen Bautheile gefördert, daher stellte sich weit eher, als es sonst der Fall war, die Nothwendigkeit der Haupt-Reparatur heraus.

Eine zweite Hauptursache der geringen Dauer der Schiffe der neuen Epoche (hölzerne Schrauben- und Raddampfer) ist gleichfalls aus den Verhältnissen der Tiefe des Schiffes zur Länge und Breite entsprungen. Während die Längen-Dimension bedeutend zugenommen, wurde in den Dimensionen der Tiefe oder Höhe im Raume relativ nur wenig geändert. In Folge dessen, da Maschinen, Kesseln, Kohlenvorräthe, ferner die durch Hohlgeschosse vermehrten Munitionsdepôts viel Platz beanspruchten, die übrigen Vorräthe aber, wie sie die alten Segelschiffe hatten, gleichfalls untergebracht werden sollten, der innere Schiffsraum aber nur der Länge nach zugenommen hatte,

musste selbst die geringste Räumlichkeit in den Schiffen verwerthet werden. Der ganze untere Raum wurde von den Abtheilungs-
wänden eingenommen, welche die Herstellung des Klarraumes,
welcher wesentlich zur grösseren Dauer der Schiffe der vorhergehenden Epoche beigetragen hat, nicht zuliessen.

Besonders dürfte es dem Mangel an Ventilation der unteren
Räumlichkeit zuzuschreiben sein, dass die Schiffe einer Haupt-Reparatur schneller benöthigen als früher.

In dem Masse, als die Auswechslung einzelner Baustücke
umständlich und schwierig war, beanspruchte eine Haupt-Reparatur
viel Zeit- und Geldaufwand, so dass, durch einige Erfahrungen belehrt,
die meisten Flotten es unterlassen haben, an solchen Schiffen Haupt-
Reparaturen auszuführen.

In der englischen Marine werden jetzt derlei Schiffe, darunter
sogar solche, die erst nach 1860 in den Dienst gestellt wurden,
häufig blos um den Materialwerth veräussert. In der französischen
Marine begnügt man sich mit einer oberflächlichen Reparatur und
Verwendung solcher Fahrzeuge für den weniger anstrengenden Trans-
portdienst.

Dies ist die Erklärung, weshalb Schiffe der neueren Epoche
nicht mehr als 12, im günstigsten Falle 15 Jahre dauern; es unterliegt jedoch gar keinem Zweifel, dass die aus Holz gebauten Schiffe
der neuesten Zeit eine viel längere Dauer haben werden, weil,
in Folge besserer Verhältnisse ihrer Haupt-Dimensionen, für eine
vollständige Ventilation und Zugänglichkeit des Raumes in allen
Theilen Sorge getragen werden konnte. Ausserdem ist die neuerdings
verbesserte Konstruktion der einzelnen Baustücke und die Anwendung von noch mehr Eisen die Ursache, weshalb Reparaturen leichter
auszuführen sind und weniger oft vorkommen.

Ueber die Dauer der eisernen Schiffe liegen bis jetzt keine
bestimmten Erfahrungen vor. Eiserne Dampfschiffe, welche in den
Jahren 1833 bis 1837 gebaut wurden, leisten jetzt noch gute Dienste,
obwohl dieselben in der ganzen Konstruktion viel unvollkommener
als die in neuerer Zeit erbauten Schiffe sind und aus viel schwächeren
Blechen hergestellt wurden, als es jetzt gebräuchlich ist.

Da die Zerstörung des Eisens blos durch Oxydation an der
Oberfläche erfolgt, so bedarf es nur, um Eisenschiffen eine lange

8*

Dauer zu sichern, einer sorgfältigen Instandhaltung durch Anstrich sowohl innen- wie aussenbords; und da ferner die Bodenbleche der eisernen Kriegsschiffe der Gegenwart relativ eine bedeutende Dicke erhalten, so kann man mit völliger Bestimmtheit behaupten, dass dieselben mindestens drei- bis viermal so lange dauern als die bestkonstruirten Holzschiffe.

Bei Schiffen gemischter Konstruktion aus Holz und Eisen werden die Rippen und das Gebälke, nämlich der kostspieligste Theil des Schiffes, ebenfalls eine bedeutende Dauer haben. Ueber die Dauer der hölzernen Bekleidung lassen sich bis jetzt nur Muthmassungen geben, da die kombinirte Konstruktion erst in letzterer Zeit in Gebrauch gekommen ist.

Der Krim-Krieg 1853—1856 war die Veranlassung zur Erbauung eisengepanzerter schwimmender Batterien zur Beschiessung der russischen Seefestungen. Die Idee, schwimmende gepanzerte Batterien für diesen Zweck zu verwenden, war keineswegs neu, da schon die Franzosen und Spanier zur Beschiessung von Gibraltar während der Belagerung in den Jahren 1779—1782 mit Eisenplatten beschlagene Fahrzeuge benutzten. Da diese indessen von den Engländern durch glühende Kugeln in Brand geschossen und versenkt wurden, so kam die Herstellung ähnlicher Fahrzeuge für spätere Kriege nicht wieder in Aufnahme.

Die Anregung zur Erbauung der im Krim-Kriege verwendeten, mit 114^{mm} dicken Eisenplatten bekleideten und durch kleine Schrauben-Dampfmaschinen im Gefechte bewegten schwimmenden Batterien ging von Frankreich aus; hier wurden die ersten derartigen Fahrzeuge hergestellt und bestanden bei Beschiessung des Forts Kinburn ihre Probe. Es wurden daher sowohl in Frankreich als in England mehrere nach demselben und einem etwas abweichenden Systeme erbaut und bilden sie, namentlich in ersterem Lande, einen Theil der Küstenvertheidigungs-Marine.

Der Erfolg vor Kinburn gab in Frankreich die Veranlassung, den Versuch zu machen, das System der Panzerung auf Seeschiffe zu übertragen, und führte zum Bau des ersten Panzerschiffes, der GLOIRE. Da dieses sich bei den Probefahrten verhältnissmässig gut bewährte, so ging man mit dem Bau einer ganzen Reihe ähnlicher Schiffe rasch vor, was die Veranlassung wurde, dass auch England sich genöthigt sah, den bis dahin dort nicht für praktisch gehaltenen Panzerschiffen Aufmerksamkeit zu schenken und mit dem Baue derartiger Schiffe ebenfalls vorzugehen.

Während man in Frankreich von vornherein von dem Grundsatze ausging, das Oberschiff in der ganzen Länge, vom Oberdecke bis unter Wasser durch Panzer zu schützen, hielt man in England zuerst nur den Schutz der Maschine durch eine an den Seiten angebrachte und dort auch unter Wasser reichende theilweise Panzerung für genügend und ging erst bei späteren Konstruktionen, nach Frankreichs Vorgange, zu einer vollständigen Panzerung über.

Die Fortschritte in der Herstellung von Geschützen bedeutend schwereren Kalibers als der bis dahin gebräuchlichen, zwangen indessen bald auch zu einer Verstärkung des zuerst nur 114^{mm} dick angenommenen Panzers, und da, wenn die Schiffe nicht eine kolossale Grösse erhalten sollten, von diesen schweren Geschützen nur wenige an Bord aufgestellt werden konnten, so wird jetzt die vollständige Panzerung des Oberschiffes nicht mehr angewendet. Die Schiffe werden nur mit einem rund umlaufenden Panzergürtel in der Gegend der oberen Wasserlinie versehen und die Batterie wird an den Seiten nur soweit gepanzert, dass die Geschütze gedeckt aufgestellt und durch gepanzerte Querschotten gegen den ungepanzerten Theil des Oberschiffes abgeschlossen werden können.

Die Jagdgeschütze werden bei diesem Systeme auf dem Oberdecke entweder hinter Panzerschilden, die vom Panzergürtel über das Oberdeck hinausreichen, oder hinter solchen, die nur auf dem Oberdecke stehen und in keiner Verbindung mit dem Panzergürtel sind, oder auch ohne Panzerschutz aufgestellt. Die Heckgeschütze werden entweder hinter einem vom Panzergürtel bis zum Oberdecke reichenden Panzerschilde im Batteriedecke, oder auf dem Oberdecke ohne Panzerdeckung aufgestellt.

In neuester Zeit werden die Jagd- und Heckgeschütze entweder in einem über die Seiten des Schiffes etwas hinausreichenden gepanzerten, über der Batterie gelegenen Ausbaue, oder in ähnlich gelegten festen Halbthürmen placirt, und wird die Schanzkleidung, um das Feuern dieser Geschütze direkt in der Kiellinie zu ermöglichen, etwas nach innen gestellt.

Bei einigen Panzerschiffen sind auch noch in den vorderen und hinteren gepanzerten Querwänden der Batterie, fast ganz dicht am Bord, Pforten eingeschnitten und die Schiffswände an diesen Stellen schräg nach innen geführt, um den dort aufzustellenden Geschützen in der Batterie das Feuern so nahe wie möglich der Kielrichtung zu gestatten.

Die Takelung der Panzerschiffe war anfangs in Frankreich sehr einfach, meist als Dreimast-Schuner, jetzt erhalten dieselben auch dort eine stärkere und grössere Takelung; in England waren die ersten Panzerschiffe mit Vollschiff-Takelung versehen, die demnächst gebauten erhielten Dreimast-Schuner-Takelung, die neueren erhalten wieder Vollschiff-Takelung.

Ganz abweichend von dem bisher beschriebenen Breitseiten-Systeme sind die Panzer-Thurmschiffe der Amerikaner und die von dem englischen Kapitäne Coles vorgeschlagenen und nach seinen Ideen gebauten Panzerschiffe. Bei diesen Systemen besteht die Grundidee darin, dass die Geschütze in drehbaren gepanzerten, in der Mittellinie des Schiffes stehenden Thürmen aufgestellt werden.

Die amerikanischen, von dem Schweden Ericson erfundenen und nach seinem zuerst erbauten Fahrzeuge MONITOR benannten Panzer-Thurmschiffe haben ein sehr niedrig über das Wasser liegendes gepanzertes Deck, einen Panzergürtel in der Wasserlinie an den Schiffsseiten, und einen oder zwei auf dem Decke aufstehende, um eine vertikale feste Spindel drehbare, gepanzerte Thürme zur Aufnahme von je zwei parallel gestellten schweren Geschützen. Die Zuführung von Luft für die Besatzung und die Maschinen erfolgt durch künstliche Vorrichtungen, da Luken auf dem nur 50—60^{cm} über Wasser liegenden Decke nicht offen gehalten werden können.

Die nach Coles' Systeme gebauten Panzer-Thurmschiffe haben ein bedeutend höher über das Wasser liegendes Deck, das nur schwach gepanzert ist, die Geschützthürme stehen nicht auf ihm, sondern reichen durch dasselbe hindurch bis fast auf das Zwischendeck, die Geschütze liegen in den Thürmen derart, dass ihre Mündungen nur sehr wenig über Deck ragen.

Die Monitors haben keine Takelung, Coles' Thurmschiffe werden damit versehen, doch ist dieselbe der Armirung sehr im

Wege und hat dies namentlich zum Wegfalle der Unterwanten und zur Anwendung sogenannter Tripod-Masten geführt.

Die Länge steht bei den Panzerschiffen zur Breite etwa im Verhältnisse von 5—5$\frac{1}{2}$: 1.

Das immense Gewicht des Panzers, dessen Stärke sich in Folge des verbesserten Geschützwesens von Jahr zu Jahr steigerte, erforderte sehr grosse Dimensionen der Schiffe, aber auch andere Linien als bisher, und die Marine-Architektur bedurfte fast zehnjährigen Experimentirens, um die richtigen Verhältnisse zu finden und den Panzerschiffen die erforderlichen nautischen Eigenschaften zu geben. Erst seit dem Jahre 1868 darf man dieses Problem als gelöst ansehen.

Wie bei allen Gegenständen, so hat auch in der Marine die Tyrannin ‚Mode' ihren Einfluss auf die Aussenseite der Schiffe geltend gemacht. Was unseren Vorfahren herrlich und geschmackvoll erschien, wird von uns verworfen und barbarisch gefunden; die hohen Hinterkastelle mit den reichen Bildhauerarbeiten und Vergoldungen haben den einfachsten Verzierungen Platz gemacht; jetzt gilt als schön ein langgestrecktes, nur sehr leicht über der Wasserlinie nach oben gebogenes Schiff mit drei schlanken, hochaufstrebenden Masten und breiten Raaen, einfacher Takelung, in der nur wenig oder fast gar keine Blöcke zu sehen sind, und aus dessen glänzend schwarzen Seiten die schweren Kanonen als einzige Zierde hervorragen.

Wir schmeicheln uns, jetzt die Grenze des Möglichen in der Schiffbaukunst, im Manöver und in den Schiffsmaschinen erreicht zu haben, wir belächeln unsere Vorfahren mit ihren schwerfälligen Schiffen, ihren unförmigen Hinterkastellen, ihren plumpen Marsen u. s. w. Werden unsere Nachkommen nicht auch unsere prächtigen Schiffe belächeln, unsere kostspielige Anwendung der Dampfkraft bemitleiden oder wenigstens bekritteln, wenn sie vielleicht in noch vollkommeneren Fahrzeugen und durch andere bewegende Kräfte die Wogen des Meeres durchschneiden, vielleicht von unseren Kriegsschiffen, von unseren Armstrong-, Whitworth- und Krupp-Geschützen, von den Panzerschiffen und Monitors, in ihren Fabelbüchern wie von den Drachen und Seeschlangen, vom Ichthyosaurus, vom Mammuth und vom grossen Moavogel lesen, und vielleicht eben durch unseren potenzirten

Zerstörungstrieb den ewigen Frieden erreichen und einst auf der lieblichen Atlantis leben werden. Jedenfalls haben wir den Weg angebahnt, der später noch zur grösseren Unabhängigkeit, ja vielleicht zur glücklichsten Herrschaft über die Elemente führen soll, wenn überdies vielleicht noch die Luftschiffahrt das Ziel erreicht, die mühsame Navigation auf dem Meere zu ersetzen. So nähert sich vielleicht durch bewunderungswürdige Leistungen das Menschengeschlecht langsamen, scheuen Schrittes dem grossen Weltengeiste, nach dessen Ebenbilde es geschaffen ist, bis er es seiner würdig eingehen lässt in die göttlichen Sphären der Liebe und des ewigen Friedens.

III.

Das Schiffsgebäude.

Leicht beflügelt und doch kräftig
Segelt sie durch's blaue Meer,
Selbst getrieben von den Winden,
Treibt sie Wellen vor sich her.

Aeussere Ansicht. — Steuer- und Backbord-Seite. — Breite. — Tiefe oder Hohl. — Höhe. — Wasserlage. — Steuerruder. — Theorie desselben. — Die verschiedenen Arten der Ruder. — Batterie. — Galjon. — Rüsten. — Heck. — Finkenetze. — Innere Ansicht. — Raum. — Zwischendeck. — Batteriedeck. — Spille. — Oberdeck. — Hinterdeck oder Quarterdeck. — Luv- und Leeseite. — Steuerrad. — Fallreepe. — Vordeck. — Luken.

Das Schiff ist vom Stapel gelaufen, die noch nöthige äussere Verzierung angebracht, die innere Einrichtung vollendet. Betrachten wir nun das fertige Fahrzeug nach seiner äusseren und inneren Ansicht und Eintheilung, ehe wir zu der Beschreibung der Zurüstung oder Takelung und endlich zu der Ausrüstung schreiten.

Zu diesem Zwecke diene uns ein Schiff mit einer gedeckten Batterie, von welchem leicht auf andere geschlossen werden kann, da im Innern die Einrichtung im Allgemeinen fast bei allen Schiffen dieselbe ist und im Aeussern nur eine Batterie mehr oder weniger den Unterschied ausmacht.

Vorläufig die Bemerkung, dass, wenn das Schiff der Länge nach in zwei Hälften getheilt wird, die Seite, welche Jemand, der am Hintertheile steht und nach vorn sieht, zur rechten hat, Steuerbord, die linke Seite aber Backbord genannt wird. Durch diese beiden Benennungen wird Alles an Bord, was auf beiden Seiten gleichnamig ist, von einander unterschieden.

Die beigefügte Zeichnung (Figur 62) stellt eine gedeckte Schrauben-Korvette von 16 Kanonen dar, deren Kiel $66._1^m$, das obere Deck aber $70._7^m$ lang ist, da, wie früher bemerkt, die beiden Steven schief auf den Kiel aufgestellt sind. Die grösste B r e i t e oder W e i t e des Schiffes beträgt $12._8^m$, die T i e f e des Raumes oder das H o h l, von der unteren Fläche der Deckbalken bis auf die obere Fläche des Kielschweines gemessen, ist $4._0^m$. Die H ö h e des Schiffes, welche von der Tiefe unterschieden werden muss, in der Mitte desselben, lothrecht von dem Flachbord oder Schandeck bis zur unteren Fläche des Kiels gemessen, beträgt $12._8^m$.

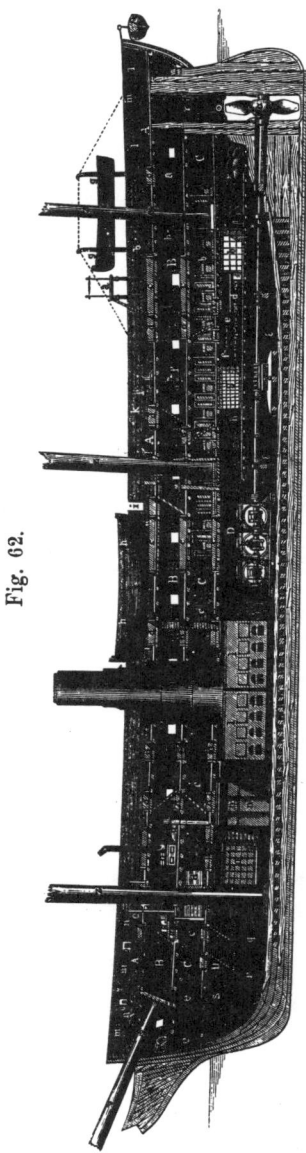

Fig. 62.

Die Linie, bis zu welcher das Schiff mittels seiner Schwere im Wasser sinkt, heisst die W a s s e r l i n i e; nach der beigefügten Zeichnung geht das belastete Schiff vorn $5._5^m$ und hinten $5._8^m$ tief im Wasser, was man dessen T a u c h u n g nennt.

Nach den Grundsätzen der Hydraulik ist die Wassermasse, die ein schwimmender Körper vermöge seiner Schwere verdrängt, diesem an Gewicht gleich. Das vollkommen zu- und ausgerüstete Schiff wiegt nach solcher Berechnung 2468 Tonnen à 1000^{kg}.

Diese schwere Masse bewegt jedoch mit grösster Leichtigkeit ′ das S t e u e rr u d e r, in der Seesprache nur das R u d e r genannt, gegen den Druck des anströmenden Wassers. In A n g e l n oder F i ng e r l i n g e n von Bronce oder Messing am Hintersteven hängend und mit demselben von gleicher Dicke, ist es einer der wichtigsten Theile des Schiffes. Je schneller das Schiff läuft, desto stärker ist die

Strömung und der Andrang des Wassers nach dem Ruder, und um so heftiger der Widerstand, den dasselbe leistet; wenn man es unter einem Winkel gegen die Kielebene neigt, d. h. steuert, so wird der Hintertheil des Schiffes weggedrückt, während der Vordertheil oder Bug nach der Seite sich dreht, nach welcher das Ruder gestellt wurde.

Die Breite des Ruders richtet sich nach der hinteren Schärfe des Schiffes. Stumpfe oder vollgebaute Schiffe bedürfen natürlich eines breiteren Ruders als scharfgebaute von derselben Grösse. Der Winkel, den das Ruder mit dem Kiele bilden kann, ist höchstens $46^\circ\ 40'$, welches mehr als hinreichend ist, dem Schiffe sofort die nöthige Richtung zu geben.

Die Ruder werden entweder aus Holz oder Eisen gefertigt. Erstere scheiden sich in gewöhnliche, Patent-, doppelt bewegliche Ruder und Ruder mit lose eingesteckter eiserner Spindel; letztere in gewöhnliche, Balance- und kombinirte Balance- und gewöhnliche Ruder.

Das gewöhnliche hölzerne Ruder besteht aus dem geraden eichenen Ruderherz, dessen oberer Theil Ruderkopf genannt wird, und den fichtenen Füllstücken. Die Drehachse des gewöhnlichen Ruders liegt vom Fusse bis zur Unterkante des viereckigen Theiles des Ruderkopfes in der Vorkante des Ruderherzens.

Der Unterschied zwischen dem Patentruder und dem gewöhnlichen Ruder besteht darin, dass die Drehachse bei ersterem nur vom Fusse bis eine kurze Entfernung unter der Gilling in der Vorkante, von da ab nach oben zu aber in der Mitte des Ruderherzens liegt.

Das doppelt bewegliche Ruder ist entweder ein gewöhnliches, oder ein Patentruder, die Abweichung von beiden ersteren besteht darin, dass es aus einem vorderen und einem hinteren durch Charniere mit einander verbundenen Theile zusammengesetzt ist. An jeder Seite des hinteren Theiles sind Ketten befestigt, die durch Löcher im vorderen Theile zur gegenüberliegenden Seite des Hinterstevens geführt und dort ebenfalls befestigt sind.

Die Ruder mit lose eingesteckter eiserner Spindel bestehen vom Fusse bis zur Gilling aus Holz und sind dort in ähnlicher Weise geformt und zusammengesetzt wie die gewöhnlichen hölzernen Ruder. Oben erhalten sie eine grosse broncene, mit einem Loche versehene Kappe, in welche die eiserne Spindel von oben eingesteckt wird.

Das gewöhnliche eiserne Ruder hat die Drehachse in der Mittellinie des oberen Theiles des Ruderherzens.

Das Balanceruder unterscheidet sich von sämmtlichen vorher beschriebenen Ruderarten dadurch, dass seine Drehachse nicht in der Vorkante oder der Mitte des Ruderherzens, sondern auf etwa $1/_3$ der Breite des Ruders hinter seiner Vorkante liegt. (Siehe den Längendurchschnitt des österreichischen Panzerschiffes ERZHERZOG ALBRECHT, Seite 135, Figur 66.)

Das kombinirte Balance- und gewöhnliche Ruder hat seine Drehachse an derselben Stelle, wie das Balanceruder; seine Abweichung von letzterem besteht darin, dass der vor und der hinter der Spindel befindliche Theil nicht unverrückbar mit einander zusammenhängen, sondern gegen einander beweglich und je nach Bedürfniss um die Achse des Balanceruders in einer Ebene drehbar oder derart von einander zu trennen sind, dass der vordere Theil in der Mittschiffs-Richtung festgesetzt und der hintere Theil für sich gedreht und dadurch gleich einem gewöhnlichen Ruder benutzt werden kann.

Die Ruderpinnen sind von Holz oder Eisen und entweder nach hinten oder nach vorn gerichtet. Die nach ersterer Richtung angebrachten können gewöhnlich nur kurz sein und werden benutzt, wenn die Steuerung durch ein Rad erfolgt; die in letzterer Richtung angebrachten sind lang und werden zur Steuerung mittels einer Talje benutzt; auf Kriegsschiffen wird auch beim Vorhandensein einer langen Pinne mittels Rad gesteuert.

Bei den mit einem Schraubenbrunnen versehenen Kriegsschiffen ist häufig der Raum hinter dem Ruderkopfe unter dem Batteriedecke, oder unmittelbar über demselben so beschränkt, dass die nach hinten gerichtete Ruderpinne zu kurz würde. Es wird statt derselben in diesem Falle ein sogenanntes Ruderjoch angewendet.

Auf Kriegsschiffen mit gedeckter Batterie wird der Ruderkopf durch Aufstecken einer bis unter das Oberdeck reichenden eisernen Spindel verlängert, woran eine Reserve-Ruderpinne befestigt wird.

Auf Handelsschiffen, namentlich Dampfern, wird das Ruder statt durch eine Pinne, häufig durch zwei zur Seite des Ruderkopfes an dem dort befindlichen Ringe horizontal beweglich befestigte eiserne Arme gedreht, die am anderen Ende mit je einer, auf der bis zum Heck verlängerten Welle des Steuerrades, in dort eingeschnittenen Schraubengängen sich bewegenden Mutter verbunden sind. Da die Schraubengewinde für eine Seite rechts- für die andere linksgängig eingeschnitten sind, so bewegen sich beide Muttern und dadurch die Arme bei jeder Drehung des Rades in entgegengesetzter Richtung und vollführen die Bewegung desselben.

Die Batterie hat auf jeder Seite sechs Stückpforten, deren Grösse nach dem Kaliber der Kanonen proportionirt ist. Alle Pforten sind gleich weit von einander entfernt und der unterste Rand der mittelsten ist 2.₄ᵐ über der Wasserlinie erhaben; sie werden durch Fallthüren, die am Obertheile in Angeln hängen, und in deren Mitte eine Oeffnung, die Kanonen aufzunehmen, sich befindet, genau geschlossen. Ein weisser Streifen von der Höhe der Stückpforten läuft auf beiden Seiten des Schiffes vom Schegg, dem Auslaufe des Vorderstevens, bis an das Heck. Viele der neueren Schiffe haben keinen weissen Batteriestreifen, sondern sind, wie alle Panzerschiffe, ganz schwarz gestrichen.

Oberhalb des Scheggs läuft das Galjon aus, das, dem Schiffe zur Zierde dienend, gleichzeitig die nöthigen, der Reinlichkeit bestimmten Räume verbirgt und kleine Pumpen enthält, die am Vordersteven hinabgeleitet sind und beim Waschen der Decke gebraucht werden. Der Fussboden des Galjons ist mit Rosten bedeckt; am Vorende des Scheggs steht eine Verzierung oder eine auf den Namen des Schiffes Bezug habende Figur, häufig vergoldet. Nicht alle Schiffe haben ein Galjon. Ungepanzerte Schiffe erhalten in neuester Zeit häufig keinen ausfallenden, sondern einen geraden Vorsteven, und Panzerschiffe zumeist einen einfallenden Vorsteven, welcher zum Zwecke des Rammens unter der Wasserlinie entweder in eine Schneide (Rammbug) oder in eine Spitze (Sporn) ausläuft.

An jeder Seite des Schiffes sind drei Rüsten über der Batterie angebracht. Aus starken Planken bestehend, ragen sie horizontal aus den Seiten hervor und werden durch eiserne

Püttinge unterstützt, die durch eiserne Bolzen, welche durch die Berghölzer und Rippen gehen, befestigt sind. Auf ihnen ruhen, mittels der Püttinge gehalten, die Jungfern (Blöcke ohne Scheiben mit drei Löchern), an denen die Wanttaue, welche die Masten halten, befestigt sind.

Am Hintertheile des Schiffes, dem Heck, geschmackvoll, aber einfach verziert, ragt bei grösseren Schiffen ein Balkon, die Galerie hervor.

Viele der neueren Schiffe haben statt des platten oder elliptischen ein rundes Heck. Ist dessen Umriss so beschaffen, dass der untere Theil desselben gegen den oberen eingezogen erscheint, so nennt man dies ein einfallendes Heck; ein Heck hingegen, dessen Umriss so beschaffen ist, dass der untere Theil desselben gegen den oberen Theil vorspringt, heisst ein ausfallendes Heck.

Manche Schiffe haben auf dem Oberdecke ebenfalls Stückpforten, die aber nicht wie die der gedeckten Batterien durch einen weissen Streifen bezeichnet sind.

Ueber den Verschanzungen, welche den oberen Theil des Schiffes ausmachen, sind die Finkenetze zum Wegstauen der Hängematten bestimmt.

Am Vordertheile des Schiffes ragt auf jeder Seite ein starker Balken, der Krahnbalken hervor, der auf der Back (ein über dem Oberdecke im Vordertheile des Schiffes aufgerichtetes Halbdeck) befestigt ist. Mittels der in ihm angebrachten Scheiben wird der aufgewundene Anker vollends heraufgezogen (gekattet) und an ihm festgemacht; wenn geankert werden soll, hängt der Anker von ihm herab.

Das Innere des Schiffes, in welchem ausser dem Ballast noch eine Menge Wasser, Lebensmittel, Munition und Gegenstände der Ausrüstung aller Art aufbewahrt werden müssen, und wo dennoch hinlänglicher Raum für eine zahlreiche Besatzung übrig bleiben soll, ist in seiner Eintheilung fast ebenso bewunderungswerth als das Gebäude selbst. Die Fahrzeuge unserer Tage, ungleich denen unserer Vorfahren, sind in allen Staaten fast nach derselben Art im Innern abgetheilt, und zwar, die Batterie abgerechnet, in zwei Etagen abgeschieden, von denen die eine das Zwischendeck, die andere aber der Raum genannt wird.

Im Raume bemerkt man zuerst das Kielschwein, das mit dem Kiele gleichlaufend und, aus mehreren Stücken bestehend, auf ihm ruht. Es ist mit Einschnitten versehen, in welche die Bauch- und Piekstücke fugen, und wird mit diesen und dem Kiele durch starke Bolzen verbunden. Auf ihm sind die Spuren der Masten angebracht. Bei Schraubenschiffen befinden sich die Spuren des Kreuz- und Grossmastes im Zwischendecke.

Der Raum selbst ist in mehrere Unterabtheilungen geschieden und enthält folgende Verschläge oder Kammern.

In der Piek, unmittelbar vor dem Hintersteven, befindet sich die Laternenkammer, welche nach der Vorseite sorgfältig durch dicke und doppelte Verschläge, die öfters ausgemauert sind, von der grossen Pulverkammer geschieden ist.

In jeder dieser Scheidewände ist ein dickes, konvexes Glas eingesetzt, welches das durch Widerschein verstärkte Licht einer grossen Lampe durchscheinen lässt; dieses Behältniss hat seinen eigenen Eingang und steht in durchaus keiner Verbindung mit der Pulverkammer. Ein metallener Hahn, durch eine Röhre mit dem Meere in Verbindung stehend, bietet die Möglichkeit, bei Feuersgefahr das Pulvermagazin unter Wasser zu setzen.

Die als Eingang zur Laternenkammer dienende Luke ist doppelt mit Blei belegt.

Die grosse Pulver- und Granatenkammer befindet sich unmittelbar vor der letzteren.

Vor dem Pulver- und Granatenmagazin liegen rechts und links die Brotkammern, in denen der Schiffszwieback aufbewahrt wird, geräumig und zu besserer Abhaltung der Feuchtigkeit mit weissem Bleche ausgeschlagen; zwischen ihnen hindurch führt ein Gang nach jenem, dessen wohlverschlossene doppelte Thüren mit Kupferplatten bekleidet sind.

Das Wein- und Spiritusmagazin, in dem die Fässer symmetrisch aufgestapelt sind, kommt zunächst; in seiner Mitte befinden sich die Pumpen des Schiffes, welche von einem dichten hölzernen Verschlage, dem Pumpensood, umgeben sind, der unter der besonderen Aufsicht des Zimmermannes steht.

An beiden Seiten dieser Kammern liegen die Magazine für den sogenannten trockenen Proviant, Mehl u. dgl.

Unmittelbar vor dem Spiritusmagazine befinden sich zwei viereckige Abtheilungen aus starken Planken geformt, welche die Ankerketten enthalten.

Der zwischen den letzteren und dem Fockmaste befindliche Raum ist dem so nöthigen Trinkwasser bestimmt, das, sonst in Platz raubenden Fässern weggestaut, deren leere Zwischenräume $^{8}/_{17}$ des ganzen ihm bestimmten Raumes einnahmen, jetzt grösstentheils in Cisternen (eiserne Wasserkasten) aufbewahrt wird, die in Reihen neben und über einander stehen.

Ueber diese sind lose Planken und starke hölzerne Roste angebracht, die den in bester Ordnung aufgewundenen Tauen und Kabeln aller Art zur Unterlage dienen.

Fässer mit gesalzenem Rind- und Schweinefleisch u. s. w. füllen hier die leeren Räume oberhalb des Ballastes und des Wassers.

Im Vordertheile des Raumes, den ganzen Bug einnehmend, liegt das Hauptmagazin, in dessen Mitte eine zweite, aber kleinere Pulver- und Granatenkammer nach der Anlage der grossen sich befindet. Zierlich ausgeschmückt ist dieser Raum, wo alle Gegenstände und Werkzeuge, die dem Bootsmanne, dem Feuerwerker, dem Zimmermanne u. a. m. angehören, in verschiedenen Abtheilungen und Behältern aufgeschichtet oder trophäenartig an den Wänden herumgesteckt sind. In heller Beleuchtung und frei von unangenehmen Gerüchen hat dieses Magazin eher das Ansehen eines eleganten Kaufladens, als eines unter der Wasserlinie befindlichen Kellers an Bord.

Unter diesem Magazine werden Kohlen und Holz aufbewahrt. Hinter ihm liegt die Segelkammer, in welcher die Segel gut aufgerollt in der Art verpackt sind, dass sie ohne Aufenthalt hervorgeholt und an die Raaen gebracht werden können.

An die Segelkammer stösst unmittelbar die Bottlerei, aus welcher der tägliche Bedarf an Lebensmitteln verabfolgt wird, und wo die grösste Reinlichkeit herrschen muss. Sehr oft wird dieser Raum geweisst, um die Ausdünstung der verschiedenen Gegenstände, die hier vorhanden sind, zu neutralisiren; beständig wird dort geputzt und Alles im reinsten Zustande erhalten.

Noch sind im Kabelraume und oberhalb desselben an beiden Seiten des Schiffes ein Paar metallene Hähne angebracht, um Wasser zum Reinigen des Schiffes hereinzulassen.

Die gegebene Eintheilung erleidet auf Schraubenschiffen insofern eine Aenderung, als die Mitte des Raumes von der Kessel- und Maschinen-Abtheilung eingenommen wird, von wo aus sich nach rückwärts in einem Tunnel die Schraubenwelle, welche die an ihrem Ende befindliche Schraube dreht, erstreckt.

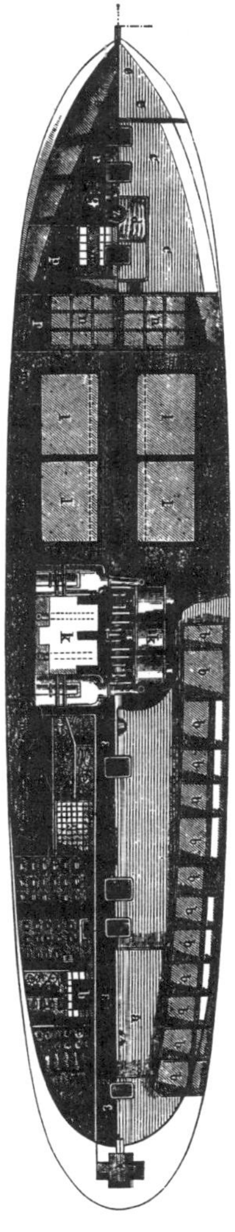

Wie bereits oben erwähnt, befindet sich auf Schraubenschiffen, der Schraubenwelle wegen, die Spur des Kreuz- und Grossmastes nicht im Raume, sondern im Zwischendecke.

Die gute und zweckmässige Eintheilung des Raumes, wo mittels der Windsegel oder Windsäcke selbst in die untersten Gemächer frische Luft eingelassen werden kann, ist indessen noch nicht zu lange Zeit in Wirksamkeit. Sonst war dieser Raum eine wirkliche Höhle, in deren Miasmen nur die fast nie an das Tageslicht kommenden Raumgasten zu athmen vermochten.

Das Deck unter der Batterie heisst das Zwischendeck oder Banjerdeck (Figur 63) und wird ausser den Luken von oben her noch durch dicke, konvexe Gläser erhellt, die, nur wenig über der Wasserlinie, an beiden Seiten des Schiffes angebracht sind. Hier werden die Effekten der Matrosen aufbewahrt. An den Deckbalken dieses Raumes, sowie an denen der Batterie, sind Haken angebracht, an welchen die Hängematten der Mannschaft des Nachts befestigt werden.

Im Vordertheile des Zwischendeckes befindet sich, den ganzen Bug einnehmend, das Lazareth, an welches zu beiden Seiten die Kammern der Deckofficiere, nämlich des Bootsmannes, Steuermannes, Feuerwerkers, Zimmermannes und Maschinisten sich anschliessen. Im hinteren Theile des Zwischendeckes befinden sich zu beiden Seiten die Officiers-Kammern, welche einen gemeinschaftlichen Speisesaal, die Officiersmesse, einschliessen,

Fig. 63.

und welcher nach oben durch Fenster erhellt wird, während die Officiers-Kammern ihr Licht durch kleine Seitenfenster (Ochsenaugen) erhalten. Die Officiers-Kammern sind gut möblirt und nach dem Geschmacke der sie bewohnenden Individuen verziert. Weiter nach vorn folgen gewöhnlich noch mehrere Kammern, sowie die Kadettenmesse.

Der freie Raum zwischen denselben dient während der Schlacht zum Aufenthalte des Arztes und seiner Gehilfen, um die Verwundeten behandeln zu können. In einer der hier befindlichen Kammern ist die Apotheke.

Ueber dem Zwischendecke liegt das Batteriedeck so hoch über Wasser, dass der untere Rand der Pforten etwa 2.$_4$ m über der Wasserlinie erhaben und so der Gebrauch der Geschütze auch an der Leeseite möglich ist.

Auf diesem Decke sind die Betingen angebracht; dies sind starke aufrecht stehende Balken, durch Querbalken befestigt, an denen die Ketten festgemacht werden, wenn das Schiff vor Anker liegt.

An jeder Seite des Buges und durch denselben gehend, etwas über dem Decke, sind zwei Löcher angebracht, die mit Blei oder Eisen ausgefüttert sind, durch welche die Ankerketten gehen und welche Klüsen genannt werden; ihre Richtung geht schief nach den Betingen zu. Rollen sind an den äusseren und inneren Seiten befindlich, um das Einziehen und Auslaufen der Ketten zu erleichtern. Von ihnen bis an die Kettenlöcher, die zum Kettenkasten führen, sind in Zwischenräumen eiserne Ringbolzen in den Deckbalken angebracht, um die Ketten zu befestigen; an den Kettenlöchern sind noch ausserdem Vorrichtungen, Stopper, um das allzu schnelle Auslaufen der Ketten zu hemmen.

Hinter dem Grossmaste steht das Gangspill (die Ankerwinde), auf einer dicken, eisernen, mit Holz umgebenen Spindel ruhend, deren Spur auf dem Kielschweine befestigt ist, und welche bis auf das Oberdeck geht, auf dem ebenfalls ein Gangspill sich befindet. Beide werden durch lange Barren oder Spaken in Bewegung gesetzt.

Die Ankerspille zerfallen in zwei Hauptarten:

Stehende oder Gangspille und

liegende oder Bratspille.

Die ersteren scheiden sich in Tau-Kabelarspille, Ketten-Kabelarspille und direkt wirkende (Patent-) Spille, die letzteren in einfache Spille und in Pumpspille.

Die Gangspille sind auf Kriegsschiffen ausschliesslich, sowie auf sehr grossen Handelsdampfern, die Bratspille auf den Handelsschiffen in Gebrauch.

Die Tau-Kabelarspille bestehen aus dem eigentlichen Spillkörper, der zwölfeckig, nach oben etwas konisch zulaufend, gearbeitet ist, dem darauf gesetzten kreisrunden Spillkopfe, den am Spillkörper befestigten Rippen, dem Pallkranze, dem Pallringe mit den Pallen und der Spindel.

Wird die Spindel nur für ein Spill benutzt, so steht sie im Decke fest und das Spill bewegt sich um dieselbe; haben auf zwei übereinander liegenden Decken befindliche Spille eine gemeinschaftliche Spindel, so ist diese drehbar, das obere Spill ist auf ihr fest, das untere um sie beweglich. In diesem Falle ist an der Spindel, dicht über dem unteren Spill, ein eiserner Arm, der Mitnehmer, befestigt. Sollen beide Spille gleichzeitig bewegt werden, so wird durch denselben und ein im Kopfe des unteren Spills befindliches korrespondirendes Loch ein vertikaler Bolzen gesteckt; soll nur ein Spill benutzt werden, so kann dies durch Entfernung des Bolzens möglich gemacht werden.

Die Ketten-Kabelarspille unterscheiden sich von den Tau-Kabelarspillen nur dadurch, dass bei ihnen über dem Pallringe ein mit starken viereckigen Stacheln versehener schmiedeiserner Ring angebracht ist.

Bewegen sich zwei Spille um eine gemeinschaftliche Spindel, so erhält nur jenes, welches auf dem Decke steht, über welchem sich die Klüsen befinden, den Stachelring, das andere ist ein gewöhnliches Tau-Kabelarspill.

Die direkt wirkenden Spille (Brown & Harfieldt Patent) bestehen aus der Grundplatte, die gleichzeitig den Pallring enthält, dem Kettengange mit den daran befestigten Pallen, dem Spillkörper und den Rippen, dem Spillkopfe, der Spindel und dem Kettenbrecher.

Die Grundplatte und der Kettengang sind von Gusseisen, der Spillkörper, die Rippen und der Kopf entweder von Holz, oder ersterer und letzterer von Eisen; Spindel und Kettenbrecher sind stets von Schmiedeisen.

Auf grossen Panzerschiffen und grossen Postdampfern werden die Gangspille häufig durch Dampf bewegt.

Die Figur **64** stellt ein Kabelarspill, die Figur **65** ein Brown'sches Patentspill dar. In beiden Figuren sind: *i* das Herzstück,

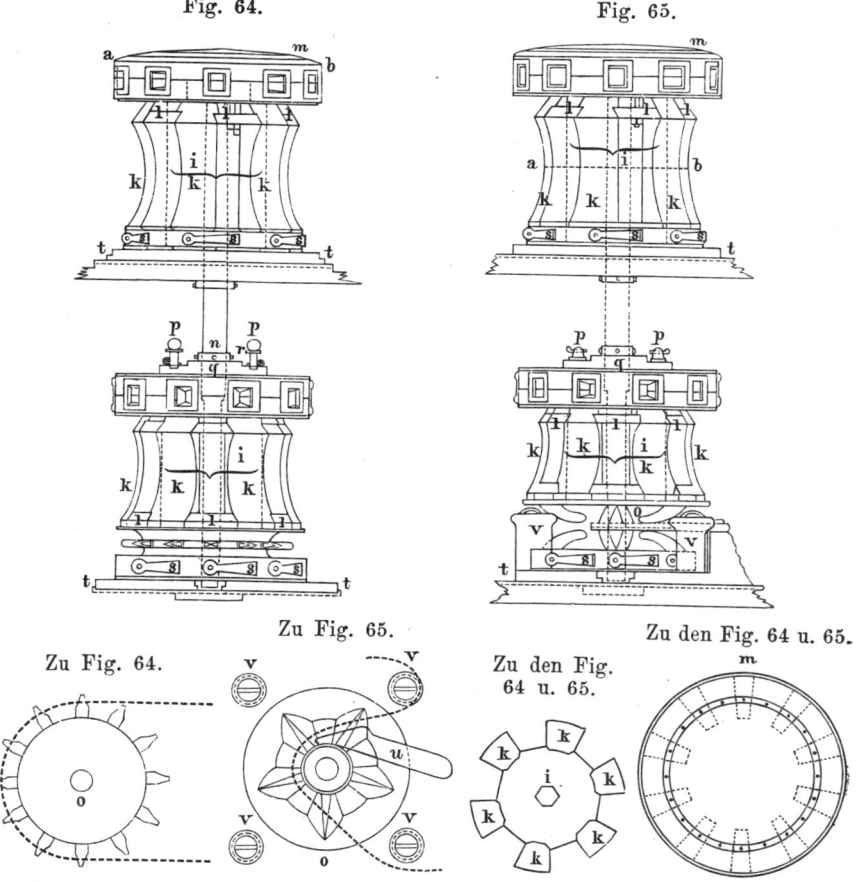

Fig. **64.**

Fig. **65.**

Zu Fig. 65.

Zu Fig. 64.

Zu den Fig. 64 u. 65.

Zu den Fig. 64 u. 65.

k die Bekleidungsstücke oder Köven, *l* die Füllstücke, *m* der Spillkopf, *n* die Spindel oder Welle, *o* die Gussstücke, *p* die Schlossbolzen, *q* der Mitnehmer, *r* eiserne Ringe, *s* die Pallen, *t* der Pallring, *u* der Kettenbrecher und *v* die Führungsrollen.

Unmittelbar beim Grossmaste sind die vier P u m p e n des Schiffes, zwei auf jeder Seite, angebracht. Es sind gewöhnlich Kettenpumpen oder sogenannte Downton-Pumpen, welche mit dem unteren Ende im Pumpensood auf einem Rostwerke ruhen.

Auf beiden Seiten des Deckes sind S p e i g a t t e n, Löcher zum Ablaufen des auf demselben befindlichen Wassers.

Der hintere Theil dieses Deckes schliesst die Zimmer und den Speisesaal des Kommandanten ein. Dieselben sind in der Regel gut, ja öfters sogar prächtig möblirt und lassen der Bequemlichkeit nichts zu wünschen übrig. Die Beleuchtung erhalten sie durch die hinteren Fenster, durch die Stückpforten und durch eine im Decke angebrachte grössere Lichtluke (Scheilicht).

Hinter dem Fockmaste steht die K o m b ü s e (Küche), deren vorderer Theil dem ausschliesslichen Gebrauche des Kommandanten und der Officiere bestimmt und in drei Theile geschieden ist. Die hintere Seite, mit ihren grossen Kesseln, ist der Mannschaft zugetheilt. Auf den meisten Schiffen darf nur in der Nähe der Küche geraucht werden. Hier wird ebenfalls die S c h m i e d e des Waffenschmiedes aufgerichtet.

Vom Fockmaste nach vorn, an beiden Seiten des Bugspriets entlang, dessen Fuss vor ihm in starken Betingen ruht, sind die S t a l l u n g e n der Schafe, Schweine und des Federviehes angebracht.

Die Batterie hat gewöhnlich zwischen Deck und Balken eine Höhe von mindestens 1.$_8$—2^m, was wesentlich zur Bequemlichkeit der Mannschaft beiträgt.

Ueber der Batterie befindet sich das O b e r d e c k, in Achter- oder Hinterdeck (Quarterdeck) und Vordeck geschieden.

Der Theil desselben, der sich vom grossen Maste nach hinten erstreckt, heisst das Q u a r t e r d e c k und ist der geehrteste Theil des Schiffes. Kein Officier darf dort anders als in Uniform erscheinen, und wer auch dasselbe betritt, gleichviel ob er von der Fallreepstreppe oder der Batterie kommt, muss militärisch grüssend an seine Kopfbedeckung greifen. Es ist verboten, sich auf dem Hinterdecke zu setzen, lautes Lachen und geräuschvolle Unterhaltung sind nicht erlaubt, streng wird die Etikette auf demselben beobachtet.

Im Hafen ist die Steuerbordseite des Quarterdeckes für den Kommandanten, die Backbordseite für die Officiere, Kadetten und die im gleichen Range stehenden Individuen bestimmt. Kein Matrose soll auf der Steuerbordseite nach achter oder vorn gehen, ausser wenn er auf derselben eine Arbeit zu verrichten hat. In See, wenn das Schiff unter Segel oder in Bewegung ist, wird die Ehrenseite die Luvseite, das heisst diejenige, von welcher der Wind herweht, während die Leeseite, die, wo der Wind hinweht, den Untergebenen überlassen bleibt.

Vor dem Kreuzmaste steht das Steuerrad, aus zwei durch einen 43—50^{cm} dicken Cylinder, die Welle, verbundenen Rädern, von ungefähr 1.$_2^m$ Durchmesser bestehend, deren Speichen ausserhalb des Umkreises verlängert sind und Handhaben zur Bewegung desselben bilden. Das Steuerreep (ein Tau) wird einige Male um die Welle gelegt, in der Mitte befestigt und die beiden Enden mit der Ruderpinne verbunden. Dreht man das Rad nun nach der einen Seite, so windet das Steuerreep sich nach derselben auf und läuft auf der anderen ab, wodurch das Steuerruder regiert wird.

Vor dem Steuerrade stehen zwei hölzerne Schränkchen, Nachthäuschen genannt, in denen die den Kompass enthaltenden Büchsen stehen; seitwärts oder über denselben sind Lampen angebracht, die Windrose des Nachts zu erleuchten. Oft ist die Windrose von transparentem Stoffe angefertigt und wird von unten beleuchtet.

Auf beiden Seiten des Schiffes sind Ausgänge vom Quarterdecke angebracht, die auf die Fallreepstreppen führen, welche aus Stufen bestehen, die einzeln an die Seiten des Schiffes genagelt sind. Am Steuerbord bringt man im Hafen, zur grösseren Bequemlichkeit des Stabes, eine aus mehreren Theilen bestehende Treppe an, welche oben und unten in eine Plattform endet.

Hinter dem Grossmaste befindet sich, wie oben bemerkt, hier ebenfalls ein Gangspill, die Kraft des unteren zu verstärken.

Zwischen Grossmast und Kamin steht die Barkasse (auf grossen Schiffen zwei), das grösste Boot des Schiffes, in neuester Zeit meistens mit einer herausnehmbaren Dampfmaschine versehen, in ihren Klampen. Neben der Barkasse sind die Reserve-Rundhölzer befestigt.

Das Vordeck ist der gewöhnliche Aufenthalt der Matrosen.

Die um das ganze Oberdeck laufenden Verschanzungen sind $1._2 - 2^m$ hoch und endigen in den Finkennetzen, in welche die Hängematten der Besatzung bei Tage gestaut werden. Bei schlechtem Wetter schützt dieselben eine Bekleidung von gemaltem Segeltuche (Persenning), welche, bei schönem Wetter sauber aufgerollt, die blendend weissen Hängematten gegen die schwarzen Schiffsseiten grell abstechend sehen lässt.

Auf dem Oberdecke sind viele Blöcke angebracht, welche zum Handhaben der Raaen und Segel nöthig sind.

Durch alle Decke hindurch gehen Luken nach den unteren Räumen, die mit Rosten belegt werden, um sie zu schliessen; von verschiedener Grösse und mit Treppen versehen, dienen sie sowohl zur Verbindung der verschiedenen Theile des Schiffes, als auch um Licht und frische Luft in jene Räume einzulassen.

Die Figur 66 zeigt den Längenschnitt, die Figur 67 den Grundriss des Hauptdeckes, und die Figuren 68, 69 und 70 drei Quer-Sektionen des österreichisch-ungarischen Panzerschiffes ERZHERZOG ALBRECHT, als Beispiel eines modernen eisernen Schlachtschiffes. Dieses Schiff wurde als Ergebniss der Erfahrungen, welche mit der Ramme in der Schlacht bei Lissa im Jahre 1866 gemacht wurden, unter dem unmittelbaren Einflusse des verstorbenen Vice-Admirals von Tegetthoff im Jahre 1869 in Bau gegeben, und lief im Jahre 1872 vom Stapel. Das Schiff wurde nach den

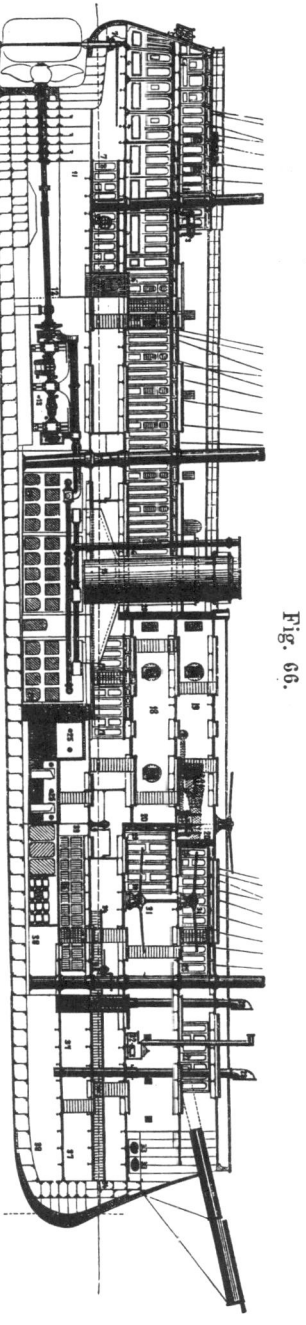

Fig. 66.

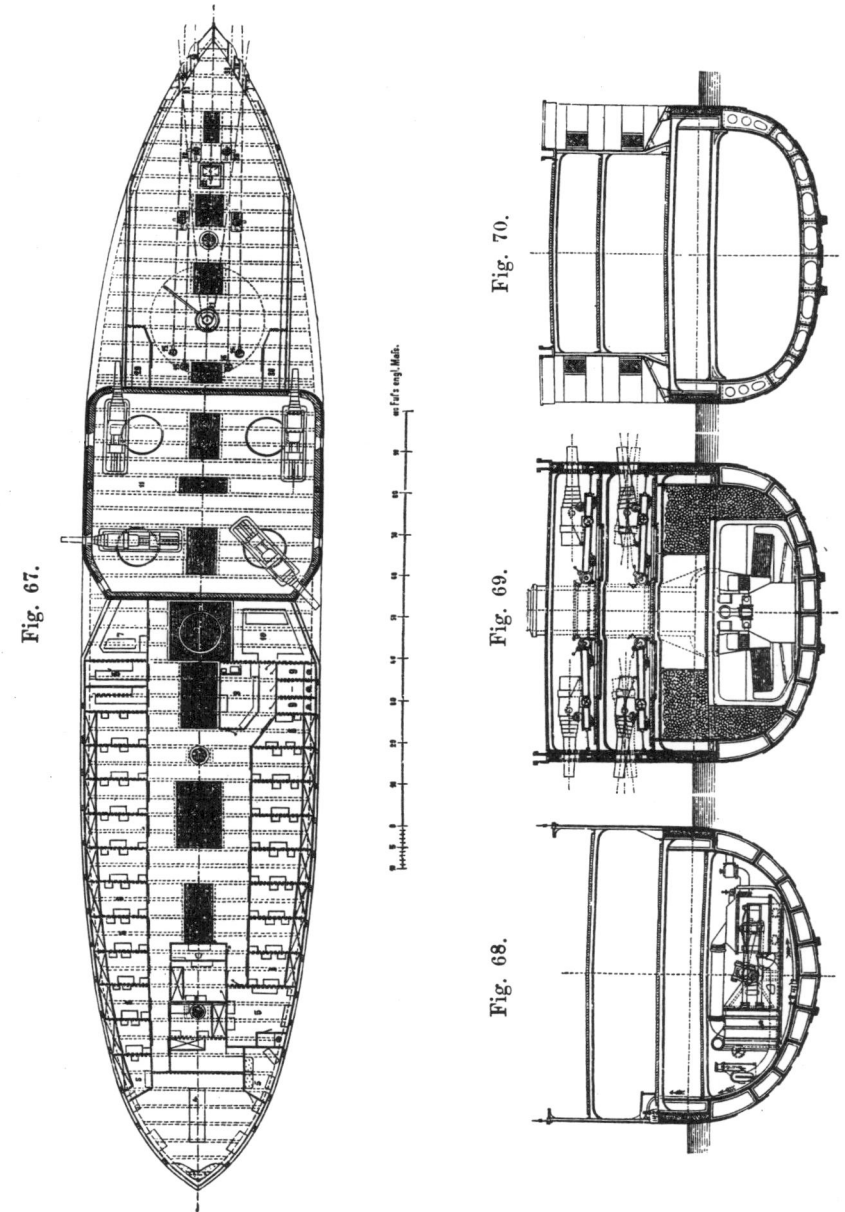

Fig. 67.

Fig. 68.

Fig. 69.

Fig. 70.

Plänen des Chef-Konstrukteurs der österreichisch-ungarischen Marine, Herrn Ritter von Romako, ausgeführt und der Bau der Werft des ‚Navale adriatico' (bei Triest) übergeben. Die Ramme hatte sich als die wirksamste Waffe und die Manöver in diesem Sinne als die zweckmässigsten erwiesen. Demzufolge ist das Panzerschiff ERZHERZOG ALBRECHT so gebaut, dass in der Richtung des Rammstevens, das ist in der Kielrichtung, während dem Feinde entgegengerückt wird, die volle Lage einer ganzen Breitseite nach vorn abgegeben werden könne. Das Schiff verfügt nämlich über acht, in den zwei Decken der Centralbatterie untergebrachte, 24^{cm} Krupp'sche Kanonen; von diesen acht Geschützen nun können in jedem Decke der Centralbatterie je zwei, im Ganzen also vier, in die Stellung der vorderen Geschütze, wie der Deckriss (Figur 67) zeigt, gedreht werden, und bleiben dann noch vier andere Geschütze, um nach den Seiten zu feuern. Nach rückwärts kann in der Kielrichtung nicht geschossen werden. Besonders vortheilhaft ist dieses Schiff bezüglich der inneren Raumeintheilung disponirt. In den Figuren 66, 67, 68, 69 und 70 haben die daselbst eingesetzten Ziffern folgende Bedeutung:

1 Kommandanten-Kajüte, 2 Deckgalerie, 3 Steuerrad, 4 Officiersmesse (Speisesalon), 5 5' Stabsofficiers-Kammern, 6 6' Officiers-Kammern, 7 Steuerei, 8 Unterofficiers-Kammern, 9 Handpumpen, 10 Licht- und Ventilationsschacht für's Plattform-Deck, 11 Plattform-Deck und Raum für Lebensmittel, 12 Tunnel der Schraubenachse, 13 Maschine, 14 Kessel, 15 Kamin, 16 Kohlenräume, 17 Unterofficiers-Kammern, 18 unteres Batteriedeck, 19 oberes Batteriedeck, 20 Panzerwände ($158—203^{mm}$), 21 Geschütze (24^{cm} Krupp I. Klasse), 22 Gefechts-Steuerrad, 23 Granatenkammer, 24 Pulverkammer, 25 Hähne, um nöthigenfalls Granaten- und Pulverkammer unter Wasser zu setzen, 26 Spital, 27 Mannschafts-Toilette, 28 Ventilationsschläuche, 29 Officiers-, 30 Mannschaftsbäder, 31 Gangspill, 32 Kombüse, 33 Klüsen für die Ankerketten, 34 Gestelle für Mannschaftssäcke, 35 Ventilationsschacht für den unteren Raum, 36 Kalfaterei (Zimmermanns-, Segel- und Tauwerk-Depôt), 37 und 38 Räume für allgemeine Schiffsvorräthe, 39 Arrest, 40 Lichtluken und Niedergänge, 41 (Figur 68) Friedmann'scher Schiffs-Leckapparat, 42 Klappe zur Reinigung des Saugsiebes des Schiffs-Leckapparates durch Retour-Dampf.

Die Räumlichkeiten zur Unterbringung des Schiffsstabes sind sehr gross, für Licht und Luft ist auch in den Mannschaftsräumen gut vorgesorgt. In sehr zweckmässiger Weise ist der Pulver- und Granaten-Transport angeordnet; die Geschosse und die Munition gelangen nämlich von den direkt unter der Batterie gelegenen Depôts durch vom übrigen Schiffsraume getrennte Schächte unmittelbar in die beiden Batterien, während bei vielen anderen Panzerschiffen der Pulver- und Munitions-Transport sehr umständlich erst durch Vermittlung des Zwischendeckes vor sich gehen kann, weil die Maschinen- und Kesselräume meistens unter der Batterie placirt sind, für die Pulver- und Granaten-Depôts also erst vor und hinter diesen Räumen Platz gefunden wird.

IV.

Die Zurüstung oder die Takelung.

Frisch Kameraden, die Segel geheisst!
Und Alles in Ordnung gerichtet —
Horcht, wie der Fahrwind im Takelwerk saust!
Bald wird der Anker gelichtet.

Seemannslied.

Eintheilung. — Rundholz. — Material desselben. — Vorzüge und Nachtheile eines jeden Materials. — Masten. — Stengen. — Raaen. — Spieren. — Bäume. — Gaffeln. — Marse. — Sahlinge. — Eselshäupter. — Tau- und Takelwerk oder Gut. — Segel. — Segeltuch. — Raasegel. — Gaffelsegel. — Stagsegel. — Leesegel. — Anfertigung der Segel. — Aesthetik der Takelung.

Der Beschreibung des Schiffskörpers folgt jetzt die der Zurüstung, unter welcher man alles dasjenige versteht, was zur Bemastung und zum Segelwerke gehört, und was unstreitig ebenso wichtig als das Schiff selbst ist.

Die Zurüstung wird in drei Abtheilungen geschieden: Das Rundholz oder Masten, Stengen, Raaen, Gaffeln und Spieren, das Tau- und Takelwerk oder Gut und die Segel.

Wie bei allen anderen Gegenständen, die zum Baue des Schiffes gehören, sind auch hier die Verhältnisse genau bestimmt, und nichts ist der Willkür überlassen; die grösste Länge und Breite des Schiffes dient auch hier zur Basis aller Ausdehnungen.

Die Masten bestehen gewöhnlich aus langen Tannenbäumen, je nach ihrer Grösse aus einem oder mehreren Stücken zusammengesetzt, wozu man natürlich immer die besten Hölzer nimmt. Ausser den senkrechten Masten hat jedes Schiff noch ein Bugspriet oder einen liegenden Mast.

Um die nöthige Höhe der Bemastung zu erlangen, wird eine Stenge (Marsstenge) an den Topp (die Spitze) des Mastes als Verlängerung angesetzt; an den Topp derselben wiederum die Bramstenge, welche in die sogenannte Ober-Bramstenge ausläuft. Die Verlängerung des Bugspriets, also dessen Stenge, heisst der Klüverbaum, welcher gewöhnlich in den Aussen-Klüverbaum oder Jagerbaum ausläuft, wenn dieser nicht wie die Bramstenge eine besondere Spiere bildet.

Die einzelnen Stücke der zusammengesetzten Masten und des Bugspriets werden genau in einander gefügt, abgerundet und durch eiserne darüber getriebene Reifen zusammengehalten. Die unteren Raaen grösserer Schiffe sind ebenfalls zusammengesetzt.

Der vordere Mast in Schiffen heisst regelmässig der Fockmast und seine Verlängerungen erhalten den Zusatz ‚Vor‘, z. B. Vor-Marsstenge (oder kurzweg Vorstenge), Vor-Bramstenge etc.; der mittlere Mast wird Grossmast genannt und sein ganzes Geschirr erhält den Zusatz ‚Gross‘; z. B. Gross-Marsstenge (oder kurzweg Grossstenge), Gross-Bramstenge etc.; der rückwärtige Mast heisst in Vollschiffen Kreuzmast, in Barkschiffen und Dreimast-Schunern Besahnmast.

Im ersteren Falle hat er Kreuz-Marsstenge (oder kurzweg Kreuzstenge), Kreuz-Bramstenge und Kreuz-Ober-Bramstenge, im letzteren Falle nur eine Verlängerung, die Besahnstenge.

Der Grossmast, als der wichtigste des Schiffes, dient, da er nach der eben angeführten Grundbestimmung berechnet ist, als Mass, nach dem die Ausdehnungen aller anderen Rundhölzer sich zu richten haben.

Die Proportionen der Masten, Stengen, Raaen und anderer Spieren sind bei allen Nationen fast ziemlich gleich, oder die Abweichungen nur unbedeutend.

Der Fuss der Masten und Stengen ist viereckig. Die Ober-Bramstengen enden oben in einem Knopfe, in dem mehrere Scheiben sich befinden, welche zum Aufziehen von Flaggen und Wimpeln dienen.

An jedem Maste befinden sich Marsen (die sogenannten Mastkörbe), Sahlinge und Eselshäupter, und obschon dieselben eigentlich nicht zu dem Rundholze gerechnet werden können, so gehören sie doch zur vollkommenen Auftakelung der Masten und müssen also hier mit aufgeführt werden.

Am oberen Ende der Masten, unterhalb ihren Köpfen oder Toppen sind die B a c k e n an beiden Seiten befestigt, auf denen ein Gerüst von leichten Balken in Gestalt eines Rostes ruht, welches S a h l i n g genannt wird; diese Sahling mit Brettern bedeckt, erhält den Namen M a r s. Hinten gerade, an der vorderen Seite aber abgerundet, haben die Marsen hauptsächlich den Zweck, die mittels Jungfern (Blöcken ohne Scheiben) an ihnen befestigten Stengewanten auszuspreizen und dadurch den Stengen Halt und Festigkeit zu geben. Ihre Breite ist hinten $1/3$ der Länge ihrer entsprechenden Stengen, und ihre Länge von vorn nach hinten $3/4$ ihrer Breite.

Die B r a m s a h l i n g e, wie die der unteren Masten geformt, aber nur aus zwei oder drei Querbalken bestehend, ohne mit Brettern bedeckt zu sein, sind auf die Backen der Stengen gelegt und dienen dazu, die Bramwanten daran auszuspreizen, zu welchem Zwecke ihre äusseren Enden Löcher haben, durch welche jene laufen.

Alle Masten und Stengen, sowie das Bugspriet, sind mit E s e l s h ä u p t e r n versehen. Diese sind hölzerne, mit Eisen beschlagene oder eiserne Klötze mit zwei Löchern, wovon das hintere viereckig ausgeschnitten ist und auf den Topp des Mastes oder der Stenge gesetzt wird; das vordere, rund ausgeschnitten und mit Leder ausgefüttert, ist von hinreichender Weite, um die Stenge durchzulassen.

Die unteren Theile der Stengen sind mit einer Oeffnung versehen, wodurch ein S c h l o s s h o l z kommt, welches sie über den Sahlingen erhält. Noch befindet sich am unteren Ende der Stengen eine Scheibe (Rolle), über welche das W i n d r e e p läuft, mit dessen Hilfe sie aufgezogen oder herabgelassen werden. Unter den Toppen der Stengen ist eine zweite Scheibe angebracht, über welche das Tau läuft, mittels dessen die Raaen aufgezogen oder herabgelassen werden.

Die R a a e n sind die an Masten und Stengen horizontal und beweglich hängenden Rundhölzer, an welchen die oberen Kanten der Segel befestigt werden. Sie haben die Form eines nach beiden Enden verjüngten Cylinders; die kleineren sind aus einem, die grösseren aus zwei oder mehreren Stücken Holz gefertigt, oder auch aus Stahlblech. An den Masten oder Stengen werden sie durch das R a c k festgehalten. Bei den Unterraaen ist das Rack eine Schlinge von Kette oder Tau, die sich loser und fester ziehen lässt; die

oberen Raaen haben an ihrer Mitte eine Klampe mit halbkreis-
förmigem Ausschnitte, der um die vordere Hälfte der Stenge greift.
Ein durch die Enden der Klampe gehender Tauring umschliesst die
Stengen hinten, so dass dadurch eine Art Cylinder entsteht, der so
viel Spielraum hat, dass er eine Bewegung der Raa sowohl in der
horizontalen als vertikalen Ebene gestattet. Auf Kauffahrteischiffen
fertigt man jetzt die Racken vielfach aus Eisen. Ein an der Raa
befestigter Bügel dreht sich horizontal um einen um die Stenge
gestreiften, in vertikaler Richtung beweglichen Cylinder.

Die Raaen werden nach ihren zugehörigen Masten und Stengen
benannt. Die Enden der Raaen heissen N o c k e n.

Die G a f f e l n sind jene Rundhölzer, welche nicht vor den
Masten und in der Querlinie des Schiffes, wie die Raaen, sondern
hinter denselben und in der Längsrichtung angebracht sind. Sie
stehen in schräger Richtung zu den Masten und haben an ihrem
unteren Ende eine gabelförmige (wovon ihr Name) Klaue, mit
der sie den Mast umfassen und an ihm Führung finden. Ist der
Mast zu dick, so ist an seiner Hinterseite ein dünnerer, der
S c h n a u m a s t, angebracht, an dem die Gaffel sich auf- und
niederbewegt.

Man unterscheidet V o r-, G r o s s- und B e s a h n g a f f e l. Einige
Gaffelsegel, das Besahnsegel stets, haben noch einen B a u m, d. h.
ein ähnlich wie die Gaffeln hinter dem Maste angebrachtes Rundholz,
das jedoch horizontal liegt. An den Bäumen werden die äussersten
unteren Ecken der Gaffelsegel ausgeholt.

Die T a f e l I zeigt die Masten mit allen Rundhölzern einer
Fregatte.

Die Untermasten werden aus Holz oder Eisen, die Marsstengen
und die Unterraaen aus Holz oder Stahl, die übrigen Rundhölzer
aus Holz hergestellt und werden Fichten und Tannen hierzu
verwendet.

Die hölzernen Untermasten und Unterraaen sind entweder aus
einem Stücke gefertigt oder aus mehreren zusammengesetzt. Die
eisernen und stählernen Untermasten, Marsstengen und Unterraaen
werden stets als Röhren gearbeitet.

Die aus einem Stücke gefertigten hölzernen Untermasten sind
biegsam, leicht und billig; ihre Dauerhaftigkeit ist indess, namentlich

wenn sie einen grossen Durchmesser haben, beschränkt. Die zusammengesetzten hölzernen Masten und Raaen haben zwar grosse Festigkeit, doch sind sie wenig biegsam, nicht von langer Dauer und theuer.

Die hölzernen aus einem Stücke gefertigten oberen Raaen und die Stengen besitzen neben Biegsamkeit Festigkeit und verhältnissmässige Leichtigkeit.

Die eisernen Untermasten sind leicht, können als Ventilatoren benutzt werden und über Bord gefallene Stücke derselben sinken sofort unter; sie sind indess nicht biegsam und ist ihre Widerstandsfähigkeit und Dauerhaftigkeit noch nicht vollkommen zuverlässig erprobt.

Die stählernen Unterraaen sind leichter als zusammengesetzte hölzerne; abgebrochene Stücke derselben und der stählernen Stengen sinken im Wasser sofort unter; beide sind indess nicht biegsam, ihre Haltbarkeit scheint nicht so gross, als die der hölzernen Spieren von gleichem Durchmesser zu sein, namentlich aber spricht gegen stählerne Stengen der Umstand, dass beim Brechen derselben das Wechseln leicht sehr grosse Schwierigkeiten haben kann.

Zunächst der Beschreibung des Rundholzes folgt die des Tau- und Takelwerkes, welches beides untrennbar von einander anzusehen ist und kollektiv das Gut genannt wird.

Unter dem Worte Takelwerk werden alle Blöcke (Kloben mit Rollen), Scheiben (Rollen), überhaupt alles dasjenige verstanden, was zur Handhabung der Taue nöthig ist. Eine Verbindung von Blöcken mit Tauen nennt man Talje, Gien oder Takel, und sind hiervon Ausdrücke, wie ‚Takelwerk‘, ‚Takelung‘, ‚auftakeln‘ abzuleiten. Ein Schiff auftakeln heisst, es mit den nöthigen Masten, Tauen, Segeln etc. versehen. Das Tau einer Talje, eines Giens oder Takels, welches durch die Blöcke durchgeschoren wird, heisst der Läufer derselben.

Zur Zurüstung eines Vollschiffes gehören ungefähr eintausend Stück Blöcke der verschiedensten Art; die Grösse derselben ist gewöhnlich zwei und ein halb bis dreimal die Dicke des Taues, das in ihnen läuft.

Unter Tauwerk werden alle Seile, die auf einem Schiffe sich befinden, begriffen; dasselbe ist aus Hanf gedreht und auf die Güte des Materials und der Arbeit kommt viel an. Mit wenigen Ausnahmen ist alles Tauwerk getheert, um besser dem Einflusse der Witterung widerstehen zu können.

In neuerer Zeit wendet man für das stehende Gut immer mehr Draht-Tauwerk an. Es ist aus verzinntem Eisendraht wie das Hanf-Tauwerk gefertigt und hat vor letzterem grössere Stärke und Dauerhaftigkeit voraus. Es kann deshalb viel dünner als das entsprechende Hanf-Tauwerk sein und hat demgemäss viel geringeren Windfang.

Es giebt zweierlei Arten, das Tauwerk zu drehen oder zu schlagen; die erste ist, Seile trossartig oder so zu schlagen, dass drei Stränge oder Duchten, jede aus vier bis achtzehn Fäden oder Garnen, gedreht und diese wiederum zu einem Seile gewunden werden; die zweite besteht darin, Tauwerk kabelartig, nach Kabelart oder so zu schlagen, dass aus drei trossweise gewundenen Tauen, indem diese als eben so viel Duchten angesehen werden, ein neues Tau gedreht wird. Die Duchten solcher Taue heissen Kardeelen. Die dünnsten Seile nennt man Leinen, die dickeren Trossen und die kabelweise geschlagenen Kabeltaue.

Die Grösse und Dicke des Tauwerkes richtet sich, wie Alles an Bord, nach genau bestimmten Massen, wobei bemerkt werden muss, dass die Dicke des Tauwerkes nicht nach dem Durchmesser, sondern nach dem Umfange angegeben wird. Aus je mehr einzelnen Garnen, sogenannten Kabelgarnen, die Duchten eines Taues bestehen, desto stärker ist es. Jedes Kabelgarn muss ein erfahrungsmässig bestimmtes Gewicht zu tragen im Stande sein; hiernach ist die Stärke eines Taues zu berechnen, sobald man die Zahl seiner Garne kennt.

Alles an Bord befindliche Tauwerk wird in zwei Hauptabtheilungen geschieden, in stehendes und laufendes. Zu ersterem gehören alle diejenigen Taue, welche an beiden Enden befestigt sind und unveränderlich an ihrer Stelle bleiben; zu letzterem aber jene Taue, welche durch Blöcke hin und her oder auf und nieder gezogen und zum Manöyriren gehandhabt werden. Gewöhnlich ist bei letzteren das eine Ende befestigt, welches dann der feste oder stehende Theil, zum Gegensatze des losen oder holenden Theiles, genannt wird. Holen ist nämlich der Ausdruck, dessen sich der Seemann stets statt ‚ziehen‘ bedient; ebenso gebraucht er für den Begriff ‚nachlassen‘ ein für allemal das Wort s t r e i c h e n oder f i e r e n, während er alle laufenden Taue E n d e n und deren Enden wiederum T a m p e nennt. Der grösste Theil des zum Auftakeln eines Schiffes nöthigen stehenden Tauwerkes wird auf der Werft in dazu bestimmten Sälen, der Seilerei oder Reepschlägerei, hergerichtet und nachher erst an Bord geschafft. Alles stehende Tauwerk, welches leicht der Beschädigung durch Reibung ausgesetzt ist, wird an solchen Stellen zu besserem Schutze g e k l e i d e t, d. h. mit S c h i e m a n n s g a r n (aus zwei oder drei Fäden gesponnenem getheertem Garn) oder mit Leder benäht.

Da zur Befestigung der Masten und Stengen ausschliesslich das s t e h e n d e T a u w e r k gehört, so wird mit der Beschreibung desselben begonnen.

Die dicken Taue, welche die Masten nach beiden Seiten des Schiffes und nach hinten halten, sowie seitwärts auf den Rüsten mittels der Jungfern angespannt sind, werden W a n t e n genannt und sind, um zugleich zur leichteren Besteigung der Masten eine Art von Strickleitern zu bilden, mit dünnen Leinen, W e b e l e i n e n, durchflochten oder ausgewebt. Die Zahl der Wanten ist nach der Grösse des Schiffes verschieden; die grössten Schiffe haben auf jeder Seite des Grossmastes elf, des Fockmastes zehn und des Kreuzmastes sieben Wanten; die Zahl vermindert sich, bis bei kleinen Schiffen der Grossmast nur sechs, der Fockmast fünf und der Kreuzmast vier hat.

Die Dicke der Grosswanten findet man, wenn man die grösste Breite durch fünf dividirt und den Quotienten in Zollen ausdrückt; für gewöhnlich giebt man ihnen so viel Zolldicke, als Haupttaue auf jeder Seite sind.

Die S t a g e halten die Masten und Stengen nach vorn; das Grossstag hat die doppelte Dicke der Wanten; ihm zur Verstärkung läuft fast parallel ein zweites Grossstag. Das Fockstag ist ebenfalls doppelt angebracht. Fock- und Kreuzstag haben nur ein und ein halb Mal die Dicke ihrer Wanten.

Die Anzahl der S t e n g e w a n t e n ist bei grösseren Schiffen sechs für die Gross- und Vorstenge, sowie fünf für die Kreuzstenge; kleinere Schiffe haben nur fünf und vier. Die Stengewanten, um ein Drittel dünner als die unteren Wanten, sind ebenfalls mit Webeleinen

10

versehen. Die Stengewanten sind, wie die unteren Wanten, an Jungfern angespannt, welche mittels eiserner Schienen, Püttinge genannt
mit dem Maste verbunden sind. Die Püttinge sind am Rande der
Mars fest und gehen von da nach unten bis zum Maste, wo ein um
letzteren gelegter Ring sie festhält.

Pardunen, welche die Stengen nach hinten halten, sind bei
den grösseren Schiffen vier auf jeder Seite für die Gross- und Vorstenge und drei für die Kreuzstenge, von welchen zwei der ersteren
und eine der letzteren häufig mit einem Takel versehen sind,
welches nach Bedarf gefiert oder geholt werden kann. Die Dicke
der Pardunen, sowie die der Stengestage, ist denen der unteren
Wanten gleich. Die zweiten Stengestage, unter den Stengestagen
laufend und zu deren Verstärkung dienend, haben die Dicke der
Stengewanten.

Bramwanten sind auf grösseren Schiffen nur drei auf jeder
Seite; in ihnen sind keine Webeleinen angebracht; sie laufen durch
in den Sahlingen befindliche Löcher nach den Stengewanten und
bedürfen deshalb keiner Püttingstaue. Die Bramwanten haben zwei
Drittel der Dicke der Stengewanten.

Brampardunen sind zwei auf jeder Seite; sie haben wie
das Bramstag die Dicke der Stengewanten.

Die Ober-Brampardunen, deren nur eine auf jeder Seite
ist, haben, sowie das Ober-Bramstag die Dicke der Bramwanten.
Ober-Bramwanten sind nicht gebräuchlich.

Das Bugspriet wird mittels der Wasserstage, nach unten
an den Steven und durch die Bugstage seitwärts nach dem Buge
des Schiffes — wie die Masten durch die Wanten — gehalten, und ist
noch ausserdem am Schegg durch ein vielfach umgelegtes Tau oder
eine entsprechend starke Kette, die Wuhling, befestigt.

Die Laufstage, vom Eselshaupte des Bugspriets nach dem
Buge gehend, dienen als Geländer des Bugspriets und den dort
beschäftigten Matrosen zum Anhalten.

Der Klüverbaum ist ebenfalls durch Stage wie das Bugspriet
befestigt, nur dass dieselben über Scheiben in den blinden Raagaffeln
und dem Stampfstocke laufen.

An allen Raaen und unter dem Klüverbaume sind Leinen
befestigt, welche Pferde genannt werden, und dazu dienen, dass

die Matrosen bei ihren Arbeiten auf ihnen stehen können; sie werden an den Raaen durch S p r i n g p f e r d e, kurze herunterhängende Taue, die gleich weit von einander an den Raaen angebracht sind, festgehalten.

Das l a u f e n d e T a u w e r k des Schiffes besteht in Folgendem. Die G i e n e oder T a k e l der unteren Raaen dienen zum H e i s s e n und S t r e i c h e n, d. h. zum Aufziehen oder Herablassen derselben. Sie sind für gewöhnlich nur dann angebracht, wenn das Schiff vor Anker liegt, da diese Raaen nur dann gestrichen werden. Dasselbe gilt von den W i n d r e e p e n der Stengen und dem T o p p r e e p, welches, vom Grosstopp nach dem Vortopp laufend, dazu dient, die B o o t s t a k e l daran zu hängen, wenn schwere Lasten oder Boote ein- oder ausgesetzt werden sollen.

S e i t e n t a k e l werden in besonderen Fällen auf beiden Seiten der Untermasten in den sogenannten H a n g e r n eingehängt und dienen, sowie die N o c k t a k e l, besonders dazu, die grösseren Boote und sonstige schwere Gegenstände an Bord zu nehmen.

An allen N o c k e n oder Enden der Raaen sind die T o p p e - n a n t e n angebracht, welche von diesen nach den Toppen der entsprechenden Masten und Stengen laufen und dazu dienen, die Raaen horizontal zu erhalten. Sie werden nach den verschiedenen Raaen, zu denen sie gehören, benannt. Die der unteren Raaen sind doppelt, die oberen einfach.

Die B r a s s e n sind Taue, durch welche die Raaen vor- und rückwärts bewegt werden, und laufen durch einfache Blöcke, welche an den Raanocken angebracht sind; blos die der Ober-Bramraaen sind einfach.

Ein F a l l ist ein Tau, das zum Heissen oder Streichen einer Raa oder eines Segels bestimmt ist und entweder in einem Takel besteht oder einfach über eine Scheibe läuft. Die Mars- und Bram- raaen sind mittels eines D r e h r e e p s mit dem oberen Blocke ihres Falles verbunden. Auf grösseren Schiffen sind die Marsfallen doppelt.

Der B e s a h n d i r k dient dazu, das äussere Ende des Besahn- baumes zu halten, und vertritt die Stelle des Toppenants; er ist doppelt und wird mittels Taljen geholt.

Die Tafel I zeigt das stehende und laufende Tau- und Takel- werk oder Gut einer Fregatte.

.. Bemastet und aufgetakelt ist jetzt das Fahrzeug, aber noch fehlen ihm die Segel. Diese sind, wie alles Andere an Börd, ebenfalls nach den auf's genaueste berechneten Massen sinnreich angefertigt, um den Wind auf jede mögliche Weise zu benutzen — er mag stark oder schwach, günstig oder entgegen sein. Die Flächen der Segel, in irgend einer Richtung dem Winde dargeboten, bringen die Bewegung des Schiffes hervor; in der Handhabung der Segel in Bezug auf ihre Stellung zum Winde, bestehen die Manöver des Schiffes. Man setzt mehr Segel bei, um den Lauf des Schiffes zu verstärken; man nimmt welche weg, um ihn zu verringern; man stellt sie einander entgegen, dass die Wirkung der hinteren die der vorderen aufhebt und das Schiff stehen bleibt. (Beidrehen.)

Die Form der Segel, deren man auf den verschiedenartigsten Fahrzeugen sich bedient, ist entweder viereckig, dreieckig oder trapezoïdisch.

Viel kommt auf den Schnitt der Segel an, damit sie, wenn sie beigesetzt sind, eine straffe Fläche dem Winde bieten; wichtig ist es, dass sie aus dem 'besten Stoffe und so fest gearbeitet seien, dass der Wind sie nicht so leicht zerreissen kann.

Aus gutem und festgesponnenem Hanfe wird eine Leinwand gewebt, die den Namen S e g e l t u c h erhält und nach ihrer Stärke in verschiedene Klassen getheilt wird; aus den stärkeren Sorten werden die U n t e r s e g e l und M a r s s e g e l, aus den schwächeren die B r a m s e g e l und L e e s e g e l angefertigt. Die stärksten Sorten liefern das Segeltuch zu P e r s e n n i n g e n oder Ueberzügen, M a s t- und P u m p k r ä g e n u. dgl.

Aus diesem Segeltuche werden die Segel in der Art angefertigt, dass, nachdem sie zugeschnitten, die verschiedenen Breiten oder K l e i d e r mit doppeltem Saume an einander genäht werden. Hierauf erhält das Segel ringsherum einen Besatz, um die Seiten zu verstärken, und wird dann mit einem Tau, dem L i e k, eingefasst, welches am Fussende und an den Seiten stärker als am oberen Ende ist.

An der o b e r e n Seite der Raasegel und an der v o r d e r e n der Stagsegel werden eine Reihe Löcher eingenäht, durch welche die R a a b e n d s e l gehen oder in welchen die L ä g e l befestigt werden, mittels deren die Segel entweder u n t e r g e s c h l a g e n, das heisst an die Raaen gebunden werden, oder die, über die Stage gleitend, die Segel an diesen halten.

Die Marssegel haben ausser diesen noch drei oder vier Reihen Löcher, durch welche die Reefseisinge gezogen werden, die dazu dienen, das Segel bei starkem Winde nach und nach zu verkleinern.

Die unteren Segel haben nur eine oder zwei Reihen Reefseisinge.

Um die Segel auszuspannen, sind an ihren unteren Enden, Schoothörner genannt, Taue befestigt, die Schooten heissen und mittels deren man sie nach den Raanocken holt, wo sie über dort befindliche Scheiben laufen.

Die Fock und das Grosssegel haben, da ihre Schoothörner statt nach Raaen, nach den Seiten des Schiffes geholt werden, doppelte Schooten, von welchen die nach vorn führenden den Namen Halsen führen.

Bei den Stagsegeln ist das vordere, untere Ende fest gemacht; am hinteren Ende aber sind doppelte Schooten angebracht, wovon die eine nach Steuerbord, die andere nach Backbord führt. Die Stagsegel werden mittels des Falls geheisst und durch den Niederholer niedergeholt.

Um die Raasegel bei Gegen- und Seitenwinden gehörig anzuspannen, sind, unter dem letzten Reefe, an den Seitenlieks die Bulienen angebracht, mittels welcher die dem Winde zugekehrte Seite straff nach vorn gezogen wird.

Die Reeftaljen dienen dazu, das zu verkleinernde Segel mittels des Lieks nach den Raanocken zu holen, um dadurch den Matrosen das Reefen oder Verkleinern des Segels zu erleichtern.

Die Gaffelsegel haben die Reefe an ihrem unteren Ende.

Um die Segel einzuziehen und auf den Raaen zu befestigen, bedient man sich der Geitaue und Gordinge, mit deren Hilfe sie gegen die Raaen in Falten gezogen und leichter gehandhabt, aufgetucht und beschlagen werden können.

Die Geitaue sind hinter den Schoothörnen angebracht, welche durch sie nach der Mitte der Raa geholt werden; die Gordinge — in Nockgordinge und Bauchgordinge geschieden und, wie ihr Name andeutet, an den Seiten und dem Fusse der Segel befestigt — dienen dazu, die noch vom Winde aufgeschwellte

Fläche des Segels zu dämpfen und gegen die Raa zu pressen, bis das ganze Segel wie ein Vorhang aufgezogen ist, was aufgeien und gorden genannt wird.

Um die Segel vollends fest zu machen oder zu beschlagen, werden sie aufgerollt und mit Seisingen, dünnen aus Kabel-garnen geflochtenen Leinen, an die obere Seite der Raaen in der Art angebunden, dass nur wenig von ihnen in der Mitte der Raa zu sehen ist und der Wind sie nicht herabreissen kann.

Die Stagsegel werden niedergeholt und zusammengerollt auf dem Klüver- und Aussen-Klüverbaume und im Netze des Vorstenge-Stagsegels befestigt.

Die Geitaue der Gaffelsegel heissen Dämpfgordinge.

Ein Vollschiff führt die auf Tafel II ersichtlichen Segel, wobei jedoch zu bemerken ist, dass sie nicht alle zugleich bei jedem Winde gesetzt werden können, da öfter ein Segel dem anderen hinderlich sein würde, wie zum Beispiele die Stagsegel, wenn der Wind von hinten weht, schlaff herabhängen, weshalb dann auch das Grosssegel aufgegeit wird, um der Fock nicht den Wind zu nehmen. Aus diesem Grunde führt man auch selten ein Segel an der Bagienraa, das keine Wirkung haben und nur die Kraft des Windes auf das Grosssegel schwächen würde.

Um günstigen Wind so viel nur immer möglich zu benutzen, hat man die ihm darzubietenden Flächen dadurch zu vergrössern gesucht, dass man neben den gewöhnlichen Raasegeln noch Bei- oder Leesegel anbrachte, die, wenn des Windes Richtung sich ändert, oder dieser sich verstärkt, leicht weggenommen werden können.

Die Leesegel, deren obere Enden an leichten Raaen befestigt sind, werden mit den unteren Enden an die Leesegel-Spieren ausge-spannt; sie sind mit Schooten und Halsen versehen und werden mittels des Falls und Niederholers geheisst und niedergeholt.

In der neueren Zeit hat man die früher angebrachten unteren Stagsegel zwischen den Masten weggenommen und sie fast allgemein durch zwei Gaffelsegel ersetzt; die oberen Stagsegel, so wie die über dem Ober-Bramsegel befindlichen Raasegel (Wolkensegel) waren ohnehin von wenig Nutzen und sind ganz aus dem Gebrauche ge-kommen; aus gleichem Grunde verschwand das Segel der blinden Raa.

Ausser den angeschlagenen Segeln hat ein jedes Kriegsschiff noch wenigstens dieselbe Anzahl in Reserve, um die durch besondere Umstände unbrauchbar gewordenen schnell ersetzen zu können.

Die Tafeln II, III und IV zeigen die sämmtlichen Segel einer Fregatte.

Ueber dem Schiffskörper, aus dem Rumpfe emporwachsend bis in schwindelnde Höhe, erhebt sich in idealem Aufschwunge die prächtige Takelung. Hier empfindet man so recht, dass die Vollschiff-Takelung doch die schönste von allen ist. Gleich gewaltigen Christbäumen streben die drei mächtigen Masten mit ihren Verlängerungen, den Stengen, empor, und wie Strahlenbündel, wie unzählige hinter dem Maste emporlaufende, nach oben konvergirende Stützen, schiessen vom Schiffskörper aus die Taue in die Höhe, welche den Mast nach rückwärts halten: die Wanten und Pardunen. Und die Büschel dieser Taue erscheinen um so dichter und reicher, als auch die grösste Zahl der dünneren Taue, welche zur Regierung der Raaen und Segel dienen, parallel mit ihnen hinter den Masten herniederläuft.

Jeder Mast mit seinen Tauen stellt sich so dem Auge als eine mächtige, durchsichtige Pyramide dar, mit breiter Basis und feiner Spitze, im Eindrucke dem Baue eines gothischen Münsterthurmes ähnlich mit seiner zarten durchbrochenen Arbeit.

Innerhalb dieser Pyramide aber zeigt sich wieder eine wohlthuende Mannigfaltigkeit, da jede Stenge, jede Mastverlängerung mit ihren Halttauen in sich wieder eine kleinere, innere Pyramide bildet, die nur dazu vorhanden zu sein scheint, den durchsichtigen Körper des Ganzen auf das wirksamste zu beleben. An den Knotenpunkten, wo diese kleineren, inneren Pyramiden sich von einander absetzen, an den Punkten, wo die Vereinigung von je zwei Mastverlängerungen liegt, schweben nun, horizontal aufgehängt hoch in der Luft, in eleganter Kühnheit und Leichtigkeit die Raaen, an denen die Segel festgemacht sind. Vierfach an jedem Maste thürmen sie sich über einander empor, mit schönster, künstlerischer Ebenmässigkeit nach oben sich verjüngend, und ihre weittragenden Enden bleiben nicht etwa in hässlicher, spitz ausspringender Vereinzelung, wie beim Raasegel des Flussfahrzeuges, sondern dieselben finden auch wieder durch besondere Taue ihre Verbindung mit den Masten und dem Körper des Schiffes, was dem Ganzen das Gepräge systematischer und harmonischer Abrundung verleiht. Wie ein wirres und doch streng regelmässig geflochtenes Netzwerk, zart und überaus kunstvoll, zeichnen sich in den weiten Zwischenräumen der Masten die verbindenden Taue derselben, die Brassen und die Stage, als feine schwarze Linien gegen den Himmel ab, und schaffen so einen gewissermassen künstlerischen Schluss der Kette, zwischen den pyramidal, in vollendetem Ebenmasse der Erscheinung aufstrebenden Massen der einzelnen Masten mit ihrer Zurüstung. Als Krönung des Ganzen, als letzter Schmuck des stolzen, luftigen Aufbaues der Takelung, weht spielend, vornehm nachlässig in Wellen sich niederkräuselnd und schlängernd, der lange schmale Wimpel vom Grosstopp, der Spitze des mittleren Mastes, herab; — trotzig vorspringend ragt vorn das Bugspriet, durch die starken Stage halb nach oben gezogen, weit über die Wasserfläche hin, und fröhlich flattert hinten von der keck aufgerichteten Gaffel des Kreuzmastes die stolze Nationalflagge.

V.

Die Ausrüstung.

Schlanke Masten, straffe Segel,
Wie im Brautschmuck' stand sie da,
Jeder musste sie bewundern,
Der sie so vor Anker sah.

Möge dich Neptun beschützen,
Auf der langen, weiten Fahrt,
Sei der Fahrwind immer günstig,
Sei vor Sturm und Noth bewahrt.

Ballast. — Anker. — Ankerketten. — Ankerboje. — Ankern. — Vertäuen.
— Ankerlichten. — Boote. — Geschütze. — Raperte. — Munition. — Flaggen.
— Stander und Wimpel. — Tag-, Nacht- und Nebelsignale. — Wasser und
Lebensmittel.

Zugerüstet liegt das Schiff vor uns; um es aber ganz seefertig
zu machen, bedarf es noch einer Menge Gegenstände, die unter dem
allgemeinen Namen der Ausrüstung begriffen werden.

Zu der Ausrüstung gehören der Ballast, die Anker mit
ihren Ketten, die Boote, das schwere Geschütz, die Waffen
aller Art, die Munition, die Flaggen und endlich die Lebensmittel, das Trinkwasser und das Brennmaterial.

Da die Ausrüstung eines Schiffes nicht hinreichen würde, den
Schwerpunkt desselben tief genug in das Wasser zu bringen und
dessen Stabilität zu sichern, so ist es unumgänglich nöthig, eine
bedeutende Menge Ballast einzunehmen, um das Gleichgewicht
zwischen dem Schiffskörper und der Bemastung herzustellen. Der
Ballast besteht jetzt aus länglichen Stücken gegossenen Eisens von
circa 84^{kg}, die in dem untersten Theile des Raumes — vom Fusse
des Kreuzmastes bis zum Fockmaste — der Länge nach in Schichten

neben und übereinander gelegt werden. Ueber dem Ballaste werden die Wass'er-Kasten (Cisternen) gestaut.

Bei der Zurüstung ward alles dasjenige genannt, was auf die Bewegung des Schiffes Bezug hat; bei der Ausrüstung sind zunächst jene Gegenstände zu beschreiben, mit welchen das grösste Schiff sowohl, als auch das kleinste Boot im Laufe aufgehalten und an einer bestimmten Stelle festgehalten werden kann, und welche man das Ankergeschirr nennt.

Der Anker — das Sinnbild der Marine — ist aus Stabeisen geschmiedet und zusammengeschweisst. Seine einzelnen Theile sind: der Ankerring, an welchem die Kette befestigt wird; der Ankerschaft, dessen Länge drei Achtel der grössten Breite des Schiffes gleich ist und zur Dicke sich wie sechzehn zu eins verhält; am Ankerhals, als dem stärksten Theile, dessen Umfang ein Fünftel der Länge des Schaftes vom Zapfen an beträgt, sind die Ankerarme in einem Winkel von fast 65° angeschmiedet, deren Länge drei Achtel des Schaftes beträgt, und die mit diesem zusammen das Ankerkreuz genannt werden; an den Armen sind die Ankerhände oder Flüe angebracht, welche, schaufelförmig gestaltet, in den Grund einfassen; ihre Länge beträgt die Hälfte der Arme, ihre Breite zwei Fünftel der Länge.

Um das Eingreifen des Ankers zu erleichtern, ist, mit den Armen im rechten Winkel stehend, am oberen Ende des Schaftes und mit ihm von gleicher Länge der Ankerstock angebracht, aus zwei Balken geformt, in deren Mitte, um das Drehen zu verhindern, der

Fig. 71.   Fig. 72.

Zapfen genau eingefügt wird, und welche mit Bolzen und eisernen Ringen fest miteinander verbunden werden. Der Ankerstock ist auch häufig von Eisen. Die Figur 71 zeigt einen Anker mit eisernem Stocke, die Figur 72 einen Anker mit beweglichem Stocke.

In neuester Zeit hat die seit Jahrtausenden mit **sehr** wenig
Abänderungen beibehaltene Konstruktion der Anker, die jedoch verschiedene Mängel hatte, durchgreifende Modifikationen erfahren.
Namentlich sind es zwei Systeme: das Porter'sche und Martin'sche,
welche immer mehr in Aufnahme kommen. Ein grosser Uebelstand
des alten Modells ist, dass, während ein Arm im Grunde liegt, der
andere stets aufwärts steht. Liegt ein Schiff vor Anker, so schwingt
es durch Ebbe und Fluth oder Aenderung des Windes sich mehr
oder weniger um den Anker oder segelt auch darüber fort. Dadurch
schlingt sich dann häufig die Kette um den aufrechtstehenden Arm
und reisst, wenn sie später durch Wind grössere Spannung erhält,
den Anker heraus.

Oft auch müssen die Schiffe im flachen Wasser ankern, so
dass sie mit der Ebbe den Grund berühren. Kommen sie dann dabei,
wie das leicht eintreten kann, auf den Anker zu sitzen, so drückt
die pflugschaarähnlich geformte Spitze des Armes (Flü) die Bodenplanken ein und macht das Schiff leck.

Um dies zu verhindern, hat Porter seinen Anker (Figur 73)
mit beweglichen Armen versehen, die unter solchem Winkel zu

Fig. 73.

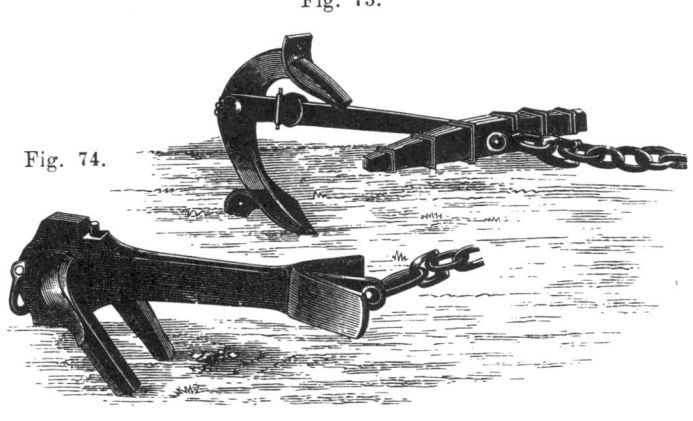

Fig. 74.

einander gestellt sind, dass, wenn der eine sich eingegraben hat,
der andere fast flach am Schafte liegt.

Martin's Anker (Figur 74) bezweckt dasselbe, aber auch noch
eine vermehrte Haltkraft. Die wie bei Porter's Anker aus einem

Stücke geschmiedeten und in dem unten verstärkten Schafte beweglichen Arme bilden mit dem Stocke keinen rechten Winkel, sondern liegen mit Schaft und Stock in derselben Ebene, wenn der Anker auf den Grund fällt. Sobald jedoch Spannung auf die Kette kommt, greifen seine beiden Flüe in den Grund, können sich jedoch vermöge ihrer Konstruktion nur so weit vom Schafte entfernen, dass sie mit diesem einen Winkel von 45° bilden. Durch das Eingreifen beider Flüe wird natürlich die Haltekraft bedeutend vermehrt und das Gesammtgewicht kann demgemäss vermindert werden.

Die Vortheile dieses Ankers haben sich so augenscheinlich herausgestellt, dass er jetzt auf vielen Schiffen eingeführt ist.

Ein dem Martin-Anker ähnlicher Anker ist der Smith'sche Patentanker; derselbe hat zwei für sich unabhängig bewegliche

Fig. 75.

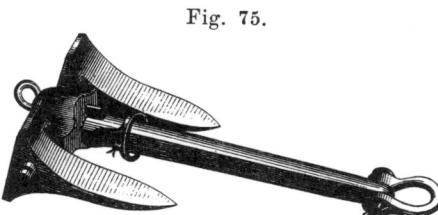

Arme, die auf einem zum Schafte senkrechten Querarme angebracht sind, und keinen Stock (Figur 75).

Ein grösseres Kriegsschiff hat vier schwere und fünf bis sechs leichtere Anker. Die schweren Anker, meistens von gleicher Form und gleichem Gewichte (2500 bis 3000 Kilogramm für gedeckte Korvetten), sind die beiden Bug- und die beiden Rüstanker, welche ihre Namen daher haben, dass erstere vorn am Buge unter den Krahnbalken hängen, letztere aber in den Rüsten placirt sind. Zu den leichteren Ankern gehören der Stromanker, der Wurfanker und die Draggen oder Dreggen zum Bedarf der Boote, deren einige vierarmig und ohne Stock sind.

In früheren Zeiten hatte man allgemein Ankertaue, die auf Linienschiffen einen Umfang von 63^{cm} erreichten. Sie waren sehr schwer zu regieren und auf scharfem, felsigem Boden scheuerten sie leicht entzwei. Seit Anfange dieses Jahrhunderts wurden die Taue allmählich durch Ketten verdrängt, die jetzt allgemein in Gebrauch sind.

Da von der Haltbarkeit der Anker und Ketten in vielen Fällen die Sicherheit des Schiffes abhängig ist, so müssen sie aus dem besten Materiale und mit grösster Sorgfalt gefertigt werden.

Um darüber Gewissheit zu erlangen, werden sie vor dem Gebrauche in die Probirmaschine gespannt, in der sie einen bestimmten Zug aushalten müssen, ohne zu brechen oder schadhafte Stellen zu zeigen. Auf die Ketten kommt es dabei am meisten an, weil die Stösse, welche das vor Anker liegende Schiff durch den Wind oder hohe anrollende Wellen erhält, zuerst und direkt auf sie übertragen werden, während der Anker am Endpunkte der Kette erst in zweiter Reihe leidet und den Stoss nicht so heftig empfindet. Ketten müssen daher mehr halten als die zugehörigen Anker. Die vier schweren Anker einer gedeckten Korvette haben ein Gewicht von je 2500^{kg} und ihre Probirkraft beträgt 42.000^{kg}, die dazu gehörigen Ketten haben 5^{cm} Durchmesser und werden mit 63.500^{kg} probirt,

ein Druck, welcher dem gleichkommt, den das betreffende Schiff bei Sturm durch Wind und See zu erleiden hat.

Fig. 77.

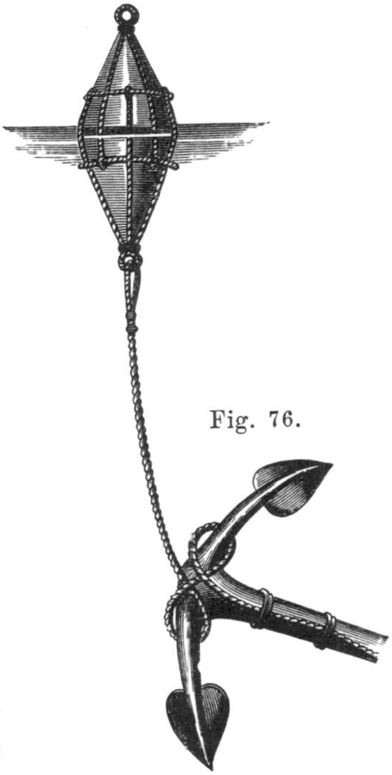

In gleichmässigen Zwischenräumen sind in der Kette Drehglieder angebracht, damit beim Herumschwaien (d. h. Drehen) des Schiffes vor Anker, die Kette nicht abgedreht werde; von zehn bis fünfzehn Faden sind Bolzenglieder, die dazu dienen, die Kette auseinander zu nehmen, sobald es die Nothwendigkeit erfordert. Die Ketten sind gewöhnlich 100—120 Faden (zu $1._9{}^m$) lang.

Fig. 76.

Die Glieder der Kette halten von $1._3$—6^{cm} im Durchmesser.

Um die Stelle zu bezeichnen, an welcher der Anker im Meere liegt, dient — mittels eines dünnen Taues, Bojereep (Figur **76**) genannt, am Kreuze des Ankers befestigt — eine leichte, nach beiden Enden spitz zulaufende Tonne, die Boje, welche auf der Oberfläche über jenem schwimmt (Figur **77**). Sollte der Anker nicht vom Schiffe aus dem Grunde gerissen, gelichtet werden können, so geschieht es mittels des Bojereeps von einem Boote aus. Ist die Boje aus leichtem Holze angefertigt, so heisst sie B l o c k b o j e, während eine aus Dauben zusammengesetzte den Namen T o n n e n b o j e führt.

Beim Ankern wird, nachdem eine mit der Tiefe des Wassers im Verhältnisse stehende Anzahl Faden der Kette in Bereitschaft gehalten ward, der bereits am Krahnbalken nur mittels der Perturleine hängende Anker losgelassen, der durch sein Gewicht schnell in die Tiefe sinkt und die Kette nach sich reisst. Sobald der Anker ungefähr einen Winkel von 60° bildet, wird die Kette um die Beting geschlagen und mit dem am Deck an Ringbolzen befestigten Stoppern festgemacht (gestoppt).

Soll mit zwei Ankern geankert, oder das Schiff v e r t ä u t werden, so fiert man von der ersten Kette so viel, bis man an der Stelle sich befindet, wo man den zweiten Anker fallen lassen will, hierauf wird von der ersten Kette wieder eingewunden und von der zweiten Kette allmählich gefiert, bis man an der Stelle sich befindet, wo das Schiff liegen soll.

Beim A n k e r l i c h t e n wird ein dünnes Kabeltau oder eine Kette, K a b e l a r i n g, einige Male um das Gangspill gelegt, an beiden Seiten des Deckes bis nach den Klüsen gebracht und die beiden Enden mit einander befestigt. Durch S e i s i n g e, kurzen, geflochtenen Leinen, wird die Kabelaring an der Kette festgehalten und mit dem Gangspille und dadurch zugleich mit ihr die Kette eingewunden. In der Nähe des Gangspills werden die Seisinge abgenommen und von neuem nahe der Klüse an die Kette befestigt, bis der Anker gelichtet ist.

Gestatten die Umstände nicht, den Anker zu lichten, so lässt man entweder die Kette aus den Klüsen schlüpfen, oder die Kette wird in einem solchen Falle, hinter der Beting, an der sie befestigt ist, auseinandergenommen, ausgeschäckelt.

Will man den verloren gegangenen Anker wiederbekommen, so lichtet man ihn mittels des Bojereeps. Sollte aber auch die Boje verloren sein, so rudert man mit zwei Booten, zwischen denen ein beschwertes Tau bis auf den Grund hinabhängt, an der muthmass-lichen Stelle hin und her, bis das Tau an dem aus dem Grunde hervorstehenden Ankerarme hängen bleibt und der Anker auf-gefischt werden kann.

Ein jedes Schiff hat eine seiner Grösse und der Zahl der Mannschaft entsprechende Anzahl B o o t e, welche, obgleich vorzüglich zum Rudern eingerichtet, doch auch mit Segeln versehen sind und dazu dienen, die äussere Verbindung mit dem Schiffe zu unterhalten, Gegenstände mittels derselben einzunehmen oder auszuschiffen, die Mannschaft darin zu transportiren und im Falle der Noth diese darin zu retten.

Die Boote werden gewöhnlich aus Holz, Rettungsboote häufig aus Eisen hergestellt. Die hölzernen Boote werden nach ihrer Bauweise in Diagonal-, Krawehl- und Klinkerboote geschieden, die hölzernen Rettungsboote werden diagonal, die eisernen aus kanelirten Blechen hergestellt.

Bei den Diagonalbooten (Fig. 78 und 79) werden zwei über einander liegende, sich kreuzende Häute angebracht; bei den Krawehl-

Fig. 78.　　　　　　　　　　　Fig. 79.

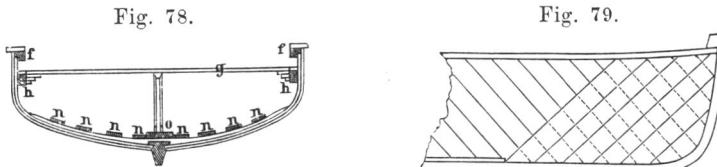

booten (Figur 80) werden die Planken so nebeneinander befestigt wie bei grossen Schiffen; bei den Klinkerbooten (Figur 81) greift der obere Gang stets über den darunter befindlichen. Erstere Bauart wendet man nur bei den Barkassen und Pinassen an; Kutter, Giggs und Jollen werden gewöhnlich klinkerartig gebaut. Die Boote bestehen aus folgenden Hauptstücken: (Fig. 78, 79, 80, 81, 82 und 83) Kiel *a*, Vor- und Hintersteven *b*, *c*, vorderes und hinteres Stevenknie *d* und *e*, äussere Beplankung,

Fig. 80.　　　　　　　Fig. 81.

Fig. 82.

Fig. 83.

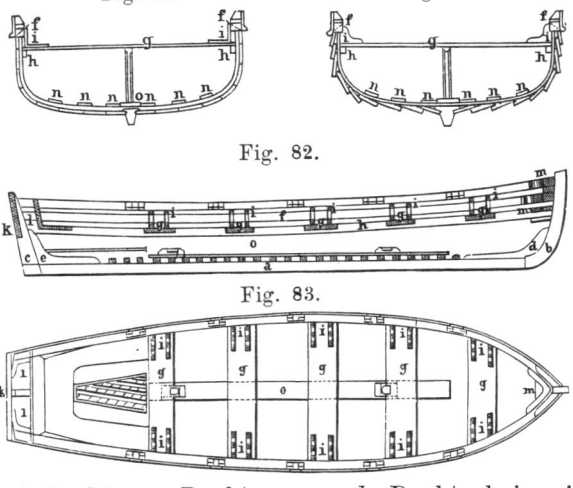

Innhölzer, Dollbäume *f*, Duchten *g*, Duchtenweger *h*, Duchtenkniee *i*, Spiegel *k*, Spiegelknie *l*, Bugbänder *m*, die Remms *n* und der Fisch *o*.

Die Diagonalboote besitzen grosse Festigkeit, sie sind indess schwer, ihre Baukosten sind sehr gross und Reparaturen gewöhnlich ebenfalls sehr kostspielig.

Die Krawehlboote sind bedeutend leichter als erstere und kosten bedeutend weniger als Diagonalboote gleicher Grösse, sowohl beim Neubaue als bei Reparaturen; sie haben aber nicht die Festigkeit der letzteren.

Die Klinkerboote sind bei gleicher Grösse mit den erstgenannten beiden Arten am leichtesten und ihre Herstellungskosten die geringsten; bei starker Benutzung leiden sie jedoch sehr und sind namentlich Reparaturen an der Aussenhaut theuer.

Alle hölzernen Boote haben den Nachtheil, dass sie in der Wärme sehr austrocknen und dabei leicht aufreissen, so dass sie beim Gebrauche leck sind.

Die aus kanelirtem Eisenbleche erbauten Boote vereinigen grosse Leichtigkeit mit bedeutender Widerstandsfähigkeit; sie erfordern wenig Reparaturen, werden durch die Einwirkung der Hitze nicht leck; sie haben indess den Uebelstand, dass der Kompass in ihnen sehr abgelenkt wird und dadurch ihre Brauchbarkeit als Rettungsboote in offener See leidet.

In der Form den Schiffen ähnlich, aber ohne Deck, bald lang und schmal, bald kürzer und breiter, sind die Boote mit einer Anzahl Bänke zum Sitzen, den nöthigen Mastspuren und einem Steuerruder versehen. Bei den schweren Booten sitzen auf jeder Ducht oder Ruderbank zwei, bei den leichteren nur ein Ruderer. Die Zahl der Ruder, in der Seesprache R i e m e n genannt, bestimmt sich nach der Grösse des Bootes, von zwei bis achtzehn und mehr Riemen.

Ein grosses Schiff hat gewöhnlich sieben Boote; das grösste derselben heisst die B a r k a s s e (auf Kauffahrteischiffen G r o s s b o o t), ist $9._1 - 10._9{}^m$ lang, hat sechzehn bis achtzehn Riemen, ist am Buge ziemlich breit und gewöhnlich mit Berghölzern versehen und am Vorsteven mit einer Rolle, über welche, falls der Anker mittels des Bojereeps gelichtet werden soll, dieses läuft; eine kleine Ankerwinde, B r a t s p i l l genannt, wird in diesem Falle im Boote befestigt.

An Mannschaft fasst die Barkasse etwa 100—120 Mann und ist eingerichtet, um Geschütze zu führen. Grosse Kriegsschiffe haben manchmal zwei Barkassen, davon eine mit transportabler Dampf-maschine versehen.

Zunächst der Barkasse kommt die Pinnasse, $7._6$—$9._1{}^m$ lang, mit zwölf bis sechzehn Riemen; dann zwei Kutter von zehn bis zwölf Riemen; hierauf folgt die Gigg für den Kommandanten mit sechs bis acht Riemen, elegant und leicht gebaut, und endlich die Jolle mit vier Riemen. Die zwei ersten Boote stehen auf dem Decke vor dem Grossmaste auf ihren Unterlagen, Bootsklampen genannt, neben oder in einander; die zwei nächsten hängen ausser-halb des Schiffes an Steuer- und Backbord neben dem Kreuzmaste, unterhalb des einen die Jolle und am Heck die Gigg, alle an sogenannten Bootskrähnen oder Bootsdavids. Zum Privatgebrauche des Admirals und des Kommandanten werden öfter noch mehrere leichte Boote eingeschifft.

Die an ihren Krahnbalken hängenden Boote werden mittels ihrer Bootstaljen geheisst und gefiert; die auf dem Decke stehenden schweren Boote jedoch mit Hilfe der Seiten- und Nock-takel ein- und ausgesetzt. Jedem Boote wird eine eigene Mann-schaft zugetheilt, die unter einem, dasselbe steuernden Unter-officiere steht, der dafür zu sorgen hat, dass es immer im besten, Zustande sei.

Da im Hafen und auf der Rhede die Boote fast beständig gebraucht werden, so liegen sie gewöhnlich zu beiden Seiten des Schiffes an den Backspieren oder Schwingbäumen befestigt, und sind mit einem Matrosen als Wache versehen.

Die Ansichten über die zweckentsprechendste Takelung der Boote sind sehr verschieden; je nach den Umständen, in denen man sich befindet, gewinnt bald die, bald jene Meinung die Oberhand. Der Zweck, die Grösse und Anwendung der Boote ist so mannigfach und von den verschiedenen Umständen so abhängig, dass es kaum möglich ist, Allem zu genügen.

Die Zahl und Grösse der Boote eines Kriegsschiffes soll derart sein, dass sie in dringenden Fällen im Stande sind, die Mannschaft, und wo Zeit und Umstände es erlauben, das Material rasch und ohne Unfälle zu bergen, den Feind schnell und mit Uebermacht anzugreifen und die Verbindungen zwischen zwei Punkten leicht bewerkstelligen können.

Die Marine. 3. Aufl.   11

Es ist nicht gleichgiltig, wie und welches Boot auf eine oder die andere Weise getakelt ist. Denn in dem einen Falle hindert ein zu grosser Mast die rasche Auftakelung, und wenn innenbords gestaut, die Leute in der Bewegung; wenn aussenbords, erschwert er durch das ungleiche Gewicht die Belastung des Bootes. Im anderen Falle nimmt eine zusammengesetzte Takelung — wenn aufgetakelt — viel Raum im Boote weg und eignet sich, falls dieses ausserdem an einer ungenügend ausgeführten Segelung leidet, zu keiner weiteren Expedition. Die Takelung soll einem Boote in seinem Zwecke: eine grösstmögliche Anzahl Leute schnell und bequem auf einen Punkt werfen zu können, nicht hinderlich sein. Man erreicht offenbar das gegebene Ziel gegen mässige See und nicht zu steifen Wind eher mit Riemen als kreuzend. Hat man günstigen Wind, so wird eine rasch auf- und abtakelbare Takelung von wesentlicherem Nutzen als eine zusammengesetzte sein. Jedes Schiff sollte jedoch ein Boot mit einer Takelung besitzen, die es zu weiteren Expeditionen brauchbar macht, die dem Boote, wenn es von steifem Wetter in See überfallen wird, das Reefen u. s. w. ohne Zeit und Wegverlust gestattet.

Es wäre demnach für Barkassen schwerer Schiffe Gaffel-, Bermuda- oder Trabakel-Takelung und für alle Seitenboote die sogenannte französische Takelung die zweckentsprechendste, weil sie am leichtesten aufzutakeln, leicht staubar ist und den Leuten im Boote wenig Raum wegnimmt. Für die Pinnasse, ein Boot, das mit Vorliebe zu Expeditionen verwendet wird, dürfte die sogenannte russische Takelung entsprechen. Ist jedoch das Boot zu gross und aus dem Grunde die Auftakelung des Fockmastes schwierig, dann ist eine Bermuda- oder Gaffel-Takelung vorzuziehen. Für Jollen eignen sich, je nach deren Grösse, portugiesische, Lugger- oder Spriet-Takelungen. Im Allgemeinen wird für die Höhe des Grossmastes die 2—2,$_3$fache Breite des Bootes angenommen; nach diesem richten sich die übrigen Masten. Die Länge der Masttoppen wird durch die daran anzubringende Takelung bedingt; wird keine daran angebracht, so übersteigt er nicht 30^{cm}. Der Fall des Mastes richtet sich nach der Eigenthümlichkeit der Takelung und der Schwere des Bootes, auch sind die parallelen Masten dem Auge gefälliger; ein Faktor, der von Wichtigkeit ist, da er sich nach dem Geschmacke jedes Einzelnen richten muss.

Die Figur 84 zeigt die sogenannte r u s s i s c h e T a k e l u n g.
Der Schwerpunkt des Focksegels fällt hier hinter die Bootsmitte.
Man erreicht dadurch den grossen Vortheil, bei steifem Wetter mit
diesem Segel allein kreuzen zu können. Beide Gaffeln werden auf
Backbord geheisst. Das Toppsegel wird nur bei leichtem Winde
geführt, da es bei frischem Wetter durch das stete Killen, das
schwere Einholen etc. nur hinderlich wird.

Die Figur 85 zeigt die gewöhnliche G a f f e l - T a k e l u n g.
Eine Variation derselben ist die B e r m u d a-S c h u n e r-T a k e l u n g

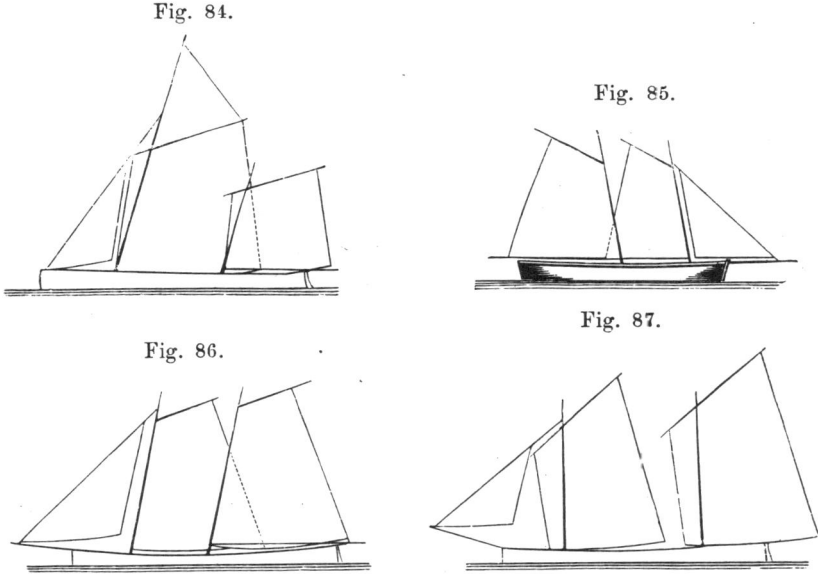

Fig. 84.

Fig. 85.

Fig. 86.

Fig. 87.

(Figur 86), welche der gewöhnlichen Gaffel-Takelung gegenüber den
Vortheil der kleineren Gaffeln, in Folge dessen der grösseren Segel-
breite auf Deck hat. Man luvt mit ihr schärfer an.

Die T r a b a k e l-T a k e l u n g (Figur 87) hat die unteren Lieke
beider Segel an Sprieten angeschlagen, oder blos jenes des Grosssegels. Das Focksegel wird Steuerbord und das Grosssegel Backbord
geheisst; nur in Chioggia (bei Venedig) ist es gebräuchlich, beide Segel
auf Backbord zu heissen. Der Klüver ist mit einem Aus- und
Einholer versehen, mittels welchem man ihn je nach dem Wetter aus-
oder einholt.

11*

Die Figur 88 zeigt die einmastige Lugger- oder französische Takelung ohne Klüver für kleine Jollen und Giggs.

Die zweimastige Lugger- oder französische Takelung (Figur 89) eignet sich, wie oben erwähnt, besonders für Seitenboote, da sie weder auf- noch abgetakelt die Leute in den Bewegungen beengt, noch viel Raum einnimmt. Solche Takelungen sind entweder mit oder ohne Klüver. Beide Raaen sind auf Backbord zu heissen.

Fig. 88.　　　　　　　　　　　Fig. 89.

Fig. 90.

Fig. 91.

Fig. 93.

Fig. 92.

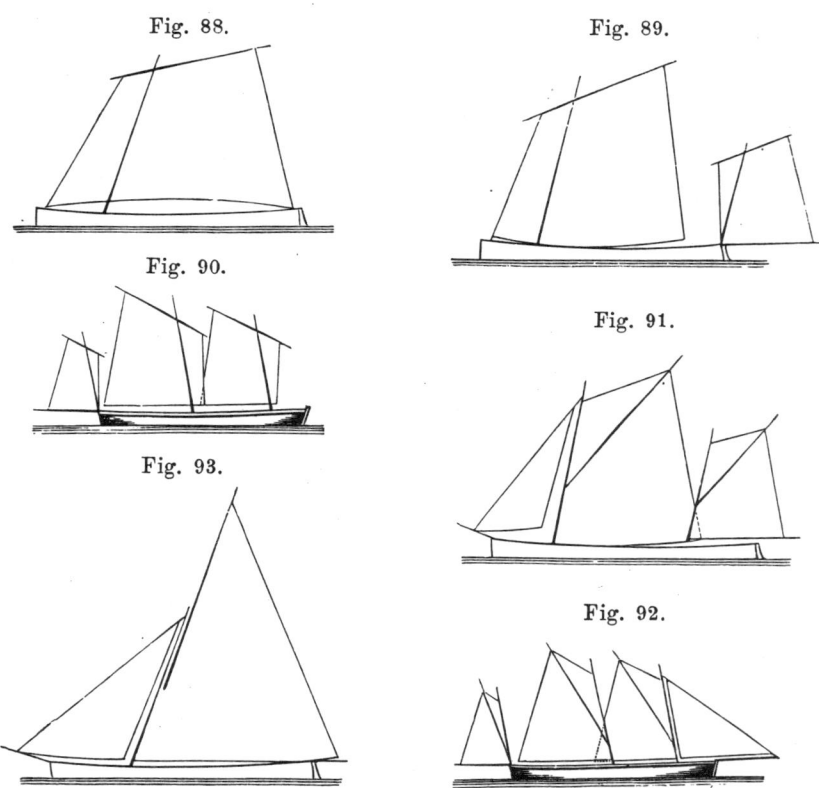

Die Steigung der Spriete ergiebt sich aus der Erwägung, dass das Vorliek gewöhnlich gleich dem ganzen Spriet ist.

Die Figur 90 zeigt die dreimastige Lugger- oder französische Takelung.

Die Spriet-Takelung ist entweder zweimastig (Figur 91) oder dreimastig (Figur 92). Die Spriete sind entweder in der

Nähe der Bank am Maste, oder in der unteren Hälfte des Mastes gaffelartig oder um einen Stift sich drehend, befestigt.

Die Sliding-Gunter- oder portugiesische Takelung kann einmastig (Figur 93), zweimastig (Figur 94) oder dreimastig (Figur 95) sein. Die Segelsprieten oder Raaen sind längs dem Maste zu heissen und sind gewöhnlich, vom Masttopp zum eigenen gleich der Länge ihres Mastes.

Die Schebeck-Takelung hat zwei (Figur 96) oder drei (Figur 97) sogenannte lateinische (dreieckige) Segel, welche sowohl im Achter-, als im Unterliek einen Schwung nach einwärts

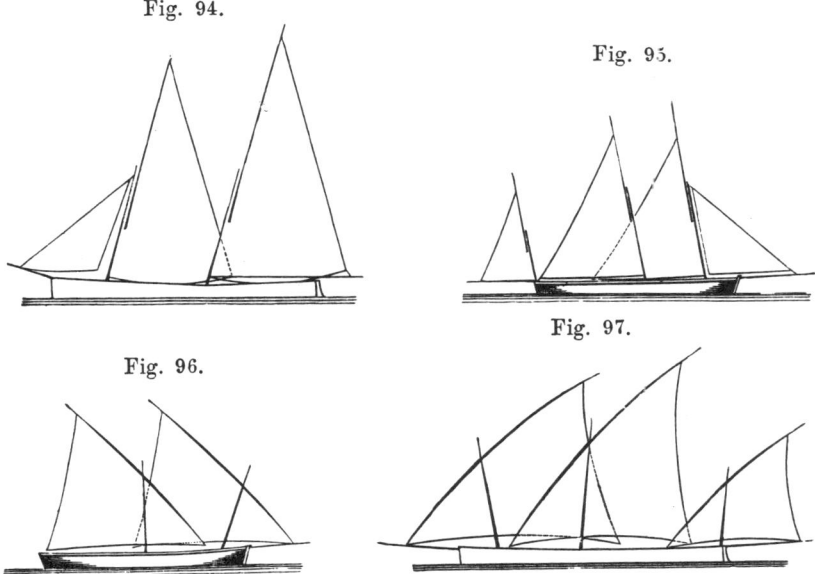

Fig. 94.

Fig. 95.

Fig. 96.

Fig. 97.

(Gilling) haben. Alle Segel werden Backbord geheisst. Die Reefe sind entweder längs der Segelspriete oder längs dem unteren Lieke.

Ausser den genannten vierzehn Takelungen kommt bei Booten bisweilen — wenn auch äusserst selten — die Kutter-Takelung vor. Bei Kuttern hängt die Länge des Mastes nicht allein von der Tiefe, sondern hauptsächlich auch von der Art des Unterschiffes ab. Man wird demnach bei Takelung eines Kutters sein Hauptaugenmerk darauf zu richten haben und durch die Lage des Mastes den jeweiligen Wirkungspunkt des Segelplanes bestimmen. Kein Boot ist für die Lage seines Wirkungspunktes empfindlicher als der Kutter; nur durch dessen richtige Behandlung erhält man ihm seine Eigenthümlichkeiten. Für Boote ist eine solche Takelung, des grossen Mastes und des Segelgutes wegen, sowie wegen der schwierigen Behandlung eines solchen Segels bei der gebräuchlichen offenen Bauart von Booten, nicht zu empfehlen. Die Figur 98 ist der Segel-plan eines 122ᶜᵐ tiefgehenden Kutters.

Ihrer Bestimmung gemäss sind die Kriegsschiffe mit einer gewissen Anzahl schwerer Kanonen versehen. Beim näheren Ein-gehen auf die Armirung haben wir es, um den gegenwärtigen Stand der Artillerie erkennen zu lassen, hauptsächlich mit der allerjüngsten Entwicklungsgeschichte der Schiffsbestückung zu thun, welche Hand in Hand mit der jüngsten Entwicklungs-geschichte der Marine-Archi-tektur geht. Der Kampf zur See zwischen Offensive und Defensive — zwischen Kanone und Panzer — ist ein sehr scharfer und äusserst ge-reizter. Die Erfindungen der Marine überbieten sich von Jahr zu Jahr, und es ist eine eiserne Nothwendigkeit, dass keine Marine gegen die andere zurückbleibt, weil die Zurückbleibende sonst wehrlos wird.

Fig. 98.

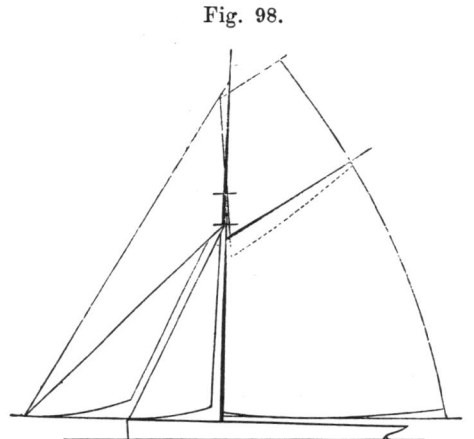

In früheren Zeiten, d. h. bis vor etwa 40 Jahren, machte die Armirung der Schiffe verhältnissmässig wenig Schwierigkeiten. Man führte bestimmte Arten von Geschützen für bestimmte Klassen von Schiffen, die man als ausreichend befand, und alle Seemächte hatten ungefähr dieselben Kaliber und Dimensionen. Man baute zwei- und dreideckige Linienschiffe (Zwei- und Dreidecker), Fregatten, Kor-vetten u. s. w. von so und so viel Kanonen lediglich für Kugel-und Kartätschfeuer. Die Schiffe erhielten in den unteren Batterien längere, in den oberen immer kürzere Geschütze, und man ging nicht über das 32pfündige Kaliber hinaus. Die Hauptaufgabe bestand darin, durch Einrichtung der Rohre und Laffeten (Raperte) möglichst viele Geschütze auf eine Breitseite zu häufen.

Seitdem hat sich jedoch die Sachlage bedeutend geändert, und die Neuerungen in der Schiffsarmirung haben in ihrer Rückwirkung auf die Marine-Architektur stets neue Aufgaben für die Geschütz-Konstrukteure heraufbeschworen. Den Anstoss dazu gab in den zwanziger Jahren der damalige französische Major Paixhans durch die Erfindung der Bombenkanonen von 8—10zölligem Kaliber. Bis dahin war in Seeschlachten das Geschützfeuer der Schiffe gerade nicht sehr gefährlich gewesen. Wenngleich Nelson seinen Kapitänen Befehl gab, dem Feinde immer bis auf Pistolenschussweite auf den Leib zu rücken, um eine kräftigere Geschützwirkung zu erzielen, beschoss man sich mit den Vollkugeln oft Tage lang, ohne sich grosses Leid anzuthun, die eigentliche Entscheidung wurde fast immer erst durch Enterung herbeigeführt, indem man die kämpfenden Schiffe Bord an Bord legte und die persönliche Tapferkeit der Auge im Auge fechtenden Mannschaften den Ausschlag geben liess.

Die Bombengeschütze, welche Granaten schossen, modificirten jedoch diese Taktik wesentlich und übertrugen die Entscheidung wieder auf die Kanonen. Vollkugeln machten allerdings Löcher in das Schiff und rissen auch wohl ein paar Leute mit fort, aber die runden kleinen Löcher wurden zugepfropft und schadeten weiter nichts. Die Granaten dagegen waren viel gefährlichere Feinde. Sprangen sie in der Bordwand, so rissen sie gewaltige unregelmässige Löcher hinein, die sich nicht so ohneweiters verstopfen liessen und leicht das Schiff zum Sinken bringen konnten. Explodirten die Granaten aber im Schiffe, so konnten sie nicht nur ungeheuere Verheerungen unter der Mannschaft anrichten, sondern auch das Schiff in Brand stecken. Die übrigen Seemächte durften deshalb die Bombenkanonen den Franzosen nicht allein überlassen, weil letztere dadurch zu grosse Ueberlegenheit erhalten hätten. Wenn nun auch ökonomische Rücksichten es verboten, das in so grossen Massen vorhandene Artillerie-Material sofort zu Gunsten des neuen Systems zu kassiren, auch die Schiffe selbst nicht dafür konstruirt waren, um das vermehrte Gewicht der Bombenkanonen zu tragen, so sah man doch ein, dass die Menge der Geschütze allein keine Ueberlegenheit gebe. Man reducirte daher ihre Zahl und gab mehr darauf, wirksamere Geschütze für den Kampf auf weite Entfernungen zu erhalten.

Die Anwendung des Dampfes auf die Kriegsmarine in den vierziger Jahren erforderte weitere Neukonstruktionen; Maschinen und Räder traten dem gewohnten Breitseiten-Systeme hindernd entgegen. Man war darauf angewiesen, die Zahl der Batterie-Geschütze zu vermindern und hauptsächlich auf das Deck zu beschränken, wo man die Kanonen jedoch auch nur vor und hinter dem Radkasten placiren konnte. Zum Ersatze des Verlustes an Zahl nahm man deshalb um so schwerere Kaliber. Das 8- und 10zöllige Bombengeschütz (System Paixhans) und der glatte 60-Pfünder, von 65—80 Centner Gewicht, traten auf und bildeten die Hauptarmatur 'der Raddampfer. Um erstere leichter zu manövriren, erfand man die Pivot-Laffetirung, bei der das Geschütz mit der Laffete auf einer Art Schlittenrahmen ruht. Dieser Rahmen ist um einen Punkt, den Pivotbolzen, auf Metallschienen, welche auf dem Decke befestigt sind, drehbar, wodurch sich die Reibung sehr vermindert. Die Laffeten hatten kleine excentrische Metallräder, die auf den mit Eisenschienen belegten Laufschwellen des Rahmens ruhen und sich durch ein Hebelwerk beliebig zur Tracht bringen lassen. Will man das geladene Geschütz an Bord holen, so lässt man die Räder wirken und rollt es mit Hilfe von Taljen (Flaschenzügen) auf den Laufschwellen vorwärts. Soll die Laffete auf einem Punkte des Rahmens festgehalten werden, so lässt man die Räder ausser Tracht kommen. Dann ruht die Laffete mit ihrer ganzen unteren Fläche auf dem Rahmen. Um bei Bewegung des Schiffes, beziehungsweise beim Rücklaufe des Geschützes, die Reibung noch mehr zu erhöhen, dienen die Kompressen, starke eiserne Klemm-Vorrichtungen, mit denen man die Laffeten stärker oder schwächer an den Rahmen presst. Die Pivot-Laffete greift unten zwischen die Laufschwellen des Rahmens, und letzterer ist vorn und hinten durch Querriegel so geschlossen, dass die Laffete nicht etwa von dem Schlitten ablaufen kann.

Die Pivotirung gestattet gleichzeitig, mit den Kanonen, wo es das Deck erlaubt, einen vollständigen Kreis zu beschreiben. Auf den gewöhnlich sehr scharf gebauten Raddampfern war vorn im Buge nur Platz für ein schweres Geschütz, deshalb stellte man es in die Mitte und konnte es mit seiner Achsendrehung beliebig nach beiden Seiten gebrauchen, während eine auf der gewöhnlichen vierrädrigen Laffete montirte Kanone nur mit grossem Zeitverluste und vielen Schwierigkeiten von einer Seite zur anderen geschafft werden konnte.

Allein zu Anfange der fünfziger Jahre waren die Tage der Raddampfer bereits gezählt. Die Schraube wurde in den Flotten eingeführt, mit ihr kamen die Breitseiten in den freigewordenen Batterien wieder in Aufnahme, und die Zahl der Pivotgeschütze reducirte sich auf zwei bis vier, die man vorn und hinten auf Deck liess, um beim Jagen und beim Rückzuge Bug und Heck wirksam bestückt zu haben.

Inzwischen begannen bei allen Seemächten die Versuche, gezogene Kanonen für Spitzgeschosse zu konstruiren, in den fünfziger Jahren zu Resultaten zu führen, welche eine noch jetzt nicht abgeschlossene Umgestaltung der Artillerie überhaupt anbahnten. Es gelang nämlich, in mannigfaltiger Form Kanonen herzustellen, welche durch spiralförmig in die Seelenwände eingeschnittene Züge ihrem cylindro-konischen Geschosse mit der Vorwärtsbewegung gleichzeitig eine Rotation um seine in der Richtung der Flugbahn liegende Längenachse ertheilten. Dadurch wurde der schädliche Einfluss des Spielraumes und die störende Einwirkung beseitigt, welche die verschiedene Lage des Schwerpunktes der Kugelgeschosse zur Seelenachse der glatten Geschütze auf die gleichmässige Gestaltung der Flugbahn ausübte. Ebenso wurde der Luftwiderstand von dem schwereren Spitzgeschosse mit geringerem Geschwindigkeitsverluste als von der runden Kugel überwunden.

Der Gewinn an Tragweite, Trefffähigkeit und Perkussionskraft durch gezogene Kanonen mit Spitzgeschossen war so gross, dass deren Einführung als Schiffsgeschütze sich einleiten m u s s t e, sobald sich Langgranaten mit geeigneter Zündung herstellen liessen, die dann zugleich den Rundgranaten gleichen Kalibers in Grösse ihrer Sprengladung weit überlegen waren.

So finden wir schon im orientalischen Kriege 1855 achtundzwanzig sogenannte Lancaster-Kanonen englischerseits zur Armirung der schwimmenden Batterien in der Ostsee verwendet.

Ungefähr gleichzeitig begann eine Umgestaltung im Baue der Kriegsschiffe, welche, so weit sie nicht durch die allgemeine

Einführung der Dampfkraft bedingt wurde, allein die Folge des Granatfeuers, und zwar zunächst noch aus glatten Geschützen war. Seit Einführung der Bombenkanone an Bord waren bis zum Krim-Kriege keine Schiffe im Kampfe gewesen, die solche Geschütze gegen sich gehabt, und man hatte sich deshalb wohl die verheerende Wirkung dieser Waffe gegen Holzschiffe noch nicht recht klar gemacht. Die Beschiessung der russischen Festungswerke zeigte Engländern und Franzosen jedoch die Ohnmacht hölzerner Schiffe gegen Granaten, und diese Erfahrungen gaben dem Kaiser Napoleon zuerst den Gedanken an gepanzerte Fahrzeuge ein.

Es wurden schwimmende gepanzerte Batterien gebaut, mit grosser Mühe von Toulon nach dem schwarzen Meere geschafft und gegen die Festungswerke von Kinburn geführt. Ihre Leistungen waren so vorzüglich und ihr vierzölliger Panzer deckte sie selbst so sicher gegen das feindliche Granatfeuer, dass sie, ohne selbst zu leiden, sehr bald die Landbatterien zum Schweigen brachten. Die russischen Granaten waren ohnmächtig an den Panzerwänden zerschellt.

Mit dieser Thatsache begann der Kampf zwischen Panzer und Kanone, der den Staaten bereits ungeheure Summen gekostet hat und noch kostet, der aber trotzdem von jeder Seemacht aufgenommen werden muss, wenn sie sich nicht geradezu wehrlos machen will.

Die Erfolge der schwimmenden Batterien führten zum Baue des ersten seegehenden Panzerschiffes, der GLOIRE. Gleichzeitig damit traten die gezogenen Geschütze in Frankreich auf, und England sah sich durch diese beiden Erfindungen plötzlich in seiner bisher für unüberwindlich gehaltenen Schutzwehr, in den mit bewusstem Stolze so oft genannten ‚hölzernen Wällen‘, wie es seine Flotte bezeichnete, bedroht.

Diese Wahrnehmung trieb es zu den gewaltigsten Anstrengungen, dem gefährlichen Rivalen die Spitze zu bieten. Oekonomie war Nebensache, es galt jetzt — coûte qu'il coûte — die in Frage gestellte Herrschaft zur See wieder zu gewinnen und fest zu sichern. Die ganze englische Nation fühlte, dass die unbestrittene Suprematie zur See für sie eine Lebensfrage sei, und alle technischen Kapacitäten des Landes unterstützten die Regierung in ihrem Streben. Es wurden mehr und grössere Panzerschiffe gebaut, als in Frankreich, alles technische Geschick und aller Scharfsinn wurden aufgeboten, um die eigenen Panzer für alle feindlichen Geschosse undurchdringlich zu machen, dagegen andererseits Geschütze zu schaffen, welche jeden feindlichen Panzer durchbohren sollten.

Seitdem kämpfen Panzer und Kanone mit einander; beide sind stetig in Dimensionen gewachsen; alle Seemächte sind in den Kampf mit hineingezogen, aber nach sechzehnjährigem Ringen ist noch keine Entscheidung herbeigeführt. Was vor einem Jahre für unmöglich gehalten wurde, ist es im nächsten nicht mehr. Eine Erfindung drängt die andere, und bis jetzt ist noch nicht zu übersehen, wer Sieger bleibt, ob Panzer oder Kanone.

Den französischen gezogenen Schiffsgeschützen stellten die Engländer zuerst das System Lancaster mit glatter, aber spiralförmig gewundener Seele von elliptischem Querdurchschnitte und gusseisernem, massivem Spitzgeschosse von ovalem Querschnitte entgegen. Diese Lancaster-Kanonen, welche auf den schwimmenden Batterien gegen Bomarsund gebraucht wurden, entsprachen aber, namentlich hinsichtlich ihrer Trefffähigkeit, den gehegten Erwartungen nicht.

Lancaster's Nachfolger war Armstrong, zunächst mit den nach ihm benannten gezogenen Hinterladungsgeschützen mit Bleimantel-Geschossen und je nach dem Kaliber mit 36—70 Zügen. Diese Rücklader schienen trotz des sehr zeitraubenden Ladens ihre Zwecke zu erfüllen, und man kassirte fast sämmtliche glattläufigen Schiffsgeschütze, die viele Millionen gekostet, um mit noch mehr Kosten die Armstrong-Kanonen einzuführen. Kaum war man jedoch einigermassen damit vorgeschritten, als überlegene Geschütze von Whitworth, Fraser und Anderen auftraten.

Es galt, achtzöllige, mit besonderer Sorgfalt aus bestem Eisen gewaltzte und mit zehnzölliger Holzfütterung versehene Panzer zu durchschlagen. Dazu bedurfte man Kaliber von 20—24^{cm}, die mit 15—24^{kg} Pulverladung Stahl- und Hartgussgeschosse von 90—140^{kg} mit Geschwindigkeiten von 400—500^m per Sekunde feuerten.

Die gewaltige Explosion solcher Pulvermassen schleuderte den hinten und von oben eingesetzten Armstrong'schen Verschluss-Apparat heraus. Man liess deshalb dieses System und überhaupt die Rückladung fallen und nahm gezogene Vorderlader an. Da Gusseisen für die an die neuen Geschütze gestellten Anforderungen nicht mehr genügte, so begann man die Rohre zu schmieden, und zwar aus verschiedenen Cylindern, die man zuerst aus aufgewickelten Eisenstangen und dann über einander gestreift unter sich zusammenschweisste.

Der innerste Hohlcylinder, in welchem die Züge angebracht sind, wurde aus zusammengewundenen Stahlstäben gebildet und in Oel gehärtet. Auf diese Weise entstanden die jetzt in der englischen Marine allgemein eingeführten W o o l w i c h-Geschütze, so benannt nach dem Hauptarsenale Englands, wo sie gefertigt werden.

Die Anzahl ihrer Züge ist gering und steigt je nach dem Kaliber von drei bis neun. Die Geschosse sind mit kleinen eingeschraubten Führungszapfen versehen, die in die Züge passen und das Projektil zwingen, der Drehung der letzteren zu folgen.

Ausgedehnte Schiessversuche haben ergeben, dass diese Geschütze, die ein 7-, 8-, 9-, 10-, 11- und 12zölliges Kaliber haben und Geschosse von 60—350^{kg} schleudern, im Stande sind, diese auf einige hundert Schritt Entfernung durch 18—45^{cm} starken Eisenpanzer zu treiben. Man ist jedoch hierbei nicht stehen geblieben und hat bereits ein 12$\frac{1}{2}$zölliges Geschütz von 38 Tonnen Rohrgewicht eingeführt, dessen 370^{kg} schweres Projektil, mit einer Pulverladung von 60^{kg} abgeschossen, ein Panzerziel von 50^{cm} Eisenstärke durchbohrt; während sich gegenwärtig Geschütze im Versuche befinden, deren Rohre 80 bis 100 Tonnen wiegen und die 1000^{kg} schwere Geschosse schleudern, welchen kein bisher bestehendes Panzerziel zu widerstehen vermag.

Damit haben augenblicklich die Engländer das sich vorgesteckte Ziel, mit ihren Geschützen jeden feindlichen Panzer zu durchbohren, erreicht, und ihrem Geschütz-Systeme eine um so höhere Bedeutung verliehen, als sie die der Vorderladung eigenthümlichen Nachtheile durch sinnreiche Bedienungs-Maschinen und durch eine rationelle Geschoss-Konstruktion fast vollständig auszugleichen verstanden.

Die F r a n z o s e n sind vom Vorderladungs-Systeme für die schweren gezogenen Schiffskanonen von 16, 19, 24 und 27^{cm} (6$\frac{1}{8}$, 7$\frac{1}{4}$, 9 und 10 Zoll) Bohrungsdurchmesser zum Rücklad-Systeme übergegangen. Die Geschosse werden von hinten durch eine in der

Seelenachse liegende Oeffnung in das Rohr gebracht und die Oeffnung mit einer Cylinderschraube verschlossen. Die Züge sind wie in England parabolisch gewunden und steigen an Zahl von drei auf fünf, denen an den Geschossen je zwei Führungszapfen aus Zink entsprechen. Bis vor einigen Jahren waren die französischen Panzerschiffe nur mit gezogenen 30-Pfündern und glatten 60-Pfündern armirt. Erstere waren aus den glatten 30-Pfündern älteren Typs hergestellt, indem man das gusseiserne Rohr durch umgelegte Stahl-Cylinder verstärkte; sie schossen jedoch nach ihrer Umwandlung ein Langgeschoss von etwa 28^{kg}. Es scheint, als ob früher finanzielle Verhältnisse die Franzosen in der Vervollkommnung ihrer Schiffsgeschütze zurückgehalten hätten; denn erst seit 1866 sind sie daran gegangen, ähnliche Kaliber wie die englischen herzustellen, doch sämmtlich für die Hinterladung einzurichten. Gegenwärtig hat Frankreich als Schiffsgeschütze die Kaliber von 14, 16, 19, 24, 27 und 32^{cm}, deren Rohre durchwegs aus Gusseisen erzeugt, und durch Stahlfretten verstärkt sind. Dieselben stehen den englischen Geschützen gleichen Kalibers betreff der Durchschlagskraft nur wenig nach, während sie letztere an Schusspräcision erheblich übertreffen und bedeutend billiger sind.

Die Amerikaner wollten bis vor wenigen Jahren weder von gezogenen Geschützen, noch von Hinterladung etwas wissen. Sie zogen das alte System gusseiserner Vorderlader mit runden Geschossen vor, und haben ihren Geschützen nur riesige Dimensionen gegeben. Sie wollten die Panzer nicht durch Spitzgeschosse durchbohren, sondern sie durch Kugeln von grossem Durchmesser zerschmettern. Sie konstruirten deshalb 15—22zöllige Schiffsgeschütze, deren Kugeln 4—800 Pfund wiegen, und die mit einer Ladung von 60—100 Pfund Pulver abgefeuert werden. Vergleichende Versuche in England haben indessen ergeben, dass das Woolwich-Geschütz dem amerikanischen Systeme überlegen ist, und augenblicklich beschäftigt sich das amerikanische Marine-Ministerium auf das Lebhafteste mit der Frage über die Einführung gezogener Schiffsgeschütze, welche aus den glatten Gusseisen-Rohren dadurch hergestellt werden, dass man letztere mit stählernen Bohrungsröhren versieht, in welche die Züge eingeschnitten werden. Obwohl auf diese Weise das Kaliber der Rohre verringert wird, so ergiebt sich doch aus einer solchen Umgestaltung eine namhafte Erhöhung der Wirkungsfähigkeit der Geschütze, indem sowohl das Geschossgewicht, als die Pulverladung vermehrt, eine grössere Tragweite und bessere Durchschlagskraft der Projektile erzielt wird.

Die deutsche, österreichische und russische Marine haben endlich das Krupp'sche Geschütz-System angenommen, welches durch gussstählerne Hinterladrohre mit Rundkeil-Verschluss gekennzeichnet ist und das weitest vorgeschrittene Geschütz-System darstellt. Das schwerste Kaliber deutscher Schiffsgeschütze ist die beringte 30.₅^{cm} Gussstahl-Kanone. Dieselbe ist für die in der Fertigstellung befindlichen Panzer-Kanonenboote vom Typ WESPE bestimmt. Die bereits als vollständig bewährt eingeführten Schiffsgeschütze sind die 12, 15, 17, 21, 24 und 26^{cm} Ringkanonen.

Zu der Verstärkung der früher nur aus einem Stück Gussstahl gefertigten Geschütze durch Stahlringe gab ein in Tegel 1868 veranstaltetes Vergleichschiessen der Krupp'schen Hinterlader mit englischen Armstrong-Vorderladern Veranlassung. Es zeigte sich dabei, dass erstere den letzteren ganz bedeutend nachstanden und ein 21^{cm} Geschütz älterer Konstruktion auf 1200 Fuss nicht einmal eine fünfzöllige Platte zu durchschlagen vermochte. Die Durchschlagskraft eines Geschosses ist ein Produkt seiner Geschwindigkeit mit seinem Gewichte. Da letzteres konstant bleiben musste, konnte eine grössere Durchschlagskraft nur durch Vergrösserung der Pulverladung erreicht werden, die aber wieder eine Verstärkung des Rohres durch aufgeschweisste Stahlringe nach sich zog. Gleichzeitig musste damit aber auch ein anderes Pulver eingeführt werden, um trotzdem nicht das Rohr zu sprengen. Das frühere grobkörnige Geschützpulver verbrannte zu schnell, seine Gasentwicklung fand deshalb in zu rapider Weise statt und wirkte demgemäss zu gewaltsam auf das Rohr. Um diesem Uebelstande zu begegnen, wählte man das sogenannte prismatische Pulver, das nicht aus Körnern, sondern aus ein Zoll langen und etwa ³/₄ Zoll im Durchmesser haltenden Prismen besteht, die so langsam verbrennen, dass dieses Pulver seine Kraft nach und nach entwickelt, wodurch das Rohr weit weniger angestrengt wird.

Mit diesen Hilfsmitteln gelang es Krupp noch im Herbste des Jahres 1868, mit seinem verbesserten 21^{cm} Geschütze die gleichkalibrige Armstrong-Kanone zu schlagen und auf eine Entfernung von 1200 Fuss eine achtzöllige Panzerplatte glatt zu durchschlagen, was das englische Geschütz nicht vermocht hat.

Gleich gute Resultate lieferte das Krupp'sche 24^{cm} Ringgeschütz, indem es eine neunzöllige Platte durchschlug, und diese Erfolge haben die 21, 24 und 26^{cm} Ringkanonen als deutsche Schiffsgeschütze eingeführt. Um den Lesern einen ungefähren Begriff von den Dimensionen, Gewichten, Ladungen, Geschossen u. s. w. der modernen Schiffsgeschütze zu geben, folgt am Ende des Buches eine Reihe diesbezüglicher Tabellen.

Die Herstellungskosten moderner Kanonenrohre erreichen in Folge des ausgesuchten Materiales und der schwierigen Bearbeitung eine bedeutende Höhe und belaufen sich auf 10.000 bis 100.000 fl., wie denn überhaupt die Kosten der Schlachtschiffe seit Einführung der Blendung sich mehr als verdoppelt haben. Früher baute man das grösste Schlachtschiff, ein Schrauben-Linienschiff (Dreidecker) von 120 Kanonen, für 2$^1/_4$ Millionen Gulden, jetzt kommt ein Panzerschiff wie der HERKULES oder SULTAN auf circa 5 Millionen Gulden zu stehen. Die neueren Geschütze werden ausserdem noch dadurch um so theurer, dass sie verhältnissmässig bald verbraucht werden. Bei den alten gusseisernen glatten Geschützen konnten aus einem Rohre, ehe es ausgeschossen war, circa 2000 Schuss gethan werden, und es war die Gefahr eines vorherigen Springens so gut wie ausgeschlossen. Jetzt jedoch greift die Explosion der starken Ladungen mit ihrer schweren Vorlage das Metall so heftig an, dass selten eines der neueren schweren Kaliber 800 Schuss überdauert und man von keinem behaupten kann, es werde nicht schon weit früher springen, weil ein kleiner Fehler im Materiale, den selbst die vorgeschrittenste Technik bei den grossen Stärken des Materiales nicht immer zu vermeiden vermag, dazu Anlass geben kann.

Früher wurden die Geschütze von artilleristischen Behörden konstruirt und fertig gemacht. In neuerer Zeit hat sich jedoch auch die Privat-Industrie dieses Fabrikszweiges bemächtigt und an der Vervollkommnung des Geschützwesens einen besonderen Antheil genommen, indem sie die Bestrebungen auf diesem Gebiete durch den mächtigen Impuls der Konkurrenz bedeutend förderte. Zahllose Erfindungen und fortwährende Verbesserungen sind die nächste Folge hiervon, weshalb auch die augenblicklich angenommenen Geschütz-Systeme nicht als dauernd betrachtet werden dürfen. Es ist möglich, dass sie in nächster Zeit durch andere, bessere verdrängt werden. Die Technik strebt dahin, nicht allein die Geschütze vollkommener, sondern auch billiger zu machen, und wendet alle Mittel an, um bei unaufhörlicher Steigerung des Geschoss-Effektes doch die Anstrengung der Rohre zu vermindern und diese dadurch dauerhafter zu gestalten.

Jedoch nicht allein die Geschütz-Konstruktion hat den Artilleristen und Technikern in neuerer Zeit Kopfzerbrechen gemacht, sondern auch die der Geschosse. Es ist bereits erwähnt, dass Vollgeschosse einem Holzschiffe verhältnissmässig wenig Schaden zufügen und dass die Panzerung hauptsächlich nur mit Rücksicht auf die verheerende Wirkung der Granaten in das Auge gefasst wurde. Gewöhnliche runde gusseiserne Granaten zerschellen aber schon, wenn sie nicht etwa ein 15zölliges Kaliber haben, wirkungslos an einem 3—4zölligen Panzer, und Langgranaten mit ovaler Spitze an 5zölligen. Es war daher die Aufgabe, diese Geschosse von einem Materiale zu verfertigen, das sie befähigte, auch 8—10zöllige Panzer zu durchdringen und erst dann zu zerspringen oder wenigstens ihre zerstörenden Wirkungen mitten in der Schiffswand zu äussern und in sie eine Bresche zu legen.

Man wählte Stahl, aber Gussstahl erwies sich zu spröde und Schmiedestahl war zu weich; es veränderte die Form, beides war ausserdem sehr theuer; eine Stahlgranate für ein 8zölliges Geschütz kam auf 120—135 fl. zu stehen. Eine so kostspielige Kriegführung forderte natürlich allen technischen Scharfsinn für Erfindung eines billigeren Geschossmateriales heraus.

In England ist dies Problem durch Palliser, in Deutschland durch Gruson gelöst worden. Beide produciren ein Gusseisen, das eine Glashärte besitzt und in Form von Granaten mit solider Spitze jede bisher angewendete Panzerung durchdringt, ohne seine Gestalt zu verändern.

Die Marinen der anderen Mächte geben indess den Stahlgranaten den Vorzug.

Nach den angestellten Versuchen bedingt auch die Gestaltung der Geschosse in gewissem Grade ihre Durchschlagskraft. Ihre günstigste Form ist ein Cylinder mit gewölbter (ogivaler) Spitze. Als vortheilhafteste Länge sind $2._5$—$2._8$ Kaliber gefunden und die Wölbung der Spitze ist mit einem Radius von 2 Kaliber Länge beschrieben. Bei dem $35._5^{cm}$ Geschütze ist mithin das Geschoss circa 1^m lang.

Neben den Geschützrohren und Geschossen hat auch die Konstruktion der Raperte der Technik grosse Schwierigkeiten bereitet, die theilweise noch nicht vollständig überwunden sind.

Zur Zeit der glatten Kanonen älteren Modells, die mit einem Rohrgewichte von 50—60 Centnern abschlossen, war das gewöhnliche Breitseit-Rapert aus Eichen- oder Ulmenbohlen und mit vier Blockrädern für alle Zwecke ausreichend. Dasselbe vereinte die nothwendige Stärke mit Stabilität, Beweglichkeit und Einfachheit der Konstruktion. Es hatte seine Mängel, die man von Zeit zu Zeit zu verbessern bemüht war, aber man musste dann stets eine der obigen wesentlichen Eigenschaften opfern und kehrte deshalb immer wieder zu der alten Form zurück, die seit Jahrhunderten nur geringe Modifikationen erlitten hat.

In den Batterien existirten diese vierrädrigen Holz-Raperte bis vor Kurzem noch. Mit dem Ersatze der früheren glatten Geschütze durch gezogene wurden jedoch auch gleichzeitig eiserne Raperte neuester Konstruktion eingeführt.

Den früher gebräuchlichen Ladungen waren diese Raperte gewachsen, und ihr Rücklauf wurde durch ein starkes Tau, das Brooktau, gehemmt, das durch einen am hinteren Theile des Geschützes angegossenen Brookring gezogen und mit seinen beiden Enden in den Brookbolzen zu jeder Seite der Kanonenpforte befestigt war. Die Länge der Brooktaue war so bemessen, dass die beim Feuern ausserhalb der Pforte befindliche Geschützmündung nach dem Rücklaufe etwa 30^{cm} innerhalb der Pforte stand, um das Wiederladen zu gestatten. An Bord wurde das Rapert mittels Seitentaljen (Flaschenzügen) geholt, die Seitenrichtung gab man ihm mit Hilfe von Handspaken (Hebebäumen), die man hinten unter ihre Wände stemmte, unterstützt von einer der Seitentaljen. Die Höhenrichtung regulirte man durch Keile, die unter das von den Handspaken zuvor gehobene Bodenstück des Geschützes geschoben wurden.

Dieser Mechanismus reichte aus, um mit 14—16 Mann Bedienung die schwersten Geschütze älteren Modells unter allen Umständen schnell und ohne zu grosse Anstrengung zu bedienen. Die 9- und 10zölligen Bombengeschütze, deren Pulverladung bis zu 15 Pfund wuchs, machten schon mehr Schwierigkeiten, sowohl hinsichtlich ihres Rücklaufes, als ihrer Beweglichkeit, und man musste zu ihrer Beseitigung die erwähnten Pivot-Schlitten-Raperte erfinden. Als aber die Ladungen immer grösser wurden, wuchs auch der Rücklauf so bedeutend, dass die weiter oben beschriebenen Kompressvorrichtungen nicht mehr genügten. Eine Vermehrung der Reibung wurde nothwendig, um dem Rückstosse der explodirten Pulverladung entgegenzuwirken, aber gerade diese grössere Friktion liess sich schwer hervorbringen.

Schlitten und Raperte werden bei allen Kalibern jetzt von Eisen gefertigt, weil es viel haltbarer und demgemäss auch billiger als Holz ist, und ebenso hat man zur Erzeugung grösserer Reibung ein System von Eisenplatten benutzt.

Zwischen den Laufschwellen des Schlittens, auf welchen das Rapert sich bewegt, sind vorn und hinten eiserne Querbolzen angebracht, welche beide sechs in Hochkante liegende und verschiebbare eiserne Schienen von etwa 25^{mm} Stärke und 102—152^{mm} Höhe tragen. Die untere Kante des Rapertes trägt eine um eins grössere Zahl ähnlicher, aber kürzerer Schienen, welche zwischen die Schienen des Schlittens greifen. Eine Schraubenvorrichtung presst alle mehr oder minder zusammen, und es entstehen dadurch 12 Reibungsflächen, mit deren Hilfe es gelungen ist, die schweren Geschütze einigermassen festzuhalten und den Rücklauf zu hemmen. Obwohl diese Kompressen, welche nach ihrem Erfinder Armstrong benannt werden, noch manche Mängel aufweisen und man noch immer damit experimentirt, hat man sie in Ermanglung besserer überall eingeführt.

Bei der Land-Artillerie kennt man diese Schwierigkeiten nicht. Die schweren Festungs-Geschütze ruhen auf Rahmen, aber man stellt deren hinteres Ende beliebig hoch und lässt die zurücklaufenden Geschütze bergan gehen, wodurch sie sich bald von selbst hemmen. An Bord lässt sich diese Methode jedoch wegen der Bewegungen des Schiffes nicht ausführen. Träfe z. B. das Zubordlaufen eines ungehemmten Geschützes von 250 Centner Gewicht mit einer abwärts gehenden Bewegung des Schiffes zusammen, so würde das Moment dieser schweren Masse Alles zerschmettern, was ihr im Wege stände. Man muss daher sichere Mittel haben, um das bewegliche Rapert mit dem feststehenden Schlitten auf das Zuverlässigste zu verbinden, ohne dadurch aber der Beweglichkeit des ersteren irgendwie hindernd entgegenzutreten. Bis jetzt ist dies, wie bemerkt, der Marine noch nicht vollkommen gelungen.

Um das nach dem Schusse zurückgelaufene Geschütz sehr schweren Kalibers auf dem Schlitten wieder vorzubringen, genügen die Seitentaljen nicht mehr, und man hat bei den 27^{cm} Geschützen in der englischen, französischen und russischen Marine zu einem Rädertriebwerke mit Kurbeln greifen müssen, das eine Kette ohne Ende mit rechteckigen Gliedern treibt. Diese Glieder greifen in die Zähne einer vorn und hinten zwischen den Schlittenwänden angebrachten Welle, so dass mit der Bewegung zugleich stets eine Hemmung verbunden ist. Soll das Geschütz vor oder rückwärts gebracht werden, so presst man den oberen Theil der Kette durch eine Hebelvorrichtung gegen die untere Fläche des Rapertes, wo die Glieder ebenfalls in Zähne greifen und dadurch eine Verbindung zwischen Triebwerk und Rapert herstellen.

Soll das Geschütz dagegen abgefeuert werden, so löst man diese Verbindung, die Kette fällt auf den Boden des Schlittens und der Rücklauf wird nur durch die Kompressvorrichtung allmählich gehemmt.

Die Höhenrichtung giebt man den kleineren Geschützen mit der Richtspindel. Vom 21^{cm} Geschütz aufwärts reicht diese jedoch nicht mehr aus und sind zu diesem Zwecke gezahnte Kreisbogen an das Bodenstück geschraubt, in welche ein Triebwerk mit Kurbel greift.

So häufen sich bei Vergrösserung der Geschütze die Schwierigkeiten nach allen Richtungen, und die Technik ist noch nicht im Stande gewesen, den in dieser Beziehung an sie gestellten Anforderungen vollständig zu genügen. Immerhin hat sie aber schon Staunenswerthes geleistet, und man muss es gesehen haben, um zu glauben, dass 16 Mann, welche früher zur Bedienung eines 50—60 Centner schweren Geschützes gehörten, jetzt ein 9zölliges Geschütz von dem fast fünffachen Gewichte mit Hilfe mechanischer

Vorrichtungen mit derselben Leichtigkeit bedienen, wie jenes, und aus diesen Kolossen bei nicht zu heftig bewegter See in 10 Minuten zehn Schüsse feuern, obwohl auch der Transport der Munition ein ganz anderer geworden ist. Eine 40—50pfündige Karduse lässt sich zwar immer noch verhältnissmässig leicht und schnell von den Pulverkammern nach den Geschützen schaffen, aber ein 200- bis 300pfündiges Geschoss lässt sich nicht so ohne weiteres unter den Arm nehmen, wie früher ein 36pfündiges.

Indessen reichen auch diese Vorrichtungen nicht mehr aus, wenn man die neuesten Riesen-Geschütze in Betracht zieht. Diese Kolosse, welche 80—100 Tonnen schwere Rohre haben, könnten mit Windwerken nur ausserordentlich langsam bedient werden, was bei Schiffsgeschützen umsoweniger angeht, als hier die Eignung zur möglichst raschen Abgabe von gut gezielten Schüssen von hervorragendster Bedeutung ist. Schon mit dem 12-Zöller ist nach der vorerwähnten Manier ein nur sehr langsames Feuer möglich. Die verschiedenen an Bord der DEVASTATION ausgeführten Versuche zeigten, dass selbst mit Aufbietung aller zur Disposition stehenden Kräfte und unter sehr günstigen Verhältnissen ein wirksames Feuer der Geschütze nicht anders, als mit je einem Schusse per 7 oder 8 Minuten erzielt werden könne. Im Ernstfalle dürfte sich aber diese Zeit in Folge der rasch sich bewegenden Ziele und mannigfachen verzögernden Einflüsse gewiss auf mindestens 10 Minuten erhöhen, ein Zeitraum, in welchem ein Panzergeschwader nahezu 2 Seemeilen zu durchlaufen im Stande ist. Es ist klar, dass unter solchen Verhältnissen auf eine ausgiebige Verwerthung der grossen Leistungsfähigkeit der Geschütze nicht gerechnet werden kann, dass also die in den Bedienungsschwierigkeiten liegenden Nachtheile bei diesen Geschützen schon ein solches Mass erreicht haben, dass die Geschützwirkung — weil Feuerschnelligkeit — in rücksichtswürdigem Grade beeinträchtigt wird. Es ist natürlich, dass in Folge der Wechselbeziehungen zwischen Zeit und Kraft mit jedem grösseren Kaliber entweder die Feuergeschwindigkeit abnehmen oder die Zahl der Bedienungsleute und hiermit der zur Bedienung nothwendige Raum zunehmen muss, was ebensowenig statthaft ist wie jenes. Diese wichtigen, die Wirkung und Verwendung der Geschütze in hohem Grade beeinflussenden Faktoren machen eine Aenderung des bestehenden Bedienungs-Modus zur zwingenden Nothwendigkeit. Eine möglichst grosse Feuer-schnelligkeit und die möglichste Restringirung des zur Aufnahme der Geschütze und zur Durchführung der Bedienung erforderlichen Raumes ist das Ziel dieser Aenderung, das gegenwärtig auf das Eifrigste verfolgt wird. Man geht hierbei von dem Principe aus, die Kraft der Bedienungsleute durch Maschinenkraft zu ersetzen, so dass nur solche Verrichtungen, zu deren Besorgung die menschliche Intelligenz unerlässlich ist — wie z. B. die Bethätigung von Ventilen u. dgl. — von Leuten ausgeführt werden sollen, während alle erheblichen Arbeitsleistungen von der motorischen Kraft des Dampfes und des Wassers verrichtet werden, die, in reichlichem Masse fliessend, zu jedem beliebigen Grade gesteigert, zur Be-wältigung jeder beliebigen Last dienstbar gemacht werden kann. Die 38 Tonnen-Geschütze des englischen Thurmschiffes THUNDERER, die 81 Tonnen-Geschütze des INFLEXIBLE und endlich die 100 Tonnen-Geschütze der italienischen Thurmschiffe DUILIO und DANDOLO werden bereits mit solchen, vom englischen Civil-Ingenieur Rendel kon-struirten Vorrichtungen versehen, die es ermöglichen sollen, die genannten Monstre-Geschütze mit blos 10 Mann schneller und mit weniger Anstrengung zu bedienen, als etwa die Geschütze der DEVA-STATION, deren 35 Tonnen schwere Geschütze Abtheilungen von je 40 Mann zur Bedienung nothwendig haben. Welch' bedeutende Raum-Ersparniss endlich aus der Anwendung der gedachten Vorrich-tungen resultirt, geht am besten daraus hervor, dass in den Thürmen des DUILIO und DANDOLO, deren innere Weite nur 7.$_9^m$ beträgt, je 2 Geschütze von 10^m Länge und 2^m Dicke placirt werden und darin nebst einer gesicherten Aufstellung auch genügend Raum finden, um alle zur Bedienung erforderlichen Bewegungen und Vor-richtungen in bequemer Weise ausführen zu lassen.

Da in neuester Zeit nur noch Granaten an Bord gegeben werden, deren unzeitige Explosion die schrecklichsten Folgen nach sich ziehen würde, so müssen für deren Unterbringung besonders sichere Räume, die Granatenkammern, hergerichtet werden. Diese befinden sich deshalb, ebenso wie die Pulverkammern, im untersten Schiffsraume und so tief unter der Wasserlinie, dass sie im Gefechte gegen die Gefahr einschlagender Geschosse möglichst gesichert sind.

In grösseren Schiffen hatte man gewöhnlich zwei Granaten-kammern. Da jedoch an Stelle der früheren Vollgeschosse jetzt nur Granaten treten, so beginnt man deren mehrere (3—4) zu bauen. Trotzdem bleibt der Weg von den Kammern bis zu den Geschützen in der Batterie immer ein weiter, und da sich die schweren Geschosse nicht gut tragen lassen, so werden sie durch besondere Oeffnungen zwischen den Geschützen in die Batterie mittels Takeln geheisst, im Zwischendecke unter die Oeffnungen aber auf kleinen Wagen mit Blockrädern geschafft.

Für einen bequemen Transport der Geschosse in der Batterie hat man an Bord einiger Panzerschiffe eine sehr sinnreiche, Zeit und namentlich Menschen sparende Einrichtung getroffen. Unter dem Decke der Batterie ist hinter den Geschützen entlang eine Eisenbahn angebracht, an welcher Rollen mit Haken laufen. Die Geschosse werden vorn und hinten in der Batterie durch bestimmte Oeffnungen in eisernen Mulden, den Geschosstragen, aus dem Zwischendecke geheisst, mit den Tragen an die Rollen der Eisenbahn gehängt und ohne Mühe durch einen Mann bis unmittelbar hinter das Geschütz geschoben, welches derselben gerade bedarf, während die leeren Mulden wieder zurückgetragen werden. Auf manchen Schiffen sind diese Eisenbahnen unter der Batterie im Zwischendecke angebracht und die Geschosse werden bis an die zwischen je zwei Geschützen befindlichen und zu diesem Zwecke gemachten Oeffnungen gefahren, durch die man sie dann in die Batterie heisst.

Das Pulver ist in den Pulverkammern verstaut, von denen sich in jedem grösseren Schiffe zwei, eine vor, die andere hinter der Maschine befinden. Sie sind baulich so viel wie möglich gegen jede Feuersgefahr gesichert, mit Zink ausgeschlagen und haben eine Vorrichtung, um im Nothfalle unter Wasser gesetzt werden zu können. Sie werden durch dicke Glasscheiben mittels Leuchtern mit starken Reflektoren von aussen erleuchtet, wenn darin zu thun ist, dürfen aber nur mit Erlaubniss des Kommandanten geöffnet werden. Die Schlüssel befinden sich in der Verwahrung des ersten Officiers, und nur die Feuerwerker mit bestimmten Leuten haben zu ihnen Zutritt.

Da ein in Dienst gestelltes Schiff jeden Augenblick schlag-fertig sein soll, weil es auf seinen Fahrten in die Lage kommen kann, die seinem Lande gemachte Kriegserklärung erst durch einen

Angriff seitens eines feindlichen Schiffes zu erfahren, auch Pulver-arbeiten an Bord als gefährlich vermieden werden müssen, so bekommt es fast nur fertig gemachte Kardusen mit, deren Zahl sich, ebenso wie die der Geschosse, auf ungefähr 100 Stück pro Geschütz beläuft. Die Kardusen sind in Kasten, früher aus Zink oder einer Komposition von Kupfer und Zinn, jetzt meist nur aus Kupfer gefertigt und mit wasserdicht schliessendem Deckel versehen, verzackt, um sie vor Feuchtigkeit zu bewahren.

Bei den glatten Rohren hatte man zweierlei Ladung, eine grosse und eine kleine, um für grosse und kleine Entfernungen verwendet zu werden, ebenso alle möglichen Geschosse, Vollkugeln, Granaten, Shrapnels, mit Blei gefüllte Bomben und Kartätschen, von denen verschiedene Geschossarten wieder besondere Pulverladungen erforderten, d. h. man suchte früher für alle möglichen Fälle zu sorgen. Dies Princip ist jedoch ein unrichtiges und bringt nur Verwirrung an Bord. Bei der grossen Schnelligkeit, mit der kämpfende Dampfschiffe sich entgegen und an einander vorbeilaufen, wechseln die Entfernungen so schnell, dass der Nutzen einer solchen Unterscheidung von Ladungen in der Praxis illusorisch wird.

In jeder Marine sollte als Grundsatz gelten, nur ein Kaliber auf derselben Batterie, für dieses nur eine Ladung, und womöglich auch nur ein Geschoss zu haben, um die Gefechtsverhältnisse so viel wie möglich zu vereinfachen. Der Zweck der Schiffsgeschütze ist vor Allem, feindliche Fahrzeuge auf schnellste Weise kampfunfähig zu machen. Man wähle deshalb aus dem disponiblen Materiale das-jenige Geschütz, Geschoss und diejenige Ladung, welche im Stande sind, diesen Zweck am ehesten zu erfüllen, und bewaffne damit die Schiffe, gebe den grösseren mehr, den kleineren weniger Kanonen, aber immer die wirksamsten, und baue die Schiffe nach den Geschützen, aber nicht umgekehrt. Gepanzerte und ungepanzerte Schiffe mögen dabei geschieden werden, weil sie verschiedene Zwecke haben.

Im Vergleiche zu früheren Zeiten sind in dieser Richtung freilich schon anerkennungswerthe Fortschritte gemacht, aber in Beziehung auf Mannigfaltigkeit der Geschosse herrscht der Zopf noch am meisten in England.

Ausser den Batterie- und Deckgeschützen giebt es an Bord noch Boots- und Landungsgeschütze. Ihre nähere Beschreibung soll jedoch hier nicht weiter Platz greifen, da sie mit den Geschützen der Land-Artillerie übereinstimmen und sie weder Bedeutung haben noch irgend ein Interesse bieten gegenüber den Geschützriesen, welche mit tobender Gewalt Epoche machen und deren ausführlichere Besprechung deshalb dem Leser nicht unerwünscht gewesen sein dürfte.

Die am Schlusse des Buches befindlichen Geschütztabellen enthalten die wichtigsten Daten der gebräuchlichsten Marine-Geschütze.

Wie niedlich schreibt es sich aber nach den vorangegangenen Darlegungen und wird es sich lesen von Flinten, Revolvern, Enterbeilen, Entersäbeln und Enterpicken! Gleichwohl kann die Schiffs-Equipage sie nicht entbehren und sie wollen auch an Bord mit Liebe und Sorgfalt behandelt werden, weil sie der Person zu ihrem Rechte verhelfen, sie streitbar machen und bei Enterungen und Landungen zur Verwendung kommen. Die Enterbeile sind noch von früher her beibehalten, als die Taktik des Enterns mehr ausgeübt wurde. Sie endigen auf ihrer Rückseite in eine starke Spitze. Wenn Boote oder ein niedriges Schiff ein höheres enterten, so wurde die Spitze des Beiles in die Bordwand geschlagen, um den Enterern als Stützpunkt für die Füsse beim Erklettern der Wand zu dienen. Mit der Schärfe hieb man dagegen die Enternetze durch, mit welchen im Gefechte das Deck umspannt wurde, um die feindlichen Enterer von der Besitznahme des Decks abzuhalten. Mit den Enterpicken vertheidigte man die Geschützpforten gegen Eindringen der Enterer.

Für die moderne See-Kriegführung, deren Entscheidung fast lediglich der Geschützkampf oder das gegenseitige Anrennen giebt, haben Beile und Picken sehr wenig Werth mehr. Bei Landungen und in Booten sind sie jedoch immer noch zu gebrauchen und deshalb noch nicht ausgemerzt. Die Handwaffen sind fast sämmtlich in der Batterie, oder, wo solche nicht existirt, wenigstens unter Deck angebracht, und zwar so, dass sie den Mannschaften möglichst nahe und bequem zur Hand sind, wenn diese bei ihren Geschützen stehen. Die Vertheilung der Equipage an den Kanonen, die sogenannte Gefechtsrolle, ist nämlich die Grundlage für alle Manöver an Bord. Der einzelne Mann schläft, isst, exercirt mit Segeln u. s. w. immer möglichst nahe dem Geschütze, dessen Bedienung er zugetheilt ist, und deshalb befinden sich auch seine Handwaffen in der Nähe desselben.

Nach der Beschreibung der Bewaffnung des Schiffes, mit welcher die Ehre der Flagge aufrecht erhalten werden soll, folgt die der Flaggen und Signale.

Jede Nation hat ihre eigene Flagge, durch welche ihre Schiffe auf der See, sowie im Hafen von anderen unterschieden und die entweder an der Spitze der Besahngaffel oder an einem am Heck des Schiffes aufgepflanzten Flaggenstocke geheisst wird. Die angehängte Tafel zeigt die Flaggen der seefahrenden Nationen.

Nicht als blosser Schmuck dient die Flagge dem Schiffe, sondern sie wird als Palladium desselben betrachtet und mit eifersüchtiger Aufmerksamkeit von Denen überwacht, deren Pflicht es ist, die Ehre derselben im eigenen Lande, sowie unter fremden Nationen zu behaupten.

Der ihnen gebührende Pomp umgiebt an Bord die nationalen Flaggen, die sonst nur fast unbeachtet über den Wällen der Festungen während der langen Friedensjahre wehen, auf dem kreuzenden Schiffe aber eine wichtige Bedeutung erhalten.

Segelt das Schiff allein auf hoher See, ohne andere Schiffe oder Festungswerke in Sicht zu haben, so wird die Flagge, um sie zu schonen, niedergeholt. Zeigen sich aber andere Schiffe, so soll sie geheisst werden, und dient zur Aufforderung an die Anderen, auch ihre Flagge zu zeigen. Jeder Kauffahrer ist, in Kriegszeiten wenigstens, verpflichtet, wenn er in Sicht eines Kriegsschiffes segelt, seine Flagge zu heissen, widrigenfalls das Kriegsschiff es mittels eines Kanonenschusses fordert. — In Sicht von Festungswerken, auf denen die Nationalflagge weht, hat jedes Schiff seine Flagge zu heissen, und setzt sich, wenn es diese Vorschrift nicht befolgt, den Gefahren aus, im Schussbereiche der Festung angeschossen zu werden. — Kommandoflaggen werden von Denen, die sie nicht führen, immer salutirt, und zwar je nach dem Range und nach den hierüber bestehenden Salut-Reglements.

Nur unter der eigenen Nationalflagge darf sich ein Schiff schlagen; ja, man würde sich des Verbrechens der Piraterie und des Verrathes schuldig machen, wenn man unter falscher Flagge ein Schiff angreifen wollte.

Kauffahrer salutiren durch dreimaliges Auf- und Niederholen der Flagge die ihnen begegnenden Kriegsschiffe.

Durch das Streichen der Flagge, d. i. das gänzliche Einnehmen derselben, zeigt das Schiff an, dass es sich ergeben habe, womit das Gefecht als geendigt angesehen wird; gegen alle See-Kriegsregeln ist es, wenn noch nachher geschossen wird; mehrmals jedoch geschah es, dass ein Schiff seine Flagge strich und später, dieselbe von Neuem heissend, den Kampf wiederum begann, wie es unter anderen in den Schlachten von Abukir und Navarin der Fall war.

Nur zu häufig entstanden Streitigkeiten wegen vermutheter Beleidigung der Flagge, die in neuerer Zeit jedoch fast immer gütlich beseitigt wurden.

Bei festlichen Gelegenheiten werden die Schiffe beflaggt oder heissen die Flaggengala — das heisst, sie schmücken sich von der Spitze der Besahngaffel über die Toppen der Ober-Bramstengen nach der Spitze des Klüverbaumes oder vom Topp der Ober-Bramstengen nach den Raanocken bis herunter auf das Deck an beiden Seiten mit den Signalflaggen.

Die halbstocks geheisste, d. i. die halbaufgezogene Flagge zeigt einen Todesfall an Bord an; die verkehrt aufgezogene oder in der Mitte zusammengebundene Flagge, in Schau, deutet an, dass man Hilfe bedürftig sei, auf welches allgemein bekannte Zeichen ein anderes Schiff schnell seinen Kurs verlässt und, Hilfe bringend, heransegelt.

Die Flaggen sind von leicht gewebtem, wollenem Zeuge, Flaggentuch genannt, mehr breit als hoch angefertigt; ihre schmälere Seite, an der sie geheisst werden, ist mit Segeltuch eingefasst, in welches eine dünne Leine eingenäht ist, mittels der sie am Flaggenfall befestigt werden.

Ausser der Nationalflagge wird im Hafen noch eine kleinere, Gösch oder Bugflagge genannt, auf dem Flaggenstocke des Bugspriets aufgezogen; in einigen Staaten unterscheidet sich diese von der Nationalflagge hinsichtlich der Farbe und Zeichnung, in anderen ist sie ihr gleich. Nur Kriegsschiffe führen die Gösch. Die Gösch wird nur vor Anker aufgesteckt; alle im Wasser liegenden Boote des Schiffes führen alsdann ebenfalls ihre Flaggen.

Ein jedes Kriegsschiff, welches weder eine Admiralsflagge, noch einen Kommodorstander führt, lässt vom Topp des Grossmastes einen W i m p e l fliegen, welcher das Kommandozeichen des das Schiff kommandirenden Officiers und das Unterscheidungszeichen zwischen Kriegs - und Handelsschiffen ist. Auch in den Booten weht vorn dieser Wimpel, wenn sich der Kommandant des Schiffes im Boote befindet.

Die grosse Nationalflagge hat etwa die Länge des Hauptbalkens als Breite und zwei Drittel als Höhe; die zweite hat zwei Drittel der grossen, die kleine die Hälfte und die Gösch ein Viertel derselben. Die Admiralsflaggen haben gewöhnlich 3^m Breite und 2.5^m Höhe.

Der S t a n d e r, das Abzeichen eines K o m m o d o r, d. h. eines als Geschwader-Chef fungirenden Kapitäns, bildet entweder ein längliches Dreieck, dessen Spitze öfters bis in die Mitte getheilt ist, oder eine in zwei Zungen ausgeschnittene Flagge. Die Breite beträgt gewöhnlich 3.6^m, die Höhe 1.8^m.

Der W i m p e l hat die doppelte Länge des Hauptbalkens, läuft in eine oder zwei Spitzen aus und ist am oberen Ende ungefähr 23^{cm} breit.

Ausser den eigenen Nationalflaggen hat jedes Kriegsschiff noch die Flaggen aller seefahrenden Nationen, um sich derselben beim Salutiren oder im Falle der Noth auch dann zu bedienen, wenn der Feind getäuscht werden soll; noch sind alle Flaggen, Stander und Wimpel an Bord, die zu Signalen gebraucht werden.

Um sich entfernten Fahrzeugen mittheilen zu können, erfand man die S i g n a l e, da für gewöhnlich die Möglichkeit, von einem Schiffe zum anderen durch Parlamentiren, selbst mittels des Sprachrohrs, sich verständlich zu machen, wegfällt; daher werden alle Befehle, sowohl im Hafen, als auf der Rhede und in See, den verschiedenen Schiffen durch Signale bekannt gegeben.

Man theilt sie in T a g -, N a c h t - und N e b e l s i g n a l e ein.

Eine Verbindung verschiedener Flaggen, Stander und Wimpel, welche am Topp der Masten oder einer anderen geeigneten Stelle geheisst werden, bilden die T a g s i g n a l e. Sie müssen einfach und deutlich sein, um bei schönem Wetter bis auf eine Entfernung von fünf bis sechs Seemeilen gesehen und unterschieden werden zu können. Deswegen werden sie aus besonders grellen und abstechenden Farben, scharlachroth, blau, gelb und weiss angefertigt.

Jede Flotte hat ihr eigenes Signalsystem. Es wird geheim gehalten und ist so eingerichtet, dass es sich augenblicklich ändern lässt und dem Feinde unverständlich wird, wenn ihm vielleicht ein Signalbuch in die Hände fallen sollte.

Den Signalzeichen legt man entweder Ziffern- oder Buchstabenbedeutung bei. Wählt man 15 Buchstabenflaggen, so erhält man bei Kombinationen zu Zweien, Dreien und Vieren eine Summe von über 30.000 Signalen; die Summe der Zahlensignale ist innerhalb der Grenze von vier gleichzeitig an einer Leine zu heissenden Zeichen: 9999.

Sollen mehrere Signale an derselben Flaggenleine aufgezogen werden, so befestigt man zwischen den einzelnen Signalen einen kleinen Wimpel ohne Spitze, der als Interpunktion dient.

Jedes Schiff einer Flotte oder eines Geschwaders hat sein besonderes Zeichen, welches ebenfalls durch eine Zahl, die man mit Signalflaggen zusammensetzt, ausgedrückt wird. Nationalflaggen dürfen zum Signalisiren nicht benutzt werden.

Soll ein Signal einem besonderen Schiffe gemacht werden, so wird dessen Zeichen oder Nummer über oder neben jenem aufgezogen.

Werden durch Signale nur Buchstaben, Zahlen oder Kompassstriche angedeutet, so wird dies durch ein besonderes Signal zuvor angezeigt und alsdann nach einem alphabetischen Wörterbuch, wo jede Zahl ein Wort oder einen Buchstaben bedeutet, signalisirt; ähnlich ist es, wenn es sich um geheime Signale handelt, zu denen nur allein der Kommandant den Schlüssel hat.

Da man oft genöthigt ist, mehrere Fragen zu stellen oder verschiedene Befehle zu geben, so muss das betreffende Schiff, ohne weitere Anfragen, schnell bejahend oder verneinend antworten.

Das Signalbuch enthält in der ersten Spalte seiner Seiten die Buchstaben oder Zahlen; die Bedeutung der Signale folgt in alphabetischer Ordnung daneben geschrieben.

Sobald die Nacht und Dämmerung es unmöglich machen, die Farben der Flaggen zu erkennen, bedient man sich der Nachtsignale, die mit Laternen, Raketen, bunten und Blickfeuern und Kanonenschüssen gegeben werden, die sich indessen nicht so oft als die Tagessignale verändern lassen und deshalb nicht so umfassend als diese sein können.

Nebelsignale giebt man durch Kanonen- und Flintenschüsse, Läuten der Glocken, Trommeln u. dgl.; die letzteren dienen eigentlich nur dazu, die bei einander segelnden Schiffe von der Richtung ihrer Kurse zu einander in Kenntniss zu setzen, um die Entfernung, in der sie sich von einander befinden, darnach zu bemessen und so das Anstossen zu vermeiden. Die Dampfer bedienen sich überdies der Dampfpfeife zu diesem Zwecke.

Ein neues Signalsystem ist das des englischen Seeofficiers Colomb, das die grösste Einfachheit mit der möglichsten Sicherheit verbindet. Sein Princip ist nur ein Signalzeichen, bei Nacht eine Laterne, bei Tage ein dunkler Gegenstand, der so eingerichtet ist, dass man ihn in bestimmten Intervallen verschwinden und wieder erscheinen lassen kann; bei Nebel endlich wird dieser Gegenstand durch den Ton eines Nebelhornes dargestellt, kann jedoch ebensogut durch die Dampfpfeife ersetzt werden. Das von Colomb gewählte Tag-Signalzeichen ist eine Trommel von Segeltuch die an einem beliebigen sichtbaren Punkte des Schiffes geheisst wird und zum Zusammenklappen eingerichtet ist. Dadurch hat man es in der Hand, die Trommel auf eine gewisse Zeitdauer als dunkler Gegenstand erscheinen und plötzlich wieder verschwinden zu lassen. Sind nun die Mittel gegeben, durch irgend eine Vorrichtung die Dauer des Sichtbarseins und des Verschwindens auf Sekunden genau zu regeln, so ist damit eine ähnliche Einrichtung erzielt wie bei dem elektrischen Telegraphen, und durch Kombinationen jener ‚Blinke‘ kann man alle möglichen Zahlen und damit auch zugleich alle möglichen Signale darstellen. Eine einfachere Methode des Signalisirens ist kaum denkbar. Bei Tage macht man die Signale einfach mit der Hand, Nachts jedoch wird eine Maschinerie benutzt, um jede Unsicherheit in der Dauer der Verdunklungen und Blinke auszuschliessen.

In den meisten Marinen ist der Colomb'sche Apparat seit einiger Zeit eingeführt und wahrscheinlich wird er bald in allgemeinen Gebrauch kommen, da er zu viele Vorzüge vor der alten Methode hat.

Nach einem seit 1863 als international angenommenen Gesetze müssen alle Schiffe während der Nacht verschieden gefärbte Laternen an bestimmten Plätzen führen, um daran sowohl die gegenseitige Position, als auch zu erkennen, ob das begegnende Schiff ein Segel- oder Dampfschiff ist. Dampfschiffe führen eine weisse Laterne am Fockmaste, die den ganzen Horizont beleuchtet, an Backbord (links) ein rothes, an Steuerbord (rechts) ein grünes Licht, Segelschiffe nur die beiden letzteren. Diese dürfen ihren Schein nicht hinter den Querschnitt des Schiffes werfen.

Sieht man z. B. ein weisses, rothes und grünes Licht gleich- zeitig, so kommt ein Dampfschiff gerade auf uns zu. Sieht man nur ein rothes Licht, so ist dies ein Segelschiff, das in schräger Rich- tung, und zwar von rechts nach links, sich uns nähert, weil wir seinen Backbordbug sehen.

Ebenso giebt es internationale Gesetze über das Ausweichen in See. Wer dieselben nicht befolgt, muss bei einer Kollision den Schaden bezahlen. Dieselben lassen sich unter folgenden vier Haupt- regeln zusammenfassen:

1. Wenn sich zwei gleiche Farben begegnen, so setzt ein jedes Schiff seinen eigenen Kurs fort.

2. Wenn ein Schiff gerade vor sich nur eine Farbe erblickt, so hat es so abzufallen, dass es dem entgegenkommenden Fahr- zeuge dieselbe Farbe zeigt.

3. Wenn ein Schiff gerade vor sich beide Farben sieht, so hat es nach Steuerbord auszuweichen; sieht es dagegen beide Farben auf der Steuerbord- oder Backbordseite, so setzt es seinen eigenen Kurs weiter fort.

4. Sobald sich zwei verschiedene Farben entgegenkommen, muss das Schiff, welches Roth in Sicht hat, nach Steuerbord aus- weichen und die Maschine anhalten; das andere dagegen, welches Grün in Sicht hat, setzt seinen Kurs fort.

Die letzten Gegenstände der Ausrüstung, obgleich die wichtigsten, sind das Wasser und die Lebensmittel. Wie weiter oben bemerkt, hat man jetzt eiserne Cisternen, in denen das Wasser sich lange gut hält, statt der so viel Platz raubenden Fässer eingeführt. So viel nur immer möglich, wird von dieser so nöthigen Flüssigkeit eingeschifft, damit kein Mangel entstehe, dem auf der See nur dann abgeholfen werden kann, wenn sich ein Apparat zum Trinkbarmachen des Seewassers an Bord befindet, der übrigens jetzt beinahe auf allen Schiffen besteht.

Die Menge der Lebensmittel wird natürlich durch die Anzahl der Mannschaft bestimmt. wobei sowohl die Länge und Dauer der Reise, als auch der Ort der Bestimmung derselben in Betracht kommen.

Im Allgemeinen sind jetzt fast alle Nationen darin einig, die Mannschaften, durch deren Kräfte das Schiff regiert werden muss, gut und kräftig zu beköstigen. Die betrügerischen Lieferungssysteme früherer Zeiten sind verschwunden und der Matrose wird vorschriftsmässig und hinreichend genährt.

Die einem englischen Matrosen zu verabreichenden Lebensmittel, die so ziemlich denen anderer Marinen gleich sind, bestehen in frischem und gesalzenem Rind- und Schweinefleisch, gutem Zwieback, Mehl, Reis, Bohnen, Erbsen, Hafergrütze, Butter, Käse, Kakao, Thee, Zucker, Essig, Citronensaft, Branntwein oder Rum und Wein. Im Hafen erhält der Matrose frisches Fleisch, frisches Brot und grüne Gemüse. Trockene Gemüse, als Bohnen, Erbsen und Reis, wechseln in See mit Mehlspeisen ab; täglich giebt es Fleisch. Auf vielen Schiffen erhält die Mannschaft statt der Mehlspeisen zweimal in der Woche frisches Brot.

Eine Ration ist hinreichend, den Hunger des stärksten Essers zu befriedigen, da täglich ausser den Gemüsen oder Mehlspeisen $0._{56}$ kg Zwieback und $0._{42}$ kg gesalzenes Fleisch für jeden Mann geliefert werden.

Die spirituosen Getränke, häufig auch vor der Vertheilung mit Wasser vermischt, werden unter Aufsicht eines Officiers an jeden einzelnen Mann verabreicht, um Missbrauch zu verhüten.

Dreimal des Tages wird gespeist und nach jeder Mahlzeit Alles schnell wieder in Ordnung gebracht.

Die Mannschaft wird in besondere Menagen, Backen genannt, zu je zehn und mehr Mann eingetheilt, die zusammen essen; einer der Backsmannschaft hat die Oberaufsicht und ist für die Ordnung und Reinlichkeit verantwortlich. Wechselweise müssen die Uebrigen die Lebensmittel in der Bottlerei in Empfang nehmen, sie zur Küche bringen und abholen, den Tisch oder den Platz zum Essen herrichten und die Gefässe später reinigen und bewahren, zu welchem Zwecke jeder Back ein besonderer Platz angewiesen ist. Zum Anrichten (Schaffen) erfolgt das Kommando: ‚Backen und Banken!‘ Dass in der Küche eine ausserordentliche Reinlichkeit gehandhabt wird, bedarf eigentlich keiner weiteren Versicherung.

Der Bootsmann, Feuerwerker, Steuermann, Maschinist und Zimmermann bilden einen Tisch für sich. Die Unterofficiere bekommen die nämlichen Rationen wie die Mannschaft.

Die Officiere speisen zusammen, ebenso die Kadetten und die mit ihnen in gleichem Range Stehenden. In Bezug auf die Verproviantirung der Schiffe sind in neuester Zeit bedeutende Fortschritte gemacht worden, so dass an diesen Tafeln von Entbehrungen nur ausnahmsweise die Rede ist.

Der Kommandant muss seine eigene Tafel halten, zu der er nach Belieben Officiere und Kadetten laden kann. Befindet sich ein Admiral am Bord, so speisen der Flaggkapitän und der Stab des Geschwaders mit ihm.

In einigen Marinen haben die Officiere Tafelgeld, in anderen nicht; sonst erhält noch jeder eine Ration der Schiffskost, die gewöhnlich vom Zahlmeister des Schiffes zur Mitbestreitung der Kosten der Menage verrechnet wird.

Für die Kranken wird besonders gut gesorgt und zu ihrem Bedarfe ein bedeutender Vorrath eingemachter Speisen, die nach Appert's wichtiger Erfindung in luftleeren, blechernen Büchsen aufbewahrt werden und Jahre lang sich erhalten, mitgenommen, deren man sich in Fällen bedient, wo es schwer halten würde, frisches Fleisch oder Gemüse zu bekommen.

Die Apotheke ist, unter Aufsicht geschickter Aerzte, mit allen Gegenständen versehen, deren man möglicher Weise bedarf. Dieser Zweig des Dienstes lässt im jetzigen humanen Zeitalter im Allgemeinen wenig zu wünschen übrig.

Eine hinreichende Menge Holz und Kohlen zur Feuerung beschliesst die Gegenstände der Ausrüstung.

VI.

Der Seemann.

Du allein bist zu beneiden,
Hier in diesem Thal' der Leiden
Seemann auf der Fluth;
Wo dein Geist in Gott versunken
Und dein Auge wonnetrunken
Auf der Schöpfung ruht.

Heinrich von Littrow.

Der Seemann. — Der Seeofficier. — Leben zur See. — Schiffsbewegungen und
Seekrankheit.

Bevor wir die Bemannung und den eigentlichen Schiffsdienst
besprechen, das Leben und Treiben des Seemannes näher betrachten
und seine Verwendung im Frieden und im Kriege schildern, halten
wir es für nothwendig, uns überhaupt mit dieser eigenen Rasse
zu befreunden, die so verschieden von allen anderen Klassen der
menschlichen Gesellschaft dasteht, und daher ein Recht hat auf eine
specielle Schilderung.

Homme de mer! sagt Ortolon in der Vorrede zu seinem
Meisterwerke, ‚Règles internationales et diplomatie de la mer‘,
Homme de mer! Cette expression consacrée signifie que celui au
quel on peut l'appliquer, possède au plus haut degré l'entente de la
partie spéciale du métier difficile de la mer; qu'il joint à une
théorie réfléchie et au niveau de l'état actuel des sciences exactes,
une pratique éclairée, acquise par une longue navigation; qu'il est
tout à la fois, lorsqu'il le faut bon officier et bon matelot; qu'il
est doué enfin, de ce tact particulier, nécessaire dans les circon-
stances critiques pour rendre habile à choisir sans hésitation le bon

parti; tact inné, indéfinissable, qu'on a nommé le sixième sens du marin, et qui fait pour ainsi dire de lui un être à part. Die Mannigfaltigkeit und das Erhabene der natürlichen und der zu erwerbenden Eigenschaften und Kenntnisse, welche sich in einem Menschen vereinigen müssen, damit er ein tüchtiger Seemann werde, stellen den vollendeten Seeofficier ausser allen Vergleich zu dem gewöhnlichen Kriegsmanne.

Die Tapferkeit, welche den Streiter zu Lande auszeichnet, genügt nicht, um den verschiedenartigen Kämpfen auf der unermesslichen Wasserfläche des Oceans kühn die Stirne zu bieten. Wenn wir auch mit Bewunderung die grossartigen Mittel, welche heute dem Seemanne durch die Technik geboten werden, betrachten, so dürfen wir doch die ausserordentlichen Verhältnisse nicht übersehen, in denen er lebt und webt, die keine Kunst, kein Fortschritt, keine Wissenschaft zu ändern vermag, und die allein ihn zu dem machen, was er sein muss.

Wenn der Geist des Menschen und seine grösste Kraft, die Wissenschaft, allerdings den Himmel in seinen Bereich gezogen und die Gestirne zu Marken und Wegweisern auf den pfadlosen Wasserstrassen auserkoren hat, wenn er auch gelernt hat, den Wind gefangen zu nehmen und ihn zum Sklaven seiner Absichten zu machen, seine Wuth vorherzusehen und zu vermeiden, oder sie schlau zu benutzen; wenn es dem Menschen auch gelungen ist, die zwei erbittertsten Feinde, Feuer und Wasser, zu Alliirten zu machen und ihre vereinte Kraft auszubeuten, und den allmächtigen Riesen, den Dampf, zu jedweder Kraftleistung zu zwingen und sich durch ihn zum Herrn des Oceans zu erheben: so ist es bisher doch nicht geglückt, dem am Lande natürlich gegebenen engeren Verhältnisse menschlichen Bedarfes in gleicher Weise zur See Befriedigung zu verschaffen.

Es giebt, sagt ein viel befahrener, d. i. weit gereister Marinearzt,*) keinen Beruf, der allen natürlichen Bedingungen des Lebens so vollständig widerstreitet wie das Seeleben. Herausgerissen aus allen materiellen und moralischen Beziehungen, an die er von Jugend auf gewöhnt ist, sieht sich der Seemann von Gefahren aller Art

---

*) Dr. Wallbrach: Zur Schiffshygiene.

umringt, gegen die er unaufhörlich kämpfen muss. Er verlässt die Heimat und Alles, was ihm lieb und theuer ist, um, auf einen eng begrenzten Raum und die härtesten Entbehrungen angewiesen, bald unter der sengenden Hitze des Tropenklimas, bald in der erstarrenden Kälte eines nordischen Winters den Gefahren des veränderlichen Elementes und den nachtheiligen Einflüssen seiner Lebensweise zu trotzen. Nur Abwechslung und Aufregung sind es, deren Zauber ihn ein Leben lieb gewinnen lassen, durch welches er so mannigfachen Schädlichkeiten ausgesetzt wird: das elendeste Dasein wechselt mit den herrlichsten Genüssen, und nach der Stunde der Gefahr, wo er seinen Untergang vor Augen sah, erfüllt ihn das doppelt schöne Gefühl der Sicherheit. So gewöhnt er sich an dies unnatürliche Leben, das allmählich seinem physischen und moralischen Wesen einen ganz eigenthümlichen Charakter aufprägt und ihn um so enger an sich fesselt, je weniger Analogie irgend eine andere Lebensweise darzubieten vermag.

Wenn man nicht auf dem Wasser geboren und, wie die Engländer sagen, ‚mit Schwimmhäuten und Wasserschnabel zur Welt gekommen ist‘, oder nicht in so jugendlichem Alter an Bord gelangt, in welchem die Gewohnheit noch nicht unsere Wünsche und Bedürfnisse in Fesseln geschmiedet hat, so begegnet man zur See Einrichtungen und Gebräuchen, welche mit unserem gewöhnlichen Menschenleben in geradem Widerspruche stehen. Der Thätigkeit des Körpers, des Geistes und des Gemüthes ist an Bord ein eigenthümlicher Weg vorgezeichnet, welchen man unbedingt betreten muss, da jeder Widerspruch, jede Opposition mit unerbittlicher Strenge und mit der vollen Gewalt des Naturgesetzes bestraft, so wie der hemmende Arm zermalt wird, der in das Räderwerk einer Maschine eingreifen wollte. Und dennoch wird es schwierig, zu erkennen, was zu thun und was zu lassen ist, die Richtschnur fehlt, weil die normalen Verhältnisse am Lande zu keinem Schlusse berechtigen — neu und anders, aus anderer Nothwendigkeit entsprossen sind die Normen und Lebensregeln für den Seemann. Sehen wir völlig ab von den Bedürfnissen eines Individuums, das bis zu seinem zwanzigsten Jahre weder die Poesie noch die Entbehrungen des Seelebens zu erproben Gelegenheit hatte — sehen wir einerseits ab von einem jungen Manne, der auf Reisen sich

13*

nach den besten Hôtels erkundigte, der bis zu seinem zwanzigsten
Jahre im wohlgeheizten Zimmer blieb, wenn kalte Nordluft wehte,
oder einzelne Schneeflocken sich an sein Fenster legten; der Ueber-
schuhe, Regenschirm und Fiaker stets zu seiner Verfügung hatte,
wenn der Hygrometer-Stand ihm von einer liebevollen Mutter oder
von einem gut dressirten Bedienten, als bedenklich feucht gemeldet
wurde; — ja sehen wir andererseits sogar völlig ab von dem beständ-
digen Ringen des Seemannes, der den Beruf und die nöthige Begeisterung und Liebe dazu fühlt, gegen grosse Naturkräfte zur Erreichung
seiner verschiedenen Zwecke zu streiten, in deren erster Linie die
Erhaltung seines Lebens steht: — so bleibt jedem Seemanne unab-
weisbar der ebenso ununterbrochene harte Kampf zur Befriedigung
der Bedürfnisse seines Organismus. Behausung, Speise, Trank, Arbeit,
Schlaf, Bewegung, Erholung und Ruhe sind ihm in ungewohnter
Form geboten. Wohl können ihm alle diese, nach einer gewissen
Zeit, wenn er sich daran gewöhnt, gedeihlich werden; allein hundert-
fache Zwischenfälle stören und verändern nur zu häufig diese neuen
ungewohnten Normen und erschweren ihm so beim besten Willen
den Eintritt in das neue Leben. Speise und Trank unterliegen der
Verderbniss, abgesehen davon, dass sie in ihrer Gattung und Menge
und Zubereitung verschieden von jenen des Landbewohners sind;
die allerdings wohlberechnete und gleichmässig eingetheilte Arbeit
häuft sich manchmal in einer Weise, dass sie der Mensch nicht
mehr bewältigen kann; Schlaf und Ruhe werden durch Umstände
gewaltsam aufgehoben, gestört, unterbrochen; — seine Bewegung
wird oft eine unwillkürliche, ermüdende, weil sich Alles um ihn mit
bewegt; — seine Erholung endlich — oft missverstanden, ausartend,
schädlich, weil sie dem kalten Trunke des Wüstenjägers gleich
kommt, der seinen Durst stillen, die Frische der Oase geniessen will,
unbekümmert um die Folgen nach einer so langen peinlichen Entbehrung. — Das Schlimmste dabei ist endlich die traurige Alternative:
entweder ertragen, oder, wenn die Last unsere moralischen und
physischen Kräfte übersteigt, zu Grunde gehen; es liegt beinahe nie
in der Macht eines Befehlshabers oder in unserer eigenen, schonend
gegen uns aufzutreten, wenn die Verhältnisse gebieterisch werden.
    Man wird vielleicht bei dieser Gelegenheit an solche Beispiele
denken, welche beweisen, dass der Mensch in Fällen der Dringlichkeit

und bei Ereignissen von hoher Bedeutung einen ungewöhnlichen Muth und eine staunenswerthe Körper- und Seelenstärke zu entwickeln im Stande ist, die am besten die Grösse des menschlichen Vermögens bekunden. Allein wenn der Soldat seine Brust zwischen die feindlichen Kugeln und seinen Officier als Schutzwehr hinstellt, wenn er die Fahne im halbzerschmetterten Arme noch festhält, oder wenn die Mutter sich in die Flammen stürzt, um ihr hilfloses Kind aus der Wiege zu retten: so kommen dabei Seelenzustände in Anschlag, welche jene Thaten motiviren und erklären. Man sehe den Matrosen in der Aufregung der Schlacht, und auch er wird hundert Male Thaten vollbringen, welche der Verewigung würdig sind. — Aber er thut kaum geringeres bei jedweder anderen friedlichen Gelegenheit; um einen Wimpel zu klaren, ein Reef einzustechen, einen Anker zu katten — giebt's keinen Lorbeerkranz, keinen Orden zu erwerben, der Gegenstand, die Leistung entflammt nicht zur blinden, trunkenen Begeisterung, aber dennoch giebt's ein Leben zu verlieren. Die ganze Existenz des Seemannes ist somit eine Reihe von Gefahren und Aufopferungen — eine Schlacht, die er den Elementen liefert.

Daher mag bei seiner oft angeborenen Gutmüthigkeit und Nächstenliebe wohl auch die schroffe Selbstständigkeit, die Unabhängigkeit und die prunklose Aussenseite kommen, die ihn kennzeichnet, und der Kastengeist, der ihn isolirt nur in die Mitte seines Gleichen hinstellt. Der Seemann betrachtet als seinen Vorgesetzten nur Den, der im Stande ist, die Gefahren des Seelebens mit ihm zu theilen — seine Lage, seine Bedürfnisse zu ergründen und zu verstehen — ihm als Rath zur Seite zu stehen — wenn es sich darum handelt, zu helfen — alle anderen Räthe, und mögen sie in den glänzendsten Uniformen stecken, sieht er über die Achsel an und rümpft die Nase, wenn er an ihnen den Theergeruch nicht wittert. — Man muss ihn daher nicht falsch beurtheilen — er tritt unerschrocken der Gefahr entgegen — er ist gleichzeitig der gehorsamste Mensch gegen seine Vorgesetzten — aber er ist wie das edle Ross, er beurtheilt seinen Reiter — er wird sich einem Kinde zu Liebe führen lassen — aber den Sporn verträgt er nur von einem wirklichen Reiter — mit ihm überspringt er im Fluge alle Hindernisse und bringt ihn an das gewünschte Ziel — den Stümper aber, der ihn quält, der ihn nicht zu führen vermag, den wirft er unerbittlich ab.

Und wie vielfach und mächtig angeregt wird trotz der mühevollen Laufbahn das Seelen- und Gemüthsleben des Matrosen, wie wird sein Beobachtungsgeist geweckt und ausgebildet! — Er lernt viele und grossartige Naturerscheinungen kennen, deren Vorzeichen deuten und dieselben erklären, es hängt ja von diesen in vielen Fällen die Erhaltung seines Schiffes und seines Lebens ab. Der Ausdruck ‚dem Tode in's Auge schauen‘, welcher in dem Beschreibungsstyle unserer Zeit, der von übertriebenen Bildern strotzt und häufig Vergleiche mit nie gesehenen Gegenständen anstellt, ist beim Seemanne zuerst ein Ausdruck der Wahrheit. In einer Viertelstunde erlebt er Ereignisse, welche ihn von der gemüthlichen Konversation mit der Pfeife im Munde an den Rand seines nassen Grabes bringen, wo er im Augenblicke die gesammten Kräfte seines Geistes und Leibes einsetzen muss, um sich zu retten. Keine Macht der Erde hemmt die Gewalt des Windes, wenn er in die vollen Segel stürmt und das Schiff mit 10 Meilen stündlicher Fahrt gegen eine zu spät entdeckte Untiefe oder gegen ein Riff treibt. Da muss er entschieden handeln — muss bei der augenfälligsten Gefahr sich so beherrschen, dass sein Geist ungetrübt und sein Auge klar bleibe — um schnell den Weg zur möglichen Rettung zu erkennen, um den Blitz zu benutzen, der ihm für einen Moment die Sturmesnacht erhellt, der ihn nicht blenden darf, der ihn führen, leiten, retten soll. Da darf er nicht an sein händeringendes Weib denken, darf sein wimmerndes Kind nicht hören — darf die eigene Lebensgefahr nicht erwägen. Mit kalter Ruhe und doch mit elektrischer Schnelle erfasst sein Geist die Lage — die Gewalt des Windes — die Brandung der See — die vor ihm liegende Untiefe — den Kurs des Schiffes — das Manöver der Segel oder der Anker — das Alles schlägt Millionen Male schneller als der Blitz in sein Gehirn — im Nu ist das einzige Richtige, Rettende erkannt — schon tönt sein entschiedener Befehl durch das Sprachrohr, dem Hunderte vertrauensvoll gehorchen — und im nächsten Augenblicke schon triumphirt er über die vernichtende Gewalt entfesselter Naturkräfte — und steht da als wahrer, echter Seemann! — Und ein schmales Verdeck fast ohne Zeugen ist sein Schlachtfeld — eine finstere Wüste, durch die der Sturmwind heult, ein undankbarer Ruhm, den er sich von Stunde zu Stunde erkämpfen muss — den er im nächsten Augenblicke wieder verlieren kann, der oft gar nicht bis in das Vaterland zu seinen Lieben dringt — denen er statt Ehren und Auszeichnungen nur sich selbst, sein sonnengebräuntes, durch Seeluft und Salz gepöckeltes, aber freundlich lächelndes Antlitz bringt — oder wenn Alles missglückt, fern von seinen Theuern — ein Grab im Abgrunde des Oceans findet, von bunten Korallen umwachsen, oder wie ein Wrack hinausgespült an den öden Muschelstrand des Meeres. Hundert Gefahren für eine Glorie — zehn Helden für einen einzigen Mann! — Ein Korallensarkophag im Pantheon des Meeresgrundes! —

Der Seemann ist in der Regel auch gottesfürchtig — und man urtheilt ganz falsch, wenn man ihn als Ketzer verschreit. — Zwei Dinge sind es, sagt der unsterbliche Mann, der Deutschland zur philosophischen Schule Europa's gemacht hat, zwei Dinge sind es, die vor allen anderen würdig erscheinen, die Aufmerksamkeit des menschlichen Geistes zu fesseln, und die ihn mit immer neuer Bewunderung erfüllen: das moralische Gesetz in uns und der gestirnte Himmel über uns.

Beide Eindrücke finden wir im Seemanne vertreten. Das moralische Gesetz, so sehr er es zeitweise zu vergessen scheint — leibt und lebt in ihm und wird nicht selten der einzige Führer seiner Handlungen; die Matrosen-Rechtlichkeit ist sprichwörtlich, die Nächstenliebe durch das Zusammenleben an Bord wird praktisch geübt und muss geübt werden, wenn er sich das Leben nicht verbittern und unerträglich machen will; der Grundsatz der Christenlehre: ‚Was du nicht willst, dass man dir thue, das thue auch Anderen nicht‘ wird streng beobachtet und findet von der Hängematte bis zur Raa, auf der man brüderlich die Reefe im Sturme einbindet, seine volle Anwendung. — Concordia wird das Losungswort — durch sie allein leistet die Bemannung das Unglaubliche, ohne sie würde selbst das Tau- und Takelwerk so wenig nützen als uneinige Denkungsart; wie die Wanten, Stage, Pardunen und Brassen einig zusammenwirken, wie aus den einzelnen Garnen das riesige Kabel entsteht — so leistet die Mannschaft an Bord Alles mit vereinten Kräften, Einer für Alle und Alle für Einen. Und gottesfürchtig? —

hört man zweifelnd fragen — auch gottesfürchtig soll der Matrose sein? Ja! — Wenn sein zeitweiliges Fluchen, das übrigens an Bord weit weniger Aergerniss als am Lande giebt, weil es dort nur die See hört und der Wind die Scheltworte verweht oder Wind und Wellen sie mit ihrem Geheule übertönen — wenn man dieses Seemannslaster zum Verbrechen stempelt und ihm vorwirft, dass er die Kirche selten besucht, dann fehlt dem Matrosen allerdings die Religion. Aber dem ist nicht so. Wer steht in so unmittelbarer Berührung mit dem Herrn der Welten, wer hat mehr Gelegenheit als der Seemann, die Allmacht, Weisheit, Güte des Schöpfers zu bewundern, wenn sich nach einem Orkane der Himmel wieder klärt, die Führer am Firmamente wieder ihre Strahlen auf den Ocean streuen, die Sonne wieder den Horizont vergoldet und in ihrer ewigen ungestörten Ordnung siegreich und glänzend den Wellen entsteigt, wenn die liebste, treueste Gefährtin des Matrosen, die keusche Luna, freundlich hinter Wolkenschleiern blinkt und ihm mit ihrem Silberstrahle die Nacht zur See erhellt: wer soll da nicht aufblicken zum Throne des Allmächtigen, den Geist, die Seele zugleich mit den gefalteten Händen erheben zu jener Höhe, von der alles Gute kommt, danken für die überstandene Gefahr, bewundern, staunen, glauben, hoffen, lieben — wer soll da nicht beten! Ein alter im Seedienste ergrauter Matrose behauptete einstens ganz treffend, dass, wenn es auf der Erde keine Religion geben würde, so hätte der Seemann sie erdacht und ihre Nothwendigkeit, den Drang gefühlt, ihr den ersten Altar zu errichten. Man verlange somit nicht die Form, die Aussenseite — sie wird zur Nebensache, wo der Kern so unschätzbar, Alles überwiegend und unzerstörbar besteht.

Sonntag ist's, der Tag des Herrn,
Der uns ladet zum Gebet.
Alles wandelt still zum Dome,
Am Altar' der Priester steht.

Segen spendet er der Menge,
Die in tiefer Andacht knieet,
Und ihr Halleluja singet
Und das schönste Kirchenlied.

Alles tauchet fromm die Hände
In geweihtes Wasser ein,
Will gereinigt von der Sünde,
Will vom Herrn gesegnet sein. —

Tausend Meilen weit vom Lande,
Fern im stillen Ocean,
Treibt ein Schiff am Sonntagsmorgen
Auf der grossen Weltenbahn;

Ringsumher die Wasserwüste,
Keinen milden Weihrauchduft,
Keine Kirche, keine Glocke,
Die zur Sonntags-Andacht ruft;

Doch als Dom der blaue Himmel,
Der auf uns hernieder sieht,
Im Ornat als hoher Priester
Glänzt die Sonne im Zenith;

Durch die Taue und die Takel,
Säuselt es wie Orgelklang,
Und die Wellen plätschern lieblich
Einen kleinen Chorgesang.

Und ich tauche meine Hände
In die gottgeweihte Fluth,
Und bekreuze meine Stirne
Wie man's in der Kirche thut;

Solche Andacht auf den Wellen
Billigt man wohl auch in Rom:
Mit Choral, geweihtem Wasser,
Und in Gottes eig'nem Dom.

Aber Vorurtheile hat der Matrose in Menge, und abergläubisch ist er auch, heisst es wieder. — Und hat man am Lande keine Vorurtheile, giebt es am Lande keinen Aberglauben? Zittern unsere grossen Geister nicht ganz unverschämt vor dem Freitage als einem Unglückstage, an dem man nichts unternehmen soll? Ist der Jäger, der beim Antritte seiner Jagdpartie einem alten Weibe zuerst begegnet, weniger abergläubisch als der Matrose, der das St. Elms-

Feuer an der Spitze seiner Masten für ein böses Omen hält?
Trösten wir uns mit den Worten des weisen Nathan:

> Der Aberglaube, in dem wir aufgewachsen, verliert, auch wenn wir ihn
> erkennen, darum doch seine Macht nicht über uns. Es sind nicht alle frei, die
> ihrer Ketten spotten.   Lessing.

In der That bilden die wahren Matrosen eine Klasse von
Menschen mit charakteristischen, hervorragenden guten Eigenschaften.
Der Körper dieser eigenen Menschenklasse trotzt der Hitze und
Kälte, der Trockenheit, dem Nebel, Regen und Schnee; der Seemann
kann Hunger und Durst ertragen, er kann sehr viel und sehr wenig
essen; wenn sein Gaumen auch eine hohe Sinnesausbildung hat, so
ist der Magen viel weniger zart, er verdaut grosse und kleine
Quantitäten feiner oder derber Speisen — ja es ergeben sich Fälle,
wo er verhungern müsste, wenn die unglücklichen Bedenken der
wählerischen Landbewohner bei ihm obwalten würden. Nebst der
Widerstandsfähigkeit seines Organismus besitzt der Seemann noch
die seltene Fähigkeit, eine ungeheuere Kraft und Ausdauer zu
entwickeln; er bemeistert den Schlaf und erwacht zu jeder Stunde,
in welcher er wach werden will; kaum erwacht, fühlt er sich in
dem vollen Gebrauche aller Sinne. Im Hafen angelangt, zeigt er
häufig eine überraschende Entwicklung der Körperkraft, so dass
man es ihm gar nicht anmerkt, dass er der Ruhe nach einer
stürmischen, mühevollen Reise bedürftig wäre. Mit welcher Leichtigkeit erträgt er Entbehrungen, die allein schon den Ungeübten, den
Novizen unglücklich machen. Seine Schlafstätte, die an zwei Haken
befestigte Hängematte, schliesst sich wie ein Sack um ihn — der
Ungewohnte erwacht, matter als er sich in dieses schwankende Bett
begab, mit steifem Genick und Schmerzen in den Lenden — der
alte Matrose erfreut sich hingegen des erquickendsten Schlafes, und
wenn man ihm seine vierstündige Ruhe ununterbrochen gestattet,
so erwacht er gekräftigt und frisch, bereit, um vielleicht augenblicklich in finsterer, stürmischer Nacht die anbefohlenen Segelmanöver auszuführen. — Wenn man nun unseren heutigen Komfort,
alle unsere Bequemlichkeiten und zweckmässigen Einrichtungen an
Bord mit jenen der ersten Oceanfahrer und Entdeckungsreisenden
vergleicht, denen noch alle Navigations- und Lebensbehelfe zur See
mangelten: wenn wir uns dieses schauderhafte Bild übermenschlicher

Anstrengung, ununterbrochenen Gefahr, bitterer Entbehrungen recht klar machen, so muss man den Muth, die Grossherzigkeit, die Seelenkraft, die Ausdauer bewundern, mit denen jene ersten Oceanfahrer ausgerüstet waren, um Das zu unternehmen und zu leisten, was sie unternommen und geleistet haben, und neben ihnen müssen sogar die grössten, opferfähigsten Momente der Weltgeschichte — die Kreuzzüge — in den Hintergrund treten.

Obwohl also gerade im Seeleben Entbehrung und Poesie, so innig vereint, dem Zauberbilde Schatten und Licht verleihen, so hat doch die Poesie des Seelebens in der Neuzeit im Verhältnisse zu den geringeren Entbehrungen auch bedeutend abgenommen. Wie unsere Eisenbahnen zu Lande den poetischen Reiz der Wanderungen und Reisen theilweise zerstört haben, so verminderte der Dampfer allmählich durch seinen Komfort die Entbehrungen. raubte aber auch einen grossen Theil der Poesie des Seelebens. Das Hochgefühl eines Kommandanten, der nach einer stürmischen Fahrt mit dicht gereeften Segeln kreuzend einen Hafen erreicht, der bezaubernde Ton der niederrasselnden Ankerkette, die jede weitere Sorge bannt und gleichsam ein Schlummerlied nach wilden, schlaflos auf Deck verlebten Nächten trillert: diese Hochgenüsse des Seemannslebens hat der schnaubende Dampfer theilweise zerstört, aber freilich an die Stelle der schwärmenden Poesie praktische, nützliche Prosa gestellt. — Segelschiffe werden aber trotz der riesigen Fortschritte noch lange, ja immer bestehen, der Wind, die wohlfeile kosmische Kraft, wird immer Menschen finden, die ihn benutzen. Dem Matrosen des Seglers aber ist das Schiff seine Welt, nie vermag ein Dampfer ihn so zu fesseln, das Segelschiff ist ihm sein Vaterland, seine Heimat, seine Geliebte, dessen einzelne Bestandtheile vom Kiele bis zum Topp, die Planken, Taue, Masten, Segel, Boote sind ihm gleichmässig an's Herz gewachsen, dessen Tugenden bilden seinen Stolz, dessen Mängel bedeckt er mit eifersüchtiger Liebe, vertheidigt und behauptet gewisse Eigenschaften, die man ihm abstreiten will, bis zur Raserei, so dass nicht selten Fälle vorkommen, wo es blutige Excesse und Balgereien setzte, blos weil die Matrosen des einen Schiffes die Eigenschaften des anderen nicht anerkennen wollten, und die Beleidigung, die zur Schlägerei führte, oft z. B. nur darin bestand, dass der Eine behauptet, ,seine Marie sei luvgieriger als die Adele des

Anderen', oder ,gehe mit grösserer Leichtigkeit bei jedem Wetter über Stag'. — Zeugen, Loggbücher werden herbeigeholt und schliesslich endet der Streit entweder friedlich mit gegenseitigen Toasten auf das Wohl der Marie und der Adele, oder blutig mit einer Schlägerei.

Charakteristisch bleibt die englische Redensart, in der das Schiff immer mit she (Sie) bezeichnet und dieses weibliche Fürwort für jede Klasse gebraucht wird, was dem Ausdrucke etwas Zarteres und Liebevolleres verleiht. Nur bei den Raddampfern gebraucht der Engländer das sächliche it. — In der deutschen Seesprache richtet sich das Fürwort meist nach dem Taufnamen des Schiffes.

Wie sehr der Matrose an einem Schiffe hängt, an dessen Bord er längere Zeit gedient hat, kann man am deutlichsten entnehmen, wenn er an Bord eines anderen eingeschifft, seinem früheren in See begegnet oder es in einem Hafen vor Anker findet. Wie der Kavallerist sein ehemaliges Pferd wieder erkennt und sich darüber freut, so glänzen dem Matrosen die Augen beim Anblicke seines ehemaligen Fahrzeuges; auf grosse Distanz, am Horizonte erkennt er es, die Stellung der Masten, der Schnitt der Segel, die Lage auf dem Wasser bezeichnen es seinem Kennerblicke — er grüsst es mit Hutschwenken wie einen alten Bekannten, tausend Anekdoten und Erlebnisse tauchen in seinem Gedächtnisse auf, die er den Kameraden begeistert erzählt, und nicht selten rollt eine Thräne über die braune Wange, wenn die alte Geliebte wieder am Horizonte verschwindet. Findet er die ehemalige Lebens- und Leidensgefährtin auf der Rhede oder im Hafen, so macht er sicher seinen Besuch an Bord.

In der Kenntniss eines Bauwerkes, zu dessen Lob sich Alle vereinigen, erlangt der Matrose nach und nach einen so feinen, so höchst ausgebildeten Geschmack, dass man denselben mit dem lebendigen Gefühle vergleichen darf, welches der Künstler sich durch langes und strenges Studium der edelsten Denkmäler des Alterthums erwirbt. Dieser Geschmack ist es, der ihn Unvollkommenheiten entdecken lässt, die jedem weniger geübten Auge entgehen würden; er ist es, der das Wohlbehagen, welches der Anblick eines Schiffes zur See zu erregen pflegt, noch dadurch steigert, dass er den Verstand fähig macht, Theil an dem Genusse zu nehmen. Dieser mächtige, dem Nicht-Seemanne unbegreifliche Zauber bildet jenes geheimnissvolle Band, wodurch der Seemann so innig seinem Fahrzeuge anhängt, wodurch die Eigenschaften seines Schiffes ihm dieselbe Achtung einflössen wie Anderen die. Tugenden eines Freundes, ja wodurch er endlich in dessen Schönheiten ebenso verliebt wird wie in die seines Mädchens. Andere Menschen mögen wohl diesen oder jenen leblosen Gegenstand mit Bewunderung betrachten, allein dieses Gefühl durchdringt und beseelt nicht ihr ganzes Wesen, wie die liebende, immer wachsende Anhänglichkeit des Seemannes an sein Schiff. Es bildet seine Heimat, seinen Herd, seine Hütte, den Gegenstand seiner unablässigen und nicht selten schmerzlichen Theilnahme, und ist oft die Quelle seines Stolzes, seines Triumphes! Je nachdem das Schiff seine begeisterte Erwartung erfüllt oder täuscht in seiner Schnelligkeit oder in der Schlacht, in Untiefen und bei Sturm, lobt er es wegen Vorzügen, tadelt es wegen Fehlern, welche in Wahrheit ebenso oft der Geschicklichkeit oder Unwissenheit Derer zuzuschreiben sind, die das Schiff regieren, als irgend einer dem Gebäude selbst zugehörigen Eigenschaft. Das ficht aber den Matrosen nicht an; immer ist es das Schiff, das bei ihm den Lorbeer des Sieges davon trägt, die Schande der Niederlage und des Unglücks erleidet. Ereignet sich etwas, was seinem Begriffe von dem Schiffe nicht entspricht, so sieht er das als eine ausserordentliche Abweichung von dessen allgemeinem Charakter an, ganz so, wie wenn der Bau in Besitz von Selbstbewusstsein und eigener Willenskraft wäre.

In die peinliche Anomalie der Lokalitätsverhältnisse an Bord, die dem Landbewohner so lästig, so unerträglich vorkommt, und in der sich der Seemann doch so wohl befindet, geräth aber nicht blos der Matrose, sondern auch der Officier. Der Matrose hat ausser seiner Hängematte, in die er sich nur des Nachts und nur wenn er dienstfrei ist, legen darf, eigentlich gar keinen bestimmten Aufenthaltsort. Lärm und Getöse um ihn herum verstummen beinahe nie. Allerdings muss er während seiner vier Stunden Wache nicht beständig arbeiten, aber es ist schon eine Anstrengung, vier Stunden bei jedem Wetter auf Deck bleiben zu müssen. Treffen ihn während seiner dienstfreien Zeit keine Exercitien, so muss er sich ein Fleckchen auf den Planken der Batterie suchen, wo er seine müden

Glieder für eine Weile hinlegen kann. Der Officier hat an Bord seine eigene Kammer. — Wenn man zum ersten Male ein Schiff betritt, so scheint einem der Aufenthalt in einer solchen Kammer kaum möglich. — Freilich erreicht der Officier erst, nachdem er als Kadett vier Jahre hindurch gemeinschaftlich in der Kadetten-Messe mit sechs bis zwölf anderen Kameraden leben musste, dieses Kämmerchen, das somit an Werth gleich hoch mit den errungenen Epauletten steht und das Ziel aller Kadetten-Wünsche ausmacht. Und wer dort in der Kadetten-Messe vier bis fünf Jahre hindurch gelebt, dort einen kleinen Vorbegriff vom perpetuum mobile, vom Chaos und vom Kommunismus erlangt hat, der lernt es erkennen und schätzen, was sechs bis acht Fuss im Kubus abgeschlossenen Raumes auf einem Schiffe für ein kostbarer Besitz sind. Allerdings hat man mit einem Schritte sein Reich durchmessen — man lernt aber bald in diesem das nothwendigste Material des Bedarfes und der Bequemlichkeit für Tag und Jahr unterbringen; man hat eine Stätte, wohin man sich zurückziehen und allein sein kann, während man sonst im Schiffe kaum irgend etwas unbeachtet ausführen und nichts für sich allein haben kann, als den Gedanken.

Auf dem Schiffe wird man erst recht inne, welchen Einfluss das Seeleben auf die körperliche und geistige Integrität ausübt. Während am Lande uns der Verkehr immer mit neuen Menschen in Verbindung bringt und wir von den mannigfaltigsten Obliegenheiten in Anspruch genommen sind, haben diese auf dem Schiffe eine gewisse Gleichförmigkeit, und die Gesellschaft bleibt oft jahrelang dieselbe. Nicht minder anziehend, doch viel weniger schwierig, wird dadurch die Erkenntniss eines für das Studium sehr würdigen Gegenstandes: des Menschen. Auf dem beschränkten Schiffsraume wird jeder Einzelne von allen Anderen beständig beobachtet, und so wie bei dem darstellenden Künstler, der allein auf der Bühne steht, die kleinste Bewegung, die Falte an seinem Kleide von tausend Augen bemerkt und bekrittelt wird, so wie jedes seiner Worte in tausend lauschende Ohren fällt, ebenso offenkundig ist das Thun und Lassen, ja der leiseste Ausdruck der innersten Regung für das grosse beobachtende Publikum an Bord. — Wie oft kann man z. B. die leise ausgesprochene, aber richtige Aeusserung hören: Der Kommandant muss gute Nachrichten von seiner Frau und Familie

in dem gestrigen Briefe erhalten haben, weil er heute in so sorg-
fältiger Toilette und so heiter auf Deck spaziert; oder der Lieutenant N. N. muss einen sehr nachlässigen Bedienten haben, weil
er schon seit Wochen einen Oelfleck auf seiner Uniform nicht weg-
bringt; oder das Barometer muss stark gefallen sein, weil der erste
Lieutenant die dicken Stiefel angezogen hat u. s. w. Wie soll es
uns aber gelingen, unsere Ansichten, Wünsche, Eindrücke, Handlungen immer zu verbergen oder sie den verschiedenen Indivi-
dualitäten und ihren verschiedenen Interessen anzupassen? So lernt
man denn sehr schnell an Bord den Charakter eines Jeden, seine
Neigungen, Leidenschaften, Eigenheiten und Launen kennen, ergründet
seine Schwächen und weiss Talente und Fähigkeiten, die ihn aus-
zeichnen, zu beurtheilen und zu schätzen. Bei der Tendenz zur
Kritik, die dem Menschen angeboren ist, werden über jeden Einzelnen
von allen Uebrigen, je nach der persönlichen Ansicht und je nach
dem Vergleiche mit der eigenen Individualität, Urtheile festgestellt.
Bei der so leicht gestatteten Einsicht in sein Inneres wird der
Einzelne aber nur dem Gleichgesinnten sympathisch, nähert sich
ihm, während er den Anderen fern bleibt, ja oft sogar abstossend
auf sie wirkt. Parteibildungen, Gruppen — und gruppirte Diskus-
sionen, die sich oft unglaublich in die Länge spinnen, zerrissen und
wieder angeknüpft werden, deren Werthlosigkeit am Lande einleuchtend wäre, sind auf dem Schiffe beinahe unvermeidlich — werden
zu einer oft lächerlichen Wichtigkeit erhoben und so entstehen
durch fortgesetzte Verwicklungen in verschiedenartigen Ansichten
und Meinungen oft Klüfte und Trennungen in der Gesellschaft,
denen nur das taktvolle Benehmen und der persönliche Einfluss
eines tüchtigen ersten Officiers oder des Kommandanten vorbeugen
kann, oder die durch Zerstreuungen, die der Hafenaufenthalt liefert,
oder durch anhaltende Beschäftigung in den Hintergrund gedrängt
oder gänzlich zerstört werden. — Nirgends ist die Harmonie so
unentbehrlich wie an Bord, aber auch nirgends so lohnend, so
wohlthuend, so erquicklich als eben hier, und Schiffe, an deren
Bord zwischen den Officieren und der Mannschaft dieser Einklang
regiert, sind das Emblem des Friedens und des Glückes — ebenso
wie uns das Bild der Hölle vor der Seele schwebt, wo Zwietracht
und Unfrieden Wurzel gefasst haben.

Unter solchen Verhältnissen mag man sich nun eine Vorstellung machen, wie wohlthätig zuweilen die Einsamkeit der Kammer auf den Seemann wirkt, und wie er die Oertlichkeit lieb gewinnt, in die er sich zurückziehen und seinem erregten Geiste die ersehnte Ruhe gewähren kann.

Bedenken wir schliesslich noch, welche riesige Dimensionen alle diese Seelenzustände annehmen in dem Medium der endlosen Gleichförmigkeit des Seelebens. Diese ist aber so gewaltig, dass schon der Windwechsel, frischer Wind, ein Segelmanöver, ein heranfliegender Vogel, ein springender Delphin Gegenstände lebhafter Theilnahme und unglaublicher Anziehungskraft werden — dass eine plötzliche sonderbare oder malerische Wolkenformation oder ein Schiff, das vom Ausguck kaum am Horizonte sichtbar gemeldet wird, einen Disput beenden kann, der freilich nur in Folge der eintönigen, langweiligen Situation hitziger geführt wurde, als der Gegenstand es verdiente — wie man einer elenden Crayon-Skizze manchmal einen goldenen Rococo-Rahmen und kostbare Arabesken schenkt.

Kann man es also nach den Betrachtungen solcher Lebensverhältnisse dem Seemanne verargen, wenn er nach hundertfachen Entbehrungen und Leiden während einer langen Seefahrt sich mannigfaltig im Hafen entschädigen will? Ein Gut erwerben und bewahren — Wucher treiben mit den Genüssen, deren er sich in der nächsten Zukunft nicht mehr erfreuen kann, ist so wenig des Matrosen Sache als der Geiz, der auch nur höchst selten unter dieser Menschenklasse vorkommt. Er giebt, was er hat, und will dafür, was er haben kann. Wasser und Hass, die ihm so lästig geworden sind, ersetzt er im Hafen durch Wein und Liebe. — An das Vergängliche gewöhnt, vom Sturme her, der endlich auch an ihm vorüberzieht, verlangt er keine Beständigkeit, aber die Stunde der Freude soll ihm endlich die Stunde des Kummers ersetzen, der Honig des Kusses die salzige Welle, die seine Lippe verbittert, ein heiteres Lied das Brausen des Sturmes übertönen, und rosige Arme sollen ihn statt der Hängematte umschlingen.

Die Erinnerung an die vergangenen Tage der Mühseligkeit, der Gefahr und der Entbehrungen zur See ertränkt er im Lethe des Genusses. —

Zu allen diesen misslichen Lebensverhältnissen kommt noch die Seekrankheit, ein Uebel, das wenigstens beim Beginne der seemännischen Laufbahn nur wenige Glückliche verschont.

Die S e e k r a n k h e i t, dieses Uebel, welches in der animalischen Oekonomie eine solche Störung hervorruft, dass der davon Befallene meistens jede Hilfe für unzureichend, ja für unmöglich hält, zieht dennoch keine unangenehmen Folgen nach sich. Es giebt sogar Aerzte, welche glauben, dass dieses Uebel als Heilmittel mehr Aufmerksamkeit verdiene, als man ihm bis jetzt geschenkt hat, und dass es erspriessliche Dienste in mehreren sowohl akuten als chronischen Krankheiten leiste — eine Annahme, die wir schon bei den Alten finden.

Man liest im Plinius,*) dass das Erbrechen, welches durch das Rollen des Schiffes hervorgerufen wird, als ein heilsames Mittel in vielen Krankheiten des Kopfes, der Augen, der Brust und in allen Affektionen wirkt, für welche man den Helleborus zu geben pflegt. — Indessen theilte der englische Arzt Gilchrist, welcher im vorigen Jahrhundert über die Nützlichkeit der Seereisen zur Heilung mehrerer Krankheiten ein später von Bourru**) in's Französische übertragenes Buch veröffentlicht hat, nichts Wichtiges über die Vortheile mit, die man von der Seekrankheit als Kur erwarten könnte.

Bis jetzt ward es nicht möglich, ein bei allen Individuen gleich wirkendes Mittel gegen dieses Uebel zu finden, welchem nicht selten auch alte seegewohnte Leute unterworfen sind.

Plinius empfahl einen Aufguss von Wermuthkraut: „*nauseam maris arcet in navigationibus potum absinthium.*“***) Die Salernitanische Schule hielt mit Wasser gemischten Wein für ein unfehlbares Mittel:

„*Nauseam non poterit quemquam vexare marinam*
Undam cum vino mixtam si sumpserit ante,“

und heut zu Tage giebt es auch Viele, die behaupten, dass der Champagner sehr vortheilhaft wirke.

Bacon von Verulam spricht von einem hochgestellten Herrn, dem es gelang, sich von dieser höchst lästigen Unpässlichkeit,

---

*) Hist. nat. Lib. XXXI. cap. VI.
**) De l'utilité des voyages sur mer pour la cure de différentes maladies.
***) Hist. nat. Lib. XXVII. § XXVIII.

welcher er Anfangs sehr unterworfen war, dadurch zu befreien, dass er ein mit Saffran gefülltes Säckchen auf dem Magen trug. Jedoch keines von diesen Mitteln, selbst das letztere nicht, wiewohl es auf das Wort des berühmten Autors des „Novum organon" sehr in Gebrauch war, hat sich bewährt. Nutzlos, ja sogar schädlich wurden die Blutentleerungen, welche Einige versucht haben, denn sie verlängerten die Dauer und erschwerten die Symptome der Seekrankheit.

Man behauptet, dass Semenas die Wirksamkeit des von ihm vorgeschlagenen schwefelsauren Chinins konstatirt habe. Guépratte aber lobt folgenden Trank, wovon man einen halben Kaffeelöffel von Zeit zu Zeit, und zwar so oft einnimmt, bis das ganze Fläschchen binnen sechs bis acht Stunden verbraucht werde:

Destillirtes Baldrianwasser . . . . 2 Unzen
    „   Orangenblüthenwasser . . . . . . 1 Unze
    „   Lüttichwasser . . . . 1 „
Zimmet-Tinktur . . . . 1 Quentchen
Sydenham's flüssiges Laudan . . . . 20 Tropfen.

Die elegante französische Welt empfiehlt als Vorbeugungs- und Linderungsmittel Folgendes:

Man destillirt eine halbe Unze Hydrochlorsäure mit fünf Unzen Alkohol und mischt dazu achtunddreissig Unzen gemeines Wasser mit einem Zusatz von Münzenwasser — was eigentlich dem Gebrauche der gerühmten Hoffmann'schen Tropfen oder dem deluirten Schwefeläther entsprechen würde.

Alle Diejenigen, welche in solchen Fällen von einem uns von einem Matrosen anempfohlenen Mittel Gebrauch machten, fanden bis jetzt vollkommene Linderung. Dies besteht darin, dass man ein Paar Körner Pfeffer schluckt, sobald irgend eine Anlage zu diesem Uebel gefühlt wird. Warmes, heisses Wasser schluckweise trinken, soll auch ein Mittel sein.

Es scheint im Allgemeinen, dass jene Schiffsärzte, die von dem Grundsatze ausgingen, solche Medikamente zu geben, welche innerlich den Kreislauf des Blutes beschleunigen, vortheilhafte Resultate erlangt haben. Und faktisch: Dr. Charles Pellerin, welcher durch eine lange Reihe von Jahren französischer Schiffsarzt war und sich mit diesem Studium beschäftigte, setzt das Opium und die Präparate, worin dieser kondensirte Saft vorkommt, wie z. B.

den Theriak, an die Spitze; es gelang ihm manchmal mit dem gummösen Extrakte von Opium, welchen er von Stunde zu Stunde reichte, die Erscheinungen dieses Uebels ganz abzuschneiden, oder doch zu suspendiren, vielleicht auch, weil der Patient in Folge des Genusses seines Mittels einschlief.*)

Darin sind Alle einig, dass vor der Manifestation des Ekels die warmen aufregenden Getränke günstig wirken. So können der Kaffee, der Holländer Thee mit einer kleinen Zugabe von Brannt-wein, der Grog, der warme Wein und der Punsch eine grössere Fähigkeit geben, der Seekrankheit zu widerstehen, da der Kreislauf beschleunigt und die Haut in einem dinaphoretischen Zustande erhalten wird. Jedermann muss aber sich selbst kennen und sich nach der eigenen Individualität richten, sowohl beim Gebrauche dieser Getränke als auch beim Genusse einiger Gewürze, wie des Senfs und des Pfeffers, die, obschon sie sehr nützlich und besonders vor der Abreise zu empfehlen sind, dennoch nicht allen Konstitu-tionen zusagen.

Nicht allein diese Mittel, sondern Alles, was das Blut gegen das Gehirn treibt, gewährt eine Erleichterung bei diesem Uebel; daher kommt es, dass Vielen durch das Tragen der von Jobard und von Anderen empfohlenen Binde, welche, wenn man sie anwendet, den Bauch und die Basis der Brust komprimirt, geholfen wird. Damen behaupten, dass sie weniger leiden, wenn sie stark geschnürt sind.

Aber auch das stark wiederholte Einathmen der Luft trägt zur Verminderung der Seekrankheit bei. Arago ist hierdurch, seinem eigenen Geständnisse nach, so lange davon bewahrt geblieben, bis die Ermüdung durch die Anstrengungen der Muskeln und der Respirations-Organe ihn aufzuhören zwangen.

Und wenn auch einige Mittel — unter diesen Chloroform und vorzüglich Pfeffer — als sehr nützlich anzunehmen sind, so muss man doch im Allgemeinen behaupten, dass ein specifisches Mittel noch aufzufinden bleibt, und selbst die Palliative von sehr unsicherer Wirkung sind, daher muss Jenen, die eine lange Fahrt zu machen haben und nicht gezwungen sind, sich dem Leben des Seemannes zu widmen, gerathen werden, dass sie so viel wie möglich

---

*) G o r a c u c h i: Die Adria und ihre Küsten. Triest, 1864, wo dieser Gegenstand eminent behandelt ist.

der Beweguug des Schiffes, als der Ursache des Uebels, dadurch auszuweichen trachten, dass sie sich dort aufhalten, wo das Fahrzeug am wenigsten sich bewegt, d. h. nach Möglichkeit in der Mitte desselben; besser noch ist es, wenn sie horizontal in einer Hängematte liegen. Ruhig zu bleiben, wie schon bemerkt wurde, iu horizontaler Lage, mit dem Hinterhaupte etwas tiefer gelegen, wo eiu hängendes Bett nicht zu haben ist, auf einem Sopha oder auf dem Boden, womöglich auf Deck: ist eine Vorsicht, welche man allgemein als sehr wohlthuend anerkennt. Blessirte, welche im Jahre 1830 von Algier nach Mahon überführt wurden und an Bord einer Fregatte in der Batterie auf Matratzen oder Stroh lagen, blieben mit wenigen Ausnahmen verschont; ebenso hatten andere Patienten, welche in hängenden Lagern auf Schiffen transportirt wurden, das Glück, beinahe durchaus von dieser peinvollen Unpässlichkeit frei zu bleiben. Dass die horizontale Lage den Zustand des Leidenden lindert, darf umsoweniger Wunder nehmen, da es beobachtet wurde, dass schwangere Frauen, die so empfindlich für die Schiffsbewegung sind, selten an Erbrechen leiden, so lange sie im Bette liegen, dagegen sehr häufig in dem Augenblicke von demselben befallen werden, wo sie die Querlage verlassen und eine aufrechte Stellung annehmen.

Daher sind die einzigen empfehlenswerthen prophilaktischen Massregeln: dass man bei schönem, günstigem Wetter abreise, um sich nach und nach an die Schwankungen des Schiffes zu gewöhnen, dass man einen sanften Druck der Eingeweide des Unterleibes mittels einer Bauchbinde erzeuge und sich auf Deck in freier Luft durch angenehme, erheiternde Gespräche zerstreue. Wir wiederholen es aber, dass es für Diejenigen, welche eine kurze Fahrt zu machen haben und der Seekrankheit unterworfen sind, nichts Besseres geben kann, als dass sie ruhig in einer horizontalen Lage liegen bleiben und ein oder zwei Körner Pfeffer schlucken (ohne sie zu zerbeissen). Die horizontale Lage bleibt auch deshalb das sicherste Mittel, weil Viele die Seekrankheit verschlafen, wenn sie einschlafen können, bevor die Bewegung beginnt.

Wem diese Ruhe nicht gestattet ist, wie z. B. den Matrosen, Seekadetten und Seeofficieren, und das Unwohlsein und die Anstrengungen des Erbrechens beim leeren Magen zu stark wären, auf den wird das frische Wasser heilsam wirken und auch dadurch helfen, dass, da die Eingeweide nicht-leer bleiben, das Erbrechen um Vieles erleichtert wird. In diesem Falle fanden Viele einige Erleichterung, indem sie assen. Gebratene Hühner oder ein anderes mürbes Fleisch haben öfters den Reiz zum Brechen gänzlich getilgt. Es ist bekanntlich viel peinlicher, sich bei leerem als bei vollem Magen zu erbrechen.

Endlich muss ein tonisch-diätetisches Verhalten, körperliche Uebungen in den letzten Tagen vor der Einschiffung, Enthaltsamkeit von jedem Excesse sowohl im Essen als im Trinken, Vermeidung nächtlichen Wachens und entnervender Vergnügungen, sowohl Jenen, die eine kurze Fahrt, als auch Denen anempfohlen werden, welche eine lange Seereise zu unternehmen haben. Letztere aber, besonders wenn sie sich der Kunst widmen, das Meer und die Winde zu beherrschen,*) müssen schon von Anbeginn mit aller Energie gegen die Unthätigkeit und Abgeschlagenheit kämpfen; daher haben sie, sobald sie an Bord kommen, auf Deck zu bleiben, um sich den Luftbewegungen auszusetzen, müssen öfters tief Athem schöpfen, beständig schnellen Schrittes bis zur Ermüdung und zum Schweisse gehen, mit den Matrosen die Taue ziehen u. s. w. Die physische Arbeit, je anstrengender desto besser, ist überhaupt das sicherste Mittel gegen die Seekrankheit. Es ist auch beobachtet worden, dass im Allgemeinen auf Kriegsschiffen alle Diejenigen, welche wenig Bewegung machen und wenig arbeiten, viel länger leiden als der Matrose, welcher unter allen Umständen gezwungen ist, beim gegebenen Signale seinen Dienst zu versehen.

Ein barbarisches, aber leider zeitweise doch erprobtes Mittel gegen die Seekrankheit sollen auch gelinde Prügel sein — eine Medicin, für die sich freilich wenige Patienten anmelden werden, die aber endlich nur den früheren Satz: der vis tragica bestätigt, die Einbildungskraft beschränkt, jeden Schluss a priori gegen den gewaltigen a posteriori vertauscht, überrascht und fesselt. — In der pharmacopöa navalis der Kriegsschiffe kommt dieses Heilmittel natürlich nicht vor — zuweilen aber in der pharmacopöa pauperum

---

*) Ars navalis maris ventorumque dominatrix.

an Bord der Kauffahrer, wo der Schiffsjunge nicht selten dadurch vollkommen geheilt wird. In der englischen Marine wurde dieses Mittel selbst kameradschaftlich unter den jungen Midshipmen in camera caritatis angewendet, weil Niemand gern den Wachdienst für einen Seekranken übernimmt, und es soll sich diese Panacee vielseitig bewährt haben.

Können Sie mir kein Mittel gegen die Seekrankheit rathen? Glauben Sie, dass ich seekrank werde? Leidet jeder Mensch an der Seekrankheit? Ist die Seekrankheit gefährlich? und so weiter hundert Fragen, beinahe gleichzeitig, werden an ältere Seeleute oder an Kapitäne eines Schiffes von Novizen gerichtet, die sich dem infido elemento, wie es der Italiener nennt, anvertrauen wollen oder müssen, und wie soll man diese und ähnliche Fragen beantworten? Jede Prophezeiung ist unklug und gefährlich für den Propheten. Prognosticirt man Seefestigkeit und trifft sie nicht zu, so wirft der arme Leidende beim ersten Unwohlsein so strafende Blicke auf den falschen Propheten, dass einem die Lust vergeht, auch nur zu helfen oder zu trösten. Will man gutmüthig vorbereiten auf den möglichen Fall und tritt das Leiden dann nicht ein, so wird man verhöhnt und ausgelacht. Auf die Frage: Kann man sich an die Seekrankheit gewöhnen, weiss man schon gar nichts zu antworten, höchstens, dass man wie von den Hühnern, die abgestochen werden, zu empfindsamen Zuschauern sagt: Jammern Sie nicht, sie gewöhnen es. Sich an die See gewöhnen, das kommt natürlich vor, und es wäre traurig, wenn es nicht vorkäme, aber sich an die Seekrankheit gewöhnen, ist eine arge Zumuthung. Es giebt Leute, die nach und nach sich an die See gewöhnen — aber meistens müssen sie ihre Uebungen frühzeitig, in der Jugend beginnen, und so recht ganz verlässlich werden sie doch nie; plötzlich tritt ein neuer Fall und das alte Uebel ein, z. B. beim Uebertritte von Segel- auf Dampfschiffe, ja selbst von Raddampfern auf Schraubenschiffe, bei Temperatur- und Windwechsel. Es giebt Leute, die bei Scirocco (Südost) fürchterlich leiden, bei Bora (Nordost) sich ganz erträglich wohl befinden. Auf den Dampfschiffen hört man immer die Klage über den Geruch wiederholen, den die Kohlen, das Fett und Oel der Maschine verbreiten. Diese Empfindlichkeit ist aber ein Symptom der Seekrankheit; wer nicht daran leidet, riecht eben gar nichts von all dem üblen Parfum. Einige finden das Rollen des Schiffes (die Bewegung um die Längenachse des Schiffes) sehr unangenehm, Andere das Stampfen (die Bewegung um die Querachse), den meisten Menschen sind die Spiegel unerträglich, Andere ärgern sich über das Krachen des Getäfels, über das Knarren der Masten. Mit Einem Worte: Allen ist unbehaglich, Alle haben auszustellen, zu tadeln, Niemand lobt, Niemand bewundert.

Die Seekrankheit ist ein zwar im hohen Grade lästiges, aber, äusserst seltene Fälle ausgenommen, nie gefährliches Leiden. Das Unbehagen, als Introduktion, wie das Leiden selbst, zeigt sich unter den mannigfaltigsten Formen. Raucher verlieren zu allem Anfange die Lust an ihrer Cigarre oder Pfeife. Noch lange bevor das Leiden eintritt, sieht man sie ihre Cigarre so gewiss verdächtig nach jedem Zuge betrachten, als ob sie eben heute anders schmecke als sonst. — Schnupfer hingegen verdoppeln ihre Prisen mit einer gewissen Hast und Nervosität, so als ob sie noch schnell ihre Nasenprovision einnehmen wollten, bevor auch diese Lust vergeht und sich die Seekrankheit einstellt. Esser und Trinker finden die Speisen und Getränke, erstere nicht gut zubereitet, letztere nicht von der besten Sorte — die gewisse charakteristische Tadelsucht geht auch hier dem Leiden voran. Schwätzer und sonst sehr gesprächige Menschen werden mässiger in ihren Mittheilungen, Wortkarge werden gesprächiger — aber alles das nur, bevor das eigentliche Leiden beginnt. Bei dem schönen Geschlechte, bei den Damen, äussert sich die Seekrankheit in ganz besonderer Weise: Sie werden beinahe Alle nachgiebig, jeder Widerspruch hört auf und für das eheliche Leben wäre dieser Zustand, wenn er nicht andere Inkonvenienzen und Unbequemlichkeiten mit sich führen würde, ein sehr entsprechender und behaglicher. Man thut also eigentlich gut, wenn man die Damen im Allgemeinen bei dem Glauben lässt, dass Alle seekrank werden können. Freilich giebt es auch solche, die wirklich seefest sind und nicht leiden, dann leiden die Anderen, die nicht leiden, umsomehr. Das sind aber, Gott sei's gedankt, seltene Ausnahmen. Das erste Symptom der Krankheit ist eine gewisse Unruhe — dabei aber ein freundliches Entgegenkommen, ein sanftes Auftreten, ein schmachtender Blick, der, wenn man kein Diagnostiker ist, irre machen kann; man glaubt, er käme vom Herzen, während er dem Magen enstammt, das scheinbare Kapituliren reducirt sich auf Uebergeben. Hat sich einmal eine leichte Blässe und ein lebhaftes Glänzen der Augen eingestellt, so folgt sehr bald ein verdächtiges Spiel um die Mundwinkel, ein Entfärben der Lippen und wenn der Patient unter diesen Vorzeichen auch sich selbst und Andere täuschen will und behauptet, dass er sich noch ganz wohl fühle, so wird er wenige Minuten darauf lügen gestraft — es stellen sich die bläulichen Ringe unter den Augen ein, die manchen Damen so reizend stehen, die Pupille vergrössert sich — die Augenlider bewegen sich langsamer auf und zu und bleiben auch länger geschlossen. Das Köpfchen neigt sich bald nach der einen, bald nach der anderen Seite — die Hände entfärben sich, die Konversation verstummt allmählich, man beginnt zu gähnen und zu schlingen, ohne etwas im Munde zu haben, und will man es versuchen, etwas Flüssiges zu sich zu nehmen, so will es trotz des Schlingens und Schluckens ohne Grund — jetzt mit Grund nicht hinunter. Jeder Kampf wird vergebens — bald berührt die Hand die Magengegend, bald die Stirne, endlich stützt sich der Kopf auf den Arm und nun heisst es: Da rast die See und will ihr Opfer haben.

Entmuthigend wirkt die Seekrankheit beinahe auf Alle, die daran leiden, wir sprechen aus Erfahrung und haben besonders bei grösseren Truppentransporten, wo im Stabe und der Mannschaft beiderlei Geschlechter sich produciren, merkwürdige Fälle erlebt, von denen wir nur einige anführen wollen. Die stärksten, robustesten Männer, wahre Athleten, wurden hinfällig wie Kinder, Schwächlinge hingegen vertrugen die See, die sie zum ersten Male befuhren, manchmal auch ohne die geringste Ueblichkeit. Ein Soldat des österreichischen Infanterie-Regiments Nr. 1 wurde auf einer stürmischen Winterfahrt zwischen Ragusa und Ancona mit Südoststurm, nach längerem Leiden tobsüchtig und musste in Ancona in der Zwangsjacke dem Hospitale übergeben werden. Der Mann litt bedeutend, wollte aber auch gar nichts thun von Allem, was ihm gerathen wurde, brüllte, fluchte, bis sich endlich eine Gehirn-Kongestion herausstellte, die ihn tobsüchtig machte. Nach wenigen Tagen wurde er vollkommen genesen aus dem Krankenhause entlassen. Nur in Sicilien, in Syracus, steht das Grabmonument eines sicilianischen Prinzen, der in Folge der Seekrankheit das Zeitliche gesegnet, das

Epitaph lautet sonderbarerweise: Obiit auctoritate maris. Natürlich müsste man alle näheren Umstände kennen, um auch diesen einzigen bekannten Todesfall als solchen zu konstatiren. — Eine Mutter mit ihrem Säuglinge verlor plötzlich die Milch und war in Folge ihrer Aufregung und ihres lauten Jammers, bei dem sie das hungernde Kind akkompagnirte, nahe daran, wie jener Soldat tobsüchtig zu werden. Das schreiende Kind wurde durch Mandelmilch und Milch aus Nüssen so ziemlich beruhigt — ein Seemann nahm es in seine Arme, und da dieser der Bewegung des Schiffes durch geübtes Balanciren zuvorkam, fühlte das Kind die Schiffsbewegung nicht und schlief, obwohl schlecht genährt, ruhig ein. Kaum hatte die Mutter gelandet, fühlte sie sich wieder im vollen Besitze der Nahrungsmittel für ihr Kind, das sich nun mit Freuden dem Trunke der Liebfrauenmilch ergab. — Kinder im Arme von Matrosen werden nie seekrank. Ein merkwürdiger Fall ereignete sich mit einer Kunstreiter- und Seiltänzertruppe, die sich von Smyrna nach Alexandrien auf einem Lloyddampfer eingeschifft hatte. Niemand erwartete, dass diesen Luftspringern und Equilibristen die See etwas anhaben könnte. Das Wetter war eben nicht stürmisch, aber die See doch bewegt und Alle — sage Alle, vom Direktor, der zugleich Athlet war, bis zu den Clowns — wurden tüchtig seekrank, besonders die Damen der Gesellschaft litten furchtbar. Zwei Tage nach ihrer Ankunft in Alexandrien, wo der bereits aufgestellte Kunsttempel in Form eines Cirkus ihrer harrte, waren sie noch nicht im Stande, sich zu produciren — sie hatten das nöthige Gleichgewicht noch nicht gefunden. Höchst bemerkenswerth ist auch das sogenannte Reaktions-Leiden, das bei der Seekrankheit nicht selten vorkommt. Es giebt nämlich Menschen, bei denen das Leiden in dem Augenblicke endet, wo die Ruhe an Bord eintritt oder indem ihr Fuss wieder festen Boden unter sich fühlt. Ein kolossaler Hunger stellt sich augenblicklich ein und das Gefühl allgemeinen Behagens macht alles Erlebte vergessen. Es giebt aber auch Viele, die an Bord nur sehr gering leiden, das Unbehagen aber tagelang, nachdem sie das Schiff verlassen, auf dem Lande nicht loswerden können und sich nur langsam erholen, ja, wir haben einen Fall erlebt, wo eine Dame 18 Stunden, während eines Sturmes auf Deck angebunden, mit ihrem Lehnstuhle tapfer ohne die geringsten Symptome der Seekrankheit ausgehalten hat, und im Hafen, am Lande, durch zwei Tage gerade so litt, als ob sie seekrank an Bord wäre. Wer erklärt solche Zustände? Dass Phantasie und Angst einen bedeutenden Einfluss haben und das Leiden befördern, unterliegt wohl keinem Zweifel — am deutlichsten beweist dies das Eintreten einer wirklichen Gefahr an Bord, z. B. Feuerlärm, Strandungsgefahr, ja sogar einzelne Sturzwellen, die als kalte Douche den Deckpassagier überraschen; da sind alle Seekranken gleich geheilt oder wenigstens rekonvalescent, helfen arbeiten, pumpen, retten, löschen.

Es giebt Leute, die in Ruderbooten bei bewegter See, so lange sie selbst rudern, nicht seekrank werden, aber augenblicklich leiden, wenn das Boot stille steht und von der See allein bewegt wird; sie klagen dann über Ohrensausen und Schwindel. Wir kennen eine Dame, die vom Ufer oder vom Fenster aus einem Schiffe, das sich vor Anker heftig bewegt, nicht lange zusehen kann, ohne seekrank zu werden. Ein Herr, der einen kleinen Sturm auf einem Panzerschiffe mitgemacht und sehr gelitten hatte, liess sich nach beendeter Reise von einem Photographen eine Schiffskabine mit bewegter See so recht windschief zusammenstellen und versetzte sich selbst in die Patienten-Pose. Der Ausdruck des sonst schönen Kopfes ist in dieser Gedenktafel so gut wiedergegeben, dass die lebhafteste Erinnerung ihn bei diesem gelungenen Mienenspiele unterstützt haben muss. Den glänzendsten Beweis von Reaktion nach erlebtem und durchlittenem Sturme lieferte Graf B. Nach einem schweren Wetter wurde gelandet und B. hatte, was Seeleiden anbelangt, Grossartiges geleistet — aber kaum an's Land gekommen, fühlte er sich wohl. Nachdem er seine Toilette in Ordnung gebracht, trafen sich alle seine Reisegefährten am wohlbestellten Theetische. B. fühlte keinen besonderen Appetit, das gewisse Spiel um die Mundwinkel war noch nicht verschwunden. Man kam in der Konversation wieder auf die stürmische Fahrt zu reden. B. ersuchte, den Diskurs einzustellen — das provocirte nur die übrige Gesellschaft — man begann mit den Stühlen zu schwanken, bewegte den Tisch, imitirte mit einem Worte die Bewegungen während eines Sturmes. B. erblasste — wurde komplet unwohl, musste aufstehen und sofort traten alle Symptome der Seekrankheit ein. Ein ähnlicher Fall ereignete sich in Ragusa mit einer Dame, die nach einem heftigen Sturme, den sie durch sechzehn Stunden mitgemacht hatte, durch Monate lang das Fahren im Wagen nicht vertragen konnte. In Udine erzählt man sich eine Geschichte von einem Manne, dem von einer Wahrsagerin prophezeit wurde, er werde ‚zu Schiffe‘ oder durch ein Schiff zu Grunde gehen und der seit jenem Tage nie mehr ein Schiff, auch nicht ein Boot oder einen Kahn bestieg. Aber seinem Schicksale, sagt der etwas fatalistische Italiener, kann man nicht entgehen, und so endete jener Mann doch durch ein Schiff, indem ihm eines Tages, während er im Hôtel alla Nave (zum Schiff), wo er gemüthlich speiste, das schwere Aushängeschild des Hôtels, ein eisernes Schiff, auf den Kopf fiel und ihn tödtete.

Es ist übrigens unmöglich, die verschiedenartigen Eindrücke und Wirkungen der Seekrankheit zu klassificiren. Hier noch einen charakteristischen Fall. Im Jahre 1846 wurde eine österreichische Fregatte beordert, einen hohen Kirchenfürsten, der erst vor Kurzem das Zeitliche gesegnet, sammt seiner zahlreichen geistlichen Suite von Venedig nach Ancona zu überführen. Die solenne Einschiffung hatte stattgefunden und der Kommandant, ein alter, tüchtiger Seemann aus der alten Schule, wurde von seinem hohen Gaste freundlich befragt, ob es denn wahr sei, dass die Matrosen dem Laster des Fluchens in so hohem Grade fröhnten. „Das ist nicht so arg, Eminenz,“ entgegnete der Kommandant, „es kommt zuweilen vor, aber ganz unschuldig und ohne böse Absicht; aber das kann ich Eurer Eminenz versichern, dass, so lange der Matrose flucht, keine Gefahr ist, wenn er zu Beten anfängt, dann ist der Teufel los und dann geht's schlecht.“ — Die Eminenz, etwas überrascht von dieser ‚goldenen Praxis‘, ersuchte doch, in Berücksichtigung der vielen Geistlichkeit an Bord, wenigstens während der kurzen Fahrt dahin zu wirken, dass man sich des Fluchens enthalten möge, was der Kommandant auch zusagte.

Wir wollen hier die italienische Rede nicht wiedergeben, die, gespickt mit unschuldigen Seemannsflüchen, vom Kommandanten der versammelten Mannschaft gehalten und in der das Fluchen strengstens verboten wurde. — Es war ein Septembertag, in der Nähe der Aequinoktien, und kurz vor Sonnenuntergang trübte sich der Himmel, der Wind aus Südost frischte auf und gegen 10 Uhr regnete, blitzte und donnerte es und die steif gewordene Brise pfiff ganz lustig durch die Masten. Das Schiff rollte und den hohen Gästen unter Deck wurde der ungewohnte Spass etwas unheimlich. Da entschloss sich die Eminenz, einen ihrer Untergebenen auf Deck zu senden, um Nachrichten über das Wetter vom Kommandanten oder vom Wachofficier einzuholen.

Nachdem sich dieser Kurier mühsam seines Auftrages entledigt und auf Deck unter Donner und Blitz, unter strömendem Regen um alle meteorologischen Notizen erkundigt hatte, kroch er wieder zur Eminenz zurück und erstattete seine Meldung, die er mit den Worten schloss: „Aber wenn Eure Eminenz die Flüche hören würden, die da auf dem Verdecke ausgestossen werden, das ist entsetzlich, schaudererregend." — „Nun weisst Du, lieber Bruder," entgegnete die Eminenz, „es ist ein garstiges Laster, aber der Kommandant, mit dem ich hierüber sprach, versicherte, dass es unschuldige Matrosenflüche seien und dass, so lange der Matrose fluche, keine Gefahr sei, aber wenn er zu beten anfängt, dann ginge es schlecht." — „Nein," sagte der Geistliche, „beten habe ich Niemanden gehört." — „So werden wir es für sie thun," erklärte die Eminenz, begab sich zur Ruhe und als sie am nächsten Morgen bei heiterem Himmel und ziemlich geglätteter See das Deck betrat, lag die Höhe von S. Ciriaco und Ancona vor ihren Blicken. Fluchen und Beten hatten das Schiff in den Hafen gebracht.

Es giebt Leute, die sich nie an die See gewöhnen, selbst alte Seeofficiere, die aber nichtsdestoweniger ihren schweren Dienst pünktlich und gewissenhaft besorgen. Graf C. nahm bei bewegter See immer Aepfel mit auf seine Wache, um sie zu essen; sie erleichterten ihm sein konstantes Leiden und kam es dennoch zum Ausbruche, so bewirkte er denselben durch das Sprachrohr über Bord mit Gleichmuth, ohne von der Mannschaft bemerkt zu werden. — Ritter v. S., der mehr als zwei Mal die ganze Welt per mare bereist und viele Bücher geschrieben hat, leidet von der Stunde, wo der Anker gelichtet wird, bis zum Einsegeln in den Hafen, ja selbst vor Anker, wenn das Schiff auf einer Rhede liegt: er arbeitet aber dennoch an Bord und publicirt nach jeder Seereise einige Bände. Der Däne und österreichische Vice-Admiral D., ein alter im Flottendienste ergrauter Seemann, war auf Segelschiffen vollkommen perfekt, konnte aber die Bewegungen eines Dampfers bei schwerem Seegange nicht vertragen.

Admiral Nelson ist nie ganz seefest gewesen. Hingegen giebt es Menschen, selbst Binnenländer, Landkrabben, die das Leiden gar nicht kennen, bei denen nur der Appetit und besonders der Durst zunimmt im geraden Verhältnisse zum zunehmenden Seegange.

Auch die Thiere sind nicht frei von diesem Leiden, nicht einmal die Equilibristen par excellence und nicht einmal die Affen und die Vögel, nur die schmiegsamen und kriechenden Schlangen, die sich in Alles fügen, scheinen unbeeinflusst zu sein. Jedes Thier wird durch die Bewegung des Schiffes bei schwerer See zahmer, wahrscheinlich aus Furcht, und viele suchen den Menschen auf. Der Affe, der uns Alles nachmachen will, leidet in derselben Weise wie der Mensch. Am liebsten lässt er sich wie kleine Kinder auf den Arm nehmen, befindet sich da am wohlsten und bezeugt seine Dankbarkeit durch Küsse und Zähnefletschen. Hühner und Geflügel im Allgemeinen leiden sehr bei bewegter See, werden melancholisch und magern ab. Die Hähne stellen allmählich das Krähen ein — Tauben verenden auch zuweilen, wenn der Sturm anhält, nur die Enten befinden sich immer wohl und schnattern auch, wenn Sturmwellen über sie weggehen. Das Schwein kümmert sich auch sehr wenig um den Zustand des Meeres — es frisst immer — frisst Alles und grunzt nur etwas böse, wenn die Bewegung gar zu arg wird. Singvögel, Papageien etc. in hängenden Käfigen sind auch ziemlich gleichgiltig, stellen aber das Singen meistens gänzlich ein. Die Katzen fürchten und verkriechen sich, Hunde verlieren den Appetit und werden nervös. Die wildesten, unbändigsten Ochsen und Büffel, die man oft mit Lebensgefahr, mit Schlingen um den Hörnern, heisst und einschifft, werden fromm und zahm, sobald die See in fühlbaren Wellen rollt, lassen den Menschen ankommen und fressen aus der Hand, ebenso die Pferde. Bei einem Transporte kostbarer Pferde für die kaiserl. österreichischen und königl. ungarischen Gestüte wurde folgende Beobachtung gemacht. Die arabischen Pferde, von denen jedes einzelne seinen Stall hatte, wurden von ihren eigenen Wärtern, Arabern, gefüttert und geputzt. Da überfiel den Transportdampfer ausserhalb Kandien ein schweres Wetter. Die herrlichen Thiere liessen ängstlich die Ohren hängen, versagten das Futter und tranken nur oft, wenn auch wenig. Das Traurigste aber war, dass auch die Pferdewärter, Italiener und Araber, seekrank wurden und auch das Futter versagten. Der damalige Oberst B., der Führer einer dieser werthvollen Expeditionen, bestand darauf, dass die Pferde geputzt werden, und so mussten Matrosen in die Stallungen steigen und dort die Pferde striegeln und bürsten. Findig, wie der Matrose überhaupt ist, nahmen die neuen Pferdewärter die Jacken und Feze der seekranken Araber und näherten sich so mit einigen arabischen Worten, die sie im Umgange mit ihnen gelernt hatten, den melancholischen Thieren, liebkosten sie und wurden auf's Freundlichste empfangen. Als das Schiff nach neuntägiger, ziemlich bewegter Fahrt endlich vor Anker ging und stille stand, begannen alle vor Freude zu wiehern, und als sie ausgeschifft wurden und den festen Boden unter ihren eleganten Hufen fühlten, war des Uebermuthes kein Ende.

Auch wilde Thiere, Löwen, Tiger, Hyänen werden bei hochgehender See unwohl, sanfter und lassen ihre Wächter leichter und ohne Gefahr ankommen. Trotz all' dieser verschiedenen Symptome, trotz aller Aerzte an Bord der Schiffe, die freilich nur zu oft an sich selbst dieses Leiden experimentiren und weder sich noch Anderen rathen oder helfen können, bleibt die Krankheit doch — ein ungelöstes Räthsel. Die einzige annehmbare Theorie bleibt die Annahme, dass durch das Heben und Senken des Schiffes, beim Rollen sowohl wie beim Stampfen, momentane Anämie (Blutleere) und Hyperämie (Blutandrang) entstehen, sowie sich z. B. in der Quecksilberröhre eines Barometers an Bord das plötzliche Fallen und Steigen zeigt, wenn dieser nicht sorgfältig in Doppel-Balanciers aufgehängt und gegen den Einfluss dieser Bewegung geschützt ist. Für diese Definition des Uebels sprechen: der Aufenthalt im Rotations-Centrum des Schiffes, die horizontale Lage oder die freischwebende Hängematte, die insgesammt bedeutende Erleichterung bieten. Wer gegen dieses plötzliche Steigen und Fallen des Blutes, das bei Vielen auch mit momentanem Herzklopfen verbunden ist, nicht empfindlich ist, der leidet eben nicht. Die Seekrankheit durch gewöhnlichen Schwindel (vertigo) zu expliciren, ist eben Schwindel (humbug), da es Menschen giebt, die das Schaukeln sehr gut vertragen, über die schmalsten Stege sicher wandeln, am Rande einer steilen Felswand wie Gemsen ohne Furcht und ohne Schwindel klettern, Andere, die auf der Börse ohne Schwindel glücklich spekuliren und an Bord eines Schiffes seekrank werden, ja bei der geringsten Bewegung leiden. Dass die Wirkungen der Seekrankheit ebenso unappetitliche, störende sind, ist allerdings unangenehm, obgleich ein geistreicher Franzose, der bei einem Diner an Bord einer Fregatte, auf der bewegten offenen Rhede von Beirut, seekrank wurde, nach überstandener Eruption im Weggehen sagte: „Voilà les avantages du mal de mer, au lieu de faire ma visite de digestion, je r e n d le diner".

Also — getrost: Hinaus in die See! Die Abwechslung, die Reize, die grelle Vertheilung von Licht und Schatten, die das Leben zur See wie kein anderes bietet, verdienen auch ein Opfer; sie versteht es ja auch zu schmeicheln, sie versteht es, kokett und liebenswürdig bezaubernd zu sein — sie ist nicht ohne Grund in unserer Sprache weiblichen Geschlechtes, wegen ihrer abwechselnden Launen und Grillen, wegen ihrer unerreichbaren Schönheit, ihrer ewigen Jugend, die sie der Anadyomene mitgegeben, als sie den Wellen entstieg, und der Dichter hat Recht, wenn er von ihr singt:

> Du holde Widerspänst'ge,
> Du bist nicht fürchterlich,
> Man kann dich fesseln, zähmen,
> Nur l i e b e n muss man dich.

So hätten wir in Kürze den Seemann, sein Leben, seine Leiden und Freuden skizzirt, den Nautilus, dessen beneidens- und beklagenswerthen Phasen eines vielbewegten, an Abwechslung so überreichen Lebens, das uns bei näherer Betrachtung doch zu der Ueberzeugung führt, dass es die schönste Laufbahn bleibt, die ein junger Mann sich wählen kann, wenn er sich überhaupt genügend physisch und moralisch kräftig fühlt, um das Bittere zu ertragen und das Süsse zu verstehen, wenn er sich berufen fühlt, die ganze Welt sein Eigenthum zu nennen, und sich einer Göttin und einer Furie anzuvertrauen: der Poesie und der Entbehrung!

> Ich stand am Meer' — es rollte seine Fluthen
> In mächt'ger Brandung an das Ufer hin,
> Ich sah in gold'nen Abendpurpurgluthen
> Den Horizont als Feuermeer erglüh'n,
> Im Osten blinkten schon in nächt'ger Ferne
> Noch scheu und blass die ersten Abendsterne.

Im Westen lebte noch in bunten Strahlen
　　Der Abendämm'rung sterbend Tageslicht,
　　In ihnen schien die Sehnsucht sich zu malen,
　　Des Abschieds, der ein Herz in Liebe bricht,
　　Sie streckten sich wie Arme liebestrunken
　　Vom Meer empor, wo schon der Tag versunken.

Allmählich hüllte sich in tief'res Dunkeln
　　Das Abschiedsbild, das ich betrachtet, ein,
　　Der Sterne mildes, liebevolles Funkeln
　　Fand auf den Wellen klaren Widerschein,
　　Und ich entschlief am grünen Meeresstrande,
　　Am letzten Saum vom theuren Vaterlande.

Ein neues Leben sollte mir beginnen,
　　An Bord des Schiffes, das vor Anker lag,
　　Und morgen schon, da segelt es von hinnen,
　　Mit Ungeduld erwartet' ich den Tag,
　　Die Zukunft lag im Traum mit ihrem Hoffen
　　Vor meiner jugendlichen Seele offen.

Da sah mein Aug' zwei mystische Gestalten,
　　Vom Licht umstrahlt, dem dunklen Meer enttaucht,
　　Die Hand in Hand zu mir herüberwallten,
　　Ich fühlte mich von ihnen angehaucht;
　　Und eine war so schön und so vollendet,
　　Dass mich ihr Blick gefesselt und geblendet.

Ein dunkles, seelenvolles Auge sprühte
　　Mir süsse Blicke edler Liebe zu,
　　Ihn ihrem ganzen Götterwesen blühte
　　Des Himmels Lust und reine Seelenruh',
　　Der Glieder Bau in Ebenmass gegossen,
　　Vom Heil'genschein das ganze Bild umflossen.

Das ros'ge Lippenpaar umspielt' ein Lächeln,
　　Woraus die trübste Seele Freude trinkt,
　　Ihr Odem war ein maiensüsses Fächeln,
　　Das Balsamduft und Morgenfrische bringt,
　　Die Locken hatt' ein Blumenkranz durchschlungen,
　　Und ihre Stimm' wie Harfenton geklungen.

Die And're stand zur Seite ihr, umhüllet
　　Von einem dunklen Schleier, dicht gewebt,
　　Der Wunsch, auch sie zu seh'n, blieb unerfüllet,
　　Da schützend sie das düst're Kleid umschwebt,
　　Ich fühlt' ein heimlich, unbeschreiblich Grauen,
　　Und wagt es kaum, sie länger anzuschauen. —

„Sei uns gegrüsst", begann die schöne Eine,
  „Der du dem Meer dich ewig weihen willst,
  Der du schon hier im letzten Abendscheine
  Die Sehnsucht nach dem nächsten Morgen stillst;
  Erfahr' von uns, bevor dein Will' entscheidet,
  Was man im Meer geniesst und was man leidet."

„Empfange uns, die wir in stetem Bunde
  Dem Seemann Führer und Begleiter sind,
  Empfange uns, in dieser Feierstunde
  Als deines Lebens einz'ges Angebind';
  Wir lieben dich, wir werden nichts verhehlen,
  Noch bist du frei, noch steht's bei dir, zu wählen."

„Vertröst' dein Herz — dass, wenn du es nicht scheuest,
  Mit uns ein ewig Bündniss einzugeh'n,
  Dass du den Schritt auch nimmermehr bereuest,
  Den wir so kühn dich eben machen seh'n.
  Bleibst du uns Freund und Bruder hier im Leben,
  So sind auch wir als Schwestern dir ergeben."

„Und nun vernimm die kostbare Belehrung,
  Die keinem Andern ich bisher verlieh,
  Die myst'sche Freundin hier ist die Entbehrung,
  Und ich, Geliebter, bin die Poesie,
  Wir Beide werden deinem neuen Leben
  Wie einem Bilde Licht und Schatten geben."

Bei diesen Worten lüftet sie den Schleier,
  Aus dem sich jetzt ein grässlich Schemen reckt,
  Mein Blut erstarrt — ich athmete erst freier,
  Als sie das Scheusal wieder überdeckt,
  Ich sah des Lebens Kummer, Schmerz und Sorgen
  Dort unter jenem Leichentuch verborgen.

Da glänzt ihr Antlitz mir — ihr hehres, mildes,
  Und jede Furcht war aus der Seel' gebannt,
  Ich hab' die Wahrheit jenes Schreckenbildes
  In seiner Riesengrösse wohl erkannt,
  Ich suchte Trost in ihrem Blicke wieder
  Und freundlich neigt sie sich zu mir hernieder.

„Was sagst du nun, jetzt wo du es gesehen,
  Was dir im wüsten Meer das Leben beut?
  Entbehrung und der Dichtung süsses Wehen,
  Das neue Hoffnung in die Seele streut,
  Wird jetzt dein Wunsch auf hoher See zu leben,
  Noch unverändert dir das Herz durchbeben?"

„Bist du enttäuscht? beginnest du zu zagen?
Ach, wie dein Blick nach meiner Freundin späht,
Entschliess’ dich bald, schon fängt es an zu tagen,
Bist du an Bord, kommt Reue wohl zu spät,
Wir müssen noch, bevor die Stern’ erblassen,
Dich unser nennen oder dich verlassen.“

„„Ja!““ rief ich aus, und fiel dem holden Wesen
Zu Füssen und umfasste ihre Kniee,
„„Ich hab’s in deinem Seraphsaug’ gelesen,
Du Treu’ste, du verlässt mich sicher nie,
Und bleibst du treu, so bin ich ja geborgen,
Was kümmern mich des Lebens and’re Sorgen.““

„„Entbehrung kann mit allen ihren Schrecken
Dich, Liebste, nur in deinem Glanz erhöh’n,
Und Wünsche können unerfüllt nicht necken,
Wenn wir durch dich sie stets erfüllet seh’n,
Du bist und bleibst die Würze meines Lebens,
Das schöne theu’re Ende meines Strebens.““

„„Wenn du zuweilen freundlich mir nur lächelst,
Mitleidig nur dein Auge auf mich blickt,
Wenn Träume du um meine Stirne fächelst,
Und mich ein Kuss von deinem Mund entzückt:
So leb’ ich dir mit innigem Vertrauen
Und werd’ im Sturm dein holdes Antlitz schauen.““ —

„Nun, dann schlag’ ein —“ so rief sie lächelnd wieder,
„Wir sind nun Freund’ im Leben und im Tod,
Ich sing’ mit dir der Freude Jubellieder,
Und klag’ elegisch mit in deiner Noth,
Ich bleib’ bei dir auf allen deinen Wegen,
Und fleh’ für dich um Gottes besten Segen;“

„Hat die Entbehrung dich zu hart gepeinigt,
Hat sie der Liebe Blume dir geknickt,
So bleibe du doch treu mit mir vereinigt,
Bis neues Licht aus dunklen Wolken blickt,
Auch deine Thräne soll in meine fliessen,
In meinen Busen sich dein Schmerz ergiessen.“

VII.

Die Bemannung.

Aufs Meer bin ich gefahren
Zu schwören festen Eid,
Beständiges hier inmitten
Der Unbeständigkeit.

Aufs Meer bin ich gefahren
Zu singen neben bei
Ein Lied in den freien Aether
Gleich ihm so frisch und frei.

Anastasius Grün.
(Auf dem Meere.)

Grundsätze der Anzahl. — Rangordnung. — Admirale. — Kommodor. — Kapitäne. — Obliegenheiten derselben. — Erster Officier. — Dessen Dienst. — Die übrigen Seeofficiere. — Dienst derselben. — Seekadetten. — Deren Erziehung. — Aerzte. — Verwaltungs-Personal. — Leitender Maschinist oder Maschinen-Ingenieur. — Geistliche. — Seesoldaten. — Deckofficiere. — Bootsmann. — Feuerwerker. — Steuermann. — Maschinist. — Zimmermann. — Unterofficiere. — Handwerker. — Matrosen. — Schiffsjungen.

Die Bemannung oder Besatzung eines Kriegsschiffes muss hinreichend sein, um im Gefechte das Fahrzeug regieren zu können, ohne den Geschützen die nöthigen Leute zum Gefechte zu entziehen, oder während desselben das Manöver des Schiffes, wovon im Treffen so viel abhängt, zu vernachlässigen.

Man rechnete früher zehn Mann im Durchschnitte auf eine Kanone; neuerdings jedoch ergiebt diese Rechnung keinen Anhalt; ein Panzerschiff ersten Ranges hat jetzt etwa 600 Mann Besatzung, während früher ein Linienschiff ersten Ranges 1000—1200 Mann nöthig hatte.

Für jede einzelne Schiffsklasse ist ein besonderes Besatzungs-etat gegeben. So haben Schiffe I. Ranges 600—700 Mann, Schiffe

15*

II. Ranges 400—500 Mann, Schiffe III. Ranges 300—400 Mann, Schiffe IV. Ranges 130—230 Mann, Fahrzeuge 1. Klasse 90—110, Fahrzeuge 2. Klasse 60, Fahrzeuge 3. Klasse 40 Mann Besatzung. Die Besatzung eines Schiffes theilt sich im Allgemeinen: 1. in den Stab, 2. in den Unterstab, 3. in das seemännische Personal, 4. in das Maschinen-Personal, 5. in das Handwerker-Personal und 6. in das Seesoldaten-Detachement. Bei einem Besatzungsetat z. B. von 500 Köpfen entfallen auf den Stab 33, den Unterstab 13, das seemännische Personal 275, das Maschinen-Personal 82, das Handwerker-Personal 19 und auf das Seesoldaten-Detachement 78 Köpfe.

Die am Schlusse des Buches befindlichen Bemannungs-Listen zeigen die Bemannungs - Verhältnisse der verschiedenen Klassen deutscher und österreichisch-ungarischer Kriegsschiffe und veranschaulichen zugleich die in beiden Flotten bestehenden Chargengrade.

Zum Stabe eines Schiffes gehören die Seeofficiere, Seekadetten, Officiere der Seesoldaten, Maschinen-Ingenieure, Aerzte und Zahlmeister. Die Seeofficiere zerfallen in Flaggofficiere oder Admirale, Kapitäne und Lieutenants.

Der Admiral, welcher den Rang eines Generals der Infanterie oder Feldzeugmeisters — in Frankreich Marschalls-Rang — hat, ist der Oberbefehlshaber einer Flotte, die, obgleich in der Anzahl der Schiffe nicht genau bestimmt, doch gewöhnlich aus einer grösseren Anzahl schwerer Kriegsschiffe besteht und in drei Geschwader, jedes zu drei Divisionen, getheilt ist. Er führt als Zeichen seiner Würde eine Flagge am Topp des Grossmastes seines Schiffes.

Der Vice-Admiral, in gleichem Range mit dem General-Lieutenant oder Feldmarschall-Lieutenant, befehligt nach Umständen eine Flotte oder ein Geschwader; seine Flagge weht vom Topp des Fockmastes.

Der Kontre- oder Gegen-Admiral, in gleichem Range mit dem General-Major, ist ebenfalls Befehlshaber eines Geschwaders und führt seine Flagge am Topp des Kreuzmastes.

Sollte eine Flotte mit mehreren Admiralen beisammen sein, so führt der Admiral das erste Geschwader oder Centrum, der Vice-Admiral das zweite Geschwader oder die Vorhut und der Kontre-Admiral das dritte Geschwader oder die Nachhut.

Der Kommodor ist der älteste Kommandant einer Abtheilung Kriegsschiffe, welche ohne Flaggofficier segelt; er führt am Topp des Grossmastes den seinen Rang bezeichnenden Stander.

Für den allgemeinen Dienst der Flotte ist dem Admiral, welcher durchaus nichts mit dem Detail des Schiffes, das seine Flagge führt, zu thun hat, der Geschwaderstab beigegeben, der gewöhnlich aus einem Chef des Stabes, einem Flagglieutenant, einem Geschwader-Arzt, einem Maschinen-Inspektor, einem Geschwader-Sekretär, einem Geschwader-Zahlmeister und einem Geschwader-Prediger besteht.

Die Kapitäne, in gleichem Range mit den Stabsofficieren der Armee, sind in zwei, in einigen Marinen in drei Klassen eingetheilt. In der englischen und amerikanischen Marine giebt es Kapitäne und sogenannte Commanders, in der deutschen Marine Kapitäne zur See und Korvetten-Kapitäne, in der französischen und italienischen Marine Linienschiffs- und Fregatten-Kapitäne, in der österreichisch-ungarischen Marine Linienschiffs-, Fregatten- und Korvetten-Kapitäne.

Schiffe I., II. und III. Ranges werden gewöhnlich von Kapitänen, Schiffe IV. Ranges von Commanders oder Korvetten-Kapitänen, Fahrzeuge 1. und 2. Klasse dagegen von Kapitän-Lieutenants oder Schiffs-Lieutenants befehligt.

Nur durch die Gesetze und Vorschriften des Dienstes gebunden, herrscht der Kommandant des allein segelnden Schiffes mit unbeschränkter Macht, sein Wille ist das höchste Gebot. Dem gegebenen Befehle muss die schnellste Ausführung, mit dem blindesten Gehorsam verbunden, folgen, denn da nur er allein für die Erhaltung seines Schiffes und dessen Mannschaft verantwortlich ist, so kann auch nur er entscheiden, was zweckmässig dafür sein kann. Da er die obere Leitung und Aufsicht über sein Schiff hat, so muss natürlich jeder allgemeine Befehl von ihm ausgehen; er bestimmt die Richtung, den Kurs, der gesteuert werden soll, und ohne sein Wissen dürfen keine Veränderungen in der Segelführung vorgenommen werden. Bei grösseren Manövern, wie Ankern, Ankerlichten und in jedem anderen entscheidenden Momente muss er selbst das Kommando übernehmen und sollte, durch irgend einen Unglücksfall herbeigeführt, sein Schiff zu Grunde gehen, ist er der Letzte, der es zu verlassen hat.

Aus diesem kurzen Abrisse geht hervor, dass der Kommandant eines Schiffes ein Mann von natürlichem Verstande und ausgebreitetem Wissen sein muss; eine gediegene, sowohl theoretische als praktische Kenntniss des Seewesens ist ihm unumgänglich nöthig, damit er in allen vorkommenden Fällen stets die rechten Mittel zur schnellen Erreichung seines Zweckes anzuordnen vermöge.

Dem Kommandanten zur Seite, und im Falle seiner Abwesenheit dessen Stelle vertretend, steht der erste Officier (auf Schiffen I. und II. Ranges ein Korvetten-Kapitän, auf Schiffen III. und IV. Ranges und Fahrzeugen 1. Klasse ein Kapitän-Lieutenant oder Schiffs-Lieutenant, auf Fahrzeugen 2. Klasse ein Lieutenant zur See oder Schiffs-Fähnrich) mit der ausübenden Macht beauftragt. Jedermann an Bord ist dem ersten Officier untergeordnet, respektive untergeben. Verantwortlich für seine Thätigkeit ist er nur dem Kommandanten. In der österreichisch-ungarisehen Marine heisst der erste Officier officiell: Gesammt-Detailofficier.

Er hat die specielle Aufsicht über Schiff und Mannschaft, über Ordnung und Reinlichkeit; einmal des Tages wenigstens muss er das Schiff inspiciren und über den Erfolg seiner Inspektion dem Kommandanten einen genauen Rapport abstatten. Ist das Schiff ausgerüstet, so liegt ihm ob, die Besatzung zu vertheilen, eine Arbeit, die bei so heterogenen Elementen keine leichte zu nennen ist und einen besonderen Scharfblick erfordert. Er überwacht die Uebungen der Mannschaft und sieht darauf, dass dieselbe stets reinlich und ordentlich gekleidet sei; die Verwendung des Wassers und der Lebensmittel muss er überwachen und überhaupt dafür sorgen, dass die mannigfachen Geschäfte des Schiffes regelmässig vor sich gehen. Bei allen grossen Manövern, bei denen sich die ganze Mannschaft betheiligt, übernimmt er gewöhnlich das Kommando.

Von ihm mehr als vom Kommandanten hängt die Behaglichkeit der Officiere ab; im Hafen hat er gewöhnlich, in Vertretung des Kommandanten, die Erlaubniss, an Land gehen zu dürfen, zu ertheilen, denn da nur er für die Ausführung der vom Kommandanten gegebenen Befehle verantwortlich ist, muss er am besten wissen, wer für den Dienst an Bord nothwendig, wer entbehrlich ist. Die Seekadetten stehen unter seiner ganz besonderen Aufsicht; er hat ihre praktischen und theoretischen Studien fortwährend im Auge zu halten. Es ist nicht leicht, diesen Posten zur Zufriedenheit des Kommandanten zu versehen und gleichzeitig bei den Officieren und der Mannschaft angesehen und beliebt zu sein.

Der dem Range nach älteste Seeofficier nach dem ersten Officier ist der Navigations-Officier. Seine Aufgabe ist es, das Schiff zu navigiren und er ist dem Kommandanten für die sichere Navigirung des Schiffes verantwortlich. Was an Bord der Kauffahrteischiffe der Steuermann, ist an Bord der Kriegsschiffe der Navigations-Officier. Er hat die Ortsbestimmung des Schiffes in See zu machen, die Instandhaltung der nautischen Instrumente zu überwachen und alle wissenschaftlichen und hydrographischen Arbeiten auszuführen. Das Steuermanns-Personal ist ihm bezüglich seiner speciellen Dienstfunktion untergeordnet.

Der seiner Anciennetät nach zweite Seeofficier nach dem ersten Officier ist der Batterie-Officier. Er steht dem Artillerie-Detail vor, leitet die praktische, wie theoretische artilleristische Ausbildung an Bord und kommandirt die Batterie im Gefechte. Für seinen Dienst ist dem Batterie-Officier das Feuerwerks-Personal untergeordnet.

Nun folgen die Wachofficiere. Schiffe I. bis III. Ranges haben gewöhnlich 4, Schiffe IV. Ranges 3, Fahrzeuge 1. und 2. Klasse 2 Wachofficiere. Der Tag der Wache wird gerechnet von 8 Uhr Morgens zu 8 Uhr Morgens, und zwar wird der Seetag in sieben Wachen eingetheilt, von denen die von 4—6 und von 6—8 Uhr Abends nur zwei Stunden, alle anderen vier Stunden dauern; im Hafen aber in vier Wachen, von denen die erste, von 8 Uhr Morgens an, zwölf Stunden, die drei anderen aber vier Stunden dauern.

Der dienstthuende Wachofficier ist für die Sicherheit des Schiffes während der Dauer seiner Wache verantwortlich. Einige seiner Pflichten sind im Hafen und in See gleich, andere verschieden. Er hat darauf zu sehen, dass die Lebensmittel der Mannschaft gehörig zubereitet sind und zur bestimmten Zeit ausgetheilt werden; das Vertheilen der spirituösen Getränke steht unter seiner

Kontrole. In See ist es während der Dauer seiner Wache seine Pflicht, das Schiff zu führen, d. h. den angegebenen Kurs steuern zu lassen, dem Kommandanten jede Aenderung des Windes und die damit veränderte Stellung, das Erblicken von Land, fremden Segeln und überhaupt jedes besondere Ereigniss zu melden oder melden zu lassen. Ehe er seinen Vorgänger ablöst, muss er sich von diesem alle erhaltenen Befehle mittheilen lassen und sich vom Zustande und der Lage des Schiffes genau unterrichten. Seine Verantwortlichkeit hört auf, sowie der Kommandant den Befehl selbst übernimmt.

Die jüngeren Officiere der Wache (auf grösseren Schiffen giebt es einen unter den Befehlen des Wachofficiers stehenden Officier des Vordecks, der die specielle Aufsicht über das Vordeck, den Fockmast und das Bugspriet hat und insbesondere für ein gutes und gewissenhaftes Ausgucken verantwortlich ist) sind den älteren zugetheilt und haben für die schnelle Vollziehung der Befehle zu sorgen.

Unterlieutenants zur See sind auf den grösseren Schiffen (I.—IV. Ranges) 2—6 eingeschifft.

Die vom Dienste abtretenden Officiere sind auf die Dauer der nächsten Wache für ausserordentlichen, sogenannten Piquet-Dienst (Corvée) zu verwenden, der während derselben vorkommt.

Die Lieutenants, in gleichem Range mit den Hauptleuten und Subaltern-Officieren der Armee, sind in zwei, in einigen Flotten in drei Rangsklassen eingetheilt. In der englischen und amerikanischen Marine giebt es Lieutenant-Commanders, Lieutenants und Sub-Lieutenants, in der deutschen Marine Kapitän-Lieutenants, Lieutenants zur See (Officiere, welche die Seeofficiers-Berufsprüfung bereits abgelegt haben) und Unterlieutenants zur See (Officiere, welche die Seeofficiers-Berufsprüfung noch nicht abgelegt, sondern nur die erste Seeofficiers-Prüfung gemacht haben), in der französischen, italienischen und österreichisch-ungarischen Marine Schiffs-Lieutenants und Schiffs-Fähnriche.

Nächst den Officieren kommen die Seekadetten. Als Knaben von 15 bis 16 Jahren in einigen Marinen an Bord gebracht, bilden sie sich bald zu praktischen Officieren aus; jedoch wird dabei die theoretische Ausbildung oftmals sehr vernachlässigt. Das System anderer Nationen ist vorzuziehen, wo die theoretische Bildung in Marineschulen mit der Praxis an Bord genau vereint ist.

In keiner anderen öffentlichen Laufbahn ist es mehr als in der Kriegsmarine nöthig, dass die ausgebreitetste Bildung mit den am meisten geschätzten moralischen und physischen Eigenschaften vereint sei. Begeisterung für sein Fach, Kühnheit, fester Wille, Seelenstärke und Kaltblütigkeit, die sich auch im Augenblicke der höchsten Gefahr nicht verleugnet, müssen im Charakter des wahren Seemannes vereint sein. Möglichst umfassend müssen seine theoretischen Kenntnisse sein; denn obschon es nicht unumgänglich nothwendig ist, dass er ein Schiff zu konstruiren verstehe, so muss er doch die Eigenthümlichkeiten, die Formen, den Gebrauch aller Theile kennen, aus denen es zusammengesetzt ist, um allenfalls Reparaturen u. dgl. überwachen zu können. Mittels dieser Kenntniss seines Schiffes und durch Anwendung der Gesetze der Mechanik und Astronomie erlernt er die Steuermannskunde, das Zu- und Abrüsten, erhebt sich zum Studium des Manövers, der Evolutionen und der Seetaktik und wird endlich in den Stand gesetzt, sein Schiff mit Sicherheit nach allen Welttheilen zu führen, der Flagge und sich selbst Ehre zu machen.

Viel kommt also darauf an, der Jugend, die sich der Marine widmet, eine geeignete Erziehung zu geben, die sie befähigt, einst das zu leisten, was das Vaterland von ihr verlangt.

Die Seekadetten werden ebenfalls in Wachen vertheilt und dienen den Officieren der Wache gleichsam als Adjutanten, haben ihre Befehle zu überbringen und deren Ausführung zu überwachen. Jedem Boote, welches das Schiff verlässt, wird ein Seekadett beigegeben, der die Mannschaft desselben befehligt. Jedes an Bord auszuführende Manöver, wie z. B. das Beschlagen und Reefen der Segel, wird unter Aufsicht von Seekadetten ausgeführt. Die Seekadetten werden zumeist nur auf grösseren Kriegsschiffen (4—16) und auf eigenen Kadetten-Schulschiffen eingeschifft.

Die Dienstzeit eines Seekadetten, ehe er Officier wird, ist fast überall auf vier bis fünf Jahre festgestellt, da man nicht wohl in weniger Zeit die nöthige Erfahrung sich anzueignen vermag, eine Wache an Bord in See zu befehligen.

Der Oberarzt ist mit der Ueberwachung des Gesundheitszustandes der Besatzung und aller diesen bezweckenden Massregeln beauftragt, worüber er dem Kommandanten tägliche Rapporte abzustatten hat. Die Assistenzärzte stehen ihm in seinen Geschäften bei und sind noch ausserdem mit dem Anfertigen der Medikamente und der Verwaltung der Apotheke beauftragt. Kleine Schiffe, wenn detachirt, haben einen, grössere Schiffe zwei bis drei Aerzte.

Dem Zahlmeister (Kommissär), der in einigen Marinen ebenfalls Officiers-Rang hat, obliegt die Verpflegung der Mannschaft. Als Administrativ-Beamter hat er die Zahlungs- und Rationslisten zu führen, wozu in einigen Marinen noch die der Bekleidung kommt. Er muss zu jeder Zeit dem Kommandanten die genauesten Rapporte über die verbrauchten und noch vorräthigen Lebensmittel machen können, für deren guten Zustand er stets verantwortlich ist. Ihm sind einige Schreiber zugetheilt, um seine Administrations-Protokolle etc. immer in der besten Ordnung zu halten.

Der leitende Maschinist (Maschinen-Ingenieur) ist verantwortlich, dass die Maschine zu jeder Zeit den zu machenden Anforderungen genügt. Er muss deshalb stets die Maschine in Stand halten, die ihm untergebenen Mannschaften des Maschinisten- und Heizerpersonales leiten und bewachen, das Maschinen-Inventar fachgemäss konserviren und das Material und die Kohlenvorräthe vorschriftsmässig und sparsam verwalten.

Auf den Flagg- und Schulschiffen befinden sich fast in allen Marinen Geistliche oder Prediger, deren Pflicht es nicht allein ist, den gewöhnlichen Gottesdienst zu verrichten, sondern, so viel in ihren Kräften steht, die Moral der Mannschaft und Schüler aufrecht zu erhalten und in der Schlacht den Verwundeten und Sterbenden geistigen Zuspruch zu gewähren.

In einigen Flotten giebt es Seesoldaten, die, in Kompagnien formirt, nach Bedarf auf den Schiffen vertheilt und von ihren eigenen Officieren befehligt werden. Diese, aus Hauptleuten und Lieutenants bestehend, thun keinen regelmässigen Wachdienst an Bord, wie die Seeofficiere, sondern sind im Hafen abwechselnd für den ganzen Tag im Dienste. Die Soldaten besetzen Posten in verschiedenen Theilen des Schiffes, wie an den Fallreepen, auf dem Vor- und Hinterdeck, an der Kommandanten-Kajüte, bei den Arrestanten, an der Kombüse und wo es sonst nöthig erachtet wird. Beim Ankerlichten haben sie mit am Gangspille zu drehen und bei allen Manövern mit Segeln, auf dem Deck mit an den Tauen zu holen;

auf den Masten und Raaen verwendet man sie natürlich nie, oder nur Jene, die sich freiwillig zu dieser Dienstleistung melden.

Die österreichisch-ungarische Flotte hat keine Seesoldaten. In der deutschen Flotte werden auf den Panzerschiffen I. und II. Ranges Detachements von 70—100 Mann eingeschifft.

Auf die Officiere und Seekadetten folgen im Range die Deckofficiere: der B o o t s m a n n, der S t e u e r m a n n, der F e u e r w e r k e r, der M a s c h i n i s t und der M e i s t e r. Die österreichisch-ungarische Flotte hat keine Deckofficiere, sondern nur Unterofficiere.

Der B o o t s m a n n ist eine der Hauptpersonen an Bord und eine Art Jupiter tonans mit solider Bassstimme, die im Stande ist, von der grossen Oberdeckluke eines Panzerschiffes bis in die Hellegatsräume im vorderen Unterschiffe zu dringen und bei der die Schiffsjungen erschreckt zusammenfahren. Ein richtiger Bootsmann lacht nie, sondern sieht immer brummig aus. Wenn er auf der einen Seite des Decks erscheint, verschwinden alle seine Untergebenen nach der anderen, weil er stets etwas verkehrt findet und den Zunächststehenden ‚anranzt‘. Nur Abends nach der Runde, wenn er in seiner Messe mit den übrigen Deckofficieren bis zum Lichtauslöschen um 10 Uhr Solo spielt, macht er ein schmunzelndes Gesicht — wenn er gewinnt.

Der Bootsmann hat unstreitig einen der wichtigsten Posten im Schiffe; er muss ein praktisch gebildeter Seemann sein, der im Stande ist, das Fahrzeug auf- und abzutakeln und den Raum zu stauen, oder mit anderen Worten, die in denselben aufzunehmenden Gegenstände zu verpacken.

Er hat die besondere Aufsicht über Anker und Taue und über die ganze Takelung des Schiffes, die er täglich wenigstens einmal durch die Marsgasten zu inspiciren und dem ersten Officier Rapport darüber zu erstatten hat. Er muss dem Los- und Festmachen der Segel im Hafen und auf der Rhede beiwohnen, dafür sorgen, dass die Raaen, wenn das Schiff vor Anker liegt, genau im rechten Winkel mit Mast und Kiel liegen, wie es heisst, vierkant getoppt sind, und sich durch den Augenschein überzeugen, dass das Aeussere des Schiffes sich in vorschriftsmässigem Zustande befinde. Ihm sind mehrere Gehilfen, die B o o t s m a n n s - M a a t e n, zur Ausführung seiner mannigfachen Geschäfte zugetheilt und sämmtliche Handwerker,

Matrosen und Schiffsjungen untergeben. Er und seine Maaten sind mit silbernen Pfeifen versehen, mittels welcher zu jedem vorzunehmenden Manöver ein schrillender Signalpfiff gegeben wird.

Nach ihm kommt der Steuermann, welchem die Ueberwachung und theilweise Handhabung aller der für die Navigation des Schiffes nöthigen Instrumente und sonstigen Gegenstände obliegt.

Auf diesen folgt der Feuerwerker, welcher die Aufsicht über die Pulver- und Granatkammer, das Geschütz und Alles, was dazu gehört, sowie über sämmtliche Waffen zu führen hat. Er muss genaue Listen aller ihm anvertrauten Gegenstände anfertigen und über den Verbrauch dem ersten Officier die nöthigen Rapporte einreichen; die Arbeiten des Waffenschmiedes hat er zu überwachen und ist dafür verantwortlich, dass alle Waffen stets in gutem Zustande und zum augenblicklichen Gebrauche bereit sind. Die Anfertigung der Patronen und der nöthigen Feuerwerks-Gegenstände liegt ihm ob. Er und seine Maaten haben für die gute Befestigung der Kanonen zu sorgen und diese beständig im Auge zu halten, weswegen sie während jeder Wache einige Male die Runde machen müssen, um sich zu überzeugen, dass nichts daran mangle.

Dem die Wache an der Maschine kommandirenden Maschinisten (Maschinenwärter) fällt während der Dauer der Wache die volle Verantwortlichkeit für die ganze Maschine und deren sachgemässe Behandlung in allen ihren Theilen anheim.

Dem Zimmermann (Meister) ist Alles untergeben, was in sein Fach einschlägt; er hat tägliche Inspektion des Rundholzes, der Boote und des Schiffes selbst zu halten und dem ersten Officier Rapport darüber zu erstatten. Seine Maaten und die Kalfaterer, mit denen er die Aufsicht über die Pumpen hat, sowie Tischler und Böttcher arbeiten unter seiner Leitung.

Die Unterofficiere, aus den besten befahrenen Matrosen gewählt, sind in mehrere Klassen geschieden: die Bootsmanns- und Feuerwerks-Maaten, deren Beschäftigungen oben bereits erwähnt wurden; der Schiffs-Profos oder Stabswachmeister, welcher unter des ersten Officiers unmittelbarem Befehle die specielle Polizei des Schiffes verwaltet; er hat die Arrestanten zu beaufsichtigen, nachzusehen, dass zur bestimmten Stunde Feuer und Licht gelöscht werde und dass Ruhe und Ordnung auf den unteren Decken herrsche; die Steuermanns-Maaten, denen besonders die Aufsicht über die das Steuerrad und die Lothleine handhabenden Matrosen obliegt und welche in besonderen Fällen selbst steuern und lothen müssen; sie haben die Flaggen und Signale auf Befehl des mit denselben beauftragten Officiers zu heissen und zu streichen; die Fernröhre, Kompasse, Nachthäuschen, Stunden- und Logg-Gläser, Logg- und Lothleinen haben sie in gutem Stande und die letzteren zum augenblicklichen Gebrauche bereit zu halten; auch wird einer von ihnen zuweilen dem bemannten Boote, welches das Schiff verlässt, beigegeben.

Die Dienstobliegenheiten der Maschinisten-Maate bestehen weniger in Verrichtungen bestimmter und begrenzter Funktionen, als in allgemeiner Unterstützung der Maschinisten.

Der Segelmacher und seine Maaten sind mit dem Anfertigen und Instandhalten der Segel beschäftigt und stehen unter des Bootsmanns unmittelbarer Aufsicht.

Dem Bottelier (Speisemeister), unter dem Befehle des Verwalters stehend, liegt die Vertheilung der Lebensmittel an die Mannschaft in der Bottlerei und die Aufsicht über dieses Lokal ob.

Die Köche mit ihren Maaten haben die Zubereitung der Speisen und deren nachherige Vertheilung an die Mannschaft zu besorgen; die grösste Reinlichkeit in der Kombüse ist ihnen zur Pflicht gemacht.

Der Rest der Mannschaft besteht aus Matrosen und Schiffsjungen: die Ersteren sind in befahrene und unbefahrene oder Leicht-Matrosen geschieden.

Befahrene Matrosen sind solche, die lange zur See waren und nicht allein alle Handarbeiten an Bord zu machen verstehen, sondern steuern, lothen und Segel nähen können, alle möglichen Manöver auszuführen verstehen und mit dem Geschütz-Exercitium vertraut sind. Aus ihnen erwählt man die Besten, um in den Marsen, auf dem Vor- und Hinterdecke die daselbst stationirten Matrosen zu beaufsichtigen und dort für die schnelle und gute Ausführung der vorzunehmenden Arbeiten zu sorgen.

Matrosen, welche erst wenig Reisen gemacht und noch nicht im Stande sind, alles oben Erwähnte zu leisten, werden u n b e f a h r e n e, H a l b - oder L e i c h t - M a t r o s e n genannt. Aus ihnen wählt man, da sie gewöhnlich die Jüngeren sind, die Ruderer der Boote.

Alle Klassen der Matrosen werden im Exerciren mit Kanonen und Gewehren, sowie mit der blanken Waffe geübt.

Auf die Matrosen folgen die S c h i f f s j u n g e n, die wahre Pflanzschule, Pepinière der Seeleute, die angehalten werden, sich mit allen möglichen, ihren Kräften angemessenen Arbeiten vertraut zu machen. Sie stehen an Bord unter einem besonderen Aufseher, erhalten durch Unterofficiere oder durch die Seekadetten Unterricht im Lesen, Schreiben und Rechnen. Der Schiffskaplan unterrichtet sie in der Religion.

In der deutschen und österreichisch-ungarischen Marine werden jetzt die Schiffsjungen nicht mehr auf die in Dienst gestellten Kriegsschiffe eingeschifft, sondern auf eigenen Schulschiffen zu Matrosen herangebildet.

Am Strande des Meeres oder am Ufer schiffbarer Ströme geboren, von dem Tosen der schäumenden Brandung eingewiegt, verlebt der Küstenbewohner seine Kindheit und wird spielend mit dem Elemente vertraut, das später seine Heimath werden soll. Alles ihn Umgebende steht in Berührung mit der See, seine Familie erhält sich durch dieselbe.

Das Kind wächst heran und der Knabe, sehnsuchtsvoll in die unendliche Ferne blickend, benutzt die erste günstige Gelegenheit, auf einem Küstenfahrer sich einzuschiffen, wo harte Lehrjahre sein Loos sind. Von diesem Joche befreit, schifft er sich dann auf einem grösseren Kauffahrer ein, besucht fremde Welttheile und lernt den Gefahren des Oceans trotzen.

Aber auch hier findet er noch nicht das gewünschte Ziel und sehnsüchtig blickt er nach dem stolzen Kriegsschiffe mit schlankeren Masten, breiteren Raaen und langen Reihen schwerer Kanonen. Das reinliche Aeussere der Mannschaft des Kreuzers, das Schnelle der Evolutionen an Bord besticht ihn, fast schämt er sich seines kleinen Kauffahrers — vergessen sind die Erzählungen von strenger Mannszucht — und er eilt, in der Kriegsmarine zu dienen, oder wird angeworben oder eingestellt, um unter dem schützenden Banner, der Flagge, die stolz über seinem Haupte flattert, das wahre Leben des Seemannes kennen zu lernen.

Zu einem guten Matrosen kann der Knabe aber nur dann herangezogen werden, wenn er mit höchstens vierzehn oder sechzehn Jahren eingeschifft wird, wo es sich dann bald entscheidet, ob seine Konstitution stark genug ist, die Beschwerden des Seelebens zu ertragen, und ob er Geschmack an demselben findet. Nur nachdem er einige Jahre an Bord und in See zugebracht, wird er Alles erlernt haben, was er an Bord zu wissen braucht: das Schiff auf- und abtakeln, das Tauwerk zu diesem Zwecke herrichten, Segel nähen und ausbessern, steuern und lothen, die Kanonen bedienen und das Gewehr und die blanken Waffen handhaben können, überhaupt Alles thun, was von ihm verlangt wird. Er ist Steuermann, Kanonier, Zimmermann, Kalfaterer, Segelmacher, mit einem Worte, in Allem und für Alles zu gebrauchen, sobald man es versteht, ihn zu leiten und ihn gehörig zu befehligen, das heisst, von ihm gleichzeitig geliebt und gefürchtet zu werden.

Der Matrose wird kühn, gewandt, wachsam, stark und zu Anstrengungen erzogen; unerschrocken tritt er der Gefahr entgegen und ist zugleich der gehorsamste Mensch gegen seine Vorgesetzten, denn blinder Gehorsam gegen diese wird ihm beim ersten Auftreten an Bord eingeprägt, und gewiss ist es der Fehler der Vorgesetzten, wenn unter einer Mannschaft Insubordination einreissen sollte.

Falsch muss man es daher nicht beurtheilen, wenn der Matrose durch seine auf sich selbst beschränkte Lage an Bord sich ein wenig höher zu stellen berechtigt glaubt als der Landbewohner, mit dem er eben so selten als mit dem Lande in Berührung kommt, oder der ihm an Bord immer als Fremder, als Rekrut, in einem nachtheiligen Lichte erscheint.

Die letzten zwanzig Jahre brachten bedeutende Verbesserungen in der Kriegsmarine der meisten Staaten hervor; — getrost darf der Matrose jetzt sich auf Kriegsfahrzeugen einschiffen, denn auch hier hat man den Werth des Menschen in ihm kennen gelernt; — humane Behandlung und Aussicht auf ein sorgenfreies Alter nach treuen Diensten sind jetzt sein verbessertes Loos. Andererseits wird er nicht wie der Soldat einseitig herangebildet und nur für den Kriegsdienst erzogen, sondern er erwirbt sich Kenntnisse, mit denen er sich auch nach beendeter Kriegsdienstzeit sein Brod verdienen kann. Matrosen, die auf Kriegsschiffen gedient haben, nimmt jeder Kauffahrer gern an Bord, denn sie bringen, nebst den erforderlichen nautischen Kenntnissen, den ausgebildeten Sinn für Ordnung und Disciplin mit.

Das Leben an Bord, seine auf sich selbst beschränkte Stellung, lehrt solchem Matrosen, sich in jeder Lage selbst zu helfen, er wird anstelliger, klüger als jeder Soldat, und sein Selbstvertrauen verlässt ihn nie. Als grosser Weltbürger, als Kosmopolit achtet er alle Nationen, lebt unter allen Klimaten, nimmt leicht alle Sitten und Gebräuche an. Mit Liebe an sein Stück schwimmenden Vaterlandes gefesselt, bleibt er aber dennoch ein guter Patriot, ein braver Bürger, ein treuer Sohn seines Landes, und mit Stolz blickt er auf die Flagge seines Landes, die er in Ehren hält und die, hoch in den Lüften flatternd, ihn stets an den heiligen Schwur erinnert, den er zu ihr geleistet.

VIII.
Das schwimmende Flottenmaterial.

Adieu, adieu! my native shore
Fades o'er the waters blue;
The Night-winds sigh, the breakers roar
And shrieks the wild sea-mew.

Yon Sun that sets upon the sea
We follow in his flight;
Farewell awhile to him and thee
My native Land — Good Night!

Byron,
Childe Harold's Pilgrimage.
1. Gesang, 13. Strophe, 1.

Eintheilung der modernen Kriegsschiffe. — Wünschenswerthe Eigenschaften der verschiedenen Schiffsklassen. — Fregatten- und Korvetten-Typ. — Charakter von Fregatte und Linienschiff, von Kreuzer und Panzerschiff. — Entwicklung des Panzer-Schiffbaues vom Beginne bis zum Jahre 1868. — Gepanzerte Küstenfahrzeuge. — Torpedos. — Kreuzer. — Gegenwärtiger Stand der Panzerflotten. — Die neuesten Panzerschiffe. — Hochsee-Schlachtschiffe. — Stations-Panzerschiffe. — Schlachtschiffe für europäische Gewässer. — Die Gefechtsstärke der Panzerschiffe. — Die Zukunft der Panzerschiffe.

Die Neuzeit hat die allgemeine Aufmerksamkeit auf das schwimmende Flottenmaterial der Seemächte hingelenkt, so dass es in einem Buche über die Marine nicht uninteressant sein dürfte, einen Blick auf dasselbe zu werfen.

Jede grössere Kriegsflotte ist heutzutage aus S c h l a c h t s c h i f f e n (Panzerschiffen), K ü s t e n v e r t h e i d i g u n g s - F a h r z e u g e n (Panzerfahrzeugen, kleinen ungepanzerten Kanonenbooten und Torpedofahrzeugen) und K r e u z e r n (ungepanzerten Fregatten, Korvetten und grösseren Kanonenbooten) zusammengesetzt, wozu dann noch Avisos, Transportfahrzeuge, Schulschiffe und allerlei Fahrzeuge für den Hafendienst kommen.

Die modernen Kriegsschiffe und Kriegsfahrzeuge lassen sich wohl füglich am besten wie folgt eintheilen:

I. Nach der Grösse, beziehungsweise Tauchung.
    1. Hochseeschiffe.
    2. Küstenfahrzeuge.

II. Nach dem Materiale und dem Konstruktions-Systeme.

1. Holzschiffe
    a) Aus Spanten gebaut mit einfacher äusserer Plankenbekleidung.
    b) Diagonal gebaut.

2. Eisenschiffe
    a) Mit Querspanten gebaut.
    b) Mit Längsspanten gebaut.

3. Eisenschiffe mit Holz beplankt.
4. Kompositschiffe (mit eisernen Spanten und hölzerner Beplankung).
5. Stahlschiffe.

III. Nach dem Defensiv-Vermögen.
    1. Ungepanzerte Schiffe.
    2. Gepanzerte Schiffe.

IV. Nach dem Bewegungs-Motor.

1. Segelschiffe
    a) Vollschiffe.
    b) Barkschiffe.
    c) Dreimast-Schuner.
    d) Briggs.
    e) Schuner.

2. Dampfschiffe
    a) Raddampfer.
    b) Schraubendampfer   *α.* Mit einer Schraube.
                           β. Mit Zwillingsschrauben.
    c) Hydraulische Reaktions- oder Wasserprall-schiffe.

V. Nach dem Zwecke.

1. Schlachtschiffe
    a) Für europäische Gewässer (Ausfallschiffe).
    b) Hochseeschiffe.
    c) Stationsschiffe (Hochseeschiffe II. Ranges).

2. Kreuzer
- a) Für Aufbringung von Kreuzern.
- b) Für Aufbringung von Postdampfern.
- c) Für den laufenden Kreuzer- und Missionsdienst.
- d) Stations-Kanonenboote.

3. Küstenfahrzeuge
- a) Offensive Küstenfahrzeuge (Küstenangreifer).
- b) Defensive Küstenfahrzeuge (Küstenvertheidiger).

4. Avisos.

5. Transportfahrzeuge
- a) Für Truppen.
- b) Für Material.

6. Schulschiffe
- a) In See gehende.
- b) Nicht in See gehende.

7. Hafenfahrzeuge (Tender, Servitusfahrzeuge, Kasernschiffe, Kohlenhulks, Lootsenfahrzeuge, Feuerschiffe u. s. w.).

VI. Nach der Installirung der Artillerie, respektive dem Bausysteme.

Getakelte Schiffe und Fahrzeuge.

1. Mit voller Batterie.
- a) Die Geschütze auf dem Oberdecke (Glattdeck-Korvetten und Kanonenboote).
- b) Die Geschütze unter Deck.
  - α. Mit einer Lage Kanonen unter Deck (gedeckte Korvetten).
  - β. Mit zwei Lagen Geschützen, wovon eine unter Deck (Fregatten).
  - γ. Mit drei Lagen Geschützen, wovon zwei unter Deck (Zweidecker).
  - δ. Mit vier Lagen Geschützen, wovon drei unter Deck (Dreidecker).

2. Mit Central-Batterie.
- a) Ohne direkten Jagdschuss.
- b) Mit zwei Jagdgeschützen.
- c) Mit drei Jagdgeschützen.
- d) Mit vier Jagdgeschützen.

3. Mit Thürmen.

<table>
<tr><td rowspan="8" style="writing-mode:vertical">Schiffe und Fahrzeuge ohne Takelung.</td></tr>
</table>

Schiffe und Fahrzeuge ohne Takelung.

1. Ohne Central-Reduit (Monitor).
   a) Mit einem Thurme.
   b) Mit zwei Thürmen.

2. Mit Central-Reduit (Brustwehr-Monitor).
   a) Mit einem Thurme.
   b) Mit zwei Thürmen.
      α. Die Thürme in der Kiellinie.
      β. Die Thürme diagonal gestellt.

3. Kreisrunde Fahrzeuge (Popowka).
4. Mit über Bank feuernden Geschützen.

Da es unmöglich ist, alle wünschenswerthen Eigenschaften in einem Schiffe zu vereinigen, so war man gezwungen, die Haupt-Typen in Unterabtheilungen zu theilen, um jene Eigenschaften vollständig zum Ausdrucke bringen zu können, welche erforderlich sind, damit das Schiff oder Fahrzeug seinem Zwecke entsprechen kann.

Während z. B. beim Schlachtschiffe für europäische Gewässer grosse Offensiv- und Defensivstärke, sowie Manövrirfähigkeit in erster Linie, die See-Eigenschaften erst in zweiter Linie zu berücksichtigen kommen, muss umgekehrt beim Hochsee-Schlachtschiffe den unbedingt erforderlichen guten See-Eigenschaften ein Theil der Offensiv- und Defensivstärke geopfert werden. Hier kommen also die See-Eigenschaften in erster Linie. Das Hochsee-Schlachtschiff muss demnach auch Takelung haben, während das Schlachtschiff für europäische Gewässer dieselbe entbehren kann.

Im Jahre 1867 hielt der englische Admiral Elliot in der ‚Institution of Naval Architects‘ einen Vortrag, in welchem er die von den Kriegsschiffen je nach ihrer Bestimmung zu erfüllenden Bedingungen in folgender Weise klassificirte.

Schlachtschiffe (Hochseeschiffe).

1. See-Eigenschaften.
2. Evolutionsfähigkeit.
3. Offensivstärke.
4. Geschwindigkeit unter Dampf.
5. Geschwindigkeit unter Segel.
6. Unter Dampf zurücklegbare Strecke.
7. Tiefgang.

Kreuzer I. Ranges (Fregatten).

1. See-Eigenschaften.
2. Geschwindigkeit unter Dampf.
3. Offensivstärke.
4. Unter Dampf zurücklegbare Strecke.
5. Geschwindigkeit unter Segel.
6. Evolutionsfähigkeit.
7. Tiefgang.

Kreuzer II. Ranges (Korvetten).

1. See-Eigenschaften.
2. Geschwindigkeit unter Dampf.
3. Unter Dampf zurücklegbare Strecke.
4. Tiefgang.
5. Geschwindigkeit unter Segel.
6. Evolutionsfähigkeit.
7. Offensivstärke.

Die Ausdrücke Fregatte und Korvette, welche früher, vor Einführung der schweren Geschütze, ganz bestimmte Typen bezeichneten, werden jetzt sehr willkürlich gebraucht. Im Allgemeinen nennt man wohl die Schiffe mit gedeckter Batterie Fregatten oder gedeckte Korvetten, die Schiffe mit ungedeckter Batterie Glattdeck-Korvetten. Einen Unterschied zu finden zwischen Fregatte und gedeckter Korvette, ist aber gegenwärtig unmöglich, denn nicht einmal die Grösse (das Deplacement) giebt hierfür einen Anhaltspunkt. Was in einer Flotte gedeckte Korvette genannt wird, heisst in der anderen Fregatte. So heisst z. B. die am 13. September 1875 von der Werft des Vulkan in Bredow bei Stettin abgelaufene LEIPZIG (ex THUSNELDA) — ein Rapid-Kreuzer von beinahe 4000 Tonnen Deplacement, 4800 ind. Pferdekräften und armirt mit zwölf 17^{cm} Kanonen — officiell gedeckte Korvette, während die kleinere österreichische RADETZKY officiell Fregatte heisst. Dazu kommt noch der Umstand, dass man, der Kürze halber, die näheren Bestimmungswörter gedeckt und Glattdeck gewöhnlich weglässt und kurzweg Korvette spricht und schreibt, so dass man Schiffe von 4000 Tonnen Deplacement und einer gedeckten Batterie von zwölf 17^{cm} Kanonen mit Schiffen von 1000 Tonnen

Deplacement und armirt mit vier 15^{cm} Kanonen am (ungedeckten) Oberdeck zusammenwirft, nämlich beide kurzweg Korvetten nennt. Es lässt sich also gegenwärtig zwischen Fregatte und gedeckter Korvette kein charakteristischer Unterschied mehr auffinden, und die Typen-Benennung ist einzig und allein der Willkür der leitenden Marine-Behörden anheimgegeben.

In noch höherem Grade gilt dies von den Panzerschiffen. So werden z. B. die Panzerschiffe mit Centralbatterie in der österreichisch-ungarischen Marine Kasemattschiffe genannt, während in der deutschen Flotte alle Panzerschiffe ersten und zweiten Ranges, gleichviel ob dieselben Batterie- oder Thurmschiffe sind, officiell Panzerfregatten heissen.

Diesem Benennungs-Chaos wäre leicht abzuhelfen, wenn man sich dahin einigen wollte, alle Panzer - Schlachtschiffe kurzweg Panzerschiffe, alle Kreuzer mit gedeckter Batterie kurzweg Fregatten und nur die jetzt sogenannten Glattdeck-Korvetten Korvetten zu nennen. Es würde dies nur den ursprünglichen Begriffen von Linienschiff, Fregatte und Korvette entsprechen, Jedermann würde sich wieder orientiren können und — nicht der letzte Vortheil — die Bezeichnungen wären kürzer. Zu einer solchen Einigung ist freilich keine Aussicht vorhanden.

Unter allen Schiffs-Typen ist der Liebling des Seemannes zu jeder Zeit die Fregatte gewesen, dasjenige grösste Schiff mit voller Takelung, bei dem der obere Theil des Rumpfes nicht mit Geschützen überladen ist, und das daher die grösste Schnelligkeit und Tüchtigkeit im Segeln besitzt. Aber nicht blos in praktischer Beziehung, sondern auch in ästhetischer Hinsicht zeigt die Fregatte eine hohe Vollkommenheit und eine wunderbare Schönheit des ganzen Aufbaues ihrer Formen. Der lang hingestreckte schlanke Rumpf mit seiner weissen Batterie, aus deren scharf abgezeichneten schwarzen Pforten die Geschützmündungen drohend hervorschauen, liegt nicht so übermässig niedrig über dem Wasser, wie bei den kleineren Schiffs-Typen und doch wieder niedrig genug, um die schlanke stolze Takelung, das ästhetisch vollkommenste am ganzen Schiffe vollständig als Hauptstück erscheinen zu lassen. Man möchte sagen, der Rumpf des Schiffes ist hier in der äusseren Erscheinung nur ein richtig bemessenes Piedestal für die Takelung, und die letztere, in den Augen des Seemannes das Wichtigste, erscheint hier auch wirklich als die Hauptsache.

Aber während so bei der Fregatte der Schiffskörper gegen die Takelung zurücktritt, findet eine harmonische Ausgleichung beider Elemente erst beim Zweidecker statt. Uns wenigstens ist der Anblick eines Zweideckers stets als das schönste, ästhetisch vollkommenste Bild eines Schiffes erschienen, das sich überhaupt denken lässt. Die doppelte weisse Batterie, überragt von der stolzen hohen Takelung, die letztere eine wundervolle Krönung des schlanken, scharf weiss und schwarz gezeichneten Rumpfes, der trotz seiner majestätischen Höhe doch nicht zu hoch und massig über dem Wasser lagert, sondern nur als wirkungsvoller Gegensatz und als künstlerische Grundlage für den poetisch schlanken und luftigen Aufbau der Masten, Raaen und Spieren ... es ist wirklich ein entzückendes Bild, eine Gestaltung, wie kein Traum sie schöner hervorzaubern könnte!

Beim Dreidecker dagegen mit seinem schweren kolossalen Rumpfe, wie er durch die dreifache weisse Batterie bedingt ist, tritt die Takelung allzusehr in den Hintergrund, sie erscheint zu sehr als Nebensache gegenüber der schwerfälligen Masse des Rumpfes und vermag daher in ästhetischer Beziehung nicht entfernt den harmonischen Eindruck hervorzurufen, wie die prachtvolle und doch so elegante Erscheinung des stolzen Zweideckers, ein Schiffs-Typ, welcher in der Liste der aktiven Kriegsschiffe leider nicht mehr existirt. Vor unseren Augen sahen wir jene schöne, herrliche Marine verschwinden, die der Stolz unserer Jugend war, und eine neue, aber weniger schöne Marine erstehen. — Tempi passati!

Zeigt auch ein Panzerschiff noch so schöne Linien, ein gewisses Etwas macht auf den Beschauer einen widerlichen Eindruck. Wir vermissen die gefällige Leichtigkeit, die uns beim ungepanzerten Kreuzer unwillkürlich entgegentritt. In der Erscheinung der Fregatte oder Korvette liegt etwas Feines und Weibliches, ja Poetisches. In ihrem Elemente können wir sie uns nur, wie eine Nymphe, graciös dahin schwebend und mit den krystallenen Fluthen scherzend und tändelnd denken. Wir vergessen bei ihrem Anblicke gänzlich den Zweck, für den sie gebaut; die aus den Stückpforten hervorblickenden Kanonen erscheinen nicht wie Tod bringende

Waffen, sondern wie ein Zierrath, mit dem sich die flüchtige Schöne geschmückt, und es widerstrebt vollends unserem Gefühle, eine ungepanzerte Fregatte oder Korvette auf einen männlichen Namen zu taufen.

Die Fregatte oder Korvette ist eine Minerva. Nur im Kriege zückt sie den Speer, im Frieden dagegen wirkt sie zum Wohle der Menschheit. Mit leichtem Fusse eilt sie über Oceane, um entfernte Völker mit einander zu verknüpfen und ihren geistigen Ruhm zu fördern. Das Panzerschiff dagegen ist Mars, dessen ernstes Antlitz nur auf Kampf sinnt und auf das der Friede kein Lächeln zu zaubern vermag; der starre Eisenpanzer, mit dem er seine muskulösen Glieder umhüllt und den er nie ablegt, gestattet keine freie elastische Bewegung. Schwer ruht sein Leib auf dem Wasser; seiner Stärke bewusst, verschmäht das Panzerschiff, den Wogen auszuweichen, und trotzig bricht es mit scharfem Sporne seine Bahn durch sie. Es spricht gewaltige Kraft aus seinem Aeussern, aber vergebens suchen wir nach einem freundlichen Zuge. Kalt und ernst starrt der Panzer uns entgegen und die Mündungen der kolossalen Geschütze ragen furchterregend aus der Batterie hervor. Wir bewundern das Panzerschiff — wir staunen es an, als den höchsten Triumph der Technik: aber es erfreut uns nichts an ihm.

Fig. 99.

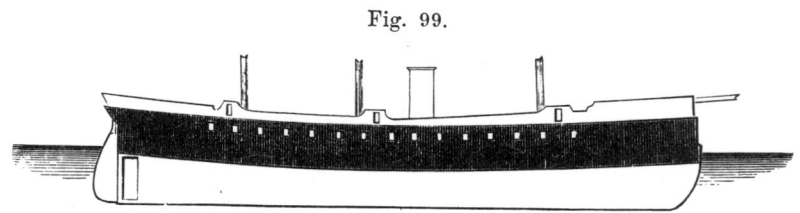

Bevor wir uns dem neuen Flottenmateriale zuwenden, wird es erwünscht sein, hier die aufeinanderfolgenden Fortschritte zu verzeichnen, welche durch die verschiedenen Seemächte realisirt wurden, und einen raschen Blick auf die hauptsächlichsten Arbeiten zu werfen, die sowohl von Europa, als Amerika in jener Umgestaltungsperiode der Flotten geliefert wurden.

Die gleichzeitige Stapellegung der GLOIRE (Figur 99), NORMANDIE, INVINCIBLE und COURONNE wurde anfangs von den See-

mächten keineswegs als der Ausgangspunkt einer vollkommenen Umgestaltung im Schiffbau angesehen; besonders in England erklärte man dies
für ein höchst kostspieliges Experiment, durch welches Frankreich
viele Millionen verschwenden werde, ohne einen
anderen Vortheil daraus zu ziehen, als den
Besitz einiger schwimmender Batterien, welche
höchstens im Stande wären, die Küsten zu vertheidigen. Dessenungeachtet wartete man den
Stapellauf und die Versuche der GLOIRE gar
nicht ab, sondern gab sich schon früher in
England der Ueberzeugung hin, dass man wohl
oder übel auf dem kostspieligen Wege nachfolgen müsse, auf welchem alle übrigen Seemächte mit fortgerissen wurden. Der WARRIOR
(Figur 100) bezeichnet den ersten Jalon in jener
langen Reihe von Schiffen, aus welchen gegenwärtig die englische Panzerflotte besteht; gleich
der GLOIRE wurde er gebaut, um die Geschütze,
die damals verwendet wurden — 68 Pfünder —
zu tragen und deren Projektilen zu widerstehen.
Ein Panzer von 114^{mm} wurde zu jener Zeit für
zweckentsprechend angesehen. Obwohl der WAR-
RIOR bestimmt war, mit der GLOIRE zu riva-
lisiren, vereinigte er doch nicht Offensiv- und
Defensivkraft in so vortheilhafter Weise wie
diese; zwar besitzt er grössere Geschwindigkeit,
doch erschwert seine übertriebene Länge so sehr
alle Wendungen, dass er selbst in der Gewalt
eines weniger schnellen, aber beweglicheren
Gegners wäre. Alles der Geschwindigkeit opfernd,
wurde der Schutz des Körpers vermindert und
nur die Mitte gepanzert, während Bug und Heck,
sowie das Steuer den feindlichen Geschossen
ausgesetzt blieben. Die DEFENCE und RESI-
STANCE nach demselben Principe, jedoch in geringeren Dimensionen
entworfen, vereinigten — natürlich in geringerem Masse — die Vorzüge und die Fehler des WARRIOR. — Fast zur selben Zeit legte

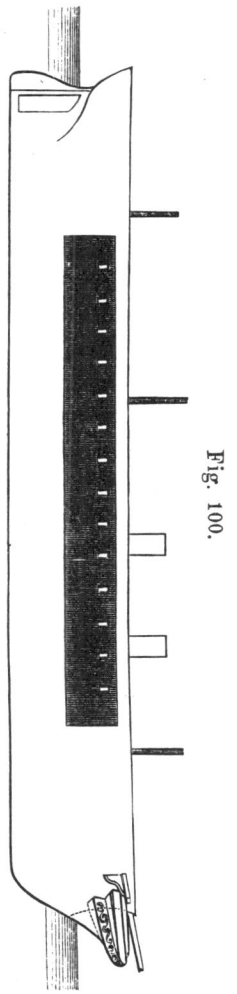

Fig. 100.

man in Frankreich die MAGENTA und die SOLFERINO (Figur 101) auf Stapel, beide viel ungünstigere Bedingungen aufweisend als die GLOIRE.

Das Jahr 1860 ging vorüber, ohne dass Schiffe nach neuen Typen auf den Stapel gelegt worden wären. Die Seemächte zweiten Ranges fingen nun ihrerseits gleichfalls an, den Weg der Panzerung einzuschlagen. Oesterreich unternahm den Bau zweier Panzerschiffe, Italien bestellte zwei Panzerschiffe in Frankreich. — Mit Beginn des Jahres 1861 nahm der Panzer-Schiffbau in England einen bedeutenden Aufschwung. Bedeutende Summen wurden votirt und elf Panzerschiffe begonnen. Nachdem man die Ueberlegenheit der GLOIRE über den WARRIOR erkannt hatte und nachdem man das Experiment einer Konstruktion, wie der HECTOR sie aufwies (Batterie gepanzert, Schiffsenden ungeschützt), hinter sich hatte, nahm man eine totale Panzerung an und lieferte die riesigen Schiffe vom Typ MINOTAUR (Figur 102): kolossale Schiffe, welche nicht im entferntesten dem Zwecke, den man erreichen wollte, und den aufgewendeten grossen Kosten entsprachen. Zu dieser Zeit hatte die Artillerie den ersten Schritt nach jener Richtung gethan, deren Endziel man noch gar nicht absehen kann; an die Stelle der 68Pfünder waren die Armstrong 100Pfünder getreten, während man die Widerstandskraft der Bordwände noch nicht verstärkt hatte.

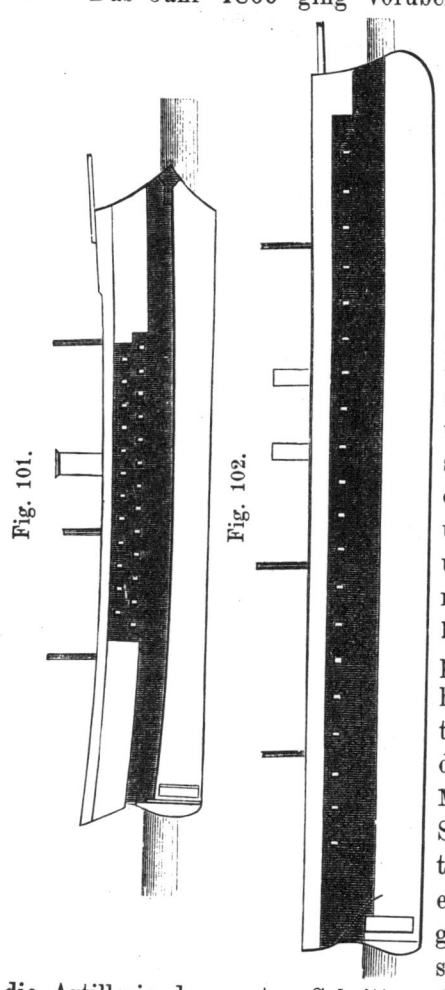

Fig. 101.

Fig. 102.

Um endlich in kürzester Zeit eine bedeutende Panzerflotte herstellen zu können, begann man auf Stapel liegende Linienschiffe zu rasiren und zu panzern.

Zur selben Zeit erbaute in Amerika der schwedische Ingenieur Ericsson den MONITOR (Figur 103) und überholte damit alle Panzerschiffe, welche bald nachher in Europa abliefen.

Fig. 103.

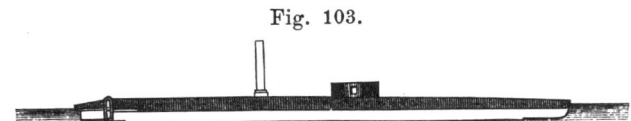

Während dieses Jahres bestellte Spanien fünf, Russland ein Panzerschiff.

Zu Beginn des Jahres 1862 boten sowohl Staats- als Privatwerften überall die grösste Thätigkeit in der Erbauung von Panzerschiffen auf: Frankreich wollte sich eine Panzerflotte schaffen, welche an Stärke der englischen gleich sein, ihr jedoch den Vortheil grösserer Gleichartigkeit entgegensetzen sollte, und legt daher zehn Panzerschiffe gleichzeitig auf Stapel. Bestimmt, Geschütze von 16^{cm} zu tragen und ähnlichen der englischen Marine zu widerstehen, besassen die Schiffe (Typ FLANDRE) doch e i n e n grossen Vortheil, nämlich jenen, durchaus mit identischen Eigenschaften versehen zu sein.

In Amerika war der Bau von Panzerschiffen in Folge des Secessionskrieges mit fieberhafter Thätigkeit betrieben worden; der MERRIMAC war das erste Panzerschiff der Konföderirten, welches auf dem Kampfplatze erschien. Sein Zweikampf mit dem MONITOR ist hinreichend bekannt.

Dem Drängen des Kapitäns Coles nachgebend, legte die Admiralität den PRINCE ALBERT auf Stapel und wandelte das Linienschiff ROYAL SOVEREIGN (Figur 104) in ein Panzerschiff um. Es sind dies

Fig. 104.

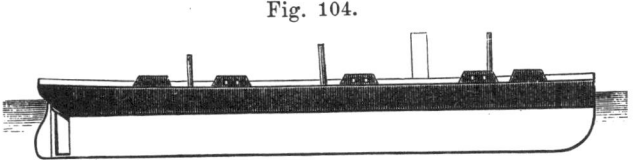

die ersten grossen T h u r m s c h i f f e; doch hatte Dänemark schon 1861 einen Monitor, den ROLF-KRAKE, erbauen lassen (Figur 105).

Mit der Ernennung Reed's zum Chef-Konstrukteur, treten in der englischen Marine jene radikalen Abänderungen der Typen ein, welche ihre Wirkung auch auf die anderen Seemächte ausübten. Für die zu

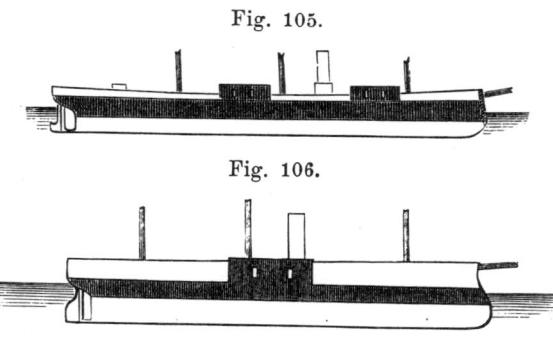

Fig. 105.

Fig. 106.

erbauenden Schiffe nahm Reed die Central-Batterie als Ausgangspunkt, baute aber das todte Werk des Vor- und Hinterschiffes aus Eisen. So entstanden die EN-TREPRISE (Figur 106) und die FAVOURITE, etwas später ZEALOUS.

Diese Schiffe hatten sehr kleine Dimensionen mit grosser Takelung, um weite Reisen unternehmen zu können.

Im selben Jahre, 1862, entwickelte ferner auch Oesterreich seinen Schiffbau, indem es fünf Panzerschiffe auf Stapel legt; Italien betreibt eifrig den Bau seiner in Frankreich, England und Amerika bestellten Schiffe; Holland, Dänemark, Schweden und die Türkei entscheiden sich, Panzerschiffe in ihre Flotten aufzunehmen; Amerika zählt zu Ende des Jahres 52 Panzerfahrzeuge theils im Wasser, theils auf Stapel.

Das Jahr 1863 machte sich in der Geschichte der Panzerflotten durch die Stapellegung des BELLEROPHON (Figur 107)

Fig. 107.

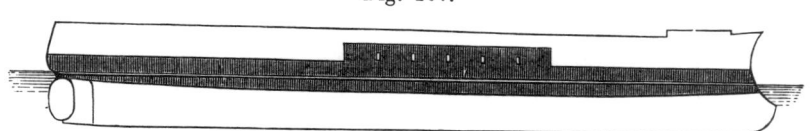

bemerkbar, welcher die Ideen repräsentirt, die Reed der englischen Admiralität einimpfte. Neben dem Principe der Central-Batterie sehen wir zum erstenmale auf einem Batterieschiffe Jagdgeschütze eine wirklich gedeckte Stellung einnehmen. Die Nothwendigkeit des Rammgefechtes erwies sich immer deutlicher, so dass man sich zu jener Zeit auf jede mögliche Art die Wirksamkeit der Jagdgeschütze zu wahren suchte. Der doppelte eiserne Rumpf ist eine Folge der in Amerika zur Anwendung gekommenen Torpedos. Jeden Fortschritt der Offensive beantwortet die Marine-Architektur durch Verstärkung ihrer Widerstandskraft; den 300Pfündern, welche seit jener Epoche die 100Pfünder ersetzen, stellt sich ein Panzer von 154^{mm}, dem Sporne setzt man die wasserdichten Abtheilungen, dem Torpedo die doppelte Schale entgegen.

Die Principien, welchen Reed bei den Entwürfen des BELLE-ROPHON gefolgt war, wurden bald auch an den übrigen im Baue befindlichen Schiffen angewendet.

Kurze Zeit nachher wird die PALLAS auf Stapel gelegt, die vergrösserte und modificirte ENTREPRISE. Bemerkenswerth an diesem Schiffe ist die Disposition der in den Ecken der Batterien aufgestellten Jagd- und Heckgeschütze, deren Bestreichungswinkel dadurch, dass die Bordwände vor und achter der Batterie eingezogen sind, zu einem möglichst grossen wird.

Im Jahre 1863 legte Frankreich die BELLIQUEUSE auf Stapel und eröffnet damit einen Typ kleinerer Panzerschiffe, für Sationirung in fernen Meeren und für die Blokade feindlicher Küsten durch weniger grosse und kostspielige Schiffe, als die vom Typ FLANDRE.

Russland begann gleichzeitig den Bau von zehn einthürmigen Monitors nach Kapitän Coles System, sowie des zweithürmigen Monitors SMERČ (Figur 108). Die Nordstaaten Amerika's setzen ihre eiligen Bauten fort und der DUNDERBERG wurde begonnen; die Südstaaten wandten sich, in Ermanglung eigener Werften, nach

Fig. 108.

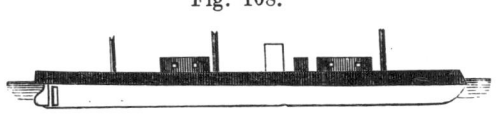

England und Frankreich zur Erlangung von Panzerschiffen, welche am Ende des Krieges theils mit Beschlag belegt, theils verkauft wurden. So wurden SCORPION und WIVERN von England mit Beschlag belegt und gekauft.

Das Jahr 1864 führte keine Veränderungen in der Zusammensetzung der Panzerflotten herbei. Preussen machte den Anfang zur Schöpfung einer Panzerflotte, indem es in England den ARMINIUS bestellte.

Im Jahre 1865 begann Frankreich den Bau neuer Panzerschiffe (Typ ALMA) nach den wenig veränderten Plänen der BELLIQUEUSE (Figur 109). Die Schwierigkeiten bezüglich der Jagdgeschütze wurden auf der Alma durch die Anwendung von festen

Fig. 109.

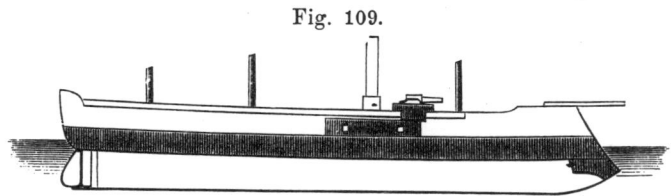

Thürmen gesichert, welche, an den Schanzwänden vorspringend, mit ihrer Panzerung den grössten Theil des Rapert-Mechanismus schützen. Der Panzer hatte eine Stärke von 150^{mm} an der Wasserlinie, eine bedeutende Stärke für Schiffe von geringen Dimensionen, und doch stand diese Dicke nicht mehr im Verhältnisse mit jener Artillerie,

Fig. 110.

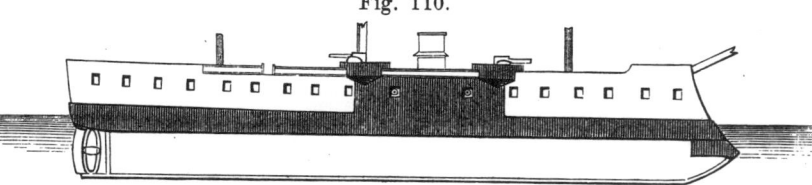

welche nun Eingang fand. Die Konstruktion von 24 und 27^{cm} Kanonen war beschlossen und wurde bereits durchgeführt. Die Panzer von 150^{mm} erwiesen sich also nicht mehr als genügend. Es wurden der OCEAN und der MARENGO (Figur 110) auf Stapel gelegt (Anfang 1865), Panzerschiffe von 200^{mm} Panzerstärke, armirt mit vier 27^{cm} und sechs 24^{cm} Kanonen, die sich wie jene der

Fig. 111.

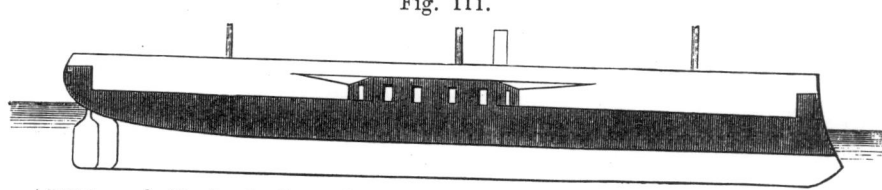

ALMA auf Drehscheiben in gepanzerten über der Bordwand vorspringenden Thürmen befanden.

In England wurde die Dicke der Platten beim HERCULES (Figur 111) auf 229^{mm} erhöht. Auf diesem Schiffe, dessen Pläne man

in dieser Epoche feststellte, waren die Jagd- und Heckschüsse nicht
nur durch Eckstückpforten der Batterie gesichert, wie auf der PALLAS,
sondern auch durch Geschütze in gepanzerten Reduits, gleich jenen
des BELLEROPHON.

Den Batterieschiffen gegenüber, traten die Thurmschiffe des
Kapitän Coles immer mehr bei der Zusammensetzung von Flotten
zweiten Ranges hervor. So baute man den HUASCAR für Peru, die
BAHIA und die BELLONA für Brasilien. Die englische Admiralität

Fig. 112.

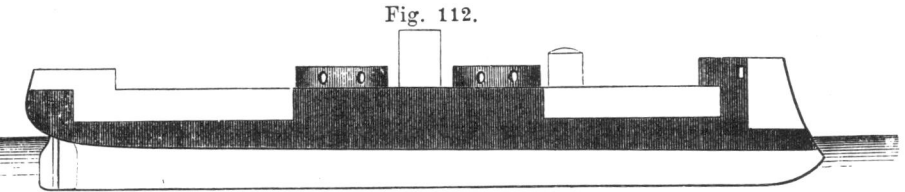

begann den Bau des MONARCH (Figur 112). Die Stapellegung des
MONARCH bezeichnet einen wichtigen Punkt in der Geschichte des
Panzer-Schiffbaues; es war dies das erste grosse Hochsee-Thurm-
schiff, welches erbaut wurde, und die Erfolge bei dessen Versuchen
haben bewiesen, dass es doch möglich ist, in einem rationell
konstruirten Schiffe dieses Typs einige nautische Eigenschaften zu
vereinigen, wenn auch für Hochseeschiffe das System der Centralbatterie zweifellos vortheilhafter ist als jenes der Thürme.

Fig. 113.

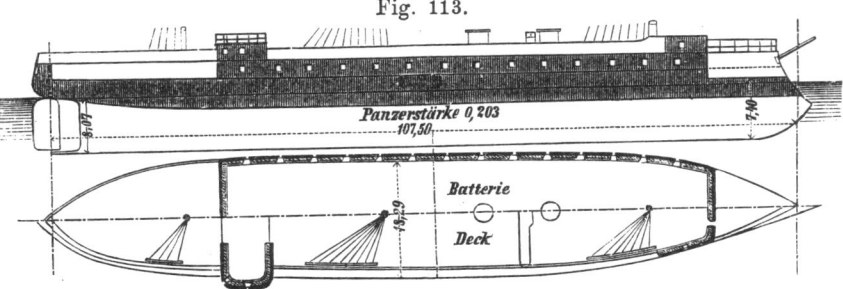

Die Türkei begnügte sich nicht mit den schon in England
bestellten Schiffen, sondern liess ein neues Schiff beginnen, welches
alle bisher erzielten Fortschritte in sich vereinigen sollte. Dieses
Schiff wechselte später die Flagge und ward als eines der stärksten
Panzerschiffe der damaligen Flotten unter dem Namen KÖNIG
WILHELM in die preussische Flotte eingereiht (Figur 113).

Im Jahre 1866 wurde Kapitän Coles ermächtigt, ein Schiff nach seinen eigenen Plänen zu erbauen, und dasselbe wurde noch in demselben Jahre unter dem Namen CAPTAIN begonnen (Figur 114).

Fig. 114.

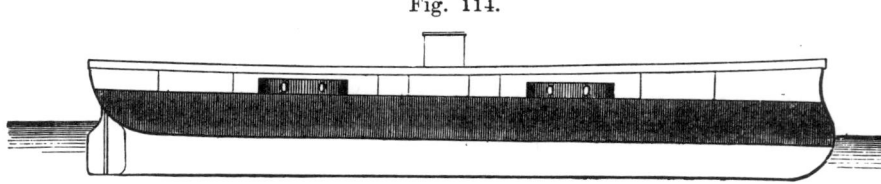

Der CAPTAIN und der MONARCH bezeichnen die Periode der 600pfündigen Geschütze (25 Tonnen-Geschütze). Um ihnen zu widerstehen, wird der Panzer 180^{mm} stark gemacht, doch kann man das Zurückbleiben der Defensive bereits klar ersehen. Es wird unerlässlich, Platten von mindestens 230^{mm} anzuwenden; doch auch diese durchbohrt der 600Pfünder auf 2200^m.

Der Bau von vier vollkommen gleichen Schiffen (Typ AUDACIOUS), der nun begonnen wurde, ist eine Ausnahme in der englischen Panzerflotte, deren Schiffe sozusagen jedes für sich einen Typ bilden. Diese Verschiedenheit der Schiffe untereinander stellt den Werth der englischen Flotte unter den der französischen: der Unterschied der einzelnen Schiffe an Geschwindigkeit und an Kohlenfassungsräumen, in Folge dessen an erreichbarer Entfernung, an Manövrirfähigkeit u. s. w. — dies Alles vereinigt sich, um die englische Flotte zu einem ungleichförmigen Ganzen zu machen; jedes Schiff repräsentirt zweifellos im Allgemeinen einen Fortschritt gegen dasjenige, welches vor ihm gebaut worden war, aber dessenungeachtet kann man ihnen bei den in so vielen Beziehungen verschiedenen Eigenschaften die Gleichzeitigkeit der Bewegungen weder geben, noch sie fordern.*)

*) Mr. Reed, der frühere Chef-Ingenieur der englischen Flotte, schreibt in den , Times‘ vom 19. Januar 1877 darüber folgendes:

Ein weiterer Hauptgrund des Anwachsens unserer Ausgaben für die Marine ist die endlose Verschiedenheit der Typen, eine natürliche Folge fehlerhafter Marine-Administration. Das ist ein Gegenstand von höchster Bedeutung. Diese Systemlosigkeit kostet Unsummen; sie multiplicirt die Arbeiten und Sorgen der Seeofficiere; sie beraubt uns all' der Vortheile, welche sonst bei einem gleichmässigen Dienste aus der Erfahrung und Routine des Einzelnen entspringen; sie bringt es mit sich, dass die ältesten Officiere und Mannschaften auf einem neuen

Reed behielt für die Schiffe Typ AUDACIOUS (Fig. 115 und 116) dieselben Einrichtungen bei, welche er bei der PALLAS angewendet

Schiffe vollständig wieder zu Anfängern werden; sie giebt den Anlass zu so vielen Unglücksfällen, Missständen und Unzukömmlichkeiten aller Art, zu Verlusten (siehe VANGUARD), und würde schliesslich im Kriege zu einem elenden Durcheinander führen, zu Unglück und Niederlagen. Das muss anders werden.

Wir bauen augenblicklich (die schon vom Stapel gelassenen, aber noch nicht ausgerüsteten Schiffe inbegriffen) nachstehende Panzerschiffe:

	Tonnen	Pferdekr.	Geschütze		Tonnen	Pferdekr.	Geschütze
AGAMEMNON. .	8.492	6.000	4	NELSON	7.323	6.000	12
AJAX	8.492	6.000	4	NORTHAMPTON	7.323	6.000	12
ALEXANDRA . .	9.492	8.000	12	SHANNON	5.103	3.500	9
DREADNOUGHT	10.950	8.000	4	TEMERAIRE . .	8.412	7.000	8
INFLEXIBLE . .	11.406	8.000	4				

Von diesen Schiffen, sämmtlich über 5000 Tonnen, sind blos zwei gleich — d. h. unter n e u n Schiffen haben wir s i e b e n Variationen, und zwar solche, die weitaus g r ö s s e r sind, als obige Ziffern sie anzeigen, weil darunter auch Schiffe mit gleicher Maschinenkraft (ALEXANDRA, DREADNOUGHT, INFLEXIBLE) von einander ungeheuer differiren.

Nun wird aber doch Niemand, der selbst nur den gewöhnlichsten Verstand besitzt, behaupten wollen, dass der Dienst, zu dem unsere Panzerschiffe bestimmt sind, eine solche absurde Verschiedenheit der einzelnen Schiffe erfordert; und ebenso wird Jeder, der nur die geringste praktische Erfahrung auf irgend einem Gebiete hat, einzusehen vermögen, dass eine solche Mannigfaltigkeit der Systeme und die noch viel ärgere und grössere Verschiedenheit der D e t a i l s, welche damit verbunden ist, einen schweren Schaden, eine immense Gefahr für unsere ganze Seemacht bedeuten. Ich will damit durchaus nicht jede Verschiedenartigkeit der Typen beseitigt und eine völlige Uniformität all' unserer Schiffe adoptirt sehen. Im Gegentheile. Gewisse Verschiedenheiten sind unvermeidlich — und gewiss nur nützlich: es sind dies jene, welche von grossen und werthvollen neuen Erfindungen, Vervollkommnungen, Verbesserungen herrühren. Alle Achtung vor diesen. Ich behaupte jedoch, dass die weitaus überwiegende Zahl dieser enormen Variationen nicht darin seinen Ursprung hat, sondern lediglich in der Phantasie, der Laune, den Meinungsverschiedenheiten in den leitenden Kreisen, in der Konkurrenz der verschiedensten Einflüsse, welche sich in der Administration geltend machen, mit einem Worte, in Maladministration. Ich bin hoch erfreut zu sehen, dass man bezüglich der ungepanzerten Flotte nicht in denselben gefährlichen Fehler verfallen ist, doch ist dies von weniger Bedeutung. Denselben aber gerade bei den grossen theuren Panzerschiffen zu begehen, wo grosse Verschiedenheiten die ohnehin kolossalen Kosten in's Enorme steigern, den Dienst der Mannschaften erschweren und unsicher machen und ständige Gefahren im Kriege wie im Frieden schaffen, das heisst einen der traurigsten Missgriffe machen und mit riesigen Unkosten unsere maritime Wehrkraft in die Gefahr stürzen.

17

hatte. Ein starkes Zurückspringen der Bordwände vorn und achter gestattet den in den Ecken der Centralbatterie aufgestellten Geschützen den Jagd- und Heckschuss (Figur 115). Ausserdem fügte

Fig. 115.

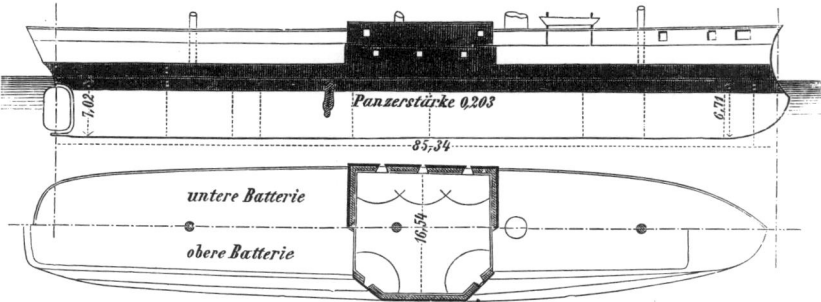

er auf dem Oberdecke ein der unteren Batterie fast gleiches Reduit hinzu (Figur 116). Bei einer Bewaffnung von zehn 12½ Tonnen-Geschützen unterstützen vier derselben den Spornangriff. Der Panzer hatte 203^{mm} Stärke. Die geringen Dimensionen gestatteten zwar nicht die Anwendung eines Panzers von der Stärke, wie ihn HERCULES trägt, da man die Wasserlinie und die Centralbatterie schützen wollte, doch bilden nichtsdestoweniger die Schiffe dieses Typs eine sehr wirksame Macht.

Fig. 116.

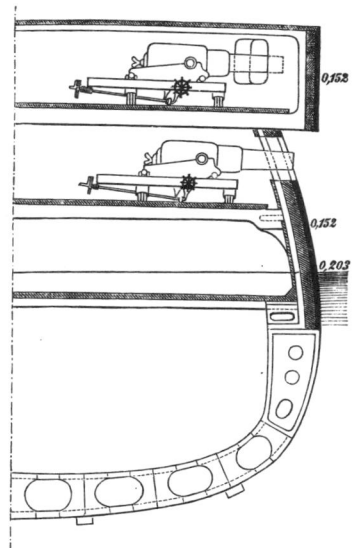

Im Jahre 1867 wurden alle französischen Panzerschiffe mit Geschützen neuer Gattung ausgerüstet. Die Schiffe Typ MAGENTA erhielten zehn Stück 24^{cm} Kanonen, die Schiffe Typ FLANDRE vier Stück 24^{cm} und sieben Stück 19^{cm} Geschütze.

In jene Zeit fällt der Ankauf zweier amerikanischer Schiffe durch die französische Regierung, des DUNDERBERG (ROCHAMBEAU) und ONONDAGA.

Die holländische Regierung liess in England den PRINS HENDRIK DER NEDERLANDEN bauen, ein Thurmschiff, armirt mit vier Stück 9-Zöller, jedoch mit nur 113^{mm} starkem Panzer.

Die nun zur norddeutschen Bundesflotte gewordene preussische Marine bestellte in England den KRONPRINZ und die Arbeiten am KÖNIG WILHELM wurden derartig beschleunigt, dass man ihn Ende 1868 zur Verfügung haben konnte. Dieses Schiff besass keine eigentlich originellen Einrichtungen, doch fand man an demselben alle Vervollkommnungen der letzten Zeit angewendet, welche sich vereinigten, um aus diesem Schiffe eines der mächtigsten Kriegsschiffe zu machen. In Frankreich wurde der FRIEDRICH KARL bestellt.*)

Ende 1867 hatten es die Seemächte bereits so weit gebracht, dass sie wirkliche Schlachtflotten, ausschliesslich aus Panzerschiffen bestehend, zusammenstellen konnten. England besass 28, Frankreich 17, Italien 15, Oesterreich 7, Spanien 6, die übrigen europäischen Mächte zusammen 11 Panzerschiffe im Wasser. Brasilien war durch den Kampf mit Paraguay gezwungen, ganz eigene Fahrzeuge für den Flusskrieg zu schaffen und reihte neben

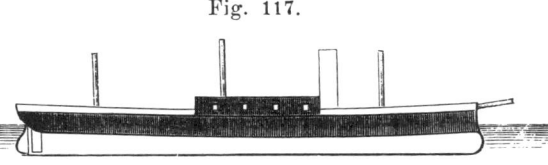

Fig. 117.

dem BRAZIL (Figur 117), BAHIA und anderen Küstenvertheidigern eine ganze Reihe von kleinen Monitors in seine Flotte ein.

Durch das Eintreten Reed's in die Admiralität (1863) wurde die Einführung von verhältnissmässig kurzen Schiffen an Stelle des Typ MINOTAUR, bei welchem das Verhältniss zwischen Länge und Breite die enorme Ziffer von 6.$_{73}$ erreicht hatte, bewirkt. Die Tendenz zur Verminderung der Länge nahm immer zu und erreichte 1868 in dem Projekte Elder's ihren Höhenpunkt, welcher kreisförmige Schiffe vorschlug. Dieses Projekt, welches sehr wichtige Vorzüge für Küstenvertheidigungs-Fahrzeuge vereinigte, kam jedoch nicht zur Ausführung. Später schlägt die russische Marine zuerst diese Richtung ein.

---

*) Hünten Nr. 18 zeigt diese drei Panzerschiffe in See.

In der That ergriff jetzt die russische Marine, welche bis zu dieser Epoche nur den Fortschritten der französischen und englischen Marine gefolgt war, die Initiative zu allerlei kühnen Versuchen, die sich nicht nur auf Verbesserungen der Konstruktion, sondern auch auf die Art der Verwendung der neuen Schiffe bezogen. Während sich einerseits auf den Werften der Neva Thurmschiffe nach den Plänen des Admirals Popow erhoben, nahm andererseits das Geschwader des baltischen Meeres unter der Leitung des Admirals Butakow ausgedehnte, lehrreiche Studien über die neue Seetaktik der Panzerschiffe vor.

Oesterreich-Ungarn legte die LISSA auf Stapel, betrat aber erst mit den später in Bau gegebenen Panzerschiffen mit doppelter Centralbatterie ERZHERZOG ALBRECHT und CUSTOZZA den Weg des Eisen-Schiffbaues. Die im Jahre 1871 zur deutschen Reichsflotte gewordene norddeutsche Bundesflotte bestellte in England zwei Schiffe vom Typ HERCULES und begann gleichzeitig im Inlande mit dem Bau dreier Thurmschiffe vom Typ MONARCH.

Die englischen Colonien verlangten Panzerschiffe zu ihrer Vertheidigung, was Reed zu einem Versuche, Coles' und Ericsson's Thurmschiffe zu vervollkommnen, veranlasste; so schuf er den Typ Brustwehr-Monitor, bei welchem eine starke gepanzerte Brüstung die Basis der Thürme, den unteren Theil des Schlottes und die Luken schützen soll. Der CERBERUS (Figur 118) war das erste Schiff dieses Typs und bezeichnet einen wichtigen Punkt in der Geschichte des

Fig. 118.

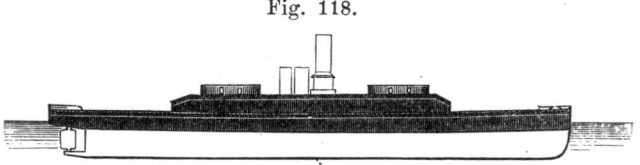

Panzer-Schiffbaues. Die Admiralität machte später weitere Schritte nach dieser Richtung durch die Konstruktion der grossen Schlachtschiffe vom Typ DEVASTATION, welche nach den gleichen Principien entworfen waren.

Gleichzeitig mit den Brustwehr-Monitors (Schiffen ohne Takelung aber mit bedeutendem Kohlenvorrathe) liess die Admiralität zwei neue Schiffe, SWIFTSURE und TRIUMPH, vom Typ AUDA-

CIOUS auf Stapel legen, sowie ein nach denselben Principien kon-
struirtes, jedoch bedeutend grösseres Schiff, den SULTAN (Figur 119),
welcher unter dem Schutze eines Panzers gleich dem des HERCULES
(229^{mm}) acht 18 - Tonnen - Geschütze (10-Zöller) und drei Stück
12-Tonnen-Geschütze führen sollte.

In den Jahren 1868 und 1869 sahen wir nacheinander folgende
Schiffe von Stapel laufen: in England den HERCULES, MONARCH,
die Schiffe Typ AUDACIOUS, den CAPTAIN und die ersten Brustwehr-
Monitors; in Frankreich den OCEAN, MARENGO und die Widder Typ
CERBÈRE; in Oesterreich-Ungarn die LISSA. Auf den englischen Werften

Fig. 119.

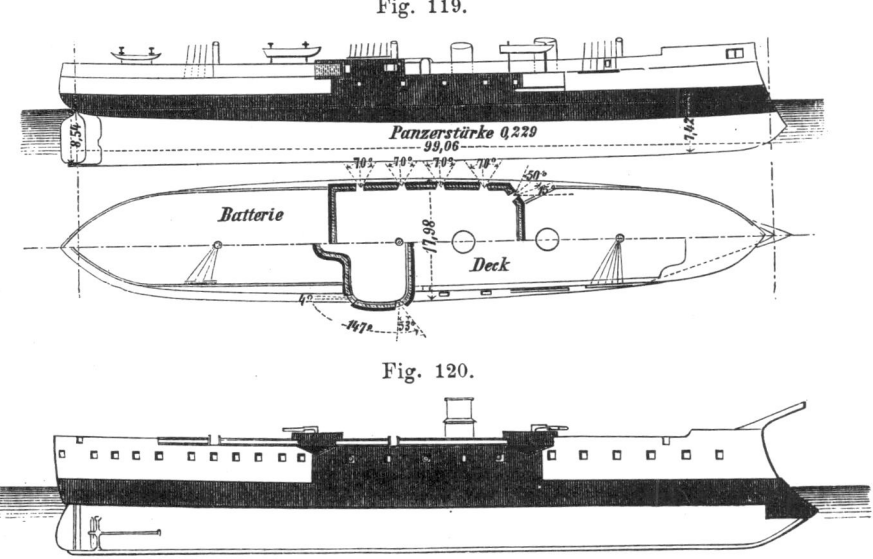

Fig. 120.

legt man statt der abgelaufenen Schiffe die grossen Monitors Typ
DEVASTATION, auf den französischen die Panzer Typ RICHELIEU
(Figur 120) auf; bald nachher werden diese Schiffe, so rasch wie man
es unmöglich voraussehen konnte, ungenügend befunden, bevor sie
noch im Wasser schwimmen, und den englischen 305^{mm} Geschützen
gegenüber, welche Projektile von 272^{kg} schleudern, wird ein Panzer
von 300^{mm} unerlässlich. Wir finden uns jetzt den Schiffen gegenüber,
die gegenwärtig die Flotten der Seemächte bilden oder in nächster
Zukunft bilden werden.

Wir verlassen hier die Entwicklungsgeschichte der Panzer-schiffe und wenden uns nun zu den Küstenfahrzeugen. Das Bombardement von Kinburn hatte gezeigt, welchen Nutzen man in Bezug auf den Angriff aus den schwimmenden, für die Projektile undurchdringlichen Festungen zu ziehen im Stande sei, die sich — Dank ihrem geringen Tiefgange — auf genügend kurze Ent-fernung vor den Forts verankern können, um ihre Artillerie wirksam spielen zu lassen. Seit jenem Tage waren die früheren hölzernen Kanonenboote und Bombarden nicht mehr als Angriffsmittel, die den modernen Kriegsbedürfnissen entsprechen, zu betrachten. Viel lag nun daran, die schwimmenden Batterien zu verbessern und ihnen Schnelligkeit und Drehfähigkeit zu verschaffen. Doch gingen die Fort-schritte nur langsam vor sich. Erst im Jahre 1863 begann man in Frankreich, Küstenfahrzeuge von grosser Schnelligkeit zu bauen, und die anderen Seemächte folgten nur zögernd in dieser Richtung nach. Da diese Küstenfahrzeuge berufen sind, die Offensive an ferne Küsten zu tragen, müssen sie genügende See-Eigenschaften und Bewohnbar-keit aufweisen, um mit voller ·Sicherheit bedeutende Ueberfahrten unternehmen zu können, müssen grosse Schnelligkeit besitzen, endlich einen geringen Tiefgang haben, um Landbefestigungen nahe gehen oder sich vor Hochseeschiffen in seichtes Wasser zurückziehen zu können. Dass diese offensiven Küstenfahrzeuge auch an den defensiven Operationen, der Küstenvertheidigung, theilnehmen, ist natürlich. Die Franzosen nennen diese Klasse von Fahrzeugen, welche besonders zum Angriffe auf feindliche Küsten bestimmt ist, garde-côtes offensives.

Wenn es von Nutzen ist, einer Seemacht die Mittel zu geben, den Krieg an die Küste des Gegners zu tragen, so ist es doch noch weit dringender, die eigenen Küsten zu sichern, die eigenen Kriegs- und Handelshäfen zu beschützen: diese vor einem Bombardement, welches ihren ganzen Reichthum zerstören, jene gegen einen wirk-samen Angriff, der jede Möglichkeit, den Krieg in der Ferne auszu-kämpfen, zunichte machen könnte. Wenn auch Küstenbatterien, fixe Torpedos und Sperrungen wirksame Elemente zur Sicherung der Hafenvertheidigung abgeben, so darf man doch nie vergessen, dass die eigentliche Macht des Belagerten in der beweglichen Vertheidigung besteht: nämlich in Torpedo-Fahrzeugen oder Torpedos mit Eigen-bewegung, Kanonenbooten, welche ein Geschütz von schwerem Kaliber führen, sogenannten schwimmenden Raperten, mit der Bestimmung, sich vor der angreifenden Macht in Schwärme aufzulösen, und endlich in den Küstenvertheidigungs-Widderschiffen. Ohne in irgend einer Weise den beachtenswerthen Antheil zu leugnen, welcher den übrigen Kriegsmaschinen zufällt, müssen wir letztere als die Grundlage der Vertheidigung betrachten. Ihnen steht die Wahl des Augenblicks frei, in welchem sie wirksam zu handeln vermögen und, oft unter dem Schutze der Nacht durch eine feindliche Flotte sich den Weg bahnend, eine starke Blokade durchbrechen können. Handlicher als die hochbordigen Schlachtschiffe und von geringerem Tiefgange als die Offensiv-Küstenfahrzeuge, welche man ihnen entgegenstellen wird, dürfen sie diesen nur in einer Beziehung nachstehen, nämlich rücksichtlich der Geschwindigkeit, und dies übrigens auch nur in dem einzigen Falle, wenn man es für nöthig fände, sie eine Artillerie tragen zu lassen, was aber kaum für nützlich anzusehen sein dürfte. Der Küstenvertheidigungs-Widder soll in keiner Weise seinem eigentlichen Zwecke abwendig gemacht werden; er soll die Stelle des Geschosses selbst einnehmen, oder wie Admiral Goldsborough sich in einem seiner Berichte ausdrückte: ‚Das Schiff soll das Projektil, der Dampf das Pulver darstellen‘. Die wohlberechnete Wirkung der Masse des Schiffes im Vereine mit seiner Schnelligkeit muss unwiderstehlich sein, und der Widder, auf den Sporn als einzige Waffe beschränkt, von dem Gewichte der Bestückung und ihres Schutzes befreit, wird daher klein, handlich und schnell sein. Nach allen Richtungen in das feindliche Blokade-Geschwader eindringend, durch seinen Panzer für Geschosse undurchdringlich und den Spornstössen durch seine grosse Lenkbarkeit entgehend, wird er dem Feinde zum gefährlichsten Gegner werden. Bis zum gegenwärtigen Augenblicke hat man diesen Weg noch nicht eingeschlagen und alle bisher gebauten Küstenvertheidiger tragen eine mächtige Bestückung, welche nur ein Resultat aufweist, nämlich — Störung des einheitlichen Zweckes, indem dadurch dem Fahrzeuge Dimensionen aufgenöthigt werden, welche mit seiner eigentlichen Rolle als Widder unvereinbar sind.

Sobald die Batterien von Kinburn nach Frankreich zurückgekehrt waren, beschäftigte man sich damit, sie zu verbessern und jenen Fehlern abzuhelfen, welche man zu erkennen in der Lage gewesen war. Diese Abänderungen ergaben nur sehr geringfügige Resultate und die Batterien von Kinburn (Figur 121) blieben das, was sie früher gewesen waren: schwimmende Forts, welche nach und nach von der Flottenliste verschwanden, ohne Gelegenheit zu finden, sich weiters nützlich zu erweisen. Die Fortschritte im Seewesen waren so rasch, dass die schwimmenden Batterien nach einem Tage des Glanzes in kürzester Zeit unnütz wurden.

Die bei Kinburn gewonnenen Erfahrungen waren in England Ursache einer Vermehrung der schwimmenden Batterien; zugleich

Fig. 121.

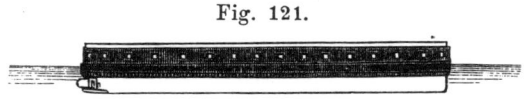

entschloss sich die Admiralität schon damals zum Eisenbau und erbaute die zweite Serie dieser Fahrzeuge aus Eisen, von grösserer Länge und bedeutenderer Geschwindigkeit, jedoch ohne einen Fortschritt in der Panzerung einzuführen.

Gegen Ende des Jahres 1858 legte Frankreich drei neue schwimmende Batterien (Typ PALESTRO) in Bau, die etwas kleiner als jene von Kinburn waren und eine verhältnissmässig starke Artillerie hatten, jedoch keineswegs entsprachen; Ende des Jahres 1860 drei Batterien Typ ARROGANTE, später vier Batterien Typ

Fig. 122.

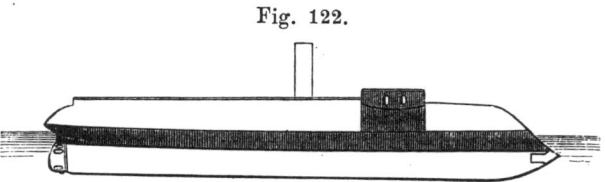

EMBUSCADE. Die letzteren sieben Batterien zählen noch heute zur französischen Küstenvertheidigungsflotte.

Aber erst zu Ende des Jahres 1863 wurde in Frankreich die Stapellegung des ersten Küstenvertheidigungs-Widders, des TAUREAU, angeordnet, und da derselbe gelungen war, beeilte man sich, vier andere (Typ CERBÈRE) in Bau zu legen (Figur 122).

Die zweite Gruppe der französischen Küstenvertheidigungs-Widder bilden die drei Widder Typ TEMPÊTE, die dritte Gruppe, die drei Widder Typ TONNERE (Figur 123).

In England entschloss man sich erst 1866, die ersten wirklich entsprechenden Küstenvertheidiger zu bauen. Der HOTSPUR (Figur 124) ist ein mit Sporn versehener Monitor, dessen einziges Geschütz sich in einem ovalen Fixthurme befindet.

Fig. 123.

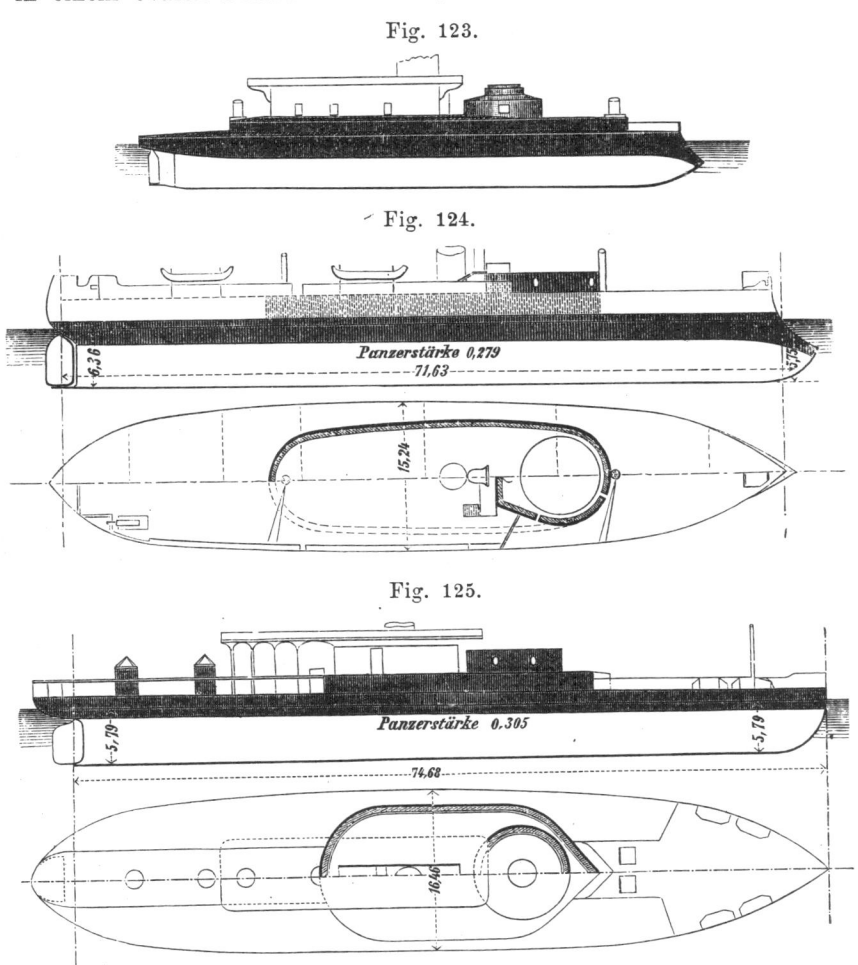

Fig. 124.

Fig. 125.

Etwas später legte die englische Admiralität den GLATTON (Figur 125) auf Stapel, welcher zwei Zwecken dienen sollte, aber eben deshalb keinem der beiden vollkommen entspricht. Man wollte, dass sich dieses Fahrzeug nöthigenfalls der Schlachtflotte anschliessen

sollte, gab ihm aber hierzu nicht genügende See-Eigenschaften; es
kann sich höchstens nach einer feindlichen Küste begeben, um an
dem Angriffe von Befestigungen theilzunehmen, während der erhöhte
Tiefgang, den man ihm der Seetüchtigkeit halber gab, wieder beim
Küstendienste hinderlich ist.

Später beschäftigte man sich in England damit, Fahrzeuge zu
bauen, die wirklich nur zur Küstenvertheidigung geeignet sind, und
legte vier Fahrzeuge Typ CYCLOPS (Figur 126) in Bau.

Die Serie dieser Schiffsklasse schliesst mit dem RUPERT

Fig. 126.

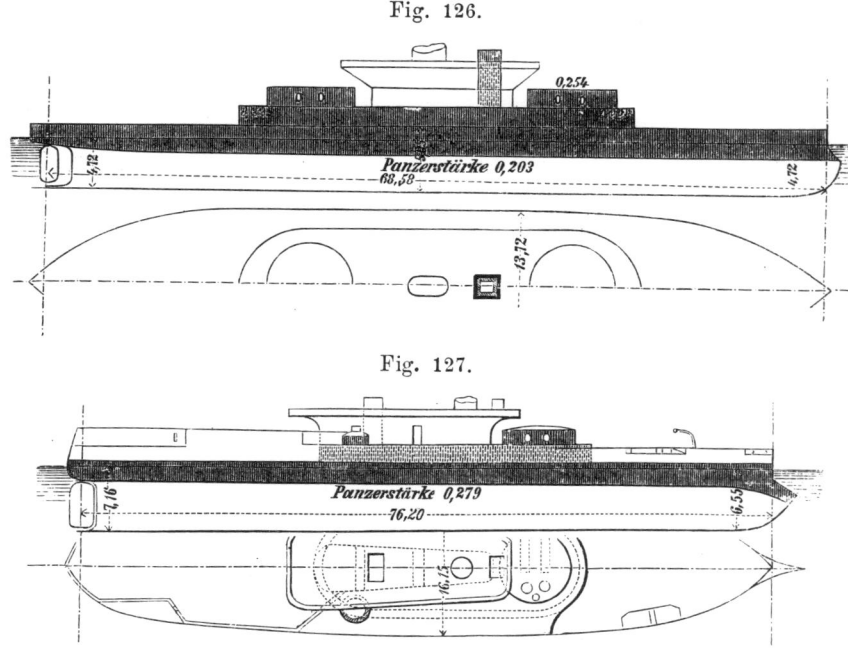

Fig. 127.

(Figur 127), welcher eine Vervollkommnung des HOTSPUR darstellt.
Man hat die Dimensionen desselben vergrössert, den Thurm beweglich
gemacht und dessen Basis, wie bei den Fahrzeugen des Typ CYCLOPS,
durch eine Brustwehr geschützt. Der RUPERT ist ein Küstenvertheidiger,
von dem man im Kriege die vorzüglichsten Dienste erwarten kann.

Von den Küstenvertheidigungs-Fahrzeugen der übrigen Seemächte wollen wir hier nur dreier neuer Typen Erwähnung thun,
nämlich der russischen Cirkularbatterien, welche unter dem Namen der

Popowkas bekannt sind, der deutschen Panzer-Kanonenboote Typ WESPE und der brasilianischen Monitors Typ SOLIMOËS.

Die ersteren Fahrzeuge haben in der maritimen Welt einen gewissen Eindruck gemacht, und zwar wegen der persönlichen Stellung ihres Erfinders und wegen der Lobsprüche, die der gelehrte englische Ingenieur Mr. Reed denselben unaufhörlich spendete. Diese Küstenfahrzeuge sind bestimmt, die Mündung des Dnjepr und den Hafen von Nikolajew zu vertheidigen. Das Wasser hat dort nur eine geringe Tiefe und es handelte sich darum, für diesen speciellen

Fig. 128.

Fall eine geeignete Lösung zu finden. Der Vice-Admiral Popow dachte daher an die bereits im Jahre 1868 von Elder projektirte Kreisform als diejenige, welche bei gegebenem Volumen die geringste zu panzernde Oberfläche erfordert. Man konnte also die Panzerung verstärken und doch das Deplacement vermindern. Nach diesem Systeme wurden zwei Batterien konstruirt: NOWGOROD und VICE-ADMIRAL POPOW.

Die NOWGOROD (Fig. 128 und 129) wurde am 17. December 1871 in Petersburg zu bauen begonnen; die zugearbeiteten

Baustücke des Fahrzeuges, sowie das übrige zu dessen Ausbau nothwendige Material wurde mittels Eisenbahn nach Nikolajew transportirt, während man die Kessel mittels Dampfer dahin brachte. Die Zusammenstellung der einzelnen Theile wurde in Nikolajew am 29. März 1873 begonnen. Das Fahrzeug hat eine kreisförmige Form und einen flachen Boden; der vertikale Durchschnitt desselben

Fig. 129.

zeigt Viertelkreise als Schiffswand, zu welcher die Geraden des Bodens Tangenten bilden. Die NOWGOROD hat zwölf 8″ hohe Kiele, die parallel zu einander in gleichen Entfernungen liegen. Die Hauptdimensionen der NOWGOROD sind: Diameter 101′, Tiefgang, voll geladen, 13′ 2″, Bordhöhe über Wasser 1′ 9″, Deplacement 2491 Tonnen. Das Deck steigt von dem Rande gegen das Centrum zu an, so dass die Mitte 5′ 1″ über dem Wasserspiegel zu stehen kommt.

Ueber der Mitte des Fahrzeuges ist koncentrisch mit dem Fahrzeuge der Thurm aufgestellt. In dem Thurme sind auf Drehschlitten-Raperten von der Erfindung des Generalen Pestić zwei 11zöllige Gussstahl - Hinterlader aufgestellt. Diese Geschütze können jeden Punkt des Horizontes bestreichen. Der Thurm ist über dem Horizonte 12′ und über dem Deck 6′ 11″ hoch gelegen.

Die NOWGOROD wurde aus russischem Eisen gebaut; der Panzer, in dem Eisenwerke zu Ižora hergestellt, besteht aus zwei Lagen Platten, die innere Lage ist auf der Schiffshaut angenietet; der eigentliche Panzer besteht aus zwei Reihen Panzerplatten, von denen die obere Reihe, sowie auch der Panzer des Thurmes 9″, die untere Reihe 7″ dick ist. Die Panzerunterlage besteht aus 7″ Teakholz. Aussen ist der Boden der NOWGOROD mit Holz verkleidet und gekupfert. Das Deck, ebenfalls aus Eisen, hat eine dreifache eiserne Beplankung von zusammen $2\frac{3}{4}$″ Dicke; das Schiff hat einen doppelten Boden und ist in 36 wasserdichte Abtheilungen getheilt.

Der Treibapparat der NOWGOROD besteht aus sechs Schrauben, die im Achterschiffe parallel zu einander und zur diametralen Durchschnittsfläche des Fahrzeuges gelegen sind; die sechs Woolf'schen Maschinen sind im Vorschiffe untergebracht; jede Maschine soll 560 Pferdekräfte indiciren. Die Dampferzeugung wird von acht Kesseln bewirkt.

Ausser den Schiffsmaschinen sind auf der NOWGOROD noch aufgestellt: eine Ventilator-Maschine, eine Dampf-Feuerspritze und ein Dampf-Bratspill für das Ankermanöver; zur Entfernung von Sood- und Leckwasser dienen zwei Friedmann'sche Ejektoren.

Die NOWGOROD ist mit Apparaten für den Gebrauch unterseeischer Minen versehen, mit denen sie nach allen Richtungen unbehindert wirken kann. Im Vorschiffe wird auf Deck ein leichtes Deckhaus errichtet, in welchem der Kommandant, die Officiersmesse und ein Theil der Bemannung untergebracht werden. Unter Deck befinden sich die Officierskabinen und der Raum für die übrige Bemannung. Die Stapellassung der NOWGOROD fand in Nikolajew am 21. Mai 1873 statt.

Der Durchmesser der Popowka VICE - ADMIRAL POPOW ist um 20′ grösser als jener der NOWGOROD; in Folge dessen ist auch deren Deplacement um 1000 Tonnen grösser und der Panzer konnte bedeutend dicker genommen werden. Die Hauptdimensionen derselben sind: Durchmesser 121', Tiefgang: vorn 12' 2", achter 14' 2", Deplacement 3550 Tonnen. Diese Vermehrung des Deplacements ermöglichte es, die Panzerdicke um 7" und die Maschinen um zwei zu vermehren. Versuche mit Modellen haben nachgewiesen, dass bei Schiffskörpern dieser Form die Geschwindigkeit im Verhältnisse zu der Vergrösserung des Durchmessers zunimmt. Die zwei zugefügten Maschinen eingerechnet, hat die POPOW nunmehr acht Maschinen und sechs Schrauben; von diesen sechs Schrauben haben die zwei äusseren einen bedeutend grösseren Durchmesser als die übrigen vier. Diese zwei Schrauben sollen nur im tiefen Wasser arbeiten, und werden durch je ein Paar Maschinen getrieben, während die übrigen vier Schrauben nur von je einer Maschine in Bewegung gesetzt werden.

Ein solches Schraubensystem ist bis nun noch nicht versucht worden, und ist, gleich dem Typ Popowka überhaupt, etwas ganz Originelles, Neues. Die Maschinen sind von Baird in Petersburg hergestellt. Sowohl der Bord- als der Thurmpanzer ist 19" dick; das Deck hat 3zölligen Panzer. Die Zahl der strahlenförmig gestellten Spanten beträgt 124; der Schiffskörper ist in 36 wasserdichte Zellen abgetheilt.

Die vergleichenden Proben der Popowka VICE-ADMIRAL POPOW mit der Popowka NOWGOROD wurden in jüngster Zeit vorgenommen. Die POPOW erreichte eine mittlere Geschwindigkeit von 8.$_3$ Knoten, während die NOWGOROD nur 6.$_5$ Knoten machte. Nachdem man die Wahrnehmung gemacht hat, dass die zwei äussersten Schrauben zur Vermehrung der Geschwindigkeit fast gar nichts beitragen, wurden die zwei äussersten Maschinen wieder ausgeschifft. Hierdurch wurde das Schiff nicht nur bedeutend erleichtert, sondern auch der Kohlenverbrauch um $^1/_3$ ermässigt.

Ueber die Entstehung der deutschen Panzer-Kanonenboote Typ WESPE bedarf es einiger erläuternder Worte.

Nach dem Flotten-Gründungsplane waren für die lokale Küstenvertheidigung Deutschlands Monitors bestimmt. Das immer mehr sich entwickelnde Torpedowesen liess indess die Verwendung so grosser Panzerfahrzeuge als unnöthig und kleinere Fahrzeuge zum

Zwecke der Vertheidigung der gelegten Torpedosperren, sowie zum lokalen Schutze der Küsten überhaupt genügend erscheinen.

Es trat nun die Frage auf, ob es nicht angängig sei, für diesen Zweck auf gepanzerte Fahrzeuge ganz zu verzichten und statt derselben möglichst kleine ungepanzerte, mit einem schweren Geschütze armirte Fahrzeuge zu erbauen, da es möglich war, für die zur Herstellung eines Monitors erforderliche Summe eine grössere Anzahl solcher Fahrzeuge zu beschaffen.

In England hat man diesen Weg eingeschlagen und neben sehr wenigen gepanzerten Fahrzeugen für den Küstenschutz, die bis zum Jahre 1872 erbaut wurden, eine grössere Zahl flachgehender, mit einem schweren Geschütze im Gewichte von 12 Tonnen, respektive 18 Tonnen im Buge armirter ungepanzerter Fahrzeuge hergestellt; in Frankreich sind gleichfalls derartige Boote erbaut worden und Dänemark und Holland sind diesem Beispiele gefolgt; auch Russland hat, wahrscheinlich zunächst zu Versuchszwecken, ein hölzernes nicht gepanzertes, mit einem 26 Centimeter-Geschütz armirtes Boot erbaut.

Eingehende Erwägungen liessen es jedoch nicht rathsam erscheinen, den vorher genannten Staaten ebenfalls zu folgen und ähnliche kleine ungepanzerte Fahrzeuge für die Küstenvertheidigung zu bauen.

Die Küsten Deutschlands sind für die Vertheidigung in zwei scharf von einander zu trennende Gruppen zu scheiden, in die Südküste der Ostsee und die Küsten der Nordsee nebst der Ostküste Schleswig-Holsteins. Auf der erstgenannten Küstenstrecke haben die Häfen, mit nur zwei Ausnahmen, in das Meer gebaute, parallel laufende Molen, zwischen denen das Fahrwasser hindurchführt. Durch Legung von Torpedosperren zwischen den Molen und die zum Schutze des Hafens und dieser Sperren bestehenden schwer armirten Strandbatterien ist dem Feinde der Zugang unmöglich zu machen und kommt die Verwendung armirter Fahrzeuge für die Vertheidigung erst in zweiter Linie in Betracht.

Ganz anders verhält es sich dagegen mit der zweiten Küstengruppe, namentlich mit den Mündungen der Eider, Elbe, Weser, Jade. Ems. Hier ist es zum Theile von der höchsten Wichtigkeit, dem Feinde schon vor den eigentlichen Mündungen dieser Ströme zwischen

den weit in See liegenden Bänken mit Vertheidigungsmitteln entgegenzutreten, um ihn zu verhindern, nach dem Durchgange durch die
aussen liegenden Engen einigermassen geschützt zu ankern und seine
Vorbereitungen für den Angriff auf die nahe den Mündungen liegenden
Städte zu treffen, beziehungsweise Landungsversuche zu unternehmen.
Die zur Vertheidigung bestimmten Fahrzeuge müssen unter allen
Umständen, um den Kampf mit dem Feinde aufzunehmen, nöthigenfalls die Offensive zu ergreifen im Stande und durch möglichst
geringen Tiefgang in der Lage sein, hierbei auch im flachen Wasser
auf den Bänken zu operiren; sie müssen gleichzeitig dazu dienen,
die zur Vertheidigung der Eingänge etwa gelegten Torpedosperren,
die hier durch feste Forts oder Batterien nicht gedeckt werden
können, zu vertheidigen.

Ungepanzerte, schwer armirte Fahrzeuge sind unter den vorerwähnten Verhältnissen aber von mehr als zweifelhaftem Werthe.

Es wird zwar als ein Vorzug der in England erbauten kleinen
ungepanzerten Küstenvertheidigungs-Fahrzeuge hingestellt, dass sie
eben ihrer Kleinheit wegen dem Feinde eine sehr geringe Zielfläche
böten, während sie selbst im Stande seien, mit ihrem schweren
Geschütze Panzer bis zu 200^{mm} auf nicht zu grosse Entfernungen zu
durchschlagen, und einem Rammangriff sich durch ihren geringen
Tiefgang entziehen könnten, sowie dass jedes nur verhältnissmässig
wenig koste und weiter nichts als ein schwimmendes Rapert sei; so
einleuchtend indess diese geltend gemachten Vorzüge auf den ersten
Anblick scheinen, so wenig allgemein zutreffend ergeben sie sich bei
näherer Prüfung. Ein ungepanzertes Fahrzeug hat als Küstenverthei-
digungsmittel nur Werth, wenn es geschützt durch eine niedrige
Landzunge oder hinter einer Mole sich bewegen und von dort aus
seine schweren Geschosse dem Feinde zusenden kann, denn in
diesem Falle ist sein aus dünnen Blechen bestehender Rumpf vor
Geschossen gesichert.

Soll ein derartiges Fahrzeug sich aber ohne jene Deckung mit
dem Feinde schlagen, so läuft es die grösste Gefahr, nicht nur von
feindlichen grösseren gepanzerten oder ungepanzerten Schiffen und
Fahrzeugen beschossen, sondern sogar schon von armirten Dampfbeibooten in den Grund gebohrt zu werden, weil selbst die Geschosse
der von diesen letzteren geführten gezogenen Geschütze im Stande

sind, die Blechwände des Fahrzeuges zu durchschlagen und es zum Sinken zu bringen. Da nun jedes grössere Schiff für gewöhnlich schon ein armirtes Dampfbeiboot mitführt und in einem zum Küstenangriffe bestimmten Geschwader unzweifelhaft mehrere derselben jedem Schiffe an Bord gegeben werden, so würden selbst mehrere ungepanzerte Küstenfahrzeuge den Angriffen dieser Bootsflottille wohl erliegen, namentlich wenn letztere, wie selbstverständlich, von flacher gehenden Panzerfahrzeugen unterstützt werden.

Die Kleinheit dieser Küstenvertheidiger erschwert allerdings das Getroffenwerden. Dieser Vorzug kommt aber den Dampfbeibooten in noch höherem Masse zu Gute, da sie noch viel kleiner sind; für erstere Fahrzeuge hat dagegen die Kleinheit auch sehr ernstliche Nachtheile, wenn sie ohne Schutz einer flachen Landzunge oder einer Mole sich schlagen sollen. Die zum Durchschlagen von Panzern erforderliche Grösse des Geschützes macht es nämlich im Verhältnisse zu dem Fahrzeuge sehr schwer, und da es im Vordertheile desselben aufgestellt werden muss, so werden die stampfenden Bewegungen des Fahrzeuges in einigermassen bewegter See so stark, dass, wenn überhaupt noch geschossen werden kann, von Treffen wenig die Rede ist, ganz abgesehen davon, dass wegen der Kleinheit des Fahrzeuges auch die schlingenden Bewegungen schon bei mässigem Seegange sehr bedeutend und von sehr ungünstigem Einflusse auf die Bedienung des Geschützes und die Trefffähigkeit werden.

Endlich können sie ihrer Kleinheit wegen unter etwas ungünstigen Verhältnissen nicht die See halten, dürfen deshalb und wegen Mangel an Panzerschutz nicht offensiv vorgehen, müssen sich vielmehr auf der striktesten Defensive halten und damit auf die Benutzung mancher sich darbietenden guten Gelegenheit zur Schädigung des Feindes verzichten.

Wegen der den vorerwähnten kleinen ungepanzerten, schwer armirten Fahrzeugen anhaftenden erheblichen Mängel wurde von dem Baue gleichartiger für die lokale Vertheidigung der Nordseeküste Abstand genommen und die Herstellung von gepanzerten grösseren Fahrzeugen für diesen Zweck verfügt.

Als Konstruktions-Bedingungen für diese Fahrzeuge wurde die Bewaffnung mit einem selbst für das Durchschlagen sehr starker Panzer auf grosse Entfernungen geeigneten Geschütze, Schutz des

Fahrzeuges durch mindestens 200 ^{mm} starken Panzer, See- und Manövrirfähigkeit, geringer Tiefgang und mässige Geschwindigkeit aufgestellt.

Die Panzer-Kanonenboote Typ WESPE (Figur 130) sind diesen Bedingungen gemäss konstruirt.

Sie haben eine Länge von 43.$_5$ ^{m}, eine Breite von 10.$_{65}$ ^{m}, einen Tiefgang von 3.$_1$ ^{m} erhalten und verdrängen im vollständig ausgerüsteten Zustande ein Wasserquantum von über 1000 Tonnen à 1000^{kg}.

Die Bewaffnung besteht aus einem hinter einer oben offenen

Fig. 130.

kreisförmigen, 200^{mm} stark gepanzerten Brustwehr liegenden 30.$_5$ Centimeter-Geschütze, dessen Seelenachse 3.$_7$ ^{m} über Wasser sich befindet. Da die Durchschlagskraft dieses Geschützes so gross ist, dass selbst sehr schwere Panzerungen auf grössere Entfernungen von seinen Geschossen durchbohrt werden, so sind die Fahrzeuge im Stande, den Kampf mit grossen Panzerschiffen auf Entfernungen aufzunehmen, bei welchen die von den meisten derselben geführten Geschütze nicht im Stande sind, dem Panzer der Fahrzeuge irgend welche erhebliche Beschädigungen zuzufügen. Sie können daher die

Annäherung derselben wirksam durch ihr Feuer verhindern und sind einem Nahangriffe überhaupt entzogen, wenn sie sich, wie ihr geringer Tiefgang es gestattet, auf flacherem Wasser in den Watten und Bänken bewegen, wohin zu folgen die grösseren Panzerschiffe durch ihren Tiefgang verhindert sind. Sie brauchen sich indess auch nicht zu scheuen, in der Nähe der Küste, wo die Schwierigkeit des Fahrwassers die an Schnelligkeit ihnen überlegenen Panzerschiffe zwingt, sich langsamer zu bewegen, letztere anzugreifen, weil sie in ihrem schweren Geschütze eine furchtbare Offensivwaffe besitzen, deren Gebrauch selbst bei bedeutendem Seegange durch die hohe Lage über Wasser ermöglicht wird, während der Wechsel der Richtung durch die Art der Montirung des Geschützes, durch Anordnung von zwei Schrauben für die Bewegung des Fahrzeuges und einen Dampf-steuerapparat, dessen Handrad unmittelbar hinter dem Geschütze auf einem erhöhten Stande aufgestellt ist, gesichert bleibt.

Da die Art der Verwendung und ihre Konstruktion die Fahrzeuge darauf anweist, im Kampfe dem Feinde den Bug zuzukehren, so ist die sonst übliche Schwächung des Panzers nach dem Bug vermieden und ihm bis vornhin seine volle Stärke von 200^{mm} belassen, so dass er dadurch und durch die abgerundete Form des Buges sehr widerstandsfähig ist. Gegen Stechschüsse sind die Fahrzeuge durch einen 50^{mm} starken Deckpanzer geschützt. Sollte ihr Panzer hierbei von Geschossen durchschlagen werden, so sichert sie die Anordnung einer entsprechenden Zahl wasserdichter Abtheilungen und das Vorhandensein eines Doppelbodens vor dem Sinken.

Feindlichen flachgehenden Panzerfahrzeugen gegenüber befinden sich die Panzer-Kanonenboote bei dem Geschützkampfe sehr im Vortheile, da die Panzerung der ersteren von dem $30,_5$ Centimeter-Geschoss mit Leichtigkeit auf Entfernungen durchgeschlagen werden kann, bei denen die von jenen geführten Geschütze meist nur sehr geringe Aussicht haben, irgend welchen Schaden zu thun. Im etwa unvermeidlich werdenden Nahkampfe haben sie dem Feinde gegenüber, der im unbekannten Fahrwasser immer mit grosser Vorsicht manövriren muss, gute Chancen, sich desselben durch Rammen zu entledigen, zu welchem Zwecke sie mit Rammen versehen sind.

Die Panzer-Kanonenboote sollen unter vollem Dampfe eine Geschwindigkeit von neun Knoten haben und erhalten dazu zwei getrennte Maschinen, die zusammen 700 Pferdekräfte während einer sechsstündigen ununterbrochenen Fahrt leisten müssen. Jede Maschine bewegt selbstständig eine Schraube. Der Kohlenvorrath ist mit Rücksicht auf die das Auffüllen erleichternde Verwendung der Fahrzeuge in unmittelbarer Nähe der Küste auf den Verbrauch für 40 Stunden volle Kraft bemessen, kann indess für Expeditionen in der Nähe der heimischen Küsten, da es hier auf das Innehalten des geringen Tiefganges bei dem Ausgehen aus dem Hafen nicht ankommt, bedeutend vermehrt werden.

Zur Erhöhung der Seefähigkeit der Fahrzeuge und um sie geeigneter zu machen, gegen die See anzudampfen, sowie zur Schaffung eines luftigen gesunden Wohnraumes für die Mannschaft, ist vor dem 11^m vom Buge entfernten Geschützstande in dieser ganzen Länge auf dem gepanzerten Oberdecke ein leichter eiserner Aufbau angeordnet, während hinter dem Geschützstande ein Deckhaus sich befindet, welches die bis zu seinem Decke reichenden Schachte der Maschinen- und Kesselluke, die Küche und den Niedergang für die im Hinterschiffe liegenden Wohnräume der Officiere und Deckofficiere umschliesst und sie so gegen überkommende See schützt. Durch diese Anordnung ist auch dem Maschinenpersonale ein sicherer und trockener Zugang nach den Maschinen in jedem Wetter, und zugleich den Officieren und Mannschaften der Wache auf dem Decke des Hauses trockener Aufenthalt in See geschaffen.

Die Fahrzeuge erhalten behufs Entleerung von etwa eingedrungenem Wasser ein vollständiges Drainagesystem und ausser den Maschinenpumpen noch die Pumpen für Handbetrieb, von denen die eine im Mannschaftsraume, die andere im hinteren Deckhause steht. Takelung ist nicht vorgesehen, sondern nur ein Signalmast angeordnet. Die Besatzung wird aus 2 Officieren und 62 Deckofficieren, Unterofficieren, Heizern und Matrosen bestehen. *)

Der brasilianische Monitor SOLIMOËS (Figur 131) wurde nach den von den Ingenieuren der ‚Compagnie des forges et chantiers de la Mediterranée‘ entworfenen Plänen unter Aufsicht einer von der brasilianischen Regierung hierzu bestimmten Kommission gebaut. Am

*) Photographien nach der Natur von den Schiffen und Fahrzeugen der deutschen Flotte können von Herrn F. Braune, Photographen in Kiel (Fleethörn Nr. 29 und Vorstadt Nr. 36), bezogen werden.

2. Januar 1874 in Bestellung gebracht, wurde der SOLIMOËS schon am 2. Januar 1875, also genau nach einem Jahre, abgeliefert; trotz dieser ausserordentlich kurzen Bauzeit ist er dennoch sehr gut ausgeführt und es scheint uns nicht ohne Interesse, eine kurze Beschreibung desselben zu geben.

Seine Hauptdimensionen sind die folgenden: Länge zwischen den Perpendickeln $73._2$ m, Breite $17._7$ m, Tiefe im Raume $4._2$ m, Tiefgang $3._5$ m, Fläche des eingetauchten Theiles des Hauptspantes $60._2$ m, Deplacement 3700 Tonnen, Panzerdicke an der Wasserlinie 305^{mm}, Dicke des Deckpanzers (in drei Lagen) 75^{mm}.

Das Fahrzeug hat einen doppelten Boden. Das in Anwendung gebrachte Bausystem ist ein Mittelding zwischen dem Bracket-Systeme und dem Transversal- Systeme; die Spanten erstrecken sich

Fig. 131.

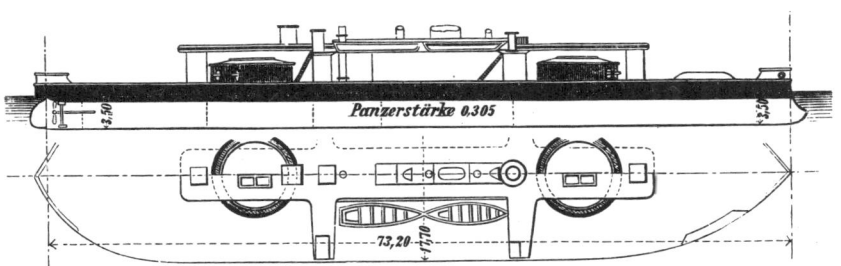

ohne Unterbrechung vom Mittelkielschweine bis zu dem als Panzerauflage dienenden Langbande; dieses, sowie das Mittelkielschwein laufen durch die ganze Schiffslänge, während die anderen dazwischen liegenden Langbänder blos von Spant zu Spant reichen. Die Bleche der Spanten, ausgenommen die jedes vierten, der ein Vollspant bildet, sind mit Ausschnitten versehen. Der Raum über dem Doppelboden ist durch wasserdichte Schotten in 7 Abtheilungen geschieden.

Auf Deck stehen zwei mit je zwei Whitworth-Kanonen von 25^{cm} Kaliber und 25 Tonnen Gewicht armirte Thürme (Figur 132). Diese Geschütze schleudern Vollgeschosse von 182^{kg} und Granaten von 200—350^{kg} Gewicht und $0._7$ m bis $1._3$ m Länge. Die Thürme sind auf der Seite der Stückpforten mit 33^{cm}, auf der entgegengesetzten Seite mit 28^{cm} Platten gepanzert; ihr innerer Durchmesser beträgt 6.$_1$^{m}, ihr äusserer 8.$_3$^{m} Sie können entweder mittels eigener im Schiffsraume untergebrachter Dampfmaschine oder mittels Spill gedreht werden; im letzteren Falle genügt ein Mann, um die Drehung zu bewirken.

Um die Geschütze zu laden, giebt man ihnen eine derartige Depression, dass die Mündung gegen der Raum gerichtet ist. Ein von Armstrong erfundener Apparat soll es dann einem einzigen Manne möglich machen, das Laden durchzuführen. Ein dritter Thurm von 2.$_6$^{m} äusserem Durchmesser und mit 10^{cm} Platten gepanzert, ist für den Kommandanten bestimmt. Im Gefechtsfalle kann man durch diesen Thurm in das Innere des Monitors gelangen.

Das Deck wird durch drei grosse Luken unterbrochen, von denen jede von einem aus Blech hergestellten, 3.$_2$^{m} hohen und bis zum Wetterdecke reichenden Schachte umgeben ist. Dieses Deck ist 47^m lang und mit Ausnahme eines bis an die Bordwände reichenden Theiles 5^m breit. Der mittlere Schacht dient als Luft- und Lichtschacht für den Maschinen- und Kesselraum; die beiden anderen dienen dem gleichen Zwecke für den Vor- und Achterraum, sind jedoch

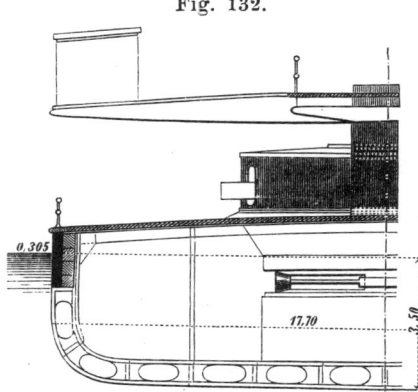

Fig. 132.

0,305

17,70

3,50

leicht abnehmbar hergestellt, da sie im Gefechte, um das Feuern gerade nach vorn und achter nicht zu behindern, entfernt werden müssen.

Der fixe Kommandothurm steht zwischen der mittleren Luke und dem vorderen Geschützthurme; er ragt 0.$_9$^{m} über das Wetterdeck, welches wiederum 1.$_3$^{m} über dem oberen Rande der Geschützthürme liegt.

Die drei bereits mehrfach erwähnten Luken werden im Gefechte mittels gepanzerter, um Charniere beweglicher Deckel geschlossen; der Deckel der mittleren Luke ist mit zahlreichen Löchern versehen.

Wenn sich der Monitor in See, in heissen Klimaten oder im Gefechte befindet, wird die Lüftung mittels zweier Ventilatoren bewirkt, deren einer die verdorbene Luft entfernt, während der andere die frische zuführt. Der Monitor hat vier Martin-Anker, die sämmtlich mittels eines einzigen Krahnes gehandhabt werden können. Dort, wo die Ankerketten das Deck durchbrechen, werden sie, unmittelbar über demselben, von zwei Kautschukbacken umfasst, die das Eindringen des Wassers durch die Klüsen verhindern sollen.

Am Monitor sind ausser den von der Maschine getriebenen Pumpen noch zwei Handpumpen vorhanden, die mittels eines Röhrensystems mit leicht zugänglichen Hähnen das Wasser aus einem jeden der wasserdicht abgeschlossenen Räume entfernen können. Die Pumpen der Maschinen nehmen das Wasser unmittelbar aus einem Brunnen, der mittels zweier die ganze Länge des Monitors durchziehender und in jeder der Raumabtheilungen mit einem Ventile versehenen Rohre mit allen diesen Abtheilungen kommunicirt. Das eine der erwähnten Rohre ist für die Bodenzellen, das andere für den Raum über dem Feuerboden bestimmt.

Die Maschinen des SOLIMOËS wurden nach den Plänen der Ingenieure der ‚Compagnie des forges et chantiers‘ in Havre gebaut. Es sind zwei von einander ganz unabhängige Maschinen mit rückwirkenden Kurbelstangen, die jede eine Schraube von 3^{m} Durchmesser treiben.

Die acht Kessel sind cylindrisch, je mit zwei Feuern. Die Maschinen, Woolf'schen Systems, haben jede zwei Cylinder und sind für 126 Rotationen und eine Leistung von 2200 Pferdekräften berechnet. Die den Konstrukteuren vorgeschriebene Geschwindigkeit war 10 Knoten; bei der Probefahrt erreichte der Monitor 11$^{1}/_{4}$ Knoten und man hofft noch mehr erreichen zu können. An Brennmaterial können 200 Tonnen eingeschifft werden.

Das Steuerruder hat 6$\square^{m}$ Fläche und kann mit Handkraft oder mittels einer eigenen kleinen, im Raume unter dem vorderen Thurme installirten Dampfmaschine manövrirt werden. Im ersteren Falle stehen zwei Steuerräder zur Disposition, eines auf dem Wetterdecke und das andere unter dem gepanzerten Hauptdecke. Im zweiten Falle wird der Duclos'sche Servomoteur benutzt, der mittels dreier Rädchen regiert werden kann, von denen sich eines am Wetterdecke, eines im Kommandantenthurme und das dritte in der Nähe des unteren Steuerrades befindet. Die zur Handhabung dieses Apparates benöthigte Kraft ist so gering, dass der Kommandant, während er die Bewegungen des Schiffes überwacht, dasselbe auch selbst drehen kann. Der Servomoteur funktionirt gut, bis auf den Umstand, dass die Bewegungseinrichtung der Dampfmaschine nicht umgekehrt werden kann, und es dem Ruder unmöglich gemacht wird, einem momentanen grösseren Wasserdrucke, z. B. bei hohem Seegange, etwas nachgeben zu können. Mittels einer einfachen Vorrichtung kann man sehr leicht und in wenigen Augenblicken vom Hand- zum Dampfbetriebe übergehen und umgekehrt. Ein Servomoteur gleichen Systems ist an einer für den Aschenaufzug bestimmten, am Wetterdecke befindlichen Winde adaptirt worden und arbeitet gleichfalls sehr gut.

Die Steuerproben mit dem SOLIMOËS ergaben folgende Resultate.

1. Beide Maschinen mit ganzer Kraft nach vorn arbeitend, Ruder hart an Bord, wurde der erste Kreis von circa 300^m Durchmesser in 5' 35", der zweite in 6' 30" durchlaufen.

2. Mit der einen Maschine mit ganzer Kraft nach vorwärts, mit der anderen nach rückwärts arbeitend und das Ruder mittschiffs, beschrieb der Monitor einen Kreis von circa 75^m in 8' 40".

3. Die Maschinen arbeiten im entgegengesetzten Sinne, das Ruder an Bord. Der in 5' 45" durchlaufene Kreis war noch etwas geringer als im vorigen Falle.

4. Die eine Maschine wurde gestoppt, die andere arbeitete nach vorwärts. Der Monitor gehorchte seinem Ruder und drehte sich nach Belieben auf die eine oder andere Seite.

Ein dem SOLIMOËS ganz gleicher Monitor ist der in Havre gebaute GAVARI. Diese Monitore sind sowohl für die Küstenvertheidigung, als auch für den Stromdienst bestimmt. Sie sind nach dem Hochsee-Thurmschiffe INDEPENDENCIA die stärksten Fahrzeuge der brasilianischen Flotte.

Unter den Kampf- und Zerstörungsmitteln, welche der moderne Krieg zur See seinen Zwecken dienstbar gemacht hat, nehmen die submarinen Sprengkörper, welche mit dem allgemeinen Namen Torpedo bezeichnet werden, einen hervorragenden Platz ein.

Zu bedeutsamer Wirksamkeit kamen Torpedos zum erstenmale in dem amerikanischen Kriege von 1861 bis 1865, in welchem dieselben nach langem Widerstreben von den Konföderirten angewendet wurden. Die Erfolge waren sehr bedeutend, da in kurzer Zeit von zwei Jahren 5 Panzerfahrzeuge und 10 grössere und kleinere Dampfer kampfunfähig gemacht wurden; im Jahre 1864 wurden unterseeische Minen von den Dänen, 1866 von den Oesterreichern, 1870—1871 von den Preussen benutzt. Gegenwärtig werden diese Geschosse allerorten eingeführt, und die Fortschritte, welche in Bezug auf Verankerung und Anbringung, auf Zündung und Kraftäusserung der Sprengmaterie u. s. w. gemacht wurden, sind sehr bedeutsame. Torpedos sind im Allgemeinen hohle Körper in Würfel-, Cylinder-, Kegel-, Pyramiden-, Birnen- oder ähnlicher, meist ganz regelmässiger Form aus Holz, Eisenblech oder Gusseisen, welche mit einer Sprengladung gefüllt und mit einer Zündung versehen sind. Streng genommen führen aber nur jene zum Angriffe unter Wasser bestimmten Sprengapparate, welchen eine Bewegung auf das Ziel gegeben wird, den Namen Torpedo, während alle an einen bestimmten Ort gebundene Sprenggeschosse, welche nur bei Annäherung eines Schiffes zur Wirkung kommen, unterseeische Minen genannt werden. Die Seeminen haben mithin den Charakter von örtlichen Hindernissmitteln, durch welche Hafeneinfahrten und solche Stellen der Küste vertheidigt werden, an denen der Feind eine Landung unternehmen könnte. Sie zerfallen in Stossminen und Beobachtungsminen.

Bei den ersteren erfolgt die Entzündung durch einen Anstoss gegen das zu vernichtende Schiff, indem dieses gegen den Zündungsmechanismus anläuft. Die Stossminen bleiben zu jeder Zeit und in jedem Wetter wirksam, sind leicht anzubringen und bilden daher den grössten Theil der submarinen Sperren. Die Beobachtungsminen werden vom Lande aus durch einen Beobachter mittels Elektricität in dem Augenblicke entzündet, in dem das feindliche Schiff sich über ihnen oder in ihrem Wirkungsbereiche befindet. Zum Erkennen dieses Momentes bedient man sich der Camera obscura oder eines elektrischen Signals, das bei der Annäherung eines feindlichen Fahrzeuges an eine Mine erkennbar wird. Die Beobachtungsminen sind da unerlässlich, wo es sich darum handelt, den eigenen Schiffen in jedem Augenblicke eine ungefährdete Passage zu gestatten und doch gleichzeitig jedem nahenden feindlichen Schiffe gegenüber eine sichere Vertheidigung zu besitzen; sie werden daher in die Ein- und Ausgänge der sogenannten Defensivsperren gelegt. Unterseeische Minen sind, falls die Wasserverhältnisse ihren Gebrauch gestatten, überall da mit Vortheil in der Küstenvertheidigung zu verwerthen, wo in früheren Zeiten der Artillerie allein oder im Vereine mit Hindernissmitteln die Fernhaltung feindlicher Schiffe oblag. Ohne Vertheidigung durch Geschützfeuer hält man Minen, wie jede andere passive Sperre, für nicht genügend, um die Annäherung einer feindlichen Flotte zu verbieten.

Die Stossminen sind meist mit feuchter gepresster Schiessbaumwolle gefüllte Gefässe von verschiedener Form. Zur Entzündung der Ladung dient eine Dynamitpatrone. Elektrische Leitungsdrähte, in ein Kabel eingeschlossen, münden in diese Patrone. Das durch Elektricität herbeigeführte Erglühen derselben theilt den zündenden Funken der Patrone mit, welche ihn auf die Ladung überträgt. Zur Erzeugung des elektrischen Stromes dient eine erregende Flüssigkeit (Schwefelsäure), die, in einer Glasröhre eingeschlossen, sich über ein im Minengefässe angebrachtes Zinkkohlenelement ergiesst, sobald die Glasröhre durch den Stoss eines harten Gegenstandes zerbrochen wird. Befestigt werden Stossminen mit Drahttauen, die durch Anker in ihrer Lage fixirt sind. Sollen dieselben feindliche Schiffe mit einiger Sicherheit treffen, so müssen sie etwa 3^m unter Wasser liegen, um nicht gesehen zu werden und gegen treibende Gegenstände geschützt zu sein. Die, wie schon erwähnt, besonders in die Ausgänge der Defensivsperren gelegten Beobachtungsminen werden gleichfalls mittels elektrischer Zündung entladen. Jede Beobachtungsmine ist mittels einer gegen feindliches Feuer und die Aktion des Gegners geschützten Leitung mit der Beobachtungsstation verbunden, von wo aus sie der Vertheidiger mit Hilfe von elektrischen Apparaten spielen lässt. Die Beobachtungsminen werden so tief gelegt, dass sie auch bei dem niedrigsten Wasserstande nicht von den darüber hinweggehenden Schiffen berührt werden können. Sie werden stärker geladen als die Stossminen (ungefähr mit 70 bis 80^k Schiessbaumwolle); im einzelnen Falle richtet sich dies nach der Tiefe, in welcher sie liegen, doch fehlt es noch an Erfahrungen über die Wirkung, welche Sprengkörper gegen den Boden von Panzerschiffen hervorbringen, und namentlich über das richtige Verhältniss zwischen Kraftäusserung und Entfernung der Beobachtungsminen vom Schiffe. Ihrer inneren Zusammensetzung sowohl als ihrer äusseren Gestalt nach stimmen die Beobachtungsminen mit den Stossminen (Kontaktminen) im Allgemeinen überein.

Torpedos sind, wie schon gesagt, im Gegensatze zu Seeminen, denen ein defensiver Charakter beiwohnt, unterseeische Sprengapparate, die eine gewisse Bewegungsfähigkeit besitzen, mittels deren sie an den Feind gelangen. Diese Bewegungsfähigkeit wird ihnen auf verschiedene Art gegeben: entweder sind sie mit einem Fahrzeuge in Verbindung, von dem sie ihre Bewegung erhalten, oder man lässt sie durch Strömung und Wind gegen feindliche Objekte treiben, oder sie tragen die treibende Kraft selbst in sich, stellen gleichsam ein submarines Geschoss dar. Zu denen der ersten Kategorie zählen die Stangentorpedos. Sie werden an der Spitze einer langen Stange oder Spiere (daher auch Spierentorpedos genannt) befestigt und von dem Angreifer auf einem besonderen Fahrzeuge (Torpedoboot) in die Nähe des zu sprengenden Schiffes gebracht. Die Anwendung der Stangentorpedos geschieht entweder von kleinen Dampfern aus, welche sich möglichst unbemerkt feindlichen Schiffen nähern und im letzten Augenblicke mit voller Kraft an dasselbe zu gelangen suchen, oder sie werden von grösseren Fahrzeugen aus, die im Stande sind, mittels ihrer Ausrüstung, Schnelligkeit und Manövrirfähigkeit ein Gefecht anzunehmen, zu Wasser gebracht. Die erste Art des Angriffes hat nur Aussicht auf Gelingen bei Unternehmungen gegen Schiffe, die im Hafen oder auf Rheden still liegen, ferner gegen Werftanlagen, Pontonbrücken und andere stationäre Gegenstände. Grössere Panzerfahrzeuge können nur unter besonderen Verhältnissen, z. B. bei Dunkelheit, im Kampfgewühle, zum Angriffe verwendet werden. Ohne befürchten zu müssen, von der feindlichen Schiffsartillerie vernichtet zu werden, vermögen sie den günstigen Augenblick aus nächster Nähe abzuwarten, auch einen missglückten Angriff zu wiederholen.

Wegen ihrer gefahrvollen Gebrauchsweise konnten die Stangentorpedos bisher das Bedürfniss nach einem Offensivtorpedo nicht befriedigen. Der grosse Nachtheil dieses Systems ist der, dass das Torpedoboot ganz an den Gegner heran muss, unter dem Feuer seiner Geschütze und in den Bereich seiner Schlepptorpedos; sein Angriff gleicht dem eines mit einem Säbel Bewaffneten gegen einen sich mit einer Pistole Vertheidigenden. — Dass man sich an türkische Schiffe in der Donau ungestört heranschleichen und ihnen Dynamitkisten à la Thomas anhängen oder auch (wenn wir den Fall annehmen wollen) in finsterer Nacht mit einer Gattung Rammtorpedo gegen die nach türkischer Art bewachten Schiffe operiren konnte, das erweist noch nicht die Inferiorität des Systems, denn sonst wäre der Dolch, den man einem Gegner, wenn man an ihn herankommen kann, in den Leib stösst, auch das Ideal einer Waffe.

Das zur Kategorie der Schlepptorpedos gehörige, von dem englischen Kapitän Harwey konstruirte Geschoss (Schlepptorpedo), welches an einer Leine an das anzugreifende Schiff herangeführt wird, ist immer mit Gefahr für das eigene Schiff verbunden. Es ist ein kupfernes Gefäss, das meist 50^{kg} Dynamit oder Schiessbaumwolle enthält und von einem Holzkasten umschlossen ist. Es trägt an der vorderen Spitze das Schlepptau, an der hinteren ein kürzeres Tau mit Korkbojen, welche letztere den Zweck haben, den Torpedo in einer bestimmten Tiefe unter Wasser zu halten. Das Schleppen des Torpedos geschieht vermöge seiner eigenthümlichen Gestalt nicht im Kielwasser des angreifenden Schiffes, sondern seitwärts desselben unter einem Winkel von 45°; hieraus folgt die Gebrauchsweise, die darin besteht, an dem Vordertheile (Bug) des feindlichen Schiffes derart vorbeizukommen, dass dasselbe auf den Torpedo laufen muss, worauf dieser an der Schiffswand explodirt. Die einfache Art der Konstruktion und des Gebrauches der Schlepptorpedos erfordert keine besonderen Einrichtungen und macht es möglich, das jedes Schiff sich derselben bedienen kann. Alle Nationen haben diesen Torpedo daher, trotz seiner Mängel, angenommen. Zu den letzteren gehört z. B., dass er stets mit den Augen verfolgt und beobachtet werden muss, da er sonst keinen Erfolg verspricht. Ausserdem erscheint die Gefahr in Seegefechten und Seeschlachten zu gross für die eigenen Schiffe und die Aussicht auf einen glücklichen Treffer zu gering, als dass die Schlepptorpedos als Angriffswaffen mit Nutzen verwendet werden könnten. Diese Torpedos bilden die Vorwerke der schwimmenden Festung, ein wirksames noli me tangere! für den Gegner, der sich anzunähern versucht.

Treibtorpedos, die ältesten von allen, sind nur da anwendbar, wo dauernde Strömungen sich befinden. Ihre Bewegung ist, der Bewegung des Wassers entsprechend, meist zu langsam, ihre Vermeidung und ihr Auffangen und Unschädlichmachen seitens des Gegners zu leicht, ihr Erfolg mithin zu unsicher. Wenn man sie in Ermanglung besserer Angriffsmittel verwendet, so muss man dieselben stets in möglichst grosser Zahl abschicken, einmal wegen der geringen Treffwahrscheinlichkeit, dann um dem Gegner das Auffangen zu erschweren.

Die wichtigste Art der Torpedos, welche, ähnlich den Geschossen der Artillerie, durch die ihnen innewohnende Kraft den Weg zum Ziele zurücklegen, sind die submarin wirkenden Projektiltorpedos. Obgleich noch entwicklungs- und vervollkommnungsfähig, haben sie den entschiedenen Vortheil der grösseren Sicherheit des Treffens vor den anderen voraus; auch können sie auf weitere Entfernungen zur Wirkung gebracht werden, zwingen daher die feindlichen Schiffe, weiter von den zu vertheidigenden Linien zurückzubleiben. Eine grosse Zahl von Projekten ist auf die Erreichung der wichtigsten Ziele gerichtet, welche den Projektiltorpedos gestellt sind. Die hervorragendsten Modelle derselben sind der Ericsson'sche, der Lay'sche und der Luppis-Whitehead'sche oder Fischtorpedo.

Der aus dünnem Eisenbleche konstruirte Ericsson'sche Torpedo hat einen in zwei Theile getrennten inneren Raum, deren einer für die Ladung, der andere zur Aufnahme der Maschine und Steuervorrichtung bestimmt ist. Bei dem Gebrauche bleibt er mit dem Schiffe oder dem Lande, von welchem er abgelassen wird, durch ein biegsames Kabel verbunden, das wieder mit einem Luftreservoir im Boote in Verbindung steht. Mittels der Dampfmaschine wird nun komprimirte Luft eingepumpt, und diese treibt den Propellerapparat im Torpedo. Derselbe kann sich 46^m vom Schiffe entfernen. Die Ladung beträgt 500^{kg} Schiesswolle oder Dynamit. Verfehlt der Torpedo aus irgend einem Grunde sein Ziel, so wird der Luftzutritt abgesperrt, der Torpedo am Kabel herangeholt und von neuem losgelassen.

Der 1872 erfundene Lay'sche Torpedo, aus Kesselblech geschmiedet und cigarrenförmig, ist 7.$_8$^{m} lang, bei 93^{cm} Breite, und hat bei völliger Ausrüstung ein Gewicht von 2000^{kg}. Er schwimmt unmittelbar an der Oberfläche; die bewegende Kraft ist flüssige Kohlensäure, von welcher der Torpedo 250^{kg} mitführt. Dieser Vorrath soll für einen Weg bis zu 3 Seemeilen ausreichen. Das Innere ist durch Zwischenwände in vier Theile getheilt. Dieselben nehmen die Ladung, welche durch den Anstoss zur Entzündung gebracht wird, ferner die Kohlensäure, das Kabel und zwei galvanische Batterien, zwei Relais, ein Gefäss als Regulator des Gasdruckes, die Maschine zur Bewegung des Propellers und den Steuerapparàt auf. Wie man sieht, ist dieser Torpedo sehr komplicirt und in Folge dessen empfindlich; seine Herstellungskosten sind, wie die des Ericsson'schen, sehr bedeutend (20.000 bis 24.000 fl. ö. W. das Stück), auch ist er mehr der Zerstörung ausgesetzt als die unter Wasser schwimmenden Torpedos.

Der Luppis - Whitehead'sche Offensiv - oder Fischtorpedo, ursprünglich die Erfindung eines österreichischen Fregatten-Kapitäns (Luppis), wurde zu Anfang der sechziger Jahre der österreichischen Regierung zum Kaufe angeboten. Diese lehnte jedoch den ihr gemachten Vorschlag ab, weil ihr die Steuerung des Torpedobootes sowohl, als der den Torpedo fortbewegende Mechanismus unsicher und verbesserungsbedürftig erschien. Zum Theile auf der Grundlage der Luppis'schen Vorschläge entwarf der Schiffsmaschinen-Ingenieur Whitehead zu Fiume später einen anderen Plan von grösserer Lebensfähigkeit und unterbreitete denselben nach langjähriger praktischer Prüfung und Beobachtung von neuem der österreichischen Marine-Verwaltung. Der bedeutend verbesserte Apparat gelangte auf diese Weise zuerst in die österreichisch-ungarische Marine, von wo aus er im Jahre 1873 auch in die deutsche Marine Eingang fand.

Dem umsichtigen und thätigen Erfinder gelang es indess erst im Laufe des Jahres 1874 nach unermüdlichem Forschen, seinem Geschosse einen Grad von Zerstörungskraft zu sichern, welcher die hochgespannte Anforderung der Jetztzeit noch übertrifft, indem er eine mechanische Kraft schuf, die, allerdings nur kurze Zeit wirkend, das 350 Liter grosse Torpedogefäss mit 11^m Geschwindigkeit in der Sekunde durch das Wasser treibt, während die grössten, 10 Millionen Liter fassenden Dampfschiffe eine Geschwindigkeit von höchstens 8^m aufzuweisen vermögen. Man kann dieses Verhältniss noch deutlicher dadurch ausdrücken, dass man sagt, die neue Torpedomaschine entwickelt für die Zeit ihres Ganges die relativ mindestens 50fache Kraft einer Schiffs-Dampfmaschine. Der verbesserte Whitehead-Torpedo erreichte bei den in Fiume stattgehabten Versuchen, bei 7^m Geschwindigkeit in der Sekunde oder 14 Seemeilen in der Stunde, eine Schussweite von 1300ᵐ, bei 8ᵐ, respektive 16 Seemeilen Geschwindigkeit noch 750ᵐ und bei 11ᵐ, respektive 22 Seemeilen (oder 5 ¹/₂ deutsche Meilen) 200ᵐ Weite.

Technisch noch erheblich höherstehend sind die Leistungen Whitehead's in der Herstellung der sekreten, sein eigentliches Geheimniss bildenden Steuervorrichtungen dieser Torpedos. Die Trefffähigkeit derselben hängt augenscheinlich davon ab, dass sie zunächst in korrekter Richtung, d. h. genau axiell, aus dem Rohre austreten und alsdann die Bahn durch das Wasser verfolgen, welche ihnen die nach dem Willen des Operateurs, als Schützen vorher regulirte Steuervorrichtung vorschreibt. Der Erfinder hat es erreicht, dass sein Instrument vermöge solcher, leicht regulirbarer Steuervorrichtung während des ganzen Laufes auf der gleichen, ihm durch den Schützen angewiesenen Tiefenlage erhalten wird, folglich einem Geschosse mit absolut rasanter Flugbahn gleicht. So erscheint denn in diesem sinnreich erdachten Kampfmittel eine der voraussichtlich gewaltigsten Waffen des neuen Seekrieges. Alles, was der Gebrauch derselben noch erfordert, ist ernstes Studium ihrer praktischen Anwendung, d. h. der Erwerb praktischer Uebung in Führung und Gebrauch derselben. Auch auf diesem Gebiete sind neuerdings bereits einige wesentlich fördernde Schritte vorwärts gethan worden.

Der Whitehead'sche Fischtorpedo besteht aus einem dünnwandigen eisernen Gefässe von der Form einer an beiden Enden zugespitzten Spindel von etwa 5ᵐ Länge und ³/₅ᵐ grösstem Durchmesser in dem mittleren, fast cylindrischen Theil. Aus dieser Spindel von glatt polirter Oberfläche treten nur am hinteren Ende die mit einem mehrflügeligen Schraubenpropeller versehene Maschinenwelle und einige Flossen, die man Naturflossen nennen könnte, hervor, während jedoch die eigentliche Regulirung der richtigen Schusslinie dem im Innern des Torpedos in seiner Konstruktion geheim gehaltenen Steuerapparat zufällt. Dieser Steuerapparat ist das grösste technische Meisterstück an dem ganzen Torpedo. Ein hoher Grad von mechanischer Vollkommenheit schützt ihn voraussichtlich auf längere Zeit vor Konkurrenz.

Die Triebkraft des Geschosses besteht aus bis zu 40 Atmosphären gespannter Luft. Ein Stahlreservoir nimmt diese Luft, die ihm von einer starken, mit Dampf getriebenen Luftpumpe zugeführt wird, auf und giebt dieselbe durch ein Ventil, welches sich bei dem Ausstossen des Torpedos selbstthätig öffnet, an die Maschinen in dem Masse ab, welches die vorher nach dem Willen des Operateurs getroffene Regulirung jenes Ventils bedingt. Hierdurch wird die Geschwindigkeit des Geschosses bestimmt. Selbstverständlich kann das Stahlreservoir lange Zeit vor dem Ablassen des Torpedos geladen und der so geladene Torpedo für den Schuss bereit gehalten werden. Der vordere spitze Theil des Geschosses, der sogenannte Kopf, enthält die Sprengladung, 20—25$^{kg.}$ Schiessbaumwolle oder Dynamit, und trägt an seiner äussersten Spitze die mechanische Zündvorrichtung in Gestalt einiger spitzen und scharfen Hebel. Die Wirksamkeit dieser Vorrichtung ist so gross, dass die Zündung selbst dann noch gesichert ist, wenn der Torpedo die Wand eines Schiffes unter dem geringen Winkel von 5° trifft oder streift. Die Grösse der Ladung sichert selbst gegen die stärksten Doppelböden der grossen Panzerschiffe die Sprengung einer mindestens 4□^{m} grossen Oeffnung, ausser den übrigen nebenhergehenden, leicht erklärlichen Wirkungen einer so gewaltigen Explosion.

Eines der Thornycroft'schen Boote mit Lancirtorpedos wäre nach dem Gesagten wohl im Stande, es mit dem grössten der modernen Schlachtschiffe aufzunehmen. Aber wenn das Boot klein ist, wohin mit dem enormen Kohlenquantum, das es benöthigt; ist es gross und seetüchtig gebaut, so wird dies auf Kosten der Geschwindigkeit geschehen und das leichtgebaute Schiff sich dem Gegner unter dem Feuer seiner Geschütze nähern müssen. Um seine Existenz zu sichern, muss es also gepanzert sein. So wären wir bei dem Dilemma: modernes Panzerschiff mit schwerem Panzer, mächtigen Kanonen, Defensiv- (Harvey) und Offensiv-Torpedo (Whitehead), grossem Tonnengehalte, starker Maschine — grosse Kostspieligkeit — oder: modernes Panzerschiff mit obiger Einrichtung und Defensiv-Torpedo und Beigabe eines Thornycroft'schen Bootes mit Offensiv-Torpedo — ebenso kostspielig. — Zudem ist auch hier wie überall dafür gesorgt, dass die Bäume nicht in den Himmel wachsen, und in Portsmouth wie in Toulon, Kiel und Pola kennt man die Mittel, sich derlei ungeladene Gäste vom Leibe zu halten, und wird der Geschützkampf und mit ihm der Panzer noch immer die erste Rolle in künftigen Seeschlachten spielen.

Eine Marine hat jedoch noch anderen Forderungen zu genügen als der Kriegführung in Geschwader auf hoher See und dem Küstenschutze; sie muss auch die heimische Handelsflotte schützen und den Feind hindern, seine Hilfsquellen von See aus zu vermehren. Diese Aufgabe fällt der dritten Abtheilung, der Kreuzerflotte, zu.

Der Impuls zur Schaffung der modernen Kreuzerflotten ging von Amerika zur Zeit des Secessionskrieges aus. Die Kreuzungsfahrten des SUMTER und der ALABAMA sind hinlänglich bekannt. Seit dem Jahre 1863 dachte man daran, Schiffe speciell für die Kaperei zu konstruiren; sie sollten die konföderirten Kreuzer einholen können und vor Allem im etwaigen Kriegsfalle über die englische Handelsflotte herfallen. Da ihr Zweck die Vernichtung des feindlichen Seehandels war, hatten sie nur zu kämpfen, wenn die Gelegenheit dazu günstig war, vor jedem stärkeren Feinde jedoch zu fliehen; sie sollten sich nicht träumen lassen, in ihrem zerstörenden und vernichtenden Laufe innezuhalten, um der vergänglichen Ehre wegen, sich mit einem besser gerüsteten Feinde gemessen zu haben. Der erste Versuch zur Konstruktion eines Schiffes dieser Gattung, des IDAHO, missglückte vollständig; man musste später selbst die Maschine aus demselben entfernen und es in ein Segel-Transportschiff umwandeln. Der zweite Versuch war verhältnissmässig glücklicher. Die sieben Korvetten vom Typ WAMPANOAG waren für eine Geschwindigkeit von 17 Knoten bestimmt, doch konnten sie bei den Probefahrten kaum 15 Knoten überschreiten. Bei einer grössten Länge von 104^m und einem Deplacement von 4000 Tonnen sollten sie 16 Breitseit-Geschütze von 10 und 11'' auf dem Oberdeck und einen gezogenen 60-Pfünder am Bug tragen. Der Kohlenvorrath betrug etwa 1000 Tonnen und reichte bei einer Geschwindigkeit von 10 Knoten auf ungefähr 5600 Meilen. Der verhältnissmässig sehr geringe Tiefgang von im Maximum $5{.}_6{}^m$ hatte zur Folge, dass die Schrauben schlecht arbeiteten. Der ungeachtet seiner sehr grossen Länge aus Holz konstruirte Schiffskörper musste durch ein System gekreuzter Eisenschienen kräftig verstärkt werden, und um das Hinterschiff zu tragen, wurden eiserne Zugstangen angewendet, die an einem die Oberenden aller Spanten vereinigenden Bande befestigt waren.

Dies waren die vorzüglichsten Schiffe, welche in Folge des Secessionskrieges entstanden und die Aera der schnellen Kreuzer

eröffneten. Diesen Pionnieren des Kreuzerkrieges folgten zunächst in
England und dann in Frankreich andere in jeder Hinsicht besser
geglückte Schiffe.

Als man in England erfuhr, dass die Amerikaner vorerwähnte
sieben Korvetten von bedeutender Geschwindigkeit in Bau nahmen,
zweifelte man nicht, dass sie das versprochene Resultat erreichen
würden, und betrachtete es als eine Pflicht, Schiffe zu konstruiren,
die den Kampf mit diesen Gegnern aufnehmen könnten.

Am 27. November 1866 wurde die INCONSTANT, das erste
Schiff der neuen Klasse, in Pembroke in Bau genommen und am
1. November 1868 von Stapel gelassen. Ihre Geschwindigkeit bei
den Versuchen betrug $16._5$ Knoten bei voller Kraft und $13._7$ Knoten
bei halber Kraft. Bei Volldampf reichte der Kohlenvorrath auf
$2^1/_4$ Tage, bei 10 Knoten auf 9 Tage, bei $7._5$ Knoten auf $23^1/_2$ Tage
und bei 5 Knoten auf 43 Tage. Unter Segel war die Geschwindigkeit
und Manövrirfähigkeit bemerkenswerth und die INCONSTANT könnte

Fig. 133.

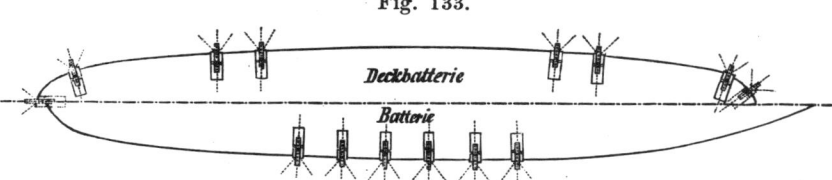

ohne Schwierigkeit ihren Platz in einem Segelgeschwader einnehmen.
Die Tafel 5 (Kapitel XI) zeigt die INCONSTANT, mit Leesegel an
beiden Borden, platt vor dem Winde laufend. Eine der wesentlichsten Eigenthümlichkeiten der INCONSTANT ist ihre Bauart. Da
man einsah, dass Schiffe dieser Länge ($101._9$ m) bei ausschliesslicher
Verwendung von Holz zu Spanten und Planken nur sehr schwierig
genügend verbunden werden könnten, so entschloss sich Mr. Reed,
den Kreuzern einen eisernen Schiffskörper zu geben, denselben mit
Holz zu beplanken und hierauf eine Kupferhaut anzubringen, die
für Schiffe, welche zu weiten Fahrten fern von den Werften bestimmt sind, unumgänglich ist. Dieses Konstruktions-System wurde
von nun an bei allen Kreuzern, welche der INCONSTANT folgten,
angewendet. Die Figur 133 zeigt die Installirung der Artillerie auf
der INCONSTANT. Fast zu gleicher Zeit mit der INCONSTANT gab

man in England andere zum selben Zwecke, aber mit geringeren Dimensionen entworfene Kreuzer in Bau, die ACTIVE und VOLAGE, Schiffe von solchen Dimensionen, welche vollkommen für den Specialzweck, den man bei den Kreuzern verfolgte, hinreichten. Reed dachte, dass man für eine bestimmte Summe lieber eine gewisse Zahl von Schiffen der INCONSTANT-Klasse als eine grössere Zahl von Schiffen der VOLAGE-Klasse erbauen sollte; er meinte, dass es, um den moralischen Einfluss der Nation in Kriegszeiten unter den günstigsten Verhältnissen aufrecht zu erhalten, besser sei, die Z a h l der Q u a l i t ä t unterzuordnen, und dass die gegen die INCONSTANT um $1^1/_2$ Knoten geringere Geschwindigkeit der VOLAGE die Ursache sein könnte, wenn gewisse Schiffe der Verfolgung entkämen, was einen demoralisirenden Einfluss nicht nur auf die Schiffsbesatzung, sondern auf ganz England ausüben würde. Unter dem Einflusse dieser Ansicht verliess man für den Augenblick die kleinen Kreuzer und gab nacheinander die 1873 in SHAH umgetaufte BLONDE und den RALEIGH in Bau.

Zu dieser Zeit hatte man die Mehrzahl der amerikanischen Korvetten vom Stapel gelassen; einige derselben wurden erprobt und diese Probefahrten zeigten, dass man sich in den auf sie gerichteten Hoffnungen getäuscht habe. Nun schien es nicht mehr so nothwendig, den englischen Kreuzern so vollkommene Eigenschaften und als Folge dessen ein so grosses Deplacement zu geben. Die Admiralität jedoch, ohne Zweifel in Voraussicht der Bewegung, in welche sie alle anderen Flotten nothwendigerweise fortreissen ,musste urtheilte nicht so, und weit entfernt, die Grösse der Schiffe zu verringern, vermehrte sie für den Entwurf der BLONDE das Deplacement. Die Geschwindigkeitsprobe der SHAH (ex BLONDE) betrug $16._{04}$ Knoten, erreichte sonach die Geschwindigkeit der INCONSTANT nicht. Die Geschwindigkeit der VOLAGE betrug $15._1$, die der ACTIVE $14._3$ Knoten.

Endlich 1870 wurde der RALEIGH in Bau gegeben, um mit ihm eine zwischen VOLAGE und INCONSTANT liegende Schiffsklasse zu erhalten als eine Art Kompromiss zwischen den Meinungen Derjenigen, welche die ungeheuren Kreuzer von grosser Geschwindigkeit und mächtiger Bestückung, und Derjenigen, die das Princip des Angriffes der feindlichen Handelsflotte durch eine grössere Zahl relativ kleinerer Schiffe befürworteten. Aber wie alle Kompromisse glückte auch dieser nicht. Man hatte die Absicht, die Geschwindigkeit um einen Knoten zu vermindern und die Artillerie um $^1/_5$ zu verringern; das Schiff wurde aber von seiner Inbaunahme an als den von ihm zu erfüllenden Aufgaben nicht gewachsen betrachtet. Der RALEIGH erreichte eine Geschwindigkeit von $15._2$ Knoten.

Nach Beendigung des Krieges mit Deutschland trat die Nothwendigkeit heran, die Grundzüge, nach denen die französische Flotte zusammengesetzt werden sollte, zu prüfen. Man erachtete die Kreuzer von grosser Geschwindigkeit als einen der wesentlichsten Bestandtheile der Flotte, und es wurde die Zahl der Kreuzer erster und zweiter Klasse auf 16 und die der Kreuzer dritter Klasse auf 18 festgesetzt. Die anfangs zu $16._5$ und $14._5$ Knoten angenommenen Geschwindigkeiten wurden bald auf 17 und 16 Knoten erhöht, wodurch das anfänglich zu ungefähr 4000 und 1800 Tonnen angenommene Deplacement nach und nach vergrössert und auf 5400 und 3200 Tonnen gebracht werden musste. In demselben Masse wuchs der Preis der Schiffe.

Es wurden nun zwei Kreuzer erster Klasse, DUQUESNE und

Fig. 134.

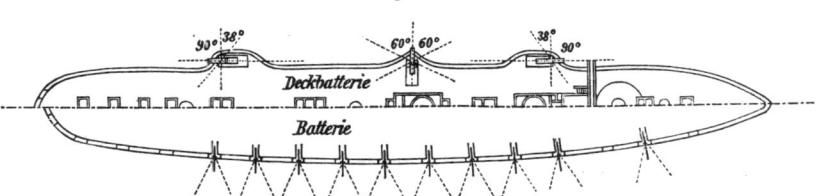

TOURVILLE, zwei Kreuzer zweiter Klasse, DUGUAY-TROUIN und ECLAIREUR, und der Kreuzer dritter Klasse RIGAULT DE GENOUILLY in Bau gelegt. Der DUQUESNE ist eine grosse Fregatte mit einer Bewaffnung von achtzehn 14^{cm}-Geschützen in der Batterie, ferner sieben 16^{cm}- und zwei 14^{cm}-Geschützen auf dem Oberdeck (Figur 134); sein Deplacement überschreitet wenig 5400 Tonnen bei einer Länge von $99._3{}^m$ zwischen den Perpendikeln und einem Tiefgange von $7._6{}^m$. Mit einer Maschine von etwa 6600 indicirten Pferdekräften soll er eine Geschwindigkeit von 17 Knoten erreichen; die mit dem Kohlenvorrathe zurückzulegende Strecke ist zu 5000 Meilen bei 10 Knoten

Geschwindigkeit berechnet. Sein Schwesterschiff ist der TOURVILLE, welchen die Tafel 11 (Kapitel XI), beigedreht liegend, zeigt. Der DUGUAY-TROUIN ist eine Korvette mit einem 16^{cm}-Jagdgeschütze, vier Geschützen desselben Kalibers in Halbthürmen, die über die Schiffsseiten vorspringen, und vier Geschützen von 14^{cm}. Das Deplacement beträgt etwa 3200 Tonnen, die Länge zwischen den Perpendikeln $89._4{}^m$, der Tiefgang $5._1{}^m$. Die vorgesehene Geschwindigkeit von 16 Knoten wird sehr wahrscheinlich bei der Kraft von 3740 Pferdestärken erreicht werden; die mit dem Kohlenvorrathe zurücklegbare Strecke wird dieselbe wie bei dem Kreuzer erster Klasse sein. Der Kreuzer dritter Klasse RIGAULT DE GENOUILLY, auf Tafel 6 (Kapitel XI) dargestellt, hat 74^m Länge, einen Tiefgang von $4._5{}^m$ und ein Deplacement von 1643 Tonnen, soll acht 14^{cm}-Geschütze tragen und mit einer Maschine von 1900 Pferdekräften 15 Knoten laufen. Die mit dem Kohlenvorrathe bei 10 Knoten zurücklegbare Entfernung ist zu 3000 Meilen berechnet. Der Kreuzerdienst ist sonach zur Zeit in der französischen Flotte durch drei Schiffs-Typen gesichert.

In England ist die Zahl der Schiffs-Typen eine viel grössere; man scheint sich aber zur Verminderung der Verschiedenartigkeit der Typen entscheiden zu wollen und eine Art Klassifikation anzunehmen, die Barnaby, der jetzige Chef-Konstrukteur der Admiralität, in einer kürzlich in der ‚United service institution‘ gehaltenen Vorlesung auseinandersetzte. Darnach haben die schwächsten Kreuzer vom Typ OPAL (ex MAGICIENNE) ein Deplacement von 1800 Tonnen bei einem Tiefgange von etwas über 5^m. Die Tafel 7 (Kapitel XI) zeigt ein Schiff dieses Typs, die TOURMALINE, in der Wendung begriffen (über Stag gehend). Die TOURMALINE erreichte bei der Probefahrt eine Geschwindigkeit von $13._{52}$ Knoten.

Die Kreuzer vom Typ OPAL sollen den 1872 konstruirten Korvetten ENCOUNTER, AMETHYST und MODESTE, die als sehr entsprechend betrachtet werden, zur Seite stehen. Der Hauptunterschied besteht in der Bauart. Während die Spanten der ENCOUNTER aus Holz sind, haben die Kreuzer vom Typ OPAL eiserne Spanten mit einer doppelten Holzbeplankung.

In der Klasse über OPAL finden wir ROVER, BACCHANTE, BOADICEA und EURYALUS mit 15 Knoten Geschwindigkeit. Die Bestückung dieser Schiffe besteht aus sechzehn 64-Pfündern und zwei 7-Zöllern. Auf Grund der verhältnissmässig bedeutenden Geschwindigkeit dieser Schiffe beabsichtigt man, sie auch zum Rammen zu verwenden, und hat zu diesem Zwecke das Vorschiff zu einem Sporne geformt, als Material für den Vorsteven an Stelle von Bronce Eisen genommen und in Folge dessen eine Bekleidung von Zink statt einer solchen von Kupfer adoptirt. Die Schiffskörper sind nach dem Systeme der INCONSTANT konstruirt. Die Schiffe dieser Klasse sind übrigens nicht alle gleich; der ROVER ist eine Glattdeck-Korvette, die übrigen haben eine gedeckte Batterie. Die BOADICEA hat keinen Sporn und ist gekupfert.

Als Kreuzer erster Klasse endlich zählt die englische Admiralität die schon vorher erwähnten INCONSTANT, SHAH (ex BLONDE) und RALEIGH.

Die amerikanische Marine, welche zuerst mit der Konstruktion schneller Kreuzer vorging, ist auf diesem Wege stehen geblieben, wie das übrigens auch mit dem ganzen übrigen Flottenmateriale derselben der Fall ist. Im Jahre 1870 hatte der Kongress der Vereinigten Staaten im Principe als Flottenstand 10 Schiffe erster Klasse angenommen, welche dazu bestimmt waren, die Flagge der Stationskommandanten zu tragen und höchstens 3500 Tonnen Deplacement haben sollten; ferner 20 Schiffe zweiter Klasse von 2000 Tonnen Deplacement etc. Bei Festsetzung dieses Programmes waren aber nicht die nöthigen Fonds bewilligt worden, so dass die Flotte die gleiche wie vorher blieb und ausserdem nach und nach die Verringerungen erlitt, welche aus den Kondamnirungen, Verkäufen etc. mit der Zeit hervorgingen. Das Marine-Departement war hiernach thatsächlich gezwungen, nach Quellen zu suchen, um die Unzulänglichkeit der vom Kongresse zugestandenen Mittel auszugleichen, zu welchem Zwecke nicht nur einige 30 Monitore, die keine wirklichen Dienste mehr leisten konnten, sondern selbst mehrere rasche Korvetten vom Typ FLORIDA (früher WAMPANOAG) verkauft wurden. Bei den Probefahrten im Februar 1868 betrug, wie es scheint, die Geschwindigkeit der FLORIDA während 37 Stunden 16., Knoten im Mittel; man erreichte selbst zu gewissen Zeiten die bedeutende Zahl von 17., Knoten. Der Verband war jedoch so schwach, dass der Schiffskörper merkliche Deformationen zeigte. Der Kohlenverbrauch erhob sich bis zu 175 Tonnen in 24 Stunden, wodurch, abgesehen von der

Nothwendigkeit, einen Theil der Kohlen im Mannschaftsraume unter-zubringen, die zurücklegbare Distanz auf 950 Meilen bei voller Geschwindigkeit und auf 2600 Meilen bei 10 Knoten Geschwindig-keit reducirt wurde. Man suchte indessen diese Schiffe auszunützen, brachte auf mehreren derselben ein Spardeck an, entfernte vier Kessel, verstärkte einige Verbände und erhielt auf diese Weise Schiffe, die 11 bis 12 Knoten laufen, dabei 22 Geschütze tragen und Lebensmittel und Kohlen in grösserer Quantität einnehmen können. Die Armirung soll in der Batterie aus 18 glatten 9-zölligen Dahlgreen, zwei gezogenen Parrot-Geschützen von 161^{mm} auf dem Oberdeck, aus einem Pivotgeschütze von 135^{mm} als Jagdgeschütz und zwei 161^{mm}-Geschützen bestehen. Endlich sind sechs Kreuzer in Bau, die sechs 9-Zöller in der Breitseite und einen 11-Zöller auf Pivot tragen sollen. Ihr geringer Tiefgang von $4._3^m$ erlaubt ihnen, an die Küste nahe heranzugehen und der Kohlenvorrath entspricht einer Fahrt von $6^1/_2$ Tagen Volldampf.

Die russische Marine geht für die grossen Kreuzer von einem ganz anderen Gesichtspunkte aus, als die übrigen Marinen: ihre beiden grossen Kreuzer GENERAL-ADMIRAL und HERZOG VON EDIN-BURGH (ex ALEXANDER-NEWSKY) sind in der Wasserlinie gepanzert. Es sind dies die einzigen Schiffe dieses Typs, bei denen man für den Schutz ein so bedeutendes Opfer an Gewicht gebracht hat, denn man kann die englischen und französischen gepanzerten Korvetten nicht als Kreuzer betrachten. Da es nicht möglich ist, diesen Vortheil anders als um den Preis bedeutender Opfer einerseits an Geschwin-digkeit und der zurücklegbaren Entfernung, andererseits an Deplacement und Kosten zu erreichen, so kann man mit der englischen Kommission zur Prüfung der Schiffs-Typen jede Panzerung von Kreuzern als vollständig unnütz betrachten. Kreuzer sollen sich in der Lage der alten Holzflotte befinden und sich auf ihre ganz specielle Rolle beschränken; ihnen eine Panzerung, selbst in der reducirten Form eines Gürtels geben, heisst, sie ihrem ersten Zwecke entfremden, ein für zwei Zwecke bestimmtes Schiff herstellen und sich Missgriffen aussetzen. Der HERZOG VON EDINBURGH und der GENERAL-ADMIRAL sind grosse Glattdeck-Korvetten aus Eisen, mit einer doppelten Haut aus Teakholz bedeckt. Der gerade Vorsteven hat keinen Sporn. Die ungedeckte Centralbatterie springt über den Schiffskörper vor, so dass für Jagd- und Heckfeuer gesorgt ist. Ausser diesen beiden Schiffen zählt die russische Flotte nur noch zwei kleine moderne Kreuzer: den KREUZER und DŽIGIT.

Die italienische Flotte hat mehrere schnelle Kreuzer in Bau. Der bereits abgelaufene CRISTOFORO COLOMBO erreichte bei der Probefahrt eine Geschwindigkeit von 16.$_{33}$ Knoten.

Holland hat zwei Kreuzer in Bau: ATJEH und TROMP, worüber aber nähere Daten bis nun fehlen.

Die österreichisch-ungarische Marine *) hat in den letzten Jahren mehrere Kreuzer gebaut. Die Kreuzer vom Typ RADETZKY haben 77^m Länge zwischen den Perpendikeln, einen Tiefgang von 7.$_2$^{m}, eine Armirung von fünfzehn 15^{cm} Krupp's und eine Geschwindigkeit von 14.$_2$ Knoten; die Kreuzer vom Typ DONAU haben 71^m Länge, einen Tiefgang von 6^m, eine Armirung von dreizehn 15^{cm} Krupp's und 12 Knoten Geschwindigkeit; die Kreuzer vom Typ ZRINYI sind sehr kleine Schiffe. Sie haben nur 59.$_1$^{m} Länge, 5.$_4$^{m} Tiefgang, eine Armirung von vier gusseisernen 24-Pfündern und eine Geschwindigkeit von nur 11 Knoten. Die Schiffe des Typ DONAU sind von Holz, die übrigen nach dem Komposit-Systeme gebaut. **)

Die deutsche Admiralität geht mit grosser Energie an die Schaffung einer modernen Kreuzerflotte. Nach dem Flottengründungs-plane vom Jahre 1873 wird Deutschland im Jahre 1882 zwanzig Kreuzer besitzen.

Die Kreuzer erster Klasse werden durch die Schiffe vom Typ LEIPZIG (ex THUSNELDA) bezeichnet. Entsprechend den immer ge-steigerten Geschwindigkeiten der ungepanzerten Kreuzerschiffe fremder Nationen und der grossen transatlantischen Handelsdampfer trat auch an die deutsche Marine die Nothwendigkeit heran, den nach dem Flottengründungsplane zu erbauenden gedeckten Korvetten eine weit

---

*) Das ‚Marine-Album‘ von J. B. Rottmayer in Triest (Via S. Martiri, Nr. 1) enthält auf circa 40 Blättern Grossfolioformat, die auch einzeln zum Preise von 1 fl. 20 kr. verkäuflich sind, die meisten der österreichisch-ungarischen Kriegsschiffe nach der Natur photographirt.

**) Die Tafel 10 (Kapitel XI) zeigt die RADETZKY mit dichtgereeften Segeln und gestrichenen Bramstengen bei herannahendem Sturme; die Tafel 12 (Kapitel XI) die FRUNDSBERG (Typ ZRINYI) mit Leesegeln vor dem Winde segelnd.

grössere Geschwindigkeit als bisher zu geben. Hiernach wurde für die LEIPZIG und ihr Schwesterschiff, der SEDAN, eine Geschwindigkeit unter Volldampf von 15 Knoten bei der Konstruktion zu Grunde gelegt. Bei dieser grossen Geschwindigkeit bot die in dem bisherigen Bausysteme übliche Ausführung des Schiffskörpers von Holz nicht mehr genügende Festigkeit und musste auf eine andere Konstruktion Bedacht genommen werden. Da aber ausserdem die möglichste Reinheit des Bodens gesichert bleiben musste, wenn diese Geschwindigkeit auch für eine lange Indienststellung erhalten werden sollte und nur ein Kupferbeschlag des Bodens diesen Bedingungen entspricht, so wurde der Schiffskörper behufs Erzielung genügender Festigkeit zwar ganz aus Eisen hergestellt, aber der Anbringung des andererseits nothwendigen Kupferbeschlages wegen, um der galvanischen Aktion entgegenzuwirken, mit einer doppelten Lage von Holz bekleidet. Auf diese Holzbekleidung konnte erst der Kupferbeschlag gelegt werden. In Folge der grossen Maschinenkraft und des grossen Kohlenvorrathes mussten auch die Hauptdimensionen des Schiffes den verlangten grossen Geschwindigkeiten gemäss bedeutende werden. Die Länge des Schiffes beträgt 86^m, die Breite 14^m, die Tiefe von Unterkante Schandeck bis Aussenkante Spündung am Kiel 10.$_{11}^m$, der grösste Tiefgang 6.$_6^m$ und das Deplacement 3925 Tonnen. Die Maschinen sind nach dem Drei-Cylinder-Systeme mit Trunk konstruirt, haben Oberflächen-Kondensatoren und Ueberhitzungsapparate, um ökonomisch zu arbeiten, und sind für eine Leistung von 4800 indicirten Pferdekräften konstruirt. Sechs Dampfkesseln mit zusammen 28 Feuerungen erzeugen den Dampf für die Maschinen. Das Kaliber der Geschütze ist bedeutend schwerer als das der bisher auf den gedeckten Korvetten angebrachten; die Armirung besteht aus zwölf der neu konstruirten 17^{cm}-Geschütze, von denen 10 in der Batterie und 2 auf dem Oberdeck installirt sind, welche letztere vermöge der eingezogenen Formen des Vorder- und Hintertheiles des Schiffes direkt voraus oder rückwärts zu feuern vermögen. Durch die beiden vordersten und hintersten Geschütze im Batteriedeck kann das direkte Bug- und Heckfeuer verstärkt werden. Diese Geschütze stehen indess nicht permanent in den Bug- oder Heckpforten, werden vielmehr im Bedarfsfalle von ihren gewöhnlichen Breitseitpforten nach dem Bug oder Heck gebracht. Um dem Schiffe die Fähigkeit zu verleihen, ohne Benutzung der Dampfkraft nur unter Segel kreuzen und längere Reisen zurücklegen zu können, hat dasselbe eine grosse Vollschiff-Takelung. Die Untermasten sind aus Eisen hergestellt, das Bugspriet zum Einlaufen eingerichtet. Um die volle Segelführung zu gestatten und um die Ausnutzung der Segelkraft zu erhöhen, ist der Schornstein zum Niederlassen und die Schraube (zweiflügeliger Propeller) zum Lichten eingerichtet. Die Besatzung des Schiffes wird 425 Mann betragen; es wird Proviant auf drei Monate und Wasser auf vier Wochen, das jedoch durch den an Bord befindlichen Destillir-Apparat immer ergänzt werden kann, mit sich führen. Die Pläne und Bauspecifikationen der LEIPZIG und des Schwesterschiffes SEDAN sind in der Admiralität entworfen; der Bau wurde der Maschinenbau-Aktiengesellschaft ‚Vulkan‘ zu Bredow bei Stettin übertragen. Die Takelung, Armirung und Ausrüstung, sowie die Kupferung des Bodens erhielten beide Schiffe auf der kaiserlichen Werft zu Kiel. Die Tafel 8 (Kapitel XI) zeigt die LEIPZIG scharf am Winde segelnd.

Die Kreuzer zweiter Klasse werden durch die Schiffe vom Typ BISMARCK bezeichnet, von denen fünf sich im Baue befinden. Sie haben eine Länge von $74._5^{\mathrm{m}}$, eine Breite von $13._7^{\mathrm{m}}$, eine Tiefe von $9._6^{\mathrm{m}}$ und ein Deplacement von $2856._6$ Tonnen. Ihre Armirung besteht aus sechzehn 15^{cm}-Kanonen, von welchen zwölf in der Batterie und vier auf dem Oberdeck installirt sind. Die Maschinen indiciren 2500 Pferdekräfte. Die Schiffskörper sind aus Eisen konstruirt, erhalten jedoch statt eines Kupfer- einen Zinkbeschlag.

Die Kreuzer dritter Klasse endlich sind durch die Schiffe vom Typ ARIADNE bezeichnet. ARIADNE und LUISE sind Schwesterschiffe und haben eine Länge von $62._2^{\mathrm{m}}$, eine Breite von $10._7^{\mathrm{m}}$, ein Deplacement von 1692 Tonnen und eine Armirung von sechs 15^{cm}- und zwei 12^{cm}- Kanonen auf dem Oberdeck. Ihre Maschinen indiciren 2100 Pferdekräfte. Sie sind für eine Geschwindigkeit von 13 Knoten konstruirt, jedoch erreichte die LUISE bei einer sechsstündigen ununterbrochenen Fahrt unter Volldampf eine Durchschnittsgeschwindigkeit von etwas über 14 Knoten. Die Schiffskörper sind aus Holz konstruirt. Etwas grössere Dimensionen hat die FREYA, nämlich eine Länge von 79^{m}, eine Breite von 11^{m}, einen Tiefgang von $5._8^{\mathrm{m}}$ und ein Deplacement von 1985 Tonnen. Die FREYA ist ein hölzernes Schiff, dessen Pläne ebenso wie die der LUISE und ARIADNE in der Admiralität entworfen und denen eine Fahrgeschwindigkeit von mindestens 14$\frac{1}{2}$ Knoten zu Grunde gelegt ist. Wenngleich der Rumpf der FREYA im Allgemeinen aus Holz konstruirt ist, so hat sie doch sehr starke Eisenverbände und eiserne Deckbalken erhalten und ist die grösste Sorgfalt darauf gerichtet worden, die Verbände so zu disponiren, dass das schlanke Schiff bei grösstmöglicher Leichtigkeit grosse Festigkeit erhält. Die Armirung befindet sich auf dem Oberdeck und besteht aus acht 15^{cm}-Kanonen. Die Maschinen sollen 2400 indicirte Pferdekräfte leisten, die Takelung ist die einer vollgetakelten Korvette und so gross gewählt, dass das Fahrzeug, auch ohne die Maschine zu benutzen, unter Segel eine gute Geschwindigkeit erreichen kann. Ihrer grossen Schnelligkeit wegen — sie erreichte bei der Probefahrt die überraschende Schnelligkeit von 15.$_2$ Knoten, während die Maschine 2764 Pferdekräfte indicirte — ist die FREYA zum leichten Kreuzen, d. h. zum Verjagen feindlicher leichter Kriegsschiffe und zur Störung des fremdländischen Handels geeignet. Sie wird daher im Frieden wahrscheinlich weniger in Dienst kommen, um für einen Kriegsfall vollständig intakt zu sein. Die Tafel 8 (Kapitel XI) zeigt die FREYA mit einem Reef in den Segeln.

Die eigentlichen Kreuzer, deren wichtigste Typen wir vorstehend zu skizziren versuchten, haben eine ganze Klasse von Schiffen geringerer Dimensionen, die Stations-Kanonenboote, zu Gehilfen. Dieselben sind dazu bestimmt, Missionen von geringerer Wichtigkeit auszuführen und auf den Marine-Stationen die Häfen und Rheden, deren geringere Tiefe das Einlaufen den grossen Kreuzern verbietet, zu besuchen. Sie haben somit einen vollkommen vorgeschriebenen Wirkungskreis, welcher nothwendig ist und ganz specielle Bedingungen stellt, die sehr verschieden von denjenigen sind, welche an die grossen Kreuzer gestellt werden. Für die Stations-Kanonenboote, die Gehilfen der Kreuzer, ist die Geschwindigkeit erst eine zweite Bedingung; durch die Armirung, Stärke der Artillerie, Kaliber der Geschütze noch mehr als durch die Zahl derselben, müssen die übrigen Bedingungen zurückgedrängt werden. Sie müssen jedoch jedenfalls gute nautische Eigenschaften als Segelschiffe besitzen. Die wichtigsten Typen der Stations-Kanonenboote sind in Kürze folgende:

In der englischen Marine stellt die COQUETTE das kleinste Gefechtsschiff dar, welches die englische Flagge in entfernte Gegenden trägt. Die Kanonenboote dieses Typs sind nur zum Dienste an der Küste bestimmt, z. B. zur Ueberwachung gegen den Sklavenhandel. Bei einer Länge von $38._2{}^m$ und einem Tiefgange von $2._7{}^m$ können sie in fast alle Buchten der Küste einlaufen, während ihr Deplacement von nur 410 Tonnen gestattet, eine grosse Zahl derselben herzustellen. Mit der Maschine von 60 nominellen Pferdekräften wird an der abgesteckten Meile eine Geschwindigkeit von 10 Knoten erreicht. Durch die auf drei Masten — von denen nur der Fockmast Raaen führt — vertheilte Segelfläche werden lange Traversaden unter Segel möglich. Die Armirung besteht aus zwei Armstrong 64-Pfündern und zwei 20-Pfündern. Nächst höher als die COQUETTE stehen die Sloops vom Typ ARAB. Sie haben ein Deplacement von 700 Tonnen bei $3._2{}^m$ mittlerem Tiefgange und ihre Bestückung besteht aus einem 118-Pfünder und zwei 64-Pfünder. Hierauf folgen die Sloops vom Typ DARING, welche ein Deplacement von 900 Tonnen, bei ungefähr 4^m Tiefgang erreichen; die Bestückung zählt einen 118-Pfünder mehr als die Fahrzeuge vom Typ ARAB.

In Frankreich repräsentirt der (neue) BOUVET den Typ der Stations-Kanonenboote. Die Geschwindigkeit wurde auf 12 Knoten festgesetzt, der Kohlenvorrath auf 3000 Meilen bei 9 Knoten bestimmt, die Artillerie soll aus einem 16^{cm}-Geschütze in der Mitte auf Mittelpivot-Rapert mit sehr grossem Feuerwinkel nach vorn und achter, und aus zwei 14^{cm}-Geschützen, das eine zum Jagd-, das andere zum Heckfeuer bestimmt, bestehen.

Was die amerikanische Marine betrifft, so benutzt dieselbe für den Dienst auf entfernten Stationen die Kanonenboote, die in grosser Zahl für die Blokade während des Secessionskrieges erbaut worden waren. Dieselben gehören hauptsächlich dem Typ NIPSIC an und führen ein glattes Pivot-Geschütz von 11 Zoll und zwei gezogene 12-Pfünder. Ihre Geschwindigkeit beträgt 10 Knoten; ihre Segelfläche ist bedeutend.

Die deutsche Flotte hat zwei Klassen Stations-Kanonenboote. Die grösseren Fahrzeuge vom Typ ALBATROSS haben $51._2{}^m$ Länge, $8._2{}^m$ Breite, $3._3{}^m$ Tauchung, 705 Tonnen Deplacement, eine Bestückung von zwei 15^{cm}- und zwei 12^{cm}-Kanonen und eine Geschwindigkeit von $10._5$ Knoten. Die kleineren Fahrzeuge haben 350 bis 500 Tonnen Deplacement, eine Bestückung von einer 15^{cm}-Kanone und zwei 12^{cm}-

Kanonen oder zwei 12^{cm} und zwei 8^{cm} Kanonen und 8.$_4$ bis 9.$_8$ Knoten Geschwindigkeit.

Die österreichisch-ungarische Flotte hatte bis nun zwei Klassen von Stations-Kanonenbooten: Typ HUM und Typ ALBATROSS. Der neue Typ REKA, der kleiner als HUM, jedoch grösser als ALBATROSS wird, scheint der Typ der nächsten Zukunft zu werden.

Nach dieser eingeschalteten Betrachtung der Küstenfahrzeuge und Kreuzer setzen wir unsere Revue der Panzerschiffe fort.

Der gegenwärtige Stand (Mitte 1877) der Panzerflotten ist nachfolgender:

I. Schlachtschiffe. *)

Rang nach der Summe der Schiffe	Staaten	Grösste Panzerstärke			Summe der Schlachtschiffe
		über 300^{mm}	von 200 bis 300^{mm}	unter 200^{mm}	
1	England	8	11	17	36
2	Frankreich	4	10	21	35
3	Türkei.........................	5	4	10	19
4	Italien.........................	4	2	11	17
5	Deutschland ..`..................	5	6	3	14
6	Russland.......................	1	1	12	14
7	Oesterreich-Ungarn..............	1	5	5	11
8	Spanien........................	—	3	6	9
9	Dänemark......................	—	2	3	5
10	Chili	—	2	—	2
11	Japan	—	1	1	2
12	Griechenland	—	—	2	2
13	Brasilien.......................	1	—	—	1
14	Portugal.......................	—	1	—	1
15	Peru	—	—	1	1
	Zusammen...........	29	48	92	169

*) Die in Bau befindlichen Schiffe sind mitgezählt.

II. Küstenvertheidigungsfahrzeuge. *)

Rang nach der Summe der Fahrzeuge	Staaten	Grösste Panzerstärke			Summe der Küstenvertheidigungsfahrzeuge
		über 300ᵐᵐ	von 200 bis 300ᵐᵐ	unter 200ᵐᵐ	
1	Vereinigte Staaten von Nordamerika	9	15	—	24
2	Schweden-Norwegen	14	5	1	20
3	Holland	1	17	1	19
4	Frankreich	6	4	9	19
5	England	1	6	8	15
6	Russland	1	11	3	15
7	Brasilien	2	—	10	12
8	Deutschland	—	8	2	10
9	Peru	—	—	5	5
10	Dänemark	—	1	2	3
11	Argentina (La Plata)	—	2	—	2
12	Japan	—	—	2	2
13	China	—	—	1	1
14	Spanien	—	—	1	1
	Zusammen	34	69	45	148

III. Flussfahrzeuge. *)

Rang nach der Summe der Fahrzeuge	Staaten	Summe der Flussfahrzeuge
1	Türkei	9
2	Brasilien	6
3	Frankreich	4
4	Holland	4
5	Deutschland	2
6	Oesterreich-Ungarn	2
7	Spanien	1
	Zusammen	28

*) Die in Bau befindlichen Fahrzeuge sind mitgezählt.

Um den neuen Riesenkanonen zu widerstehen, musste man zu einer Dicke der Panzerplatten gelangen, welche man bisher für unzulässig gehalten hatte, und so kam man schliesslich zu Schiffskörpern mit einem Deplacement von mehr als 10.000 Tonnen. Im Jahre 1873 galt das englische 30^{cm}-Geschütz mit einem Geschosse von 272^k als das mächtigste Stück einer Schiffsbewaffnung und die Schiffskonstrukteure hielten zur Sicherung der Schiffe einen Panzer von 31^{cm} für genügend. Im Jahre 1875 ging das 81-Tonnen-Geschütz aus den englischen Werkstätten hervor. Im Jahre 1876 kam das 100-Tonnen-Geschütz zur Welt und heute spricht man schon von Kanonen zu 200 und mehr Tonnen.

Der Panzer musste, um widerstandsfähig zu bleiben, fortwährend an Dicke wachsen. Von 1859 bis 1868 war eine Vermehrung der Panzerdicke um 11^{cm} nothwendig, von 1868 bis 1872 um 8^{cm}, von 1872 bis 1876 noch um 5^{cm}. Ein Panzer von 35^{cm} widerstand einem Kernschusse aus dem Geschütze von 30 Tonnen; dermalen braucht man Eisenplatten von 80^{cm} Dicke, um den neuesten Kanonen zu widerstehen. Die neuen Krupp'schen Kanonen von 57 Tonnen durchbohrten auf 1800^m Distanz Platten von 61^{cm} Dicke aus dem nämlichen Eisen, aus welchem der treffliche Panzer des englischen Schiffes INFLEXIBLE konstruirt ist.

Die Ingenieure rechneten bei dem Kampfe der Schiffe gegen die Artillerie auf die geringe Anzahl von Schüssen, die man in einer bestimmten Zeit aus solchen Geschützen abgeben kann, und auf die Unsicherheit des Zielens; das bewegliche Ziel hat seinen Platz verändert, ehe es möglich ist, aus der darnach gerichteten Kanone den Schuss zu lösen. Die hydraulischen Lademaschinen haben diese Hoffnung vereitelt; sie gestatten ein dreimal rascheres Feuer; die Treffsicherheit erreicht bei den grossen Kanonen 95% auf 2000^m, 40% auf 4000^m und 15% auf 6000^m. Nehmen wir im Mittel 50% oder einen Treffer auf zwei Schüsse, so giebt dies schon ein furchtbares Verhältniss.

Die in allen Staaten für den Panzer-Schiffbau ausgegebenen Summen sind sehr bedeutend. Die Tonne Schiffsraum, welche früher 320 fl. (in Gold) kostete, kommt jetzt auf 480 fl. Die verschiedenen Panzerschiffe repräsentiren dermalen einen Werth von nahezu 500 Millionen Gulden.

In allen Marinen bilden die Batterieschiffe das stärkste Kontingent des aktuellen Flottenstandes; die Artillerie befindet sich unter Deck unter dem Maximum des Schutzes und schiesst aus Pforten. Man stellt auch einige schwere Stücke unter dem Schutze eines Panzers auf das Oberdeck.

Die englische Admiralität hat in jüngster Zeit nur zwei Batterieschiffe bauen lassen: die ALEXANDRA (ex SUPERB) und den TEMERAIRE. Herr Reed hat für die deutsche Regierung die Schiffe KAISER und DEUTSCHLAND gebaut; der TEGETTHOFF gehört zu dem nämlichen Typ, ebenso die erst kürzlich in See gestellten türkischen Schiffe NUSSRATIEH, MESSUDIEH und HAMIDIEH. Auch in Frankreich hat man den Typ der Batterieschiffe für die auf den Werften befindlichen neuen Schiffe REDOUTABLE, DEVASTATION und FOUDROYANT angenommen.

Fig. 135.

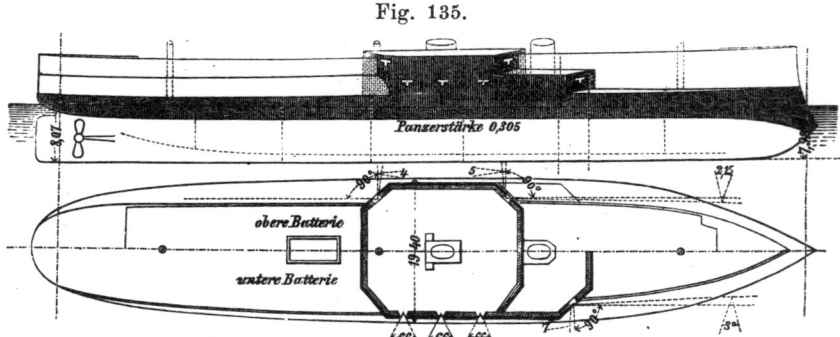

Der Charakter der Batterieschiffe ist, dass sie bei mittlerem Schutze ansehnliche Angriffsmittel, eine mächtige Artillerie und eine grosse Geschwindigkeit beim Angriffe auf das feindliche Schiff besitzen, und dass dieser Schiffstyp längere Zeit in See bleiben kann, ohne Kohlen einzunehmen. Gegenwärtig nimmt man einen Vorrath von 550 Tonnen Kohlen als unentbehrlich an, um mit einer Geschwindigkeit von 10 Knoten zweitausend Seemeilen zurückzulegen. Es müssen also bei den Panzerschiffen ganz besondere Bedingungen erfüllt werden, um die Mitnahme eines solchen Kohlenvorrathes zu ermöglichen. Alle Batterieschiffe haben Takelung.

Die ALEXANDRA (ex SUPERB) (Figur 135) ist das stärkste Batterie-Panzerschiff der englischen Flotte. Sie hat zwei übereinander liegende Kasematten mit abgestutzten Ecken, in welchen Stückpforten sind. Die obere Kasematte ist kürzer als die untere. Die untere Kasematte hat Breitseit- und Bugfeuer, die obere Kasematte Breitseit-, Bug- und Heckfeuer. Dieser Installirung der Geschütze entsprechend, sind die Bordwände eingezogen. Die Armirung besteht aus zwei 12zölligen und zehn 10zölligen Kanonen und die Panzerstärke beträgt 305^{mm}. Die ALEXANDRA hat vor kurzem ihre Probefahrt mit dem befriedigendsten Resultate zurückgelegt. Während die von Humphrys, Tennant und Comp. gelieferten Zwillings-Schrauben-Compound-Maschinen 8000 Pferdekräfte indiciren sollten, entwickelten sie deren 8600, und es wurde eine Geschwindigkeit von beinahe 16 Meilen bei 67 Rotationen per Minute erreicht. Die von einander unabhängigen Maschinen nach dem Dampfhammer-Systeme haben je einen Hochdruckcylinder von 70, und zwei Niederdruckcylinder von 90'' Durchmesser bei einem Hube von 4'. Die Oberflächen-Kondenser enthalten gezogene Messingröhren von $^3/_8$'' äusserem Durchmesser mit 16.500 □' Kühlfläche. Die zwei Luftpumpen jedes Niederdruckcylinders sind ganz aus Kanonenmetall erzeugt und werden direkt vom Cylinder betrieben. Zwölf Stücke Ovalkessel von 21.900 □' Heizfläche liefern Dampf von 60 Pfund Ueberdruck. Bezüglich der Kesselarmatur hat man sich an die aus der THUNDERER-Katastrophe geschöpften Lehren gehalten. Jeder Kessel ist ausser den zwei Federsicherheits-Ventilen mit einem kleinen, leicht zu prüfenden Hebelventile an der Frontseite versehen. Von den zwei Manometern jedes Kessels ist das eine bis 80, das andere bis 120 Pfund graduirt. Alle Sicherheits- und Absperr-Ventile sind vom Boden des Kesselraumes aus zu handhaben und die Hauptabsperr-Ventile können nicht nur im Maschinenraume, sondern auch vom Deck aus manövrirt werden. Getakelt ist die ALEXANDRA als Bark. Die Tafel 1 (Titelbild des Buches) zeigt die ALEXANDRA vor dem Winde segelnd.

Der als Brigg getakelte TEMERAIRE (Figur 136) hat eine gedeckte Batterie mit Breitseit- und Bugfeuer; für letzteres sind Stückpforten in den abgestutzten Ecken der Kasematte und die Bordwände eingezogen. Auf Deck, vorn und achter befindet sich je ein Barbette-Thurm. Die Bestückung besteht aus drei 12zölligen und fünf 8zölligen Kanonen und die Panzerstärke beträgt 279^{mm}.

Die französische Flotte hat gegenwärtig drei grosse Batterie-schiffe im Baue: REDOUTABLE, DEVASTATION und FOUDROYANT. Der REDOUTABLE (Figur 137) hat eine stark überhängende Kase-matte, welche auf ihrem Deck an jeder Seite einen Barbette-Thurm trägt. Die Armirung besteht aus zwei 32^{cm}- und vier 27^{cm}-Kanonen und die Panzerstärke beträgt 350^{mm}. Die DEVASTATION und der FOUDROYANT sind von demselben Typ, aber um 854 Tonnen

Fig. 136.

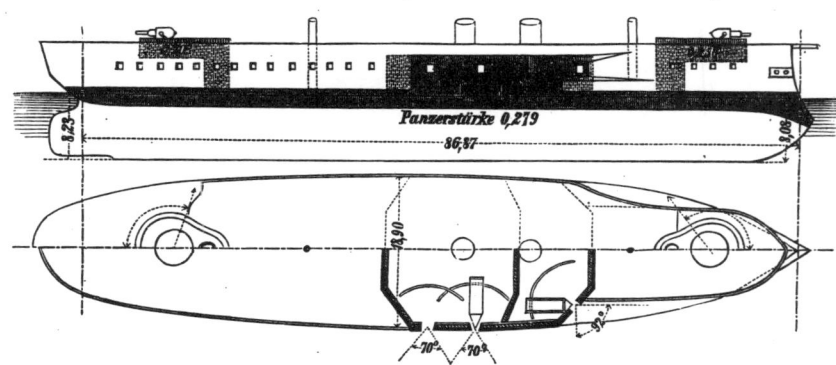

Fig. 137.

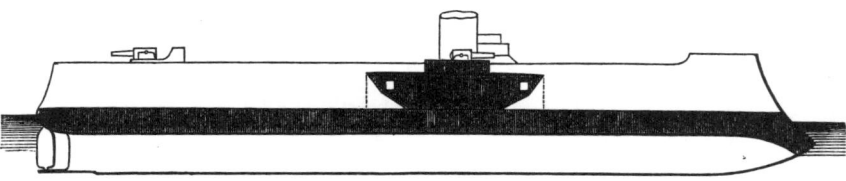

grösser, mit vier 32^{cm}- und zwei 27^{cm}-Kanonen armirt und die Panzerstärke erreicht bei ihnen 380^{mm}. Es sind dies die stärksten Batterieschiffe, die es überhaupt giebt, und es wird dieser Typ als der gelungenste betrachtet. Der Kohlenverbrauch ist auf eine Fahrt von 2800 Meilen mit einer Geschwindigkeit von 10 Knoten berechnet. Die Tafel 4 (Kapitel X) zeigt die DEVASTATION vor Anker, Segel trocknend.

Die deutschen Panzerschiffe KAISER und DEUTSCHLAND, von Mr. Reed konstruirt und bei Samuda in London (der berühmten Firma Samuda Brothers) gebaut, gelten für besonders gelungene

Schiffe. Wir lassen hier eine Beschreibung der DEUTSCHLAND folgen (Fig. 138 und 139).

Obgleich nach dem Modelle des HERCULES und als Schwesterschiff des KAISER konstruirt, wurden beim Baue von Kriegsschiffen in letzter Zeit doch so schnelle Fortschritte gemacht, dass die

Fig. 138.

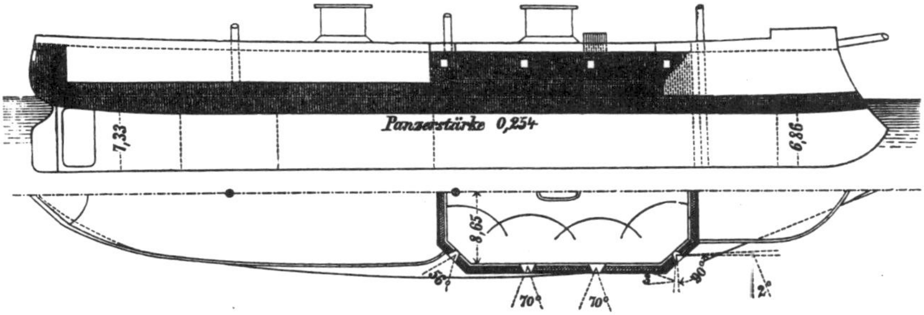

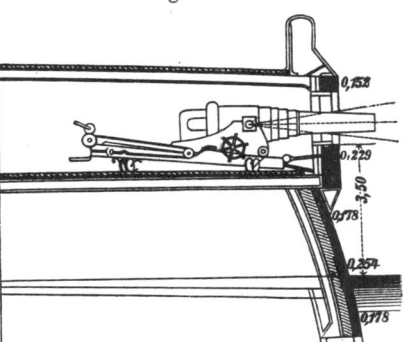

DEUTSCHLAND in Konstruktion, Maschine und Ausrüstung bedeutende Verbesserungen gegen die beiden ersteren Schiffe ausweist. Ihre Dimensionen sind etwas kleiner als diejenigen des HERCULES, was, vorausgesetzt dass die Schnelligkeit dadurch nicht beeinträchtigt wird, als ein Vortheil angesehen werden kann. Aber während ihre Länge 280', ihr Deplacement 7559 Tonnen gegen 325', resp. 8702 Tonnen des HERCULES beträgt, ist der Panzer der DEUTSCHLAND weit stärker, und zwar nimmt derselbe von 8" am vorderen und hinteren Theile bis zu 10" bei der Batterie mittschiffs zu, während die Panzerung des HERCULES von nur 3" auf 9" wächst. Die Bewaffnung

Fig. 139.

der DEUTSCHLAND besteht aus 8 Geschützen von je 22 Tonnen, deren Rohrweite 10½" Durchmesser hat, sowie aus einem Heckgeschütze von 18 Tonnen mit einem Rohrdurchmesser von 8". Die Geschütze in der Batterie sind so aufgestellt, dass mit den vorderen beiden nicht nur in der Richtung des Kiels, sondern sogar den Bug des Schiffes kreuzend, gefeuert werden kann, die beiden

20*

hintersten Geschütze aber bis auf 15° von der Kiellinie schiessen können. Dadurch, dass die vier mittleren Geschütze quer, das Heckgeschütz hinten bis 15° auf jeder Seite ʃgerichtet werden kann, ist die DEUTSCHLAND im Stande, rund herum eine volle Lage abzugeben. Die Balken des oberen und des Hauptdeckes sind vollständig mit Stahlplatten bekleidet, auf denen Teakholzplanken liegen. Das Schiff hat, wie jedes andere derartige Fahrzeug, einen doppelten Boden, ist in eine Anzahl wasserdichte Abtheilungen getheilt und mit den nöthigen Vorkehrungen versehen, letztere zu leeren und zu füllen. Bei den wasserdichten Abtheilungen sei noch erwähnt, dass das Schiff mit einer sehr sinnreichen, aufwärtswirkenden hydraulischen Vorrichtung, einer neuen Erfindung des Herrn F. C. Coxhead, Leadenhallstreet, die auf der DEUTSCHLAND zum ersten Male angewendet wurde, ausgerüstet ist. Gewöhnlich müssen die Oeffnungen mittels Schrauben geschlossen werden, was etwa 8 bis 10 Minuten in Anspruch nimmt, während der Verschluss nach der neuen Methode in kaum 10 Sekunden erfolgt. Auch ist das Schiff mit Forcester's Patent-Steuerapparat ausgerüstet. Um das Ruder an Bord zu drehen, braucht man nur 12 Sekunden Zeit. Die Schultern der Batterie sind eingerichtet, um ein Paar Martin-Anker aufzunehmen. Die Ausrüstung des Schiffes ist, was Bequemlichkeit und Aussehen anlangt, prachtvoll. Als etwas neues mag angeführt werden, dass Homfray u. Co.'s pneumatische Patentglocken durch alle Theile des Schiffes führen. Dieser pneumatische Apparat soll nicht nur zur Bequemlichkeit der Officiere dienen, sondern auch beim Manövriren des Schiffes gebraucht werden. Die Maschinen sind von der bekannten Firma J. Penn und Sons in Greenwich und indiciren 8000 Pferdekräfte. Die Cylinder haben einen Durchmesser von 122½″, einen Hub von 4′ und sind etwas kleiner als die von derselben Firma für die Schiffe HERCULES und SULTAN verfertigten. Die Maschine hat 8 Kessel in Walzenform, die durch 40 Feuer erhitzt werden. Ausserdem ist noch ein anderer Kessel vorhanden, der zum Betriebe der Maschinen für das Gangspill, die Dampfpumpe, das Ventiliren des Maschinenraumes, zum Heissen der Asche und für den Steuerapparat dient. Die DEUTSCHLAND ist übrigens durchaus nicht allein auf die Maschine angewiesen, da dieselbe als Vollschiff getakelt ist und gut segeln kann, ohne von der Schraube Gebrauch zu machen. Die

officielle Prüfung der Maschine wurde auf den Maplin Sands vorgenommen. Das Schiff hatte, anstatt der Kanonen, Munition und
Vorräthe, 800 Tonnen Steinkohlen und 660 Tonnen Wasser- und Eisen-
ballast an Bord genommen, der so verstaut war, dass der Schwerpunkt des Schiffes so lag, wie er in Zukunft liegen sollte. Der Tiefgang
betrug vorn 23′ 3$\frac{1}{2}$″, hinten 24′. Die See war schlicht, die Stärke
des Windes, der aus Westen und die Probestrecke heraufwehte,
1 bis 2. Die Versuche beim Kreisfahren fielen günstig aus. Der
Halbkreis wurde unter halber Kraft mit Steuerbordruder in 2 Minuten
30 Sekunden, der ganze Kreis in 5 Minuten 57 Sekunden beschrieben,
der Durchmesser betrug 413 Yards. Mit Backbordruder wurde der
halbe Kreis in 2 Minuten 17 Sekunden, der ganze in 5 Minuten
17 Sekunden zurückgelegt, und betrug der Durchmesser 495 Yards.
Unter voller Kraft wurde der Kreis bei Steuerbordruder in 3 Minuten
20 Sekunden, bei Backbordruder in 3 Minuten 43 Sekunden beschrieben
und betrug der Durchmesser in beiden Fällen 495 Yards. Beim
Absegeln der Probemeile arbeiteten die Maschinen ausgezeichnet,
trotzdem man die nöthigen Vorsichtsmassregeln vernachlässigt, d. h.
die Maschine nicht vorher schon probirt hatte; die Schnelligkeit
war weit grösser als die im Kontrakt festgestellte und übertraf
die Erwartung des Erbauers. Sechsmal wurde die Distanz gefahren,
halb mit der Fluth, halb gegen dieselbe. Die mittlere Geschwindigkeit betrug 14.$_{47}$ Knoten in der Stunde. So zufriedenstellend
dies Resultat auch war, so überraschten die Versuche mit halber
Kraft doch noch mehr, indem die damit erzielte Schnelligkeit
13.$_{24}$ Knoten betrug; wenn nur vier Kessel in Arbeit sind, fährt
das Schiff also fast ebenso rasch, als wenn acht arbeiten, das
Sicherheitsventil zeigte einen Druck von 30 Pfund, der Druck in
den Kesseln betrug 28 Pfund, die Zahl der Schraubenumdrehungen
im Maximum 68$\frac{1}{2}$, im Minimum 67$\frac{1}{4}$ in der Minute. Die Fahrgeschwindigkeit des KAISER ist seiner Zeit auf 14.$_{39}$, resp. 13.$_{73}$ Knoten
festgestellt worden. Der Kohlenvorrath von 710 Tonnen reicht für
eine Fahrt von 3400 Meilen bei einer Geschwindigkeit von 10 Knoten
aus. Die Tafel 3 (Kapitel X) zeigt die DEUTSCHLAND vor Anker,
salutirend.

Die Erfahrungen, welche aus der Schlacht bei Lissa gewonnen
wurden, haben zweifellos festgestellt, dass die Ramme die stärkste

Offensivwaffe eines Schiffes ist und in künftigen Seekriegen die erste Rolle spielen wird, dass mithin das Manöver der einzelnen Schiffe, welches in früherer Zeit den alleinigen Zweck verfolgte, die Geschütze dem Feinde gegenüber in günstige Stellung zu bringen, nunmehr vor Allem darauf hinauslaufen wird, dem Gegner mit der Ramme beizukommen. Der Geschützkampf wird sich demzufolge dem Kampfe mit der Ramme anpassen müssen. Mit Ausnahme der wenigen in England gebauten grossen Thurmschiffe, hatten bis zum Jahre 1869 alle Panzerschiffe ihre Breitseitgeschütze in einer vollständig gepanzerten Kasematte placirt, und ausserdem im günstigsten Falle blos zwei Geschütze, welche zumeist nur unter einem gewissen Winkel mit der Kielrichtung ihr Feuer nach vorn abgeben konnten.

Es ist wohl selbstverständlich, dass, wenn solche Schiffe zum Angriffe mit der Ramme übergehen, die Breitseitgeschütze zur Unthätigkeit verdammt sind, und das Feuer auf die erwähnten zwei Geschütze, oft auch nur auf ein einziges derselben beschränkt bleiben muss.

Ein weiterer Nachtheil dieser Geschützaufstellung ist der, dass, um die volle Geschützwirkung auszunutzen, die Nothwendigkeit entsteht, dem Gegner die Breitseite, das ist die schwächste Seite blosszustellen, in welcher einzig und allein die Ramme mit Erfolg beigebracht werden kann. Zum Ueberflusse ist das Schiff in der Breitseitstellung mehr als in irgend einer anderen der feindlichen Geschosswirkung preisgegeben.

Alle Erfahrungen, die aus den vielen, kostspieligen Schiessversuchen gegen Panzerscheiben gewonnen wurden, haben dargethan, dass Panzerwände nahezu in normaler Richtung getroffen werden müssen, um zerstört werden zu können; ferner dass Geschosse vom schwersten Kaliber, wenn sie unter schiefen Winkeln auftreffen, wenig oder gar keinen Schaden anrichten. Daraus ergiebt sich aber die weitere Folge, dass die Sicherheit der Schiffe in der Stellung Bug gegen Breitseite der Geschosswirkung selbst dem schwersten Kaliber gegenüber gewährleistet bleibt, denn da die Geschosse des Gegners die Schiffsseite blos unter sehr spitzem Winkel zu treffen vermögen, so wird auch die Panzerung dem ersten und vornehmsten Zwecke, den sie zu erfüllen hat, vollkommen Genüge leisten. Es wird leicht einzusehen sein, dass ein Schiff, dessen Typ es möglich machen

würde, in der vortheilhaften Defensivstellung, Bug gegen Breitseite, die
ganze Offensivkraft, welche in der Ramme und dem Breitseit-Geschütz-
feuer liegt, zu koncentriren, ein bedeutendes Uebergewicht Schiffen
gegenüber besitzen müsste, welche Ramme und grösstmögliche
Geschützwirkung blos getrennt (letztere überdies durch Blossstellung
der eigenen schwachen Seite) zur Wirkung zu bringen vermögen.

Die hier angedeuteten Erwägungen gaben schon im Anfange des
Jahres 1868 zu wesentlichen Abänderungen des um diese Zeit schon ziem-

Fig. 140.

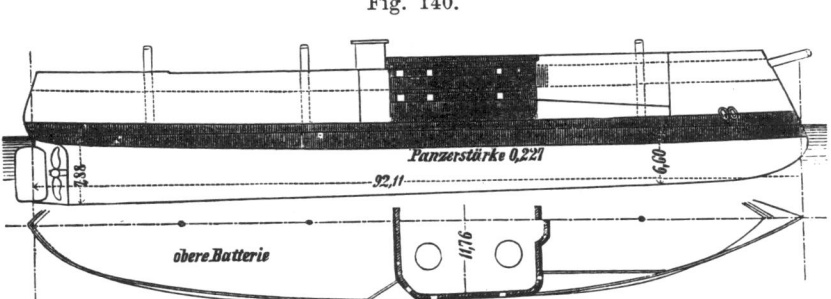

lich weit im Baue fortgeschrittenen österreichisch-ungarischen Panzerschiffes LISSA Veranlassung, und bestimmten den Herrn k. k. Schiffbau-
Inspektor J. Ritter von Romako, als ihm im Jahre 1869 die Aufgabe
gestellt wurde, für die österreichisch-ungarische Flotte die Pläne zu
zwei Schlachtschiffen zu entwerfen, für diese Schiffe einen Typ in
Antrag zu bringen, der es gestatten würde, die in der Breitseite placirten
Geschütze auch in der Kielrichtung gebrauchen zu können. Nachdem
dieser neue Typ, welchen Herr von Romako, als ‚Bugbatterie-Kase-
matt-System‘ passend zu bezeichnen glaubte, auch den Beifall des verstorbenen Vice-Admirals von Tegetthoff geerntet hat, gelang derselbe bei
den Panzerschiffen CUSTOZZA und ERZHERZOG ALBRECHT zur Ausführung (Figur 140). Das Charakteristische des Bugbatterie-Typs
besteht zunächst darin, dass die Geschütze, statt wie bisher auf
einem Deck placirt zu sein, in gleicher Zahl auf zwei Decken vertheilt sind. In der vorderen gepanzerten Querwand, möglichst nahe
der abgerundeten Ecken, sind vier Stückpforten geöffnet, in welche
die vier vordersten Geschütze mittels Drehscheiben, welche unter die
Oberfläche der Decke versenkt sind, eingebracht werden können. Vor

der Kasematte treten die ungepanzerten Seitenwände des Schiffes so viel zurück, als es nothwendig ist, um aus den vier Stückpforten der Vorderwand das Feuer in der Kielrichtung zu gestatten. Die zurücktretenden Seitenwände ruhen auf dem Hauptdeck (Batteriedeck) auf; der durch die eingezogene Seitenwand und das Deck gebildete Winkel ist durch eine windschiefe Blechverkleidung beseitigt, um dem Wasser einen leichten Ablauf zu gestatten, weil sonst der Vorsprung des Deckes auf die Bewegungen des Schiffes in See nachtheilig einwirken würde. Schon beim Entwurfe der Schiffsform ist darauf Rücksicht genommen worden, die zurücktretende Seitenwand so kurz als möglich zu erhalten, sowie den Vorsprung des Batteriedeckes auf ein Minimum zu reduciren, und zwar einerseits um konstruktive Schwierigkeiten zu vermeiden, andererseits um den Schiffsraum über dem Hauptdeck, welcher der Bemannung zur Unterkunft dient, nicht zu sehr zu schmälern. Aus obigen Gründen ist auch die Kasematte etwas mehr als gewöhnlich gegen vorn angeordnet.

Rückwärts ist ein Theil der Kasemattwand unter schiefen Winkel gestellt und in derselben ebenfalls eine Stückpforte geöffnet, so dass bis auf einen Winkel von 56° der ganze Horizont von der Kasematte aus bestrichen werden kann. Um das Geschütz auch gegen rückwärts in der Kielrichtung gebrauchen zu können, wäre es nothwendig gewesen, die Konstruktion des Vorschiffes zu wiederholen, was aus mehrfachen Ursachen unstatthaft erschien. Im Allgemeinen wird bei Panzerschiffen dem Bestreichungswinkel gegen rückwärts wenig Bedeutung beigemessen; es wäre sogar kein Nachtheil, auf die letztbeschriebene Einrichtung ganz zu verzichten, da das Einbringen der Geschütze aus der Breitseitpforte in die rückwärtige Pforte mehr Zeit beansprucht, als das Schiff zu einer vollständigen Wendung benöthigt.

Es ist jedenfalls nicht gering in Anschlag zu bringen, dass dieser Typ, wie kein bis dahin zur Ausführung gelangter, bei günstiger Defensivstellung die grösste Offensivkraft besitzt und das Feuer gegen die schwache Seite des Gegners zu koncentriren gestattet, ferner, dass dieser Vortheil, ohne anderweitige Mängel oder Nachtheile im Gefolge zu haben, durchgeführt werden kann; im Gegentheile tritt hier der bei Schiffskonstruktionen so seltene Fall ein, dass dieser Typ den See-Eigenschaften zuträglich erscheint.

Die Panzerschiffe sind im Allgemeinen als schlechte See-schiffe verrufen, wozu vor Allem der Umstand beigetragen hat, dass sie bei bewegter See andauernde, tiefergehende Schlinger-bewegungen annehmen, als bei ungepanzerten Schlachtschiffen beob-achtet wurde.

Es dauerte jedoch nicht lange, so konnte nachgewiesen werden, dass diese, namentlich bei den ältesten Panzerschiffen vorkommende schlechte See-Eigenschaft, so unwahrscheinlich dies auch klingen mag, zum grossen Theil eine Folge der Lage ihres Schwerpunktes sei, welcher thatsächlich tiefer liegt als bei ungepanzerten Schrau-ben-Linienschiffen und Fregatten, wodurch diesen ein Uebermass von Stabilität verliehen wurde.

Ungeachtet dieser schon früh erkannten Thatsache konnte die Hauptursache dieser schlechten Eigenschaft nur theilweise ver-bessert werden, weil die meisten bis dahin zur Ausführung gekom-menen Typen eine wesentliche Modifikation der Schwerpunktlage oder, richtiger ausgedrückt, der Stabilitäts-Verhältnisse nicht gestatteten.

Unter die Panzerschiffs-Typen, die in dieser Hinsicht eine Ausnahme bildeten, gehörten insbesondere die französischen Schiffe der MAGENTA-Klasse, welche hinsichtlich ihrer See-Eigenschaften unübertroffen dastanden; in Hinsicht auf offensive und defensive Wehrkraft konnte jedoch dieser Typ kein nachahmungswerthes Modell abgeben.

Nun fand aber zwischen den französischen Schiffen der MAGENTA-Klasse und den österreichisch-ungarischen Bugbatterie-Schiffen die Analogie statt, dass die Bestückung wohl der Geschützzahl, nicht aber dem Gewichte nach sehr verschieden, auf zwei übereinander liegenden Decken vertheilt ist, ferner, dass ihnen aus Ursachen, welche, ohne auf rein fachliches Gebiet überzugreifen, hier nicht erörtert werden können, in noch höherem Grade die Bedingungen innewohnen, von welchen sanfte und mässige Schlingerbewegungen abhängen.

Ebenso günstig gestalten sich bei Bugbatterie-Schiffen die Ver-hältnisse in Betreff der Gewichtsvertheilung der Länge nach; insbe-sondere entfällt bei denselben jede Belastung der vom Wasser nur wenig getragenen Extremitäten des Schiffes, was auf die Bewegungen des Stampfens von massgebendem Einflusse ist.

Auf den Bugbatterie-Schiffen ist für Stab und Bemannung mehr Platz vorhanden, indem durch Placirung der Geschütze auf zwei übereinander liegenden Decken die Kasematte der Länge nach blos halb so gross zu werden braucht, als dort, wo die Geschütze blos von einem Deck getragen werden, wodurch Raum für die Unterkunft der Bordofficiere und der Bemannung gewonnen wird. Ein weiterer Vortheil des besprochenen Typs ist der, dass durch die etwas aus der Schiffsmitte gebrachte Lage der Kasematte die Munitions-Depots, nämlich Granaten- und Pulverkammern, unmittelbar unter die zu bedienenden Geschütze situirt werden können. Dass dieser Vortheil Beachtung verdient, ist einleuchtend.

Die Seitenwände der Kasematte sind, der viel einfacheren und leichteren Konstruktion wegen, vertikal gestellt, dies giebt dem Schiffe allerdings ein ungewöhnliches und weniger schönes Aussehen, als bei geneigten Seitenwänden, kommt aber in Hinblick auf den dadurch erreichten Zweck wohl nicht weiter in Betracht.

Endlich ist beim Bugbatterie-Typ die bepanzerte Fläche nicht grösser als bei einem gewöhnlichen Panzerschiffe von gleicher Geschützzahl, wenn der Kommandothurm und der für ein Jagdgeschütz herzustellende Panzerschild mit in Rechnung gebracht werden. Daraus folgt, dass dieser Typ, ohne eine wirkliche Gewichtsvermehrung, die Panzerstärke gewöhnlicher Panzerschiffe mit Centralbatterie erhalten kann.

Die Bestückung der Bugbatterie-Schiffe ist allerdings nur für acht Geschütze berechnet, da jedoch die Wahl des Kalibers offen steht, so ist hiermit der Einwurf beseitigt, dass dieser Typ blos für Schlachtschiffe von beschränkten Dimensionen anwendbar ist. Man ist schon längst davon abgekommen, Schiffe zu bauen, die bestimmt wären, eine grössere Anzahl von Geschützen schweren Kalibers zu tragen. Im Gegentheile liegt die Tendenz offen zu Tage, Schiffe zu bauen, die wenige Geschütze tragen und eine geringere Schnelligkeit, dafür aber eine ausserordentliche defensive Wehrkraft besitzen. Immerhin lässt jedoch der Bugbatterie-Typ eine Vermehrung der Geschützzahl zu, denn was bei gewöhnlichen Panzerschiffen mit Centralbatterie zulässig ist, darf wohl auch für diesen Typ erlaubt sein.

Hiermit dürfte Alles gesagt sein, was zum allgemeinen Verständnisse des Bugbatterie-Typs zu erwähnen nothwendig war.

Die CUSTOZZA ist nach dem Zellensysteme ganz aus Eisen konstruirt. Ihre Haupt-Dimensionen sind: Länge zwischen den Perpendikeln $92._{13}$ ^{m}, grösste Länge $95._{01}$ ^{m}, grösste Breite $17._{70}$ ^{m}, Tiefgang vorn $6._{82}$ ^{m}, Tiefgang achter $8._{16}$ ^{m}, Deplacement 7060 Tonnen. Die Armirung besteht aus acht Krupp'schen 26^{cm}-Kanonen. Die Dicke des Panzers beträgt an der Wasserlinie 227^{mm}, an der Batterie 177^{mm}, die Dicke der Polsterung an der Wasserlinie 203^{mm}, an der Batterie 254^{mm}. Der Schiffskörper wurde auf der der Aktiengesellschaft ‚Stabilimento tecnico Triestino‘ gehörigen Werft zu S. Rocco bei Muggia erbaut und am 20. August 1872 von Stapel gelassen. Die Maschinen von 4640 indicirten Pferdekräften wurden in der derselben Gesellschaft gehörigen Maschinenwerkstätte zu S. Andrea bei Triest erbaut.

Der ERZHERZOG ALBRECHT ist ein der CUSTOZZA ganz ähnliches, nur etwas kleineres Schiff. Seine Haupt-Dimensionen sind: Länge zwischen den Perpendikeln $86._{92}$ ^{m}, grösste Länge $91._{65}$ ^{m}, grösste Breite $17._{14}$ ^{m}, Tiefgang vorn $6._{01}$ ^{m}, Tiefgang achter $7._{43}$ ^{m}, Deplacement 5940 Tonnen. Die Armirung besteht aus acht Krupp'schen 24^{cm}-Kanonen. Die Dicke des Panzers beträgt an der Wasserlinie 203^{mm}, an der Batterie 177^{mm}, die Dicke der Polsterung an der Wasserlinie 203^{mm}, an der Batterie 254^{mm}. Der Schiffskörper wurde ebenfalls nach dem Zellensysteme auf der der Gesellschaft ‚Navale Adriatico‘ gehörigen Werft zu S. Marco bei Triest aus Eisen konstruirt und am 24. April 1872 von Stapel gelassen. Die Maschine von 4057 indicirten Pferdekräften wurde in Triest in der Fabrik des ‚Stabilimento tecnico Triestino‘ erzeugt.

Interessant ist ein Vergleich dieser beiden Schiffe mit den älteren, so ziemlich gleich grossen (hölzernen) Panzerschiffen LISSA und KAISER. Zu diesem Behufe lassen wir hier eine kleine Tabelle folgen:

		KAISER	LISSA	ALBRECHT	CUSTOZZA
Deplacement..................	Tonnen	5810	6080	5940	7060
Länge zwischen den Perpendikeln	Meter	$77._{46}$	$86._{76}$	$86._{92}$	$92._{13}$
Breite an der Wasserlinie.......	Meter	$17._{75}$	$17._{32}$	$\cdot17._{14}$	$17._{70}$
Verhältniss der Länge zur Breite		$4._{56}$	$5._{13}$	$5._{07}$	$5._{20}$
Raumtiefe...................	Meter	$7._{83}$	$8._{15}$	$8._{02}$	$9._{50}$
Verhältniss der Breite zur Raumtiefe		$2._{27}$	$2._{12}$	$1._{88}$	$1._{87}$
Tiefgang vorn ....:.......	Meter	$7._{11}$	$7._{43}$	$6._{01}$	$6._{82}$

		KAISER	LISSA	ALBRECHT	CUSTOZZA
Tiefgang achter	....	$7._{64}$	$8._{67}$	$7._{43}$	$8._{16}$
Differenz des Tiefganges vorn und achter	Meter	$0._{53}$	$1._{24}$	$1._{42}$	$1._{35}$
Eingetauchte Fläche des Hauptspantes	□Meter	$94._{70}$	$109._{50}$	$106._{92}$	$113._{67}$
Höhe der Untertrempel der Stückpforten über die Wasserlinie	Meter	$2._{43}$	$1._{96}$	$3._{10}$	$2._{96}$
Gesammtgewicht der beim Breitseitfeuer an beiden Borden auf einmal verfeuerten Geschosse	Kilogramm	1130	1590	1060	1336
Grösste Dicke des Panzers an der Wasserlinie	Millimeter	158	158	203	227
Höhe des Metacentrums	Meter	$2._{04}$	$1._{08}$	$0._{91}$	$0._{85}$
Dauer des Drehkreises	M. S.	$5._{45}$	$7._{30}$	$5._{03}$	$4._{47}$
Durchmesser des Drehkreises	Meter	356	473	269	280
Indicirte Pferdekräfte		2831	3663	4057	4641
Maximal-Fahrgeschwindigkeit	Knoten	$11._{90}$	$13._{29}$	$13._{38}$	$13._{95}$
Kohlenverbrauch per Stunde	Kilogramm	$1._{27}$	$1._{25}$	$1._{04}$	$1._{15}$
Mit ganzer Kraft können zurückgelegt werden	Meilen	1519	1420	1472	1624

Das nächste Schiff, welches wir in Kurzem erwähnen und beschreiben wollen, ist das neue beim ‚Stabilimento tecnico‘ in Triest nach den Plänen des Chef-Ingenieurs der österreichisch-ungarischen Flotte, Herrn J. Ritter von Romako, im Baue befindliche Panzerschiff TEGETTHOFF.

Dieses grosse, berühmte und bewährte Etablissement übernahm im August 1875 den Bau des Schiffes, der Maschine und der Kessel.

Indem wir zuerst die Hauptdimensionen dieses Schiffes anführen, behalten wir es uns vor, später auf bezeichnende Einzelheiten der Konstruktion zurückzukommen.

Länge zwischen den Perpendikeln 286′ 11¹/₄″;

Total-Länge 303′ 1¹/₄″;

Breite an der Wasserlinie 62′ 9″;

Grösste Breite von Panzer zu Panzer 71′ 1¹/₂″;

Tiefe des Schiffes 34′ 9″;

Tauchung achter 26′ 7¹/₂″;

Tauchung vorn 23′ 1″;

Deplacement mit halben Vorräthen 7390 Tonnen;

Areal der Mitschiffs-Sektion 1301 □′;

Areal der Lade-Wasserlinie 14308 □′;

Höhe des Metacentrums über dem Schwerpunkte 14.$_{62}$′;

Höhe des Metacentrums über der Wasserlinie 4.$_{77}$′;

Lage des Schwerpunktes von der Mitschiffs-Sektion 3.$_{36}$′;

Tiefe des Schwerpunktes unter Wasser 9.$_{85}$′;

Deplacements-Koëfficient 0.$_{58}$;

Koëfficient der Wasserlinie 0.$_{78}$;

Koëfficient der Mitschiffs-Sektion 0.$_{82}$;

Deplacement eines Zolles Tauchung an der Lade-Wasserlinie 34.$_{47}$ Tonnen;

Gewicht des Panzers sammt Unterlage 2160 Tonnen;

Bestückung 6 Stück 11zöllige Krupp-Hinterlader.

Segel-Areal 12.$_{16}$ □′;

Kosten des Körpers 1,727.900 fl.

Kosten der Maschine sammt Kessel 817.150 fl.

Nominal-Pferdekraft 1200;

Cylinder-Anzahl 2;

Durchmesser des Cylinders 125″;

Hub 4′ 3″;

Durchmesser des Propellers (Griffith-Zweiflügler) 23′ 6″;

Umdrehungen per Minute 70;

Kessel 4;

Areal der Feuerung 850 □′;

Areal der Heizfläche 25.500 □′;

Dampfdruck 30 lb.

Indicirte Pferdekräfte 7200;

Geschwindigkeit 14 Meilen.

Wie aus diesen Daten ersichtlich ist, haben wir es hier nicht mit einem Schiffe von der Klasse des INFLEXIBLE (England) oder DANDOLO (Italien) zu thun, wo eine äusserst beschränkte Central-Citadelle von einem Panzer von excessiver Stärke beschützt wird. Trotzdem aber ist der TEGETTHOFF ein mächtiges Schiff mit einem Panzer von 13—14″ Dicke und einer koncentrirten Batterie von sechs 28^{cm}-Krupp-Geschützen. Die Figur 141 zeigt die Längenansicht, die Figur 142 die Geschützaufstellung des TEGETTHOFF.

Das Schiff hat einen Panzergürtel, der 30′ vor dem vorderen Perpendikel in einer gepanzerten Dwarsschotte endet, von wo aus ein starkes eisernes Deck (7' unter Wasser) zum Vordersteven geht.

Aus diesem ist ersichtlich, dass die österreichischen Autoritäten einen von einem starken Deck nahe der Ramme versteiften Vordersteven zum Rammen für genügend halten, während in der englischen Marine es für besser erachtet wird, den Bugpanzer beizubehalten und am Vordersteven bis unter der Ramme zu führen. (RUPERT, HOTSPUR.)

Fig. 141.

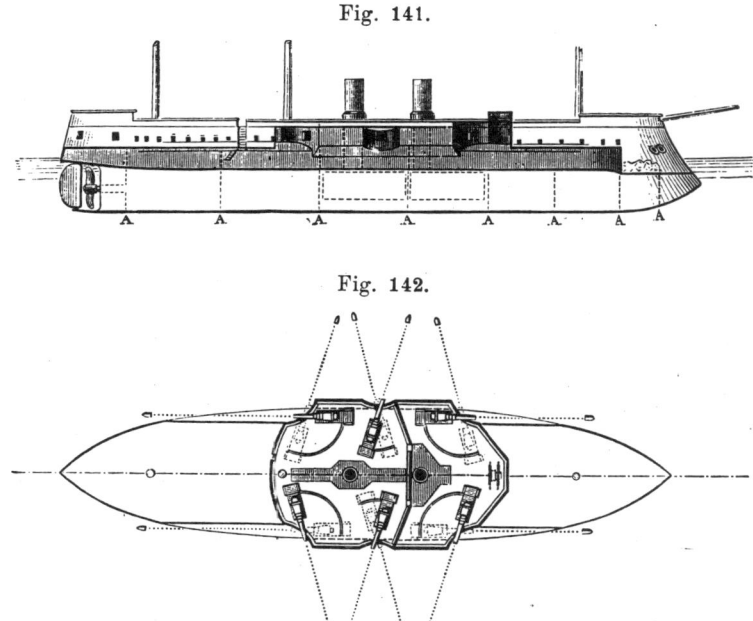

Fig. 142.

Das englische System hat am Ende den Vortheil, den Rammbug beim Rammen eiserner Schiffe vor Lokal-Havarien zu beschützen, eine ohne Zweifel sehr wünschenswerthe Eigenschaft bei Schiffen, welche wie der RUPERT und HOTSPUR express als Rammschiffe gebaut sind, während beim TEGETTHOFF, wo der Ramme eine untergeordnete Rolle gegeben, es unnöthig erscheint, den Bug so stark mit Panzer zu belasten.

Sehr bemerkenswerth ist es weiters, dass man in diesem grössten und mächtigsten Schiffe der österreichisch-ungarischen Flotte dem

Bug einen grossen Vorlauf (Sporn) gegeben. Er beträgt an der Wasserlinie 9', vom Steven und am Stevenknopfe 19'.

Man hat an dem Panzer dieses Schiffes Verbesserungen von besonderer Wichtigkeit eingeführt. Wir meinen hiermit das hauptsächliche Vermeiden grosser Kurven.

Natürlicherweise müssen Panzerplatten, wenn sie um ein Schiff gelegt werden, sich dem Schiffskörper anschmiegen, d. h. nach den Kurven dessen Linien gebogen sein, daher an einigen Stellen in doppelter Art hyperparabolisch.

Nun, diese doppelte Biegung der Platten ist nicht nur ein theurer Process, sondern auch im gewissen Grade der Platte schädlich, und für Regierungen, welche ihre Platten auswärts des eigenen Landes beziehen, kommt noch die Inkonvenienz hinzu, dass im Gefechte schadhaft gewordene Platten solcher Art sehr schwer zu ersetzen sind, da für selbe der Fabrikant erst genaue Modelle benöthigt. Jedenfalls ein langsamer und theurer Process.

Werden aber die Schiffe derart konstruirt, dass die Formen nur ein Biegen der Platten in einer Richtung bedingen, so fallen alle diese Nachtheile und Schwierigkeiten weg. Das Heck des TEGETTHOFF hat eine Form erhalten, welche ein Biegen der Platten nur in einer Richtung bedingt.

Ein weiteres besonderes Merkmal dieses Schiffes ist, dass dessen Batterie dem überhängenden Systeme angehört, einem Systeme, welches ohne bedeutende Einziehung des Seiten-Panzers aus der Batterie ein Feuern in der Kielrichtung nach beiden Seiten gestattet.

Bei mehreren Deckbatterien war dieses System bereits eingeführt, doch ist das selbe bei Hauptbatterien von der englischen Admiralität noch nicht versucht worden.

Seitdem Mr. Reed von der Admiralität ausgetreten ist, hat er es übrigens bei mehreren Schiffen fremder Regierungen versucht und verweisen wir nur auf die Panzerschiffe KAISER, DEUTSCHLAND, ALMIRANTE COCHRANE und VALPARAISO, doch wissen wir uns sonst keines Falles so konstruirter Hauptbatterien zu erinnern, obwohl wir glauben, dass seinerzeit Kapitän Symond, sowie Scott ähnliche Vorschläge gethan. Wir wollen es übrigens hiermit nur konstatirt haben, dass dieses System nur Vortheile hat.

Die ALEXANDRA z. B. hätte durch Anwendung dieses Systemes nur gewonnen, während jetzt das gerade Kielfeuer bei ihr nur durch enormes Einziehen der Bordwände unterhalb der Batterie, respektive dem entsprechende Beengung der Räume, erreicht wurde. Beim TEGETTHOFF beträgt das Ueberhängen zwischen 4' bis 5', beginnt ungefähr 18'' über der Wasserlinie und endet auf 6' Höhe, wo dann die Batteriewand gerade aufsteigt.

Eine andere Eigenthümlichkeit ist beim TEGETTHOFF in Anwendung gebracht. Sie besteht in dem segmentartigen Zurückweichen der Bordwand (Panzer) zu beiden Seiten der nächsten Nähe der Pfortluke. Als Zweck dieser Einführung wird Schutz der Rohrmündung bezeichnet.

Die Kasematte gestattet ein Rundfeuer, während gleichzeitig ihre besondere Form Beschädigungen der Mündungen der Breitseiten-Geschütze verhindert, eine Form, die auf die speciellen Erfahrungen bei Lissa basirt ist. Dieses partielle Einziehen der Bordwand hat noch den Vortheil, dass, da das Geschützpivot von der Bordwand zurücktritt, dem Geschütze eine stärkere Depression gegeben werden kann, ein Vortheil, der durch das gleichzeitige Zurücktreten der Panzerung ohne Vergrösserung der Pfortluke erlangt wird.

Eine andere neue Einführung besteht darin, dass in der Kasematte die beiden Buggeschütze von der übrigen Batterie durch eine über die ganze Breite der Batterie reichende Panzerwand getrennt sind, daher beim Jagen ein Enfiladeschuss erst zwei Panzerwände durchbohren muss, ehe er die Kasematte erreicht.

Ueber diesen vorderen so abgetrennten Theil der Kasematte befindet sich auch der Kommandothurm. Es scheinen also die österreichischen Seeofficiere, die doch mit Panzerschiffen schon im Gefechte gewesen, diese Thürme nicht für überflüssig zu halten.

Mit diesem haben wir die Haupt-Charakteristiken gegeben. Es erübrigt nur noch anzuführen, dass Aussenbekleidung und Winkel von Eisen sind, zu allem übrigen aber Bessemerstahl genommen wird, der eine Stärke von 30—33 Tonnen per Quadratzoll bei gleichzeitiger Biegsamkeit von 25% besitzt. Steiermark und Kärnten, Provinzen, aus welchen hauptsächlich die Eisenmaterialien des TEGETTHOFF genommen, erzeugen diesen Stahl ganz vorzüglich.

Auf die Stärkeversteifung sowie Sicherheit dieses Schiffes wurde durch Einführung wasserdichter Schotten, wo es immer nur thunlich, die grösste Rücksicht genommen.

Der berühmte englische Marine-Ingenieur E. J. Reed hat in der Gesellschaft der Marine-Architekten in London über den TEGETT-HOFF einen Vortrag gehalten, worin er über diese österreichische Leistung auf dem Gebiete der Marine-Architektur seine vollste Anerkennung aussprach, eine Anerkennung, die ebenso Jene ehrt, denen sie gilt, als Jenen, der sie ausspricht.

Die türkischen Panzerschiffe HAMIDIEH und MESSUDIEH (Figur 143) sind bei der ‚Thames ironworks and shipbuilding Company‘ zu Blackwall bei London gebaut. Die Länge dieser beiden Schiffe, welche in vieler Beziehung dem HERCULES und SULTAN ähnlich sind, beträgt

Fig. 143.

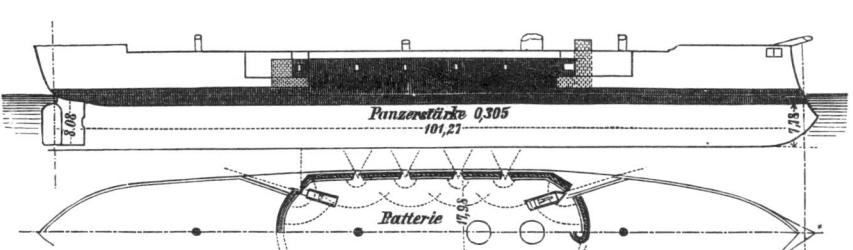

101.$_{18}$^{m}, die grösste Breite 17.$_{98}$^{m}, die Tauchung vorn 7.$_{31}$^{m}, achter 7.$_{92}$^{m}, das Deplacement 8944 Tonnen. Den Dimensionen nach sind es die grössten Schiffe der türkischen Flotte. Der Panzer an den Kasemattwänden ist 25^{cm} dick und ruht auf einer ebenso starken Holzwiderlage. In der Wasserlinie beträgt die Dicke der Platten 30.$_5$^{cm} und vermindert sich auf 15^{cm} am Vorschiffe und 10^{cm} am Heck.

Die Bestückung besteht aus zwölf 10zölligen Armstrong-Geschützen, auf eisernen Armstrong-Raperten neuester Konstruktion aufgestellt. Diese Geschütze befinden sich in einer Kasematte von der Form eines Rechteckes mit abgestutzten Ecken; in jeder Ecke steht ein Geschütz, die übrigen acht Geschütze stehen zu je vier in einer Breitseite. Die Länge der Kasematte beträgt 30.$_5$^{m}; die Geschütze stehen in Folge dessen sehr nahe einander, was einen wesentlichen Fehler bildet. Der Bestreichungswinkel der Eckgeschütze

beträgt beiläufig 50°; wenn diese Geschütze den äussersten Backsungs-
winkel nach vorn einnehmen, so sind die zunächststehenden Geschütze
der Batterie wegen Mangel an Raum für die Bedienungsmannschaft
am Feuern ganz gehindert. Der Raummangel in der Batterie wird
noch dadurch erhöht, dass die zwei Maschinenschlotte durch dieselbe
gehen. Auf dem Hinterdecke sind noch zwei 7zöllige Armstrong-
Kanonen auf Schlittenraperten aufgestellt. Die Maschinen, von M. M.
Mandsley geliefert, sollen 7200 Pferdekräfte indiciren und den
Schiffen eine Geschwindigkeit von 14 Knoten ertheilen. Der Kohlenvorrath beträgt 600 Tonnen. Der Sporn ragt vor die Senkrechte
in der Ladewasserlinie $2._8{}^m$ vor. Die Schiffe haben Barktakelung
und hölzerne Untermasten. An Pumpen befinden sich blos vier
7zöllige Downtons - Pumpen an Bord installirt; offenbar wird auf
die Hilfe der mit Handkraft betriebenen Pumpen zur Bewältigung
von Wassergefahr Verzicht geleistet und sollen diese letzteren blos
für den Borddienst verwendet werden.

HAMIDIEH lief im Monate December 1875 vom Stapel, MESSU-
DIEH kam zu derselben Zeit bereits in Konstantinopel an.

Die nachfolgende Tabelle zeigt die Artilleriekraft der neuesten
Panzerschiffe mit Centralbatterie und Takelung.

Nationalität	Name	Jagdgeschütze		Breitseit-geschütze		Heckgeschütze	
des Schiffes		Anzahl	Summe der totalen leben-digen Kräfte in Kilogramm	Anzahl	Summe der totalen leben-digen Kräfte in Kilogramm	Anzahl	Summe der totalen leben-digen Kräfte in Kilogramm
Englisch	ALEXANDRA ..	4	906	6	1177	2	362
Englisch	TEMERAIRE...	3	816	5	1087	1	272
Französisch ...	DEVASTATION	4	1122	3	906	2	432
Oesterreichisch	CUSTOZZA	4	718	4	718	2	359
Oesterreichisch	TEGETTHOFF .	2	522	3	783	2	522
Deutsch......	DEUTSCHLAND	2	345	4	690	1	114
Türkisch	MESSUDIEH...	2	104	5	565	1	52

Wir haben von Hochsee-Panzerschiffen noch der getakelten
Thurmschiffe Erwähnung zu thun, von welchem Typ es jedoch nur
wenige Exemplare giebt. Das Normalschiff dieses Typs ist der
bereits früher erwähnte englische MONARCH. Die deutschen Schiffe
GROSSER KURFÜRST, FRIEDRICH DER GROSSE und PREUSSEN

(ex BORUSSIA), sowie die brasilianische INDEPENDENCIA sind seine erwähnenswerthesten Epigonen. So geeignet nun auch die Thurmschiffe, wenn ohne Takelung, zu schweren Ausfallschiffen und, bei geringer Tauchung, zu Küstenvertheidigern sind, so sind sie doch minder geeignet, in der Zusammensetzung einer Hochseeflotte einen Platz einzunehmen. Sicher ist das nicht der Typ der Zukunft.

Der GROSSE KURFÜRST wurde zuerst von allen drei Schiffen zwar schon Ende des Jahres 1869 begonnen, aber seine Erbauung hatte auch mit ungleich grösseren Schwierigkeiten zu kämpfen als die der anderen Schiffe. Auf einer in den allerersten Anfängen befindlichen Werft begonnen, bot die Heranziehung von Arbeitern fast unüberwindliche Schwierigkeiten, und die wenigen dort zu haltenden Arbeiter entbehrten zum beiweitem grössten Theile jeder Vorbildung für den Eisen-Schiffbau, so dass die den Bau leitenden Marine-Schiffbau-Ingenieure gezwungen waren, dieselben hierzu erst heranzubilden. Der GROSSE KURFÜRST wurde als Breitseitschiff entworfen und begonnen, dessen Konstruktion fast ganz die gleiche war, wie sie später bei dem österreichischungarischen Panzerschiffe CUSTOZZA zur Ausführung gelangte und durch welche ein direktes Bugfeuer aus vier Geschützen erreicht war. Die Armirung bestand damals aus sechs sogenannten 96-Pfündern (24^{cm}-Geschützen) und vier 72-Pfündern (21^{cm}-Geschützen). Kurze Zeit nach der Inbaugabe indess wurden, unter Innehaltung der Hauptdimensionen, der Maschinenkraft und des Deplacements, die sämmtlichen auf dem dämaligen Marine-Ministerium entworfenen Pläne umgearbeitet, aus dem Breitseitschiff wurde ein Thurmschiff und nach diesen letzteren Plänen sind die drei Schwesterschiffe erbaut.

Der GROSSE KURFÜRST hat bei einer Länge von fast 94^{m}, einer Breite von $16._{3}{}^{m}$ und einem Tiefgange von $7._{5}{}^{m}$ ein Deplacement von 6663 Tonnen und eine Maschinenkraft von 5400 indicirten Pferdekräften, die ihm eine Geschwindigkeit von 14 Knoten verleihen wird. Der Schiffskörper besteht ganz aus Eisen, und ist, wie auch alle neueren englischen Panzerschiffe, nach dem sogenannten Bracket frame-Systeme, d. h. mit Längsspanten und durchbrochenen Querspanten erbaut und hat einen doppelten Boden. Seine Wasserlinie ist mit einem circa $1._{9}{}^{m}$ unter Wasser und nach oben bis an das ganz beplattete Batteriedeck reichenden Gürtelgange umschlossen, auf den sich etwas vor der Mitte die gepanzerte Kasematte aufsetzt, welche die beiden gepanzerten Drehthürme und den Schornstein umschliesst. Die Dicke des Panzers beträgt in der Mitte des Gürtels 24^{cm} und schwächt sich nach vorn und hinten ab, der Kasemattpanzer ist 21^{cm} und der der Drehthürme 26 und 21^{cm} dick. Die Schiffsseiten vor und hinter der Kasematte und oberhalb des Batteriedeckes sind ungepanzert. Um den Thurmgeschützen ein freies Feuer zu gestatten, ist das etwa 1.$_2$^{m} hohe Schanzkleid zum Umklappen eingerichtet. Die Armirung besteht aus vier 26^{cm}-Krupp'schen Stahlgeschützen in den beiden Thürmen, und um ein vollständiges Bestreichen des ganzen Horizontes zu gestatten, aus einem langen 17^{cm}-Geschütze im Bug und einem ebensolchen im Heck, die beide, um die Schiffsenden nicht zu sehr zu belasten, zum Zurückfahren, mehr nach der Schiffsmitte zu, eingerichtet sind. Die Maschinen haben drei Cylinder mit Oberflächen-Kondensation und wurden in der Märkisch-Schlesischen Maschinenbau-Aktiengesellschaft (vormals F. A. Egells) zu Berlin nach deren Entwürfen erbaut. Sie erhalten ihren Dampf aus sechs Kesseln, die nur einen gemeinsamen, durch die Kasematte geschützten Schornstein haben. Ausserdem ist noch ein kleinerer Hilfskessel an Bord, der die besondere Maschine des Spills zum Ankerlichten und die beiden Maschinen zum Drehen der Geschütz-thürme mit Dampf versieht. Die letzteren Maschinen werden vom Inneren jeden Thurmes aus von dem Kommandanten desselben gesteuert, so dass derselbe mit Hilfe der Maschinen seine beiden Geschütze leicht richten kann. Durch das ganze Schiff ist ein vollkommenes Drainage-Röhrensystem gezogen, so dass jede der von den zahlreichen Querschotten und den beiden Böden gebildeten Abtheilungen des Inneren durch wenigstens zwei Pumpen von dem eingedrungenen Wasser befreit werden kann. Auch für natürliche und künstliche Ventilation ist hinreichend gesorgt.

Der GROSSE KURFÜRST erhält volle Fregatten-Takelung, die so gross bemessen ist, dass das Schiff auch ohne Benutzung der Maschine und ohne seinen über 600 Tonnen betragenden Kohlen-vorrath in Anspruch nehmen zu müssen, Kreuzerdienst versehen kann. Da den Thurmgeschützen freies, durch das stehende und laufende Gut der Takelung uneingeschränktes Feuern gesichert werden musste, so bot die Befestigung und Manövrirung des-selben auf Deck grosse Schwierigkeiten, die mit Hilfe einer um den Schornsteinmantel befestigten, über die Thürme bis an den Grossmast reichenden Brücke jedoch zu bewältigen waren. Aus demselben Grunde bot auch die Unterbringung der zahlreichen Boote, unter denen ein Dampfbeiboot, grössere Schwierigkeiten, da denselben ausserdem die Möglichkeit eines leichten Aussetzens gewahrt werden musste. Das Schiff führt Proviant für drei Monate, sowie Wasser auf vier Wochen, welches jedoch durch einen Destillirapparat immer ergänzt werden kann, mit sich.

Die brasilianische INDEPENDENCIA (Figur 144) ist ein bedeutend grösseres und stärkeres Schiff. Sie ist um 2337 Tonnen grösser als die deutschen Schiffe vom Typ GROSSER KURFÜRST und ihre Panzerstärke beträgt 305^{mm}. Ihre Bestückung besteht aus vier 12zölligen und zwei 7zölligen Whitworth-Kanonen. Die Brustwehr bildet die Verlängerung der Bordwand. Ueber den Thürmen hat dieses Schiff ebenfalls ein Manöverdeck.

Fig. 144.

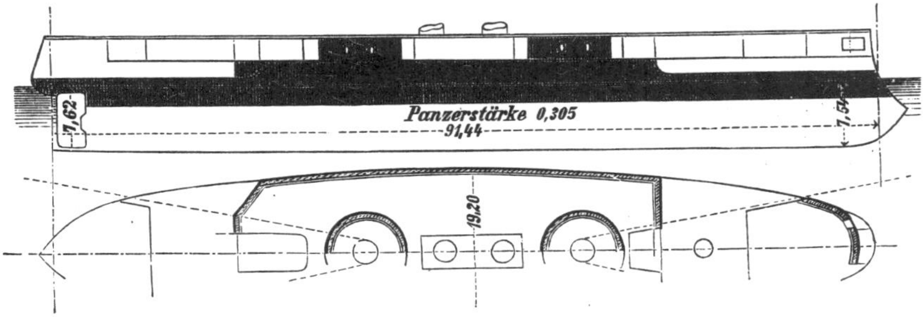

Ueber die Stations-Panzerschiffe ist nicht viel zu sagen. Sie erscheinen blos als Repräsentationsschiffe und dienen im Kriegsfalle nur zur Aushilfe der eigentlichen Schlachtschiffe; aber sie kommen zu diesem Zwecke viel zu theuer.

Die neuesten Schiffe dieses Typs sind: Die deutsche HANSA, die französischen Schiffe vom Typ VICTORIEUSE, die englischen Schiffe SHANNON, NELSON und NORTHAMPTON, die chilenischen Schiffe ALMIRANTE, COCHRANE und VALPARAISO, die österreichisch-ungarischen Schiffe vom Typ KAISER MAX und der portugiesische VASCO DE GAMA. Auch können in diese Kategorie die bereits oben erwähnten russischen Kreuzer GENERAL-ADMIRAL und HERZOG VON EDINBURGH gerechnet werden.

Die Konstruktion der HANSA stammt noch aus jener Zeit, wo man zum Kreuzerdienste auch Panzerschiffe verwenden wollte. Man dachte nämlich, dass es nothwendig sei, ausser den ungepanzerten Schiffen auch noch Panzerschiffe für diese wichtigen Aufgaben des Seekrieges herzustellen, deren Verwendung zu dem gedachten Zwecke die Möglichkeit gewährte, in Konfliktsfällen mit grösserer Aussicht auf Erfolg als bei ungepanzerten Schiffen gegen feindliche Landbefestigungen oder die schwachen Panzerschiffe der überseeischen Staaten vorgehen zu können. Diesem Verwendungszwecke entsprechend, wurden die Pläne des Schiffes seitens der Admiralität festgestellt und der Bau auf der kaiserlichen Werft zu Danzig gegen Ende des Jahres 1868 angeordnet.

Das Unterschiff sollte aus Holz und gekupfert, und nur die nicht gepanzerten Theile des Oberschiffes sollten, behufs Verringerung des Gewichtes des Schiffskörpers und zur grösseren Sicherheit gegen das Inbrandschiessen durch feindliche Geschosse, aus Eisen hergestellt werden.

Die HANSA ist ein Breitseit-Panzerschiff mit einem in der ganzen Länge des Schiffes in der Wasserlinie angebrachten Panzergürtel, einem gepanzerten Batteriedeck und einer gepanzerten Kasematte für die Aufstellung der Geschütze in zwei Decken übereinander.

Die Armirung besteht aus acht 21^{cm}-Gussstahl-Geschützen, von denen vier im Batteriedeck, vier in dem über das Oberdeck hinausragenden Theile der Kasematte auf letzterem stehen. Während erstere Geschütze Breitseit-Geschütze sind, ist die Aufstellung der Oberdeck-Geschütze derart, dass die beiden vorderen parallel mit der Kiellinie vorausfeuern, also als Jagdgeschütze dienen, während die beiden hinteren dem Kiele parallel nach rückwärts schiessen können.

Die gleiche Vertheilung der Geschützzahl auf zwei Etagen hat überdem noch den Vortheil, dass das Schiff mit der Hälfte seiner Artillerie selbst dann noch kampffähig ist, wenn andere Schiffe, die keine ähnliche Geschützvertheilung haben, wegen zu hohen Seeganges gezwungen sind, ihre Batteriepforten zu schliessen, mithin wehrlos sind. Der Vordersteven ist für das Rammen entsprechend geformt und mit einem unterhalb des Panzers angebrachten broncenen Rammsporen versehen, so dass die HANSA auch für diese Kampfesweise entsprechend ausgerüstet ist.

Die Takelung des Schiffes ist eine Vollschiff-Takelung von bedeutender Grösse, um dasselbe zu befähigen, unabhängig von der Maschine grössere Strecken mit angemessener Geschwindigkeit zurückzulegen. Die Wohnräume für die Officiere und die Besatzung sind der Bestimmung des Fahrzeuges entsprechend sehr hoch und luftig.

Die interessantesten Schiffe dieser Kategorie sind jedoch unstreitig die englischen Schiffe SHANNON, NELSON und NORTHAMPTON, welche die Geschütze ungeschützt auf Deck installirt haben. Beim SHANNON hört der Gürtelpanzer auf ein Viertel der Länge von vorn auf und endet in eine Traverse, welche auf Deck zum Halbkastelle wird. Bei NELSON und NORTHAMPTON lässt der Panzer in der Wasserlinie Bug und Heck frei und endet vorn und hinten in Traversen mit Halbkastell, wie beim SHANNON vorn.

Fig. 145.

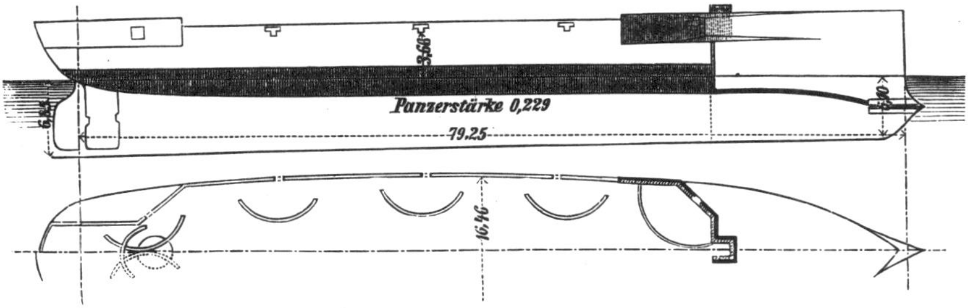

Die Länge des SHANNON (Figur 145) beträgt $79._{24}{}^m$, die Breite $16._{45}{}^m$, der mittlere Tiefgang $6._{17}{}^m$ und das Deplacement 5103 Tonnen. Der Panzergürtel reicht von achter bis zu der 20^m vom Bug entfernten Panzer-Querwand, welche die ganze Artillerie vor dem von vorn kommenden Enfilade-Feuer schützt. Der Seitenpanzer ist zwischen 15 und 23^{cm}, jener der Querwand zwischen 20 und 23^{cm} stark; die respektiven Teakholzunterlagen sind 33 und 25^{cm} dick.

Der ungepanzerte Schiffstheil im Bug ober dem Horizontalpanzer ist in wasserdichte Zellen getheilt, welche 100 Tonnen Kohlen aufnehmen und im Bedarfsfalle mit Wasser gefüllt werden können, um das Schiff auf seiner Tauchung zu erhalten.

Die Bestückung besteht aus zwei 10zölligen und sieben 9zölligen Geschützen und 6 Gatling-Mitrailleusen. Die Kohlendepôts fassen 280 Tonnen. Der Preis des SHANNON wird sich auf 6 Millionen Francs stellen, weniger als jener des ungepanzerten Kreuzers SHAH (ex BLONDE), welcher 6,675.000 Francs gekostet hat. Der SHANNON erhält eine hohe Vollschiff-Takelung, um auch unter Segel eine angemessene Geschwindigkeit erreichen zu können.

Am 4. November 1876 lief von der Werft von Messrs. John Elder & Co. zu Glasgow der NELSON ab, der sich von seinem bei Messrs. Napier & Sons in Bau begriffenen Schwesterschiffe NORTHAMPTON nur durch die Konstruktion der Maschine unterscheidet. Die Pläne beider Schiffe sind von Herrn Barnaby entworfen. Der NELSON (Figur 146) hat 280' Länge zwischen den Perpendikeln,

Fig. 146.

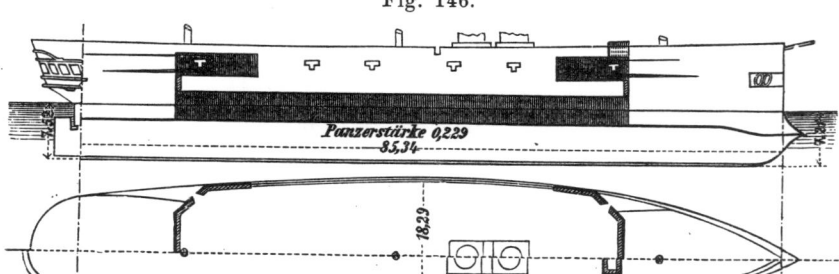

310' grösste Länge, 60' grösste Breite, 42' 3½" Tiefe bis zum Oberdeck, 7323 Tonnen Deplacement und ist nach dem Zellensysteme mit stählernen Längsspanten gebaut. Durch die Anwendung von Zwillingsschrauben war es möglich, Maschinen- und Kesselraum durch ein Längsschott in zwei grosse, von einander vollständig getrennte Räume zu theilen. Zahlreiche Querschotten stellen durch das ganze Schiff Unterabtheilungen her, deren Zahl, einschliesslich der Zellen, 90 beträgt. Die Engländer nennen dieses Schiff ‚unsinkbar'. Die Wasserlinie ist auf 181' im Mitteltheile des Schiffes durch zwei Gänge Panzerplatten von 6 bis 9" Dicke und zusammen 9' Höhe geschützt. Die Teakholz-widerlage variirt in der Stärke zwischen 10" und 13". Je 50' vorn und achter bleibt die Wasserlinie ungepanzert, doch sind die unteren Räume dieser Schiffstheile durch Panzerdecke geschützt; ebenso dient ein, mit 2" Eisen belegtes Deck in der Höhe der Oberkante des

Panzergürtels zum Schutze der Maschinen-, Pulver- und Granatkammern. Die aus vier 18-Tonnen- und acht 12-Tonnen-Geschützen bestehende Batterie ist gegen Enfiladefeuer durch ein Panzer-Querschott (Platten von 6—9" Dicke), das bis zum Oberdeck reicht, geschützt. Die Breitseite aber wird einzig durch die mit einer doppelten Lage von halbzölligen Blechen verstärkte, gewöhnliche Bordwand gegen das feindliche Feuer geschützt. Die Geschütze sind so placirt, dass je zwei 18-Tonnen-Kanonen vorn und achter den Raum von der Kielrichtung bis dwars, die vier 12-Tonnen-Kanonen eines jeden Bordes die Breitseite beherrschen. Zu bemerken ist noch, dass eben der Geschosswirkung wegen in der Batterie durchaus Nietköpfe, Bolzen und Schraubenmuttern möglichst sparsam angebracht und mit grösster Sorgfalt gearbeitet und befestigt wurden.

Die Bestimmung dieser Schiffe zum Stationsdienste machte es erforderlich, den Boden mit einer Teakholzbeplankung und Zinkhaut zu versehen. Dieser Schutz gegen Oxydation und Bewachsen reicht bis über die Wasserlinie. Zwei Rollkiele von 100' Länge und 33" Höhe sollen die Stetigkeit vermehren. Das massive Ruder ist 18' tief und 11' breit und besteht aus zwei Lagen Teakbohlen in eisernen Rahmen. Beim Stapellaufe trug der NELSON beinahe seinen ganzen Panzer, so dass das Ablaufgewicht nahe an 5000 Tonnen ausmachte. Die Maschinen gehören dem Compound-Hammersysteme an. Jede der beiden Maschinen hat einen Hochdruck-Cylinder von 60" und einen Niederdruck-Cylinder von 104" Durchmesser; der Hub beträgt 3' 6". Die in vier getrennten Räumen untergebrachten Horizontalrohr-Kofferkessel sind 12' 4" breit, 14' 6" hoch und 9' 6" lang, haben je drei Feuer und arbeiten mit 60 Pfund Ueberdruck. Der NORTHAMPTON erhält hingegen dreicylindrige Compound-Maschinen, Horizontalsystem, und es sollen dieselben im Gefechte als gewöhnliche Niederdruckmaschinen betrieben werden können. Die Maschinen des NELSON sollen kontraktlich 6000 Pferdekräfte indiciren, doch hoffen die Konstrukteure 6500 Pferdekräfte zu erreichen, in welchem Falle die erwartete Geschwindigkeit von 14 Meilen noch übertroffen werden dürfte. Die Zwillingsschrauben sollen einem neuen Systeme angehören, indem jede Schraube eigentlich aus zwei Schrauben zu zwei Flügeln, welche hintereinander placirt sind, besteht. Durch dieses Arrangement sollen dem, mit einer hohen Vollschiff-Takelung versehenen Schiffe bessere Manövrir-Eigenschaften unter Segel gesichert werden.

Die französischen Schiffe LA GALISSONIÈRE, VICTORIEUSE und TRIOMPHANTE sind um 450 Tonnen vergrösserte Schiffe der ALMA-Klasse. Sie haben an den vorderen Enden der Kasematte zwei Barbettethürme. Ihr Panzer hat eine Stärke von 200ᵐᵐ und ihre Armirung besteht aus sechs 24ᶜᵐ-Kanonen. (Die Schiffe der ALMA-Klasse haben nur 150ᵐᵐ Panzerstärke und sechs 19ᶜᵐ-Kanonen.)

Die chilenischen Schiffe ALMIRANTE, COCHRANE und VALPA-RAISO (Figur 147) sind Schwesterschiffe und haben doppelte Kasematten, deren achterer grösserer Theil über die Bordwände hinaushängt und den vier Geschützen durch Stückpforten in den abgestutzten

Fig. 147.

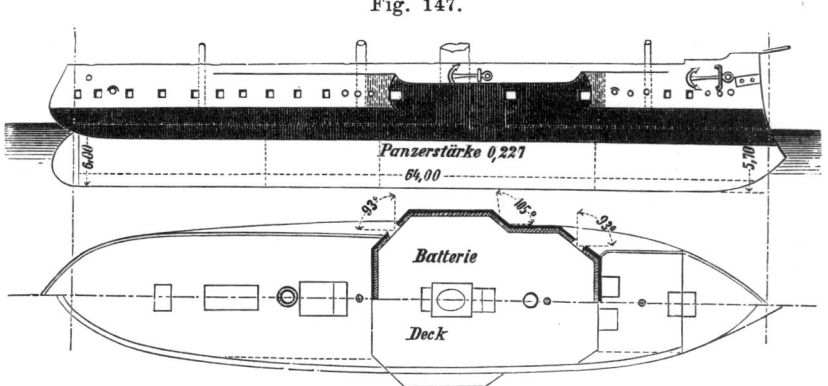

Ecken das Feuer in der Kielrichtung gestattet. Im vorderen Theile sind zwei Jagdgeschütze in analogen Stückpforten. Bugfeuer vier Geschütze, Breitseitfeuer drei Geschütze, Heckfeuer zwei Geschütze. Die Panzerstärke beträgt 227ᵐᵐ und die Bestückung besteht aus sechs 9zölligen Armstrong-Kanonen.

Der VASCO DE GAMA, das erste und einzige Panzerschiff der portugiesischen Flotte, wurde zu Blackwall auf der Helling der ‚Thames ironworks and shipbuilding Company‘ gebaut und erhielt seine Maschinen, mit welchen er 13.₅ Knoten Geschwindigkeit erreicht, aus dem Etablissement von M. M. Humphrey, Tennant & Comp. Er hat bei einer Länge von 65.₈ᵐ und einer Breite von 12.₂ᵐ ein Deplacement von 2479 Tonnen. Er führt zwei Krupp'sche 26ᶜᵐ-

Geschütze in einem gepanzerten achteckigen Thurme, zwei 15^{cm}-Geschütze derselben Gattung für den Heckschuss und zwei 40-Pfünder. Der Panzer in der Wasserlinie ist 229^{mm}, am Thurme 254^{mm} stark.

Die österreichisch-ungarischen Schiffe KAISER MAX, DON JUAN *) und PRINZ EUGEN sind die in Eisen umgebauten hölzernen Panzerschiffe gleichen Namens, welche aus dem Jahre 1862 herrührten. Die Schiffskörper derselben sind, Deckbeplankung und Panzerunterlage natürlich ausgenommen, ganz aus Eisen und Bessemerstahl hergestellt und wurden in der Wasserlinie mit neuen Platten gepanzert, während die Batteriepanzer, die Maschinen und der grösste Theil der Zu- und Ausrüstung von den alten Holzschiffen herrühren.

Es dürfte nicht uninteressant sein, die Hauptdaten dieser Schiffe mit den entsprechenden ihrer Vorgänger zu vergleichen, da, bei nahezu gleichgebliebenem Deplacement, aus der Vergleichung deutlich der Einfluss ersichtlich wird, den einerseits die Verwendung des Eisens und Stahls für den Schiffskörper, andererseits die Adoptirung des Centralbatterie-Systemes sowohl auf die Offensiv- als Defensivkraft der Schiffe genommen hat.

	Neuer Typ	Alter Typ
Deplacement	3554	3588
Länge zwischen den Perpendikeln.	229'	221' 10''
Breite über Panzer	48' 3''	42' 9''
Tiefe im Raume	21¼'	19' 6''
Tiefgang (im Mittel)	19' 4''	20' 5''
Höhe der Stückpforten-Untertrempel über Wasser	8' 2½''	6'
Panzerstärke in der Wasserlinie. .	8''	4⅔''
„ an „ Batterie	6⅛''	4½''
Totalgewicht des Panzers	729 Tonnen	606 Tonnen
Bestückung	acht 21^{cm} bereifte Krupp'sche Hinterlader, vier 10^{cm} Salutirgeschütze	zwölf 7zöllige Armstrong-Vorderlader
Gesammtgewicht der Artillerie . . .	171 Tonnen	144 Tonnen
Kohlenvorrath	380 Tonnen	327 Tonnen.

---

*) Siehe den umgebauten DON JUAN in dem a. a. O. bereits erwähnten ‚Marine-Album' von J. B. Rottmayer.

Die Pläne beider Typen rühren vom obersten Schiffbau-Ingenieur Ritter von Romako her. Mit der Rekonstruktion dieser drei Panzerschiffe nimmt die österreichisch-ungarische Marine wieder ihren alten Rang ein. Während die österreichisch-ungarische Flotte aber für die ausgegebene Summe mit genauer Noth ein Schiff vom Typ ALBRECHT erhalten hätte, setzt sie diese Konversion in den Besitz dreier tüchtiger Schiffe. Es ist wahr, die alten Maschinen können diesen Schiffen keine grössere Geschwindigkeit als höchstens 12 Meilen geben *) und die Schiffe entbehren des Jagdschusses (die beiden vorderen Geschütze können gegen vorn nur bis auf 30° von der Kiellinie schiessen); aber dafür besitzt die österreichisch-ungarische Flotte statt einer Ramme deren drei, was immer noch die gefährlichste und sicherste Waffe ist, mit der verglichen die Thätigkeit und der Effekt des Agressiv-Torpedos unsicher, zweifelhaft, ja die eigenen Schiffe gefährdend ist.

Nachdem der Umbau dieser drei Schiffe als vollkommen gelungen bezeichnet werden darf, steht zu erwarten, dass man eine ähnliche Rekonstruktion der alten hölzernen Panzerschiffe FERDINAND MAX und HABSBURG vornehmen wird. Ein Umbau des alten SALAMANDER würde sich dagegen nicht empfehlen.

England hat zuerst einen neuen Weg betreten: es hat die grossen Panzerschiffe ohne Takelung eingeführt.

Die Gründe für diese Neuerungen lagen nahe. Die Takelung ist nur störend, und wozu braucht man sie, wenn man mit Dampf fährt? Wozu baut man überhaupt Hochbord-Schiffe? Etwa um sie panzern zu können? Es scheint doch viel rationeller, den Schiffskörper ins Wasser zu versenken wie ein Floss, ihn so den Augen des Feindes zu entziehen und nur eine Art von Citadelle sichtbar zu lassen, um welche man alle Schutzmittel aufhäuft. Also unter Wasser ein einfacher Schwimmkörper, welchen man nicht zu panzern braucht, und über dem Wasser Thürme mit mächtigen Blendungen und Riesenkanonen.

Von dieser Idee ausgehend, liess die englische Admiralität die Panzerschiffe DEVASTATION, THUNDERER, DREADNOUGHT, AJAX, AGAMEMNON und INFLEXIBLE konstruiren. Russland folgte diesem

---

*) KAISER MAX erreichte bei der Probefahrt die überraschende Geschwindigkeit von 13.$_{28}$ Knoten.

Beispiele und legte den PETER DEN GROSSEN auf Stapel, Italien konstruirte den DANDOLO und DUILIO. Die Panzerschiffe ohne Takelung sind ‚blindirte‘ (d. h. mit Eisenplatten umhüllte) schwimmende Forts von sehr rascher Bewegung und zur Aufnahme der vollkommensten Artillerie geeignet. Sie entfernen sich vom gewöhnlichen Begriff ‚Schiff‘ so weit, dass man sie richtiger als Seekriegs-Maschinen bezeichnen kann, in denen Alles nur mit Dampf bewegt wird. Die Schraubenmaschinen werden durch Dampf bewegt, eine separate Dampfmaschine setzt sie in oder ausser Bewegung; der Dampf ventilirt das Monstrum; der Dampf hebt den Anker; der Dampf steuert das Fahrzeug; der Dampf pumpt das Wasser aus; der Dampf ladet die Geschütze, der Dampf richtet sie; der Dampf besorgt die Aus- und Einladung! Diese wunderlichen Fahrzeuge sind reine Dampfgeschöpfe und der einzige Mann, der es versteht, dieselben mit Sicherheit zu behandeln, gebrauchen, leiten, repariren etc., ist — der Ingenieur.

Die genannten neun Schiffe gehören sechs verschiedenen Typen an, indem DEVASTATION und THUNDERER, AJAX und AGAMEMNON, DUILIO und DANDOLO Schwesterschiffe sind.

Der Entwurf der Schiffe vom Typ DEVASTATION wurde veranlasst durch den Entschluss des Herrn Childers, damals ersten Lords der Admiralität, die englische Marine durch unbemastete Thurmschiffe oder durch Maschinen, welche viel grössere Offensiv- und Defensivkraft, sowie grössere Manövrirfähigkeit als irgend ein damals existirendes englisches oder ausländisches Panzerschiff besitzen sollten, zu verstärken. In Uebereinstimmung mit den Instruktionen des Herrn Childers legte Herr Reed, damals Chef-Konstrukteur, den Entwurf zu DEVASTATION vor, dessen Hauptzüge waren: innerhalb der möglich kleinsten Dimensionen mit einem ausserordentlich grossen Kohlenvorrathe die Bedingungen eines in allen Hinsichten für den Dienst im Kanale und im Mittelmeere geeigneten modernen Kriegsschiffes zu erfüllen. Das zur Prüfung und Beurtheilung der Pläne bestimmte Komité berichtete, dass der Typ DEVASTATION in allen wesentlichen Punkten das Schlachtschiff ersten Ranges der nächsten Zukunft darstellen werde. Die DEVASTATION wurde seitdem in ihren Ueberwassertheilen einigen Veränderungen unterzogen. Wäre sie nach den ursprünglichen Plänen erbaut worden, so würde sie wie

ein dreifach terrassirter Theil einer schwimmenden Befestigung aus-
gesehen haben, indem der Schiffskörper mit seinem niedrigen Freibord die unterste Terrasse, das 7' über jenen liegende Brustwehrdeck
die zweite und die Decke der Thürme die dritte Terrasse gebildet
hätten. Nach dem bedauerlichen Untergange des CAPTAIN beim Kap
Finisterre war nicht zu erwarten, dass das Konstruktions-Departement
der Admiralität günstig für niedrigen Freibord zum Dienste ausserhalb des Kanals gestimmt sein würde, und aus derselben Veranlassung
betrachtete auch das mit der schweren Arbeit des Beurtheilens der
Projekte betraute Komité den Entwurf der DEVASTATION mit ihrem
5' 3" Freibord (9" weniger als der CAPTAIN haben sollte) mit
Misstrauen. Die officiellen Berechnungen geben der DEVASTATION
mit ihrem 5' 3" Freibord eine Stabilitätskurve von 43°. Im Konstruktions-Departement der Admiralität war man sich zur selben
Zeit vollkommen bewusst, dass alle die feinen Stabilitätsberechnun-
gen der DEVASTATION in See im langen Swell des Atlantik bedeutende und möglicherweise ganz unvorhergesehene Korrekturen erfahren
könnten, da unsere Kenntniss solcher Wellen in Verbindung mit
dem Schlingern eines solchen Baues wie die DEVASTATION nothwendigerweise nur auf Theorie basirt ist. Das über den Entwurf
berichtende Komité drückt auch seine Zufriedenheit mit der scheinbaren Stabilität der DEVASTATION aus, stimmte aber darin vollkommen mit dem Konstruktions-Departement der Admiralität überein,
dass es klüger und sicherer sein würde, die Seiten des Fahrzeuges
mit Kesselblechen ebenso hoch, wie die gepanzerten Wände der
Brustwehr aufzubauen. Dieser ‚Breitseit-Oberbau‘ hat die Seiten der
DEVASTATION in der Mitte um 6' 10" erhöht, wodurch nach den
officiellen Berechnungen die Stabilitätskurve von 43° auf $55\frac{1}{2}$°
verlängert wurde.

Es ist ausserordentlich schwer, von der DEVASTATION als von
einem ‚Schiff‘ zu sprechen (Figur 148); sie ist vielmehr eine
Dampf-Seekriegs-Maschine zu nennen, die entworfen und
konstruirt wurde, um gegen feindliche Fahrzeuge bei jedem Wetter
im Kanal, im Mittelmeere, oder selbst im Atlantik zu kämpfen, und
die eine solche Dampfkraft besitzt, dass sie vom englischen Kanale
aus 3000 Meilen weit nach irgend einem Theile der Welt dampfen,
dort einen Kampf bestehen und wieder nach einem englischen Hafen

zurückdampfen kann, ohne frische Kohlen aufzufüllen. So ausnahmsweise schwierig diese Bedingungen auch sind, so erfüllt die DEVA-
STATION dieselben reichlich, sowie es ihr Konstrukteur erwartete.

Der eigentliche Schiffskörper der DEVASTATION kann als der
eingetauchte Theil eines gewöhnlichen Schiffrumpfes angesehen werden.
Die Länge zwischen den Perpendikeln beträgt 285', die Breite ohne
Panzer 58' und die Tiefe von dem gepanzerten Decke bis zur
Oberkante des Kieles 18'. Dieser Rumpf ist in drei Längsabtheilungen
getheilt, deren unterste durch den doppelten Boden und deren
nächst höher liegende Abtheilungen durch 12 wasserdichte Räume

Fig. 148.

gebildet werden, welche die Maschinen-, Kohlenräume etc. enthalten;
die oberste oder dritte Abtheilung enthält wiederum in 12 wasserdichten Räumen Kohlen, Kettenkasten, Maschinen, Officierskammern etc.

Die Zellen des doppelten Bodens können zusammen 1080 Tonnen
Wasser aufnehmen. Zwei Dampfpumpen sind für den besonderen Zweck
angebracht, dieses Wasser aus- und einzupumpen, je nachdem es
durch den Kohlenverbrauch bedingt wird.

Ueber dem doppelten Boden zerfällt das Innere der DEVASTATION
zunächst in zwei übereinanderliegende, wasserdicht abgeschlossene

Räume, die durch 11 Querschotten in 24 wasserdichte Abtheilungen getheilt werden.

Auf die den ganzen Raum abschliessenden, enorm starken eisernen gewalzten Deckbalken sind drei Lagen von einzölligen Eisenplatten aufgenietet, auf denen wieder vierzöllige eichene Deckplanken befestigt sind. Der das Schiff umgebende Panzergürtel steht über die Seiten vor, wie bei den amerikanischen Monitoren und besteht aus zwei Gängen von Platten, von denen der obere in der Mitte 12″ an den Enden vorn und hinten 8″ dick ist. In der Mitte hat er eine Breite von 9′ 6″, verjüngt sich aber nach den Enden zu bedeutend. Die Holzunterlage ist 18″, am Vor- und Hinterende jedoch nur 9″ dick. Die vorn zum Aufenthalte der Mannschaft erbaute Back wird von Reed als ‚halb eingesenkt‘ bezeichnet, sie ist aber eigentlich bis zu einem Freiborde von 9′ 6″ auf die Seiten des Schiffes aufgebaut. Auf die Länge der Back ist der Panzergürtel oben abgeschnitten, so dass er die Wasserlinie nur noch um 6″ überragt. Der Bug wird hierdurch sehr erleichtert und hebt sich deshalb bei Seegang leichter über die Wellen; es lässt sich aber darüber streiten, ob die DEVASTATION nicht als Gefechtmaschine mit vollem Bugpanzer wirksamer gewesen wäre. Die Kohlenräume haben ein Fassungsvermögen von 1700 Tonnen.

Die Brustwehr besteht aus zwei gepanzerten Wänden, die auf dem Oberdeck des eigentlichen Rumpfes stehen, vor dem vorderen Thurme an der durch die halbversenkte Back gebildeten Ecke beginnen und hinter dem hinteren Thurme endigen. Die Brustwehr ist 7′ hoch über Deck, hat eine äusserste Länge von 74′ und eine Breite von 50′ zwischen den Wänden. Die Panzerplatten sind in der Gegend der Thürme 12″, an den übrigen Theilen 10″ dick, mit gleich dicker Unterlage (Spanten und Holz) und 1¼″ dicker Haut. Das Deck hat eine Beplattung von 2″ dickem Eisen mit 4″ dicker eichener Beplankung. In See werden alle anderen Zugänge in das Schiff geschlossen, nur die durch die Brustwehr gehenden bleiben offen und sind dieselben bis zu dem ungefähr 23′ über der Tiefladelinie liegenden Sturmdeck hinaufgeführt. An jedem Ende der gepanzerten Brustwehr steht ein Thurm, jeder mit zwei 35 Tonnen schweren Geschützen.

Die Thürme haben 31′ 3″ äusseren und 24′ 1″ inneren Durchmesser, ihre Rückseiten haben ungefähr 1″ weniger Panzerdicke als die Seiten, wo sich die Pforten befinden. Jeder der Thürme hat ohne Geschütze und Raperte ein Gewicht von nahezu 300 Tonnen. Die Platten der Thürme wurden von solcher Breite gewalzt, dass sie vom Deck der Brustwehr bis zur Oberkante der Thürme in einem Stücke reichen; sie wurden hierdurch von enormer Grösse, sind aber wundervolle Beispiele der Eisenmanufaktur. Sie wurden dadurch besonders theuer, dass zu ihrer Fabrikation besondere Maschinen in den Werken von Cammel & Co. (Sheffield), aus welchen sie hervorgingen, hergestellt werden mussten.

Interessant ist die Zusammensetzung der Thurmwand an den Seiten, wo sich die Pforten befinden. Dieselbe ist folgend: 1. 9" dicke Panzerplatte; 2. 9" italienische Eiche zwischen eisernen Spanten; 3. 6" dicke Panzerplatte; 4. 6" italienische Eiche zwischen eisernen Spanten; 5. eine innere Haut von 2 Blechen von je ³/₄" Dicke; 6. eiserne Spanten, 10" hoch; 7. Taumatten, um die Geschützbedienung im Gefechte gegen die Verletzung durch Bolzen- und Nietköpfe, die durch den Thurm treffende Geschosse losgesprengt und in das Innere geschleudert werden könnten, zu schützen.

Der Breitseit-Ueberbau, aus leichtem Eisen konstruirt und mit einem Deck, das auf kurzen eisernen, an der Oberkante der Brustwehr befestigten Balken aufliegt, versehen, umschliesst die Brustwehr und endigt hinten in einer doppelten Ellipse, um den Geschützen zu gestatten, dass sie mit voller Depression direkt über das Heck feuern können. Der Raum innerhalb des Ueberbaues wurde in den 5' breiten Passagen zu beiden Seiten der Brustwehr für Bureaux verwendet, während in die grösseren Räume in den elliptischen Enden die Salons für den Kommandanten und für die Officiere placirt sind. Um diese so benützten Räume so wohnlich als möglich zu machen, wurden alle Oberflächen (Brustwehr, Panzer, Deck, die Seiten des Ueberbaues, die eisernen Thüren und Stützen) mit Welsh's Patent-Cement verkleidet und dann übermalt.

Von zerbröckeltem Kork, als einem schlechten Wärmeleiter, wurde zugleich mit dem Cement ausgedehnter Gebrauch gemacht. Diese vollständige Bedeckung des Eisens wird auch den Wasserniederschlag verhindern, der sich sonst in den Kammern und Bureaux gezeigt haben würde.

Innerhalb der Brustwehr zwischen den beiden Thürmen steht das aus leichtem Eisen erbaute kleine Deckhaus, dessen sich nach oben hin ausbiegende Seitenwände oben eine Plattform oder ein Sturmdeck tragen, welches mit Rücksicht auf seine grosse Höhe bei jedem Wetter vollkommen vor einem Ankommen der Seeen geschützt ist. Hier erheben sich auch die beiden Rauchfänge, der Kommandothurm und der Mast zum Bootsheissen, respektive Aussetzen. In See sind alle in das Innere des Schiffes führenden Eingänge nur vom Sturmdeck aus zugänglich, und da die Pforten und Decken der Thürme hermetisch verschliessbar sind, so ist dem Wasser jeder Zugang verschlossen. Die Luft muss den inneren Räumen natürlich künstlich zugeführt werden, und geschieht dies durch zwei Ventilatoren, die durch Maschinenkraft bewegt werden.

Auf jeder Seite der Back liegen zwei Martin-Patent-Anker von je 5 Tonnen; zwei gewöhnliche Anker liegen auf dem niedrigen Hinterdeck.

Die Zufügung des Oberbaues hat das Ansehen der DEVASTATION noch mehr verhässlicht; derselbe vermehrt aber unzweifelhaft das Aufrichtungsvermögen des Schiffes bei hoher See ausserordentlich. Der Freibord am Bug, mittschiffs und am Heck, sowie die Höhe des Panzers sind an den verschiedenen Stellen folgende. Vom Vorsteven bis zum Vorderende des Breitseitüberbaues auf eine Länge von ungefähr 68' ist der Freibord 9' 3" und der Panzer über der Wasserlinie 6". In der Mitte auf die Länge des Breitseitüberbaues (ungefähr 180') ist der Freibord 11' 6", der Panzer über der Wasserlinie 4' 2". Hinter dem Breitseitüberbaue bis zum Heck ist der Freibord 5' 6" und der Panzer über Wasser 4' 6". Die Tiefe des Panzergürtels unter Wasser beträgt 5', vorn und hinten aber weniger. Die Pforten des hinteren Thurmes liegen 13' 2" über Wasser, die des vorderen Thurmes noch 4" höher. Das Sturmdeck liegt 23' 4" über Wasser, das Oberende des eisernen Mastes ist 56' über dem Sturmdeck und die Signalstange oder die Stenge 47' über dem Topp des Mastes.

Die Maschinen von 5600 indicirten Pferdekräften (in der Wirklichkeit arbeiten sie bis 6652 Pferdekräften auf), welche zwei Schrauben treiben, sind von J. Penn & Son. Das Gewicht der Maschinen, der Maschinenvorräthe, der Kessel und des Wassers in den Kesseln beträgt ungefähr 970 Tonnen. Das Hauptspant-Areal der DEVASTATION beträgt 1454 □' und das Deplacement 9190 Tonnen. Das Metacentrum liegt 3.₈' über ihrem System-Schwerpunkte. Wir haben uns bei der DEVASTATION, als des ersten Schiffes eines ganz neuen Typs, etwas länger aufgehalten, um den Leser mit den charakteristischen Eigenschaften der seegehenden Thurmschiffe ohne Takelung vertraut zu machen. Der THUNDERER ist, wie schon erwähnt, ein Schwesterschiff der DEVASTATION, daher mit dieser vollkommen übereinstimmend.

Der DREADNOUGHT (ex FURY) (Figur 149) ist jedoch bedeutend grösser als die beiden vorigen, indem er ein Deplacement von 10.950 Tonnen und eine Maschine von 8000 Pferdekräften hat. An diesem ursprünglich noch von Reed herstammenden Schiffe, welches

Fig. 149.

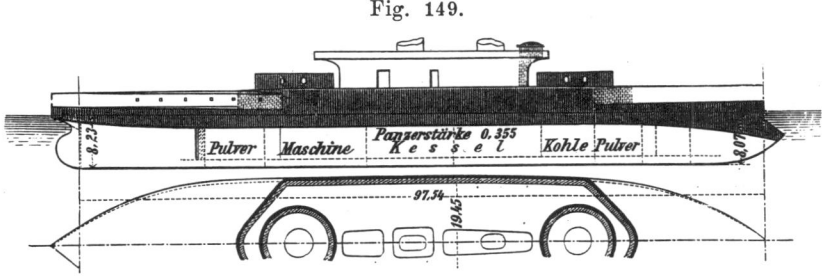

einen Panzer von 355ᵐᵐ Dicke hat, sind, in Folge der von der Admiralität nach dem Untergange des CAPTAIN eingeleiteten Enquête, mancherlei Aenderungen verfügt worden, welche auf den Bau, der in Pembroke ausgeführt wurde, sehr verzögernd eingewirkt haben, so dass der DREADNOUGHT erst im Jahre 1875 vom Stapel laufen konnte. Der Hauptunterschied in der Konstruktion zwischen DREAD-NOUGHT und DEVASTATION ist der, dass ersterer die Brustwehr in der Verlängerung der Bordwand hat. Der DREADNOUGHT ist am 9. Oktober 1876 aus Pembroke in Portsmouth eingelaufen, um dort fertiggestellt und ausgerüstet zu werden. Die Bestückung wird aus vier 38Tonnen-Geschützen in zwei Thürmen aufgestellt, bestehen (Figur 150). Der Panzer, am Gürtel 10 bis 14'', an den Thürmen 14'' und auf den Decken 2 bis 3'' dick, wiegt nahezu 3500 Tonnen. Die Panzerwiderlage besteht aus 18'' Teakholz auf der 1.₅'' dicken Haut.

22*

Der Schiffskörper, **320′** lang, **64′** breit, vorn **26′**, achter **27′** tauchend, ist in der Wasserlinie mit einem **5′** bis **6′** unter dieselbe reichenden Panzergürtel versehen.

Fig. 150.

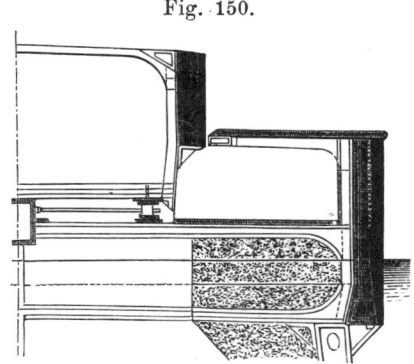

Die Maschinen werden von Humphreys & Tennant geliefert; sie sollen eine Leistung von **8000** Pferdekräften (**1400** Pferdekräfte mehr als die Maschinen des THUNDERER) nachweisen.

Der Kontraktspreis der Maschinen ist **107.000 £**, der Schiffskörper ist mit **401.395 £** veranschlagt. Die Gesammtkosten dieses Schiffes werden daher $^1/_2$ Million £ übersteigen. Bei der am 16. Januar 1877 stattgefundenen Probefahrt erreichte der DREADNOUGHT eine mittlere Fahrgeschwindigkeit von 15 Knoten.

Nach einer Bauzeit von sechs Jahren und vier Monaten ist der russische PETER DER GROSSE am **14.** Oktober 1876 in Ausrüstung getreten. Der Bau wurde im Mai 1869 begonnen, die Stapellassung fand am **27.** August 1872, die erste Dampfprobe am 1. Oktober 1874 statt (Figur 151).

Fig. 151.

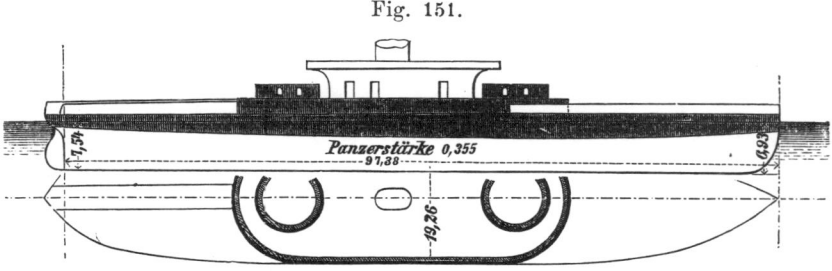

Der eigentliche Schiffskörper ist in der Ladewasserlinie **329′ 8″** lang, auf dem Panzer **62′ 3″**, ohne Panzer **58′** breit. Das Deplacement bei voller Ladung beträgt 9665 Tonnen. Der eigentliche Schiffskörper ragt blos **3′** bis **3½′** über Wasser hervor. Die Brustwehr, in welcher die beiden Drehthürme stehen, ist **160′** lang und erhebt sich **10½′** über dem Wasserspiegel; in der Mitte der Brustwehr befindet sich der Schlott und um diesen herum die sogenannte Kommandanten-Plattform mit dem Steuermanns-Thurme, die 28′ über Wasser liegt und aus Eisenblech konstruirt ist. Die Thürme ragen 3½′ über die Brustwehr heraus. Von der Brustwehr bis zum Vorsteven ist ein Aufbau aus Eisen hergestellt, welcher mit Niedergangsluken, Scheilichtern und Seitenlichtern versehen ist, und über dessen Decke noch leichte Bordwände angebracht sind. Das eiserne Deck bildet eine Fortsetzung des gepanzerten Deckes der Brustwehr.

In dem Aufbaue befinden sich die Kabinen des Admirals und verschiedene andere. Ganz vorn steht ein kleiner Drehkrahn, der zum Lichten der vier Martin-Anker dient. Die Anker von 12.400 bis 13.440 russische Pfund Gewicht sind auf stark nach aussen geneigten Flächen gestaut. Hinter der Brustwehr ist das ganze Deck frei, liegt 3½′ über Wasser, und über dem Deck führt mittschiffs nur eine mässig breite Laufbrücke nach achter.

Der Schiffskörper ist nach dem Zellensysteme erbaut, hat einen doppelten Boden und doppelte Bordwände. Der Raum ist durch sieben wasserdichte Schotten in acht Abtheilungen geschieden; jede dieser Abtheilungen ist ferner durch Decke, Langbänder und Vollspanten in mehrere Zellen abgetheilt, so dass die Gesammtzahl der wasserdichten Abtheilungen und Zellen 87 beträgt.

Die beiden Schiffsmaschinen haben bei den Maschinenproben 8700 Pferdekräfte nachgewiesen. Die Kessel hatten 35 Pfund Dampf. Bei 64 Umdrehungen der Schrauben und 24″ Vacuum in der Luftpumpe erreichte das Schiff eine Geschwindigkeit von 12.₅ Knoten; da jedoch die Maschinen 68 Umdrehungen machen und 10.000 Pferdekräfte indiciren sollen, so ist Aussicht vorhanden, 13 Knoten Geschwindigkeit zu überschreiten. Die Schrauben nach Griffith's System, vierflügelig, haben einen Durchmesser von 28′ 10″ und eine Steigung von 24′ auf 28′ zum Verstellen. Ursprünglich waren dreiflügelige Hirsch-Propeller installirt; nachdem jedoch die Flügel derselben sich wiederholt verbogen und abbrachen, scheint man dieses Propellersystem ganz aufgegeben zu haben, und zu den Griffith-Schrauben zurückgekehrt zu sein. Jede Maschine hat drei Cylinder mit verkehrten Triebstangen. Die Oberflächen-Kondensatoren werden durch vier eigene Centrifugalpumpen mit Kühlwasser versehen. Die Gesammtlänge der Kühlrohre in den Kondensatoren beträgt nahezu 13 Seemeilen.

Der Dampferzeugungs-Apparat besteht aus zwölf Dampfkesseln, die in zwei, durch ein wasserdichtes Schlott getrennten, von einander völlig unabhängigen Räumen stehen. Jeder Kessel hat vier Feuer. Die Kessel sind Röhrenkessel. Der Schlott hat einen Querschnitt von 120 □ ′. Die Kohlen sind in 25 Kohlenräumen untergebracht, die reichlich 1200 Tonnen fassen. Jeder Kohlenraum bildet eine hermetische Abtheilung, die mit hermetisch schliessenden runden Oeffnungen versehen ist. Der Kohlenverbrauch unter vollem Dampfe erreicht 135 Tonnen in 24 Stunden; unter gewöhnlichen Umständen, bei 9 Knoten Fahrt, kann man jedoch mit 70 Tonnen in 24 Stunden das Auslangen finden und der Kohlenvorrath wird dann für 17 Tage ausreichen, während welcher Zeit das Schiff 3700 Seemeilen zurücklegen kann.

Die Artillerie des Schiffes besteht aus vier 12zölligen gezogenen Gussstahl-Hinterladern, von den Obuchow'schen Stahlwerken geliefert, die in zwei Coles'schen Drehthürmen aufgestellt sind. Von den vier Schlittenraperten, System des General-Lieutenant Pestić, wurden zwei von den Obuchow'schen Stahlwerken und zwei von der Maschinenfabrik zu Golubow geliefert.

Die 12-Zöller haben Hartgussgeschosse, welche 730 russische Pfund wiegen. Die Pulverladung beträgt 130 bis 160 Pfund prismatischen Pulvers. Die Kardusen werden in zwei Pulverkammern aufbewahrt. Der grössere Theil der Geschosse ist in den Decken und in der Brustwehr gestaut; 100 Stück scharf adjustirte Granaten befinden sich in einer besonderen Granatenkammer.

Ausser den vier schweren Geschützen gehören zur Bestückung noch sechs gezogene 4-Pfünder aus Gussstahl, von welchen vier auf der Plattform über den Thürmen und zwei auf der Laufbrücke achter aufgestellt sind. Diese sechs Geschütze stehen auf Elevations-Raperten, System Pestić, welche den Rohren sowohl eine Elevation als Depression von 37° zu geben gestatten.

Die Geschütze in den Thürmen bestreichen den ganzen Horizont; jene des vorderen Thurmes können ein Rundfeuer bis auf einen todten Winkel von 16° nach achter abgeben, während das Gleiche für die Geschütze des hinteren Thurmes mit Bezug auf den Bug der Fall ist. Die Geschütze auf den Elevations-Raperten gebieten gleichfalls über ein vollständiges Rundfeuer, und können vermöge der grossen möglichen Depression noch in nächster Nähe gegen Boote ein fast vertikales Feuer anwenden. — Zwei Mitrailleusen, System Palmkranz, sind auf der Kommandantenbrücke aufgestellt; sie bestreichen fast den ganzen Horizont und das Deck.

Zum Betriebe der Thürme, des Ankermanövers, der Pumpen sind folgende Hilfsmaschinen installirt.

Zwei Dampfspille von Harfield, auch mit Menschenkraft zu betreiben, das eine vorn, das andere achter; an dem vorderen Spille ist eine Vorrichtung angebracht, die dessen Verwendung zum Ausholen der Torpedo-Spieren gestattet. — Zwei Maschinen dienen zum Drehen der Thürme; sie werden durch die Kommandanten der Thürme dirigirt, welche sie mit Hilfe eines eigenen Umsteuerungs-Apparates nach Belieben in Gang setzen, rascher oder langsamer drehen lassen können.

Zwei Centrifugalpumpen und zwei Friedmann'sche Ejektoren dienen zum Auspumpen des Wassers aus den Abtheilungen und Zellen; zu Feuerlöschzwecken dient eine fixe und eine Locomobil-Dampf-Feuerspritze. Eine Donkey-Pumpe ist bestimmt, die letzten Reste von Wasser aus den Zellen zu entfernen.

Vier Ventilatoren haben die Bestimmung, den Kesselraum und die übrigen Schiffstheile mit frischer Luft zu versehen. Eine mit Dampfkraft betriebene hydraulische Presse ist für das Heben und Senken der Geschütze in den Thürmen, sowie auch zum Ein- und Ausholen derselben bestimmt. Zwei kleine Dampf-Bratspille dienen zum Heissen der Boote und anderer Lasten.

Ein elektrischer Leuchtapparat, System Gramme, durch einen Treibriemen am Ventilator betrieben, dient zur Beleuchtung der Umgebung mittels elektrischen Lichtes. Endlich ist auch noch ein Nebelhorn vorhanden.

Der Dampf zum Betriebe aller dieser Hilfsmaschinen kann sowohl den Hauptschiffs-Maschinenkesseln, als auch den Hilfskesseln entnommen werden. Nebst allen diesen Hilfsmaschinen im eigentlichen Sinne des Wortes sind noch, wie früher erwähnt, vier Centrifugalpumpen und zwei Speisepumpen der Schiffsmaschine vorhanden. Den Dampfpumpen als Hilfe dienen sechs 7zöllige Downtons-Pumpen und zwei Pumpen im Maschinenraume, die den Maschinenachsen angekoppelt werden können.

Nebst der durch Dampfkraft betriebenen hydraulischen Presse ist noch in jedem Thurme eine kleinere, mit Handkraft in Thätigkeit zu setzende hydraulische Presse für das Geschützmanöver vorhanden.

An Booten befinden sich an Bord: drei Dampfbarkassen von je 6, 5 und 3 Pferdekräften, ferner fünf Ruderboote, und zwar 1 Barkasse für 16 Riemen, 2 Kutter zu 10 Riemen, 1 Walfischboot zu 6 Riemen und 1 Jolle für 4 Riemen. Die Bemannung des Schiffes besteht aus 1 Kommandanten, 1 ersten Officier, 5 Wachofficieren (darunter 1 Mineur), 3 Officieren des Pilotage-Corps, 8 Maschinisten, 1 Arzt, 1 Verwalter, 1 Priester, 6 Gardemarins (Seekadeten), 2 Kondukteuren des Pilotage-Corps, 3 Kondukteuren des Maschinisten-Corps, 38 Unterofficieren verschiedener Branchen, 292 Personen des Mannschaftsstandes.

Es dürfte nicht ohne Interesse sein, einen kurzen Vergleich zwischen PETER DER GROSSE und dem ihm am meisten ähnlichen Brustwehr-Monitor DEVASTATION anzustellen.

Das Deplacement der DEVASTATION beträgt in voller Ausrüstung 9298 Tonnen, jenes des PETER DER GROSSE 9665 Tonnen; die Maschinen der DEVASTATION entwickeln eine Leistung von 6663 Pferdekräften; die Maschinen des PETER DER GROSSE entwickeln thatsächlich 8500 Pferdekräfte. Der Körper der DEVASTATION ist mit 12" Panzer auf 18" Teakholz und 1½" Haut bedeckt und die Widerstandsfähigkeit einer solchen Schiffswand gegen Projektile beträgt 140 Fusstonnen. Der Körper des PETER DER GROSSE hat 14" Panzer auf 10" Teakholz und 3" Haut; die Widerstandsfähigkeit einer solchen Wand wird mit 210 Fusstonnen berechnet. Die Thürme der DEVASTATION bestehen aus Panzerplatten von 14" Dicke auf 17" Teakholz und 1½" Blechwand; ihre Widerstandsfähigkeit beträgt 180 Fusstonnen. Die Thürme des PETER DER GROSSE bestehen aus 14" Eisenpanzer auf 14" Teakholz und 3" Blechwand, und ihre Widerstandsfähigkeit beträgt gleich wie beim Körper 210 Fusstonnen. Die Bestückung der DEVASTATION besteht in den Thürmen aus vier 12zölligen Woolwich-Vorderladern, Gewicht der Pulverladung 121 Pfund, des Geschosses 660 Pfund; die vier Thurmgeschütze des PETER DER GROSSE sind 12zöllige Gussstahl-Hinterlader, Pulverladung 130 bis 160 Pfund, Geschossgewicht 730 Pfund.

Unter sonst gleichen Umständen ist demnach PETER DER GROSSE der DEVASTATION sowohl in defensiver als auch in offensiver Beziehung überlegen.

Vom 19. bis 25. Oktober 1876 wurden sowohl das Schiff, als auch die einzelnen Hilfsmaschinen einer eingehenden Probe unterzogen, welche zur vollen Zufriedenheit ausfiel. Der PETER DER GROSSE ist das erste Schiff, auf welchem die Dampfkraft für den Betrieb der hydraulischen Pressen zur Bedienung von Geschützen in Drehthürmen angewendet wird.

Fig. 152.

In der Reihenfolge der Panzerstärke kommen zunächst die beiden englischen Thurmschiffe AJAX und AGAMEMNON mit 457^{mm} Panzerstärke, die aber erst vor Kurzem in Bau gelegt wurden und über deren Konstruktion noch keine näheren Daten vorliegen; dann aber die beiden italienischen Thurmschiffe DUILIO und DANDOLO, ersterer in Castelamare gebaut und am 8. Mai 1876 abgelaufen, letzterer in Spezzia noch im Baue befindlich.

Die Pläne des DUILIO (Figur 152 und 153), vom Commendatore B. Brin, gegenwärtigem Marine-Minister, entworfen, sind der Ausdruck eines Gutachtens des Admiralitäts-Rathes, mit welchem der Bau eines, offensive wie defensive Eigenschaften im höchsten Grade vereinigenden Schiffes in Antrag gebracht wurde. Dieses Programm bedingte so bedeutende Gewichte für Artillerie, Panzer, Munition, Maschine und Schiffskörper, dass man schliesslich ein Deplacement von 11.000 Tonnen und die folgenden Dimensionen annehmen musste:

Länge zwischen den Perpendikeln 103.$_5$ ^{m}, grösste Breite 19.$_7$ ^{m}, mittlere Tauchung 7.$_9$ ^{m}, Höhe des Oberdeckes über der Wasserlinie 3.$_5$ ^{m}, Höhe der Untertrempel der Stückpforten über der Wasserlinie 4.$_8$ ^{m}, Deplacement 10.600 Tonnen. Der Schiffskörper ist aus Eisen und Stahl nach dem Zellen-Systeme gebaut.

Der DUILIO besitzt zwei Drehthürme mit einem Panzer von 45^{cm}, auf Teak- und Eisenunterlage von 50^{cm}. Der über das Ober-

Fig. 153.

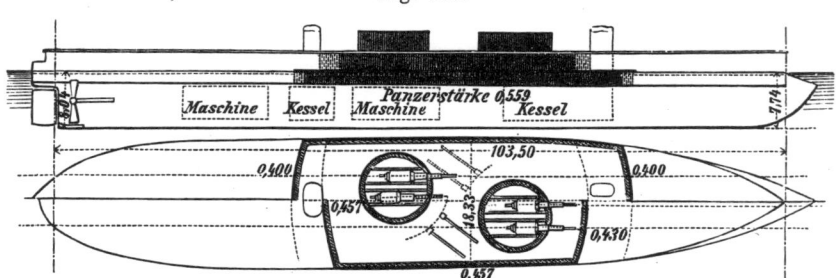

deck hervorragende Theil der Thürme ist leicht elliptisch geformt und hat folgende Dimensionen: grosse Achse der äusseren Ellipse 10^m, kleine Achse der äusseren Ellipse 9.$_{46}$ ^{m}, Höhe des Thurmes über Deck 3^m.

Jeder Thurm erhält zwei 100 Tonnen-Geschütze, welche, sowie die hydraulischen Apparate (System Rendel) zur Geschützbedienung, von Armstrong in Newcastle geliefert wurden. Die Centra der Thürme sind von der Mittellinie des Schiffes je 2.$_3$ ^{m} entfernt und man kann gleichzeitig drei Geschütze in der Jagd- oder Heckrichtung abfeuern. Der Vertikalpanzer ist auf den mittleren Theil des Schiffes beschränkt und erscheint im Aufriss als aus zwei übereinander liegenden, länglichen Rechtecken bestehend, welche zwei gepanzerte Reduits bilden, indem sie auch querschiffs durch Panzerschotte abgeschlossen sind. Das obere oder Batteriereduit ist 23^m lang und dient zum Schutze der Thurmbasen und eines Theiles der Apparate zur Bedienung der Geschütze, namentlich der schiefen Ladekanäle, in welche nach jedem Schusse die Mündung des Geschützes behufs Auswischen und Laden gesenkt wird. Das untere oder Banjerreduit ist 52^m lang, schliesst oben an das Batteriereduit an, reicht 1$._3$^{m} unter die normale Wasserlinie und dient zum Schutze der Thurm-Drehapparate, des unteren Theiles der hydraulischen Geschützmechanismen, der Maschine, Kessel, Pulver- und Granatenkammern. Die Panzerstärke der Reduits beträgt 55^{cm} an der Wasserlinie und nimmt an den anderen Theilen ab bis 45^{cm}; von den Schiessversuchen in Spezzia wird es abhängen, ob der Panzer an der Wasserlinie aus einer Platte von 55^{cm} oder zwei solchen von beziehungsweise 25 und 30^{cm} Dicke hergestellt werden wird.

Das Banjerdeck liegt 1$._5$^{m} unter der Wasserlinie; soweit es nicht durch das Panzerreduit geschützt ist, wird es von drei übereinander liegenden Reihen wasserdichter Zellen ausgefüllt, welche insgesammt als Horizontalpanzer zum Schutze des unteren Schiffstheiles zu betrachten sind, das gänzliche Füllen mit Wasser der ungepanzerten, der Zerstörung durch Projektile preisgegebenen Schiffsenden verhindern sollen und ausserdem als Kohlendepôts benutzt werden können; durch diese Anordnung des Horizontalpanzers als Ober- und Unterwände von Zellen glaubt man selbst bei theilweiser Zerstörung derselben dem Schiffe eine genügende Stabilität bewahren zu können. Der zwischen den Panzer-Querschotten der beiden Reduits liegende Theil des Batteriedeckes trägt ebenfalls einen Horizontalpanzer von drei Lagen Eisen- und Stahlplatten, und endlich wird der Schutz gegen Stechschüsse dadurch vervollständigt, dass das Oberdeck, soweit es das Batteriereduit bedeckt, einen Horizontalpanzer von zwei Lagen Stahlplatten besitzt.

Der DUILIO ist nicht nur mit Ramme und dem Apparate zum Lanciren der Whitehead-Torpedos (im Bug) versehen, sondern wird auch, nach dem Plane des Admirals Saint Bon, im Heck nahe der Wasserlinie einen durch ein Schleussenthor geschlossenen Tunnel zur Aufnahme eines rapiden Torpedobootes erhalten, welches im Gefechte ohne jeden Zeitverlust in's Wasser gelassen und sofort verwendet werden kann.

Das Ruder des DUILIO befindet sich ganz unter der Wasserlinie; die Pinne und der Steuermechanismus in einem wasserdichten Caisson unter dem Banjerdecke, ebenfalls vor Projektilen gesichert. Die von J. Penn & Sons gelieferten horizontalen Trunk-Maschinen mit Oberflächen-Kondensation und Verwendung überhizten Dampfes bewegen unabhängig von einander zwei Griffith'sche vierflügelige Schrauben von veränderlicher Steigung. Die Hauptdaten sind: indicirte Pferdekräfte 7500; Anzahl der Cylinder 4; Anzahl der Kondenser 4; Anzahl der Röhren in jedem Kondenser 4920; Anzahl der Kessel vorn 4; Anzahl der Kessel hinten 6.

Der DUILIO wurde zwar schon den 24. April 1873 auf den Stapel gelegt, doch schritt die Arbeit anfangs sehr wenig fort, da die erwarteten Materialien aus England und Frankreich verspätet

Fig. 154.

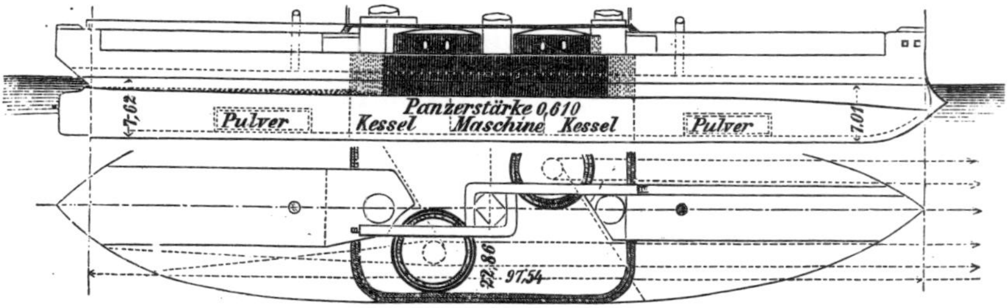

eintrafen und es auch an Arbeitsmaschinen mangelte. Die eigentliche Dauer des Baues kann mit $2^{1}/_{2}$ Jahren angenommen werden. Während dieser Zeit wurden in den Körper verbaut $2757._{36}$ Tonnen Eisen und Stahl in Blechen und Winkeln, und $246._{52}$ Tonnen Nieten, was zusammen $3003._{88}$ Tonnen giebt.

Die Arbeit wurde von Schiffszimmerleuten ausgeführt, welche bisher nur in Holz gearbeitet hatten, fiel aber nichtsdestoweniger so schön und exakt aus, dass sie das Lob der kompetentesten Personen wie der Ingenieure Barnaby, Pegan, King und Dislère erwarb.

Wir kommen nun zum grössten und stärksten aller existirenden Panzerschiffe, dem englischen INFLEXIBLE. Der Bau des INFLEXIBLE wurde am 24. Februar 1874 in Portsmouth begonnen und am 26. April 1876 lief er vom Stapel (Figur 154).

Die Länge dieses Kolosses beträgt 96^m, die Breite 22.$_5^m$, die Tiefe 7.$_1^m$, die Oberkante des Panzergürtels über, die Unterkante desselben unter der Wasserlinie 2.$_9$ und 1.$_{96}^m$; bei ‚Klarschiff zum Gefecht‘ verändern sich, durch Einlassen von Wasser in den doppelten Boden, diese beiden letzteren Zahlen um 30^{cm} und sind dann 2.$_6^m$ und 2.$_{26}^m$. Der Tiefgang des Schiffes ist vorn 7.$_{02}^m$, achter 7.$_{62}^m$. Das Deplacement wird bei voller Zuladung 11.406 Tonnen betragen. Das Gesammt-Panzergewicht ist 3206 Tonnen, etwa soviel als das Gesammtgewicht eines Monitors von der GORGON-Klasse. Bei Konstruktion des Schiffskörpers wurde, um Stärke mit Leichtigkeit zu verbinden, Stahl im ausgedehnten Masse verwendet.

Das Panzerreduit ist 33^m lang und 22.$_5^m$ breit. Der Panzer ist in der Wasserlinie auf folgende Weise zusammengesetzt. Der äussere Panzer von 30.$_5^{cm}$ liegt auf vertikalen Winkeln von 28^{cm} Höhe, deren 76^{cm} betragende Zwischenräume mit Teakholz ausgefüllt sind, hinter dieser Lage ist der zweite Panzer von ebenfalls 30.$_5^{cm}$ Dicke, auf horizontalen Winkeln von 15^{cm} Höhe und Teakfüllung angebracht; diese letzteren Winkel sind auf einer Aussenhaut von 50^{mm} in zwei Stärken zu 25^{mm} aufgenietet, und das ganze System ist mit den je 61^{cm} von einander entfernten Querspanten durch Bolzen von 10^{cm} Durchmesser mit Muttern und elastischen Unterlagsscheiben verbunden. Die vordere Panzer-Traverse ist in gleicher Weise zusammengesetzt; die hintere Traverse ist etwas schwächer gehalten und zeigt in verschiedener Höhe 56, 46 und 36^{cm} Panzerstärke, bei einer gleichmässigen Dicke von 97^{cm}.

Die bedeutsamsten Neuerungen, welche bei der Konstruktion des INFLEXIBLE in Anwendung gebracht wurden, sind jedoch die Konstruktion des Oberdeckes und die Stellung der beiden Thürme.

Vor und hinter der Brustwehr befindet sich nämlich ein ungepanzerter Oberbau, der nur $^1/_3$ der Schiffsbreite einnimmt und daher die Geschütze im Bestreichen des Horizontes nicht behindert. Er hat den Zweck, sowohl Stab als Mannschaft eine bequeme Unterkunft zu bieten. Auf diese Art werden alle Nachtheile, welche in so hohem Grade den Wohnlichkeiten auf den Schiffen der DEVASTATION-Klasse anhaften, vermieden. Da diese Hütte auf dem Oberdeck zu stehen kommt und die Räumlichkeiten gross und luftig werden, entfällt selbstverständlich die Ventilation, das künstliche Licht u. dgl. m.

Von den beiden Thürmen des INFLEXIBLE (Figur 155) steht der vordere auf Backbord, der hintere auf Steuerbord. Da der Oberbau durch seine vorhin beschriebene Lage die Schusslinie der Thurmgeschütze in keiner Weise beirrt, ist es erklärlich, dass man mit den vier Geschützen des INFLEXIBLE alle Richtungen des Horizontes gleich wirksam bestreichen kann. Die Thürme sind mit einer Brücke verbunden, in deren Mitte sich der gepanzerte Kommandothurm befindet. Der innere Durchmesser der Thürme beträgt $8._{53}{}^{m}$, der äussere $10._{51}{}^{m}$. Die Untertrempel der Stückpforten liegen $3._{66}{}^{m}$ über der Lade- und $3._{36}{}^{m}$ über der Gefechts-Wasserlinie.

Fig. 155.

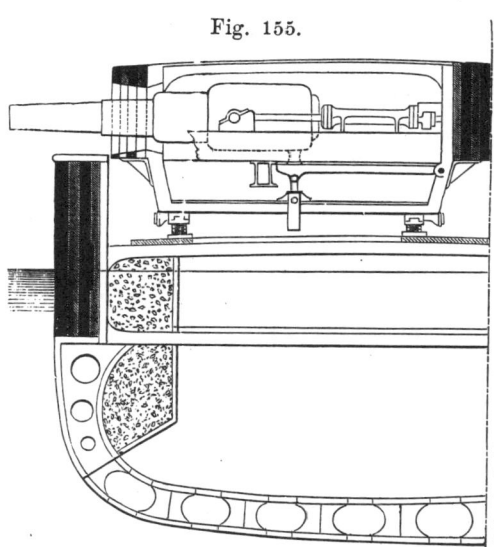

Die Armirung eines jeden Thurmes besteht aus je zwei 81 Tonnen-Geschützen. Die Konstruktion des ganzen Schiffes ist aber derart gehalten, dass seinerzeit auch 160 Tonnen-Geschütze in derselben Anzahl installirt werden können. Zur Bewegung der, inklusive Geschütze je 762 Tonnen wiegenden Thürme, sowie zur Bedienung der Geschütze werden die verschiedenen hydraulischen Vorrichtungen von George Rendel verwendet werden. Bezüglich derselben wollen wir nur erwähnen, dass sie gegenüber jenen des THUNDERER viele Verbesserungen aufweisen, und dass z. B. das Geschütz nach abgefeuertem Schusse von beliebiger Elevation, durch den Rücklauf von selbst jenen Depressionswinkel einnimmt, welcher der Ladestellung entspricht, was nicht nur Zeit und Arbeit erspart, sondern auch erlaubt hat, die Stückpforten kleiner zu halten.

Die Dampfsteuerung ist ganz unter der Wasserlinie angebracht, wodurch jede Gefahr einer Beschädigung des Ruderkopfes durch Geschosse entfällt, obgleich der Schiffskörper hier ungepanzert ist. Die Ruderpinne, welche 4' 6" unter der Wasserlinie zu stehen kommt, hätte ursprünglich in einer dem Wasser zugänglichen Kammer untergebracht werden sollen, im welchem Falle das Steuer-reep durch Stopfbüchsen in das Innere des Schiffes geführt worden wäre. Später liess man diesen Gedanken fallen, und wird der Ruder-stamm in der gewöhnlichen Weise wasserdicht durch das Schiff angebracht werden.

Der INFLEXIBLE besitzt vier Decke: das ausserhalb des Reduits mit 76^{mm} Eisen gepanzerte Banjerdeck, das Hauptdeck, das inner-halb der Kasematte mit 76^{mm}, ausserhalb mit 13^{mm} Eisenplatten belegte Manövrirdeck und das leichte Deck des Aufbaues. Balken und Verstützungen der Decke sind sehr solid und in grosser Anzahl angebracht. Die Deckhütte achter ist $32._1{}^m$ lang und $9._1{}^m$ breit, jene vorn $31._8{}^m$ lang, $6._5{}^m$ breit; dieselben haben Eisenhaut und Holz-beplankung auf eisernen Rippen. Die Wände aller Wohnräume sind mit Welsh's Cock-Cement bekleidet. Der Bug trägt eine weit vor-springende schwere Ramme, welche gänzlich unter Wasser zu liegen kommt.

Die Einrichtung der Zellen und wasserdichten Schotten mit Thürmen, Mannlöchern und Schleussenventilen soll das vollkommenste sein, was bisher geleistet worden ist. Die 135 wasserdichten Räume wurden während des Baues hydraulisch auf ihre Dichtigkeit unter-sucht. Der Ventilation wurde grosse Sorgfalt zugewendet; die frische Luft wird den unteren Schiffsräumen durch acht Ventilatoren zugeführt, welche durch vier im Maschinenraume befindliche Drei-cylinder-Maschinen nach dem Patent der Herren Brotherhood & Hardingham betrieben werden. Die Hoch-Niederdruck-Zwillings-schrauben-Maschinen haben verkehrte Zugstangen und Oberflächen-Kondensation. Es sollen bei 65 Rotationen und einem Dampf-drucke in den Kesseln von $4._2{}^{kg}$ per $\square^{cm}$ (600 Pfund per $\square''$) 8000 Pferdekräfte indicirt werden. Der Dampf wird durch 12 Kessel geliefert. Die Kohlenräume sind für die ungeheure Menge von 1200 Tonnen berechnet.

Der INFLEXIBLE erhält eine grosse Anzahl von Hilfsmaschinen für die Ventilation, für das Gangspill, Boote aussetzen, Steuern, Drehen der Thürme, Heissen der Geschosse u. s. w. Sowohl die Schiffsmaschine wie alle Hilfsmaschinen werden von der rühmlichst bekannten schottischen Firma Elder & Comp. beigestellt.

Die Kosten des ganzen Baues sammt Maschinen werden über 521.000 £ betragen. Die Bemannung ist vorläufig mit 350 Mann festgesetzt.

Nach Reed's Behauptung wird der INFLEXIBLE an Manövrirfähigkeit keinem der bisher gebauten Schiffe nachstehen, ungeachtet er das gewaltigste bisher gebaute Schiff sein wird.

Mit grosser Selbstgefälligkeit weisen die Engländer auf dieses neueste Schiff hin, das in der That, was den Entwurf im Grossen und Ganzen, die Wehrkraft, sowie die Detailausführung anbelangt, seines Gleichen zu suchen hat und in dieser Beziehung auch bei weitem die beiden italienischen Brustwehr-Monitore DUILIO und DANDOLO übertrifft. Eine beachtenswerthe Wandlung weist aber die Konstruktion dieses ungeheuren Schlachtschiffes insofern auf, als der Bau des gepanzerten Theiles allmählich sich nur auf einen einzigen Theil des Schiffes zu beschränken beginnt.

Die Begeisterung, in welche die Engländer anlässlich ihrer neuesten Riesenschiffe verfallen, können wir jedoch nicht theilen.

Obwohl die Panzerschiffe ohne Takelung dem Zwecke des Angriffes und der Vertheidigung zu entsprechen scheinen, so wird man doch vielleicht nur zu bald zu der Ueberzeugung gelangen, dass die Kanone ohne den Schiffskörper, welcher sie trägt, nichts auszurichten vermag. Diese schwimmenden Maschinenhäuser — Schiffe kann man wohl nicht mehr sagen — werden Mühe haben, dem verderblichen Spornstosse eines flinken Gegners zu entgehen. Auch sind diese Schiffe zu tief im Wasser; bei etwas bewegter See müssen alle Luken geschlossen werden und der Aufenthalt im Schiffe wird dann unerträglich. In Wahrheit können die Panzerschiffe ohne Takelung nur als offensive Küstenwächter betrachtet werden und entsprechen über diese Bestimmung hinaus in keiner Weise ihrem Programme.

Die bei weitem interessantesten der im Baue begriffenen Panzerschiffe ohne Takelung sind die für die offensive Vertheidigung der Ostsee als schwere Ausfallschiffe bestimmten deutschen Panzerkorvetten.

Am 21. Juli 1877 ist die erste der nach dem Flottengründungsplane zu erbauenden sechs Panzerkorvetten von der Werft der Stettiner Maschinenbau-Aktiengesellschaft ‚Vulcan‘ zu Bredow bei Stettin vom Stapel gelaufen und hat, entsprechend dem früher festgestellten

Programme für die Namengebung in der Kriegsmarine, den Namen SACHSEN erhalten.

Das Schiff zeigt so viele Eigenthümlichkeiten und Abweichungen von den bisher erbauten Panzerschiffen, dass eine kurze Erläuterung der Bauprincipien und eine Beschreibung der Einzelheiten des, einen hochbedeutsamen Zuwachs der deutschen Flottenmacht darstellenden Fahrzeuges das allgemeinste Interesse verdient.

Nach dem Flottengründungsplane sollten die Panzerschiffe der deutschen Marine in drei Gruppen zerfallen. In Panzerschiffe, welche neben ihrer Anwendbarkeit als Schlachtschiffe in der Nähe der heimischen Gewässer für den gleichen Zweck auch in entfernten Meeren benutzt werden können; in Panzerschiffe, deren Verwendung als Schlachtschiffe sich hauptsächlich auf die heimischen Gewässer beschränken sollte, die daher mehr oder weniger zur offensiven Küstenvertheidigung bestimmt waren, und in Panzerfahrzeuge zur lokalen Küstenvertheidigung. Der ersten Gruppe gehören die jetzt sämmtlich fertigen acht Panzerfregatten an. Die letzte Gruppe wird durch die theils bereits fertigen, theils im Baue befindlichen acht Panzer-Kanonenboote und zwei Monitore repräsentirt; der zweiten Gruppe gehören die Panzerkorvetten an, von denen zwei, die SACHSEN und die BAYERN, bereits vom Stapel gelaufen sind, während drei weitere sich in Ellerbeck bei Kiel und Bredow bei Stettin in Bau befinden.

Die Bestimmung der Panzerkorvetten als Schlachtschiffe zur offensiven Küstenvertheidigung bedingte, dass diese Schiffe im Stande sein müssten, gegebenen Falles ausser in Kiel auch in die übrigen grösseren Ostseehäfen einzulaufen, um je nach Lage der kriegerischen Verhältnisse, von dem einen oder dem anderen auslaufend, den Kampf mit dem Feinde aufzunehmen. Da aber die Tiefe der an der pommerschen und preussischen Küste gelegenen Häfen nur eine beschränkte ist, ergab sich als Konsequenz, dass der Tiefgang der Panzerkorvetten nur ein verhältnissmässig geringer sein und bei dem vollständig gefechtsmässig ausgerüsteten Fahrzeuge 6^m nicht überschreiten durfte.

Sollten die Panzerkorvetten ferner ihrer Bestimmung genügen können, so musste ihre Offensiv- und Defensivstärke den neuen Panzerschiffen der anderen Nationen gegenüber ausreichend bemessen und ihnen eine möglichst grosse Manövrirfähigkeit gegeben werden.

Auf eine Takelung konnte mit Rücksicht auf den Verwendungszweck der Schiffe verzichtet werden.

Allen diesen Anforderungen ist in den für diese Schiffe in der Admiralität entworfenen Plänen Rechnung getragen, und erklären sich daraus die bei dieser Schiffsklasse vorkommenden neuen Anordnungen und Abweichungen von früheren Panzerschiffen.

Die Artillerie wird aus einem $30._5{}^{cm}$- und aus vier 26^{cm}-Geschützen bestehen. Alle sind à barbette hinter Panzerwänden aufgestellt, um ihnen die Bestreichung eines möglichst grossen Theiles des Horizontes, sowie den Batteriekommandanten und Bedienungsmannschaften ungehinderten Ueberblick zu gestatten.

Es stehen nicht sämmtliche Geschütze in einem Raume, vielmehr das $30._5{}^{cm}$-Geschütz in einem eirunden, oben offenen Thurme im Vorschiffe, die vier 26^{cm}-Geschütze in einem grösseren Thurme, etwas hinter der Mitte des Schiffes, derart angeordnet, dass zwei 26^{cm}-Geschütze neben dem $30._5{}^{cm}$-Geschütze nach vorn, zwei 26^{cm}-Geschütze nach hinten neben der Verwendung sämmtlicher Geschütze als Breitseitgeschütze feuern können. Sie liegen so hoch über Wasser, dass sie im Stande sind, gefährliche Stechschüsse auf die Decke der Gegner abzugeben.

Die zweite Haupt-Offensivwaffe des Schiffes besteht aus einem weitvorspringenden lanzenförmig gestalteten Sporne, dessen Spitze so tief liegt, dass davon jedes feindliche Panzerschiff unterhalb des Panzers getroffen werden kann. Als dritte Offensivwaffe werden Vorkehrungen zum Lanciren von Torpedos angebracht.

Die Verwendung der Panzerkorvetten als Schlachtschiffe bedingt einen den schweren feindlichen Geschützen gegenüber genügend starken Panzerschutz in erster Linie. Wenn es nun bei sehr grossen Panzerschiffen bisher möglich war, diesen Schutz über die ganze Länge des Schiffes in der Form eines mehr oder weniger breiten Panzergürtels auszudehnen, so lag das zum Theile daran, dass man sich früher mit einer geringeren Stärke des Panzers begnügen konnte und selbst bei einem Koloss von 11.000 Tonnen Deplacement und 25′ Tiefgang, wie beim englischen Thurmschiffe DREADNOUGHT, als grösste Stärke in der Wasserlinie auf einen Theil der Schiffslänge nur 35^{cm} starke Platten angewendet hat. Gegenüber den immer grösser werdenden Kalibern der feindlichen Geschütze konnte diese

Stärke bei den deutschen Panzerkorvetten aber nicht als genügend
erachtet, noch viel weniger auf Panzerschutz ganz verzichtet werden;
es musste daher zu einer ganz neuen Anordnung des Panzers geschritten
werden, wenn eine genügende Stärke an den wirklich des Schutzes bedürftigen Theilen des Schiffes erreicht werden sollte, weil der beschränkte
Tiefgang, die nothwendige Geschwindigkeit, Manövrir- und Seefähigkeit des Schiffes eine verhältnissmässig enge Grenze angab, bis
zu der mit der Länge, Breite und dem Deplacement gegangen
werden durfte.

Nach eingehenden Erwägungen wurde es als unnöthig erkannt,
die Schiffe in der ganzen Länge durch einen Panzergürtel in der
Wasserlinie zu schützen, vielmehr für vollständig ausreichend erachtet,
wenn dieser Panzerschutz nur für die im mittleren Theile der Schiffe
gelegenen Kessel-, Maschinen- und Munitionsräume in Form einer
geschlossenen Kasematte vorhanden war, und auf den Schutz der
davor und dahinter gelegenen Theile des Schiffes durch Seitenpanzer
verzichtet wurde. Es wurde dadurch möglich, die Stärke des Panzers
nur wenig geringer als die wirkliche Durchschnitts-Panzerstärke des
grössten englischen Panzerschiffes, INFLEXIBLE, zu nehmen.

Da indess bei dieser Anordnung des Panzers die Gefahr nahe
lag, dass der vordere und hintere ungepanzerte Theil der Schiffe
von feindlichen Geschossen leicht zerstört und die Schiffe dadurch
entweder zum Sinken gebracht, oder ihre Stabilität so beeinträchtigt
würde, dass sie umfielen, so wurde von vornherein die Länge der
gepanzerten Kasematte so bemessen, dass die Schiffe, auch wenn die
vorderen und hinteren ungepanzerten Theile in der Wasserlinie ganz
zerstört sind, vollständig stabil bleiben und nicht umfallen können.
Um ausserdem die Zerstörung der in der Wasserlinie liegenden
ungepanzerten Seitenwände der Schiffe der Tiefe nach möglichst
einzuschränken und überhaupt den unteren Theil der Schiffe vor dem
Zerstören durch Geschosse zu sichern, ist vor und hinter der gepanzerten Kasematte circa 2^m unter Wasser ein stark gepanzertes, gewölbtes
Deck ohne jede Oeffnung angeordnet, so dass der untere Theil des
Schiffes vorn und hinten von dem oberen vollständig abgeschlossen
und eine etwaige Zerstörung der Seitenwände nur bis zu diesem
Deck möglich ist, dessen Lage unter Wasser es gegen das Getroffenwerden durch feindliche Geschosse sichert.

Das Durchschiessen der ungepanzerten Theile in oder unter der Wasserlinie würde trotz der eben bezeichneten Vorkehrungen dennoch zur Folge gehabt haben, dass der ganze Schiffstheil bis zum Panzerdeck voll Wasser gelaufen wäre; damit dies nicht stattfinden kann, sind die Räume über dem gepanzerten Deck, vorn in 30, hinten in 36 Zellen getheilt, so dass ein Schuss aus einem Panzergeschütze, dessen Geschosse bekanntlich keine Zünder haben, beim Einschlagen nur einige Zellen durchbrechen kann und so dem Wasser nur in beschränktem Masse Zutritt verschafft.

Zur weiteren Sicherung des Schiffes sind ferner alle an den Schiffsseiten gelegenen Zellen mit Kork gefüllt, so dass ein durchgehendes Geschoss in ihnen nur ein einfaches Loch machen kann, das im Allgemeinen sogar beim Anquellen des Korks durch Zutritt des Wassers sich wieder schliesst und den Leck entweder schon selbst verstopft oder doch seine Dichtung leicht ermöglicht.

Da im Laufe eines Gefechtes immerhin eine grössere Anzahl von Schüssen die Zellen treffen kann und die Möglichkeit daher nicht ausgeschlossen ist, dass sie zum grossen Theile voll Wasser laufen, dies aber leicht zur Folge haben kann, dass das Schiff durch die eingedrungene Wassermenge entweder vorn oder hinten bedeutend tiefer als bisher gesenkt und namentlich im ersteren Falle in seinen Manövrir-Eigenschaften wesentlich geschädigt wird, sind in den nur von oben zugänglichen, unter einander nicht in Verbindung stehenden Zellen Vorräthe, Trinkwasser und namentlich Kohlen, untergebracht. Sind dieselben noch in den Zellen vorhanden, so ist der grössere Theil derselben gefüllt und bleibt eindringendem Wasser nur wenig Raum; der von ihm ausgeübte ungünstige Einfluss bleibt also sehr beschränkt; sind die Vorräthe oder Kohlen verbraucht, so ist das Schiff um deren Gewicht erleichtert, und da sie alle schwerer sind als Wasser, so kann nunmehr das eindringende Wasser nur wenig mehr als diese Gewichte ersetzen, auf die Lage des Schiffes daher keinen besonderen Einfluss mehr üben, während von dem Korkgürtel ohnehin ein sehr bedeutender Raum dem Eintritte des Wassers entzogen wird.

Für die Sicherheit des übrigen, unter Wasser liegenden Theiles des Schiffes ist ebenfalls durch Eintheilung desselben in eine sehr grosse Anzahl von Zellen gesorgt. Das Schiff ist zunächst durch eine von vorn bis hinten reichende, in der Mitte des Schiffes aufgestellte wasserdichte Längswand in eine rechte und linke Hälfte getheilt. Jede dieser Hälften ist ferner durch 16 wasserdichte Querwände in ebensoviele von einander abgeschlossene Theile zerlegt und jeder dieser Theile durch die Anordnung eines inneren Schiffsbodens, wasserdichte Plattformen, die Kohlenraumwände, die Seitenwände der Wellentunnele und die vorn parallel den Aussenwänden des Schiffes angeordneten vertikalen Wände nochmals in Unterabtheilungen getheilt, so dass der Schiffskörper unter Wasser aus einem Gewebe von 120 Zellen besteht. Da jede Zelle dicht abgesperrt wird, so kann beim Leckwerden, durch einen Rammstoss, oder die Explosion eines Torpedos nur immer ein kleiner Theil des Schiffes voll Wasser gefüllt und die Sicherheit desselben daher nicht gefährdet werden. Ein durch alle Räume geführtes System kräftiger Pumpvorrichtungen gestattet überdem eingedrungenes Wasser rasch zu entfernen.

Die Fortbewegung der Schiffe erfolgt durch zwei vollständig von einander getrennte Maschinen von je 2800 Pferdekräften, von denen jede eine Schraube treibt; der erforderliche Dampf wird in 8 Kesseln erzeugt, die nicht wie bisher üblich in einem oder höchstens zwei Räumen vereinigt liegen, sondern entsprechend der Zelleneintheilung in vier Gruppen à 2 Kessel getheilt sind. Jede Gruppe hat ihren eigenen Schornstein, so dass, wenn einer davon im Gefechte getroffen wird, der Kraftverlust selbst momentan nur ein kleiner ist. Die Kessel liegen ferner nicht wie bisher üblich nahe den Schiffsseiten, sondern dicht an der vertikalen Mittelwand des Schiffes, so dass die Heizer die in den Kohlenräumen an den Schiffsseiten gelagerten Kohlen sehr bequem in die Feuerungen werfen können, ohne erst zu einem mühsamen Heranschaffen derselben genöthigt zu sein. Die Entnahme der Kohlen aus den hinter den Kesseln gelegenen Kohlenräumen soll indess nur im Gefechte stattfinden, für die Heizung ausserhalb des Gefechtes dagegen der früher erwähnte, in den über dem gepanzerten Decke befindlichen Zellen lagernde Kohlenvorrath herangeschafft werden.

Für die Unterbringung der Officiere und Mannschaften sind, über den Zellen vor und hinter der gepanzerten Kasematte, Aufbauten angeordnet, und ist auf dem vorderen noch ein zweiter aufgesetzt, um dem Schiffe genügende Höhe gegen das Ueberkommen von Seen zu geben. Um die Stauung der Anker frei von dem Feuer des 30.$_5$^{cm}-Geschützes und das Feuern von zwei 26^{cm}-Geschützen nach vorn zu ermöglichen, ist dieser letztere Aufbau schmäler als der erstere gemacht.

Zum Ventiliren, Steuern des Schiffes, Ankerlichten, Pumpen sind besondere Maschinen vorhanden, und ist in allen übrigen Beziehungen den Anforderungen der Neuzeit Rechnung getragen, um die Panzerkorvetten zu möglichst vollkommenen Kriegsmaschinen zu machen.

Den Gefechtswerth eines Schiffes zu bestimmen, ist eine Sache, bei der es sich stets nur um Approximatives handeln kann, denn die Gesichtspunkte für diesen Fall sind zu mannigfaltig, als dass sich eine genaue Formel aufstellen liesse. Die umfassendste Methode ist noch die im ‚Morskoi Sbornik‘ heuer erst veröffentlichte; darnach ist der Gefechtswerth eines Schiffes direkt proportional:

1. Dem Artillerie-Koëfficienten. — Dieser hängt ab von dem schwersten Kaliber, den das Schiff in Aktion setzen kann, und von der Anzahl Geschütze dieses Kalibers; bei verschiedenen Kalibern von dem Mittel, das man erhält, indem das Gewicht aller Kanonen durch jenes der schwersten dividirt wird (Mittelziffer). Dabei sind die Geschütze auf Drehscheiben im Allgemeinen doppelt zu zählen. — Ferner hängt der Artillerie-Koëfficient ab von der Durchschlagskraft des grössten Projektiles, anders gesagt: von der Anzahl Fusstonnen lebendiger Kraft, die das aus dem schwersten Geschütze geschossene Projektil in der ersten Sekunde besitzt. Der Artillerie-Koëfficient ist demnach gleich dem Gewichte in Tonnen der grössten Kanone, multiplicirt mit der Mittelziffer, multiplicirt mit der Durchschlagskraft des schwersten Geschosses.

2. Dem Deckungsfaktor. — Bei diesem zieht man den Widerstand der stärksten Platten in Betracht, wie sie sich immer an der Wasserlinie in der Gegend der Maschine befinden. Dieser Widerstand wird beiläufig ausgedrückt durch die lebendige Kraft in Fusstonnen, welche ein Projektil per Zoll des Umfanges besitzen muss, um diesen Panzer zu durchdringen. — Die Durchschlags-Koëfficienten sind durch zahlreiche Versuche für die meisten Panzerscheiben direkt ermittelt worden.

3. Dem Maximum der Geschwindigkeit des Schiffes (Probefahrt).

Verkehrt proportional ist der Gefechtswerth:

a) Der Zeit in Sekunden, in welcher das Schiff einen Kreis beschreiben kann.

b) Der auf einer ganzen Bordseite schutzlosen Fläche, begonnen sechs Fuss unter der Wasserlinie bis zum Oberdeck.

Die so erhaltenen Ziffern stellen die Eignung eines Schiffes zum Kampfe im ruhigen Wasser dar. Bei bewegter See gewährt eine höherliegende Batterie den Vortheil, sie nicht nur länger gebrauchen, sondern auch tiefe Schüsse anbringen zu können.

Die Wirksamkeit eines seegehenden Schiffes im Gefechte ist deshalb auch gerade proportional zur Höhe seiner Hauptbatterie über Wasser.

Die genannten Elemente zusammen ergeben die Gefechtsstärke eines Schlachtschiffes gleich dem Artillerie-Koëfficienten, multiplicirt mit dem Deckungs-Koëfficienten, multiplicirt mit der grössten Fahrgeschwindigkeit, multiplicirt mit der Höhe des unteren Stückpforten-Trempels über Wasser in Fussen, getheilt durch die Sekundenzahl der Wendungsdauer mal die panzerlose Fläche (in Quadratfussen).

Mr. Barnaby, der Chef-Konstrukteur der englischen Flotte, bezeichnet als Hauptelemente der Gefechtsstärke eines Schlachtschiffes die folgenden:

1. Das Gewicht der Panzerung per Tonne des Schiffsgehaltes;

2. das Gewicht der durch den Panzer geschützten Bestückung und Munition;

3. die Höhe der Stückpforten-Trempel über der Ladewasserlinie;

4. die Geschwindigkeit in Knoten an der gemessenen Meile;

5. die Leichtigkeit und Raschheit im Manövriren.

Aus diesen Elementen kann ein Koëfficient für die Gefechtsstärke erhalten werden, wenn Folgendes angenommen wird.

Erstens: dass sich die Gefechtsstärke im direkten Verhältnisse mit den drei ersten dieser Elemente ändert. Wenn gegen das dritte Element eingewendet wird, dass die Geschütze eines Thurmschiffes vermöge ihrer centralen Placirung dem Einflusse der Rollbewegungen mehr entrückt sind und dass dieser Vortheil nicht in Betracht gezogen wird, so lässt sich darauf erwidern, dass auch der Vortheil der grösseren Geschützzahl, den Breitseitschiffe haben, nicht berücksichtigt wurde, und dass diese Vortheile sich wohl gegenseitig aufheben.

Zweitens: dass sich die Gefechtsstärke wie der Kubus der Geschwindigkeit ändern wird. Dieser Einfluss der Geschwindigkeit ist deshalb angenommen, weil die Unterschiede in den Geschwindigkeiten der verglichenen Schiffe sehr geringe sind, aber selbst geringe Differenzen im Gefechte grosse Folgen haben können.

Drittens: dass Leichtigkeit und Schnelligkeit im Manövriren, bei sonst gleichen Bedingungen, sich im verkehrten Verhältnisse zur Länge des Schiffes ändern werden.

Mit diesen Annahmen gelangt Mr. Barnaby zu folgendem Ausdrucke der Gefechtstärke:

Angenommenes approximatives Mass der Gefechtsstärke bei getakelten Panzerschiffen gegeben durch den Ausdruck

$$\frac{A \times G \times H \times S^3}{L \times 100} \quad \text{wobei}$$

A das Gewicht der Panzerung per Tonne Gehalt,
G das Gewicht der geschützten Bestückung und Munition,
H die Höhe der Stückpforten-Trempel über der Ladewasserlinie,
S die Geschwindigkeit in Knoten an der gemessenen Meile,
L die Länge des Schiffes bedeutet.

Wir lassen von sieben englischen Panzerschiffen die nach obiger Formel berechneten Gefechtsstärke-Faktoren folgen:

Schiff	Tonnengehalt	Vollständige Kosten des Schiffes, ohne Bemastung, Takelung und Vorräthe in £.	Faktor der Gefechtsstärke
MONARCH	5102	345.000	149.$_8$
HERCULES	5234	360.147	113.$_4$
CAPTAIN	4272	330.000	83.$_3$
VANGUARD......	3774	255.000	83.$_0$
MINOTAUR	6621	430.000	61.$_1$
WARRIOR	6109	356.693	44.$_5$
DEFENCE	3720	223.055	10.$_9$

Mr. Marchal, Ingenieur der französischen Kriegsmarine, geht wieder von einem anderen Gesichtspunkte aus. Wir wollen uns, um nicht zu weitläufig zu werden, nicht in die Details seiner Berechnungsmethode einlassen, sondern hier nur die erlangten Resultate mittheilen. Er nimmt die Gefechtsstärke des INFLEXIBLE mit 100 Punkten an und bildet herab die nachfolgende Reihe:

A. Schlachtschiffe.

Laufende Nummer	Nationalität	Name des Schiffes	Gefechts-stärke
1	Englisch	INFLEXIBLE	100
2	Italienisch	ITALIA	100 (?)
3	„	DUILIO	92
4	Englisch	AJAX	75
5	Französisch	DEVASTATION	74
6	Englisch	DREADNOUGHT	72
7	Russisch	PETER DER GROSSE	71
8	Französisch	REDOUTABLE	69
9	Englisch	THUNDERER	65
10	„	DEVASTATION	63
11	Deutsch	SACHSEN	62
12	Brasilianisch	INDEPENDENCIA	62
13	Oesterreichisch	TEGETTHOFF	61
14	Englisch	ALEXANDRA	56
15	„	TEMERAIRE	56
16	Türkisch	MESSUDIEH	53
17	Deutsch	DEUTSCHLAND	48
18	Französisch	COLBERT	46
19	„	RICHELIEU	46
20	Englisch	SULTAN	44
21	„	HERCULES	43
22	„	NELSON	43
23	Französisch	FRIEDLAND	42
24	„	OCEAN	40
25	Oesterreichisch	CUSTOZZA	40
26	Deutsch	GROSSER KURFÜRST	40
27	Türkisch	BURDSCH-I-ZAFER	38
28	Englisch	MONARCH	38
29	Oesterreichisch	ERZHERZOG ALBRECHT	37
30	Russisch	MININ	37
31	Englisch	SHANNON	35
32	Deutsch	KÖNIG WILHELM	34
33	Türkisch	NUSSRATIEH	33
34	Englisch	INVINCIBLE	29
35	Chilenisch	ALMIRANTE COCHRANE	29

B. Küstenvertheidiger.

Laufende Nummer.	Nationalität	Name des Fahrzeuges	Gefechtsstärke
1	Französisch	TONNERE	45
2	Französisch	TEMPÊTE	35
3	Englisch...............	RUPERT................	33
4	Englisch............;....	HOTSPUR	30
5	„	GLATTON	28
6	Brasilianisch	SOLIMOËS..............	27
7	Russisch................	VICE-ADMIRAL POPOW.	25
8	Französisch	BÉLIER	24
9	Russisch................	NOWGOROD	20
10	Englisch................	CYCLOPS...............	17

Wir haben früher erwähnt, dass die beiden italienischen Thurmschiffe mit je vier 100 Tonnen-Geschützen armirt werden. Damit stehen wir jedoch noch keineswegs an der äussersten Grenze. Im Arsenale zu Woolwich beginnt man sich schon jetzt, nachdem das 81 Tonnen-Geschütz kaum vollendet ist, mit den Plänen zu einem neuen, weit mächtigeren Geschütze zu tragen. Sein Gewicht soll 160 Tonnen, jenes des Projektiles 1500^{kg} sein. Das englische Panzerschiff INFLEXIBLE ist derart konstruirt, dass es selbst vier 160 Tonnen-Geschütze als Bestückung aufnehmen kann; sein Panzer jedoch, welcher schon dem 100 Tonnen-Geschütze nicht gewachsen ist bietet selbstverständlich auch auf sehr grosse Distanz dem Geschosse des neuen Geschützes keinen genügenden Widerstand. Die Durchschlagskraft eines 1500^{kg} schweren Projektiles ist gleich 90 Metertonnen für jeden Centimeter des Geschossumfanges. Will man daher den genügenden Schutz gegen derartige Projektile erlangen, so ist es nöthig zu 1^m dicken Panzerplatten zu greifen, deren Widerstandskraft per Centimeter des Geschossumfanges sich auf nahezu 95 Metertonnen beläuft.

Die Dimensionen eines Schiffes, das im Stande wäre, vier 160 Tonnnen-Geschütze und einen Panzer von 1^m Dicke zu tragen, müssten folgende sein:*) Deplacement 20.603 Tonnen, Länge 126^m,

---

*) Nach einem Artikel des Schiffbau-Ingenieurs Masdea in der ‚Rivista marittima'.

Breite $25._{50}$ m, Tauchung $10._{08}$ m, Fläche des eingetauchten Haupt-spantes $226._{614}$ $\square$ m, Maschine 16.000 Pferdekräfte, Geschwindigkeit 16 Knoten, zurücklegbare Strecke: mit ganzer Kraft 1600 Meilen, bei 12 Knoten Geschwindigkeit 3500 Meilen. Als Gewicht der ein-. zelnen Theile erhält man: Rumpf 7420 Tonnen ($36^c/_0$), Artillerie 1400 Tonnen (7%), Maschine 2400 Tonnen ($11._7\%$), Kohlenvorrath 1920 Tonnen ($9._3\%$), Panzer 6840 Tonnen (33%), Anker etc. 620 Tonnen (3%).

Zum Vergleiche wollen wir hier die einzelnen Verhältnisse des stündlich nur 14 Meilen laufenden INFLEXIBLE angeben, nämlich: Artillerie 700 Tonnen, Maschine und Kohlen 2400 Tonnen, Panzer 3600 Tonnen, Rumpf 4100 Tonnen, Ausrüstungsgegenstände etc. 500 Tonnen, Summe: 11.300 Tonnen.

Die Gesammtkosten für obiges Schiff würden 23,350.000 Francs oder rund $9^1/_2$ Millionen Gulden betragen. Ein Tag der Ausrüstung eines solchen Schiffes würde, wenn es auch nur 8 Schuss abzugeben hätte, 51.500 Francs oder rund 21.000 Gulden kosten.

Wird es zum Baue dieses Kolosses kommen? — Die Zukunft wird es lehren, ob man in der Panzerung der Schlachtschiffe noch weiter geht, oder ob man sich entschliessen wird, eine neue Bahn zu betreten. Die vielen gegenwärtig in den Flotten vorhandenen, schwach gepanzerten Schiffe werden zwar sicherlich noch Dienste leisten, doch werden sie sich den neuen Panzerschiffen gegenüber in der gleichen, wenn nicht in schlechterer Lage befinden, als die Holzschiffe gegenüber den ersten Panzerschiffen. Denn thatsächlich ist gänzliche Schutzlosigkeit einem ungenügenden Schutze vorzuziehen. Denn bei Wänden mit geringer Widerstandsfähigkeit kann man wenigstens mit einigem Grund hoffen, dass die schweren Geschosse sie durchschlagen werden, ohne zu explodiren, während es ausser Zweifel steht, dass die Geschosse selbst durch den schwächsten Panzer zur Explosion gebracht werden. Es gesellen sich somit zu den Sprengstücken der Hohlgeschosse noch die Stücke der zertrümmerten Wände und vergrössern das Zerstörungswerk.

Zu allen diesen Erwägungen kommt noch ein neues Element des Seekrieges, welches nicht weniger dazu berufen scheint, eine Umgestaltung der Taktik hervorzurufen, als ihrer Zeit der Dampf, die gezogene Kanone, der Panzer und die Ramme — nämlich der

Torpedo. Man darf heutzutage nicht mehr mit den stationären Torpedes allein rechnen, die inmitten von Hafeneinfahrten gelegt oder mit der Strömung eines Flusses treibend durch den Stoss oder durch einen elektrischen Strom zur Wirkung gebracht werden. Der Torpedo ist offensiv geworden, er sucht jetzt seinen Gegner selbst auf und verlangt nicht mehr, wie zur Zeit des Secessionskrieges, Boote und kühne opfermuthige Männer, um sich den Flanken eines feindlichen Schiffes nähern zu können; aus der Entfernung dirigirt oder derart angeordnet, dass er den bedrohten Punkt von selbst erreicht, wird er, im Kampfe von den Flanken des Schiffes aus geschleudert, das so lange erfolglos gesuchte Problem des unterseeischen Geschützes verwirklichen; ungesehen wird er sein Ziel erreichen und ohne Gefahr für das Schiff, welches ihn geschleudert, die Wirkung ausüben, die mittels des Spornes so schwer zu erzielen ist, da in diesem Falle die Gefahr für beide Gegner gleich gross ist. Worin wird der Vortheil des Panzerschiffes jenem neuen Kriegswerkzeuge gegenüber bestehen? — Wird ihm seine schwere Panzerbekleidung, der man so viele Eigenschaften zum Opfer gebracht und welche seinen Preis in so bedeutendem Masse erhöht, dass man um die gleichen Kosten zwei Schiffe statt des einen hätte in den Kampf senden können, von irgend welchem Nutzen sein? Wird diese Bekleidung die Schiffe in irgend einer Art vor der furchtbaren Katastrophe zu schützen vermögen? Auch von diesem Gesichtspunkte betrachtet, könnte man annehmen, dass der Panzer von den Seiten der Schlachtschiffe über kurz oder lang verschwinden wird.

Dies ist in Summe die gegenwärtige Situation der Kriegsmarine. Es ist schwer, einen Schluss aus den in verschiedenen Richtungen auseinander laufenden Anstrengungen der einzelnen Länder zu ziehen und anzugeben, welches derselben den richtigen Weg betreten habe; denn die Eigenschaften der verschiedenen Schiffstypen schliessen sich gegenseitig aus. Hier gewinnt man an Kraft zur Abwehr und verliert an Geschwindigkeit und Beweglichkeit; hier beschleunigt man die Schnelligkeit und vermindert dadurch die Sicherheit und die ballistische Gewalt.

Die Ueberlegenheit einer Flotte kann nur vorübergehend und sozusagen momentan sein; sie besteht nur bis zu dem Augenblicke, wo die Gegner ihre Wehrkraft mit derselben in's Gleichgewicht

gesetzt haben. Da die Geschütze stets im Stande sein werden, einen
Panzer zu durchschlagen, so ist es klar, dass selbst für das best-
gepanzerte Schiff sein Stündlein schlagen kann. Welche vielfachen
Umstände beeinflussen nicht den Seekampf, selbst wenn man nur
den Zustand des Meeres in Betracht zieht! Was soll aus den auf
einem Flosse schwimmenden Festungen bei hochwogender See werden?
Und was soll ein Schiff von grosser Geschwindigkeit hindern, seine
Gefechtsdistanz so zu wählen, dass ihm der, wenn auch stärker
gepanzerte, aber unbehilflichere Gegner nichts anhaben kann?

Bei alledem ist nur das Eine klar: dass sich das Risiko und
die Auslagen fortwährend vermehren. Ein Schiff kostete früher $1\frac{1}{2}$
bis 2 Millionen Gulden, ein Panzerschiff kam im Jahre 1869 auf
$3\frac{1}{2}$ bis 4 Millionen; heute ist man mit 6 bis $6\frac{1}{2}$ Millionen noch kaum
auf dem Höhepunkte angelangt und ein einziger Torpedo kann das
kostspielige Gebäude in den Ocean begraben. Der Preis eines
Kanonenschusses betrug sonst 16 Gulden; heutzutage kostet ein
Schuss aus den 32^{cm}-Kanonen 340 Gulden und bei den 160 Tonnen-
Geschützen wird er über 500 Gulden zu stehen kommen.

Als die Krieger des 16. Jahrhundertes sahen, dass ihre Rüstungen
gegen die Feuerwaffen unwirksam seien, legten sie dieselben ab und
kämpften mit offener Brust; eben so dürfte in der Marine das
Zeitalter des Panzers bald sein Ende erreichen. Es wird mehr Gewinn
schaffen, sowohl für den Angriff als für die Vertheidigung, die Zahl
der kleineren Schiffe zu vermehren, welche leicht und lenksam sind;
aber natürlich wird vorderhand Niemand die Verantwortlichkeit für einen solchen Versuch auf sich
nehmen wollen. Offenbar stehen wir bereits an der Grenze des
stetigen Anwachsens der Schiffe und der Geschütze; es ist kein
Zweifel, dass die Zeit herannaht, wo wir eine neuerliche Umgestaltung
des gesammten Schiffsmateriales erleben werden.

Nachtrag.

In der Zeit des Dampfes, wo eine Erfindung die andere drängt,
ein Fortschritt den anderen schafft, ist das was gestern geschrieben
und gedruckt wurde, heute bereits überholt. Wir gehen langsam, aber
sicher der allmählichen Entpanzerung entgegen. Durch die soeben
von England begonnene umfassende Verwendung des Stahles zur

Konstruktion der Schiffsgebäude, scheint ein· weiterer Schritt zur Lösung dieser brennenden Frage gethan zu werden. England legt soeben eine ganze Serie von Stahlschiffen in Bau. Während die überwiegende Mehrzahl der Schiffbau-Ingenieure beständig dahin trachtete, den Panzer zu verstärken, behauptete eine Minderzahl, dass gegenüber der modernen schweren Artillerie jeder Panzer, und wäre er auch noch so dick, schlechter als unnütz sei. Es sei besser, meinten die letzteren, dem Geschosse freie Bahn zu lassen, damit es beide Bordwände durchschlage, als sich seinem Wege durch eine ungenügende Panzerung · zu widersetzen, die im Augenblicke des Auftreffens in Trümmer gehen und dadurch das mörderischeste der Geschosse werden kann. In Konsequenz dieser Anschauung entwarf das Konstruktions-Bureau der englischen Admiralität die Pläne zu oberwähnten Stahlschiffen, deren Seiten, des Panzers bar, den feindlichen Geschossen gänzlich preisgegeben werden. Statt der abgestreiften, gegen schwere Geschosse schlechter als nutzlosen Panzerhülle, wird diesen Schiffen als Ersatz eine ausserordentliche Geschwindigkeit (17 bis 20 Seemeilen per Stunde) gegeben. Aus dem Gesagten darf aber nicht etwa der Schluss gezogen werden, dass die gänzliche Entpanzerung der Schiffsseiten jetzt bereits von England oder einer anderen Seemacht angenommen ist. Diesen Schritt wagt keine der Seemächte vorschnell zu unternehmen. Legt doch England jetzt gleichzeitig mit seinen stählernen Rapid-Korvetten den NEW-AGAMEMNON, welcher bestimmt ist einen 915^{mm} starken Panzer zu tragen, in Bau!

Die gegenwärtig von England in Bau gelegten Stahlschiffe gehören zwei verschiedenen Typen an; der grössere Typ wird durch die IRIS, der kleinere durch den CARYSFORT repräsentirt.

Der zu diesen Schiffen in Verwendung kommende Stahl ist von der vorzüglichsten Qualität. Jede einzelne Platte wird eigens breiter als erforderlich gemacht, um mit dem überflüssigen Theile die genauesten und eingehendsten Versuche anstellen zu können.

Die Platten werden kalt gebogen, unter der hydraulischen Presse aufgerollt und dem Schlage einer schweren eisernen Kugel ausgesetzt, die von einer Höhe von 15^m darauf fallen gelassen wird. Alle Stahlbleche und Winkel, welche alle der Zerreissprobe unterworfen werden, werden von der ,Landore S⁺ᵒel Company' geliefert.

Sie übertreffen bei weitem die mit ihnen verglichenen best-best-Eisensorten und den Boltonstahl. Aus diesem Stahle werden die kompleten Schiffskörper konstruirt, mit Ausnahme des vertikalen Kielbleches, dann des Vorder- und Achterstevens, die aus Schmiedeeisen erzeugt werden.

Die IRIS, sowie ihr Schwesterschiff MERCURY, hat $91._{44}$ $^\mathrm{m}$ Länge zwischen den Perpendikeln, 14^m grösste Breite und eine Tiefe zwischen Innenhaut und Banjerdeck von $4._{95}$ $^\mathrm{m}$; die Tauchung vorn wird $5._{33}$ $^\mathrm{m}$, achter $6._{70}$ $^\mathrm{m}$, somit in Mittel $6._{01}$ $^\mathrm{m}$ betragen. Das Deplacement beträgt 3735 Tonnen mit einer eingetauchten Hauptspantfläche von $50 \square^\mathrm{m}$. Diese Dimensionen scheinen, oberflächlich betrachtet, keine besondere Schnelligkeit zu versprechen, besonders in Anbetracht des Verhältnisses der Länge zur Breite. Wirft man jedoch einen Blick auf die Linien des lebendigen Werkes (Unterwassertheiles), so eröffnet sich dem Auge ein Anblick, der selbst den hochgespanntesten Erwartungen die vollste Befriedigung gewähren wird: die Linien einer Tornycrofft'schen Rapid-Dampfbarkasse! — In Anbetracht des projektirten mächtigen Motors (7000 Pferdekräfte) wird man die gerechnete Geschwindigkeit von 18 Meilen nicht übertrieben finden.

Das Schiff hat Doppelboden und ist durch 11 Querschotten in wasserdichte Abtheilungen getheilt. Die Wohnräume und Schlafstellen sind unter einer Achterhütte untergebracht und da man dem Schiffe vor Allem die grösste Leichtigkeit sichern muss, ist der Gebrauch von was immer für einem schweren Holze zu dessen innerer Einrichtung verboten. Die Bestückung besteht aus 10 Geschützen — 64-Pfünder — von denen acht an der Bordwand, zwei auf Drehschlitten am Bug und Heck installirt sind. Die Bestückung scheint der schwache Punkt des Projektes zu sein; der Geschütze sind zu viele, ihr Kaliber zu gering und es ist zu hoffen, dass MERCURY, nach den Proben mit IRIS, in dieser Beziehung eine zweckentsprechende Aenderung erfahren wird. Die Bemannung soll im Ganzen aus 250 Mann bestehen. Beide Schiffe werden als Vollschiffe getakelt. Den Rumpf unter Wasser wird man aussen mit der Sim'schen Komposition anstreichen. Die beiläufigen Kosten des Schiffes betragen 90.000 £, jene der Maschine 93.000 £; möglicherweise wird auch die erstgenannte Summe nicht ganz ausgegeben werden.

Die Maschinen zu beiden Schiffen werden bei Maudsley Sons and Field erbaut. Sie haben Zwillingsschrauben, die durch Vier-Cylinder-Compound-Maschinen (im Ganzen also acht Cylinder) getrieben werden. Die zwölf Kessel befinden sich in zwei wasserdichten Abtheilungen, je sechs in jeder, und haben entsprechend der Schiffsform verschiedene Formen. Die Zahl der Feuer ist **32.** Auch die Kessel sind gleich dem Schiffskörper aus Landore-Stahl konstruirt — eine weitere Gewichtsersparung. Die Maschinen sind, mit Ausnahme einiger Details, die gleichen, wie solche die Firma Maudsley für die prachtvollen Oceandampfer der ‚White Star Line‘ beistellte, deren einer, der GERMANIC, die Reise zwischen Sandy Hook und Queenstown mit einer Geschwindigkeit von **15.$_8$** Meilen per Stunde zurücklegte.

Die IRIS wird **500** Tonnen Kohlen führen und besitzt Reserve-Depôts zur Aufnahme weiterer **250** Tonnen. Angenommen, das Schiff brauche zwei englische Pfund Kohlen per Stunde und Pferdekraft (der GERMANIC konsumirt blos 1.$_8$ Pfund), so kann es durch fünf Tage mit ganzer Kraft unter Dampf verbleiben, da die Maschine **7000** Pferdekräfte indiciren wird.

Die sechs Korvetten vom Typ CARYSFORT sind: CARYSFORT, CHAMPION, CLEOPATRA, COMUS, CONQUEST und CURACOA. Diese Korvetten werden ebenfalls aus Stahl gebaut, erhalten jedoch eine leichte Teakholz-Beplankung, welche die Anbringung einer Kupferhaut möglich machen soll. Diese Schiffe werden viel kleiner als die der IRIS-Klasse. Das Deplacement dieser Schiffe wird **2377** Tonnen und die Leistung der Maschinen **2300** Pferdekräfte sein. Die Bestückung von **14** mittelschweren Geschützen, sowie der Körper an der Wasserlinie entbehren jeden Panzers. Hingegen wird das Deck über der Maschine, den Kesseln und den Munitions-Depôts mit **38^{mm}** Stahl in zwei Lagen gepanzert. Ferner werden vier wasserdichte Schotten den Schiffskörper abtheilen. Diese Schiffe sollen sämmtlich Anfangs **1879** vollendet sein.

IX.

Das Seearsenal oder die Kriegswerft.

Quale nell' Arzanà de' Viniziani
Bolle l'inverno la tenace pece
A rimpalmar li legni lor non sani
Che navigar non ponno e'n quella vece
Chi fa suo legno nuovo, e chi ristoppa
Le coste a quel che più viaggi fece
Chi ribatte da proda, e chi da poppa
Altri fa remi, ed altri volge sarte
Chi terzeruolo ed artimon rintoppa.

Dante,
Inferno.
21. Canto, V. 8.

Erfordernisse der Rhede und des Hafens. — Darstellung derselben. — Das Seearsenal oder die Kriegswerft. — Anblick und Einrichtung. — Docks. — Gebäude. —
Material. — Maschinen. — Wachschiff. — Beaufsichtigung der Werft und des
Hafens. — Hafen-Admiralat oder Stations-Kommando. — Hydrographische Anstalt
oder Seewarte.

Den Geschwadern und einzelnen Schiffen der Marine Sicherheit
gegen die Stürme und die Gewalt der durch sie erregten Wogen
des offenen Meeres zu gewähren, und doch zugleich jenen eine leichte
Verbindung mit diesem zu verschaffen, ist die grosse Aufgabe, welche
bei der Anlage eines Kriegshafens gelöst werden muss, dessen
geographische Lage sehr zu berücksichtigen ist: denn umsonst ladet
eine geschlossene Rhede zur Begründung einer Kriegswerft ein, wenn
sie am Ende einer nur schwer zugänglichen Bucht sich befindet.

Durch in das Meer sich erstreckende Vorgebirge oder Inseln
gegen der Stürme Wuth geschirmt, soll die Bucht, welche den
Aussenhafen oder die Rhede bildet, den daselbst vor Anker
liegenden Schiffen zu allen Zeiten ein sicherer Schutz sein; auf der,

selbst bei dem grössten Sturme nur mässig bewegten Oberfläche des Wassers müssen auch die leichtesten Boote bei jedem Wetter ungefährdet die Verbindung zwischen den Schiffen und dem Ufer unterhalten können.

Eine zweite Bucht, der Binnenhafen, gänzlich gegen die Macht der Stürme geschützt, dient dazu, die nicht aktiven Schiffe, die theils abgerüstet, theils in Seebereitschaft sind, aufzunehmen, welche abgetakelt, gewöhnlich mit Dächern überdeckt, durch Ketten und Taue an den Kajen und Ankern wohlbefestigt, in Reihen sicher neben einander liegen, bis zum Tage, wo sie wieder ausgerüstet werden.

Leicht muss es dem einlaufenden Schiffe sein, diesen schirmenden Hafen zu erreichen, wenn in einem Kampfe mit den Elementen oder dem Feinde erhaltene Havarien es zwingen, das offene Meer zu verlassen, um wieder ausgebessert zu werden; leicht dem wieder hergestellten, auslaufenden Schiffe, die hohe See zu gewinnen, um von Neuem Gefahren aller Art Trotz zu bieten.

Aber nicht allein gegen die Macht der Elemente sollen Rhede und Hafen geschützt sein, sondern auch gegen die Angriffe feindlicher Flotten; darum erheben sich an der Mündung — wo ein Leuchtthurm dem einlaufenden Schiffe den sicheren Weg bezeichnet — drohende Batterien, dem Feinde das Einlaufen, wenn nicht unmöglich zu machen, doch zu erschweren; darum umgeben Forts und Citadellen die Rhede und das Seearsenal, den eingedrungenen Feind an der Besitznahme zu hindern.

Grosse Ausdehnung muss ein Kriegshafen haben, um freie Bewegung zwischen den Schiffen sowohl als zwischen den Werkstätten und Magazinen zu erlauben, welche die langen, ihn einschliessenden Kajen bedecken und deren Anzahl und Grösse mit derjenigen der Schiffe im Verhältnisse steht, die er aufzunehmen im Stande ist.

Alle im Binnenhafen befindlichen nautischen und militärischen Anstalten vereint, bilden das Seearsenal oder die Kriegswerft, welche vollkommen abgeschlossen durch Mauern von der Landseite geschützt ist, und von der Wasserseite durch Flösse, die mit Ketten verbunden sind, den sogenannten Baum, gesperrt wird.

Einen prächtigen Anblick gewähren die Seearsenale von Portsmouth, Plymouth, Toulon, Brest, Cherbourg, Pola, Spezzia, Kiel u. a. m.,

deren geographische Lage und Befestigung nur wenig zu wünschen
übrig lässt.

Die ewig wechselnden Scenen rastloser Thätigkeit, das bewegliche Leben im Hafen und auf der Rhede bieten ein beständig sich
erneuerndes Interesse dar: aus- und einlaufende Schiffe und die auf
der Rhede und im Hafen fortwährend sich kreuzenden Boote geben
dem Bilde frische Farben; Kanonendonner der grüssenden Schiffe
hallt von dem umliegenden Gestade zurück, hoch ragen die schlanken
Masten aus den schwimmenden Festen hervor, in denen Stärke und
Symmetrie vortheilhaft vereint sich zeigen. Die langen Reihen
schwerer Kanonen, aus den schwarz gemalten Seiten der Schiffe
drohend hervorragend, das emsige Treiben der an Bord verschieden-
artig beschäftigten Mannschaft, der ferne Klang kriegerischer Musik,
die breiten Flächen der weissen Segel, zum Trocknen gelöst, die
bunten Farben der hoch in den Lüften wehenden National- und
Signalflaggen machen einen erhebenden Eindruck auf Jeden, der
auf der Rhede und zwischen den Schiffen herumfährt, machen
ihn auf das Grossartige des ihn umgebenden Schauspieles umsomehr aufmerksam, wenn er die verschwindende Grösse der
auf Masten und Raaen zerstreut arbeitenden Matrosen mit der
Grösse der ,schwimmenden Festungen', die sie bewohnen, zu vergleichen sucht.

Mit schnellem Schaufelschlage die Wellen theilend, eilt hier ein
Dampfschiff heran, um ein Fahrzeug in's Schlepptau zu nehmen,
dessen Auslaufen der leichte und ungünstige Seewind hindert,
während dort ein eben ausgerüstetes Panzerschiff, wie durch eine
unsichtbare magische Kraft bewegt, aus dem Binnenhafen vorsichtig,
langsam nach der Rhede dampft.

Dichte Gruppen von Menschen besetzen die Kajen, hier neugierig
die Ankunft eines Bootes erwartend, das eben von einem einlaufenden
Fahrzeuge abstiess und dem Hafen- und Sanitätsamte mit kräftigem
Ruderschlage sich nähert, während dort wehende Tücher einem auslaufenden Schiffe das letzte Lebewohl nachwinken. Weiterhin bereitte
ein Schiff sich vor, dem erhaltenen Signale folgend, Anker zu lichten,
während eine schnell geheisste Flagge, von einem Kanonenschusse
begleitet, seinen noch am Ufer befindlichen Booten befiehlt, an Bord
zu eilen und den Lootsen mitzubringen.

Die Kriegswerft selbst bietet das Bild grosser Regsamkeit dar: hier qualmt ein dicker Rauch empor, ein kalfatertes Schiff wird abgebrannt; dort wird ein Fahrzeug, das keinen Raum mehr in den Docks fand, gekielholt, das heisst, es wird mittels grosser Takel oder Giene, die an seinen Masten und am Lande oder auf einem Ponton befestigt sind, auf die Seite gelegt, um Beschädigungen am lebendigen Werke auszubessern. Das betäubende Gehämmer der Kalfaterer und Schiffs-Zimmerleute, das dumpfe Getöse der beschäftigten Menge zeugt von ihrer Thätigkeit und gewährt dem Fremdlinge in diesen Räumen einen eigenen Genuss. Der Anblick des Meeres und der Schiffe, das grossartige Schauspiel der einlaufenden und absegelnden Fahrzeuge und die Bewegungen in einem grossen Hafen, die Ordnung, die in Mitte der scheinbaren Unordnung im Arsenale und auf den Werften, sowie in den Evolutionen an Bord der Schiffe herrscht, die Macht des Kommandos, die Schnelle des Gehorsams, die von Grad zu Grad sich erstreckende Subordination und die fühlbare Achtung, welche die Chefs umgiebt, Alles zusammen verfehlt nicht, einen tiefen Eindruck auf den Fremden zu machen, ihn in einen gewissen Taumel zu versetzen, den er auch dann sobald nicht bemeistert, wenn er bereits die Mauern des Seearsenales verlassen hat.

In den grossen und weitläufigen Höfen des Seearsenales, zwischen den Kajen und Magazinen, liegen Hunderte von Kanonen aller Art und eine Menge Geschosse, nach ihren verschiedenen Kalibern geordnet; Anker und Ketten aller Grössen und Ballasteisen in grosser Anzahl bedecken einen bedeutenden Flächenraum; unter langen, schützenden Dächern sind Masten, Stengen und Raaen, sowie anderes, noch unbehauenes Rundholz aufbewahrt. Die gedeckte Seilerei oder Reeperbahn mit ihren betreffenden Theerhäusern zieht sich an der grossen Mauer des Seearsenales in bedeutender Ausdehnung hin; Bureau-Gebäude für die verschiedenen Behörden, sowie grosse Magazine für Tauwerk, Segel und Segeltuch, Munition und Lebensmittel und Kasernen der verschiedenen Besatzungen und Arbeiter zieren die Höfe.

Grosse, überdeckte H e l l i n g e, Schutz gegen den Einfluss der Witterung gewährend, sind in der unmittelbaren Nähe des Wassers aufgebaut; unter ihnen stehen die in Bau begriffenen Schiffe auf

Stapel, d. i. jene lange Reihe von starken Klötzen in der Mitte der Helling, auf welchen der Kiel des im Baue befindlichen Schiffes ruht, und welche Klotz- und Pfahlrostunterlage sich in gleich schräger Richtung nach dem Wasser und bis unter dessen Oberfläche fortsetzt, so dass das ablaufende Schiff auf einer festen Bahn dahingleitet, bis es tief genug in das Wasser gekommen ist, um sich durch seine eigene Schwimmkraft flott zu erhalten. Trockendocks dienen dazu, die zu reparirenden Schiffe aufzunehmen. Um die Werften herum sind ungeheure Massen Schiffbauholz aufgestapelt.

Trockendocks sind grosse Bassins, die, hart am Hafen oder am Strome gelegen und mit demselben durch eine Art Schleusenthor verbunden, durch eben diese Thore gänzlich abgesperrt und dann durch Dampfpumpen trocken gelegt werden können. Soll nun ein Schiff in dem Theile, der unter Wasser liegt, ausgebessert werden, so wird es durch das geöffnete Thor des Bassins in das letztere hineingebracht, die Schleusenthore werden geschlossen, das Wasser wird ausgepumpt, das Schiff gegen die terrassenartig abgestuften Wände des Docks abgestützt und die Reparatur kann beginnen. Sobald dieselbe vollendet ist, werden die Thore wieder geöffnet, das Wasser strömt ein, das Schiff wird flott und wird dann auf dem umgekehrten Wege wie vorher wieder aus dem Bassin herausgebracht.

Während nun diese Trockendocks wirkliche, in das Erdreich gegrabene Bassins, deren terrassirte Wände mit Holzverschalung verkleidet oder gewöhnlicher mit grossen Steinblöcken ausgesetzt sind, früher die einzige Art von Docks waren, hat man in neuerer Zeit noch eine andere Art, die Schwimmdocks, in Aufnahme gebracht. Ein Schwimmdock ist ein kolossaler, gleich einem Schiffe im Hafen schwimmender eiserner Kasten, bei welchem die beiden schmalen Wände fehlen, die beiden Längswände und der Boden aber hohl, aus doppelten Eisenplatten gebildet sind und so viel Schwimmkraft haben, dass sie das ganze Dock mit der oberen Fläche seines Bodens über Wasser halten. Soll nun ein Schiff im Schwimmdock reparirt werden, so lässt man durch ähnliche Vorrichtungen Wasser in die Hohlräume des Bodens und der Seitenwände einströmen und das Dock senkt sich auf diese Weise so weit, dass seine obere Bodenfläche noch etwas tiefer unter Wasser liegt, als der Tiefgang des auszubessernden Schiffes beträgt. Darauf fährt das letztere in den Eisenkasten hinein, was sich, da dem letzteren die Querwände fehlen, mit grösster Leichtigkeit ausführen lässt, und wenn das Schiff zwischen den beiden Längenwänden schwimmt, beginnen gewaltige Dampfpumpen das Wasser aus den Hohlräumen zu entfernen. Hierdurch erhebt sich das Dock wieder, nimmt im Steigen das Schiff, das jetzt abgesetzt auf seinen Boden zu stehen kommt, mit empor und

Fig. 156.

bringt es endlich in solche Höhe, dass die obere Bodenfläche des Docks und das ganze Schiff sich ausser Wasser befinden und jede Reparatur vorgenommen werden kann. Sobald dieselbe beendigt ist, wird das Dock durch Einlassen von Wasser wieder gesenkt und das Schiff kann ruhig hinausfahren. (Figur 156 zeigt einen solchen Schwimmdock.)

Der Bemastungskrahn, fest an der Kaje aufgerichtet, ragt hoch über alles ihn Umgebende hinaus, und die Hafenreinigungs-Maschine, Bagger, arbeitet fortwährend, das Anhäufen des Schlammes im Hafen zu verhindern.

Dicht beim Baume liegt ein Schiff vertäut, das, als Wach-schiff dienend, die entsprechende Flagge des Hafenadmirales oder Chefs der Marine-Station führt. Gewöhnlich ist es eine nicht mehr seediensttaugliche Fregatte.

Die Thore des Seearsenales sind beständig bewacht und nur gegen eine schriftliche Erlaubniss ist der Ein- und Ausgang gestattet; ein Theil des schwimmenden Baumes wird bei Tage geöffnet, um den Fahrzeugen und Booten freien Durchgang zu gestatten; des Nachts ist er verschlossen.

Die ungeheure Menge Materiales aller Art, welches auf der Kriegswerft aufbewahrt wird, bedarf natürlich einer mehr als besonderen Beaufsichtigung, damit die Veruntreuung nicht freien Spielraum findet, da leider auf einigen Werften eine gewisse Klasse von Menschen zur Arbeit verwendet wird, deren scharfe Bewachung eben nicht zu den angenehmsten Pflichten der betreffenden Behörden gezählt werden kann, nämlich die der Galeeren-Sträflinge, Menschen, die natürlich so viel Schaden als möglich anrichten und so wenig Arbeit als nur immer thunlich leisten.

Eine halbe Stunde nach dem Morgenschusse wird die Werft den Arbeitern geöffnet, die das Läuten einer Glocke herbeiruft; dasselbe Zeichen giebt ihnen eine halbe Stunde Zeit zum Frühstück und eine Stunde zum Mittagsessen. Beim Schlusse der Arbeiten des Abends sammeln sich die Arbeiter am Thore, wo sie durch ihre betreffenden Vorgesetzten inspicirt werden und dann paarweise die Werft verlassen, worauf diese sowohl zu Lande als zu Wasser geschlossen wird. Die Thore öffnen sich jetzt nur noch den Officieren der Runde und auf schriftlichen Befehl.

Während der Nacht rudern Wachboote im Hafen umher und Runden folgen einander in den Häfen, um die Sicherheit der Werft und der Schiffe beständig im Auge zu behalten; das Anrufen der Schildwachen und aus den Booten jede halbe Stunde zeigt für die allgemeine Wachsamkeit.

Den Oberbefehl über das Arsenal, den Hafen und die Rhede hat der Hafenadmiral oder Chef der Marine-Station, dem Alles, was in diesem Bereiche liegt, untergeben ist. Die Behörden der verschiedenen Zweige des Dienstes sind ihm verantwortlich für die genaue Ausführung seiner Befehle; ebenso die Kommandanten der verschiedenen Schiffe, die dort ausgebessert oder ausgerüstet werden. Doch hat der Hafenadmiral oder Chef der Marine-Station nicht die Autorität, Schiffe ohne höheren Befehl in See zu senden. Die Werft selbst steht unter dem Arsenal-Kommandanten oder Ober-Werft-Direktor.

Fast auf allen Kriegswerften ist der Dienst in etwa folgende Hauptzweige geschieden: die Direktion für Ausrüstung, für Schiffbau, für Maschinenbau, für Artillerie, für Hafenbau und für Verwaltung.

Alles was zur Konstruktion von Schiffen und Booten gehört, sowie die innere Einrichtung und das Ablaufen derselben wird vom Direktor der Schiffbauten beaufsichtigt, dem die Werkstätten der Zimmerleute und Tischler, der Masten-, Block- und Pumpenmacher, Bildhauer und Maler, Schmiede und Schlosser untergeben sind. Der Plan- und Modellsaal stehen unter seiner Obhut, letzterer der besonderen Aufmerksamkeit Besuchender werth, da in ihm die genauesten und schönsten Modelle von Schiffen aufbewahrt werden, um der Nachwelt die Formen der Schiffe zu überliefern; ein Mangel an solchen Modellen der Schiffe vergangener Jahrhunderte ist bitter zu beklagen.

Das Gebiet der Verwaltung erstreckt sich auf die ganze Anschaffung, Verwahrung und Verwendung der Lebensmittel und sonstigen Ausrüstungs-Gegenstände, sowie auf das ganze sonstige Rechnungswesen und die allgemeine Kontrole der Ausgaben.

Unter dem Hafenadmirale oder Chef der Marine-Station steht gewöhnlich auch die hydrographische Anstalt oder Seewarte, deren Aufgabe es ist, alle Seekarten, astronomischen und nautischen Instrumente, Fernröhre, Chronometer, Barometer, Thermometer etc. stets im besten Stande und in gehörigem Vorrathe zu erhalten, theils um selbst die nöthigen Beobachtungen anzustellen, theils um diese Gegenstände an die Schiffe bei deren Ausrüstung nach Vorschrift zu vertheilen. Diese hydrographische Anstalt, der gewöhnlich ein älterer, theoretisch und praktisch gebildeter Seeofficier vorsteht, hat auf das sorgfältigste alle Daten zu sammeln, die sich auf die Navigation im Allgemeinen beziehen, neu entdeckte Bänke, Untiefen, neu errichtete Marken oder Leuchtfeuer ungesäumt auf den betreffenden Seekarten einzutragen, diese zeitweise zu rektificiren, magnetische Beobachtungen vornehmen zu lassen, meteorologische Beobachtungen genau anzustellen, sie mit denen an verschiedenen Küstenpunkten gemachten zu sammeln und zusammenstellen. Die hydrographische Anstalt besorgt, dass den Schiffen auf der Rhede und im Hafen der mittlere Mittag (entweder des Ortes oder des ersten Meridianes, gewöhnlich des Meridianes von Greenwich) auf das genaueste angegeben wird, damit sie darnach ihre Chronometer oder Seeuhren reguliren und deren Gang darnach bestimmen können. Es geschieht dies mittels eines sehr deutlichen Signales, und zwar meistens einer grossen schwarzen Kugel, welche, einige Minuten v o r dem bestimmten Zeitpunkte an einer weithin sichtbaren Stelle geheisst, im Augenblicke des Mittags durch eine elektrische Vorrichtung herabfällt, oder auch mittels eines Kanonenschusses.

In der neuesten Zeit, wo die Meteorologie zu einem hochwichtigen Studium herangediehen ist, hat man in England, Frankreich und an den Küsten der Ost- und Nordsee eigene Wettersignale auf dominirenden Punkten, wie z. B. Leuchtthürmen, eingeführt, durch welche den Schiffen auf der Rhede und selbst in See, wenn sie in Sicht dieser Signalstationen kommen, die muthmassliche Witterung mitgetheilt wird.

In England hat diese Wettersignale, nachdem von Maury die Anregung dazu ausgegangen, der Admiral Fitzroy in umfassendster Weise ausgeführt, und man verdankt ihnen bereits die Rettung von Tausenden von Schiffen und kleineren Fahrzeugen, die, rechtzeitig von einem herannahenden Sturme benachrichtigt, ihr Heil nur diesen Signalen verdanken, die mittels telegraphischer Mittheilung von den entferntesten Punkten an die Hauptstationen gelangen und bei Tag und bei Nacht ihre prophetischen Rathschläge ertheilen. Diese Resultate, deren Tragweite so segenvoll, verdanken wir der Wissenschaft mit ihrer unermüdlichen Forschung, durch welche auch die Gesetze der Winde in den Bereich allgemeiner Kenntniss gelangt sind.

X.

Der Dienst im Hafen und auf der Rhede.

,Alles wohl!' so tönt das Rufen,
Wer dort lauert auf der Wacht,
,Alles wohl!' durch Sturm und Regen,
Wenn kein Stern am Himmel lacht.
Seemannslied.

Uebernahme des Schiffes. — Untersuchung desselben. — Abbringen und Ankern. — Ausrüstung. — Musterung. — Eintheilung der Mannschaft nach Rollen. — Mannszucht. — Innerer und äusserer Dienst. — Uebungen. — Eintheilung der Zeit. — Wachen. — Gesundheitsvorkehrungen.

Der Befehl zur Ausrüstung der Flotte ist gegeben, die grösste Thätigkeit herrscht auf der Werft und im Hafen; alle Zweige des Dienstes wetteifern in derselben. Den betreffenden Schiffen werden die sie bisher gegen den Einfluss der Witterung schützenden Dächer abgenommen und, von den sogenannten Festmacher-Ketten befreit, werden sie neben die Bemastungsmaschine gelegt, wo die unteren Masten und Bugspriete eingesetzt werden und zunächst das Steuerruder in seine Fingerlinge kommt.

Zimmerleute, Kalfaterer, Tischler und Maler sind in voller Arbeit, die Schiffsgebäude herzurichten, während Abtheilungen von Matrosen unter Leitung geschickter Bootsmänner, von Officieren beaufsichtigt, an Bord gesendet werden, das Auftakeln zu beginnen. Der Ballast wird eingenommen, dem Schiffe die nöthige Stabilität zu geben, es wird von der Kaje abgebracht und in den Hafen nach der Stelle bugsirt, wo es, von zwei Ankern vertäuet, zu- und ausgerüstet werden soll.

CUSTOZZA

ÖSTERREICHISCH-UNGARISCHES PANZERSCHIFF.

Begleitet vom Ausrüstungs-Direktor, unter dessen besonderer Aufsicht die Schiffe aufgetakelt werden, erscheint jetzt der Kommandant des Schiffes, dasselbe zu übernehmen. Seine erste Pflicht ist, dasselbe genau in allen seinen Theilen zu untersuchen und sich von dessen zweckmässiger Einrichtung durch den Augenschein zu überzeugen.

Von der Werft erhält er zu diesem Zwecke die verschiedenen Pläne des Schiffes, der Stauung, Bemastung und Besegelung und alle Notizen, die auf die Qualitäten des zu übernehmenden Fahrzeuges Bezug haben.

Die Officiere des Schiffes, sowie der Bootsmann, Feuerwerker, Maschinist und Zimmermann, haben bei dieser Untersuchung gegenwärtig zu sein, über deren Ergebniss ein genauer, schriftlicher Rapport vom Kommandanten einzureichen ist.

Die Muster- oder Mannschaftsrolle oder das Verzeichniss der Bemannung wird dem Kommandanten jetzt ebenfalls übergeben, mit dem Befehle, die noch fehlende Mannschaft zu vervollständigen. Vom Tage der Uebernahme an muss das Tagebuch des Schiffes — das Loggbuch — geführt werden, in welches pünktlich Alles, was Bezug auf dasselbe hat, aufgezeichnet wird.

So lange das Schiff im Binnenhafen liegt, theilt der Kommandant die Verantwortlichkeit über dasselbe mit dem Hafenkommandanten in der Art, dass er für die innere, der Hafenkommandant aber für die äussere Sicherheit zu wachen hat. Auf der Rhede ist der Kommandant einzig und allein für sein Schiff verantwortlich. Das Auftakeln des Schiffes giebt meistens Anlass zu Streitigkeiten zwischen dem Kommandanten, der es natürlich nach seiner Ansicht und seinem Geschmacke auftakeln lassen würde, und dem Ausrüstungs-Direktor, der, genau den ökonomischen, oftmals veralteten Vorschriften des Dienstes folgend, schwer in jene Wünsche sich fügt, und oft bleibt dann nichts Anderes übrig, als später, während einiger Monate in See, das Fehlende zu ersetzen, oder das Bestehende auf geeignetere Weise herzurichten.

Soviel als nur immer möglich, sucht nun jeder Kommandant die Ausrüstung seines Schiffes zu beschleunigen, worüber er tägliche Rapporte dem Admirale, dessen Flotte er zugetheilt ist, oder, falls er keiner angehört, dem Hafenadmirale zu machen hat.

Sobald der grösste Theil der Mannschaft sich an Bord befindet, muss mindestens die Hälfte der Officiere beständig an Bord sein, und einer der Aerzte wenigstens während der Arbeitsstunden.

Abwechselnd versehen die Officiere während vierundzwanzig Stunden den Dienst (Hafeninspektion), nur der erste Officier, mit der Oberaufsicht über alle Arbeiten betraut, ist beständig im Dienste. Sämmtliche Seeofficiere und Seekadetten haben vom Tage ihres Anbordseins Tagebücher zu halten.

Ununterbrochen werden Gegenstände der Zu- und Ausrüstung an Bord gebracht und unter der Aufsicht der Officiere in die dazu bestimmten Räume gestaut.

Endlich ist das Schiff vollkommen aufgetakelt, die Kanonen sind in die Batterie eingeführt und es wird aus dem Binnenhafen bugsirt, auf die Rhede gebracht und dort vertäuet, wobei der Kommandant selbst gegenwärtig sein muss. Eine genaue Inspektion von Seiten des Kommandanten geht vorher, damit derselbe sich überzeuge, dass sein Schiff sowohl im Innern als im Aeussern im besten seetüchtigen Stande sei.

Auf der Rhede angelangt, wird die Munition eingeschifft, wobei natürlich die grösste Vorsorge herrschen und Feuer und Licht gelöscht sein müssen.

Nach und nach wird die Mannschaft vollzählig; die noch fehlenden Officiere kommen an Bord, die verschiedenen Musterrollen werden provisorisch angefertigt und der Kommandant, nach einer vorläufigen Inspektion seiner Mannschaft, befiehlt, Alles zur Musterung bereit zu halten, da der Admiral erscheinen wird, das Kommando seines Geschwaders zu übernehmen.

Der Tag der Musterung ist bestimmt. Von seinem Stabe begleitet, erscheint der Admiral auf der Werft, wo er mit den seinem Range gebührenden Ehren empfangen wird; das seine Flagge führende Boot liegt bereit und dessen Rojer (Ruderer) erwarten mit aufrecht gehaltenen Riemen („Riemen hoch!‘) seine Ankunft. Das Boot stösst vom Lande ab, auf einen Schlag fallen die Riemen in das Wasser („Lass' fallen!‘) und, von zwanzig kräftigen Armen bewegt, fliegt das schlanke Boot über die Fluthen.

Die Raaen der Schiffe, welche die Flotte oder das Geschwader ausmachen, werden bemannt, d. h. Matrosen stehen aufrecht auf

DEUTSCHLAND

DEUTSCHES PANZERSCHIFF.

denselben, mit ausgestreckten Händen an dünnen Leinen (Streck-
tauen) sich haltend, die von einer Toppenant zur anderen gespannt sind; die übrige Mannschaft ist an jener Seite des Schiffes
aufgestellt, auf welcher das Admiralsboot vorbei rudert; die auf
dem Quarterdeck aufgestellte Parade der Seesoldaten, von ihren
Officieren befehligt, präsentirt das Gewehr und die Musik spielt.

Sobald das Boot des Admirales seinem Schiffe sich nähert,
ertönt der langgezogene Ehrenpfiff aus des Bootsmannes Pfeife, und
sechs bis acht Leichtmatrosen eilen auf die Staatstreppe an Steuerbord, die Fallreeptaue zu halten. Der Kommandant empfängt den
Admiral oben an der Treppe; kaum betritt dieser sein Schiff, so
wird der Wimpel gestrichen und seine Flagge auf den betreffenden
Mast geheisst, unter dem Donner der salutirenden Kanonen der
übrigen Schiffe des Geschwaders und dem dreimaligen Hurrah-Rufe
der Mannschaft.

(Die nebenstehende Tafel zeigt die deutschen Panzerschiffe
DEUTSCHLAND und KÖNIG WILHELM vor Anker, salutirend.)

Auf dem Quarterdeck stehen die Officiere und Seekadetten, die,
nachdem der Admiral sich in seine Kajüte begeben hat, ihm durch
den Kommandanten vorgestellt werden. Hierauf wird der Befehl zur
Musterung ertheilt.

Die Pfeifen der Deckofficiere und das Wirbeln der Trommeln
oder Schmettern der Hörner geben das Signal zu: ‚Klarschiff!‘
Vom Kommandanten, ersten Officier und Arzte des Schiffes, sowie von
seinem eigenen Stabe begleitet, beginnt der Admiral die Inspektion
des Schiffes und der Mannschaft, die in Gefechtsordnung in den verschiedenen Decken an ihren betreffenden Posten aufgestellt ist, und
überzeugt sich von dem seefertigen Zustande des einen sowie von der
Tüchtigkeit der anderen durch den Augenschein. Hierauf werden Stab
und Mannschaft verlesen.

Die anderen Schiffe der Flotte inspicirt er später in derselben
Art, wie das seine Flagge führende.

Da der Befehl zum Auslaufen binnen Kurzem zu erwarten
ist, so wird mit fortgesetzter Thätigkeit an der Beendigung der
Ausrüstung gearbeitet; Lebensmittel, Wasser und Brennmaterial
werden noch täglich an Bord gebracht, um die zur Reise nöthige
Quantität vollständig zu erhalten. Täglich wird die neue M· · ·

schaft mit den Segeln und schweren Geschützen exercirt, um sich so schnell als möglich an ein geregeltes Zusammenarbeiten zu gewöhnen.

Die Rollen (Vertheilungen zu den verschiedenen Funktionen) werden nun, da man die Fähigkeiten der Individuen besser zu beurtheilen im Stande ist, definitiv festgesetzt. Die mannigfachen Verrichtungen des Dienstes sowie die Ordnung, welche auf den Kriegsschiffen unentbehrlicher als anderswo ist, machen die Eintheilung der Mannschaft in verschiedene Rollen nöthig, damit die Aufsicht über die einzelnen Personen den Officieren dadurch erleichtert werde und jeder Mann wisse, welcher Dienst ihm in allen vorkommenden Verhältnissen obliege. Richtig angefertigte Rollen und eine in diesen Rollen geübte Mannschaft sichern den guten Dienst an Bord, machen es unter allen Verhältnissen leistungsfähig und vermeiden das grösste Uebel an Bord eines Schiffes — die Konfusion.

Die erfahrungsmässig nothwendigen Rollen sind:

1. Die Gefechtsrolle,
2. die Wachrolle,
3. die Manöverrolle,
4. die Feuerlösch- oder Feuerrolle,
5. die Bootsrolle,
6. die Backsrolle,
7. die Reinschiffrolle.

Von jeder besonderen Eintheilung werden schriftliche Listen angefertigt, in denen die Deckofficiere, ·Matrosen, Soldaten und Schiffsjungen mit Tauf- und Zunamen und Rang, nebst Nummer der Generalliste eingetragen werden. Ein jeder Officier und Unterofficier nimmt Abschrift des Verzeichnisses der unmittelbar unter ihm stehenden Mannschaft, damit er dieselbe genau kennen lernt, augenblicklich weiss, wer fehlt und beständig die nöthige Auskunft zu geben vermag.

Die verschiedenen Rollen sowie die Kriegsartikel sind an mehreren, der Mannschaft leicht zugänglichen Stellen des Schiffes angeschlagen, damit sie ihr beständig vor Augen sind.

Die zuerst anzufertigende, weil wichtigste Liste, ist die Gefechtsrolle (Schlachtrolle) oder Angabe des Postens, den ein

jeder Mann an Bord einzunehmen hat, um zur Vertheidigung
des Schiffes beizutragen; diese dient vielfach als Basis aller
anderen.

Es ist keine leichte Aufgabe, die Fähigkeiten eines jeden
Individuums aus einer solchen bunten Masse ausfindig zu machen,
und es gehört ein eigener praktischer Takt, besonderer Scharfblick
und grosse Aufmerksamkeit dazu, Jedermann auf den Posten zu
stellen, wo er am meisten zu leisten vermag. So schwierig es aber
im Anfange erscheint, Jeden mit seinem Posten und seinen Pflichten
genau bekannt zu machen: vielfache Einübung macht jedoch bald
die ganze Mannschaft mit ihren Pflichten vertraut und befähigt sie
so, in wenigen Minuten das Schiff in allen Theilen schlagfertig
zu machen.

Zu diesem Zwecke wird auch sehr oft in Augenblicken, wo
Niemand daran denkt, auf Befehl des Kommandanten Generalmarsch
zum Klarschiff geschlagen oder geblasen; beim ersten Tone der
Trommeln oder Hörner — ob bei Tag oder Nacht — eilt die Mannschaft, die Officiere an der Spitze, an ihre verschiedenen Posten, dem
ungewohnten Auge das Bild einer allgemeinen Verwirrung bietend, aber
schnell löst dieselbe sich in die grösstmögliche Ordnung und Stille auf.

Vom Augenblicke an, wo die Trommeln oder Hörner den
Generalmarsch zu schlagen oder zu blasen anfangen, bis zu dem, wo
jeder Mann auf seinem Posten bereit ist, das Gefecht zu beginnen,
dürfen — selbst auf dem grössten Schiffe — höchstens zehn Minuten
vergehen. Nur häufiges Einüben kann eine solche Geschwindigkeit
hervorbringen, daher denn auch der wohlorganisirte Dienst einem
Schiffe das bedeutende materielle Uebergewicht über ein anderes
verleiht, das ‚eben ausgelaufen‘ noch eine ungeübte Mannschaft an
Bord hat.

Aus den besten und behendesten Matrosen wählt man diejenigen aus, deren Posten beim Manövriren in den Marsen ist,
woher sie den Namen Marsgasten erhalten. Sie haben die
Takelung der Masten, Stengen und Raaen im Stande zu halten;
im grössten Sturme ist es ihr Geschäft, die entstandenen Havarien auszubessern; unbekümmert um die sie umgebenden Gefahren,
sitzen sie ruhig fortarbeitend auf den Raaen oder hängen an einem
Taue, während vielleicht das Schiff unter ihnen vom Sturme wüthend

herumgeschleudert, dem Neuling im Seeleben kaum auf dem Deck festen Fuss zu fassen gestattet.

Nächst den Marsgasten werden die in der Behandlung der Kanonen geschicktesten Matrosen ausgewählt und zu Vormeistern der einzelnen Geschütze ernannt.

Bei Anfertigung der Gefechtsrolle ist es nöthig, die Mannschaft auf den verschiedenen Decken so nahe als möglich dem Theile des Schiffes zu stationiren, auf welchem die einzelnen Individuen allgemeine Pflichten zu erfüllen haben. Die Backs- und Vormarsgasten daher im Vordertheile, die Grossmarsgasten in der Mitte, die Halbdecks- und Kreuzmarsgasten im Hintertheile des Schiffes. Jeder Mann erhält seine Nummer, die auf seiner Hängematte steht und die er durchgehends in allen Rollen beibehält. Wird er ausgeschifft, trifft dieselbe Nummer seinen Nachfolger.

Die zunächst anzufertigende Liste ist die Wachrolle, die den Wachdienst der Besatzung regelt. Die Besatzung (exclusive Officiere, Aerzte, Beamte, Deckofficiere und Freiwächter) wird deshalb zunächst in zwei gleiche Abtheilungen getheilt, von welchen die eine ungerade Nummern, die andere gerade Nummern erhält.

Die erste Abtheilung mit ungeraden Nummern heisst die Steuerbordwache, die zweite mit geraden Nummern die Backbordwache. Jede dieser beiden Abtheilungen muss eine gleiche Anzahl Unterofficiere, Matrosen, Handwerker, Maschinistenmaate, Heizer und Seesoldaten, enthalten, so dass mit jeder dieser Abtheilungen Manöver etc. selbstständig ausgeführt werden können.

Diese beiden Abtheilungen (Wachen) zerfallen jede wieder in zwei Hälften von möglichst gleicher Beschaffenheit. Auf Schiffen mit einer Besatzungsstärke von 400 Mann und darüber wird jede Hälfte wieder in zwei Quartiere eingetheilt. Die Unterabtheilungen der ersten Hälfte heissen: erstes und drittes Quartier, die der zweiten Hälfte: zweites und viertes Quartier. Diese Hälften, respektive Quartiere, bilden die Ankerwache.

Freiwächter sind solche Personen der Besatzung, welche nur bei ‚Klarschiff‘ oder bei Manövern mit ‚Alle Mann‘ zu dem ihnen nach den Rollen speciell übertragenen Dienste, nicht aber zum Wachdienste herangezogen werden.

Die Freiwächter zerfallen in aktive und inaktive Freiwächter. Zu den ersteren gehören: der Bootsmann, Feuerwerker, Steuermann, Zimmermann, der Bootsmannsmaat der Last, der Lastmann, die Kochsmaate, Stewards-Gehilfen, Handwerker und Funktionäre; zu den letzteren: der Stabswachtmeister, Sergeant des Seesoldaten-Detachements, die Kommandanten-, Officiers- und Kadetten-Köche und Stewards. Die Freiwächter werden je nach ihrem Dienstzweige während der ganzen Arbeitszeit des Tages beschäftigt und schlafen bis zur Reveille im Hafen, bis 4 Uhr Morgens in See. Wenn mit Wache und Freiwächter manövrirt werden soll, so werden die aktiven Freiwächter hierzu herangezogen.

Die Backsrolle oder die Liste der an einem Tische zusammen speisenden Individuen folgt hierauf: neun bis zehn Mann, die so ziemlich zu einerlei Diensten verwendet werden, sind in einer Back vereinigt; man sucht dieselben aus einer gleichen Anzahl älterer (befahrener) und jüngerer (unbefahrener) Matrosen zusammenzusetzen, damit die letzteren von den ersteren beaufsichtigt werden und von ihnen lernen können. Die Freundschaft der Backsmaaten unter einander ist in der Marine sprichwörtlich.

Die Manöverrolle weist der Besatzung bei den verschiedenen Segel-Manövern, Exerciren mit Stengen und Raaen, Bootaussetzen etc. ihre Stationen an. Sie wird aus der Wachrolle gebildet, und zwar durch Eintheilung einer jeden Wache in: 1. die Backsgasten, 2. die Vormarsgasten, 3. die Kuhlgasten, 4. die Grossmarsgasten, 5. die Achtergasten, 6. die Kreuzmarsgasten und 7. die Schanzgasten. Diese Unterabtheilungen sind weder gleich stark, noch enthalten sie gleich qualificirte Leute, ihre Zusammensetzung wird vielmehr durch das Erforderniss bedingt, dass jede Abtheilung im Stande sein muss, die ihr zugewiesenen Funktionen beim Manöver auszuführen. Die Backsgasten, Vor-, Gross- und Kreuzmarsgasten haben die Takelung und Segel zu bedienen und bestehen daher nur aus Seeleuten. Die Kuhlgasten, Achter- und Schanzgasten haben die Enden an Deck zu bedienen.

Die Besatzung jedes vollgetakelten Schiffes bildet vier Manöver-Divisionen, nämlich:

Die erste Manöver-Division oder Backs-Division, bestehend aus den Backsgasten, die zweite Manöver-Division oder Fockmast-Division aus den Vormars- und Kuhlgasten,

die dritte Manöver-Division oder Grossmast-Division, bestehend aus den Grossmars- und Achtergasten,

die vierte Manöver-Division oder Kreuzmars-Division aus den Kreuzmars- und Schanzgasten.

Die Marsgasten werden in Unterraa-, Marsraa-, Bramraa- und Oberbramraa-Gasten eingetheilt, und zwar derartig, dass jede Raa gleichviel Leute von jeder Hälfte hat.

Zur Manöverrolle gehören:

a) Rolle zum Unter- und Abschlagen der Segel;

b) Rolle zum Los- und Festmachen der Segel;

c) Rolle zum Segelwechseln;

d) Rolle zum Ankerlichten und Untersegelgehen (Segelsetzen);

e) Reefrolle (Mars-, respektive Untersegel reefen und Reefe ausstecken);

f) Rolle zum Leesegel setzen und bergen;

g) Rolle zum Wenden;

h) Rolle zum Halsen;

i) Rolle zum Segelbergen und Ankern;

k) Rolle zum Bramstengen und Raaen aufbringen und an Deck nehmen;

l) Rolle zum Streichen und Aufbringen von Stengen und Unterraaen;

m) Rolle zum Marsraaen wechseln;

n) Rolle zum Ein- und Aussetzen der Boote;

o) Paradir-Rolle, respektive Rolle zum Paradiren und Salutiren.

Bei Aufstellung der Feuerrolle ist in erster Linie die Vertheilung der Mannschaft für den Gefechts-Moment in's Auge zu fassen, und zwar für diejenige Eventualität, in der alle Kräfte auf das Löschen verwendet werden müssen und ein Abbrechen des Gefechtes nöthig wird. Ein weniger gefährliches Feuer wird im Gefechte, auch ohne dass der Geschützkampf unterbrochen werden muss, durch Leute der Reserve oder durch einzelne Nummern der Geschütz-Bedienungs-Mannschaften gelöscht werden können.

Das Feuersignal wird durch Läuten der Schiffsglocke gegeben und bedeuten:

a) einzelne, einander langsam folgende Schläge, dass das Feuer vorn, *b*) je drei kurz aufeinander folgende Schläge, dass es mittschiffs,

c) je zwei kurz aufeinander folgende Schläge, dass es achter ist.

Die Feuerrolle hat aus folgenden Abtheilungen zu bestehen:

1. Die Feuerwehr oder Feuerbrigade,
2. die Bedienungs-Mannschaften der Pumpen und der Schläuche,
3. die Wassermänner und
4. die Feuerwache.

Feuer an Bord eines Schiffes ist einer derjenigen Unglücksfälle, der auf die Mannschaft den grössten Eindruck macht; um daher den ersten panischen Schrecken — die fast unausbleibliche Folge einer Feuersbrunst — zu beseitigen, bewährt sich nichts so sehr, als dass die Mannschaft durch öfteres Einüben die Ueberzeugung erhält, dass alle Massregeln zum Unterdrücken der Gefahr systematisch angeordnet sind, dass jeder Mann die Pflicht, die er in solchem schrecklichen Momente zu erfüllen hat, genau kennt und in der schnellen Ausübung derselben ihm wenig Zeit verbleibt, der Furcht sich hinzugeben.

Eine richtige Vertheilung aller Kräfte, welche ein vereinigtes Arbeiten aller Officiere, Matrosen und Soldaten zu dem einen Zwecke hervorbringt, wird bei plötzlichem Feuerausbruche jede Verwirrung hindern, Ruhe und Stille erhalten, die Geistesgegenwart für alle Theile sichern und die geeigneten Mittel zur Rettung in Anwendung bringen lassen.

Ob im Hafen oder in See, muss es die erste Sorge sein, den Ort des Feuers zu entdecken; ein Officier — der erste Lieutenant — an der Spitze einiger Deck- und Unterofficiere, hat die Pflicht, denselben ausfindig zu machen, während der Kommandant das Vertrauen, das die Mannschaft in ihn setzt, durch die anzuwendenden Vorkehrungen rechtfertigt.

Oefteres Einüben der Feuerrolle wird die Mannschaft in den Stand setzen, bei wirklicher Gefahr die Geistesgegenwart und nöthige Ruhe zu erhalten. Ein Beispiel des guten Erfolges einer eingeübten Feuerrolle gab uns in jüngster Zeit das Seegefecht des österreichisch-preussischen Geschwaders bei Helgoland, unter Admiral Tegetthoff, wo an Bord der österreichischen Fregatte SCHWARZENBERG während des blutigen Gefechtes gegen die Dänen dreimal Feuer ausbrach und jedesmal blos durch die Mannschaft der ‚Brandrolle im Gefechte‘ gelöscht wurde, ohne dass es auch nur für einen

Moment nöthig gewesen wäre, das Gefecht zu unterbrechen, was mit Recht dem Kommandanten zur grössten Ehre gereicht.*)

Die B o o t s r o l l e bestimmt die Bootsgasten, die Bootsgeschütz-Bedienung, die Mannschaften der Landungs-Detachements und die Landungsgeschütz-Bedienung.

Für die Aufstellung der R e i n s c h i f f r o l l e kann nach verschiedenen Principien verfahren werden. Zum Reinigen des Oberdeckes werden gewöhnlich Takler mit einer entsprechenden Anzahl Leute der betreffenden Mastdivision; zum Reinigen der Messen und der Kajüte Kutter- und Giggsgasten; zum Reinigen der Hellegatts und der Lasten die Hellegatts-, respektive Lastleute; Köche und Kochsmaaten zur Reinigung des der Kombüse zunächstliegenden Theiles der Decke u. s. w. verwendet.

Ordnung ist die erste und grösste Regel an Bord eines Kriegsschiffes, sie ist der Anfang und das Ende, der Mittelpunkt und die Peripherie aller inneren Organisation. Von Tag zu Tag, von Woche zu Woche, von Monat zu Monat, von Jahr zu Jahr folgt demselben Schlage der Glocke derselbe schrille Ton der Pfeife, derselbe Ruf, dieselbe Pflicht. Jeder Gegenstand an Bord hat seine bestimmte Stelle und hat auf derselben ohne Aenderung zu verbleiben, um gefahrbringende Verwirrung zu verhüten. In der dunkelsten Nacht muss dem Geiste der Seemannes alles ihn Umgebende sich so vertraut darstellen, dass er auch das geringste Tau aus dem scheinbaren Irrgewinde der Takelung herauszufinden vermag — er muss im Stande sein, den ihm bezeichneten Gegenstand so genau zu erfassen, als sei er von der hellsten Mittagssonne beschienen.**)

---

*) Melbye Nr. 3 ‚Seegefecht bei Helgoland‘.

**) Strenge muss auch darauf gesehen werden, dass der Matrose unter seine eigenen Effekten nicht mehr Gegenstände aufnimmt, als vorgeschrieben sind, dass diese in seinem Kleidersacke gehörig verpackt und an dem hierzu bestimmten Orte aufbewahrt oder gestaut werden. Wo käme die Schiffsordnung hin, wenn man Jedem nach Belieben gestatten wollte, die Zahl seiner Effekten oder seiner Kleidungsstücke zu vermehren. Wenn an Bord eines Panzerschiffes, das bei 600 Mann Besatzung zählt, Jeder nur einige Paar Stiefel mehr an Bord brächte, als vorgeschrieben sind, so würde für diese bei dem genau berechneten Fassungsraume jenes Sackes kein Platz mehr sein und sie somit unordentlich herumliegen. Der Raum ist aber ein kostbarer Faktor an Bord, und nur strenge Ordnung macht die wenigen Kubikschuhe, die Jedem angewiesen sind, ausreichend.

Wenn die Mannschaft eines Schiffes längere Zeit bei einander war, jeder Mann seinen ihm bestimmten Posten und die damit verbundenen Pflichten genau kennt, so bieten die vorzunehmenden Manöver ein der Bewunderung würdiges Schauspiel dar; denn in einem Augenblicke ist die vereinte Macht des Personales und Materiales auf die zweckdienlichste Weise angewandt; der Ordnungssinn des Menschen feiert an Bord einen seiner schönsten Triumphe!

Dem durch Pfeifen gegebenen Signale folgt mit Schnelle und Bestimmtheit ohne die geringste Verwirrung und in der grössten Stille die Ausführung des Befehles.

Stille ist überhaupt an Bord das Zeichen einer gut disciplinirten Mannschaft; selten hört man die Stimmen der Seekadetten und Bootsmanns-Maaten die Befehle des wachhabenden Officiers wiederholen, denn ein Ton der Pfeife ist wirksamer zur Verständigung der Befehle als fünfzig zwecklose Wiederholungen derselben. Stille ist die Seele der Subordination! Darum muss auch die Stimme des Kommandanten so selten als möglich vernommen werden, damit sie um so kräftiger wirkt, wenn die Nothwendigkeit eintritt, dass er selbst kommandire.

Auch auf einem Schiffe herrscht natürlich, die Willkür verbannend, das Gesetz, gleichwohl ist die ausübende Macht an Bord despotisch zu nennen, da dort, in dieser kleinen Welt für sich, gar zu oft der Gesetzgeber und Vollstrecker Eine Person ist, der Kommandant; ‚nach Gott kommt der Kommandant‘, sagen die Matrosen, und es kann unter den obwaltenden Umständen auch nicht wohl anders sein. Menschen von den heterogensten Charakteren, aus den verschiedensten Gegenden des Landes und zum grössten Theile aus der ungebildetsten Klasse des Volkes, finden sich hier zusammen. Das fortwährende Einerlei des Dienstes, die Unbeständigkeit des Elementes selbst und die daraus entstehenden verschiedenen Lagen machen den Seemann im Allgemeinen rauh, wankelmüthig und reizbar; der enge Raum, auf den so viele Menschen beschränkt sind, und das fortwährende Beisammensein veranlasst nothwendig, dass die gegenseitigen Schwächen und Blössen genau bekannt werden, leicht Reibungen entstehen und oft das Geringste zum Apfel der Zwietracht wird.

Nichts als die äusserste Nothwendigkeit und eine sehr geschickte Führung vermögen es, so widerstrebende Elemente in ein harmonisches Ganzes zu verbinden und die Ausbrüche roher Leidenschaften zu hemmen. Aus dieser Nothwendigkeit entspringt dann natürlich ein System der Disciplin, das streng und unabänderlich in seiner Natur, schnell in der Ausübung seiner Strafen ist.

Jeder einmal gegebene Befehl muss ohne Weiteres ausgeführt, keiner darf zurückgenommen werden, sollen sich die Bande der Disciplin nicht lockern und endlich reissen.

Für die in den frühesten Zeiten an Bord von Kriegsschiffen gehandhabte Disciplin giebt es heutzutage gar keinen Massstab mehr, und obgleich in der neueren Zeit eine humanere Gesetzgebung die zu ertheilenden Strafen diktirt, übertrifft die Strenge derselben doch im Allgemeinen noch beiweitem jene der Armeen.

Auf die Gesetze von Rhodus basirt, gab es in Frankreich und England ehemals eine Gesetzgebung für die Marine unter dem Namen ‚Urtheile von Oleron‘, welche sich nur wenig von den im baltischen und deutschen Meere unter dem Namen der ‚Urtheile von Wisby‘ bekannten unterschieden.

Zwar werden in Folge der Fortschritte der Intelligenz körperliche Strafen auch von den Matrosen allgemein als erniedrigend angesehen — was denselben eine um so viel grössere Kraft verleiht — dennoch sind dieselben nicht ganz zu entbehren, wenngleich man sich ihrer so selten als möglich und gewöhnlich nur nach kriegsrechtlichem Spruche bedient. Bei einer wohldisciplinirten Mannschaft kommen körperliche Strafen nur noch höchst selten vor, da nach Möglichkeit auf das Ehrgefühl der Mannschaft eingewirkt wird.

Ausser den körperlichen Strafen, Schlägen mittels eines Taues, bestehen die Strafen in Entziehung der spirituösen Getränke, in Fesselung mittels Hand- oder Fusseisen, Dunkelarrest und schliesslich Todesstrafe.

Damit die Mannschaft mit den auf Vergehen und Verbrechen folgenden Strafen bekannt werde und die Unkenntniss derselben in vorkommenden Fällen ihr nicht als Entschuldigungsgrund zu dienen vermöge, werden ihr die Kriegsartikel gewöhnlich einmal im Monate vorgelesen; überhaupt ist es eine der wichtigsten Aufgaben des Kommandanten, so viel als nur möglich seine Mannschaft mit ihren Pflichten vertraut zu machen und auf solche Weise dem

Ungehorsam und somit auch der Bestrafung für dieses grössere Vergehen vorzubeugen.

Ausser der Sorge, die Mannschaft in Ordnung und Zufriedenheit zu erhalten und ihr die Gelegenheit zu benehmen, bösen Leidenschaften Raum zu geben, ist es auch unumgänglich nothwendig, dem Müssiggange, in dessen Gefolge gar zu leicht allerlei Uebel sich befinden, nach Kräften zu steuern.

Auf der Rhede, eben von der Werft entlassen, fehlt es auf keinem Schiffe, besonders bei einer neuen Besatzung, an hinlänglicher Arbeit, um Alles in seefertigen Zustand zu versetzen; doch auch später scheint sich das Bedürfniss des Seemannes, an seinem Schiffe immer zu bessern, nie zu erschöpfen.

Obgleich dem Kommandanten es gewöhnlich untersagt ist, bedeutende Veränderungen in der Einrichtung seines Schiffes vorzunehmen, so bietet doch die Takelung hinreichenden Spielraum, seiner Laune zu Verbesserungen freien Lauf zu lassen. Ohne Aufhören wird in derselben gearbeitet, Taue werden geknotet und gesplisst, die Enden derselben hergerichtet, Blöcke neu und zweckmässiger eingebunden, die Anzahl der in der Takelung sichtbaren Blöcke auf die möglichst geringe vermindert und überhaupt gesorgt, dass das Schiff so leicht als möglich in seiner Bemastung erscheine.

Während solcher Arbeiten wird die Verbindung mit der Werft beständig unterhalten, um die Ausrüstung zu vervollständigen; die Manöver mit den Segeln und das Exerciren mit den Kanonen wird mit Eifer und je nachdem das Wetter es erlaubt, betrieben.

Diese Uebungen und das Einnehmen und Wegstauen der verschiedenen Ausrüstungs-Gegenstände, sowie die Reinigung, Unterhaltung und Ausbesserung des Schiffes, insoweit diese mit den an Bord zu Gebote stehenden Mitteln besorgt werden kann, und die abzuhaltenden Wachen begreifen den inneren Dienst; der äussere bezieht sich auf Alles, was mit dem Schiffe oder der Flotte von aussen her in Beziehung steht.

Auf der Rhede fällt um 4 Uhr Morgens im Sommer, um 5 Uhr im Winter, vom Admiralschiffe der Morgenschuss; gleichzeitig wird auf allen Fahrzeugen Reveille (Diana) geschlagen oder geblasen. Die Pfeifen des Bootsmannes und seiner Maaten begleiten den hohltönenden Ruf: „Ueberall überall!" worauf augenblicklich die

Mannschaft die Hängematten verlässt, diese regelmässig zusammen-schnürt, auf Deck eilt und sie in numerischer Ordnung in die Finkenetze staut, wo sie bei schönem Wetter unbedeckt bleiben, bei schlechtem aber mit Persenningen (getheerten Segeltüchern) überzogen werden.

Kaum ist dies geschehen, als auch zum Scheuern und zur Reinigung des Schiffes in allen Theilen geschritten wird. Dies geschieht entweder durch Scheuern mit Sand und Stein, oder durch Schrubben mit Sand und Besen, oder durch blosses Waschen, je nachdem es vom ersten Officier Abends vorher angeordnet worden ist.

Während der Reinigung der Decke werden die Geschütze je nach dem Fortschritte der Arbeit eingeholt, respektive zur Seite gerückt, um das Deck überall reinigen zu können. Dieselben bleiben, wenn angängig, innenbords stehen, bis sie nach Beendigung des Waffen-putzens auf Kommando des Batterie-Officiers gleichzeitig zu Bord gebracht werden. Das Signal zum Ausrennen der Geschütze wird gewöhnlich durch die Trommel oder das Horn gegeben. Die Boote werden jeden Morgen bis dicht über Wasser geführt, durch einen Theil der Bootsgasten gereinigt und dann, wenn sie nicht wieder geheisst werden sollen, an den Backsbaum gelegt.

Zehn Minuten vor 7 Uhr werden auf das Kommando ‚B a c k e n und B a n k e n!‘ die Esstische und Bänke heruntergeschlagen etc. und die Speisen von der Kombüse herbeigeholt. Der für den Tag fest-gesetzte Anzug wird gleichzeitig mit dem Frühstücke befohlen. Vierzig Minuten nach dem Frühstücke werden beide Wachen auf Deck gepfiffen, um das Deck aufzuklaren, d. h. das Tauwerk niederzu-schiessen und Vorbereitungen zu den Manövern bei der Flaggen-parade zu treffen.

Im Sommer um 8, im Winter um 9 Uhr wird die Flagge geheisst, während die Trommeln oder Hörner den Fahnenmarsch schlagen oder blasen; die aufgestellte Wache der Seesoldaten, sowie die verschiedenen Schildwachen präsentiren, die Officiere und die auf dem Deck befindliche Mannschaft salutiren die Flagge. Es ist allge-meine Sitte, während dieser sogenannten Flaggenparade zugleich die Bramraaen zu ‚kreuzen‘, d. h. sie aus den Wanten, wo sie während der Nacht gestanden, an ihren Platz im Topp zu heissen und wie zum Segeln aufzuhängen.

DEVASTATION

FRANZÖSISCHES PANZERSCHIFF.

Im Geschwader richtet sich jedes einzelne Schiff mit den verschiedenen Abschnitten der Flaggenparade und des Manövers nach dem Flaggschiffe.

Nach der Flaggenparade fährt der Bootsmann um das Schiff, brasst und toppt die Raaen vierkant, lässt Enden steif holen und bringt Rumpf und Takelung in einen kriegsschiffsmässigen Zustand.

Nach beendetem Brassen und Toppen, beziehungsweise nachdem. Sonnensegel gesetzt und die Windsäcke geheisst sind, wird zum Waffenputzen angeschlagen. Eine halbe Stunde vor der Musterung ist Rapport. Die Musterung findet, mit Ausnahme von Sonntag und Donnerstag, mit Handwaffen statt. Am Sonntag und Donnerstag dagegen findet die Divisions-Musterung auf dem Oberdeck (Matrosen ohne Handwaffen) statt.

Die Inspektion der Mannschaft, die Reinlichkeit, den vorschriftsmässigen Anzug und den Gesundheitszustand derselben betreffend, findet jetzt statt, worauf um 9 Uhr zu den Uebungen und Arbeiten des Tages übergegangen wird, die in der Regel bis 11¹/₂ Uhr dauern.

Erlaubt es das Wetter, so erfolgt der Befehl zum Segel losmachen, zum Lüften mit dem Befehle: ‚Alle Mann Segel los!‘ Eilig sind die Marsgasten auf den Raaen, wo sie behend die Seisinge lösen und den Befehl zum Fallenlassen erwarten; ‚Lass’ fallen!‘ ertönt es und die breiten Flächen der Segel lösen sich von Raaen und Gaffeln und flattern im Morgenwinde. (Die nebenbefindliche Tafel zeigt das französische Panzerschiff DEVASTATION vor Anker, Segel trocknend.) Mit fast eben so grosser Schnelle werden später die getrockneten Segel wieder beschlagen oder zum Manöver gereeft, und dies einige Male wiederholt, wobei die Fertigkeit und Eile der Matrosen, mit der sie die schweren Segel zusammenrollen und auf den Raaen so befestigen, dass nur einige Fuss breit von den grossen Flächen sichtbar bleibt, Erstaunen erregt. Die Mannschaften der verschiedenen Schiffe der Flotte wetteifern in Schnelle und Genauigkeit mit einander. Nach Beendigung der Exercitien und Arbeiten hat mit dem Kommando: ‚Klar Deck!‘ das Schiff sich innen- und aussenbords wieder in ebenso kriegsschiffsmässigem Aussehen zu befinden wie vor Beginn der Exercitien.

Um Mittag wird die Wache gewechselt. Die Eintheilung der Zeit an Bord ist von der am Lande sehr verschieden, da dieselbe nicht in Stunden, sondern in W a c h e n getheilt ist, die jede aus a c h t Glas oder halben Stunden besteht. Zur Bestimmung der Zeit hängt beim Nachthäuschen eine Sanduhr, die eine halbe Stunde läuft; diese wird beim Anfange der Wache umgedreht; sobald sie ausgelaufen ist, ruft der dabei wachhabende Matrose: ‚Ein Glas!‘ und ein Schlag an die Glocke zeigt das erste Glas an. So geschieht es acht Mal, die vierstündige Wache ist zu Ende und eine neue beginnt wiederum mit dem achten Schlage. Man nennt daher an Bord fast nie die Stunden, sondern sagt z. B.: zwei Glas in der ersten Wache, fünf Glas in der Morgenwache u. s. w.; nur im Loggbuch sind die Stunden und Minuten eingetragen.

Der Tag der Wache wird allemal gerechnet von 8 Uhr Morgens bis 8 Uhr Morgens, und zwar wird der Tag in See in 7 Wachen eingetheilt, von denen die von 4—6 Uhr und von 6—8 Uhr Abends nur 2 Stunden, alle anderen 4 Stunden dauern; im Hafen aber in 4 Wachen, von denen die erste von 8 Uhr Morgens an, 12 Stunden, die 3 anderen aber 4 Stunden dauern. Die Hafenwache tritt ein, wenn ein Schiff auf einer sicheren Rhede oder in einem Hafen liegt; die Seewache tritt ein, sobald das Schiff Anker gelichtet hat, um in See zu gehen.

Die Wachen haben folgende Namen: von 8 Uhr Morgens bis 12 Uhr Mittags ‚Vormittagswache‘, von 12 Uhr Mittags bis 4 Uhr ‚Nachmittagswache‘, von 4 bis 6 Uhr ‚erster Plattfuss‘, von 6 bis 8 Uhr ‚zweiter Plattfuss‘, von 8 Uhr bis Mitternacht ‚erste Wache‘, von Mitternacht bis 4 Uhr Morgens ‚Hundewache‘, von 4 Uhr bis 8 Uhr Morgens ‚Morgenwache‘. Die Eintheilung der Wachen in eine ungleiche Anzahl geschieht deswegen, damit die betreffenden Wachmannschaften nicht beständig dieselben Stunden auf dem Deck zuzubringen haben.

Jede Wache wird von einem Officier befehligt, der mit ihr eine schwere Verantwortlichkeit übernimmt, da leicht traurige Folgen aus einer augenblicklichen Vernachlässigung seiner Pflichten entstehen können. Beständig sollte er sich daran erinnern, wie unendlich viel von seiner Wachsamkeit, seinem Eifer und von seinen Kenntnissen oft abhängt; immer sollte ihm vor Augen stehen, dass seiner Obhut die Ehre der Flagge, kostbares Eigenthum des Staates und das Leben von Hunderten seiner Mitmenschen anvertraut ist, die unterdess hilflos in den Armen des Schlafes ruhen.

Betrachtungen wie diese sind hinreichend, selbst den leichtsinnigsten jungen Mann während der Zeit seiner Wache in den gesetztesten, nachdenkendsten und aufmerksamsten zu verwandeln und die Pflicht des wachhabenden Officiers zu einem heiligen Amte zu machen, das nur mit gebührendem Ernste übernommen und mit nie ruhender Sorgfalt ausgeführt werden sollte.

Während der Dauer der Wache haben die Officiere sowohl als die Mannschaft auf dem Deck und an ihren Posten zu verbleiben, wie immer der Zustand der Witterung auch sein mag.

Dem Wechseln der Wache um Mittag folgt das Essen der Mannschaft, wozu derselben gewöhnlich eine Stunde Zeit gegeben wird. Um sieben Glas muss der Officier der Wache das Essen für die Mannschaft prüfen und sorgen, dass für die im Dienste Abwesenden Essen aufbewahrt werde. Ebenso prüft der Kommandant die zugerichteten Speisen.

Der Officier, welcher mit der Beaufsichtigung des Batteriedeckes, in welchem sich die Kombüse befindet, betraut ist, hat ebenfalls sein besonderes Augenmerk auf die Küche und die Zubereitung der Speisen zu richten; die Reinlichkeit der ersteren und der daselbst im Gebrauche befindlichen Kessel jeden Morgen zu inspiciren, damit durch strafbare Nachlässigkeit nicht etwa der Gesundheitszustand der Mannschaft gefährdet werde.

Fünfzehn Minuten vor dem Mittagessen wird ‚Backen und Banken‘ gepfiffen und ebenso verfahren, wie vor dem Frühstücke. Um ·12 Uhr, respektive mit ‚acht Glas‘, wird auf Kommando des Wachofficiers: ‚Alle Mann Mittag!‘ der Beginn der Mittagszeit, wie überhaupt alle Mahlzeiten, vom Bootsmanne und seinen Maaten durch drei lange Triller auf der Pfeife signalisirt. Für Mittagessen und die darauf folgende Freizeit werden in der Regel 1¹/₂ Stunden gerechnet. Während der Mahlzeiten sind Störungen der Mannschaft, dringende Fälle ausgenommen, zu vermeiden. Haben Bumboote die Erlaubniss, an Bord zu kommen, so giebt mit ‚Backen und Banken‘ der Wachofficier zum Anlegen seine Genehmigung. Der Stabswachtmeister weist den Verkäufern die Orte in der Batterie, beziehungsweise auf dem Oberdeck an, wo sie ihre Waaren ausstellen können. Um 1¹/₂ Uhr wird das Signal: ‚Pfeifen und Lunten aus‘ gegeben, auf das zugleich die Bumboote vom Bord müssen. Mit diesem Kommando endet die Freizeit.

Um 2 Uhr beginnen die Exercitien und Arbeiten, die jedoch in der Regel auf die Wache beschränkt werden, während der Freiwache gestattet wird, ihre Kleider auszubessern oder sich anderweit zu beschäftigen.

Gewöhnlich um 4 Uhr wird ‚Klar Deck' überall gepfiffen. Die Exercitien und Arbeiten werden beendet, die Decke gereinigt etc. Die Freiwache kleidet sich für die Nacht um. Um 4 Uhr 15 Minuten wird die Wache zum Umkleiden geschickt und die Freiwache auf Deck beordert, wenn sie gebraucht wird. Um 4 Uhr 30 Minuten müssen ‚Alle Mann' für die Nacht gekleidet sein.

Um 5 Uhr wird das Signal zur Gefechtsmusterung gegeben. Dieselbe dient dazu, die Ueberzeugung zu gewinnen, dass Schiff und Mannschaft sich für die Nacht in gefechtsbereitem Zustande befinden. Nachdem der erste Officier sich überzeugt hat, dass das Schiff sich in gefechtsbereitem Zustande befindet, stattet er hierüber dem Kommandanten Meldung ab und empfängt dessen Befehle bezüglich der nach der Musterung etwa noch vorzunehmenden Exercitien, Manöver oder Arbeiten.

Sollen Bramstengen und Raaen an Bord genommen werden, so geschieht dies im Sommer, respektive so lange Sonnenuntergang nach 6 Uhr ist, unmittelbar nach der Abendmusterung, beziehungsweise nach beendeten Exercitien, respektive Manövers; auch werden je nach Befehl sodann Boote geheisst, beziehungsweise eingesetzt, Sonnensegel festgemacht und vor den Waschtagen Wäsche-, respektive Hängemattjollen aufgebracht.

Nach Beendigung der Exercitien, beziehungsweise Arbeiten, werden im Hafen sämmtliche Enden des laufenden Tauwerkes behufs Reinigung der Decke aufgehängt.

Das Waschen der Kleider geschieht jeden Montag und Freitag, das der Hängematten jeden zweiten Montag und das der Matratzenüberzüge jeden ersten Freitag im Monate, und zwar nach Massgabe der Jahreszeit entweder des Morgens nach der Reveille oder Abends vorher nach dem Abendbrode. Das Aufhängen der Wäsche geschieht am Morgen, nachdem die Hängematten verstaut sind, respektive nach Beendigung des Waschens. Während der Nacht darf Wäsche weder an den Jollen, noch in der Takelung aufgehängt werden. Es wird in der Regel für das Waschen inklusive Aufhängen des Zeuges eine

Stunde, und wenn gleichzeitig Hängematten oder Ueberzüge gewaschen werden, 1³/₄ Stunden Zeit gegeben.

Das Abendbrod beginnt gewöhnlich um 6¹/₂ Uhr und wird der Mannschaft eine halbe Stunde für dasselbe bewilligt. Das Kommando: ‚Backen und Banken‘ hierzu wird um 6 Uhr 20 Minuten gegeben. Die Zeit nach dem Abendbrode bis zum Zapfenstreiche ist Freizeit. Bumboote dürfen jedoch nach Sonnenuntergang nicht anlegen. Eine halbe Stunde nach Beginn des Abendbrodes werden ‚Alle Mann aus dem Zwischendeck‘ gepfiffen. Um 7 Uhr 45 Minuten wird das Signal zur Ausgabe der Hängematten vom Bootsmanne und sämmtlichen Maaten gepfiffen, worauf sich ‚Alle Mann‘ auf Deck bei den Finkenetzen in der Nähe ihrer Hängematten aufstellen. Hierauf wird das Kommando ‚Kleider auf!‘ beziehungsweise wenn dieselben noch aufgerollt sind, ‚Enter auf!‘ gegeben, worauf die Hängemattenstauer ohne Weiteres in die Finkenetze aufentern und die Hängematten auf das Kommando ‚Hängematten weg!‘ jede Nummer hörbar rufend, ausgeben.

Im Augenblicke, wo die Sonne unter dem Horizonte verschwindet (sei dies sichtbar oder nach der angestellten Berechnung), findet die abendliche Flaggenparade statt. Gleichzeitig wird das Kommandozeichen durch ein solches für die Nacht bestimmtes ersetzt.

Zehn Minuten nach Ausgabe der Hängematten wird diejenige Abtheilung der Mannschaft, welche während der ersten Hälfte der Nacht Wache hat, zur Musterung auf Deck beordert. Eine Viertelstunde vor der für den Zapfenstreich festgesetzten Zeit wird vom Feuerwerksmaate der Wache, wenn ein Abendschuss gegeben werden soll, das Geschütz dem Wachofficier zum Feuern fertig gemeldet. Fünf Minuten vor dem Zapfenstreiche wird ‚Pfeifen und Lunten aus‘ gepfiffen.

Im Sommer um 9 Uhr, im Winter um 8 Uhr beginnt der Zapfenstreich. Nach demselben wird ‚Ruhe im Schiff‘ gepfiffen und darf alsdann in keinem Theile des Schiffes mehr lautes Gespräch geführt, gesungen oder sonstiger Lärm gemacht werden.

Zehn Minuten nach 9 Uhr geht der erste Officier in der Regel die Hauptrunde, begleitet von allen Unterlieutenants der Decke, von dem Maschinen-Ingenieur, respective leitenden Maschinisten, dem Feldwebel, beziehungsweise Sergeanten des Seesoldaten-Detachements, den sämmtlichen Deckofficieren, dem Ordonnanz-Kadetten und dem

Stabswachtmeister. Die Runde geht durch alle Theile des Schiffes, um nachzusehen, dass Alles für die Nacht in Ordnung ist und dass nur die erlaubten Lichter brennen.

Der Zimmermann meldet, wieviel Wasser bei den Pumpen, respektive in den verschiedenen Abtheilungen ist. Nach der Runde macht der erste Officier dem Kommandanten Meldung.

Eine Stunde nach dem Zapfenstreiche wird das Licht in der Messe und den Kammern der Deckofficiere und in der Messe der Seekadetten, zwei Stunden nach dem Zapfenstreiche in der Messe der Officiere gelöscht, und bald herrscht tiefe Stille im Schiffe. Die aufgestellten Posten und Schildwachen rufen als Zeichen ihrer Wachsamkeit alle halbe Stunden: ‚Alles wohl!‘

Wenn das Schiff auf der Rhede ist, ertheilt der Kommandant die nöthigen Nachtbefehle, die in einem eigenen Buche aufgezeichnet werden, und wonach sich der Dienst bis zum nächsten Morgen richtet. Die Aussenposten werden aufgestellt von den Matrosen auf Back und Schanze, um auf das Schiff sowohl als auf fremde Fahrzeuge und deren Signale Acht zu haben, um augenblicklich den Wachofficier von allem Vorkommenden benachrichtigen zu können. Boote, die gegen die Schiffe oder an diesen vorbei rudern, werden von den Schildwachen mit ‚Boot ahoi!‘ angerufen, worauf als Antwort entweder ‚Flagge!‘, wenn ein Flaggofficier — der Name des Schiffes, wenn der Kommandant — ‚Ja, ja!‘, wenn ein Officier — ‚Nein, nein!‘, wenn kein Officier im Boote ist — ‚Passirt!‘ wenn das Boot nicht an Bord kommt, erfolgt. Diese Antworten sind die in der englischen und deutschen Flotte gebräuchlichen. In der österreichisch-ungarischen Flotte sind die bezüglichen Antworten: ‚Admiral‘, ‚Stab‘, ‚Officier‘, ‚An Bord‘, ‚Passirt‘. Laternen sind stets für den Empfang der Ankommenden bereit. Von den Seesoldaten werden — Tag und Nacht — Posten am Buge, auf der Schanze, den beiden Falltreppen und an der Kommandanten-Kajüte ausgestellt. Von Zeit zu Zeit machen die betreffenden Officiere und Seekadetten der Wache Runde, um sich von der an Bord herrschenden Ruhe und Wachsamkeit zu überzeugen. Der Wechsel der Wache erfolgt von vier zu vier Stunden; die schrillen Töne der Pfeife, mit den tiefen Stimmen der Unterofficiere, welche die neue Wachen auf Deck rufen, unterbrechen die Stille der Nacht, bis mit dem neuen Tag das ‚Ueberall, überall!‘ die Mannschaft zu neuem Leben erweckt.

So geht der tägliche Dienst seinen gleichförmigen Gang, während die Verbindung mit der Werft und dem Lande noch immer fortgesetzt wird; nur die Sonntage machen eine Ausnahme von der Regel, da an denselben ausser dem Waschen und Reinigen des Schiffes blos die vom Wetter bedingten Arbeiten vorgenommen werden.

Nach dem Frühstücke wird an Sonntagen die Parade und Inspektion, hierauf — fast in allen Marinen — Gottesdienst abgehalten. Ein besonderer Wimpel bezeichnet diesen feierlichen Moment. Um keine Störung zu veranlassen, darf während der Feierlichkeit kein Boot dem Schiffe sich nahen, keines von Bord abgesendet werden; das Quarterdeck oder die Batterie wird mit Flaggen umgeben, die Musik am grossen Maste aufgestellt, Officiere und Mannschaft in Paradeanzug nehmen ihre Plätze ein.

Es ist ein wahrhaft erhebender Anblick, den Matrosen in diesem Momente zu sehen, wie er — im Allgemeinen — mit dem Ausdrucke wahrer Andacht dem Gottesdienste beiwohnt, und — während unter Segel der breite Bug des schönen Schiffes majestätisch der andringenden Fluth entgegen wogt — seine Gebete mit denen seiner braven Gefährten vereint zum Himmel sendet, ohne dessen Schutz all' sein Wissen, alle seine Thätigkeit nichts gegen die erzürnten Elemente vermöchten. In diesem feierlichen Momente bestätigt der Seemann, dass er auch gottesfürchtig ist.

Kann man auch den Seemann nicht freisprechen von Leichtsinn, Unbeständigkeit und einem gewissen Grade von Cynismus, so zeigt doch eine genauere Prüfung desselben, besonders in solchen Augenblicken, dass viele gute Eigenschaften in seinem inneren Wesen verborgen sind, welche nur geweckt zu werden brauchen, um desto grossartiger an das Licht zu treten und ihn auf eine seine ursprüngliche Lebensstellung weit überragende Stufe allgemeiner Bildung stellen.

Ein Signal vom Flaggschiffe versammelt nach dem Gottesdienste die Kommandanten beim Admirale, wo ihnen die Mittheilung gemacht wird, dass der Befehl zum Auslaufen stündlich erwartet werden darf. Der Admiral empfängt jetzt die Meldungen über den seefertigen Zustand eines jeden einzelnen Schiffes und ertheilt den Befehl, ungesäumt die letzten Lieferungen vom Lande einzuschiffen.

Allgemeine Thätigkeit belebt die Mannschaft, sobald die frohe Nachricht des bevorstehenden Absegelns sich auf den Schiffen verbreitet; Jedermann sucht noch die letzten Anstalten zur Abreise für sich selbst zu treffen; die letzten Briefe werden geschrieben und bereit gehalten, mit dem Lootsenboote an's Land zu gehen, sobald dieses das Schiff verlässt — erst dann steht die oftmals bis zum letzten Augenblicke geheim gehaltene Abreise der Flotte fest.

Eine nochmalige genaue Inspektion der Schiffe erfolgt, sobald die Kommandanten vom Flaggschiffe zurückkehren, bei welcher Gelegenheit auch von Seiten der Aerzte die grösste Aufmerksamkeit dem G e s u n d h e i t s z u s t a n d e der Mannschaft gewidmet wird, damit keine ansteckende Krankheit irgend welcher Art dem Schiffe verbleibe. Die Kranken, deren Herstellung langwierig sein dürfte, werden an's Land und in das Hospital gebracht.

So viel als nur immer von ihm abhängt, muss der Arzt darauf achten, dass die Feuchtigkeit auf den unteren Decken vermieden werde und zu diesem Zwecke das Anzünden tragbarer Oefen daselbst vorschlagen. Die in den unteren Räumen eingeengte Luft muss von Zeit zu Zeit durch Räucherungen gereinigt, sowie überhaupt dafür gesorgt werden, dass mittels der Windsegel sich ein Luftzug in allen Theilen des Schiffes erhalte.*)

Nichts macht einen angenehmeren, beruhigenderen Eindruck auf den Matrosen eines Kriegsschiffes, als zu wissen, dass an Bord sich ein geschickter Arzt befinde, dessen Kenntnisse mit Menschen-

---

*) Auf längeren Reisen, und besonders in den Tropen, hängt von der sorgfältigen Pflege der Mannschaft oft das Heil des Schiffes ab. Und diese Pflege bezieht sich nicht vielleicht ausschliesslich auf die Kranken, sondern muss ganz besonders den Gesunden gewidmet werden, eben um Krankheiten zu vermeiden. Sorgfältige Ueberwachung der Kleidung des Mannes, genügendes Wechseln der Wäsche, häufige Bäder, Beschäftigung und Bewegung, zweckmässige Zerstreuung und Erheiterung — Alles das sind Präservative, um Krankheiten an Bord zu vermeiden. Der Vice-Admiral Freiherr von Wüllerstorf hat bei seiner Weltumseglung mit der Fregatte NOVARA (1857—1859) durch den bewunderungswürdig geringen Krankenstand während der ganzen Fahrt (51.600 Seemeilen) ein glänzendes Beispiel geliefert, dass auch die Gesundheit der Mannschaft in der Hand des Kommandanten liege, wenn er, von intelligenten Aerzten unterstützt, nichts versäumt, was zur Erhaltung eines gesunden Körpers und zur Frische des Geistes nothwendig ist.

freundlichkeit und beständiger Aufmerksamkeit für seine Kranken Hand in Hand gehen. Nichts ist mehr im Stande, die Zufriedenheit der Mannschaft zu befördern als das freundliche Benehmen des Arztes gegen die seiner Hilfe Bedürftigen; leicht erkennt der Seemann dann den grossen Vortheil, den es ihm gewährt, auf einem Kriegsschiffe zu dienen, im Vergleiche mit einem Kauffahrer, wo man leider diese Hilfe entbehren muss.

Das Schiff, vollkommen ausgerüstet, mit seinen Kriegsvorräthen und Lebensmitteln für sechs Monate versehen, mit einer tüchtigen Mannschaft besetzt, liegt nun stolz auf der Rhede, des Befehles harrend, seine Anker zu lichten und die Flagge, die lustig an der Gaffel flattert, mit Ehren in die weite Welt zu tragen.

XI.

Der Dienst zur See.

Sparking at once is ev'ry eye,
‚Ship ahoy! ship ahoy!' our joyful cry:
While answering back the sounds we hear,
‚Ship ahoy! Ship ahoy!' what cheer? what cheer?

Moore.

Vorbereitungen zum Absegeln. — Ankerlichten und Segel setzen. — Auslaufen. —
Pflichten des Kommandanten. — Theorie des Manövers. — Wenden. — Täglicher
Dienst. — Windstille. — Verstärkung der Kühlte. — Reefen und Segelbergen. —
Sturm. — Ein Mann über Bord. — Beilegen und Lenzen. — Nähe des Landes. —
Wenden mit dem Anker. — Havarie. — Jagd. — Schiffbruch.

Der Tag graut; — der Donner eines schweren Geschützes vom
Hafenschiffe rollt über die leichten Wellen der Rhede und bricht sich in
vielfachem Echo an den umgebenden Küsten; das Wirbeln der Trommeln
oder Schmettern der Hörner auf den hier vor Anker liegenden Schiffen
mischt sich mit den schrillen Tönen der Pfeifen und der rauhen
Stimme der Bootmanns-Maate, welche an allen Luken ihr: ‚U e b e r a l l ,
ü b e r a l l !' erschallen lassen. Dem Rufe gehorsam, eilen die erweckten
Mannschaften zu neuem Leben, neuer Arbeit schnell auf Deck.

Kaum lässt die Dämmerung die Farben erkennen, als auch
vom Hafen - Admirale oder Chef der Marine-Station das Signal
gegeben wird: K l a r (d. i. fertig) z u m u n t e r S e g e l g e h e n.
Alles geräth jetzt in erhöhte Thätigkeit. Von ihren Kadetten befehligt,
eilen die Bootsruderer in ihre Boote, sie mit kräftigen Armen zum
letzten Male an's Land zu rudern und die noch abzuholenden Gegenstände einzuschiffen. Die Gehilfen des Bottelier oder Proviantmeisters,
sowie die Diener der verschiedenen Officiere sind nicht die Letzten,

INCONSTANT

ENGLISCHE FREGATTE.

wo es gilt, die noch fehlenden Bedürfnisse für ihre Herren während der Reise herbeizuschaffen.

Gross ist die Geschäftigkeit und das Gedränge am Ufer. Während hier noch die letzten Wasserfässer gefüllt werden, sieht man dort Heerden von Schafen, Ferkeln und Geflügel aller Art herbeitreiben, um ohne Unterschied unter den Bänken der Boote verstaut zu werden. Mächtige Stücke frisch geschlachteten Fleisches und grünes Gemüse in grossen Haufen werden eingenommen; Körbe mit trockenen Früchten, Zuckerhüte, Säcke mit Kaffee, Kisten duftenden Thees nebst Flaschenkörben mit Wein und spirituösen Getränken mischen sich mit dem zerbrechlichen Steingute und Porzellan, das im Hintertheile der Boote sich aufthürmend und mit der lebendigen Ladung vereint, den Matrosen das Rudern nicht wenig erschwert.

Von Seiten der Kadetten bedarf es der angestrengtesten Aufmerksamkeit, ihre Mannschaft in Ordnung und bei den Booten zu erhalten, da die Matrosen jeden unbewachten Augenblick erspähen, um an's Land zu springen und in einem nahe gelegenen Schenkhause mit Freunden und Bekannten noch einen letzten Trunk auf die ‚glückliche Reise‘ zu thun, oder von Mutter, Schwester, Weib oder Liebchen Abschied zu nehmen, wobei nur zu häufig die Rückkehr zu den Booten vergessen wird.

Mit vieler Mühe sind die Boote endlich gefüllt, die zerstreuten Matrosen glücklich wieder aufgefunden — gewöhnlich nicht im nüchternsten Zustande — und zu den Booten gebracht, die zum Abstossen bereit sind, ehe das zur Eile antreibende Signal, von einem Schusse begleitet, wiederholt wird. Aber nicht so schnell, als am frühen Morgen nach dem Lande zu, rudern die Matrosen jetzt nach dem Schiffe zurück, das sie auf längere Zeit von der Heimat und dem, was ihnen dieselbe theuer machte, entfernen soll, Abschiedsgrüsse tönen, Tücher wehen ihnen noch lange nach.

Mittlerweile ist der L o o t s e an Bord gekommen und auf ein Signal vom Hafenwachschiffe ist ein Anker gelichtet worden.

Die verschiedenen tief im Wasser gehenden Boote legen nach und nach an Backbord an, wo sie ihrer Frachten entledigt werden, was trotz der, einem Landbewohner Unordnung scheinenden Verwirrung schnell genug von Statten geht.

26*

Endlich ist auch das letzte Boot an Bord gekommen und das Signal zum Ankerlichten wird gegeben: „Alle Mann Ankerlichten! Gangspill bemannt!“ schallt der Befehl des ersten Officiers durch das Sprachrohr.

Mit wahrer Sehnsucht erwartete dieser Officier das Signal zum Lichten, da die dem Absegeln vorhergehenden Stunden durch die unvermeidliche Aufregung Allen unangenehm genug sind; denn der gemeine Seemann, dessen Aufmerksamkeit zwischen den Arbeiten an Bord und dem Abschiede von Bekannten, die in Booten das Schiff umgeben, getheilt ist, läuft hier- und dorthin, nur nicht wohin er soll; es ist dies der einzige Augenblick, wo er den Gebrauch des Tauwerkes, das er so lange gehandhabt, vergisst; — endlich aber wird das Deck geräumt und der erste Officier geniesst das Vergnügen, wiederum eine wohldisciplinirte Mannschaft auf demselben zu sehen, ein Vergnügen, das Niemand so sehr wie der Seemann zu schätzen versteht.

Lockende, schrille Töne der Bootsmanns-Pfeifen rufen die Mannschaft auf ihre verschiedenen Posten zum Ankerlichten, während der Profos die Zögernden antreibt und zu nachträglicher Strafe sich notirt, da, Dank sei es der jetzigen humanen Behandlung, der Stock und das Tauende der früheren Zeit abgeschafft sind, welche sonst schonungslos Diejenigen trafen, welche die Letzten auf den Treppen waren.

Ein Officier mit einigen Seekadetten begiebt sich in die Batterie, um Alles zum Ankerlichten von den betreffenden Unterofficieren unter seiner unmittelbaren Aufsicht herrichten zu lassen. Die Kabelaring — ein Ketten- oder Tauring — wird um das Gangspill gelegt, einige dazu bestimmte Matrosen befestigen mit sogenannten Seisingen die Ankerkette im Vordertheile der Batterie an der Kabelaring so, dass, wenn diese mittels des Gangspills im Kreise gedreht wird, sie die Kette mitschleppt und daher aufwindet. Bis zum Gangspille gelangt, lösen die Matrosen die Seisinge und gehen wieder nach vorn, um ihre Arbeit auf's Neue zu beginnen.

In die Löcher des Gangspills werden die Spillspaken (Hebebäume) eingesetzt, deren äussere Enden durch eine Leine verbunden sind, um das Herausschnellen derselben zu verhindern; auf beiden Decken wird die betreffende Mannschaft an das Spill vertheilt, um es in Bewegung zu setzen.

Die Steuerleute überzeugen sich, dass das Ruder frei in seinen Fingerlingen sich bewege, und bringen die Hand- und Tieflothe auf Deck, um sie zum Gebrauche bereit zu halten, sobald das Schiff unter Segel ist.

Der Feuerwerker macht mit seinen Maaten noch eine Runde in den Batterien, um nachzusehen, ob die Geschütze so befestigt sind, dass sie den Bewegungen des Schiffes widerstehen.

Auf die dem Kommandanten vom ersten Officier gemachte Meldung, dass Alles zum Ankerlichten bereit sei, erschallt das Kommando ‚Hiev rund!' zum Einwinden der Kette: in taktmässigem Schritte, von den hellen Tönen einer Querpfeife begleitet, dreht die Mannschaft das Gangspill; in fortwährendem Kreislaufe zieht sich die Kabelaring von vorn nach hinten, von einigen Mann am Gangspill klar gehalten; die eingewundene Kette fällt durch die eigene Schwere durch die Kettenlöcher in den Raum und wird dort sogleich weggestaut.

Langsam bewegt das Schiff sich nach der Stelle, wo sein Anker im Grunde des Meeres ruht, bis es fast darüber zu stehen kommt. Ein Officier beobachtet auf der Back die Bewegung der Kette: ‚Auf und nieder!' ruft er, was so viel heisst, als: das Schiff steht senkrecht über dem Anker. Ein lang gezogener Pfiff aus des Bootsmannes Pfeife repetirt den Ruf und das Gangspill steht still, die es hemmenden Pallen greifen ein und halten es vom Rückwärtsdrehen ab. Nur noch einer starken Kraftanstrengung bedarf es, den Anker aus dem Grunde zu reissen.

Jetzt ertönt der Befehl: ‚Segel los!'; alsbald eilen die Marsgasten in die Wanten, der Ruf: ‚Enter auf!' bringt sie im schnellsten Laufe über die Webeleinen in gleiche Höhe der Raaen und Gaffeln; die Backsgasten eilen auf Bugspriet und Klüverbaum; die Achtergasten stehen an der Besahn bereit; dem Befehle: ‚Leg' aus!' gehorchend, eilen die Matrosen hinaus, die haltenden Seisinge zu lösen. ‚Lass' fallen!' ertönt es, und vom Oberbramsegel bis herab zu den unteren Segeln fallen die weissen breiten Flächen in malerischen Festons herab; gleichzeitig laufen die Matrosen herein, und ohne besonderen Befehl schnell wieder herunter, um die Segel zu setzen.

‚Marsschooten vor — Marsfallen bemannt!' befiehlt der erste Officier; die in den Marsen befindlichen Leute überholen die Geitaue, die Marsschooten werden auf die Nocken der unteren Raaen ausgeholt; die Marsraaen steigen auf das weitere Kommando: ‚Heiss' Marssegel!' gleichmässig die Stengen hinan, bis die grossen Flächen der Segel straff gespannt erscheinen, denn die Kraft von einigen hundert Händen an den Marsfallen setzt die Drehreepe nach den munteren Kadenzen der Querpfeife in Bewegung.

‚Bram- und Oberbramschooten vor — Fallen bemannt!' — schnell ist das leichte Manöver vollbracht und die Mannschaft wird an die Brassen befehligt, um die gewichtigen Raaen gegen einander zu brassen, damit das Schiff, sobald der Anker los ist, leichter abfalle, das heisst, sich um sich selbst vom Winde ab nach irgend einer Richtung drehe; je nachdem der Bug des Schiffes nach Steuerbord oder Backbord abfallen soll, werden die Vordersegel an Backbord oder Steuerbord angebrasst.

‚Backbord-Gross- und Steuerbord-Fockbrassen!' — von hundert kräftigen Armen bewegt, drehen die schweren Raaen in entgegengesetzten Richtungen sich leicht im Winde, damit das Schiff nach Backbord abfalle, da der Wind, in dessen Richtung der Bug des Schiffes liegt, sobald das Schiff sich bewegt, von Steuerbord auf die Flächen der vorderen Segel fällt, diese back legt und es mithin nach jener Richtung zwingt.

Die Segel sind gesetzt: ‚Gangspill!' — vom Neuem dreht sich die Winde, aber langsamer; mächtiger Anstrengung, ermunternder Zurufe der Officiere und gellender Töne der Pfeifchen bedarf es, bis es gelingt, durch kräftigen Druck den Anker aus der so lange inne gehabten Stelle loszureissen; im rascheren Tritte das Gangspill drehend, bringt dann die vereinte Kraft der Matrosen ihn bald über die Oberfläche des Wassers.

Von der Hemmung befreit, dreht das Schiff sich, dem Drucke der backgelegten Vorsegel folgend und gleichzeitig über Steuer — hintenaus — treibend; um das Abfallen schneller zu bewerkstelligen, wird der Klüver geheisst und dessen Schoote an der Luvseite angeholt; dem mächtigen Segel gehorsam, dreht der Bug des Schiffes langsam vom Winde weg, bis er in die bestimmte Richtung gekommen ist.

‚Backbord vorbrassen!' — schwer drehen jetzt die Vor-raaen, bis die Segel im Winde flattern, sich füllen, die rückgängige

Bewegung des Schiffes aufhört, dies einen Augenblick stillsteht, und nachdem Klüver- und Besahnschooten in Lee angeholt sind und das Ruder in Lee gelegt ist, das Schiff die Wirkung der nun volltragenden Segel empfindet, aufluvt und, dem Steuer gehorchend, das Wasser zu theilen beginnt.

Während dieser Manöver ward die Ankerboje gefischt und eingeholt; sobald der Ring des Ankers über dem Wasser sich zeigt, haken zwei Backsgasten den Kattblock in denselben ein, das Gangspill wird wiederum gepallt. Schnell wird nun der Läufer des Katttakels angeholt, der Anker mittels desselben unter den Krahnbalken gewunden und durch die Perturleine daselbst befestigt. Der F i s c h h a k e n wird über den Schaft des Ankers geworfen und so mit Hilfe des Fischtakels der Anker auf den Platz gebracht, wo er mit der Rüstleine befestigt wird.

Anker, Kette und Deck werden gereinigt, die Spaken des Gangspills weggenommen, die Kabelar weggestaut, Katt- und Fischtakelfallen ausgeschoren.

,U n t e r s e g e l b e i!' — Die unteren Segel fallen, ihre Halsen und Schooten werden angeholt; was vom Topp zum Deck nur zu ziehen vermag, wird gesetzt; majestätisch neigt das Schiff, dem Drucke des Windes gehorchend, sich auf die Seite; schäumend brechen sich die Wellen am schön geformten Buge, der, eilends das Wasser durchschneidend, eine lange Furche weissen Schaumes zurücklässt.

In den Grossrüsten zu beiden Seiten sind Matrosen mit dem Handloth, ohne Unterlass dasselbe auswerfend und die Tiefe des Wassers beständig absingend, und so dem Lootsen den Weg andeutend, den er zwischen den verschiedenartigen Tonnen und Baaken, die das Fahrwasser bezeichnen, zu nehmen hat.

Sobald das Schiff die offene See erreicht, verlässt der Lootse in seinem Boote dasselbe.

Leichter und einfacher geht jetzt bei den Schrauben-Dampfschiffen der Neuzeit ein solches Manöver von Statten; die Maschinen haben auch an Bord die Arbeit vieler Hände an sich gerissen. Fast nur der Maschinenraum zeigt ein regeres Leben und Treiben, wenn sich das Schiff anschickt in See zu gehen; schwarze Rauchsäulen steigen aus dem hoch aufgeschraubten Schornsteine empor, sich bald in graue Dampfwolken verwandelnd. Auf das Signal, dass das Schiff ‚Dampf auf' hat, erfolgt der Befehl zum Ankerlichten; die schrillen Töne der Pfeifen und das Rasseln der Ankerkette brechen zuweilen sich Bahn durch das Geräusch, das die Maschine verursacht; plötzlich wird es stiller ringsum, das Schiff hat seine Anker gelichtet und, wie durch Zauberkraft bewegt, gleitet fast geräuschlos und nur breite Furchen zurücklassend, der majestätische Koloss durch das Wasser. Ist so — unter Dampf — die offene See erreicht, dann setzen auch die Schraubendampfer ihre Segel, den günstigen Wind benutzend und ihre Kohlenvorräthe für die Windstillen, das Einlaufen in Häfen etc. sparen.

(Die nebenbefindliche Tafel zeigt die französische Korvette RIGAULT DE GENOUILLY unter Segel mit raumem Winde von Steuerbord.)

Jedermann an Bord fühlt jetzt eine gewisse Genugthuung, der Unruhe und Anstrengung der letzten Tage enthoben zu sein: der Seemann fühlt sich jetzt frei! Nach und nach kommt Alles an Bord in seemännische Ordnung; der Tumult des Ankerlichtens, des Segelsetzens verklingt und Alles macht einer verhältnissmässigen Ruhe Platz.

Die Gegenstände am Lande werden immer undeutlicher, die letzten sichtbaren Vorgebirge oder sonstigen Punkte, deren geographische Lage genau bekannt ist, werden g e p e i l t, das heisst, ihre verschiedenen Richtungen zum Schiffe werden mittels des Kompasses gefunden und ihre Entfernung vom Schiffe berechnet; ist so der Ort, an dem dasselbe in diesem Augenblicke sich befindet, bestimmt, so kann von diesem Abfahrtspunkte aus die Berechnung seines Weges beginnen.

Einen letzten Blick wirft der Seemann der schwindenden Küste zu; — das Meer gestaltet sich jetzt zu einem grossen Kreise, über den sich der Himmel als Kuppel wölbt, und bald decken die Schatten der Nacht den Ocean.

Die Stille an Bord wird nur durch das Sausen des Windes in der Takelung und das Krachen und Knarren der Raaen, Stengen, Raperte und Schotten unterbrochen. Ein kurzes Kommandowort erinnert kaum an das Dasein einer Mannschaft im Schiffe, das auf der unendlichen Tiefe, in der unbegrenzten Weite geisterähnlich dahinfährt.

RIGAULT DE GENOUILLY

FRANZÖSISCHE KORVETTE.

Sich selbst überlassen, gedenkt der Seemann der vielen, jetzt zerrissenen Bande, seiner nun an das Schiff sich knüpfenden Existenz und der langen Monde, die ihn von der Heimat, von dem Lande seiner Väter trennen. Spätere Sorgen für die Navigation und Aufregungen aller Art verscheuchen das Heimweh der ersten Tage.

Der Leuchtthurm, das letzte Zeichen der vaterländischen Küste, sinkt unter den fernen Horizont; zahllose Sterne spiegeln sich in der See, auf der in stiller Majestät das Schiff segelt, um vielleicht des Vaterlandes Feinde aufzusuchen, mit einem entscheidenden Schlage die Ehre der Flagge aufrecht zu erhalten und mit neuen Lorbeeren diese zu bekränzen.

Der Officier, dem ein Kommando anvertraut ward, ist von dem Augenblicke verantwortlich für die Ehre der Nationalflagge, den Ruhm seiner Waffe, die Sicherheit seines Schiffes, das Leben der Bemannung. Die erhaltenen Befehle auszuführen, lichtet er Anker und läuft mit seinem Schiffe aus, den Ort seiner Bestimmung zu erreichen. Seine Pflicht ist es, wenn er allein segelt, nicht am bestimmten Tage, zur bestimmten Stunde, sondern so schnell, so direkt als möglich dahin zu gelangen. Wie viele Hindernisse können in seiner Fahrt ihm aufstossen? Welche Vorsichtsmassregeln er im Anbeginne seiner Reise auch anwandte, nie vermag er gegen alle vorkommenden Fälle sich zu schützen, denn er weiss nicht, was seiner harrt.

Vom Tage an, wo er in See geht, giebt es keine Ruhe mehr für ihn. Er beobachtet den Lauf der Gestirne und unterwirft ihn seinen Berechnungen, um mit Sicherheit das entfernte Land zu finden, welches er sucht; — er trifft auf den Feind, seine Pflicht ist es, sich zu schlagen und zu siegen; — seine Mannschaft bricht in Meuterei aus, er muss sie zum Gehorsam zurückführen; Krankheit sucht sein Schiff heim, Mangel an Wasser, an Lebensmitteln stellt sich ein, er muss die Schrecken der Einbildungskraft beruhigen, den moralischen Muth wieder herstellen, der Noth abhelfen oder sie wenigstens lindern.

Das Meer verbirgt Felsenriffe und Sandbänke; der Himmel hält drohende Blitze über seinem Haupte und lässt den wüthenden Orkan über die unendliche Wasserwüste brausen — er muss ruhig und unerschüttert den Einfluss seines höheren Wissens, die Macht seiner Stellung, die Ueberlegenheit seines Charakters bethätigen.

Denn wehe ihm, wenn er in der Wahl der Mittel zögert: tausend Augen seiner Mannschaft sind auf ihn gerichtet, nur zu leicht würde seine Unfähigkeit an den Tag kommen, Subordination und Disciplin und sein Ansehen würden bald vernichtet und die Sicherheit des Schiffes gefährdet sein.

Der junge Tag dämmert, der Morgen bricht an; purpurroth färbt sich allmählich die Stelle am Horizonte, wo das goldene Gestirn des Tages, dem Gebote der ewigen Ordnung folgend, dem Meere entsteigt. Schon erglänzen in ihren ersten Strahlen die· Toppen der Masten, endlich erscheint sie selbst, die majestätische Sonne, ihr belebendes Licht über die See ausgiessend und das herrliche Bild beleuchtend: ein Schiff unter Segel!

Welche Gedanken werden jetzt bei diesem imposanten Anblicke rege! — Was wird das stattliche Schiff, das so wohl geordnet, so stolz einherschwimmt — was wird es noch erleben, und mit ihm alle Die, welche sich ihm anvertraut? Was für eine kostbare Fracht an Kenntnissen, an Gefühlen, an Sehnsucht, Liebe, Hoffen und Wünschen trägt nicht ein solches Schiff über das Meer?!

Es wird dem Leser angenehm sein, wenn wir zum besseren Verständnisse des Nachfolgenden hier die Elemente des Manövers folgen lassen.

Ein Segelschiff manövrirt mit Segeln und Ruder, ein Dampfschiff, wenn es überhaupt dampft, gewöhnlich allein mit der Maschine und dem Ruder. Manövrirt es ohne Dampf, so agirt es als Segelschiff. Manöver unter Dampf und Segel gleichzeitig werden verhältnissmässig selten ausgeführt.

Die Manöver des· einzelnen Segelschiffes bestehen hauptsächlich im richtigen Anpassen der Segelfläche an die jeweilige Windstärke, in der richtigen Stellung der Segel je nach dessen Richtung und im vortheilhaften Aufkreuzen gegen ungünstigen Wind.

Zu dem ersteren gehört das seemännische Verständniss, die für die betreffende Windstärke nothwendigen Segel zu setzen oder zu bergen (wegzunehmen), das Lösen, Reefen (Verkleinern) und Festmachen. Die für die Windrichtung vortheilhafteste Stellung wird den Segeln, respektive Raaen (Rundhölzer, an denen die Segel befestigt sind) durch die Brassen (Taue, womit die Raaen horizontal bewegt werden), Halsen (Taue, womit die unteren Ecken der unteren

Segel nach vorn gespannt werden) und Schooten (ebenso nach hinten) gegeben, und beim Kreuzen sind die beiden Hauptmanöver: Wenden und Halsen.

Die Wirkung des Ruders auf die Richtungs-, beziehungsweise Kursänderung des Schiffes ist folgende:

Liegt es mittschiffs, d. h. liegt seine Ebene in der Richtung des Kieles, so übt es keinen Einfluss aus. Dreht man es mittels der nach Steuerbord (rechts von hinten nach vorn gesehen) gelegten Ruderpinne nach Backbord (links von hinten nach vorn gesehen), so bildet seine Fläche mit der Kielebene und links von dieser einen Winkel. Das von vorn längs der Schiffsseite kommende Wasser stösst sich an ihm und drängt das Hinterschiff nach Steuerbord, das Vorschiff geht also nach links oder nach Backbord. Das Umgekehrte findet statt, wenn die Pinne nach Backbord gelegt wird. Die Segel sind an den Masten so vertheilt, dass sie sämmtlich gesetzt sich das Gleichgewicht halten und das Schiff nur vorwärts treiben, wenn das Ruder nach beiden Seiten gleichmässig gedreht wird, um Kurs zu halten.

Denkt man sich den Drehpunkt des Schiffes in dessen Mitte und nimmt man bei seitlich einkommendem Winde die Hintersegel fort, so wirken die Vorsegel als Hebel auf das Vorschiff und drängen es nach Lee. Um dies zu paralysiren, gebraucht das Schiff Leeruder, d. h. die Pinne muss auf Lee gelegt werden, damit das Vorschiff luvwärts (in den Wind hinein) geht. Umgekehrt ist es, wenn man Vorsegel wegnimmt und die Hintersegel stehen lässt. Das Schiff schiesst dann mit dem Kopfe in den Wind und steuert schlecht oder gar nicht.

Das Steuer giebt deshalb einen Massstab für die richtige Segelführung, und derselbe macht sich um so mehr geltend, je länger das Schiff, respektive je länger die Hebelarme seiner vorderen und hinteren Hälfte sind.

Will man beim Kreuzen wenden, so thut man dies mit Hilfe der Segel und des Ruders in der Weise, dass man das Schiff mit dem Kopfe durch die Richtung des Windes gehen lässt und dann diesen von der anderen Seite einbekommt.

Kreuzen (vom Landbewohner Laviren genannt) ist das Manöver eines Schiffes, gegen den Wind zu fahren und einen gegebenen Punkt zu erreichen, obwohl der Wind recht daher weht.

Dies kann nicht direkt, sondern nur dadurch geschehen, dass das Schiff zuerst von einer und dann von der anderen Seite so nahe wie möglich am Winde segelt. Letzteres ist bis zu 6 Striche bei gewöhnlichen Segelschiffen möglich, d. h. kommt der Wind z. B. von Nord, wohin das Schiff will, so kann dieses mit dem Winde von der linken Seite (Backbord) Ostnordost, also 2 Striche oder $22\frac{1}{2}°$ im Kreisbogen nördlicher als in der Querrichtung Ost, und wenn es dann wendet, über Steuerbordbug ebenso viel nördlicher als West steuern. Es gelangt mithin über beide Buge stetig nach Norden, und da es das gesegelte Ost- durch das spätere Westsegeln wieder ausgleicht, so bleibt bei diesem Kreuzen in Zickzacklinie als Resultat nur ein Vorwärtskommen nach Nord übrig, das man anstrebt. Durch das Manöver des Wendens selbst gewinnt man ebenfalls. Indem man das Schiff durch den Wind drehen lässt, schiesst es vermöge seines Momentes eine gute Strecke in der Richtung des ersteren auf, und dies geschieht um so mehr, je schneller das Schiff segelt und je besser es konstruirt ist. Es kommt dann während des Wendens gar nicht aus der Fahrt, obwohl die Segel dabei eine Zeit lang b a c k liegen, d. h. der Wind von vorn auf sie weht.

Bei Ausführung des Wendens wird zuerst das Ruder in Lee gelegt. Dadurch luvt das Schiff an, d. h. es geht mit dem Kopfe allmählich in den Wind. Um dieses Manöver zu unterstützen und zu beschleunigen, wird der Besahnbaum bis mittschiffs (in die Kiellinie des Schiffes) aufgeholt. Dadurch verliert die Besahn ihre vorwärts-treibende Kraft und wirkt nur quer, indem sie das Hinterschiff dem Vorschiffe entgegengesetzt herum treibt. Gleichzeitig werden die Schooten sämmtlicher Vorsegel (Stagsegel, Klüver, Aussenklüver) aufgefiert (gelöst), wodurch sie loskommen und der von ihnen auf das Vor-schiff ausgeübte seitliche Druck aufhört. Da das Schiff noch eine Zeit lang sein Moment beibehält, so folgt es dem in Lee gelegten Ruder weiter, und zwar gewöhnlich so lange, bis der Kopf durch den Wind ist und dieser von der anderen Seite einzukommen beginnt.

Weil aber der immer mehr von vorn kommende Wind die Segel back legt, so vermindert sich die Fahrt des Schiffes. Dieses geht gewöhnlich nur noch wenig voraus, wenn der Wind eben von der anderen Seite einkommt, und beginnt dann oft rückwärts zu gehen. Das Ruder wird in diesem Falle übergelegt, um in der früheren Weise fortzuwirken. Gleichzeitig wird die weitere Drehung des Schiffes durch die Segelstellung unterstützt. Man brasst die Hinterraaen um und scharf an den Wind, lässt die Vorraaen aber stehen, weil der jetzt immer seitlicher einkommende Wind auf sie als Kraft wirkt, um das Vorschiff noch mehr herumzuwerfen, was man beabsichtigt. Sobald dann die Hintersegel füllen, was der Fall ist, wenn das Schiff so weit gedreht ist, dass der Wind 6 Striche einkommt, brasst man auch vorn voll, das Schiff bekommt wieder Fahrt und befindet sich dann auf dem anderen Buge, um in dieser Weise weiter zu wenden und zu kreuzen. (Siehe die Figur 5, Seite 30.)

Ist der Wind sehr stürmisch und die See hoch, so dass das Schiff nur kleine Segel führen kann und wenig Fahrt macht, so ist das Wenden nicht ausführbar; dann muss man halsen. Dies geschieht, indem man das Ruder luvwärts legt, wodurch der Kopf des Schiffes nach Lee, also vom Winde ab gedreht wird. Man unterstützt diese Drehung, indem die Hintersegel lebendig gebrasst werden, so dass sie flattern, keinen Druck auf das Hinterschiff üben können und mithin die vorderen Segel auf das Vorschiff voll wirken. Ist das Schiff vor dem Winde, d. h. kommt dieser platt von hinten, so brasst man die Vorraaen vierkant (rechtwinkelig zur Kiellinie), die Hinterraaen aber über den anderen Bug scharf an. Durch das fortwährende Drehen des Schiffes kommt dann der Wind von der anderen Seite ein. Er trifft die vierkant stehenden Segel schräg und unkräftig, so dass diese das Vorschiff nicht am Weiterdrehen hindern, dagegen die Hintersegel voll, und diese drängen das Hinterschiff herum, bis das Schiff über den anderen Bug scharf am Winde liegt. Die Vorraaen werden dann inzwischen auch scharf angebrasst. (Siehe die Figur 6, Seite 30.)

Beim Halsen geht also das Schiff den entgegengesetzten Weg herum, wie beim Wenden, d. h. vor dem Winde statt durch den Wind. Es gewinnt bei dem Manöver nicht, sondern verliert wieder ein Stück des aufgekreuzten Weges, und man halst deshalb nur, wenn Wind und Wetter das Wenden verbieten.

Ist man bei diesen Manövern unter Segel und Dampf, oder unter Dampf allein, so bieten sie natürlich weit geringere Schwierigkeiten, weil dann die Fahrt beständig im Schiffe bleibt und letzteres willig dem Ruder gehorcht.

Nach dieser kurzen Abschweifung setzen wir unsere Schilderung fort.

Die Bootsmanns-Pfeife erschallt zum ‚Auspurren‘, d. h. zum Wecken der Mannschaft, und ist das Signal zu neuem Leben, neuer Thätigkeit; aus allen Luken eilt die Mannschaft mit ihren Hängematten herbei, um sie in die Finkenetze zu stauen; wie im Hafen werden die oberen Decke und Batterien gewaschen, die unteren zeitweise mit Sand abgerieben, die Kanonen und alles Eisen und Metall geputzt, die Reinlichkeit in jeder Beziehung hergestellt, das laufende Tauwerk auf dem Deck in zierlichen Buchten aufgeschossen.

Mittlerweile war die Kühlte frischer, s c h r a a l t e aber, d. h. sie ward dem Laufe des Schiffes ungünstiger.

Da das Schiff genöthigt ist, ü b e r S t a g z u g e h e n o d e r z u w e n d e n, so wird die Mannschaft durch den Befehl: ‚K l a r z u m W e n d e n!‘ auf Deck zu ihren verschiedenen, durch die Rolle bezeichneten Posten beordert.

Die Richtung des Windes fällt in einem Winkel von sechs Strichen oder ungefähr sechsundsechzig Graden von vorn auf die eine Seite des Schiffes — mit Hilfe der Segel und des Steuerruders ist nun das Schiff so zu drehen, dass es der Wind unter demselben Winkel von der anderen Seite trifft. — Unter ungünstigen Umständen geschieht diese Drehung durch das erwähnte Manöver des Halsens statt des Wendens.

Bei jenem Manöver braucht das Schiff viel Raum, da es während der Evolution vor dem Winde segelt; beim Wenden, wo es sich fast auf der Stelle herumdreht und in den Wind läuft, ist wenig Raum nöthig.

Die Unterofficiere sorgen dafür, dass alles Tauwerk klar läuft — sich nicht verwirrt — die Brassen werden bemannt, die Marsgasten sind bereit, die Toppenanten der Unterraaen zu überholen und schnell auf Stengen und Raaen dahin sich zu begeben, wo ihre Hilfe nöthig ist.

Sobald Alles zum Handhaben der Segel und Raaen bereit ist, erfolgt das Kommando: ‚R u d e r i n L e e!‘ — worauf die Ruder-

TOURMALINE
ENGLISCHE KORVETTE.

pinne langsam gegen die Seite des Schiffes gedreht wird; bald darauf ,Vorschooten los!' es werden Klüver- und Stagsegelschooten losgeworfen, die Besahn auf die Luvseite geholt, um die Kraft des Ruders zu vermehren. Sobald bei der Wendung der Wind längs der Raaen weht, werden Halsen und Schooten der Untersegel aufgeholt: ,Auf Halsen!'; liegt die Fock ganz back und kommt der Wind also fast von vorn, so brasst man die hinteren Segel auf das Kommando: ,Rund achter!' herum und wieder beim Wind und legt die Ruderpinne mittschiffs; treibt dann, während alle Segel back liegen, das Schiff über Steuer, so muss das Ruder auf die andere Seite gelegt werden. Die Klüver- und Stagsegelschooten werden nun auf der anderen Seite angeholt; sobald die Hintersegel gefüllt sind, brasst man die Vorraaen (,An die Vorbrassen!' ,Hol' steif!') auf das Kommando: ,Rund vorn!' herum, legt das Ruder je nachdem das Schiff es verlangt, holt Halsen und Schooten der Untersegel an und brasst alle Raaen scharf an den Wind. Das Schiff segelt jetzt mit den anderen Halsen, ebenfalls dicht am Winde, wie vorher.

Die Unterofficiere bewachen während des Manövers das gehörige Los- und Festmachen des Tauwerkes und sorgen dafür, dass dasselbe wieder in Ordnung gebracht werde, damit bei einem neuen Manöver kein Aufenthalt entstehe. Ist die Wendung vorüber, so bleibt blos die Wache auf Deck; der Rest der Mannschaft geht an die ihm bestimmten Arbeiten oder zur Ruhe.

(Die beiden nebenbefindlichen Tafeln zeigen die englische Korvette TOURMALINE in der ,Wendung' begriffen und die deutsche gedeckte Korvette LEIPZIG mit Backbordhalsen scharf ,am Winde' segelnd.)

Nur wenn die physische Kraft der Wache nicht hinreicht, ein bestimmtes Manöver auszuführen, sollte die unter Deck befindliche Mannschaft aufgerufen und alsobald wieder entlassen werden, wenn die Arbeit beendet ist.

In keinem Falle sollte sie für Kleinigkeiten gerufen werden, da dieses unnütze Quälen den Mann verdriesst und ermüdet und in wichtigen Fällen unendlich schaden kann.

Regelmässigkeit muss im Laufe des gewöhnlichen Dienstes genau beobachtet werden; wie leicht die Arbeit, wie geringfügig der Dienst, der verrichtet werden soll, auch sei, der Officier muss darauf achten, dass er pünktlich ausgeführt werde, und leicht gewöhnt die Mannschaft sich daran. Wird eine Veränderung in der Ausübung des gewöhnlichen Dienstes nöthig, so ist zu vermeiden, dass sie nicht als Laune erscheine.

Jeden Morgen hat der erste Officier vielerlei Meldungen anzunehmen, das Nöthige darüber zu verfügen und dem Kommandanten Rapport darüber zu erstatten, so vom Bootsmanne über den Zustand des Tau- und Takelwerkes, der Segel, der Anker und der Boote; vom Zimmermanne über den Zustand der Masten und Spieren, der verschiedenen Decke und der verschiedenartigen Arbeiten, die zur Erhaltung derselben vorzunehmen sind; vom Feuerwerker über den Zustand der Kanonen, der Stückpforten und ob diese geöffnet oder geschlossen sein sollen, und der Waffen aller Art. Um sieben Glas — $\frac{1}{2}$8 Uhr — empfängt er sonstige Meldungen der Officiere und des Arztes.

Je nachdem es das Wetter erlaubt, wird mit Kanonen exercirt, was so viel als thunlich durch den unbeschäftigten Theil der Wachmannschaft geschehen sollte; der Waffenmeister mit seinen Leuten beschäftigt sich mit dem Instandsetzen sämmtlicher Waffen an Bord; Segel werden gemacht und ausgebessert, Tau- und Takelwerk nachgesehen; Zimmerleute und Tischler sind beschäftigt, dasjenige, was im Hafen nicht angefertigt werden konnte, herzustellen oder auszubessern.

Der Mittag naht heran; die Officiere und Seekadetten versammeln sich auf dem Quarterdecke, mit Oktanten und Sextanten versehen, um, wenn es der Zustand der Atmosphäre gestattet, die Sonnenhöhe zu beobachten und nach dieser die Breite, in welcher das Schiff sich befindet, zu berechnen. Die in der Nähe befindlichen Unterofficiere suchen wo möglich das Resultat der Beobachtungen zu erfahren, um nach besten Kräften darnach die Lage des Schiffes auf dem unbegrenzten Ocean muthmasslich zu bestimmen, mit Hilfe des gesteuerten Kurses sich dann eine ungefähre Idee über das endliche Ziel der Reise, über welches die Mannschaft gewöhnlich im Dunkeln ist, zu verschaffen und darüber beim Essen oder in den langen Nachtwachen zu politisiren.

Sobald der Kulminationspunkt der Sonne fixirt ist, wird es dem Kommandanten gemeldet, der Mittag zu machen befiehlt. Acht

LEIPZIG

Schläge der Glocke ertönen und gleichzeitig geben die Pfeifen das Zeichen zum ersehnten Mahle, was bereits hergerichtet war. Natürlich bleibt stets die absolut nöthige Mannschaft während desselben auf Deck.

Sollten während der Essenszeit Manöver vorgenommen werden, so wird die Wache auf Deck gerufen, so viel als möglich sucht der Officier jedoch zu vermeiden, die Leute beim Essen zu stören.

Unter Arbeiten verschiedener Art vergeht der Nachmittag; der Abend naht heran und der Befehl wird gegeben zur schon erwähnten Gefechtsmusterung.

Jeden Abend geschieht diese Musterung, bei welcher der erste Officier streng darauf zu sehen hat, dass Niemand auf dem ihm durch die Rolle angewiesenen Posten fehle; denn die wahre Kraft des Schiffes liegt stets darin, dass Jedermann an Bord vollkommen vertraut mit dem ihm bestimmten Platze und mit den auf demselben auszuübenden Pflichten sei.

Hier empfängt der erste Officier wiederum die Meldungen der Officiere, dass Alles zur Handhabung der Geschütze in Ordnung und die Mannschaft in schlagfertigem Zustande sei; die Steuerleute zeigen an, dass die Steuerreepe in Ordnung und die Signallaternen bereit seien; der Bootsmann meldet, dass er alles zur Takelung Nöthige in Bereitschaft habe und die Reservesegel augenblicklich herbeigeschafft werden können; der Zimmermann berichtet, dass der Pumpsood klar sei, die Pumpen zum Gebrauche hergestellt, die Feuerspritze und Schusspflöcke in Bereitschaft seien; der Feuerwerker stattet über den Zustand der Geschütze, der Waffen, der Pulver- und Granatenkammern seinen Bericht ab und meldet, dass die Rettungsboje zum augenblicklichen Gebrauche bereit sei.

Um 8 Uhr Abends — acht Glas — beginnen die Nachtwachen; die eine Hälfte der Mannschaft sucht nun die Ruhe in ihren Hängematten und stärkt sich, eingewiegt durch die Bewegung des Schiffes, zu neuen Arbeiten und Anstrengungen. In der Batterie und im Zwischendeck werden, sobald es dunkelt, einige Laternen angezündet, die von besonderen Posten überwacht werden. Die Lampen in den Nachthäuschen beleuchten die Kompasse, den steuernden Matrosen den Strich des Kurses zeigend, den sie trotz aller Bewegung des Schiffes zu steuern haben.

Sorge muss dafür getragen werden, dass stets einige angezündete Laternen bei der Hand sind, wenn durch irgend einen Zufall während stürmischen Wetters jene Lampen verlöschen; denn in dunklen, sternenlosen Nächten, wenn der Steurer keinen anderen Wegweiser als den Kompass hat, muss auf diesen die grösste Aufmerksamkeit gerichtet werden; nur zu leicht ist es, in solchem Falle mit dem Schiffe plötzlich anzuluven und den üblen Folgen dieses Ereignisses — das man ,Eule fangen' nennt — ausgesetzt zu sein.

Die Wachmannschaft wird auf ihre verschiedenen Posten vertheilt; Ausgucker werden in die Marsen, zu Zeiten auf die Raaen gesendet; am Vordertheile der Back stehen zwei Matrosen, um den vor ihnen sich ausbreitenden Horizont zu untersuchen und jede sich nahende Gefahr zu erspähen und anzuzeigen.

Des Kommandanten Nachtbefehle — in das dafür bestimmte Buch deutlich und verständlich eingetragen — sind gegeben, der Officier der Wache haftet für ihre pünktliche Ausführung und für die Sicherheit des Schiffes im Innern, sowie nach aussen. Jede halbe Stunde lässt er das Logg auswerfen und die Schnelle der Fahrt und den gesteuerten Kurs aufzeichnen; ebenso oft erhält er die Rapporte aus allen Theilen des Schiffes,, von denen er — falls sie der Art sind, dass sie augenblickliche Meldung erheischen — dem Kommandanten und ersten Officier unverzüglich Nachricht zu geben und die weiteren Befehle einzuholen hat.

Beständig muss er die Segel des Schiffes beachten, um zu sehen, ob sie hinreichend sind, den Lauf des Schiffes zu beschleunigen, oder ob zu viel gesetzt sind und die Bemastung durch zu starken Druck bedroht. Der Richtung des Windes nachgebend, befiehlt er bald die Raaen an den Wind zu brassen, wenn er schraalt, bald die Luvbrassen anzuholen, wenn er raumt, d. h. dem Laufe des Schiffes günstiger wird.

Er lässt die leichten Segel bergen, denn eine Bö — ein Windstoss — braust über die Wogen; Leesegel werden gesetzt, denn der Wind wird schwächer und das Schiff verlangt mehr Segel. Dem guten Steuern widmet er ebenfalls grosse Aufmerksamkeit, da so viel davon abhängt. Die am Ruder stehenden Matrosen erhalten durch lange Uebung eine besondere Fertigkeit, das Schiff in fast schnurgerader Linie zu steuern.

Acht Glas (Mitternacht) bringt die Ablösung herbei; eine neue Wache übernimmt das Deck, die ermüdeten Matrosen suchen die Hängematten. Aber nur nachdem der Officier der Wache seinen Nachfolger genau mit den Befehlen des Kommandanten und der Stellung des Schiffes bekannt gemacht hat, darf er das Deck verlassen und ist seiner Verantwortlichkeit enthoben.

Das Schiff setzt mittlerweile seinen Lauf fort, bald mit günstigem Winde und leichter Kühlte alle Segel entfaltend, die von Topp zu Deck gesetzt werden können, bald dieselben bergend, wenn frischere Kühlte oder Windstösse es nöthig machen.

Tage sind verflossen in fortwährender, gleichmässiger Ausübung des Dienstes und dem ermüdeten Anblicke von Luft und Wasser; immer flauer wird die Kühlte, kaum bemerkbar der Weg des Schiffes, das dem Steuer fast nicht mehr gehorcht; schwer schlagen die Segel gegen die Masten und Stengen, da sie kein Lüftchen mehr spannt. Die unteren Segel werden endlich aufgegeit und langsam rollt das Schiff auf den jetzt geglätteten Wogen, die immer niedriger und gedehnter werden, bis der letzte Luftzug erstirbt und selbst der lange und leichte Wimpel matt an der Stenge herabhängt.

Doch das ist ein Bild aus früherer Zeit, ein überwundener Standpunkt.

Heut zu Tage sind die Windstillen nicht mehr die gefürchteten Feinde des Seemannes wie ehedem. Rechtzeitig hat ein Signal das Heizen der Maschine befohlen und lange vor den letzten Hauchen des Windes hat sich das Segel- in ein Dampfschiff verwandelt, das unbeirrt und mit verhältnissmässig weniger Beschwerden seinen Weg fortsetzt. Versuchen wir dennoch das immerhin noch nicht ganz verschwundene Bild des Seelebens während einer Windstille uns noch weiter auszumalen.

Im Galjon und in den Fockrüsten stehen und sitzen Matrosen, mit Angelhaken die Bewohner der Tiefe zu fangen, und mit der tödtenden Harpune bewaffnet, die beliebte Dorade zu tödten und mit ihrem schmackhaften Fleische das Einerlei der Schiffskost zu unterbrechen. Andere suchen den schnellen Tümmler zu treffen, der verwundet umherjagt, von seines Gleichen verfolgt, hoch aus dem Wasser sich wirft und dem Seemanne den Genuss einer Parforcejagd gewährt.

Der blaue Spiegel des Meeres ladet zum Bade; aber plötzlich erhebt sich die Rückenflosse des furchtbaren Hai über dem Wasser, der träge heranschwimmend und scheinbar unbekümmert um Alles, was ihn umgiebt, doch scharf nach Beute späht. Der scheussliche Anblick des Unthiers erweckt das Grausen der Mannschaft und ungesäumt werden Anstalten getroffen, den Raubfisch zu fangen.

Ein starker Haken, mittels einer Kette an einer ziemlich dicken Leine befestigt, wird über Bord gelassen; ein Stück Fleisch dient als Lockspeise: auf der Schanze beobachten die Officiere die Bewegung der Pilotenfische, die dem Hai voranschwimmen, den Köder zu untersuchen scheinen und jenen herangeleiten. Der Hai schwimmt nahe heran, fast das Heck berührend; langsam senkt er sich in die Tiefe und plötzlich, sich halb auf den Rücken werfend, fährt er in schräger Richtung und mit unwiderstehlicher Gewalt in die Höhe, zertheilt schäumend das Wasser und will gierig die Lockspeise verschlingen; der Haken schlägt durch die Kiefern und rasch wird die Leine angezogen. Furchtbar ist die Gewalt, die das Unthier anwendet, um frei zu werden; — eine zweite Leine wird in einer Schlinge über den Schweif geworfen und überwältigt wird er auf Deck gezogen, wo er nach übernatürlicher Anstrengung, zähneknirschend sein Leben aushaucht, während eine soeben harpunirte Dorade, im Gegensatze zu den konvulsivischen Bewegungen des Hai, ihr Leben wegzittert und im Todeskampfe in allen Farben des Regenbogens erglänzt.

Mag dem Landbewohner es angenehm erscheinen, die sich sanft bewegende Oberfläche des Meeres von keinem Luftzuge gekräuselt zu sehen, dem Seemanne ist es ein lästiger Anblick. ‚Todstill ist die See, — das Schiff ohne Steuer!‘ ruft er unbehaglich aus, gähnt und streckt sich und sehnt sich nach der frischen Kühlte, die ihn stärkt, während ihn die Stille ermattet, in der die Stunden regelmässig ohne Abwechslung sich folgen — wo nur dann und wann eine trügerische Fata Morgana am reinen Horizonte sich aufthürmt, ihm Inseln und Festland mit allen Attributen vor die Augen zaubert, indess er Hunderte von Meilen von der nächsten Küste entfernt ist.

Stete Beschäftigung allein vermag die erzeugte Langeweile und den damit verbundenen Missmuth des Seemannes zu zerstreuen; — fortwährend wird die Mannschaft mit dem Geschütze und den Segeln eingeübt, um es zum höchsten Grade der Vollkommenheit darin zu bringen. In den freien Stunden spielt die Musik, die sich, aus 10—12 Spielleuten bestehend, an Bord der grösseren Schiffe befindet. Ihre lustigen Weisen verlocken trotz der Hitze den Matrosen zum Tanze. Ja sogar kleine Komödien werden einstudirt und manchmal mit recht viel Geschick von den Matrosen aufgeführt.

In dem ermüdenden Einerlei einer Windstille bemächtigt sich ein unbehagliches Gefühl des Seemannes, der die Aufregung oder Gefahr des Sturmes oder der Schlacht vorziehen würde; die Luft wird immer drückender — das Barometer fällt, die Vorhersagungen mehrerer alter Matrosen bestätigen die Annäherung eines Sturmes. Alles deutet auf den Ausbruch eines Unwetters, dessen Vorbote gewöhnlich die todte Stille zu sein pflegt.

Die Atmosphäre bekommt bei Sonnenuntergang einen traurigen Anschein; — Schaaren von flüchtigen Tümmlern und Delphinen umgeben in grossen Kreisen das Schiff; mit der Schnelle des Pfeiles jagen sie einander und werfen sich hoch aus dem Wasser, während mit dem zunehmenden Dunkel hinter ihnen phosphorisch leuchtende Streifen glänzen.

Obgleich noch kein Lufthauch zu spüren ist, werden doch die leichten Segel beschlagen, die Marssegel gereeft, überhaupt Vorbereitungen für schlechtes Wetter getroffen.

Während der ersten Wache scheint jedoch die fortdauernde Stille den sturmverkündenden Untergang der Sonne Lügen zu strafen; nur am westlichen Horizonte thürmen Massen · dunkler Wolken sich auf. Schläfrig schlendern die Wache haltenden Matrosen, von keinem augenblicklichen Dienste in Anspruch genommen, im Vordertheile des Schiffes umher, oder versammeln sich unter dem grossen Boote, um eine der schauerlichen Geschichten anzuhören, welche einer der Redner von ‚vor dem Maste‘ mit gewohnter Länge und Breite vorzutragen pflegt, die Stunden der Wache damit zu verkürzen.

Nach Mitternacht beginnen die Marssegel zu zittern und bald füllt eine leichte Kühlte aus Westen die Bramsegel; das Schiff neigt sich langsam auf die Seite, und das Wasser theilend, das mit leisen Plätschern an den Bug anschlägt, gehorcht es wiederum dem Ruder. Die See bricht sich jetzt wieder, lange Linien weissen Schaumes folgen einander, die Vorboten des bereits in der Ferne aufgeregten Meeres; ihnen folgt später die einzelne, rollende Woge; dann beginnt die regelmässige und wachsende Bewegung der See, bis das Element im Sturme losbricht.

,Fock bei!' ruft der wachhabende Officier, sobald die gefüllten Marssegel das Dasein der Kühlte bezeugen; rasselnd überholen die Geitaue sich in ihren Blöcken, und die vereinte Kraft der Backsgasten bei den Halsen und Schooten bringt die Schoothörner der Fock bald auf Deck nieder. ,Luv!' ertönt es von Neuem, und gehorsam dreht der Bug an den Wind; schnell wird auch das Grosssegel gesetzt: ,Grosssegel bei!'

Die Kühlte wird steifer; die Bramsegel werden beschlagen: ,Bramsegel bergen und fest!', dann: ,das zweite Reef in die Marssegel!' Gegen Morgen verstärkt sich der Wind: der Klüver wird niedergeholt und beschlagen, das Vorstengestagsegel gesetzt. Die See bietet ein erhabenes Schauspiel dar, da die Wogen sich mehr und mehr erheben und schäumend am Buge und an den Seiten des Schiffes sich brechen, das, bald auf dem Rücken einer Welle getragen, das glänzende Kupfer des Rumpfes hoch über dem Wasser zeigt, bald im Wogenthale bis zur Batterie versinkt.

(Die nebenbefindliche Tafel zeigt die deutsche Glattdeck-Korvette FREYA mit einem Reef in den Segeln.)

Schwer stampft das Fahrzeug; es wird nöthig, noch mehr Segel zu bergen.

,Alle Mann auf!' erschallt das Kommando, das Heulen des Windes und das Tosen der See übertönend, — die Mannschaft eilt auf ihre Posten; Geitaue, Gordinge und Reeftaljen werden bemannt, Bulienen losgeworfen, die Luvbrassen angeholt, Marsraaen niedergefiert. Die Segel peitschen im Winde, bis die Raaen fast vierkant gebrasst und die Segel dadurch und mit Hilfe der Gordinge gedämpft sind.

Die Marsgasten eilen hinaus, in schwindelnder Höhe die Reefe einzunehmen. Auf jeder Raanocke sitzt ein behender Matrose, den Steckbolzen genannten Reefbendsel an derselben zu befestigen; hin und her geworfen durch die schweren Bewegungen des Schiffes, hängen die Marsgasten an den Raaen und arbeiten, als stünden sie auf dem Deck, das Reefband straff nach den Raanocken ziehend,

FREYA

DEUTSCHE KORVETTE.

dann die Reefseisinge über die Raa knüpfend, wodurch das verkleinerte Segel an der Raa befestigt wird; — nur zu oft reisst ihnen die Gewalt des Windes die schlagenden Segel aus den Händen, aber dennoch werden sie in der unglaublich kurzen Zeit von einer, höchstens zwei Minuten gereeft und, um eine bedeutende Fläche verkleinert, der Wuth des Windes wieder preisgegeben.

Die Mannschaft ist wieder auf Deck, die Raaen sind geheisst und an den Wind gebrasst; eine Bö braust über die empörten Wogen und treibt den Schaum derselben in dichtem Nebel vor sich her. Ehe aber die Gewalt des Windstosses das Schiff — das unter dem Gewichte der gefüllten Segel bereits stark überliegt — trifft, sind schon die nöthigen Massregeln ergriffen, die Kraft des Stosses zu vermindern. ‚Besahn-, Gross- und Fockgeitaue — dann Halsen und Schooten los!‘ — Furchtbar peitschend werden die Segel aufgegeit; — wiederum eilen die Leute auf die unteren Raaen, sie zu beschlagen, da trifft die Gewalt der Bö das Schiff, das, dem Drucke nachgebend, die unteren Stückpforten fast in's Wasser drängt, obwohl sich dem Winde nur wenige Segel darbieten.

‚Ruder auf — Luvbrassen!‘ — Schnell fliegt das Rad herum und wie instinktmässig wendet des Schiffes Bug sich vom Winde, es erhebt sich, die Raaen werden zurückgebrasst, und über die schaumgekrönten Wellen fliegt das Schiff, der Gewalt des Sturmes nachgebend, bis die Bö vorüberjagte und das Schiff allmählich wiederum an den Wind gebracht wird.

Die Bramraaen werden auf Deck genommen, die Bramstengen gestrichen, um das Gewicht der Takelung zu erleichtern; das Gross- und Kreuzmarssegel werden beschlagen, die Fock gereeft. (Die nebenbefindliche Tafel zeigt die österreichisch-ungarische Fregatte RADETZKY, mit dichtgereeften Marssegeln und gestrichenen Bramstengen bei herannahendem Sturme.) Beim Hereineilen von der Raa stürzt ein Matrose herab: ‚Mann über Bord!‘ erschallt der schauerliche Ruf durch der Elemente Wuth. ‚Ruder in Lee! Boje über Bord! — An die Luvachterbrassen — Boot zu Wasser!‘

Schon beim ersten Unglücksrufe wird die am Heck hängende Rettungsboje fallen gelassen und treibt hinten aus; schnell dreht das Steuerrad sich, aber mühsam dreht in Folge der bewegten See das Schiff in den Wind und wird im Laufe gehemmt; die Grossraa wird back gebrasst und hält das Schiff so, dass es fast nur seitwärts wegtreibt. Kühn springt die bestimmte Mannschaft in das an der Leeseite hängende Boot, wirft die dasselbe haltenden Taue los und, eine augenblickliche Stille in Lee benutzend, wird es vorsichtig an den Taljen hinabgelassen und gleich abgestossen, um nicht an der Seite des Schiffes von den Wellen zerschmettert zu werden. Matrosen eilen in die Wanten und Marsen, um dem Boote die nöthige Richtung anzudeuten, nach der es zu steuern hat.

Die Rettungsboje als Ziel nehmend, bald zwischen furchtbaren Wogen verschwindend, bald hoch über dieselben getragen, mehrmals der Gefahr nahe, mit dem schon halb gefüllten Boote umzuschlagen, theilt die Bootsmannschaft mit kräftigen Armen die aufgeregte See, und setzt das eigene Leben an die Rettung des verunglückten Gefährten; angstvoll begleiten sie die Blicke der Zurückgebliebenen.

Der Officier der Wache darf aber den menschlichen Gefühlen nur wenig Macht über sich einräumen, denn sobald seine ersten Befehle zur Unterstützung gegeben waren, hat er die Ordnung an Bord wieder herzustellen, für die Sicherheit des Schiffes zu sorgen. Hunderte von Armen strecken sich aus, dem Boote zuwinkend, denn man bemerkt, dass dessen Mannschaft über den zu nehmenden Kurs in Zweifel ist, da die Rettungsboje oft im Thal der Wellen verschwindet; glücklich ist die Richtung entdeckt, noch eine kräftige Anstrengung — die Boje, an deren Tauen der Unglückliche sich anklammert, ist erreicht — ein Menschenleben ist gerettet!

Ein harter Kampf steht der Mannschaft aber noch bevor, denn bei der hohen See hält es schwer, das Schiff zu erreichen, um das Boot wiederum in Sicherheit zu bringen. Endlich naht es sich dem Schiffe, Leinen werden ihm zugeworfen und es an denselben herbeigezogen, was mit der grössten Vorsicht geschehen muss, damit es den sich überstürzenden Wellen ausweiche, die mit unwiderstehlicher Gewalt das leichte Boot bald unter dem Spiegel des Schiffes in Trümmer schlagen würden. Ein günstiger Augenblick wird erspäht, die Bootstaljen eingehakt, das Kommando gegeben, und schnell aufgezogen hängt das Boot glücklich an seinen Krahnen; das Leben so vieler Braven ist in Sicherheit.

RADETZKY

ÖSTERREICHISCH-UNGARISCHE FREGATTE.

Leider krönt nicht immer ein glücklicher Erfolg die Bemühungen; oftmals ist es sogar unmöglich, des Verunglückten sich anzunehmen. Im überwiegenden Interesse der Sicherheit des Schiffes und der Mannschaft sieht der Kommandant sich genöthigt, ein Menschenleben aufzuopfern, um Hunderte zu erhalten.

Ob man nun glücklich in der Rettung ist oder nichts für dieselbe zu thun vermag: unerbittlich schreitet der Dienst fort; — die Raaen werden wieder an den Wind gebrasst, wiederum liegt das Schiff in seinem Kurs.

Der Sturm nimmt zu; das Schiff vermag nicht mehr die wenigen Segel zu führen und muss b e i l e g e n.

Fock- und Vormarssegel werden eingenommen: die Geitaue sind bemannt; langsam werden der Fockhals und die Luv-Marsschoote aufgesteckt, und vom Winde geschwellt fahren die Schoothörner, ohne dass die Segel zittern, nach der Mitte der Raaen; jetzt werden die Leeschooten gelöst, Geitaue und Gordinge angeholt und die Segel beschlagen. Nur das dichtgereefte grosse Marssegel allein bietet dem Sturme seine Fläche dar; die Raaen sind alle an den Wind gebrasst, soweit es die Wanten gestatten.

Das Schiff liegt nun bei, das heisst, es liegt dicht am Winde, ohne kaum vorwärts zu gehen; das Ruder ist in Lee, wodurch natürlich das Schiff an den Wind kommt; sobald das Marssegel k i l l t, d. h. seine Ebene in die Windrichtung bringt, verliert sich der wenige Lauf des Schiffes und es fällt wieder ab; alsbald füllt das Marssegel sich von Neuem, theilt dem Fahrzeuge neue Bewegung mit, die dem Ruder wiederum Kraft giebt und es gegen den Wind drückt; — somit ist das B e i l e g e n ein fortwährendes Anluven und Abfallen innerhalb vier Kompassstrichen, wobei das Schiff, ohne vorwärts zu kommen, seitwärts wegtreibt.

Die Wogen haben jetzt weniger Gewalt über das Fahrzeug; bedeutend sind die Bewegungen desselben; schwer rollt es bald im Thal (Hohl) der Wellen, die ihm die Aussicht nach dem Horizonte benehmen, bald erhebt es sich hoch über dieselben, das Kupfer seines Kieles zeigend. Im Augenblicke, wo der Schiffskörper zwischen den furchtbar gethürmten Wogen verschwindet, hält das stets gefüllte Marssegel es ab, gegen den Wind zu rollen und von der brechenden Fluth überschwemmt zu werden; langsam neigt es sich von der andringenden Wassermasse seitwärts, die mit donnerndem Getöse sich am Buge bricht, harmlos an den schön gewundenen Seiten abrollt und kaum einen Tropfen Wasser auf das Deck eines gut konstruirten Schiffes wirft.

Unbekümmert blickt der Seemann, der seine Segel jetzt geborgen weiss, der überzeugt ist, dem Sturme die Macht über sein Schiff genommen zu haben, auf den Kampf der Elemente, wenn sein Fahrzeug gut und fest gebaut ist und er freien Seeraum hat. Die Mannschaft auf den unteren Decken bemerkt es kaum, welchen Kampf das Schiff mit den mächtigen Elementen besteht, und liegt ungestört ihren Beschäftigungen ob, während die Wache auf Deck, deren Aussicht beschränkt und deren Arbeit gethan ist, im süssen Nichtsthun an verschiedenen Stellen zusammen sitzt, das Ende der Wache erwartend.

Beiliegend kann ein gutes Schiff im offenen Meere, wo die Wogen kein Hinderniss finden, dem stärksten Sturme trotzen; anders ist es in abgeschlossenen Meeren, wo die Wellenbewegung durch eben diesen Umstand unregelmässiger ist; wo das, von einer hohen Woge in die gähnende Tiefe hinabgedrängte Schiff nicht die nöthige Zeit hat, über die nächste sich zu erheben, welche dann zerstörend hereinbricht und alles auf Deck Befindliche unter dem furchtbaren Drucke der Fluth vor sich wegreisst. Dann ist es oftmals zweckmässiger, anstatt das Schiff beizulegen, mit demselben zu lenzen, d. h. das Schiff vor den Wind zu bringen und so zu segeln, wobei freilich der Spiegel, als der schwächste Theil, der Gewalt der Wogen ausgesetzt ist und eine ungetheilte Aufmerksamkeit erfordert wird, um durch geschicktes Steuern den gefährlichen Wendungen auszuweichen. Oft erlaubt dann die Gewalt des Sturmes nicht, Segel zu führen; nur die blosse Takelung demselben bietend, fliegt das Schiff, vor Topp und Takel lenzend, über die Wogen.

Die Nacht bricht herein; — kein Strahl des Mondes, kein Stern durchschimmert die dichten Wolkenmassen, die den Himmel bedecken. Wüthend heult der Sturm durch die Takelung, donnernd brechen die Wogen sich untereinander und am Schiffe, und giessen ihren weissen Schaum über dasselbe. Die schwere Batterie knarrt in ihren Befestigungen, die beständig untersucht werden, um von der Haltbarkeit derselben sich zu überzeugen, da eine losgerissene

Kanone leicht die Sicherheit des Schiffes gefährden könnte; — Stengen und Raaen krachen, trotz der an den letztern angebrachten Rolltakel.

Die Mannschaft ruht indessen von den Anstrengungen der vorhergegangenen Arbeiten aus; — von keinem Geräusche gestört, schläft der Seemann unbesorgt, auf sein gutes Schiff und die Tüchtigkeit seiner Officiere sich verlassend, während die Wache auf Deck und uhter dem Vorkastelle sich sammelt, als wäre sie im Hafen oder in Windstille, und wieder den endlosen Faden einer Erzählung anhört, den ein Redseliger ihnen abspinnt. Jetzt ist die wahre goldene Zeit des Seemannes, denn er darf müssig sein; die Segel sind geborgen, die Bewegung der Schiffes erlaubt wenig zu thun; er freut sich, sein gutes Schiff, einer Seemöve gleich, spielend über die Wellen schaukeln zu sehen.

Der trübe Zustand der Atmosphäre verhinderte während der letzten Tage jede astronomische Beobachtung und nur durch gegisste muthmassliche Berechnung kann die Lage des Schiffes annähernd bestimmt werden. Gegisste Rechnung nennt man nämlich jene, die ohne astronomische Hilfe, blos durch Logg und Kompass, das Besteck liefert. Ungeduldig erwartet der Kommandant einen günstigen Augenblick, um sich Gewissheit über den Punkt zu verschaffen, auf dem er in der unermesslichen Wasserwüste sich befindet; denn leider haben Sturm und Strömungen das Schiff von seinem Kurse verschlagen und in eine nicht sehr wünschenswerthe Nähe des Landes gebracht.

Der Morgen des vierten Tages bricht an; die Gewalt des Sturmes ist gebrochen; zwar noch immer stark wehend, erlaubt er doch einige Segel mehr zu setzen. Das gereefte Focksegel, Sturmklüver und Sturmbesahn, sowie später das dichtgereefte Vormarssegel werden gesetzt und das Schiff segelt von Neuem, obgleich nur langsam und noch immer am Winde, vorwärts. Dichte Wolken und Nebelbänke liegen in Lee, die aber mit dem wachsenden Tage sich heben und eine freie Aussicht nach dem Horizonte gewähren.

Der Befehl zum Lothen wird gegeben und kaum ist durch das Ergebniss desselben die gefürchtete Gewissheit der nahen Küste erlangt worden, als auch die Wache auf den Vorbramsahlingen: ‚Land — voraus!‘ ruft. ‚Wo?‘ ist die Frage des Officiers der

Wache. ‚In Lee, dicht voraus!‘ Kein zweiter Blick ist nöthig; der Kommandant eilt auf Deck — je mehr der Nebel sich hebt, desto deutlicher wird das Land, von dem man nur einige Seemeilen entfernt ist und dessen Vorgebirge zu umsegeln auf diesen Halsen, unter den wenigen Segeln, die geführt werden, fast unmöglich scheint. Um nicht auf Leegerwall — das Land in Lee — getrieben zu werden, ist es nöthig, Segel zu pressen, das heisst, so viel Segel als thunlich zu setzen, damit das Schiff auf seinem Kurse bleibe und nicht so viel Leeweg mache.

Das Reef der Fock und zwei Reefe der Marssegel werden ausgesteckt, das doppelt gereefte Kreuzsegel, Besahn und Vorstengestagsegel gesetzt; das Schiff liegt stark über, eilt aber mit weniger Leeweg vorwärts. Während man der Hoffnung sich hingiebt, das Vorgebirge umsegeln zu können, schraalt plötzlich der Wind, und der Bug des Schiffes dreht landwärts; schon zeigt das Kap sich an der Luvseite. Zum Halsen ist hier kein Raum, da das Schiff sonst zu nahe an die Küste getrieben würde und den Vortheil des Höherliegens über dem anderen Buge verlöre.

Da die hohe See das Wenden des Schiffes nicht erlaubt und kein Raum zum Halsen ist, beschliesst der Kommandant, mit Hilfe des Ankers zu wenden. Die Mannschaft wird auf ihre Posten zum Wenden vertheilt; ein Officier lässt durch die Raumgasten vom Leeanker gegen vierzig Faden Kette überholen und diese an den Betingen festmachen; ein Springtau wird durch die Heckpforte an der Leeseite nach vorn gebracht und am Anker gestoppt (befestigt). Erwartungsvoll blickt die Mannschaft nach dem drohenden Vorgebirge, gegen welches das Schiff immer mehr antreibt.

Nachdem alle Vorbereitungen getroffen, ertönt des Kommandanten Befehl: ‚Ruder in Lee!‘ — der Bug wendet sich langsam in den Wind. ‚Lass’ fallen Anker!‘ — mit rasender Schnelle fährt die Kette durch die Klüse, mächtig das Schiff erschütternd, das schwer stampfend gegen die Wogen dreht, die über seinen Bug zu stürzen drohen. Endlich fasst der Anker den Grund; das Springtau wird steif geholt, der Wind kommt von vorn, die Segel schlagen back; die Kette wird jetzt an der Beting ausgeschäckelt, rapid fährt sie durch die Klüse; vom Springtau am Hintertheile gehalten, fällt das Schiff ab, die Raaen werden schnell herumgebrasst, die Segel füllen sich von Neuem; das Springtau wird ebenfalls gekappt, und wiederum durchschneidet der Bug des mit Verlust eines Ankers und einer Kette geretteten Schiffes die Wogen des jetzt mehr Raum bietenden Meeres. Das nächste Vorgebirge liegt jetzt mehrere Striche in Lee.

Um aber keine Distanz zu verlieren und den Leeweg so gering als möglich zu machen, muss das Grosssegel noch gesetzt werden, obwohl dessen Druck die Batterie in das Wasser drängt. Glücklich wird endlich das Vorgebirge umsegelt, das Meer ist offen, das Schiff kann von dem Uebermasse von Segeln, welches die Masten bedroht, befreit werden.

Durch das schwere Arbeiten des Schiffes in der empörten See sind die Fockwanten, welche ganz neu waren, dermassen schlaff geworden, dass, wenn nicht augenblicklich diesem Uebelstande abgeholfen wird, zu erwarten ist, den Fockmast bei jedem neuen Rollen über Bord stürzen zu sehen. Gleichzeitig melden die Vormarsgasten, dass die Vorstenge gesprungen sei.

Die beständige gefährliche Beschäftigung, bei der das geringste Zaudern Verderben zu bringen vermag, wo Leben und Ehre so oft von der Geistesgegenwart und den Hilfsquellen des Kommandanten abhängen, erzeugen mit der Zeit bei dem Seemanne eine so scharfe und genaue Kenntniss der Mittel zur schnellen Erreichung des Zweckes, dass sie fast zum Instinkte wird und in kritischen Momenten ihm oft mehr als alle Ueberlegung hilft.

Der Kommandant erfährt kaum die Gefahr, als er auch sogleich den Befehl zum Setzen — Straffspannen — der Wanten giebt, ein Manöver, das bei dem schweren Rollen eines der schwierigsten ist.

An jedem Leewant wird eine Talje angeschlagen und sobald die Matrosen in den Leerüsten die Taljereepe desselben in Bereitschaft haben, werden die Läufer der Taljen bemannt und mit jedem Rollen des Schiffes nach Lee dieselben durch die vereinte Kraft der Mannschaft gleichmässig angeholt, bis die einzelnen Wanttaue hinreichend steif erscheinen und gleichmässig gespannt sind.

Sobald die Leewanten gesetzt sind, wird gehalst und dasselbe Manöver auf der entgegengesetzten Seite vorgenommen. Der Fockmast ist gerettet und die Wanten so gut aufgesetzt, als es nur immer im Hafen hätte geschehen hönnen.

Jetzt wird zum Wechseln der Vorstenge geschritten, ein Manöver, das bei der noch immer hoch rollenden See ein sehr schwieriges und gefährliches ist.

Die Fock und das Vormarssegel werden beschlagen und beide Raaen gestrichen, die erste bis auf die Verschanzungen, die letztere blos bis in die Mars, wo sie befestigt werden. Takel und Taljen stützen Raaen und Stenge, so gut es nur irgend möglich, und mit grösster Vorsicht wird zum Werke geschritten.

Glücklich ist die zersprungene Stenge gestrichen: langsam wird die neue mit dem Windreep aufgewunden, die Takelung aufgelegt, allmählich an den stützenden Takeln nachgelassen, bis das Schlossholz eingefügt werden kann. Wanten, Stage und Pardunen werden gesetzt, die Takel weggenommen, die Raaen geheisst, die Segel gelöst, und nach mehreren Stunden schwerer und gefährlicher Arbeit deutet auch keine Spur mehr die überstandenen Gefahren an.

Als ob mit der letzten schweren Arbeit auch die Wuth des Sturmes ausgetobt hätte, geht er jetzt in eine steife Kühlte über; zwar rollt die See noch hoch, aber bald können die Bramstengen und Raaen wieder aufgebracht werden. Gegen Morgen sind die letzten Reefe aus den Marssegeln genommen, die schwächere Kühlte erlaubt, den Klüver und die Bramsegel zu setzen.

Der Wind raumte während der Morgenwache, das Schiff kann jetzt seinen bestimmten Kurs verfolgen, um den Hafen aufzusuchen.

Die neue Morgenröthe beleuchtet eine andere Scene als die der vorhergegangenen Tage; die Wellen legen sich und leicht theilt der Bug dieselben. Die Wache auf den Bramsahlingen verkündet ein Segel in Sicht gerade voraus, blos bis zum unteren Rande der Marssegel über dem Horizonte sichtbar. Auf dieses Schiff beschliesst der Kommandant Jagd zu machen, d. h. es einzuholen.

,Alle Mann auf, Segel setzen!' und aus den Hängematten eilt die Mannschaft, ihre Kräfte mit denen der Wache zu vereinen. Die Marsen, Sahlinge und Raaen sind mit den Marsgasten besetzt; in wenig Minuten ist das Schiff vom Topp bis zum Deck mit Segeln bedeckt, denn nicht zufrieden, der frischen Kühlte die gewöhnlichen breiten Flächen zu bieten, werden, weit über das Wasser hinragend, die Leesegelspieren von den Raaen geschoben und ein Leesegel über das andere gesetzt.

TOURVILLE

FRANZÖSISCHE FREGATTE.

Der unter dieser Masse von Segeln, Spieren und Tauwerk verhältnissmässig niedrig und unbedeutend erscheinende Rumpf des Schiffes gehorcht der gewaltigen Macht, die durch ihren Druck ihn in Bewegung setzt; schäumend theilen sich die Wellen vor ihm; der günstigste aller Winde zum Schnellsegeln, der Backstagswind, der etwas seitwärts von hinten weht und somit die grösste Fläche Segel trifft, treibt ihn vorwärts und das ausgeworfene Logg giebt das Resultat der Fahrt: zwölf Knoten in der Stunde. (Die nebenbefindliche Tafel zeigt die österreichisch-ungarische Korvette FRUNDSBERG mit raumem Winde von Backbord segelnd, Leesegel bei.)

Gegen Mittag ist das fremde Segel innerhalb Schussweite, bereits hat es, früher einem Signalschusse Folge leistend, eine neutrale Flagge gezeigt und beigelegt, da an ein Entkommen seinerseits nicht zu denken war; die Leesegel werden niedergeholt, das Gross-Marssegel back gebrasst, gegen den Mast gelegt und ein Officier an Bord des Fremden gesandt, dessen Papiere zu untersuchen und den Kapitän nöthigenfalls an Bord zu bringen. (Die nebenbefindliche Tafel zeigt die französische Fregatte TOURVILLE, über Steuerbord beigedreht.)

Nachdem er sich als Kauffahrer, einer neutralen Macht angehörig, legitimirt hat, lässt man ihn ungehindert seine Reise fortsetzen.

Der Kauffahrer wird verlassen, die Segel werden wieder voll gebrasst und weitergesegelt. Bald verkünden die Ausgucker auf den Raaen: ,Segel in Sicht!' — beim Näherkommen werden Signale gewechselt, es ist ein befreundetes; — noch mehrere Segel tauchen nach und nach am Horizonte auf, und bald befindet das Schiff sich in der Nähe einer aus zahlreichen Fahrzeugen bestehenden Handelsflotte, die von mehreren Kriegsschiffen begleitet, nach der Heimat segelt, und die Schätze der Fremde unter sicherem Schutze dem Vaterlande zuführt.

In entgegengesetzten Richtungen segelnd, sind binnen Kurzem die Segel des K o n v o i unter dem Horizonte verschwunden.

,L a n d v o r a u s !' erschallt es wieder von den Sahlingen; — hohe blaue Berge zeigen sich beim Aufgange der Sonne; — mit günstigem Winde naht das Schiff dem Lande; — die See ist ruhig und .die frische Backstagskühlte treibt das Fahrzeug mit der Schnelle von elf Knoten vorwärts; bald nachdem die Sonnenhöhe am Mittage gemessen ist, steuert das Schiff mit schwellenden Segeln in den Hafen. Doch nicht jeder Kommandant ist so glücklich; oftmals hat er den Verlust seines Schiffes zu beklagen, welches bei dem letzten Sturme an der Küste strandete und von dem in der vernichtenden Brandung nichts als ein Theil der Mannschaft gerettet werden konnte.

Der vom Kommandanten eingelieferte Bericht über den Verlust des Schiffes ergab, dass man alles Erdenkliche geleistet hatte, um das Schiff zu retten, dass man aber der Wuth der Elemente erliegen musste.

Binnen Kurzem war das früher so schöne Fahrzeug — ein elendes Wrack — von der Brandung auseinandergerissen und die Küste mit Trümmern bedeckend.

Der Kommandant war der Letzte, der sein Schiff verliess, wie seine Pflicht und die Gesetze der Ehre es gebieten, denn so lange noch eine Planke vom Schiffe zusammenhält, hat er auf demselben zu verweilen und zur Rettung der Mannschaft die nöthigen Befehle zu ertheilen, die geeignetsten Mittel anzuwenden. Sollte er in der Ausübung seiner Pflicht verunglücken, so wird sein Beispiel wenigstens in der Zukunft nützlich sein.

Der Kommandant des gescheiterten Schiffes wird vor ein Kriegsgericht gestellt, um sich zu rechtfertigen und zu beweisen, dass er Alles, was in seinen Kräften stand, gethan, die unglückliche Katastrophe zu verhindern. Das Journal des Schiffes (Loggbuch), die Zeugnisse der Officiere und Mannschaft, der eigene Charakter des Kommandanten werden in Betracht gezogen und dann erst das Urtheil gesprochen, welches nicht anders als günstig ausfallen kann, wenn der Beweis geliefert wird, dass menschliche Kraft und Kenntniss nichts gegen die Wuth der Elemente vermochten.

Geht ein Kriegsschiff durch irgend einen Unglücksfall verloren, so bemächtigt sich ein allgemeines Erstaunen über das unerwartete Schicksal eines schönen und starken Fahrzeuges, das gut bemannt und von tüchtigen Officieren befehligt war: Vorwürfe werden dann nur zu leicht auf irgend Jemanden gehäuft! Aber ehe ein rasches Urtheil gefällt wird, sollte billig eine unparteiische Untersuchung vorausgehen.

FRUNDSBERG

ÖSTERREICHISCH-UNGAR'SCHE KORVETTE.

Jene, die nie etwas wagen, die nur segeln, wenn der Wind günstig ist, die beilegen, so wie sie dem Lande sich nähern, obwohl es wenigstens noch einen Tag weit abliegt, und die selbst den Vollzug der wichtigsten Pflichten verschieben, bis er mit der grössten Sicherheit geschehen kann, sind freilich sehr vorsichtige Officiere zu nennen, aber können nie jenen zur Seite gestellt werden, deren Namen in den Marinen verschiedener Staaten unsterblich geworden sind.

———————

XII.

Die Seeschlacht.

England expects every man to do his duty.

Nelson's Admiralsbefehl an die Flotte
vor der Schlacht bei Trafalgar.

Allgemeine Bemerkungen über Seetaktik. — Segel- und Schlachtordnung. — Taktik der Panzerflotten. — Die feindliche Flotte in Sicht. — Vorbereitungen zur Schlacht. — Schlacht beim Kap Trafalgar. — Zusammentreffen der Flotten. — Durchbrechen der Linie. — Entern. — Streichen. — Auffliegen. — Nach der Schlacht. — Seeschlacht bei Lissa. — Kosmologische Betrachtungen über Krieg und Frieden.

Die Flotte ist unter Dampf und steuert in der Richtung, in welcher sie — allen erhaltenen Nachrichten zufolge — den Feind anzutreffen hoffen darf.

Tage vergehen in den gewöhnlichen Beschäftigungen des Dienstes; — oft und sehnsüchtig wird der Horizont untersucht, aber leider wird die Hoffnung, die feindliche Flotte zu entdecken, nur zu häufig getäuscht. Die schnelllaufenden Avisos sind längst aus dem Gesichtskreise entschwunden; ungeduldig erwartet man sie zurück, um durch ihre Signale von der Nähe des Feindes unterrichtet zu werden.

Eine der nützlichsten und interessantesten Wissenschaften war von jeher die Nautik, denn sie eröffnete dem Menschen ein freies Feld fortwährender Spekulation; aber ihr friedlicher Zweck verschwindet vor dem kriegerischen. — Die Mittel, die in der Seeschlacht angewendet werden, sind beiweitem andere als die, welche in der Schlacht zu Lande in Anwendung kommen, die Verluste

können nicht so leicht ersetzt werden, und den Handel kann eine
Armee nie so gefährden, nie so lähmen, nie so gründlich zerstören,
wie dies eine Flotte durch eine strenge Blokade zu thun im Stande
ist. Wo wäre Frankreichs Macht, England gegenüber, und was wäre
England heute, wenn die Seeschlachten nicht das Schicksal beider
Staaten festgestellt hätten? — Wir geben hier dem Leser absichtlich
ein etwas veraltetes Bild der Leistungen einer Flotte und werden
eine der letzten glorreichen Episoden aus der Geschichte der Seekriege kurz schildern. Seit jener Epoche hat der Regent unseres
Jahrhunderts, der Dampf, die Seetaktik bedeutend verändert — das
Aufsuchen einer Flotte, sie mag luv- oder leewärts sich befinden,
hat jetzt keine Schwierigkeit und es kommt nur, wie in dem Gefechte
der österreichisch-preussischen Division unter Admiral Tegetthoff,
auf den Willen an, den Feind anzugreifen. Zur Zeit der Segelflotten
war das Aufsuchen und die Kunst, sich in die vortheilhaftere
Stellung zu bringen, schon eine schwierige Aufgabe, und diese
Stellung durch fortwährendes Manövriren während der Schlacht zu
erhalten, das am schwersten zu lösende Problem.

Der Zweck der Seekriege war zu allen Zeiten derselbe:
Beschützung des Handels auf dem Meere und die Oberherrschaft
über dieses — Fälle, wie jener bei Navarin oder Abukir oder Sinope,
wo es sich darum handelte, ganze Flotten zu zerstören, bilden Ausnahmen, die eben nur selten vorkommen.

Es ist eine seit undenklicher Zeit praktisch und seit Jahrhunderten theoretisch anerkannte Wahrheit, dass Staaten nur dann
gross und mächtig werden oder bleiben können, wenn sie Meeres-
küsten besitzen, weil ihnen hierdurch allein die Möglichkeit einer
lukrativen Betheiligung am Welthandel und einer politischen Betheiligung an den grossen Weltfragen verliehen wird. Binnenländer
bleiben in diesen wichtigsten aller Weltfragen immer abhängig von
jenen Nationen, deren Grenzen das Meer bespült. Die Geschichte
zeigt auch Beispiele, wo Staaten selbst die ungerechtesten Eroberungs-
kriege geführt haben, um sich den Weg zur Küste zu bahnen.
Russland unter Peter dem Grossen ist ein eminentes Beispiel dieser
Gattung, und selbst heute unter unseren Augen hat ein unkultivirtes
Gebirgsvolk, die Montenegriner, die Wahrheit dieses Satzes instinktmässig fühlend, sich alle erdenkliche Mühe gegeben, um sich zuerst

eines Hafens am Binnensee von Scutari und dann womöglich eines Stapelplatzes am adriatischen Meere zu bemächtigen. *) Besitzt ein Staat aber Küsten, so wird eine Kriegsflotte unentbehrlich. — Oesterreich und Preussen haben dies in der letzteren Zeit auch eingesehen und im Verhältnisse zu ihrer früheren Apathie und späten Ausbeutung ihrer maritimen Elemente Lobenswerthes geleistet. — Kaiser Maximilian I. von Oesterreich hatte schon im Beginne des sechzehnten Jahrhunderts eine Flotte von 180 grossen Kriegsschiffen besessen, und Thomas Howard, später Graf von Surrey, war kaiserlicher Grossadmiral und zugleich auch Grossadmiral der englischen Flotte. Die darauffolgenden Regierungen waren durch aufeinanderfolgende Kriege und Revolutionen nicht in der Lage, für den Seeverkehr und für eine Flotte etwas zu thun, und erst unter Karl VI., Maria Theresia und Josef II. zeigten sich ernstliche Bestrebungen in dieser Richtung, die sich durch Gründung der grossen belgischen Handelsgesellschaft, durch kostspielige Hafenbauten, Regulirung der Seegesetze und durch die später leider wieder aufgegebene Besitznahme der Nicobaren-Inseln kundgiebt. **)

Wer erinnert sich nicht des Antheiles, den ganz Deutschland an dem Plane der beabsichtigten Bildung einer deutschen Flotte nahm, während der deutsche Seehandel durch den Zollverein die Nothwendigkeit dieses Schutzes zur See noch deutlicher machte. — Preussen hat das mit so viel Begeisterung begrüsste Traumbild, das bald wieder verschwand, zu fesseln und zu verkörpern gesucht, und aus der voreilig zertretenen Puppe entwickelte sich ein Falter, der, in seiner Fortpflanzung begriffen, auf eine schöne Zukunft hoffen lässt, um so mehr, als die Neugeborenen an der Seite ihrer österreichischen Waffenbrüder zur See schon Blut gesehen, sich würdig gezeigt und alle Ansprüche auf Leben und Fortpflanzungsfähigkeit beurkundet haben. — Für die Bruderstaaten Oesterreich und Deutschland, deren jeder eine schöne Küste mit tüchtigen Seeleuten sein Eigenthum nennt, deren jeder den kostbaren Stoff zu einer Handels- und Kriegsmarine in sich hat, um den ihn manch' anderer Staat beneidet, für diese beiden Staaten, die berufen sind, sich am Welthandel mit allem

---

*) Oberst v. Paradis über den Bau eiserner Seeschiffe (1864 Wien).
**) Oberst v. Paradis ibidem.

Nachdrucke zu betheiligen, werden Kriegsflotten die erste Bedingung ihres aufblühenden Handels, ihrer grossen und gesicherten Zukunft. Die Verbesserungen, welchen die grossen Marinen der neueren Zeit unterworfen wurden, sind erst einmal im ernsten Kampfe der wetteifernden Mächte erprobt; es ist noch nicht gewiss, ob das theoretische Wissen der neueren Schule in der weiteren Folge dieselben Resultate hervorbringen wird, welche die Praxis der älteren, in vielen hart erfochtenen Siegen der erstaunten Welt lieferte. Kenntnisse, theoretische und praktische, werden aber das Erforderniss jeder Zeit sein, und die Zukunft unserer Seemacht wird auf guten Schulen und häufiger Uebung zur See beruhen. Für diese Bildung spare man somit keine Summen; Schiffe wird man im Falle der Noth immer kaufen können, aber Seeleute, erfahrene, geschulte Seeleute, die muss man heranbilden, um sie für den Fall der Noth zu besitzen.

Die Seetaktik ist die Wissenschaft, welche von den verschiedenen Stellungen und Bewegungen der Schiffe eines Geschwaders oder einer Flotte handelt und die Mittel angiebt, nach welchen die Bewegungen der Schiffe, als eines einheitlichen Manövrirkörpers, auszuführen sind.

Unähnlich den Bewegungen einer Armee auf dem Lande, wo so viel von der topographischen Lage abhängt, gab es auf der Fläche des Oceans nur einen Umstand, von dem früher die Bewegungen der Flotte bestimmt wurden, nämlich die Richtung des Windes. Da dieser die alleinige Ursache der auszuführenden Evolutionen von Segelschiffen war, so waren auch für die Veränderungen desselben verschiedene Bewegungen erfunden worden, die aber alle mit der grössten Genauigkeit ausgeführt werden konnten, da der Strich des Kompasses die Linie anzeigte, nach der alle Schiffe sich zu richten hatten, auf der sie segeln mussten (Peilungs-Linie).

Eine jede Veränderung des Windes machte indessen nicht immer eine Veränderung der Segelordnung nöthig, da diese nur in zwei Hauptabtheilungen geschieden war, nämlich mit günstigem Winde oder bei dem Winde segelnd.

Mit günstigem Winde konnten die Schiffe immer denselben Kurs steuern, dieselbe Segelordnung befolgen, so lange er innerhalb zwanzig Kompassstrichen rückwärts des Schiffes wechselte, da nur die Stellung der Segel sich nach der Richtung des mehr oder minder günstigen Windes bestimmte.

Ein Anderes war es, wenn die Schiffe dicht am Winde segelten und eine Veränderung in der Richtung des Windes innerhalb der anderen zwölf Kompassstriche v o r w ä r t s des Schiffes statt- fand; denn da ein Fahrzeug im Allgemeinen nicht näher als sechs Striche am Winde segeln konnte, folglich um so viel abfallen musste, als der Wind umsetzte, so ward die Richtung der Schiffe dadurch verändert; die Segelordnung war gestört, da die einzelnen Schiffe nun nicht mehr hinter einander segelten; die Aufgabe war dann, die Geschwader wieder in die früher stattgefundene Segelordnung — obgleich auf einem anderen Kurse steuernd — zu bringen.

Die Bildung der Segelordnung oder die Herstellung der gestör- ten zu erleichtern, hatte jedes Fahrzeug seinen bestimmten ange- wiesenen Platz in der Linie, den es auch unter den ungünstigsten Umständen einzuhalten bemüht sein musste; jedem einzelnen Schiffe waren die Fahrzeuge, welche unmittelbar und hinter ihm segelten, angegeben, von denen es sich nicht zu trennen hatte.

Waren die Geschwader nicht zahlreich, so segelten sie in e i n e r oder höchstens z w e i L i n i e n; stärkere Flotten bildeten indessen d r e i K o l o n n e n, wodurch die Evolutionen hinsichtlich des Zeit- raumes, in dem sie vorzunehmen waren, bedeutend erleichtert wurden.

In drei Kolonnen parallel nebeneinander segelnd, bildete das erste Geschwader unter dem kommandirenden Admirale die M i t t e, das zweite und dritte segelte auf Steuerbord und Backbord desselben. Bei den verschiedenen Evolutionen bildete daher bald das eine, bald das andere Geschwader die V o r - oder N a c h h u t, ebenso wie sie bald die L u v -, bald die L e e - K o l o n n e formirten, da, wenn zum Beispiel mit halbem Winde segelnd, durch einfaches Wenden sämmtlicher Kolonnen, der Wind auf die andere Seite gebracht wurde, die Flotte dann in der entgegengesetzten Richtung von der früheren segelte.

Der Zwischenraum der Kolonnen untereinander bestimmte sich dadurch, dass das erste Schiff der einen mit dem letzten der Neben- kolonne einen Winkel von zwei Kompassstrichen bildete; die Ent- fernung der einzelnen Schiffe in der Kolonne von einander war gewöhnlich eine Kabellänge (100 Klafter).

Die Flotten wurden nach Umständen in verschiedene diesen angemessene Stellungen gebracht, welche ‚Ordnung‘ genannt wurden, und die sich in zwei Hauptabtheilungen schieden: die Segelordnung und die Schlachtordnung.

Die Segelordnung war diejenige, in welcher eine Flotte zu dem Zwecke formirt wurde, Ordnung und Regelmässigkeit in den verschiedenen Kolonnen zu erhalten, während dieselbe kreuzte oder einen bestimmten Kurs steuerte.

Des Admirals Signale leiteten die Manöver, welche auf die Erhaltung der Segelordnung Bezug hatten; die einzelnen Schiffe mussten aufeinander folgend ihre Wendungen vornehmen, das heisst kein Schiff durfte eher das Manöver des unmittelbar vor ihm segelnden unternehmen, bis es in dessen Kielwasser angekommen war; doch waren bei stürmischem Wetter gleichzeitig ausgeführte Manöver vorzuziehen, da weniger Distanz bei ihnen verloren wurde.

Die Schlachtordnung wurde dadurch gebildet, dass die Schiffe der Flotte in gerader Linie, eines im Kielwasser des anderen, sechs Striche vom Winde segelten, was natürlich auf Steuerbord- und Backbordhalsen stattfinden konnte. Die Richtung der Schlachtlinie und des gesteuerten Kurses der Flotte fielen somit in Eins zusammen, was bei der Frontlinie nicht der Fall war, wo die Flotte, vor dem Winde segelnd, erst in der Nähe der feindlichen Flotte aufluvte und die parallele Richtung verliess.

Nichts war einfacher als die Schlachtordnung einer Flotte, aber auch nichts schwieriger, als dieselbe während der Schlacht mit Segelschiffen zu erhalten; — die so veränderliche Kühlte, die oft an einem Ende der langen Linie auffrischte und am anderen wegstarb oder einlullte, das heisst schwächer wurde, — der durch seine Richtung die Lage der Linie störende Wind, — das Besser- oder Schlechtersegeln der verschiedenen Schiffe, das noch ausserdem durch die während der Schlacht erlittenen Havarien verändert wurde, — alle diese Umstände zusammen raubten selbst dem geschicktesten Admirale oft die Möglichkeit, die Bewegung seiner Flotte im Feuer der Schlacht zu leiten; die Entscheidung derselben hing dann allein von den vorher gegebenen allgemeinen Bestimmungen, von der Geschicklichkeit der Kommandanten, von dem Muthe und der Tapferkeit der Mannschaft ab.

Die Macht der Flotten jedoch bestand einzig und allein in den Kanonen, die grosse Hauptaufgabe also darin, von so vielen Schiffen als möglich das schnellste und bestgezielte Feuer zu unterhalten; daher musste die Linie so eng geschlossen sein, als es die Sicherheit der einzelnen Schiffe erlaubte, damit auf dem möglich kleinsten Raume die meisten Kanonen vereint wirken konnten und dem Feinde das Durchbrechen der Linie unmöglich gemacht wurde.

Waren die beiden Flotten in Sicht und war bei beiden der Wille, sich zu schlagen, vorhanden, so bedurfte es nur weniger Manöver, um zu diesem Zwecke zu gelangen; je weniger manövrirt wurde, desto besser, denn leicht ging ein Tag in unnützen Evolutionen verloren.

Die wichtigste Aufgabe eines Admirals bestand darin, die feindliche Flotte in der für ihn vortheilhaftesten Lage zur Schlacht zu zwingen, das heisst die eigenen Schiffe erstlich so schnell als möglich und dicht an die feindlichen zu legen, und zweitens, sie dort zu erhalten, bis die Schlacht entschieden war. Mehr darüber zu sagen, war unnöthig, denn es ist augenscheinlich, dass alsdann die anderen Admirale und die Kommandanten, um zu handeln, keiner weiteren Signale bedurften, die an und für sich in der Aufregung der Schlacht oft nicht gehörig beachtet, oft falsch verstanden wurden.

Im Allgemeinen genommen, waren Signale während der Schlacht selten nothwendig, wenn Jeder seine Pflicht that. Angenommen nun, dass die Kühlte leicht und die See ziemlich glatt war — denn bei Sturm hatten Evolutionen wenig Werth und konnte aller Wahrscheinlichkeit nach keine entscheidende Schlacht geschlagen werden — und des Feindes Flotte leewärts dicht am Winde mit Steuerbordhalsen, die andere aber mit Backbordhalsen jener quer vor dem Buge segelte, so kam diese natürlich beim Weitersegeln luvwärts von jener.

Zwei Fälle waren jetzt möglich: der erste Fall war, gerade ausserhalb Schussweite fortzusegeln, bis das erste Schiff der Linie dem mittleren der feindlichen gegenüber lag, dann abzufallen und, vor dem Winde segelnd, mit der ganzen Macht des Feindes Vordertreffen anzugreifen und, wenn Gelegenheit sich darbot, dessen Linie zu durchbrechen und dann von leewärts den Angriff fortzusetzen.

Diese Evolution hinderte den Feind, vor dem Winde davonzusegeln, und die Schlacht ward bald entschieden, da der Einsicht und dem Muthe der Kommandanten das fernere selbstständige Handeln überlassen blieb. Zwar konnten die zweiten und dritten Schiffe der Nachhut des Feindes herankommen, sich mit den anderen mischen, dürften in solchem Falle aber bald genommen worden sein.

Der zweite Fall war, unter leicht zu handhabenden Segeln direkt nach des Feindes erstem Schiffe zu steuern, so dass er nicht wusste, ob man luv- oder leewärts bei ihm vorbei wolle. Dann war es am besten, dicht bei ihm vorbei segelnd, dessen Linie beim dritten Schiffe seines Vordertreffens zu durchbrechen, denn da er dicht am Winde lag, die angreifende Flotte aber mit Backstagswinde heransegelte, konnte diese mit Leichtigkeit dieses Manöver ausführen, und somit den Feind ebenfalls von leewärts angreifen.

Des Feindes Vorhut hatte bereits bedeutend in der Zeit gelitten, während welcher die Nachhut der angreifenden Flotte herankam, deren Schiffe aufeinanderfolgend abfallen und auf die zweckmässigste Weise an die Seite der angreifenden sich legen mussten; der Erfolg war, dass fünf oder sechs der ersten Schiffe des Feindes bald genommen wurden. Freilich war die Vorhut der angreifenden Flotte ebenfalls nicht ohne starke Beschädigung davongekommen.

In diesem Falle waren die letzten Schiffe des Feindes dann gezwungen, zu halsen oder fortzusegeln, und obgleich sie in wahrscheinlich besserem Zustande als die angreifenden gewesen sein werden, waren sie doch getrennt und zu weit in Lee, als dass sie dieselben an dem nöthigen Herstellen der erlittenen Havarien verhindern konnten; überhaupt war dann die Schlacht mit dem Reste der feindlichen Flotte zu Ende.

Sollte der Feind, statt den Angriff abzuwarten, es vorgezogen haben, fortzusegeln, so waren nur die Signale zu machen, ihn anzugreifen, sobald man ihm gegenüber war, und ihm dann im Vorbeisegeln ganze Lagen zu geben, wobei natürlich die grösste Aufmerksamkeit darauf verwendet werden musste, die bereits ihm auf der Seite liegenden Schiffe der eigenen Flotte zu schonen.

Manches musste freilich dem Zufalle überlassen bleiben, denn nichts war gewiss in einer Seeschlacht; leicht konnten Masten und Raaen von Freund und Feind weggerissen und dadurch die verschiedenen Schiffe in Lagen gebracht werden, aus denen sie zu ziehen oftmals sehr schwierig gewesen sein mochte.

Im Allgemeinen kann aus dem Vorhergesagten der Schluss gezogen werden, dass des Feindes Vordertreffen besiegt sein musste, ehe seine Nachhut herankommen konnte.

Die Admirale der verschiedenen Geschwader mussten, so viel es nur immer möglich, deren Bewegungen leiten, die Schiffe so dicht aneinander halten, als es die Umstände erlaubten; jeder Kommandant hatte das Geschwader, dem er angehörte, und das unmittelbar vor ihm segelnde Schiff im Auge zu behalten, um sich nach den Bewegungen desselben zu richten. Das grösste Bestreben der Kommandanten musste darauf gerichtet sein, sich gegenseitig zu unterstützen; sollten keine Signale mehr gemacht oder diese nicht genau verstanden werden können, so beging kein Kommandant einen Fehler, der sein Schiff dicht neben ein feindliches und unter dessen Lee legte, und es daselbst erhielt, bis die feindliche Flagge gestrichen worden war.

Die einfachste Weise, den Feind anzugreifen — obschon es nicht auch immer diejenige war, welche unbedingt den Sieg zur Folge hatte — war gleichzeitig die älteste, nämlich die Flotte in einer Linie gebildet.

Die britische Flotte unter Lord Howe zwang die französische am 1. Juni 1794 in dieser Art zur Schlacht. In einer Schlachtlinie am Morgen dieses Tages, dicht am Winde und luvwärts von der feindlichen Flotte segelnd, fielen auf erhaltenes Signal sämmtliche britischen Schiffe ab, in Frontlinie, den Wind von hinten, auf die französische Flotte steuernd, und zwar jedes einzelne Schiff direkt nach dem ihm in der feindlichen Linie bezeichneten Schiffe, um so diese Linie zu durchbrechen und zum Gefechte, Schiff an Schiff, zu zwingen.

Der Sieg blieb der britischen Flotte; doch würde zweifelsohne ein günstigeres Resultat sich ergeben haben, hätte sie nur einen Theil der französischen angegriffen und somit ihre temporäre Uebermacht benutzt, die ein solcher Angriff ihr geboten.

Derselbe Fall fand — durch gewichtige Umstände bedingt — in der Schlacht von Camperdown zwischen der britischen und holländischen Flotte statt, wo mehrere Schiffe der letzteren ebenfalls entkamen.

Das schönste Feld für nautische Taktik bot die Schlacht beim Vorgebirge St. Vincent, wo fünfzehn britische Linienschiffe siebenundzwanzig spanischen gegenüber lagen; wo der britische Admiral John Jervis seine Segelordnung in zwei Kolonnen, in eine einzige Schlachtlinie — ein Schiff im Kielwasser des anderen — formirte, die Vereinigung der zwei spanischen Geschwader zu verhindern und diese dann einzeln zu schlagen. Hier siegte die britische Taktik über die feindliche Uebermacht.

Auf dem höchsten Punkte nautischen Rufes steht — hinsichtlich der erhaltenen Resultate — die Schlacht bei Trafalgar. Die dabei entwickelte Taktik liefert noch heutigen Tages hinreichenden Stoff zu Erörterungen, besonders über die Art und Weise, wie Nelson seine Flotte, in zwei Kolonnen formirt, von windwärts, von Luv nach Lee in das Feuer führte.

Genau genommen, war der glückliche Erfolg der Schlacht mehr dem Enthusiasmus, welcher die britische Flotte beseelte, durch Nelson befehligt zu sein, sowie dem Umstande zuzuschreiben, dass die anführenden Schiffe beider Kolonnen so brav in das Feuer geführt wurden, als der fehlerfreien Art des Angriffes selbst. Dass das bessere Schiessen der Engländer ihnen einen bedeutenden Vortheil über die vereinigte französisch-spanische Flotte gab, darf ebenfalls nicht unerwähnt bleiben.

Die Nachtheile eines Angriffes in zwei Kolonnen von der Windseite bestanden darin, dass die britische Flotte nur langsam — da die Kühlte leicht war und die See rollte — in das Feuer geführt werden konnte, wo ein Feind, den ein gleicher Enthusiasmus beseelte und der eine gleiche Praxis im Manövriren und Schiessen besessen hätte, ein Schiff nach dem anderen vernichten konnte.

Ein Plan, um durchaus fehlerfrei zu sein, muss auf alle vorkommenden Fälle angewendet werden können.

Seit Einführung des Dampfes, noch mehr aber seit Einführung der Panzerschiffe sind jedoch alle früheren Gefechtsverhältnisse zur See umgekehrt und auch die Taktik ist demgemäss eine ganz andere geworden.

Die Stärke der Holzschiffe lag in ihrer Breitseite, weil sich hier ihre einzigen Kampfmittel, die Geschütze, koncentrirten. Um diese zur Geltung zu bringen, mussten sie deshalb dem Feinde immer die Breitseite zukehren, und die ganze Taktik beruhte auf diesem Grundsatze. Sich enfiliren, das heisst der Länge nach vom Feinde beschiessen zu lassen, in welcher Richtung man ihm nur wenige Geschütze entgegenstellen konnte, und in der auch die feindlichen Kugeln die ganze Länge des Schiffes bestrichen, mithin die schlimmste Wirkung ausübten, musste unter allen Umständen vermieden werden.

Die Stärke der Panzerschiffe dagegen liegt nicht in ihrer Breitseite, sondern im Buge. Ihre Hauptwaffe ist die Ramme, und die Artillerie kommt erst in zweiter Linie. Ihre Schwäche ist die Breitseite, theils weil ein Stoss des feindlichen Sporns gegen sie das Schiff zum Sinken bringt, während er an dem scharfen Buge abgleitet, theils weil auch die feindlichen Geschosse den Panzer eher durchdringen, wo sie, wie auf der Breitseite, rechtwinklig aufschlagen können, als im Buge oder Heck, wo sie die scharfe Schiffsform nur unter einem Winkel treffen und dadurch ganz bedeutend an Kraft verlieren.

Die Aufgabe der Taktik für Panzerschiffe ist deshalb die entgegengesetzte der für Segelschiffe. Sie muss Formationen schaffen, in denen erstere dem Feinde stets ihren Sporn zukehren und die deshalb in sich möglichst beweglich sein müssen. Da langgestreckte Ordnungen, wie z. B. die frühere Kiel- oder Frontlinie der Flotten, eine solche Beweglichkeit nicht besitzen, so muss man auf andere, kompakte bedacht sein: indessen stehen giltige und erprobte Regeln dafür noch nicht fest, und die seefahrenden Nationen machen gegenwärtig noch Versuche. Bis jetzt hat nur eine Seeschlacht stattgefunden, in der auf beiden Seiten mehrere Panzerschiffe thätig waren: die Schlacht bei Lissa zwischen Oesterreichern und Italienern. Letztere hatten ihre Schiffe in der alten Kiellinie formirt und Admiral Tegetthoff kam im ausspringenden Winkel auf sie zu und durchbrach sie. Späterhin hörte jedoch jede taktische Ordnung auf, es entstand ein Mêlée, in dem die Oesterreicher das italienische Panzerschiff RÈ D'ITALIA mit dem Sporn in den Grund rannten und das Panzerschiff PALESTRO in Brand schossen. Die taktische Formation für Panzerschiffe, welche von den verschiedenen Mächten bis jetzt als die beste betrachtet zu werden scheint, ist die des Keils von drei Schiffen.*) Solche Keile von drei Schiffen besitzen genug Stärke, um selbstständig zu kämpfen, und sind die beweglichste Ordnung, die es giebt. Minder empfehlenswerth scheint die Formation des Quarré's aus vier Schiffen, welche die Winkelspitzen bilden, zu sein.

Wachen folgen auf Wachen, Nächte den Tagen — unaufhaltsam dampft die Flotte weiter. — Endlich erheben sich Rauchwolken über den Rand des Horizontes — bald sind die Schiffe erkannt; — einer der vorausgesandten Avisos giebt die Nachricht, die feindliche Flotte im Osten entdeckt zu haben und von ihr gejagt worden zu sein.

Schnell erhält die Flotte durch die lustig in der Kühlte fliegenden Signale vom Flaggschiffe den Befehl, den Kurs zu ändern — die langsamen Schiffe strengen sich an, um ihren Platz in der Linie zu behaupten, und unter vollem Dampfe steuert die Flotte ostwärts, um so bald als möglich ein Zusammentreffen mit dem Feinde herbeizuführen, damit in einem entscheidenden Schlage die Ehre der Flagge aufrecht erhalten, der Feind vernichtet werde.

Begierig blicken Hunderte von Augen nach dem ungetrübten Horizonte, wo die Rauchwolken der herannahenden feindlichen Flotte aus den Fluthen aufsteigen; Ungeduld drückt sich auf den meisten Gesichtern der Mannschaft aus, die im vollen Vertrauen auf ihren Führer sich der Ueberzeugung hingiebt, siegen zu müssen.

Gegen Sonnenuntergang signalisirt ein Aviso den Feind, ein Freudengeschrei der Mannschaft sämmtlicher Schiffe erschallt weithin.

Ein Signal befiehlt den Avisos, den Feind während der Nacht nicht aus dem Gesichte zu verlieren, seine Bewegungen genau zu beobachten und dieselben sogleich zu signalisiren.

Die grösste Wachsamkeit herrscht auf allen Schiffen während der Nacht, um nicht unvorbereitet mit dem Feinde zusammenzustossen, wie dies nach dem Seetreffen von Algesiras dem vereinigten französisch-spanischen Geschwader widerfuhr.

Die beiden spanischen Dreidecker REAL CARLOS und SANTA HERMENEGILDA, jedes von einhundert und zwanzig Kanonen, aber

---

*) Siehe den interessanten Vortrag: ‚Gedanken über die Taktik der Panzerschiffe' von Kapitän zur See Werner im ‚Beihefte' zum ‚Marine-Verordnungsblatt' Nr. 8 vom 15. März 1874.

erst ausgerüstet und mit jungen Mannschaften, waren dem französischen Geschwader zugetheilt worden, das, von Algesiras nach Cadiz segelnd, von einem britischen Geschwader verfolgt wurde.

Da gelang es dem englischen Linienschiffe SUPERB während der Nacht unbemerkt zwischen jene beiden Dreidecker zu kommen, plötzlich seine sämmtlichen Batterien auf Steuerbord und Backbord nach jenen abzufeuern und ruhig weiter zu segeln.

Furchtbar aus ihrer nachlässigen Ruhe gestört, sprangen die Spanier augenblicklich an ihre Kanonen und begannen, ohne das Fortsegeln des Feindes zu bemerken, eine heftige Kanonade gegen einander. Officiere und Mannschaften wollten jetzt die Schmach der stattgefundenen Nachlässigkeit durch muthige Vertheidigung auslöschen. Bald lagen beide Schiffe an einander — es ward geentert und von beiden Seiten die grauenhafte Entdeckung gemacht, dass Spanier gegen Spanier gekämpft.

Als ob die Leichen und Verwundeten, womit in diesem furchtbaren Zweikampfe die Batterien bedeckt waren, nicht hinreichende Opfer der unverzeihlichen Nachlässigkeit gewesen wären, hatte Feuer beide Schiffe ergriffen; — diesen Feind zu beseitigen, vermochten die grössten Anstrengungen nicht, das Element griff mit rasender Schnelle um sich, eine dichte Rauchwolke umhüllte die Schiffe — und mit furchtbarer Explosion flogen beide in die Luft! — Nur gegen zweihundert Mann wurden gerettet!

Der Tag bricht an; das ,Ueberall, überall!' ertönt auf den sämmtlichen Schiffen der Flotte — schnell sind die Hängematten weggestaut, der Dienst geht wie gewöhnlich vor sich, als wäre die entscheidende Schlacht nicht zu gewärtigen. Ruhig nehmen die Mannschaften das Frühstück ein, nach dessen Beendigung, da mittlerweile die feindliche Flotte in Sicht kommt, das Signal sich zur Schlacht vorzubereiten erscheint, dem der Befehl: ,Klar zum Gefecht!' alsobald folgt.

Kaum ist der Befehl erschollen, als Alles an Bord in freudige Thätigkeit geräth und auf die verschiedenen, durch die Schlachtrolle angewiesenen Posten sich begiebt, wo die Officiere bewaffnet erscheinen, während die Matrosen in der Batterie es sich so leicht als möglich zu machen suchen.

Auf allen Decken verschwinden die Verschläge, welche die Kajüten, das Lazareth oder sonstige Wohnungen bilden, unter den Händen der Zimmerleute und werden mit den Möbeln, die sie enthalten, weggestaut; die Fenster aus den Kanonenpforten und den Galerien werden weggenommen, die Stückpforten geöffnet. Die Kranken, deren Zustand es nicht erlaubt, an der Schlacht theilzunehmen, werden in ihren hängenden Betten in das Zwischendeck gebracht; viele versuchen ihre Schwäche zu überwinden und sich auf irgend eine Weise nützlich zu machen, denn in solchen Momenten ersetzt der Enthusiasmus oft die fehlende physische Kraft.

Die M a r s g a s t e n eilen in ihre betreffenden Marsen, dort Vorbereitungen zur Schlacht zu treffen. Handgranaten, Flinten und blanke Waffen werden hinaufgeschafft, dünne Leinen an Stagen und Pardunen befestigt, damit, falls diese weggeschossen würden, die auf dem Deck befindliche Mannschaft nicht durch das Herabfallen derselben beschädigt würde. Die Raaen werden mittels Ketten befestigt, die Brassen und Schooten verdoppelt und gestoppt, und in den Raaen Alles für den bevorstehenden Kampf hergerichtet, in welchem die Marsgasten, unbekümmert um die sie umgebende Gefahr, ruhig die Havarien wieder herstellen und aus den Marsen herab auf das Deck des Feindes feuern. Sogenannte Enterdreggen (ankerähnliche Haken) werden an die Nocken der Unterraaen befestigt, um sich für den Fall des Enterns an das feindliche Schiff zu klammern und so den Enterern den Uebergang auf dasselbe zu erleichtern.

Die Steuerleute sorgen dafür, dass die eiserne Reserve-Ruderpinne in die Batterie gebracht werde und ein Reserve-Steuerreep bereit liege, um nöthigen Falles eingeschoren zu werden, und nehmen ihren Posten beim Steuerrade und bei den Signalen. Die ältesten unter ihnen übernehmen das Steuern während der Schlacht, andere stehen bei dem unter Deck befindlichen Reserve-Ruder bereit.

Während dieser Bewegungen auf dem Deck, bleibt man in der Batterie nicht müssig. Die Batterie wird von einem der ältesten Officiere befehligt; die jüngeren, sowie die Seekadetten theilen die Aufsicht mit ihm und haben die Befolgung seiner Befehle zu überwachen.

Die Geschütz-Mannschaften bereiten die Geschütze zum Gefechte; Reserve-Brooken und Taljen werden für den Gebrauch zurecht gelegt.

Um die Stückpforten herum sind Waffen aller Art angebracht, als: Revolver, Säbel, Piken und Enterbeile, welche der Mannschaft der verschiedenen Geschütze im Falle des Enterns dienen sollen. An den Seiten des Schiffes entlang sind neben den Kanonen, in hölzernen Rosten, Geschosse aufgehäuft; Granaten und Kartätschen hängen an den Seiten zum augenblicklichen Gebrauche bereit. Wassereimer stehen bei den Kanonen, um die zu stark erhitzten abzukühlen und das in den ledernen Kardus-Köchern, worin die Kardusen herbeigeschafft werden, hängen gebliebene Pulver hinein zu schütten, und so die Feuersgefahr zu vermindern.

Der Feuerwerker mit einigen seiner Maaten überwacht das Detail des Artillerie-Materials; er untersucht nochmals den Zustand der Kanonen und des Ladezeuges, sowie die Büchsen, in denen die Schlagröhren oder Kapseln aufbewahrt werden, und ob für jedes Geschütz eine hinreichende Anzahl vorhanden.

Er hat die Pulver- und Granatkammern zu öffnen und die Schläuche — von wollenem Zeuge oder Segeltuch angefertigt — durch welche die Kardusen aus den Pulverkammern ausgegeben werden, anzubringen, und in jedes Magazin ein Paar seiner Maaten zum Vertheilen der Kardusen zu stellen. Die Laternen werden unter seiner Aufsicht angezündet und auch dort einige seiner Gehilfen aufgestellt. Bei der Vertheilung des Pulvers ist eine Anzahl der Nichtkombattanten in den zu den Magazinen führenden Gängen aufgestellt; dahin gehören die Köche, Bedienten etc.

Eine der nöthigsten Vorsorgen beim Beginne der Schlacht ist es, die Pumpen des Schiffes in gutem Stande und in Bereitschaft zu haben, um im Falle des Leckwerdens des Schiffes das eindringende Wasser auspumpen zu können; unter des Zimmermanns Oberaufsicht ist der Kalfaterer mit diesem Geschäfte beauftragt; er hat sich an den Pumpsood zu begeben und von Zeit zu Zeit den Wasserlauf zu peilen (zu messen), um zu beobachten, ob ein Steigen des Wassers bemerkbar wird.

Hölzerne Schusspflöcke, Bleiplatten, Werg und Nägel werden durch den Zimmermann herbeigeschafft, mit denen die Löcher, welche in der Nähe der Wasserlinie durch die Geschosse gebohrt werden, sogleich verstopft werden können; mit dieser gefährlichen Arbeit sind die Zimmermanns-Maaten beauftragt.

Der Zimmermann und seine Leute machen beständige Runden im Zwischendeck und in den Wallgängen des Raumes, um, sowie ein Steigen des Wassers im Pumpsood bemerklich wird, den Leck ausfindig zu machen und ihn nach besten Kräften verstopfen zu lassen. Sollte das Schiff so viel Wasser ziehen, dass die Pumpen es nicht mehr herauszuschaffen vermöchten, so hat der Zimmermann diese unheilvolle Nachricht dem Kommandanten geheim zu melden, um die daraus entstehende moralische Wirkung auf die Mannschaft zu verhindern.

Die Pflicht der R a u m g a s t e n ist es, fortwährend Geschosse auf die Batterie zu bringen, um diejenigen zu ersetzen, welche das Werk der Vernichtung bereits verbrauchte.

Im Zwischendeck und in der Officiers-Messe haben die A e r z t e provisorisch ihr Hospital eingerichtet, wo sie — ausser dem Bereiche der Geschosse — ihrem menschlichen Berufe sich hingeben, wo der verwundete Matrose oder Soldat gleiche Rechte, gleiche Unterstützung wie ein hilfsbedürftiger Officier findet und wo durch würdige Seelsorger den Sterbenden die letzte Tröstung ihrer Religion gespendet wird.

Auf dem Quarterdeck bewacht ein Seekadett, von einigen Quartiermeistern, welche die Signale zu beachten haben, und mehreren Matrosen unterstützt, die N a t i o n a l f l a g g e, die während der Schlacht von der Besahngaffel wehen muss, und die Niemand, ohne den ausdrücklichen Befehl des Kommandanten, streichen darf. Zuweilen wird auch noch auf jedem Maste eine Nationalflagge geheisst.

Die Flagge, die über dem Haupte der fechtenden Mannschaft weht, ist unstreitig eine wichtige Mahnung der Ehre, eine stete Anfeuerung zum Muthe. Der wahre Seemann erblickt den Feind und kennt seine Pflicht; kein Festnageln der Flagge braucht stattzufinden, wo der Wille da ist, sie zu beschützen; denn so lange eine Möglichkeit der Vertheidigung vorhanden ist, wird sie frei und unbefleckt in den Lüften wehen.

Inmitten eines furchtbaren Feuers sinkt die Flagge — sie war abgeschossen — schnell steigt eine andere wieder auf; so lange sie in der Luft über dem Schiffe schwebt, beehrt der Feind sie mit dem Hagel seiner Geschosse, wäre auch Niemand mehr zur Vertheidigung da. Der Verlust wird immer grösser; schon sind Geschütze zerschmettert, die Masten gebrochen, die Mannschaft meist dienstunfähig, die Vertheidigung muss aufgegeben werden; aber die Ehre ist gerettet; der Rest der Bemannung darf nicht nutzlos geopfert werden! Jetzt erst wird der Befehl zum Streichen der Flagge gegeben; langsam sinkt sie herab — das Schiff ist verloren. Augenblicklich hört das feindliche Feuer gegen dasselbe auf; so schnell als möglich wird es in Besitz genommen, und bald steigt des Siegers Flagge stolz über der des Besiegten in die Luft.

Der Kommandant hat seinen Posten — wenn keine Brücke vorhanden ist — auf dem Hinterdeck, wo ebenfalls die Seesoldaten aufgestellt sind, von wo aus er nicht allein sein Schiff, sondern auch theilweise die nächstliegenden Fahrzeuge überblicken und darnach die nöthigen Befehle zu geben vermag. Bei ihm befindet sich der erste Officier, der ihn in Allem, was auf die Bewegung des Schiffes Bezug hat, unterstützt; einige Seekadetten dienen als Adjutanten, um seine Befehle auf die verschiedenen Posten des Schiffes zu überbringen.

Alle Feuer an Bord werden gelöscht, nur die wohlbewachten Laternen der Pulver- und Granatkammern brennen. Die Feuerspritzen auf beiden Seiten des grossen Mastes auf dem oberen Deck sind hergerichtet, um augenblicklich gebraucht werden zu können.

Sowie von allen Theilen des Schiffes, wo die Officiere alle gegebenen Befehle überwachen, die Meldungen über das ‚Klarschiff zum Gefecht‘ erfolgen, macht der Kommandant, vom ersten Officier begleitet, eine letzte Inspektion, sich durch den Augenschein vom schlagfertigen Zustande seines Schiffes und seiner Mannschaft zu überzeugen, wobei er deren Muth durch geeignete Reden zu ermuntern sucht.

Nachdem Alles auf dem bestimmten Posten ist, erfolgt jene ernste, tiefe Stille, die jeder grossen Erwartung vorangeht — die Windstille vor dem Sturme, wo die bei ihren Geschützen kampfbereite Mannschaft des Befehls zum Angriffe harrt, und selbst Denjenigen, die vom Knabenalter daran gewöhnt sind, unruhig das Herz im Leibe pocht.

Fest und unbeweglich ist die Haltung der Matrosen an den Geschützen, wo sie von Zeit zu Zeit einen Kennerblick ihrem Geschützrohre zuwerfen, das sie mit Vertrauen, fast möchte man sagen, mit väterlichem Wohlwollen betrachten, sehnsüchtige Blicke nach der feindlichen Flotte sendend, an deren Schiffen sie die Wirkung des tüchtigen Geschützes glänzend zu erproben gedenken.

Viel ist über den Unterschied zwischen See- und Land-schlacht gesprochen worden; es muss natürlich erscheinen, dass der Soldat der letzteren über die erstere den Vorzug giebt; aber Unbefangenen muss bei reifer Ueberlegung der b e d e u t e n d e Vo r t h e i l einleuchten, den der Seemann am Bord seines Schiffes vor und während der Schlacht im Vergleiche zum Landsoldaten hat. Gehörig gestärkt durch ungestörten Schlaf in einer guten Hängematte, nach einem nahrhaften Essen, ohne sich durch Märsche zu ermüden, begiebt sich der Seemann auf seinen Posten, an sein Geschütz, ohne genöthigt zu sein, sein ganzes Gepäck mit sich herum zu tragen; wird er verwundet, so tragen ihn seine Kameraden sofort in den Raum und übergeben ihn dort den sorgenden Händen geschickter Aerzte, während der Landsoldat oft Stunden lang auf dem Schlachtfelde liegen muss, und den Tod, der ihn durch die feindliche Kugel nicht erreicht, vielleicht unter den Hufen der heranstürmenden Kavallerie findet. Sollte das Schiff genommen und er mithin gefangen werden, so hat er selbst auf dem feindlichen Schiffe dieselbe Pflege und milde Behandlung zu gewärtigen, denn auch da fehlt es nicht an dem, was zu seiner Herstellung und Stärkung beiträgt. Die Gefahren, welche die Elemente vielleicht während oder nach dem Kampfe drohend darbieten, werden, als dem Seemanne alltäglich und vertraut, natürlich nicht in Anschlag gebracht.

Aber ein höherer moralischer Muth wird vom Matrosen im Gefechte verlangt. Unbeweglich bei seinen Geschützen, wo rechts und links die Kameraden fallen, wird er nicht aufgeregt durch die im Sturmschritte bewegte Masse einer Armee oder eines Regimentes, nicht betäubt und berauscht durch die Hornsignale, Trommeln und durch das Getöse der stürmenden Kolonnen — an Bord wird Ruhe und Stillschweigen auch im Gefechte verlangt und muss verlangt werden, um die Befehle der Batterie-Officiere und des Komman-danten zu vernehmen. Ueberdies sieht der Matrose beinahe jeden Unglücksfall, der sich ereignet, jeden Blessirten, was einen weit grösseren Eindruck macht als in der Landschlacht, wo die Massen so fern von einander operiren.

Die folgenreichste S e e s c h l a c h t aller Zeiten ist die nach dem V o r g e b i r g e T r a f a l g a r benannte, wo die b r i t i s c h e F l o t t e unter L o r d N e l s o n die v e r e i n i g t e f r a n z ö s i s c h - s p a n i s c h e F l o t t e unter V i l l e n e u v e und D o n G r a v i n a am 21. Oktober 1805 schlug. Sie bietet Interessantes aller Art dar, so dass ihre Beschreibung den Vorzug vor allen anderen älteren Seeschlachten verdient und deswegen hier ihre Stelle finden soll.

Nelson muss bis jetzt als das unübertroffene Vorbild eines kommandirenden Admirals aufgestellt werden, denn der durchdringende Geist, mit dem er seine Angriffe unternahm, und die Mühe, die er sich gab, die F ä h i g k e i t e n s e i n e r K o m m a n d a n t e n k e n n e n z u l e r n e n , z u e n t w i c k e l n u n d s i e a u f d i e g e s c h i c k - t e s t e W e i s e z u b e n u t z e n , sind ohne Gleichen.

Seine Untergebenen machte er genau mit dem allgemeinen Plane seiner Operationen bekannt, und erklärte ihnen die Veränderungen, welche dieselben durch Wind und Wetter oder durch die Bewegungen des Feindes erleiden könnten.

Sobald er seinen Plan dem Flaggkapitän und den höheren Officieren der Flotte erklärt hatte, vertraute er ihnen den Vollzug desselben an, und überliess es ihnen, den eintretenden Umständen gemäss zu handeln, um auf die vortheilhafteste Art ein glückliches Resultat zu erzielen. Und so hatte Nelson, dem man gestattete, die Gefährten seines Ruhmes zu wählen, das Talent und das Glück, Männer würdig seines Vertrauens zu finden; in der Schlacht selbst erlernten sie es, das zu ersetzen, was seinem scharfen Vorausblicke entgangen war, und kamen in die Lage, seine Hoffnungen noch zu übertreffen.

Um 6 Uhr Morgens bekam an jenem ewig denkwürdigen Tage die britische Flotte, welche am Winde unter wenig Segeln Nord zu Ost steuerte, die vereinigte Flotte in Sicht, die in einer Entfernung von zehn bis zwölf Seemeilen in Ost zu Süd lag.

Bald darauf bildete sich die britische Flotte auf Signal in z w e i K o l o n n e n i n S e g e l o r d n u n g und hielt, unter allen Segeln, östlich auf die feindliche ab. Dies war der vorherbestimmte Plan des Angriffes, da Nelson die Unbequemlichkeit und den Aufenthalt vermeiden wollte, der verursacht worden wäre, hätte die Schlachtlinie in der gewöhnlichen Art gebildet werden sollen. Das Herannahen der Briten machte die Schlacht unvermeidlich, weshalb der französische Admiral um $8\frac{1}{2}$ Uhr signalisirte, dass sämmtliche Schiffe zugleich halsen und sich in eine Schlachtlinie mit Backbordhalsen formiren sollten. Fast 10 Uhr war es, ehe dieses Manöver vollendet ward, und selbst dann war die Linie nicht sehr regelmässig gebildet, woran indessen der leichte Wind und die vom Lande zu Zeiten kommende Kühlte Schuld waren. Die Linie bildete einen Halbmond, in der Richtung von Nord-Nord-West nach Süd-Süd-Ost, dessen Mitte leewärts sich zog; die Schiffe beider Nationen, ohne Unterschied der Flaggen mit einander vermengt, steuerten in einer Ausdehnung von fast fünf Seemeilen.

Die britische Flotte bestand aus 27 Linienschiffen mit 2148 Kanonen, die vereinigte franko-spanische Flotte aus 33 Linienschiffen mit 2626 Kanonen, wovon 18 französische mit 1356 Kanonen, der Rest spanische waren. Zur britischen Flotte gehörten noch 4 Fregatten, ein Schuner und ein Kutter, zur vereinigten Flotte 5 Fregatten und 2 Briggs. Diese Fregatten und leichteren Fahrzeuge thaten von beiden Seiten keinen Schuss.

Es traf sich sonderbar, dass zwischen der Anzahl der Schiffe, sowie der Kanonen dasselbe Verhältniss stattfand; obgleich fast sämmtliche Schiffe mehr als die nominale Zahl Kanonen führten, so blieb auf beiden Seiten das Verhältniss doch dasselbe, und es kann angenommen werden, dass mit einer Verschiedenheit in numerischer Kraft, die Flotten in der Schlacht von Trafalgar einander ziemlich gleich gegenüber lagen.

Die leichte Kühlte machte, dass die britische Flotte, nachdem sie abgefallen, nur langsam der feindlichen sich nähern konnte, deren Richtung — mit einem befreundeten Hafen ungefähr 8 Lieues unter dem Leebug — Nelson veranlasste, einige Minuten nach 11 Uhr zu telegraphiren: „Ich beabsichtige durch das Ende, die Nachhut, der feindlichen Linie zu dringen, um den Feind zu verhindern, in Cadiz einzulaufen."

Bei dem bestehenden Winde hatten beide Flotten den Nachtheil, die Untiefen von San Pedro und Trafalgar in Lee zu bekommen;

Nelson signalisirte deshalb um 11½ Uhr, die Flotte möge sich am Abend zum Ankern bereit halten.

Nach diesem Signale schien kein anderes auf der britischen Flotte nöthig, als plötzlich 40 Minuten nach 11 Uhr die berühmt gewordene Botschaft Nelson's an die Flotte telegraphirt ward: „England erwartet, dass Jedermann seine Pflicht thue!"*) — ein Signal, das, so wie es an Bord der verschiedenen Schiffe erklärt war, von der ganzen Flotte mit drei lauten Jubelrufen begrüsst ward, und den Enthusiasmus der Officiere und Matrosen wo möglich noch steigerte.

Die Luv-Kolonne der britischen Flotte — aus zwölf Schiffen bestehend — ward durch den Dreidecker VICTORY, Nelson's Flaggschiff, angeführt; die Lee-Kolonne — 15 Schiffe — durch den Dreidecker ROYAL SOVEREIGN, Vice-Admiral Collingwood.

Gegen Mittag eröffnete der FOUGUEUX — das zwölfte Schiff vom Ende der vereinigten Linie — sein Feuer gegen den heransegelnden ROYAL SOVEREIGN, welcher bereits bedeutend innerhalb Schussweite sich befand. Augenblicklich heissten die britischen Admirale ihre entsprechenden Flaggen und sämmtliche Schiffe beider Kolonnen die weisse oder St. Georgsflagge.

Bald nachdem der FOUGUEUX und die beiden nächsten Schiffe vor und hinter ihm die Kanonade begonnen, ward diese vom ROYAL SOVEREIGN beantwortet, doch auf Nelson's Signal, sich dichter zu legen, wieder eingestellt.

Zehn Minuten nach Mittag durchbrach der ROYAL SOVEREIGN die feindliche Linie zwischen dem spanischen Dreidecker SANTA ANNA und dem FOUGUEUX, segelte dicht hinter des ersteren Heck, gab eine glatte Lage von verheerender Wirkung und luvte in Lee wieder auf. Eine Viertelstunde lag er im heftigsten Kanonenfeuer, ehe irgend ein anderes Schiff zu seiner Unterstützung heranzukommen vermochte; dann erst durchbrach das zweite britische Schiff die vereinigte Linie, welche, da einige der Schiffe hinter dem FOUGUEUX heransegelten, das Centrum zu verstärken, während andere das grosse Marssegel back legten oder in den Wind kamen, die regelmässige Form verlor, die sie bis jetzt so ziemlich erhalten hatte.

---

*) Im Urtext lautet dieselbe: „England expects every man to do his duty".

Die schiefe Richtung, in welcher die Lee-Kolonne gegen die vereinigte Flotte segelte, erlaubte jener, die Nachhut dieser zu beschiessen, und eine lebhaft unterhaltene Kanonade begann, deren Rauch, da die Kühlte immer schwächer ward, ihren dunklen Mantel über die Kämpfenden ausbreitete und die Verwirrung vergrössern half, in welche die Nachhut der vereinigten Linie durch den unerwarteten und kühnen Angriff auf das Centrum gerathen war.

Ungefähr 12 Minuten nachdem das Feuern begonnen und bald nachdem der ROYAL SOVEREIGN die Linie durchbrochen, feuerte das zwölfte Schiff der feindlichen Vorhut, der BUCENTAUR — Flaggschiff des Admirals Villeneuve — einen Schuss nach der VICTORY — Nelson's Flaggschiff — welches mit Leesegeln auf beiden Seiten, doch kaum 1½ Knoten durch das Wasser ging. Die Kugel fiel zu kurz; nach einigen Minuten folgte eine zweite, neben dem Schiffe aufschlagend; dann flog eine dritte durch das Grossbramsegel. Einige Minuten erwartungsvoller Stille folgten, dann, wie auf Signal vom französischen Admirale, eröffneten acht bis neun Schiffe der Vorhut ihr mörderisches Feuer gleichzeitig gegen die VICTORY.

Die feindlichen Schiffe, welche der britischen Luv-Kolonne entgegenlagen, bemerkten nicht sobald, dass Nelson ihre Linie zu durchbrechen gedachte, als sie auch dichter aneinander sich zu legen bestrebten, dies zu verhindern. Der BUCENTAUR näherte sich dem vor ihm segelnden Schiffe, dem spanischen Vierdecker SANTISSIMA TRINIDAD, so viel als die schwache Kühlte erlaubte, nur eine geringe Oeffnung blieb zwischen beiden Schiffen, durch welche zu dringen jetzt Nelson's Bestreben war, der zu diesem Zwecke dem Steuermanne am Rade persönlich befahl, genau in dieser Richtung zu steuern.

Da diese eine Aenderung des Kurses hervorbrachte, bestrichen die Backbordkanonen der VICTORY die feindliche Vorhut und ungefähr 16 Minuten nach Mittag eröffnete sie das Feuer von dieser Seite.

Die Wirkung der feindlichen Geschütze auf die VICTORY war schrecklich; viele der Officiere und der Mannschaft wurden getödtet und verwundet; grösser wäre jedoch der Verlust gewesen, hätte der Feind mehr nach dem Körper des Schiffes als nach dessen Takelung und Segeln gezielt; die Leesegel waren abgeschossen, die Segel, besonders die vorderen, siebartig durchlöchert. Der Zustand, in dem sich die VICTORY nach diesem furchtbaren Feuer befand, beweist, welchen Vortheil das feindliche Centrum und dessen Nachhut verloren hatte, ihr Feuer nicht früher gegen die britische Leekolonne eröffnet zu haben.

Langsam vorwärts drängend, bestrich fortwährend die VICTORY, tüchtig unterstützt durch den ihr dicht folgenden TEMERAIRE, die SANTISSIMA TRINIDAD und den BUCENTAUR; nach einigen Minuten flog die Kreuzstenge der VICTORY über Bord; eine Kugel traf fast gleichzeitig das Rad und durchschnitt das Steuerreep, worauf das Schiff auf der Batterie durch Taljen gesteuert ward, ein Dienst, bei dem der erste und noch ein anderer Officier einander ablösten.

Unmöglich war es, die Linie bei diesen beiden Schiffen zu durchbrechen, da der BUCENTAUR sich dicht an die Steuerbord-Galerie der SANTISSIMA TRINIDAD gelegt hatte. Das Ruder der VICTORY ward deshalb auf Backbord gelegt und nach dem französischen Linienschiffe REDOUTABLE gesteuert, das heransegelte, die durch das Vorrücken seines Admirals entstandene Lücke auszufüllen. Aber die VICTORY drang durch, sandte ihre Lagen in die Hecke beider Admiralschiffe mit zerstörender Wirkung, erhielt aber gleichzeitig selbst die Lagen mehrerer anderer Schiffe. Langsam in Lee wieder an den Wind kommend, trieb die VICTORY auf den REDOUTABLE, dessen untere Stückpforten geschlossen waren, um das Entern durch dieselben zu verhindern.

Die willkürlichen Angriffe waren von grösstem Vortheile in der Hitze der Schlacht, da die Schiffe der vereinten Flotte von der Nachhut zum Centrum und von diesem und selbst der Vorhut zur Nachhut ihre Positionen fortwährend wechselten, und der Linie, wenn es noch eine war, immer neue Gestaltung gaben.

Meilenlange Rauchwolken bedecken beide Flotten, denn fast ist es ganz still geworden; hie und da erblickt man flatternde Wimpel und Flaggen, Masten und Segel, die sich aus den dichten Pulverwolken für Augenblicke erheben und gleich wieder verschwinden.

Der Kampf ist Grausen erregend; die Geschwader sind getrennt; die Formation in der vereinigten Flotte nicht wieder herzustellen. Mit dem furchtbaren Donner mehrerer tausend Feuerschlünde vereint sich das Gewehrfeuer, das Platzen der Granaten, das Krachen der einschlagenden Kugeln und Kartätschen und der fallenden Masten, Stengen und Raaen, das Dröhnen der sich aneinander legenden Schiffe, das Anschlagen der Wellen am Buge, das Flattern der aufgegeiten und zerschossenen Segel, in welches auf den einzelnen Schiffen das Rasseln der Kettenpumpen, das Röcheln der Sterbenden, die Klagen der Verwundeten, das helltönende Kommando der Officiere und das Geschrei wilder Kampflust der Enterer sich mischt.

Die Pflicht der Officiere ist es, inmitten der Aufregung der Schlacht und dem traurigen Anblicke der Todten und Verwundeten ihre Kaltblütigkeit und Besonnenheit zu bewahren, aufmerksam zu sein, dass geschwächte Posten nach Kräften verstärkt werden; sie haben das Richten der Geschütze zu überwachen, die Mannschaft zu ermuthigen und für alle vorkommenden Fälle die am besten geeignete Aushilfe zu finden.

Der Klang der Hörner ruft die Enterer auf Deck. Von jeder Kanone ergreifen zwei Mann die bereit gelegten Waffen, als Säbel, Enterbeile und Pistolen, und, von Officieren geführt, eilen sie zur Verstärkung durch alle Luken auf's Deck, das feindliche Schiff zu stürmen oder den eingedrungenen Feind zurückzuschlagen. Die Mannschaften der Geschütze sind nun zwar, besonders wenn man sich von beiden Seiten schlägt, bedeutend vermindert, aber die Kräfte der Zurückgebliebenen verdoppeln sich in solcher Krise; ungeschwächt wird das Feuer unterhalten, der an Deck kämpfenden Mannschaft den Sieg zu erleichtern. Enterdreggen werden geworfen, die Schiffe aneinander befestigt, kühn überspringen die Matrosen den weiten Raum zwischen den Schiffen, unter dem die drohende Tiefe sich öffnet, an Wanten und Tauen sich festklammernd, um den Feind zu erreichen und zu vernichten; von Marsen und Raaen fliegen Handgranaten auf des Feindes Deck, das Flintenfeuer verdoppelt sich, Kartätschenhagel fährt verheerend in die kämpfenden Massen. Die Reserve-Enterer werden durch wiederholten Hörnerklang heraufgerufen; der letzte entscheidende Kampf erfolgt und bald wird die Flagge triumphirend über der feindlichen geheisst sein und dem blutigen Kampfe ein Ende machen.

Die Schiffe zeigen die Beweise des harten Kampfes; beinahe unkenntlich liegen sie da. Die Stückpforten sind eingeschossen,

Planken eingedrückt, Rüsten und Rüsteisen verschwunden, Boote
zerschmettert, Anker verloren, Galjon und Galerien zerstört; das
stehende und laufende Tauwerk ist abgeschossen und hängt ohne
Ordnung herab, die Segel flattern in Fetzen und Streifen von den
Raaen, die durchschossenen Masten, von wenigen Tauen noch gehalten,
wanken und stürzen mit furchtbarem Krachen über die Seite, oft
eine Brücke zum Gegner bildend, auf der die kühnen Enterer
hinüberdringen, im ersten Anlaufe das Deck räumen, die Flagge
niederholen und durch die eigene ersetzen, bis nach wenigen Minuten
wohl unterhaltenes Flintenfeuer aus den Luken die Enterer zwingt,
sich auf das eigene Schiff zurückzuziehen. Schnell wird die fremde
Flagge niedergeholt und die eigene geheisst, der Kampf mit Kanonen
beginnt von Neuem, bis endlich die lang vertheidigte Flagge für
immer sinkt.

Gruppenweise liegen mehrere Schiffe dicht an einander, auf
beiden Seiten werden die Kanonen bedient, einige Schiffe haben das
gleichzeitige Feuer von drei bis vier Schiffen auszuhalten. Das
französische Linienschiff REDOUTABLE liegt zwischen den beiden
britischen Dreideckern VICTORY und TEMERAIRE, die ihrerseits von
mehreren Schiffen angegriffen sind, fast in paralleler Richtung mit
ihnen, sein Bugspriet am grossen Maste des letzteren fest gemacht.
Mit verringerter Ladung und drei Kugeln ladend, richten beide Dreidecker ihre Kanonen so nahe als möglich nach der Wasserlinie des
Feindes, dessen untere Batterie geschlossen ist, die Enterer vom
Einsteigen abzuhalten. Aber guten Gebrauch macht er von einigen
leichten Stücken in seinen Marsen und von dem wohl unterhaltenen
Flintenfeuer und herabgeworfenen Granaten, von denen einige
in seine eigenen Rüsten fallen und dort zünden, wodurch die Fock
des TEMERAIRE in Flammen geräth; durch grosse Anstrengungen der
Matrosen jedoch wird das Feuer auf beiden Schiffen gelöscht.

Hart aneinander liegen die Schiffe; da Feuer in dieser Lage
der gemeinsame Feind ist, so bemerkt man, dass die Matrosen mit
grosser Geistesgegenwart dem Lecke der eindringenden Kugel schnell
einen Eimer Wasser nachfolgen lassen, um das glimmende Holz zu
löschen.

In dieser Lage war es, wo das Halbdeck und die Schanze der
VICTORY dem Gewehrfeuer aus dem Kreuzmaste des REDOUTABLE

ausgesetzt waren und wo gegen 1 ½ Uhr eine Flintenkugel Lord Nelson traf, durch dessen Epaulette in die linke Schulter drang und ihn tödtlich verwundete; drei Stunden nachher starb er, mit der Gewissheit des Sieges.

Endlich stürzten der Gross- und der Kreuzmast des REDOUTABLE, der erstere auf den TEMERAIRE fallend, wo er dessen Kreuzstenge und Gaffel nebst der Flagge zerriss; der Franzosen heftiges Feuern hörte auf, die Briten bereiteten sich zum Entern. Die Mannschaft der VICTORY fand ein Hinderniss in den 14 bis 15 Fuss Entfernung, die beide Schiffe wegen ihrer eingebogenen Seiten trennte; vom TEMERAIRE ward der Grossmast als Brücke benutzt; die Enterer klettern hinüber und bemächtigen sich nach blutigem Kampfe, Mann gegen Mann, des endlich besiegten REDOUTABLE.

Das französische Linienschiff ACHILLES, nachdem es nach einander im Kampfe mit vier britischen Schiffen gewesen, Stengen und Raaen verloren hatte, fing plötzlich in der Vormars Feuer und war, da feindliche Kugeln die Feuerspritze vernichtet hatten, ohne Mittel, dasselbe zu löschen. Nichts blieb übrig, als den Mast zu kappen; im Begriffe, dies zu thun, erhielt der ACHILLES eine glatte Lage von einem herankommenden britischen Dreidecker, die den Mast in der Mitte auseinander riss. Das Wrack fiel, mit der brennenden Mars, auf die Boote, die sogleich Feuer fingen, das, schnell um sich greifend, die unteren Decke bald erreichte.

Noch einige Lagen erhielt das brennende Schiff vom Dreidecker, ehe dieser das Unglück seines Gegners wahrnahm. Das Feuern ward eingestellt und in Gemeinschaft mit einigen anderen Schiffen sandte er Boote, um so viel als möglich der Feinde zu retten. Dies menschenfreundliche Unternehmen war indess mit nicht geringer Gefahr verbunden, da das Schiff bald in vollen Flammen stand und die sich erhitzenden Kanonen ihre tödtenden Ladungen auswarfen. Bald flog das Schiff mit dem grössten Theile seiner Mannschaft in die Luft, ohne die so ehrenvoll vertheidigte Flagge gestrichen zu haben; das Meer war mit Leichen und Trümmern bedeckt.

Furchtbar wüthete die Schlacht, Spanier und Franzosen fochten mit ausgezeichnetem Muthe, einander nach Kräften unterstützend, ohne die geringste Eifersucht blicken zu lassen; wohl dürfen die Briten ihre harterworbenen Ehren sich hoch anrechnen.

Die Schlacht, um Mittag begonnen, erreichte um 1 ½ Uhr die grösste Höhe, um 3 Uhr liess das Feuern nach und schwieg gegen 5 Uhr gänzlich.

Die vereinigte Flotte war vernichtet, 17 Schiffe in den Händen der Briten. England hatte wiederum die Herrschaft über das Meer errungen; aber theuer ward der Sieg erkauft! War auch das Ergebniss der Schlacht ein furchtbarer Schlag für Spanien und Frankreich, von dem sich das letztere erst lange Jahre nachher, das erstere nie wieder erholte, so war doch die britische Flotte ebenfalls in keinem beneidenswerthen Zustande. Viele Schiffe waren mehr oder minder entmastet, nur wenige im Stande, die nöthigen Segel zu führen, vierzehn im Rumpfe stark beschädigt; der Verlust an Todten und Verwundeten war gross, wenn auch nicht so ungeheuer als derjenige der vereinigten Flotte, und mit Nelson der grösste Admiral aller Zeiten gefallen.

Neun französische und sechs spanische Schiffe entkamen, vier der ersteren wurden zwei Wochen später genommen; der Rest aber lief unter Admiral Gravina in Cadiz ein.

Von den siebzehn Prisen waren acht ganz, der Rest theilweise entmastet, mehrere im Zustande des Sinkens, alle aber furchtbar zerschossen; von allen genommenen Schiffen blieben nur ein französischer und drei spanische Vierundsiebziger als Trophäen in den Händen der Sieger, die anderen wurden als unhaltbar vernichtet, gingen in dem der Schlacht folgenden Sturme zu Grunde oder wurden später wieder genommen. Keine der Prisen war, hätte man die Bemannung derselben retten können, die Mühe des Erhaltens werth.

Um sechs Uhr sah der nunmehr kommandirende Admiral Collingwood sich genöthigt, seine Flagge auf dem entmasteten und stark zerschossenen ROYAL SOVEREIGN niederzuholen und auf der Fregatte EURYALUS zu heissen, welche nun jenen Dreidecker in das Schlepptau nahm.

Die drohenden Gefahren für die Sieger und ihre Prisen zu vermehren, befanden sich die Schiffe nur in dreizehn Faden Wasser, mit den Bänken von Trafalgar, ein paar Seemeilen in Lee. Deswegen ward der Flotte um 9 Uhr Abends das Signal gemacht, sich zum Ankern bereit zu halten, ein Signal, das zu befolgen nicht leicht war, indem die meisten Schiffe keinen Anker zum Fallen lassen hatten, da die Ankertaue abgeschossen waren. Glücklicherweise änderte sich der Wind während der Nacht und die Flotte trieb seewärts.

Die erlittenen Havarien werden nun nach Kräften ausgebessert, unter Nothmasten — von den an Bord befindlichen Stengen gebildet — segeln einige Schiffe in einem Zustande, der ein trauriges Gegenstück zu dem stolzen Auslaufen der Flotte in ihrer Pracht darbietet; dennoch schwillt der braven Mannschaft das Herz, wenn sie das eigene Schiff und die herumliegenden verstümmelten Begleiter sieht, denn jeder darauf geworfene Blick giebt ihr die genugthuende Ueberzeugung, dass sie ihre Pflicht erfüllt und dass das Vaterland dankbar anerkennen werde, was sie dafür gethan, dafür gelitten!

Ein allgemeiner Tagesbefehl wird am Morgen nach der Schlacht vom kommandirenden Admirale erlassen und der Flotte mitgetheilt, in welchem den Officieren und Mannschaften derselben der Dank ausgesprochen wird, den ihre Tapferkeit und gute Haltung während der Schlacht verdienten.

Die Fregatten und jene Schiffe, deren Bemastung und Besegelung es gestatten, haben die eigenen entmasteten Schiffe, so wie die im gleichen Zustande sich befindenden Prisen an das Schlepptau zu nehmen. Letztere sind mit einem Officier und einer geringen Anzahl Matrosen von den Schiffen der Sieger besetzt, die Gefangenen werden auf den unteren Decken — natürlich entwaffnet — bewacht, die Verwundeten mit der grössten Sorgfalt behandelt.

Der Wind erhebt sich mittlerweile, wie solches die gewaltige Erschütterung der Luft am vorhergehenden Tage erwarten liess; das Meer wird unruhig und beginnt in Unheil verkündenden Wogen zu rollen. Die zerschossenen Schiffe ziehen bedeutend Wasser, welches die grösste Anstrengung an den Pumpen kaum hinauszuschaffen vermag.

Gegen Abend macht der REDOUTABLE ein Nothsignal, da er in sinkendem Zustande ist; schnell werden die Boote seines Schleppers abgesandt, den grössten Theil der Prisenmannschaft und so viel der Gefangenen, als die Boote aufzunehmen vermögen, an Bord zu bringen. Einige Stunden nachher sieht das Schiff sich genöthigt, das Schlepptau zu kappen, da der Spiegel der Prise bereits unter

Wasser liegt. Auf das Geschrei um Hilfe wurden um 3 Uhr Morgens die Boote nochmals ausgesandt, um von einigen Flössen — von den Spieren des sinkenden Schiffes während einer furchtbaren Nacht in Wind und Regen gezimmert — die Mannschaft zu retten. Doch vergeblich! Einige Hundert sanken mit dem unglücklichen Fahrzeuge, das unstreitig eines derjenigen war, welches in dieser, für die vereinigte Flotte so unheilvollen Schlacht am besten vertheidigt war.

Den braven Kommandanten, der seine Flagge endlich streichen musste und sein Schiff verlor, darf kein Tadel treffen, denn es wäre eben so ungerecht als entmuthigend, wenn nur immer ein glücklicher Erfolg das Urtheil über Verdienst sprechen sollte, wo wäre dann der Antrieb, in einem fast hoffnungslosen Kampfe auszuharren? Und was vermag der Seemann mehr zu leisten, als bei seinen Kanonen zu stehen, bis die Hälfte der Mannschaft kampfunfähig ist, die Masten über Bord gestürzt sind und sein tapfer vertheidigtes Schiff ihm unter den Füssen sinkt!

Die Menschlichkeit gebietet, den Rest der Mannschaft nicht nutzlos zu opfern; langsam sinkt die Flagge, die selbst in diesem Falle neue Ehre erworben; ein solches Beispiel wird andere aufmuntern, auch ihre Pflicht bis zum letzten Augenblicke zu thun.

Nicht Jeder kann Sieger sein — aber mit Ehren besiegt werden, mit Ehren fallen, ist auch ein Triumph, dem die Hälfte des Siegerkranzes gebührt.

Um auch das Bild einer modernen Seeschlacht zu geben, lassen wir hier eine Skizze der Seeschlacht bei Lissa folgen.*)

Zum Zwecke des Entsatzes der durch die italienische Flotte stark gefährdeten Insel Lissa liess Admiral Tegetthoff am 19. Juli 1866, Vormittags 10 Uhr 30 Minuten, das Signal: ‚Feuer vorschieben‘ geben und um 11 Uhr setzte das ganze Geschwader sich in Bewegung und steuerte gegen Süd-Ost. Unter Kap Compare formirte es sich zu drei Schlachtdivisionen und wartete auf das Admiralschiff, auf welchem man noch mit Telegraphiren beschäftigt war. Bald kam auch dieses,

---

*) Ein sehr empfehlenswerthes Veranschaulichungsmittel zu den einzelnen Momenten der Seeschlacht bei Lissa ist das im Verlage der k. k. Hofkunsthandlung von Oskar Kramer in Wien (I., Graben 7) erschienene ‚Lissa-Album‘ von A. Perko (13 Blätter in Kabinet- oder Folio-Format, nach den Originalen photographisch reproducirt).

und alle Schiffe begrüssten den Admiral mit jubelndem Hurrah. Nun dampfte das Geschwader mit 8 Meilen Fahrt gegen Lissa bei Süd-Ost-Brise, die gegen Abend auffrischte.

Admiral Tegetthoff verbrachte einen grossen Theil der Nacht damit, noch einmal alle Chancen zu studiren, welche der Ausfall eines Treffens mit der überlegenen italienischen Seemacht bieten könnte. Die Möglichkeiten bei einem eventuellen Rückzuge waren wohl überdacht und alle Kommandanten waren mit den Absichten des Admirals so vertraut, dass sein Tod keine Verwirrung hervorgebracht haben würde.

Am 20. Juli 1866 Morgens war der Himmel in dichte Wolken gehüllt, das Wetter stürmisch und die aus Süd-Ost hochgehende See liess Zweifel aufkommen, ob ein Kampf möglich sein würde. Um 7 Uhr meldeten die Auslugger mehrere Dampfer in Sicht; doch bald darauf entzog eine Regenbö aus Süd-West dieselben wieder dem Blicke. Der Seegang war um diese Zeit derart, dass die kleineren Panzerschiffe ihre Stückpforten schliessen mussten. Es regnete stramm. Zum Glücke brach eine heftige Bö aus Nord-West theilweise die See und bei allmählicher Annäherung gegen Lissa, welches gegen die See aus südlicher Richtung Deckung bietet, nahmen die Seeen nach und nach ab. Gegen 10 Uhr hellte das Wetter auf. Man gewahrt auch sofort die Insel Lissa und vor ihr im Halbkreise die italienische Flotte, in zwei Gruppen getrennt, welche, wie es schien, sich zu vereinigen suchten. Nach den späteren Aussagen von Gefangenen waren um diese Zeit die Holzschiffe der Italiener unter Comisa, um die Landungstruppen wieder einzuschiffen, denn der Admiral Persano wusste bereits von der Annäherung der österreichischen Flotte.

Aus der folgenden Zusammenstellung wird man die beiderseitigen Streitkräfte ziemlich genau bemessen können:

	Oesterreicher.			Italiener.		
Panzerschiffe	7 mit	173	Kanonen	12 mit	248	Kanonen
Ungepanzerte Schiffe	7 „	307	„	8 „	360	„
Kanonenboote	9 „	36	„	4 „	16	„
Raddampfer	4 „	10	„	10 „	32	„
Zusammen....	27 mit	526	Kanonen	34 mit	656	Kanonen
	und 7492	Mann		und 10.706	Mann,	

wobei zu bemerken ist, dass, während die Italiener ihre Schiffe fast durchgehends mit Armstrong- und Cavalli-Geschützen, im übrigen mit französischen gezogenen Kanonen armirt hatten, die Oesterreicher nur glatte 30-, 48- und 60-Pfünder, sowie gezogene 24-Pfünder hatten, und dass das italienische Panzerschiff FORMIDABILE, das in Folge der Beschiessung von Lissa so gut wie ‚hors de combat‘ war, an der Schlacht keinen Antheil nehmen konnte.

Um 10 Uhr 30 Minuten gab das Admiralschiff das Signal „Klarschiff zum Gefecht, Formation: Angriffswinkel in drei Divisionen", die Panzerschiffe erhielten das Signal „den Feind anzulaufen, um ihn zum Sinken zu bringen". — Von den Schiffen erscholl tausendstimmiges Hurrah; in einem Augenblicke war Alles zum Gefechte klar. Die italienische Flotte formirte sich nun in Kielwasserlinie, Kurs Nord-Nord-Ost, die Panzerschiffe voran. Die Vorhut kommandirte der Admiral Vacca das Centrum der Admiral Persano, welcher sich vom RÈ D'ITALIA auf den AFFONDATORE begeben hatte, die Nachhut Kommodor Ribotty. Vice-Admiral Albini dagegen mit seinen acht Fregatten und allen den kleineren Fahrzeugen bildete in nicht zu weiter Entfernung von den Panzerschiffen eine zweite, gleichsam Reserveabtheilung. Das österreichische Geschwader dampfte mit voller Maschinenkraft gegen die italienische Schlachtlinie, Admiral Tegetthoff mit dem FERDINAND MAX voran. Das italienische Panzerschiff PRINCIPE DI CARIGNANO, welcher an der Spitze der Kolonne war, gab um 10 Uhr 45 Minuten den ersten Schuss ab, und gleich darauf, nachdem die italienische Schlachtlinie hinter dem dritten italienischen Schiffe in zwei Theile getrennt war, entwickelte sich das allgemeine Breitseitengefecht. Die vorn abgeschnittenen Schiffe waren PRINCIPE DI CARIGNANO, CASTELFIDARDO und ANCONA. Die Schiffe des hinteren Theiles der italienischen Kielwasserlinie fielen nördlich ab und näherten sich den österreichischen Holzschiffen; in Folge dessen liess Admiral Tegetthoff ebenfalls nördlich abfallen, um den Fregatten Luft zu machen.

Die Schlacht tobte bereits mit voller Wuth. Die mittlere Gruppe der italienischen Linie, nämlich RÈ D'ITALIA, PALESTRO und SAN MARTINO waren mit mehreren österreichischen Panzerschiffen im hitzigen Gefechte, wobei der PALESTRO in Brand geschossen wurde. Die österreichischen Schiffe brachten den italienischen Panzerschiffen, wo sie nur konnten, koncentrirte Breitseiten bei, um deren Eisenbekleidung zu zerstören. Die Italiener hatten es zuvörderst auf das Linienschiff KAISER abgesehen; vier Panzerschiffe, unter denen der Widder AFFONDA-TORE, umringten es und gaben eine glatte Lage nach der anderen ab, die vom KAISER erwidert wurden. Bei dieser Gelegenheit gelang es dem AFFONDATORE, dem Linienschiffe zwei 150pfündige Hohlgeschosse beizubringen; eines derselben demontirte 2 Geschütze und setzte deren Bemannung ausser Gefecht, das andere beschädigte die Mannschaft am Steuer. Der RÈ DI PORTUGALLO versuchte endlich den KAISER zu rammen; der Versuch misslang jedoch, Dank dem wunderbar schönen Manöver des Kommodor von Petz, welcher schliesslich, als er sah, dass kein anderer Ausweg übrig blieb, mit dem Linienschiffe gegen das Heck des RÈ DI PORTU-GALLO rannte und sich so eine Gasse bahnte. Dabei verlor der KAISER aber das Galjon, das Bugspriet brach und der ganze Fockmast stürzte rücklings auf den Kamin. Der Maschinenrauch ohne Schlott machte sofort auf Deck eine furchtbare Wolke, so dass es aussah, als ob das Schiff brenne. Um das Deck zu klaren, damit der gefallene Fockmast sammt seinem ganzen Geschirr, das zum Theile über den zermalmten Rauchfang hingeworfen lag, nicht in Brand geriethe, war der KAISER gezwungen, sich aus dem Gefechte zu entfernen. Den Rückzug benutzte der AFFONDATORE zu wiederholten Versuchen, das Linienschiff zu rammen, wurde aber von dem schwerverwundeten Schiffe dreimal mit koncentrirten Breitseiten zurückgeschlagen, wobei ihm einer seiner Drehthürme so verkeilt wurde, dass dieser sich nicht mehr rühren konnte. Darauf fuhr der KAISER langsam dem Hafen von Lissa zu. Der RÈ DI PORTUGALLO ging dann zwischen mehreren österreichischen Schiffen hindurch, welche ihm sein Vordertheil zusammenschossen und seine Bemastung arg beschädigten. Vacca hatte das Signal: „Formate prontamente una linea di fila senza soggezione di posto" geheisst. Nachdem der AFFONDATORE seine beiden Projektile dem Linienschiffe beigebracht hatte und nach mehrmaligen Rammversuchen den Angriff auf den KAISER aufgab, dampfte er durch die österreichischen Holzschiffe, welche dem Stosse auswichen, während sie ihm Breitseiten versetzten, zog sich dann unter Schutz des Pulverrauches aus dem

30

Melée und nahm Richtung gegen die italienischen Holzschiffe, am Topp die Signale: „Attacate il nemico" und „Doppiate la retroguardia nemica".

Indessen tobte das Geschützfeuer unablässig fort, Breitseite auf Breitseite brüllte durch die Luft, die See war bedeckt von dem Pulverrauche der 1182 Kanonen, die Schiffe bewegten sich beständig mit voller Maschinenkraft und warfen aus ihren Schlotten kolossale Rauchsäulen empor, so dass der Schauplatz zuweilen ganz bedeckt und verdüstert war und man, trotzdem beide Flotten die kleine Flaggengala geheisst hatten, Feind und Freund kaum unterscheiden konnte. Admiral Tegetthoff rammte Alles, was er grau angemalt sah. Es liess sich auch am Ende nichts Passenderes thun; die schweren Panzerschiffe gingen mit ganzer Kraft, sich Seite an Seite legend oder rammend, wenn es anging. Zuweilen waren sie einander so nahe, dass die Vorderladungs-Geschütze nicht geladen werden konnten, und das Kaliber der Hinterlader war zu schwach, um von irgend einem Nutzen gegen die Panzerplatten zu sein. Die Italiener feuerten übrigens einige Male mit Kartätschen und Shrapnels gegen Panzerplatten, zuweilen sogar mit blinden Kardusen; die Verwirrung scheint in der That bei ihnen allgemein gewesen zu sein. Der FERDINAND MAX rannte mehrere Male gegen italienische Schiffe und brachte ihnen mehr oder minder Schaden bei; einmal streifte er seinen Gegner, so dass beide Schiffe einander passirten. Bei dieser Gelegenheit sah der Steuermann Kerkovich eine grosse italienische Flagge über Deck wehen; er ergriff deren Ende und belegte es. Ein Ruck, und das riesige Banner blieb als Trophäe zurück.

Die italienischen Holzschiffe lagen während dessen unter der Küste von Lissa und sendeten von da aus den österreichischen Schiffen ihre Breitseiten zu; es gelang ihnen endlich mit vereinten Kräften, einem der österreichischen Kanonenboote den Flaggenknopf herunterzuschiessen. Der AFFONDATORE fuhr immer im grossen Bogen herum und versuchte zu rammen, was ja sein eigentlicher Beruf war; allein man merkte stets die Absicht und wich ihm aus. Die Italiener suchten übrigens, statt in die Division der Holzschiffe zu brechen, beständig die österreichischen Panzerschiffe, um diese zuvörderst abzuthun, wurden aber von ihnen auf die eindringlichste

Art gemassregelt. Die kleinen österreichischen Kanonenboote tummelten sich mitten im Gewühle herum, brachten einen guten Schuss an, wo sie konnten, und neckten die schwerfälligen Ungeheuer. Sah ein grosses Schiff ein kleines in Gefahr, so eilte es herbei und nahm den ungleichen Kampf auf.

Doch dies konnte nicht immer so fortdauern. Die italienische Uebermacht hätte doch endlich einen Vorsprung gewinnen müssen. Da begegneten das österreichische Admiralschiff FERDINAND MAX und das Panzerschiff RÈ D'ITALIA einander. Als der Kommandant des FERDINAND MAX die graue Breitseite in einer ihm passenden Richtung sah, vollführte er ein kühnes und exaktes Manöver, um das feindliche Schiff anzurennen. Zwei Auswege standen dem RÈ D'ITALIA offen: ein wenig seitwärts zu wenden und damit den Kurs mit dem des herankommenden Schiffes fast parallel zu machen, indem er so den Anprall abschwächte; oder sich geradezu gegen den FERDINAND MAX wenden und versuchen, wer am besten den Stoss beizubringen vermöge; der RÈ D'ITALIA wählte jedoch keinen dieser Auswege, sondern zögerte, stoppte und versuchte sich zu retten, indem er rückwärts ging. Der Maschinist des FERDINAND MAX setzte vollen Dampf an und hielt sich bereit, rückwärts gehen zu machen. Das Schiff schoss mit einer Fahrt von 11 ½ Knoten durch das Wasser und rannte sein Vordertheil in der Gegend des Fockmastes gerade in die Flanke des Feindes. Der ganze Bau ächzte und krachte. Der Stoss war so gewaltig, dass beide Schiffe sich hoben; der RÈ D'ITALIA lehnte sich hinüber, die starke Eisenhülle wendete sich ab und der Bauch hob sich gegen den Angreifer, welcher seinen Bug über ihn schob und dann wieder herunterkam, durch Platten, Planken und Spanten krachend. Der Italiener hatte eine furchtbare Bresche von 132.$_{41}$ □', wie man später am FERDINAND MAX genau abmessen konnte, dessen Eisenbug, soweit er in den RÈ D'ITALIA eingedrungen war, sich von Farbe entblösst und blank polirt zeigte. Das verletzte Schiff legte sich einen Augenblick auf die Seite, so dass man jeden Mann auf Deck sehen konnte. Man sah die Leute händeringend aus den Luken auf das Deck und in die Takelung eilen. Auf dem FERDINAND MAX spürte man den Anprall nicht so stark, wie man vermuthet hatte; nur einzelne Personen in den unteren Räumen, die auf den Stoss nicht vorbereitet waren, stürzten zu Boden. Allein das Werk war gethan, und als der FERDINAND MAX langsam zurückging, stürzte das Wasser in die Bresche und vollendete das furchtbare Werk. Entsetzt blickten die österreichischen Seeofficiere auf das, was sie gethan; aber es war keine Zeit zum Aufschub, in wenigen Minuten behaupteten Eisen und Wasser ihre Natur und der RÈ D'ITALIA versank unter dem Angst- und Hilfegeschrei seiner Bemannung. Eine Minute lang herrschte Schweigen, der Kanonendonner verstummte, als das Wasser das Schiff anfüllte und hinter ihm drein in die Leere rauschte, welche es zurückgelassen hatte; das Wasser wirbelte einige Augenblicke auf und dann war Alles vorbei. Jedermann blickte betäubt in die Tiefe, bis sich die Oberfläche mit ertrinkenden Menschen bedeckte, deren Hilfegeschrei das Ohr zerriss. Der Admiral Tegetthoff befahl die Boote zu streichen und die Maschine zu stoppen, und die ELISABETH eilte zur Hilfe herbei; aber einige Boote waren zerschossen und von beiden Seiten kamen zwei italienische Panzerschiffe heran, um den Angriff zu erneuern. Menschlichkeit musste da der Selbsterhaltung weichen; die Italiener verhinderten so die Rettung ihrer eigenen Leute. Die ELISABETH, welche gethan hatte, was sie nur thun konnte, entkam mit genauer Noth dem Anprall, indem sie rückwärts ging; die beiden Widder verfehlten sie und wären fast in einander gerannt. Die Italiener konnten nicht Viele retten, denn ihre Schiffe gingen, hoffentlich ohne es zu wissen, über den Platz, wo die Unglücklichen mit ihrem Geschicke rangen, und man nahm keine Boote wahr, welche zu ihrer Hilfe gestrichen worden wären.

Die momentane Waffenruhe nach dem Sinken des RÈ D'ITALIA war bald vorüber und die Schlacht tobte ärger als zuvor. Da kam der Brand an Bord des PALESTRO zum vollen Ausbruche und er verliess das Melée, Kurs Nord-West. Seine Genossen, voraussetzend, dass seine Maschine nicht gestoppt werden könne, umgaben ihn und verfolgten denselben nördlichen Kurs. Sie hatten genug.

Damit war die Schlacht so gut wie beendet. Die Italiener nahmen Kurs nach Ancona. Admiral Tegetthoff formirte wieder seine alte Ordnung und signalisirte: „Dritte Division in Schlachtlinie abfallen nach Lissa; erste und zweite Division allgemeine Jagd auf den Feind!" Darauf nahm er ebenfalls Kurs Nord-West, jedoch zwischen dem Lande und dem Feinde. Einmal glaubte man, dass die italienischen Schiffe neuerdings eine Linie bildeten, allein sie schienen wirklich genug zu haben, während Admiral Tegetthoff seinen Zweck, Lissa zu entsetzen, erreicht hatte, und schliesslich nicht wünschte, mit ihren grossen Kanonen auf w e i t e Distanz engagirt zu werden.

Um 2 Uhr 15 Minuten wurde das Klarschiff abgeblasen. Die Kanonenboote gingen nach Lissa, die erste und zweite Division blieben noch 2 Stunden in See, um die abfahrende italienische Flotte zu beobachten.

Um 2 Uhr 30 Minuten sah man plötzlich eine Riesensäule von Rauch aus dem brennenden PALESTRO· senkrecht in die Luft schiessen; 10 Sekunden später erfolgte ein Donnerschlag: das italienische Panzerschiff war in die Luft geflogen!

Darauf liefen auch die erste und zweite Division in den Hafen von Lissa ein, wo sie das Linienschiff KAISER zwar stark beschädigt, aber vollkommen seetüchtig fanden. Es hatte 22 Todte und 82 Verwundete, während die übrigen Schiffe im Ganzen nur 11 Todte und 42 Verwundete zählten.

Jedoch der glänzendste Sieg über einen grossmächtigen Feind war errungen.

Als durch Signal die Ernennung Tegetthoff's zum Vice-Admiral der Flotte bekannt gegeben ward, enterten die Matrosen auf Wanten und Raaen und ein tausendstimmiges Hurrah durchzitterte die Luft.

Am 21. Juli wurden die Todten begraben. Um 9 Uhr Abends ging das Geschwader in See und lief am nächsten Tage in Pola ein, wo es mit Jubel empfangen wurde.

Der von der österreichischen Flotte bei Lissa errungene Sieg steht in diametralem Widerspruche zu den gegebenen Verhältnissen. Die italienische Flotte verfügte über das numerische Uebergewicht an Schiffen, Geschützen und Mannschaft; über ein mit vieler Sorgfalt und grossen Opfern beschafftes vorzügliches Material; über eine Bemannung, rekrutirt in Ländern, deren Bevölkerung seit Jahrhunderten den Ruf der Seetüchtigkeit besitzt. Das österreichische Geschwader entbehrte dieser günstigen Voraussetzungen. An Zahl der Schiffe, der Mannschaft und Geschütze bedeutend schwächer als der Gegner, qualitativ ihm in Allem zurückstehend, gelang es ihm doch, Dank der ausserordentlichen Begabung seines Befehlshabers, dem Opfermuthe und der Tüchtigkeit seiner Equipagen, einen der glänzendsten Seesiege zu erringen. Oesterreich und Italien war es vorbehalten, das neue Flottenmaterial zum erstenmale im Ernstkampfe zu erproben.

Seit Beginn der Geschichte des Menschengeschlechtes haben sich die Sterblichen auf Erden immer ganz besonders bemüht, einander zu vernichten. Von Kain, der seinem Bruder Abel einen s c h l a g e n d e n Beweis der angeborenen Zerstörungssucht lieferte, bis auf unsere Tage, wo zwei uns wohlbekannte Herren eine bewunderungswürdige Zerstörungs-Maschine erdacht, um deren Besitz sich bereits England, Amerika, Russland, Schweden und andere Staaten bewerben, und deren Tragweite im Seekriege unberechenbar ist; — von der einfachen biblischen Keule bis zur Schleuder David's, von den Mauerbrechern, Arietes, Katapulten und Ballisten der Alten bis zur ungezogenen und zur gezogenen Kanone, welch' letztere noch ungezogener als die ungezogene auftritt; — vom Pfeilbogen Amor's bis zur Armbrust Wilhelm Tell's und bis zum Revolver, der Kugelspritze, der Mitrailleuse unserer Zeit, vom ledernen Bombenkessel bis zum submarinen Torpedo: haben die Zerstörungs-Maschinen riesige Fortschritte gemacht und hat der Geist, der Witz, die Erfindungsgabe des Menschen sich mit besonderer Liebe damit befasst, Mittel zu ersinnen, um sich gegenseitig los zu werden, zu vernichten.

Leider kommt dieser Zerstörungssinn mit uns auf die Welt, wird mit uns geboren und ist der erste Sinn, der sich nebst dem Hange zum Trunke schnell in uns entwickelt. Nachdem das Kind, gleich nach den ersten Freuden- und Schmerzens-Thränen, die es beim Anblicke der Welt geweint, nach der edelsten Sorte Rheinweins, nach ‚Liebfrauenmilch‘, verlangt, zeigt es auch gleich die Tendenz, Alles zu zerbrechen, was man seinen jungen Händen übergiebt, und das schönste Spielzeug hat seinen wahren Werth, seinen grössten Reiz erst dann für diesen jungen Welteroberer, wenn es in Faktoren zerlegt, zerbissen, zerrissen, zerbrochen, zerstampft zu seinen Füssen liegt.

Kein Wunder also, wenn diese Zerstörungswuth erblich, unvertilgbar im Blute liegt und eigentlich das einzige ist, was in ihm nicht zerstört werden kann. Für die Erhaltung seines Gleichen ist er lange nicht so besorgt, das überlässt er leichtsinnig den Doktoren, und diese übertragen die Sorge wieder der Entreprise des pompes funèbres, dem Einbalsamirungs-Komité, dem Todtengräber und Grab-monument-Fabrikanten. Wie schwer es ist, einen Menschen zu erhalten, heranzubilden und zu einem o r d e n t l i c h e n Menschen zu machen, das bedenkt Keiner, damit befasst sich Niemand, — aber in Massen ist man auf Mittel und auf Erfindungen bedacht, um das Menschengeschlecht zu zerstören, und in dem grossen Hauptbuche der Schöpfung, in dem unergründlichen libro maestro — wo Soll und Haben, Dare ed avere, Aktiva und Passiva immer in Evidenz gehalten werden, wo nie eine Ausgabe erscheint, wenn sie nicht durch eine gleichbedeutende Einnahme gedeckt wird, in jenem riesigen titanenhaften Welt-Staatshaushalte, wo nach der neuesten Statistik 1600 Millionen Menschen leben, 3064 Sprachen und 1100 Religionen bestehen, wo täglich 89.520, stündlich 3730 Menschen sterben, jährlich 330 Millionen zur Welt kommen, wo in jedem Jahre 83 Millionen Ehen geschlossen werden, wo in jeder Sekunde ein Mensch stirbt und in drei Sekunden vier geboren werden, somit in jedem Jahre 82 Millionen mehr zur Welt kommen als aus ihr scheiden; in dieser Weltadministration wird wohl der Abgang, wenn ihn der gewöhnliche natürliche Tod, die Altersschwäche, Krankheiten, Epidemien, Ueberschwemmungen, Schiffbrüche, Eisenbahnunfälle, Erdbeben, vulkanische Eruptionen mit Aschenregen und die medi-cinischen Fakultäten u. s. w. nicht hinreichend decken sollten, die geistreiche menschliche Erfindungsgabe durch die verschiedenartigsten Zerstörungs-Maschinen den Kalkül ausgleichen und im Vereine mit der Medicin dem Plus und Minus das Gleichgewicht halten.

Wir Menschen können uns mit unserem menschlichen Verstande, und wäre er auch von der feinsten, raffinirtesten Sorte, so ein echter Double extrait d'ésprit humain, die grosse Weltadministration nicht anders vorstellen, als durch das Bild der Ebbe und Fluth — im kon-stanten Zu- und Abnehmen — in der Schlange, die sich den Schweif abbeisst, der ihr wieder nachwächst, und den sie wieder abbeisst, damit der Kreis, den sie bildet, immer derselbe bleibe; wir können uns die von Bevölkerung wimmelnde Welt nicht anders denken, als wie das Riesenrevier eines unendlich reichen Jagdherrn, der methodisch Jagden abhalten muss, um sein edelstes Wild abzuschiessen, weil es trotz natürlichen Verendens, trotz der Wilddiebe, trotz der Kämpfe unter sich, trotz der Raubthiere überwuchern und endlich seine schönen Wälder, seinen Reichthum und seinen Stolz, ja seine Schöpfung zerstören würde. Was Wunder also, wenn der Schöpfer dem Geiste seiner Geschöpfe es gestattet, Maschinen und Mittel zu erfinden, um das Gleichgewicht zu erhalten. Wir wundern uns z. B. über den Aufwand an Kraft, wir meinen an militärischer Stärke, den unsere Feldzüge, unsere Kriege in der Neuzeit erfordern. Und doch ist der Unterschied in der Zahl der Opfer nur ein scheinbarer, im Ganzen bleiben die Resultate jenen des Alterthums gleich. Der Kampf der Horatier und Kuriatier beschränkte sich allerdings auf wenige Personen, in den punischen Kriegen fielen mit Ausnahme der Zerstörung Karthago's keine solchen Schlachten vor, wie sie die Neuzeit aufzuweisen hat, und wenn die Stärke der Armeen von den Kreuzzügen bis auf unsere Tage auch crescendo ging, wenn unter Wallenstein und Tilly auch 100.000 Mann, unter Friedrich und Maria Theresia 200.000, zur Zeit der Franzosenkriege, bei Beginn des 19. Jahrhunderts 350.000, im Jahre 1809 auch 600.000, im Feldzuge 1859 bei 700.000 und im Jahre 1866 bei 800.000 einander gegenüberstanden; so muss man bedenken, wie lange die Fehde der Horatier und Kuriatier, wie lange die punischen Kriege dauerten, wie oft sich die Kreuzzüge wiederholten, dass der dreissig-jährige und der siebenjährige Krieg durch die Länge ihrer Dauer eben so viele, wenn nicht mehr Opfer forderten als unsere letzten Kampagnen, die in Monaten, ja in Wochen beendet waren und immer nur eine, höchstens zwei grössere Schlachten aufzuweisen hatten, ja, dass der letzte Bürgerkrieg in Amerika sicher auch in wenigen Wochen beendet gewesen wäre und weniger Menschenleben gekostet hätte, wenn er durch kolossale stehende organisirte Heere geführt worden wäre. Wie die Eisenbahnen und Dampfschiffe die Kommunikation erleichtern und beschleunigen, so acceleriren grosse Armeen und mörderische Bewaffnung die Resultate eines Feldzuges, und wie auf den Eisenbahnen und auf den Dampfschiffen immer kolossalere Unglücke stattfinden, und in einer Minute mehr Menschen-leben geopfert, mehr Hände und Füsse gebrochen werden, als während einer jahrelangen, gewöhnlichen Postverwaltung mit der Schnecken-Devise: ‚Eile mit Weile‘, so vertilgt eine einzige moderne Land- und Seeschlacht bei den modernen sublimen Vernichtungs-

Instrumenten in wenigen Stunden dieselbe Masse Menschheit, wie früher der punische oder der dreissigjährige Krieg, ja die Unglücks-statistik weist sogar nach, dass die Zahl der Opfer bei den modernen Vernichtungsmitteln eine geringere sei, und dass im Ganzen z. B. auch auf den Eisenbahnen weniger Unglücksfälle vorkommen, als früher durch Umwerfen der Wagen, Durchgehen der Pferde, Ueber-fahren und besonders durch betrunkene Kutscher.

Halten wir uns hier nur an konkrete Fälle und betrachten wir Schlachten wie jene bei Leipzig, Waterloo, grössere Gefechte aus dem Krimkriege, in Indien, bei Magenta, Solferino, Königgrätz und die Seeschlacht bei Lissa, wo sich so ziemlich gleich grosse Kräfte und gleiche Vertilgungsmittel gegenüber standen, und wir müssen die Schnelligkeit der herbeigeführten Resultate, die verhältnissmässig geringe Anzahl Opfer, die gelinde Verwüstung von Ländereien, die milden Nachwehen im Vergleiche zur Vergangenheit, wo Hungers-noth und Pest immer im Gefolge solcher Kriege waren, bewundern, ja, so sonderbar es klingen mag, segnen. Und diesen sonderbaren Segen verdanken wir unseren herrlichen Vertilgungsmitteln, unseren sublimen Vernichtungs - Instrumenten. Wie die galvanokaustische Schlinge durch ihren elektrisch-weissglühenden Draht chirurgische Operationen in Sekunden ausführt und den Patienten entweder durch das Gelingen einer Operation oder durch den schnellsten Tod von seinen Leiden in einer Sekunde befreit, so wird unsere moderne Land- und Seetaktik allmählich durch ihre Vernichtungs-Erfindungen galvanokaustisch gehandhabt werden.

Wenn die französischen Stink- oder Stickkugeln weit ärger wirkten als die vergifteten Pfeile der Indianer; wenn unsere Hohl-geschosse noch durch Chemiker verbessert und mit Asa fötida oder auch nur mit Nieswurz gefüllt wären, und der Feind, in dessen Mitte sie platzen, nur zum ununterbrochenen Niesen gezwungen würde ; wenn ein neuer Oberon wieder ein Horn erfände, bei dessen Klange Alles tanzt:

> Und drohen dir mit Schwert und Lanzen,
> Tausend Mann, sie fangen an zu tanzen,
> Und tanzen ohne Rast im Wirbel wie du hier
> Ein Beispiel sahst, bis sie zu Boden fallen.
>
> Oberon, 2. Gesang, 49.

wenn die Mitrailleuse oder Kugelspritze wirklich wie eine Hagel-
wolke über dem Feinde niedergeht; wenn Luftballons Tod und Verderben wie Thautropfen niederfallen lassen; wenn die unterseeischen
Torpedos Flotten zerstören und die Fische tödten, die dem Spektakel
nur als neugierige Zuschauer von weitem beiwohnen;*) wenn endlich
diese geistreichen Zerstörungs-Maschinen wie Zacherl's Insekten-
pulver das Eigenthum aller Nationen geworden sind: ist dann nicht
der glänzende Triumph des Satzes aus der Mechanik zu erwarten:
Gleiche Kräfte — Gleichgewicht, und ist dann nicht die
ganze Erde die wiedergefundene Insel Atlantis, das göttliche
Eiland des ewigen Friedens?

Lassen wir heute z. B. nur diese unsere neuesten Erfindungen
zur See, die gepanzerten Schiffe und die submarinen Torpedos, noch
kolossaler in ihrer Konstruktion und das Gemeingut zweier seefahrender Mächte werden, so kann man sicher sein, dass sie wie
zwei gleich starke Löwen ruhig oder höchstens brüllend und sich
ihre diplomatischen Zähne zeigend, an einander vorübergehen werden,
ohne sich anzugreifen. Es giebt noch immer Leute, die in dieser
Vervollkommnung der Waffen den Untergang alles ritterlichen Gefühles
und des echten männlichen Muthes erblicken und sich dabei der
schönen Mythe vom Helden Kraljevic Marko erinnern, der beim
Anblicke des ersten Schiessgewehres empört war, es die Waffe der
Feigen nannte, weil es von weitem tödte, weil kein Rittersinn dazu
gehöre, es mörderisch zu gebrauchen, und sich selbst entleibte, weil
ein Kraljevic nicht unter feigen Menschen leben wollte, oder jener
alten Seeleute gedenken, denen die Dampfer verächtlich waren, weil
die Taktik, den Wind zu benutzen, durch sie überflüssig wurde: so
haben alle diese nicht bedacht, dass man sich durch alle diese
Neuerungen dem allgemeinen Frieden nähert; ja, zur Zeit, als die
ersten Panzerschiffe gebaut wurden, machte Littrow's Gedicht gegen
diese Eisenungeheuer, das ,Panzerschiff' betitelt, einiges Aufsehen
und wurde in die französische und englische Sprache übersetzt, da
es besonders gegen den englischen WARRIOR, der vor Jahren als
Muster eines Panzerschiffes galt, gerichtet war.

---

*) Bei der jedesmaligen Explosion eines Luppis-Whitehead-Torpedo fand
man 60—80 Zentner getödtete Fische, die blos durch den Wasserdruck ihr Ende
gefunden hatten.

Wir wollen hier diese maritime nächtliche Heerschau oder eigentlich Flottenrevue folgen lassen.

Das Panzerschiff.

Es heult der Wind — die See in wilden Wogen
Liegt schaumbedeckt in ihrer Höllenpracht,
Der Himmel ist mit Sturmgewölk umzogen,
Kein Stern erhellt die finst're Mitternacht;

Ein Schiff alleine schwebt im dunklen Raume
Und kämpft gen Wind und Well' mit Kraft,
Wie ein Phantom aus einem wildem Traume,
So grauenvoll, so kalt, so geisterhaft;

Die Masse scheint so unbesiegbar eben,
Doch auch so traurig wie der eis'ge Tod,
Es zeigt an Bord sich keine Spur von Leben,
Kein Führer zeigt sich dort und kein Pilot;

Kein Segel glänzt, es ragen keine Masten,
Kein Laut ertönt an seinem öden Bord,
Und doch, als ob es wilde Geister fassten,
Bewegt sich's durch die dunklen Wellen fort.

Die Wände sind von starken Eisenplatten,
Das Holz im Leib ist durch Metall ersetzt,
Und diesen mächt'gen Riesenkörper hatten
Des Feindes Waffen auch noch nie verletzt.

Und aus des Unthiers grauenvollem Rachen
Blitzt zeitweis nur ein grelles Flammenlicht,
Wie aus den Nüstern eines Höllendrachen
Der Feuerstrahl des grausen Todes bricht. —

Da tönt's mit einem Male aus der Tiefe,
Wie ein Kommandowort, so kräftig klar,
Als ob's ein Admiral durch's Sprachrohr riefe:
„Halt Schiff! — Du stehst bei Trafalgar!"

Und plötzlich wird es heller auf dem Meere,
Als ob der Tag am Horizont erschien,
Und durch die schwarze, nächtlich dunkle Leere
Sieht weisse Segel man in Menge zieh'n.

Und ein Geschwader ordnet sich behende
In einer Reihe wie zur blut'gen Schlacht,
Und an der hohen, schlanken Masten Ende
Glänzt Englands Flagg' in ihrer vollen Pracht.

„Du bist der WARRIOR",*) so spricht die Stimme wieder,
„Der Riese, der jetzt alle Welt erschreckt,
Ich erkenne dich und deine Eisenglieder,
Doch deinen Muth hab' ich noch nicht entdeckt;"

„Entweih' sie nicht, die hehre, heil'ge Stätte,
Wo noch das Meer gefärbt von Englands Blut,
Wo mancher Held im feuchten Ehrenbette,
Im stillen Wellengrab unsterblich ruht."

„Wo einstens Albions tapf're Seetitanen
Wie Löwen kämpften und im Kampf gesiegt,
Halt still am Grabe deiner edlen Ahnen,
Am Monument, das hier im Meere liegt."

„Hier stehen sie, die tapfern Kampfgenossen,
Mit ihren Lorbeern decken sie das Meer,
Für Englands Ehre ist ihr Blut geflossen,
Und Englands Ehre ruft sie wieder her."

„Seht hier die VICTORY,**) vom Morgensonnenschimmer
Umstrahlt und triefend noch von uns'rem Blut,
Und kennt Ihr mich, den alten Nelson, nimmer
Und meinen Kriegsgefährten Collingwood?"***)

„Die Welt, die einst Bewunderung uns zollte,
Hat mitgekämpft an jenem Ehrentag,
Wo Englands Schicksal sich entscheiden sollte
Und Englands Glück in unsern Händen lag;"

„Wir Alle sind in mitternächt'ger Stunde
Dem Grab' entstiegen, wo wir still geruht,
Wir halten nun nach Seemannsbrauch die Runde,
Auf uns'rer Wahlstatt, auf der blauen Fluth."

---

*) WARRIOR, Krieger, Name des ersten Panzerschiffes der englischen Flotte.

**) Das Linienschiff, das Nelson's Flagge führte und auf dem er starb.

***) Collingwood, Kommandant der Vorhut in der Seeschlacht beim Kap Trafalgar, 21. Oktober 1805.

„Ihr wisst, dass England immer es erwartet,
Dass Jeder treulich seine Pflicht erfüll',*)
Seid Ihr denn wirklich gar so sehr entartet,
Dass keiner sich im Kampfe messen will?"

„Habt Ihr den Muth so gänzlich denn verloren,
Dass keiner sich auf dem Verdecke rührt,
Und seid in England Ihr denn doch geboren,
Ist's Englands Flagge, die am Mast Ihr führt?"

Und lautlos ruht die ries'ge Eisenmasse
Und kein Alarm ertönt an ihrem Bord,
Und fern vom Neid und vom gemeinen Hasse
Fährt nun die Geisterstimme Nelson's fort:

„Ihr seid nicht mehr des tapfern Albions Söhne,
Wenn hinter Eisen Ihr Euch so verschanzt,
Kennt Ihr nicht mehr die alten Kriegertöne,
Nach denen wir so oft mit Lust getanzt?"

„Liegt Albions Löwe alt und krank darnieder,
Wo ist der Muth, der Euch doch angebor'n,
Verklingen uns're Seemanns-Heldenlieder,
Hat ‚Rule Britannia' seine Kraft verlor'n?"

„Ihr schweigt, Ihr schämet Euch der Mittel,
Die leider unverwundbar Euch gemacht,
Ihr schämt Euch, dass man Euch den Titel
Des ‚Kriegers' unverdienet zugedacht."

„Ihr seid fürwahr des faulen Friedens Taube,
Der grüne Oelzweig passt in Euren Mund,
Mit Eurem Panzer geht zugleich der Glaube
An Manneskraft, an edlen Muth zu Grund."

„Nennt Ihr es Schlacht, wenn wir wie Höllendrachen
Die stahlbeschuppte feige Panzerbrust
Zum Ziel der Kugeln uns'rer Feinde machen
Und uns'rer Unverletzbarkeit bewusst?"

„Nennt Ihr es Schlacht, wenn man wie wilde Stiere
Sich Stirn gen Stirne zu zerschellen droht,
Nennt Ihr es Schlacht, wenn in dem Seeturniere
Euch keine Palme winket, als der Tod?"

---

*) Nelson's Admiralsbefehl kurz vor Beginn der Schlacht lautete: England erwartet, dass
Jeder seine Pflicht erfülle.

„Nennt Ihr es Schlacht, sich in den Grund zu bohren,
Sich zu vernichten, ohne sich zu seh'n? —
Der Mensch ist doch zu Besserem geboren
Und will als Opfer nicht zur Schlachtbank geh'n!"

„Nur Hekatomben bringet Ihr zu Stande,
Nur Hekatomben auf dem wüsten Meer,
Im Kampf ist Ehre, aber Mord ist Schande,
Ihr mordet nur und kämpfet nimmermehr."

„Die Zeit ist nah', wozu es auch verhehlen?
In der der Krieg nur lebet im Gedicht,
Nur die Geschichte wird von uns erzählen,
So wie man jetzt vom Ichthyosaurus spricht."

„Als Ungeheuer wird man uns dann schildern,
Als Riesen, die in Kampfeslust entbrannt,
So werden wir in Fabeln und in Bildern
Der kleinen Nachwelt einzig noch bekannt."

„Als kleine Nachwelt wollen wir Euch grüssen,
Als Kriegsschiff aber kennen wir Euch nicht,
Denn wo man kämpft, dort soll das Blut auch fliessen,
Wenn man mit offenen Visiren ficht."

„Euch aber ist ein and'res Los beschieden,
Ihr seid die Gründer einer neuen Zeit,
Ihr seid die Schwalben für den ew'gen Frieden,
Der aus der Furcht vor Kampf herangedeiht."

So sprach der Held vom Nil, von Kopenhagen,
Der Held der blut'gen Schlacht von Trafalgar,
Und auf dem Meer begann es nun zu tagen,
Die Sonn' entstieg den dunklen Fluthen klar.

Und mit dem ersten Strahl der gold'nen Frühe
Verschwand das Bild der Flotte rings umher,
Der Späherblick entdecket nur mit Mühe
Den WARRIOR noch alleine auf dem Meer,

Und dichter Rauch entqualmt dem Riesenschlotte
Des Panzerschiffs und hüllt es gänzlich ein,
Gekränkt vom wohlverdienten Seemannsspotte,
Will Englands Flagge nicht gesehen sein.

Wenn man bedenkt, welche Schwierigkeiten eine Seeschlacht
in früherer Zeit bot: die kleine Artillerie, die Gefahr des Feuers
im Holz und Segelwerke, die Schwierigkeit des Enterns, die schlecht
geschützte Pulverkammer an Bord und das ununterbrochene Segel-

manöver, durch das man jede günstige Brise benutzen musste,
wenn man bedenkt, wie alle diese Schwierigkeiten noch im Jahre 1805
bei der letzten grossen Seeschlacht mit Segelschiffen, bei der Schlacht
von Trafalgar, in Rechnung kommen mussten, während jetzt bei
Panzerschiffen das Rammen oder Aneinanderrennen beinahe die
Hauptsache bildet und Alles entscheiden kann; wenn man die
Schnelligkeit in Betrachtung zieht, mit der sich zwei solcher
Panzerschiffe gegenseitig zerstören; wenn man bedenkt, dass ein
Schiff mit 4000 Tonnen mit der Schnelligkeit einer Fahrt von
12 Knoten in der Stunde, also 120 Fuss Weg in der Minute, gegen
einen ähnlichen Koloss rennt und man durch die Multiplikation der
Masse mit der Schnelligkeit findet, dass sich sieben Millionen
Pfunde mit einer Geschwindigkeit von 20 Fuss in der Sekunde
gegen einander bewegen, und dass dieser fürchterliche Stoss noch
verdoppelt wird, wenn beide Schiffe in Bewegung gegen einander
sind: so lassen sich die Folgen eines solchen Zusammenstosses gar
nicht berechnen, und die beiden Gegner müssen spurlos verschwinden,
nachdem sie die Menschen an Bord theils unter den Trümmern ihrer
Masten und ihrer Kanonen, die Alle wie Spreu nach dem Vordertheile geschleudert werden, begraben haben, und man kann der
Phantasie des Dichters nicht Unrecht geben, der neben der früheren
Seetaktik die heutige verachtet, dem Panzerschiffe aber trotz seines
Rammens, ein Ausdruck, der aus dem englischen Ram, was Widder
bedeutet, abgeleitet ist, der Artillerie gegenüber jede weitere
Zukunft, jede grössere Entwicklung abspricht, während die Artillerie
noch unendliches leisten kann, nichtsdestoweniger in der verachteten
Waffe einen Schritt vorwärts, und zwar einen Schritt zum ewigen
Frieden gewahrt.

1. Die lebendige Kraft eines Panzerschiffes zu berechnen, welches 4000 Tonnen wiegt und 12 Knoten fährt.

4000 Tonnen	12 Knoten per Stunde
18	6000
72.000 Zentner	72.000 Fuss per Stunde
100	: 60
7,200.000 Pfunde	1200 Fuss per Minute
	: 60
	20 Fuss per Sekunde.

Es werden also 7,200.000 Pfunde mit der Geschwindigkeit von 20 Fuss per Sekunde weiter bewegt. —

Zur Berechnung der lebendigen Kraft hat man die Formel:

$$LK = M \cdot v^2,$$

worin M die Masse und v deren Geschwindigkeit per Sekunde bedeutet. —

Wird für M nun $\dfrac{\Theta}{g}$ substituirt, d. h. Gewicht getheilt durch die Acceleration der Schwerkraft, so hat man

$$LK = \frac{\Theta}{g}\, v^2$$

In unserem Falle

$$LK = \frac{7,200.000}{31} \cdot 400$$

$$LK = 2.880,000.000 : 31 = 92,903.225\tfrac{25}{31}$$

2. Die mechanische Arbeit zu berechnen, welche nöthig ist, den 4000 Tonnen die Geschwindigkeit von 12 Knoten zu ertheilen und die andererseits im Momente des Anpralles verwerthet wird, hat man:

$$W = \frac{LK}{2}$$

$$W = \frac{92,903.225\tfrac{25}{31}}{2} = 46,451.612\tfrac{28}{31} \text{ Fusspfunde.}$$

Durch 430 dividirt, erhält man als Anzahl der Pferdekräfte beiläufig $108.259\tfrac{1}{2}$.

Das heisst nun, die Kraft des Anstosses könnte $46,451.612\tfrac{28}{31}$ Pfund 1 Fuss hoch in einer Sekunde heben.

3. Die Grösse der Bewegung zu berechnen, hat man die Formel MC zu benützen, wo M die Masse und C die Geschwindigkeit ist. — Für M das der Masse proportionale Θ (Gewicht) gesetzt, hat man

Grösse der Bewegung $= 7,200.000 \times 20 = 144,000.000$,

welche Zahl nichts anderes sagt, als dass der Stoss 144,000.000mal kräftiger ausfällt als jener Stoss, der von 1 Pfund mit der Geschwindigkeit von 1 Fuss per Sekunde geleistet wird.

Hier finden wir wieder den Satz: Gleiche Kräfte — Gleichgewicht, und folgerichtig: Gleichgewicht — Friede, wie wir es am deutlichsten in der Natur gewahren, wo das gestörte Gleichgewicht in der Atmosphäre die Ursache des leichten Zephyrs, der frischen Brise, des steifen Windes, des Tornado, des Wirbelwindes, des Sturmes, des Pampero, des verheerenden Taïfuns, des Orkans werden kann, während das Gleichgewicht nur Windstille, nur Frieden bringt. Aber Friede ist Tod, heisst es wieder an einer anderen Stelle, im Kampfe nur ist Leben, — nun gut, habt keine Sorge — an Kämpfen soll es nicht fehlen, der Stoff dazu liegt ja in uns, der ‚Kampf um's Dasein‘, wie ihn Charles Darwin nennt, ist ja ein ewiger in Mitte des Friedens.

Alle Thiere und Pflanzen streben sich in geometrischer Progression zu vermehren, ein Streben, dem die Natur, wie wir bereits erwähnt, durch massenhafte Vernichtung der Individuen kontinuirlich entgegenwirkt. Dieses Naturgesetz gilt auch für den Menschen, und wenn bei der Zunahme der Bevölkerungen sich auch die Produktionskräfte steigern, so halten sie doch mit ihr nicht gleichen Schritt, letztere wachsen nur in arithmetischer Progression. Da sich aber das Thierreich, den Menschen an der Spitze, in seiner Multiplikationssucht um die Mittel seiner Erhaltung nicht kümmert, so übernimmt die Natur den Ausgleich — sie schickt den Würgengel der Vernichtung aus, der die Reihen der Lebendigen vernichtet und dadurch das Gleichgewicht herstellt. So geht's in der vernunftlosen Natur, so in der vernünftigen Menschenwelt. Millionen drängen sich an die Quelle, aus der das Leben schäumt, Leben und Lebensgenuss ist die grosse Devise. Vom Schmetterlinge, der sein eintägiges Leben im Sonnenstrahle verschwelgt, von dem Fürstin Therese von Hohenlohe so richtig singt:

„So verrauscht für dich das Leben,
In der Freude, im Genuss,
Wie ein kurzes sel'ges Träumen,
Wie ein langer süsser Kuss." —

also vom Schmetterlinge bis zur Ceder des Libanons, deren tausendjähriger Bau mehr als eine Periode der Menschengeschichte an sich vorüber gehen sah, strömt Alles herbei, des Daseins froh zu werden. Allein für Alle ist der Tisch nicht gedeckt, wie Gustav Lindner sagt; es entsteht Kampf — man kämpft um das Dasein — man kämpft um den Tisch, der uns speisen soll. Da geht die ‚Vernichtung‘ wie eine ordnungmachende Schaarwache herum und lichtet die Reihen der Andrängenden. Eine Thiergattung verzehrt die andere — aus dem Verwesungsdufte qualmt das neue Leben, das Leichentuch der Gefallenen wird die Tafeldecke für Jene, die das Recht des Daseins behielten. In der Menschenwelt wird dieser Kampf aber nicht durch das rohe Faustrecht entschieden, die Formen des Rechtes haben den Charakter des Kampfes gemildert. Arbeitsamkeit Geschicklichkeit, Genie, Talent, die werfen den Faulen, Ungeschickten und Dummen zu Boden und setzen sich an seinen Platz. Der Kampf der Arbeit ist es, der hier gekämpft wird. Blicken wir um uns, und wir finden, dass Alles, was da ist, im fortwährenden Kampfe begriffen ist um das ‚Recht des Daseins‘. Nicht mit Schild und Schwert, wie zur Zeit der Burgen und Raubritter, nicht mit gezogenen Geschützen und einem Walde von Bajonetten, wie in der Feldschlacht — nein, mit den harmlosen Werkzeugen des Friedens, mit Hammer und Feile, mit Hebeln und Winden gerüstet stehen die Kampfreihen einander gegenüber, um den Kampf der Arbeit zu kämpfen — Konkurrenz ist das Feldgeschrei, die Maschine ist das grobe Geschütz, dem die Kraft der Menschenarme nicht widerstehen kann, die Annonce und Reklame geben das Zeichen zur industriellen Feldschlacht, Humbug, Schwindel, Spekulation heisst hier die Kriegslist, der Weltmarkt ist das Schlachtfeld. Ein Bataillon nach dem anderen marschirt auf, jedem wird eine Fahne, Firma genannt, vorangetragen. Der Kampf entbrennt, die Trommeln wirbeln, die Trompeten schmettern, Rauchwolken der Spekulation steigen auf, Kapital und Arbeit gerathen aneinander, Dampf und Elektricität betheiligen sich an dem Kampfe, der eine befördert den Commis voyageur als Kurier, als Adjutanten, als Galopin, der Telegraph macht Gedanken zu Depeschen, die Maschinen keuchen und pusten, die Nähmaschine wird zum Zündnadelgewehr der Industrie und die Raketen des Genies steigen lustig in die Höhe. Hier weichet ein Fähnlein, dort drängt sich ein anderes vor; dieses hat Chancen für sich, jenes ist schon verloren. Oekonomische Leichen bedecken zu Tausenden das Schlachtfeld, sie werden im Stillen bestattet; im Ausgleichsverfahren begriffen, stöhnen einige noch in den letzten Zügen; andere sterben am Wechselfieber; die Verwundeten, die Habe und Kredit verloren, finden in Hospitälern niedriger gesellschaftlicher Lebensstellungen eine armselige Zuflucht — die Aktionäre enden aktionärrisch!

Die einzigen Strategiker, die als Triumphatoren das Schlachtfeld in stolzem Bewusstsein durchschreiten, sind — die Millionäre. Auf das ‚Wie‘ des Erfolges kommt es hier nicht an; ob der Triumphzug über Leichen und Bettler führt, ist gleichgiltig, wenn nur der Erfolg da ist; ob durch Erzeugung feuerfester Kassen, ob durch den Handel mit Strohsäcken und Kotzen, ob durch den Verkauf von Ochsen oder durch das Spiel mit Papieren auf der Börse — das gilt hier gleich.

Aber fern dem Getöse des Weltmarktes sitzt am Webestuhle des Gedankens der Arbeiter des Geistes. Verächtlich ist das Werkzeug, das er handhabt, armselig scheint das Produkt, das er liefert. Nicht die Blösse vermag es zu bedecken, nicht den Hunger zu stillen. Was will die Feder gegen das Schwert und die Maschine, was will der bedruckte Lappen gegen die Herrlichkeit eines industriellen Bazars, was will der Arbeiter des Gedankens gegen den Reichthum der Industrie und des Handels! Und dennoch ist der Kampf, der mit der Feder geführt wird, der gewaltigste, und seine Resultate sind für das Gedeihen der Menschheit die wichtigsten.

„Gegen Alles,“ sagte einst der unglückliche Kaiser Max, „kann der Mensch sich schützen, selbst gegen Dolch und gegen Gift, nur gegen die Feder nicht und nicht gegen den Griffel der Klio.“

Der Irrthum bringt mehr Menschen um als das Schwert, und Bildungslosigkeit reibt eben so viele auf als der Mangel. Politischen, religiösen und ökonomischen Irrthümern werden ganze Völker geschlachtet und spurlos verschwinden sie von den Brettern des Welttheaters.

Die geistige Arena ist der Ort, wo Principe aufeinanderstossen und Ideen ihren gegenseitigen Kampf bestehen. Hoch oben in der luftigen Region des Gedankens entbrennt der geistige Kampf, der Kampf um das Höchste, was es giebt, um die Gesetzgebung der Menschheit in des Wortes weitestem Sinne. Denn die eigentlichen Gesetzgeber der Menschheit sind nicht Jene, welche Ordonnanzen, Pandekten, Digesta und Corpora juris fabriciren, deren erzwungene

31*

Giltigkeit vielleicht nur von kurzer Dauer ist, sondern Diejenigen, vor deren geistigem Tribunale sich Generationen und Jahrhunderte freiwillig beugen, jene grossen Geister, welche, selbst auf ausserordentlicher Bahn einhergehend, die geistigen Schienen gelegt haben für ihre Zeit und für kommende Jahrhunderte. Rousseau und Voltaire waren es nicht minder als Montesquieu und Labruyère, Schiller und Goethe nicht minder als irgend ein Feldherr, ein Minister ihrer Zeit. — Das ist der Kampf des Geistes.

Wahrheit und Lüge, Idee und Satzung ringen miteinander, und alle Menschen, selbst die materiellsten, werden in diesen Kampf hineingezogen, denn in der natürlichen, wie in der moralischen Welt hängt Alles auf das Innigste zusammen, und so müssen sich für den Fortschritt der Menschheit selbst Jene begeistern, denen ein gutes Bier und billiges Fleisch über Alles geht.

Also auch der Friede hat seine Eroberungen, wie der amerikanische Seeofficier Maury behauptet, und die Wissenschaft hat ihren Ruhm. Ohne Kampf wird also die Welt, auch wenn der Traum des ‚ewigen Friedens‘ sich realisiren sollte, nicht bestehen; centrifugale und centripetale Kräfte wird es ja immer noch geben; die Pole gleicher Benennung werden sich immer abstossen, die Wahlverwandtschaft, die Anziehungskraft, Magnetismus, und Elektricität werden ihre Rechte immer behaupten; Stagnation und Versumpfung, Stillstand überhaupt ist nicht zu befürchten, denn Stillstand ist Tod und das Leben ist ja nur ein fortwährender Kampf gegen den Tod. Aber die geistigen Waffen, die muss man hervorholen; macht die Götter des Olymps Euch dienstbar, gebt der Minerva eine Stahlfeder in die Hand, Mars soll, wie so viele anständige Militärs, ein Instrument statt der Trommel lernen und zur Harmonie beitragen, Jupiter soll mit seiner Donnerstimme als Bassist eintreten, Merkur kann bei einer Bank angestellt werden, Neptun soll sich um die Dampfer bekümmern, da er von diesen neuen Vehikeln zur See gar nichts weiss, und Vulkan soll mit seinen Kyklopen in Maschinenwerkstätten gehen, der Sängerkrieg auf der Wartburg soll dem Sieger Lorbeerkränze winden, und wie einst:

Zum Kampf der Wagen und Gesänge
Der auf Korinthos Landesenge
Der Griechen Stämme froh vereint,

sollen sie ausziehen, die tapferen ‚Ritter vom Geiste‘, sollen kämpfen um die Palme der Kunst und Wissenschaft, und sollen heimkehren als Sieger oder Besiegte. Dann blüht der ewige Friede durch einen ewigen ehrenvollen Krieg der Arbeit und des Geistes, dann wird der Kosmopolitismus, das Weltbürgerthum Wurzeln schlagen, und seine schönste Blüthe wird das Selbstbewusstsein werden, dass wir durch unsere Brüderlichkeit, durch unser Wissen auf jene hohe Stufe der Civilisation, der Kultur gelangt sind, wo man Mensch heissen darf, wo man es uns glauben wird, dass wir nach dem, Ebenbilde Gottes erschaffen sind, was die Zoologen bisher noch immer bezweifeln. Die Fabellehre der Götter wird zur Wirklichkeit werden, der Olymp, der ohnehin nie etwas Anderes war als ein edler Wunsch der Menschheit, ein Bedürfniss unseres Herzens, der Olymp wird niedersteigen auf die Erde, weil der ewige Friede sie bewohnbar macht für Götter, weil die Liebe dort herrschen wird, wo man früher nur an Vordrängen, Zerstören und Vernichten dachte und weil

Selig durch die Liebe
Götter — durch die Liebe
Menschen Göttern gleich,
Liebe macht dem Himmel
Himmlischer — die Erde
Zu dem Himmelreich.

XIII.

Die Heimkehr.

Liebchen, umarme mich, spar' deine Zähren,
Lass' sie in Thränen der Lust sich verkehren,
Wenn ich einst heimkomm' und wieder dich seh'.

Lied von Swoboda.

Die Flotte auf der Heimfahrt. — Begräbniss an Bord. — Lothen. — Einlaufen
im Hafen. — Schluss.

Der Zweck, für welchen die Flotte ausgerüstet ward, ist erfüllt,
— der Feind ist vernichtet und für lange Zeit abgehalten, die
Herrschaft des Meeres zu bestreiten. Siegreich steuert die Flotte
heimwärts, einzelnen Schiffen und vorzüglich leichteren Fahrzeugen
es überlassend, den Handel zu beschützen und die feindlichen Häfen
zu beobachten, aus denen sobald keine Flotte auszulaufen vermag.

Beschwerlich und mühevoll wird die H e i m f a h r t; manche
Gefahr giebt es noch zu überwinden, ehe die Flotte im sicheren
Hafen einlaufen kann, ehe deren Mannschaft die verdiente Ruhe
nach der harten Arbeit geniessen darf.

Eine traurige Pflicht giebt es nach der Schlacht zu erfüllen:
die Opfer, die auf der schwimmenden Wahlstatt Gefallenen, im Meere
zur Ruhe zu bestatten. — In ihre Hängematten eingenäht, liegen
sie bereit auf Deck für diese letzte Seemanns-Ehre, die man den
Braven erweisen will. Die Mannschaft wird auf Deck gepfiffen, der
Stab des Schiffes versammelt sich beim Grossmaste in Parade, der
Schiffskaplan beginnt seine kirchliche Funktion und spricht einige
rührende Worte des Abschiedes und der Erinnerung. Die Leiche, an
deren Füssen man Kanonenkugeln oder Ballasteisen befestigt (um

sie schneller sinken zu machen und das Heraufschwimmen zu verhindern), wird auf ein Brett gelegt und von vier Kameraden zum
Fallreep getragen; langsam lassen diese sie von dem Brette hinab-
gleiten und mit einem dumpfen Getöse fällt sie in das Meer. Hoch
spritzt die schäumende Fluth auf, ihre Tiefe öffnend und schnell
wieder über den Versenkten schliessend. Die Wache präsentirt das
Gewehr, die Mannschaft nimmt die Mützen ab, die Schiffsglocke läutet
zum Gebet und die Artillerie oder Infanterie giebt je nach dem
Range des Verstorbenen die Grabsalven. Während der Funktion
wird die Flagge auf halben Mast niedergeholt, und zwar in einem
Geschwader von allen Schiffen zugleich. Wo es die Umstände gestatten,
werden die Todten am Lande begraben.

> Sie wollen ihn begraben
> Hart an des Meeres Strand,
> Geweihte Friedhof-Erde
> Die giebt es nur am Land.

> So denken sich wohl Alle,
> Obwohl man ganz vergiesst,
> Dass uns're Meerestiefe
> Geweihtes Wasser ist —

> Der Himmel weihet täglich
> Das Meer durch seinen Blick,
> D'rum strahlt es wie sein Auge
> So himmelblau zurück.

> Die Gräber dieser Erde
> Sie sind gar oft entweiht,
> Und was der Mensch geschaffen
> Zerstöret ja die Zeit; —

> Die Meerestiefe aber
> Die ist ein heil'ges Land,
> Sie ist noch unentweihet,
> Berührt von keiner Hand.

> Umhüllet vom Krystalle
> Der Welle als Talar,
> Wird ewig sie bestehen
> Als Opferungs-Altar. —

D'rum wenn die letzte Stunde
Einst den Matrosen ruft,
So gebe man im Meere
Ihm seine Todtengruft.

Man senke seine Hülle
In die geweihte Fluth,
Wo, jungfräulich gebettet,
Man ungestöret ruht,

Wo nicht der Menschen Spate
Die Beine einst durchwühlt,
Wo nur die Fluth, die klare,
Die Gräber überspült;

Dort giebt es keine Stürme,
Dort, wo die Perle glänzt,
Und wo man mit Korallen
Die Gräber uns bekränzt.

Langsam steuert die Flotte, da viele Schiffe nicht unbedeutende Havarien haben. Endlich aber nähert sie sich wiederum den
vaterländischen Küsten, deren genaue Lage zu ermitteln, von der
grössten Nothwendigkeit ist.

Der Befehl zum L o t h e n erfolgt. Das Tiefloth mit seiner
Leine — die von zehn zu zehn Faden markirt ist — wird auf Deck
gebracht; Matrosen werden luvwärts in den Rüsten, auf dem Krahnbalken, im Galjon und auf dem Bugspriet aufgestellt, jeder mit einer
Anzahl von ungefähr zwanzig Faden der Lothleine in der Hand.
Das Tiefloth selbst hält ein Mann am Ende des Bugspriets bereit,
es auf Befehl auszuwerfen.

Die Maschine wird gestoppt; das Schiff verliert seinen Lauf
und steht endlich still, blos ein wenig seitwärts wegtreibend.

Auf den gegebenen Befehl wird jetzt das Loth mit kräftigem
Arme geschwungen und mit dem Rufe: ‚L o s!‘ ausgeworfen. Sobald
jeder nachfolgende Mann das Gewicht des Lothes fühlt, lässt er eine
Bucht der Lothleine nach der anderen laufen, bis einer das Loth
aufstossen fühlt und mit dem Rufe: ‚G r u n d!‘ die Leine anhält
und die Tiefe meldet. Die Leine wird nun in einen Block gebracht
und von einigen Mann eingeholt.

Die Maschine wird wieder in Gang gesetzt — das Schiff liegt
von Neuem in seinem Kurse.

Die erhaltene Tiefe wird aufgezeichnet, der Talg, mit dem die untere ausgehöhlte Fläche des Lothes ausgefüllt war, sorgfältig abgeschnitten und dem Kommandanten übergeben, der die Beschaffenheit des Bodens aus den darauf haftenden Theilen genau untersucht, und diese, sowie die Tiefe des Wassers, mit dem auf der Karte angegebenen Theile des Meeres vergleicht, auf dem nach der Berechnung in dem Augenblicke des Lothens das Schiff sich befinden soll. Die Position des Schiffes, das heisst der Punkt, wo es sich befindet, wird nach den erhaltenen Resultaten verbessert und der zu steuernde Kurs des Schiffes dieser Verbesserung zufolge bestimmt.

Nähert man sich dem Lande, hat man seine Wachsamkeit womöglich zu verdoppeln und keines der Mittel zu vernachlässigen, welches die Position des Schiffes zum Lande mit Gewissheit bestimmen hilft.

Endlich erheben sich die langersehnten Küsten des Vaterlandes über den Horizont; — bekannte Vorgebirge und Landmarken werden sichtbar, von denen die wichtigsten die Leuchtthürme sind, deren Feuer im Dunkel der Nacht dem Seemanne den Weg bezeichnet, den er zu nehmen hat.

Kleinere Küstenfahrer — die vorsichtig das Land nie aus Sicht verlieren — beleben nun die Scene, und Lootsenboote kreuzen in allen Richtungen; kaum entdecken sie ein Fahrzeug, so suchen sie einander an Schnelle zu übertreffen, um zuerst an Bord des herannahenden Schiffes zu gelangen und ihre Dienste anzubieten.

Die Entfernung, bis zu welcher sich die Lootsen in die See wagen, ist nach dem Lande, dem sie angehören, verschieden; bald trifft man sie weit in hoher See, bald nur dicht an den Küsten.

Nicht immer ist die Rückkehr zu den vaterländischen Küsten von Wind und Wetter begünstigt, oft steigen viele Hindernisse auf, das Einlaufen zu erschweren. Das Wetter wird schlecht, der Sturm wüthet, die Nacht bricht herein; das Schiff muss in verhängnissvoller Nähe des Landes beilegen; — Signale und Kanonenschüsse rufen den Lootsen herbei, ohne dessen Unterstützung es dem Schiffe unmöglich ist, zwischen den Klippen und Bänken, welche die Einfahrt unsicher machen, einzulaufen. Kaum wird das Signal bemerkt, als auch die Lootsen keck ihre kleinen Fahrzeuge besteigen, die Baaken und Tonnen hinter sich lassen, die das Fahrwasser

ɔezeichnen, und sich auf das ungestüme Meer wagen, wo sie häufig
st mit Gefahr ihres Lebens an Bord des Schiffes zu kommen ver-
muɡen, das sie mit Sehnsucht erwartet.

Einmal an Bord, ist der Lootse verantwortlich für Alles, was
dem Schiffe widerfahren kann; selbst auf Kriegsschiffen folgt man
der von ihm angegebenen Richtung, die aber nichtsdestoweniger vom
Kommandanten kontrolirt werden muss; mit bewunderungswürdiger
Genauigkeit führt er — selbst in der Nacht — oft mit Hilfe
beständigen Lothens, das Schiff glücklich durch die Gefahren.

Als noch der Dampf nicht in der Nautik seine jetzige Rolle
spielte, war das Einlaufen auf die Rhede nur zu oft einer jener
Augenblicke im vielbewegten Seeleben, wo die Geduld des Seemannes
auf die härteste Probe gestellt ward; — die Rhede und die daselbst
geankerten Schiffe vor Augen, hielt eingetretene Stille das Schiff
auf, oder ein plötzlicher Windwechsel trieb es von der Einfahrt weg
und zwang es, erst noch lange Tage zu kreuzen.

Endlich jedoch nähert man sich, man erkennt wiederum die
freundlichen Umgebungen, die seit Langem als das Ziel und Ende
der vielfachen Mühen und Gefahren der Reise galten. Der Ungeduld,
der Erwartung und der oft getäuschten Hoffnung folgt die Freude,
sich wiederum im Vaterlande zu wissen; dem stürmischen Herum-
werfen auf den bewegten Wogen der See folgt die Ruhe des sicheren
Hafens, wo nur ein leichtes, kaum fühlbares Schwanken das Schiff
bewegt.

Unter vollem Dampfe läuft das Schiff auf die Rhede ein; die
Mannschaft steht, der Befehle gewärtig, lautlos auf ihren Posten,
die Stille wird blos durch den weitschallenden Ruf der beiden Matrosen
unterbrochen, die mit geübter Hand auf Steuerbord und Backbord
das Loth auswerfen und die Tiefe des Wassers absingen.

‚Halt!‘ ertönt das Kommando in den Maschinenraum, und
kurz darauf ‚Rückwärts!‘ Bald treibt das Schiff über Steuer, da die
Maschine rückwärts arbeitet, der schwere Anker stürzt in die Fluth,
die hoch aufspritzt, und donnernd rasselt ihm die Kette nach; —
das Schiff steht, das Ziel ist erreicht. Der Kanonen donnernder
Salut bricht sich grüssend an dem umliegenden Gestade.

Die Verbindung mit dem Lande wird — nachdem den Sanitäts-
Vorschriften Genüge geleistet — eröffnet; Boote nahen sich von

allen Seiten und bringen Freunde und Bekannte zu den Schiffen. Mit freudigem Staunen werden die Prisen betrachtet, über deren Landesfarben die siegreiche Flagge triumphirend weht; halb stolz, halb traurig blickt man nach den verstümmelten Schiffen der eigenen Flotte. Freudiges Willkommen empfängt die zurückgekehrten Sieger, die froh und stolz des Vaterlandes Boden betreten.

Und so verwirklicht sich der holde Traum des Seemannes, in dem sein Herz so lange schwelgte, Kraft und Trost und Freude fand, wenn er lange, furchtbare Nächte im Sturme auf dem Deck Wache halten musste, der schöne Traum von der endlichen, glücklichen Heimkehr. — Mühe, Kummer, Sorge, Sturm und Gefahr, Alles ist vergessen, wenn sich der heimatliche Hafen wieder zeigt, wenn die vom Lande wehende Brise die mit den sehnsüchtigen Lieben gefüllten Boote an Bord bringt.

In dieser Herzensfreude neben dem Bewusstsein treu erfüllter Pflicht, in dieser Fülle rosigen Lichtes, die ein solcher Augenblick über eine lange Reihe schwerer Erlebnisse ausgiesst, in diesem himmelaufjauchzenden Gefühle nach einem Siege über die Elemente oder den Feind besteht das Seemannsglück, ein Glück, das kein anderer Stand in solchem Masse, in solchen Farben, in solchen Tönen zu bieten vermag, als eben das Seeleben.

Lebewohl der Marine.

Leb' wohl, du blaues Meer, das ich so lang' befahren,
  Das meiner Jugend gold'ne Träum' umspült,
  Dess' Wellen meine liebste Wiege waren,
  Wo ich des Lebens ersten Reiz gefühlt;
  Wo die Erinn'rung ich an Wohl und Wehe
  Nur grün und frisch, so wie dich selber sehe.

Leb' wohl, du meine erste Jugendliebe,
  Die mich im Alter noch poetisch stimmt.
  Wenn nur der Mann noch lange rüstig bliebe,
  Der so viel schöne Bilder mit sich nimmt;
  Doch dir mich in Erinnerung zu weihen,
  Wird mir das Herz wohl immer Kraft verleihen.

Du blühst im ew'gen Lenz — es strahlt die Sonne
  Des Frühlings ewig jung auf deiner Flur,
  Und ich — ich fühl' sie noch, die längst vergang'ne Wonne,
  Mit der ich, selbst noch jung, dich einst befuhr;
  Und ist der Jugend Sonne mir auch längst entschwunden,
  In meiner Seele hat sie Widerschein gefunden.

Ich bin belohnt, wenn Alles, was ich träumte,
  Zur Wahrheit wird am kommenden Geschlecht,
  Wenn ich es weiss, dass ich es nie versäumte,
  Zu handeln stets nach Pflichtgefühl und Recht;
  Ich bin mit meinem Lebenslauf zufrieden,
  Wenn mir der ein'zige kleine Trost beschieden.

Wenn mich nur jetzt, in meinen alten Tagen,
  Das einzige Bewusstsein glücklich macht,
  Dass ich als Welle auch das Schiff getragen
  Und vorwärts es im Meere hab' gebracht;
  Das Steuer ruht ja in den besten Händen,
  Und glücklich wird das Schiff im Hafen enden.

Das ist mein Stolz — auch ich war eine Welle,
  Als einst das Schiff dem Stranden nahe war,
  Ich that das Meine, und mit Blitzesschnelle
  Ward es entfernt, gerettet aus Gefahr —
  Die bösen Zeiten sind, dem Himmel sei's gedanket,
  Vorüber, ohne dass mein Muth geschwanket.

Und neuem Lichte steuert man entgegen,
  Die Zukunft glänzt im ros'gen Morgenschein,
  O, könnte mein Gebet um Gottes besten Segen,
  Der günst'ge Wind für alle Fahrten sein —
  Ich Alter steh' an meines Lebens Grenzen,
  Mir kann nur mehr der Abendstern erglänzen.

D'rum lebet wohl, ihr stolzen, blauen Fluthen,
  Mein Aug' ist feucht und meine Stimme schweigt;
  Vergoldet steht ihr da — in Abendpurpurgluthen
  Der Sonne, die sich mir zum Untergange neigt,
  Doch hat das liebe Bild so meine Seel' erfüllet,
  Dass es noch leuchten wird, wenn mich die Nacht umhüllet.

Leb' wohl, du Element, das mich so ganz besessen,
  Dass ich mich selbst stets eine Welle dünkt',
  Das nie bedroht durch menschliches Vergessen,
  Je in die Nacht des Untergangs versinkt;
  Du warst ja meine Liebe und mein Leben,
  Mein Geist wird ewig dich in Lieb' umschweben.

Du warst mein treuer Freund — der treueste Gefährte,
  Der nie an mir Verrätherei geübt,
  Der sich im Leben mir als immer gleich bewährte,
  D'rum hab' ich dich so innig auch geliebt; —
  O, wäre mir hier unter allen Wesen
  Nur Eins so treu, als du mir stets gewesen! —

Und kommt sie einst, die letzte Abschiedsstunde,
  In der man mich zum stillen Grabe trägt,
  Dann säh' ich mich mit meiner Herzenswunde,
  Am liebsten noch an deinen Strand gelegt,
  Damit mich noch in meinem Grab, im kühlen,
  Die Wellen meines Elements bespülen;

Damit der nächste Sturm, der wüthend dich erhebet,
  Und deine Wogen weit hinein an's Ufer drängt,
  Die Leiche des begrab'nen Seemann's noch belebet,
  Der Erd' entreisst und dir sie wieder schenkt;
  Und ich der ersten, immer grünen Liebe,
  Auch noch im Tod' der ewig Treue bliebe. —

                                        Heinrich von Littrow.

ALPHABETISCHES VERZEICHNISS

DER

AM HÄUFIGSTEN VORKOMMENDEN SEEAUSDRÜCKE

NEBST

KURZEN ERKLÄRUNGEN.

ABBREVIATUREN.

adj. . . . . Adjektiv.
bed. . . . . bedeutet.
engl. . . . . englisch.
fig. . . . . figürlich.
gespr. . . . . . . gesprochen.
ink. . . . . inkorrekt.
iron. . . . . ironisch, spöttelnd.
ital. . . . . italienisch.
joc. . . . . jocose, scherzend.
nd. . . . . neudeutsch, modern.
obs. . . . . obsolet, veraltet.

plattd. . . . . . plattdeutsch.
plur. . . . . Plural.
prov. . . . . . . Provinzialismus.
resp. . . . . . . respektive.
richt. . . . . . . richtiger.
s. . . . . siehe.
s. d. . . . . siehe dieses (Wort).
Term. . . . . . . Terminus.
v. . . . . Verbum.
vergl. . . . . . . vergleiche.
z. B. . . . . zum Beispiel.

A.

Abarbeiten, v.; ein Schiff von dem Grunde, auf dem es' festsitzt, wieder los oder flott zu machen suchen.

Abarbeiten, v.; ein Schiff von einem feindlichen Schiffe.

Abbrechen, v.; die Theile eines untauglich gewordenen Schiffes auseinandernehmen.

Abbringen, s. abarbeiten.

Abdanken, das Volk —; nach einer vollbrachten Reise der Mannschaft den Lohn auszahlen und den Abschied geben.

Abfahrtspunkt, der —; ein seiner geographischen Länge und Breite nach bekannter Küstenort, den ein in See gehendes Schiff peilt, d. h. seiner Kompassrichtung nach bestimmt, um einen sicheren Anfangspunkt für die Schiffsrechnung zu haben.

Abfallen, v.; den Vordertheil des Schiffes vom Winde wegwenden.

Abfieren, v.; ein Tau los- und dahin gehen lassen, wohin es von irgend einer Kraft gezogen wird.

Abflauen, v.; das Einkriechen des Windes.

Abgewinnen, einem Schiffe den Wind oder **die Luv** —; durch ein geschicktes Manöver auf die Windseite eines anderen Schiffes kommen.

Abgieren, v.; das Schiff von einem Gegenstande ablenken lassen.

Abhalten, v.; das Schiff mehr in die Richtung des Windes bringen, wohin derselbe weht, also das Gegentheil von Anluven (s. d.).

Abhalter, der —; ein Tau, welches unten an einem Balken oder eine schwere Last befestigt wird, um zu verhindern, dass beim Heissen irgend

einer Last die Seite des Schiffes gestossen wird.

Abkleiden, die Taue —; von den Tauen das Alles wieder abnehmen, womit sie umwickelt worden, um das Abscheuern zu verhindern.

Abkommen, von einer Gefahr —; von einer gefährlichen Stelle loskommen.

Ablaufenlassen, ein Schiff vom Stapel —; ein Schiff von seiner Baustelle in's Wasser gleiten lassen.

Abrüsten, ein Schiff —; ein Schiff ausser Dienst stellen.

Abrüstung, die — **eines Schiffes**; die Ausserdienststellung desselben.

Absacken, v.; auf einem Flusse sich vom Strome treiben lassen.

Abschaken, v.; durch Schütteln und Ziehen versuchen, die Reibung zu überwinden, durch welche Taue, die durch Blöcke fahren, aufgehalten werden.

Abschäkeln, v.; den Anker von der Kette oder einem Theile der Kette ablösen.

Abschlagen, Segel —; diese von den Raaen (s. d.) losmachen und abnehmen.

Abschlingern, die Masten —; wenn dieselben durch die heftige Bewegung des Schiffes von Seite zu Seite abbrechen und über Bord gehen.

Abschricken, v.; ein Tau nur um ein Weniges nachlassen oder abfieren (s. d.).

Absegeln, v.; den Hafen oder die Rhede verlassen.

Absegeln, einen Mast —; durch zu vieles Segelführen bei starkem Winde einen Mast zerbrechen.

Abspülen, das Deck —; nachdem es gefegt worden, zur völligen Reinigung mit Wasser begiessen.

Abstützen, v.; ein Schiff auf dem Stapel oder im Dock stützen.

Abtakeln, ein Schiff —; dasselbe von Tauwerk, Raaen (s. d.) und Spieren (s. d.) entblössen, um dies Alles zu verwahren und zu schonen.

Abtreiben, v.; von Wind und See in Lee (s. d.) getrieben werden.

Abtrift, die —; das Ergebniss des Abtreibens, d. i. der Winkel, welchen der wahre Lauf des Schiffes mit der Richtung des Kiels macht.

Abvieren, s. abfieren.

Abwehen, v.; es hat abgeweht, wenn der Wind sich gelegt hat und das Wetter beständig wird.

Achsen des Schiffes, die —; die nach den drei Dimensionen des Raumes durch den Schwerpunkt des Schiffes gezogenen Linien.

Achter; alle Bezeichnungen, welche den H i n t e r t h e i l des Schiffes betreffen, wie Hinterschiff, Hintersteven u. s. w., werden in der deutschen Seesprache durch ‚Achter‘ bezeichnet.

Achterlastig, s. hinterlastig.

Achter rund! Kommando beim Wenden (s. d.), zum Umbrassen (s. d.) des Hinterquartiers (s. d.).

Admiral, der —; Oberbefehlshaber zur See. Die Admiralswürde hat gewöhnlich eine dreifache Abstufung: Admiral, Vice-Admiral und Kontreoder Gegen-Admiral (Admiral der Nachhut, engl. Rear-Admiral, holländ. Schout by Nacht). Dasjenige Schiff eines Geschwaders, auf welchem sich der dasselbe kommandirende Admiral befindet, führt während der Dauer seines Kommandos eine besondere quadratische Flagge (Kommandoflagge) am Topp (Spitze) eines der Masten, und zwar am Grossmaste (dem mittleren), wenn der Kommandirende ein Admiral, am Fockmaste (dem vorderen), wenn er ein Vice-Admiral, und am Kreuzmaste (dem hinteren), wenn er ein Kontre- oder Gegen-Admiral ist, und heisst die Flaggschiff, wie auch die Admirale nach diesem ihrem Rechte Flaggofficiere heissen. ‚Ein Admiral heisst seine Flagge‘ bedeutet, dass er das Kommando

übernimmt; ‚er holt sie nieder‘, heisst, er legt das Kommando nieder.

Admiral! In der österreichisch-ungarischen Marine die Antwort eines vom Ausguck (s. d.) angerufenen und anlegenden Bootes, wenn ein Admiral im Boote ist (vergl. Flagge!).

Admiralität, die —; in England und Deutschland die Bezeichnung für das Marine-Ministerium.

Admiralschiff, s. Flaggschiff.

Admiralsflagge, s. Admiral.

Ahm oder **Ahming, die** —; das in Fuss eingetheilte Mass an den Seiten des Vor- und Achterstevens (s. Steven), woran man sieht, wie tief das Schiff im Wasser geht. Die Richtung des Masses ist senkrecht auf den Kiel.

Aichen, v.; die Tragfähigkeit eines Schiffes berechnen.

Aichmeister, der —; der Schiffsvermesser.

Alle Mann auf Deck! Das Kommando, um alle dienstfähigen Leute auf Deck zu rufen, wenn augenblicklich ein grosser Kraftaufwand nöthig wird.

Alles wohl! Die Antwort der einzelnen Posten auf den Zuruf des Wachofficiers, um ihre Wachsamkeit zu bezeugen; auf Kriegsschiffen jede halbe Stunde.

Ammeral; eine grosse Schlagpütse (Wassereimer) von Holz oder Segeltuch, um Seewasser von aussenbords zum Deckspülen heraufzuziehen.

An Bord! In der österreichisch-ungarischen Marine die Antwort eines vom Ausguck angerufenen Bootes, wenn kein Officier im Boote ist (vergl. Nein, Nein!).

Anborden, s. entern.

Anbrassen, v.; die Raaen (s. d.) nach einer oder der anderen Seite aus der Querrichtung brassen (s. d.).

An die Achterbrassen! Kommando beim Halsen (s. d.).

An die Vorbrassen! Kommando beim Wenden (s. d.) und Halsen (s. d.).

Anholen, v.; z. B. die Bulienen (s. d.), die Schooten (s. d.) mit aller Kraft anziehen.

Anker, der —; das Hauptstück des sogenannten Grundgeschirres (s. d.), welches dazu dient, das schwimmende Schiff an einem bestimmten Punkte zu fixiren. Dies geschieht, indem der Anker, welcher an einer starken Kette auf den Grund des Meeres oder des Stromes herabgelassen, sich dort mit einer seiner spitzen Hände oder auch mit beiden eingräbt, und mittels der am Bord befindlichen Kette das Schiff entweder an derselben Stelle festhalten oder demselben einen festen Punkt darbieten soll, zu welchem es an der Kette hingezogen oder gewunden werden kann. Man unterscheidet Bug-, Rüst-, Strom-, Wurf- und Dregganker. Die Zahl der Anker, welche ein Schiff führt, beträgt drei bis acht.

Ankerarm, der —; der Ankerschaft (s. d.) theilt sich in die beiden Arme.

Ankerauge, das —; das Loch am oberen Ende des Schaftes (s. Ankerschaft).

Ankerboje, die —; eine hölzerne oder eiserne Tonne, durch ein Tau an den Anker befestigt, zeigt schwimmend den Platz des Ankers an.

Ankerflügel, Ankerflüe, die —; die platten dreieckigen Hände, in welche die beiden Ankerarme (s. d.) endigen.

Ankerfütterung, die —; Schutzplanken, welche vorn an jeder Seite des Buges über die Haupt- oder Aussenplanken gespikert sind, um diese letzteren vor den Beschädigungen durch die Ankerflügel (s. d.) beim Aufsetzen und Niederlassen des Ankers zu schützen.

Ankergeld, das —; eine Hafenabgabe.

Ankergrund, der —; eine Stelle des Seegrundes, an welcher geankert werden kann.

Ankergut, das —; das Ankergeräth (s. Grundgeschirr).

Ankerhals, der —; die Stelle innerhalb des Bogens des Ankerkreuzes (s. d.), wo der Schaft mit den beiden Armen zusammengeschweisst ist.

Ankerhand, die —; die Verbreiterung des Armes, welche in den Boden greift, auch Ankerflügel oder Ankerflüe (s. d.) genannt.

Ankerkette, die —; sehr starke eiserne Ketten von 100—120 Faden (s. d.) Länge; je 15 Faden sind durch ein zu öffnendes Glied (Schäckel) verbunden. Handelsschiffe haben gewöhnlich zwei, Kriegsschiffe dagegen

vier Ankerketten und meistens noch eine für Stromanker.

Ankerkreuz, das —; die Stelle, wo Schaft (s. Ankerschaft) und Arme (s. Ankerarm) zusammentreffen.

Anker lichten, den —; den Anker aus dem Grunde heben.

Ankern, vor Anker gehen; das Fallenlassen des Ankers sammt der unmittelbar vorhergehenden Handhabung des Schiffes.

Ankernüsse, die —; zwei Zapfen unterhalb des Ankerringes (s. d.), die zur festeren Haltung des Ankerstockes (s. d.) dienen.

Ankerring, der —; der Ring, an welchem die Kette befestigt wird.

Ankerröhring, die —; eine Bekleidung des Ankerringes (s. d.) von Tauwerk.

Ankerschaft, der —; der gerade Theil des Ankers.

Ankerschuh, der —; wird beim Aufsetzen des Ankers um die Hand gelegt.

Ankerstich, der —; mittels desselben wird die Kette an den Ankerring gestochen.

Ankerstock, der —; ist oben am Ankerschafte (s. d.) befestigt und bildet mit den Armen einen rechten Winkel. Er ist entweder von Holz oder von Eisen.

Anker, vor — treiben; wenn der Anker nicht festhält und das Schiff ihn mit sich schleppt.

Anker, den — verkatten; ihn vor den Krahn winden.

Ankerwache, die —; die auf Kriegsschiffen und zahlreich bemannten grossen Kauffahrteischiffen zur Bewachung der Anker bestimmte Mannschaft.

Anlaufen, v.; auf dem Wege nach dem Bestimmungshafen in einem anderen Hafen einlaufen, z. B. für Ordre anlaufen, Nothhafen anlaufen u. s. w.

Anlegen, bei einem Schiffe —; zwei Fahrzeuge mit ihren Langseiten dicht nebeneinanderlegen.

Anliegen, z. B. Norden —; mit dem Vordertheile des Schiffes nach Norden gerichtet sein.

Anlieken, s. lieken.

Anluven, anlufen, v.; den Vordertheil des Schiffes näher an den Wind bringen, also das Gegentheil von Abhalten (s. d.).

32*

Anracken, v.; die Raaen (s. d.) mit dem Rack (s. d.) an die Stengen (s. d.) befestigen.

Anranzen; iron. Jemanden einen Verweis ertheilen.

Anschlagen, die Segel —; diese an die Raaen u. s. w. zum Gebrauche befestigen.

Ansegeln, v.; an einander gerathen, zusammenstossen, in Kollision gerathen.

Ansegeln, Land —; die Küste so nahe passiren, dass dieselbe in Sicht kommt.

Anseisen, s. seisen.

Ansetzen, die Wanten u. s. w. —; dieselben straff ziehen.

Antiefen, v.; sich dem Lande nähern, indem man mit dem Lothe die Tiefe des Wassers erforscht.

Arbeiten, v.; heftig stampfen (s. d.) und schlingern (s. d.).

Arme, die —; eines Kniees.

Aufbrassen, v.; die Luvbrassen (s. d.) anholen.

Aufbringen, eine Prise —; ein genommenes oder erobertes Schiff nach einem Hafen bringen oder mit eigenen Leuten besetzt senden.

Aufbringen, die Stengen —, s. aufsetzen.

Auf Deck! Kommando zum Niederentern (s. Entern) nach einem Manöver.

Aufdrehen, vor dem Anker —, (das Schiff tornt vor dem Anker auf); wenn der Anker gefasst hat, dreht sich das Schiff mit dem Vordertheile nach der Gegend hin, wo der Anker liegt.

Aufentern, v.; in das Takelwerk hinauflaufen.

Auffahren, v.; mit dem Schiffe auf Grund gerathen und festsitzen.

Auffrischen des Windes; wenn die Stärke des Windes zunimmt.

Aufgeien, v.; die Schoothörner (s. d.) eines Segels mittels der Geitaue (s. d.) nach der Mitte der Raa (s. d.) ziehen.

Aufkatten, s. katten.

Aufklotzung, die —; eine Zusammensetzung von Hölzern auf dem Kiele (s. d.) zunächst der beiden Steven (s. d.) zur Verstärkung des Verbandes, sowie zur Befestigung der Kantspanten (s. d.).

Aufkrimpen, s. krimpen.

Auflanger, die —; Theile der Spanten (s. d.), die auf die Sitzer oder Kimmstücke (s. d.) folgen.

Auflaufen, v.; auf Grund gerathen.

Auflegen, v.; ein Schiff ausser Dienst setzen.

Auflegen, stehendes Gut —, s. aufsetzen.

Aufnehmen, die Küsten —; dieselben vermessen.

Aufpalmen, s. palmen.

Aufschiessen oder räumen, das Tauwerk —; alles nicht benutzte Tauwerk wird in runde und übereinanderlaufende Kreise, Buchten gelegt, damit es sich nicht verwickle und auch weniger Platz einnimmt.

Aufschiessen, ein Tau —; es zusammenlegen.

Aufsetzen, die Stengen —, (s. d.).

Aufsetzen, stehendes Gut —; dasselbe (s. d.) auf den Topp (s. d.) oder die Nock (s. d.) legen oder schieben.

Aufsingen, v.; durch Gesang das Tempo beim Heissen u. s. w. angeben.

Auftakeln, ein Schiff —; dasselbe mit der Takelung (s. d.) versehen.

Auftaljen, v.; etwas mit einer Talje (s. d.) aufwinden.

Auftuchen, v.; die Segel in Falten legen und an die Raaen u. s. w. befestigen.

Auf und nieder, v.; wenn die Kette so weit eingeholt ist, dass das Schiff senkrecht über dem Anker steht, dieser aber noch den Grund mit dem Kreuze berührt.

Augbolzen, der —; ein Bolzen, dessen Kopf eine Oeffnung oder ein Auge hat, um daran etwas zu haken.

Auge, das —; irgend eine Schlinge in einem Tau; eine runde Oeffnung; ein Ring.

Ausbessern, ein Schiff —; bedeutet alle Arbeit, die erforderlich ist, ein Schiff wieder in guten Stand zu setzen.

Ausguck, der —; der Posten auf dem Vorschiffe, welcher dazu bestimmt ist, die Gegenstände zu entdecken, welche dem Schiffe gefährlich werden können.

Ausholen, die Leesegelspieren —; dieselben zum Gebrauche hinausschieben.

Ausholer, der —; iron. der Prahlhanns.

Ausholer, der — des Klüvers; ein Tau, welches den Hals (s. d.) des Klüvers (s. d.) nach vorn bringt.

Ausladen, s. löschen.

Auslaufen, v.; in See gehen.

Auslaufen lassen, ein Boot —; nach Einstellen des Rojens (s. d.).

Auslegen und einlegen der Backspieren; dieselben in horizontale Lage vom Bord abstehend bringen oder selbe längs der Bordwand legen lassen.

Auslegen und einlegen der Leute; das Hinaus- und Hereingehen der Leute auf den Raaen (s. d.) beim Manöver.

Auslugger, s. Ausguck.

Ausösen; das Wasser aus einem Boote schöpfen.

Auspeilen, den Grund —; die Wassertiefe und die Beschaffenheit des Grundes untersuchen, s. lothen.

Ausplüsen, v.; alte unbrauchbare Taue in Stücke zerhauen, aufdrehen und auseinanderzupfen. Der ausgezupfte Hanf wird Werg genannt und dient zum Kalfatern (s. d.).

Auspurren, s. purren.

Ausrüstung, die —; alle Gegenstände, die nöthig sind, das zugerüstete Schiff seeklar zu machen (vergl. Zurüstung).

Ausschäckeln, v.; das Verbindungsglied einer Kette entfernen.

Ausscheeren; ein Tau aus den Blöcken ziehen.

Ausschiessen, das — des Vorderstevens; das Ueberhängen desselben.

Ausschiessen, den Ballast —; solchen aus dem Schiffe entfernen.

Ausschiessen des Windes; plötzliches Umspringen desselben.

Ausschiffen, Güter, Mannschaft.

Ausschrapen, s. schrapen.

Aussegeln, v.; aus einem Kanal oder einer Meerenge in die offene See kommen.

Aussenbeplattung, die —; die Aussenhaut eiserner Schiffe.

Aussenklüver, der —; das Stagsegel (s. d.) des Aussenklüverbaumes (s. d.).

Aussenklüverbaum, der —; die Verlängerung des Klüverbaumes (s. d.).

Aussenklüverfall, das —; das Tau, mit welchem der Aussenklüver (s. d.) geheisst wird.

Aussenklüverstag, das —; das Tau, an welchem der Aussenklüver (s. d.) fährt.

Aussetzen, die Boote —; dieselben vom Deck über Bord heissen und neben der Seite des Schiffes niederlassen.

Ausstechen, v.; ein Tau oder die Kette länger hinauslassen.

Ausstechen, ein Reef —; das Segel durch Beseitigung des Reefs vergrössern.

Auswehen, v.; die Flaggen sind ausgeweht, wenn solche vom Winde offen und in flatternder Bewegung gehalten werden.

Aviso, der —; schnelle Fahrzeuge für den Auslugger-, Repetiteur- und Depeschendienst bei einer Flotte.

B.

Baaken, die — (richt. Baken); Zeichen auf Untiefen in der Nähe des Landes, besonders an der Mündung der Flüsse.

Baas, der —; der Meister jedes zum Seewesen gehörigen Handwerkes, z. B. Zimmerbaas statt Zimmermeister.

Back, die —; ein über dem Oberdeck im Vordertheile des Schiffes aufgerichtetes Halbdeck.

Back, die —; die verschiedenen Menagen, in welche man die Matrosen eintheilt.

Back, die —; ein hölzerner Essnapf.

Back, das **Segel liegt** —; wenn der Wind von vorn in's Segel fällt, so dass es sich gegen den Mast anlegt.

Backbord; die Seite, welche der im Schiffe nach v o r n Schauende zu seiner Linken hat.

Backbord das Ruder! Das Kommando, die Ruderpinne (s. d.) an die Backbordseite zu bringen.

Backbordwache, die —; die ganze Mannschaft eines Kriegsschiffes wird in zwei gleiche Hälften getheilt, von welchen die eine ungerade Nummern, die andere gerade Nummern erhält. Die zweite Abtheilung mit geraden Zahlen heisst die Backbordwache und die beiden Unterabtheilungen derselben zweites und viertes Quartier (s. d.).

Backbrassen, v.; die Luvbrassen (s. d.) anholen, bis der Wind von vorn auf die Segel fällt.

Backen der Masten, die —; die Verstärkung der Untermasten gegen den

Topp (s. d.) zu, zum Auflegen der Langsahlinge (s. d.).

Backsen, v.; mittels untergeschobener Hebel einen Gegenstand fortbewegen.

Backsgasten, die —; diejenigen Matrosen, welche beim Manöver ihren Posten in der Back (s. d.) haben.

Backsmaaten, die —; die an einem Tische miteinander essenden Matrosen.

Backspiere, s. Schwingbaum.

Backsrolle, die —; diejenige Rolle (s. d.), welche die Eintheilung der Mannschaft in die verschiedenen Menagen zeigt.

Backstag, das —; ein Tau, mit welchem das Bugspriet (s. d.) nach der Seite hin befestigt wird.

Backstagsweise; ein Punkt liegt backstagsweise vom Beschauer, welchen dieser, von vorn nach hinten sehend, halb rechts oder halb links vor sich hat.

Backstagswind, der —; der nach vorn wehende, das Schiff unter einem Winkel von 45 Graden treffende Wind. Wenn z. B. ein Schiff mit Südwind N. O. oder N. W. steuert, so segelt es mit Backstagswind. Er ist der günstigste Wind, da er die grösste Segelfläche trifft.

Badegäste, die —; iron. diejenigen Mitglieder der Officiersmesse, welche keine Seeleute sind, wie Aerzte, Zahlmeister u. s. w.

Baggern, v.; einen Hafen oder Strom austiefen.

Bagienbrassen, die —; die Brassen (s.d.) der Bagienraa (s. d.).

Bagienraa, die —; die Unterraa des Kreuzmastes; es wird selten ein Segel daran gefahren.

Bagientoppenanten, die —; die Toppenanten (s. d.) der Bagienraa (s. d.).

Bai, die —; ein kleiner Meerbusen.

Balance-Dock, s. Schwimmdock.

Balance-Reef, das —; ein diagonales Reef (s. d.) in Gaffelsegeln (s. d.).

Balance-Ruder, das —; ein Ruder, bei welchem die Drehungsachse nicht an der vorderen Kante, wie bei dem gewöhnlichen Ruder, sondern ein Dritttheil der Fläche vor ihr und zwei Dritttheile dahinter liegt. Deshalb hängt es auch nicht in Haken und Oesen (Fingerlingen), sondern

dreht sich unten in einem Zapfen und ist zu diesem Zwecke der Kiel noch um ein Stück über den Rudersteven (s. d.) hinaus verlängert.

Balje, die —; die Hälfte einer Tonne mit nur einem Boden.

Balken, Deckbalken, der —; die quer im Schiffe liegenden Hölzer, auf welchen die Deckplanken ihrer Länge nach ruhen.

Balken, der Segel- —, s. Segelbalken.

Balkenkniee, die —; die Unterlagen der Deckbalken (s. d.).

Balkfüllingen, die —; kurze Hölzer zwischen den Balken (s. d.) an der Seite des Schiffes.

Balkweger, Balkwäger, der —; die dicken Planken an der inneren Seite des Schiffes, worauf die Deckbalken ruhen und die von vorn bis hinten bei jedem Deck reichen.

Ballast, der —; grosse Eisenstücke im unteren Raume des Schiffes, um dessen Stabilität zu erhalten.

Ballastpforte, die —; eine kleine Pforte unten im Raume an der Seite des Schiffes, durch welche der Ballast in das Schiff ein- und ausgeschossen wird.

Band, das **Bug-** —, s. Bugbänder.

Band, Bügel; ein Reif.

Banjerdeck, s. Zwischendeck.

Bank, die —; eine solche Stelle der See, wo der Grund höher ist, oder sich mehr erhebt, als an den anderen umliegenden Stellen.

Bark, die —; ein Hochseeschiff mit drei Masten, von welchen aber nur die zwei vorderen Masten Raaen (s. d.) haben. Der rückwärtige Mast, hier Besahnmast genannt, fährt nur ein Gaffelsegel (s. d.) und ein Gaffel-Toppsegel.

Barkasse, die —; das grösste Boot eines Kriegsschiffes; auf den grösseren Kriegsschiffen hat man jetzt allgemein Dampfbarkassen.

Barkschiff, s. Bark.

Barkschuner, s. Dreimast-Marssegel-Schuner.

Barre, die —; das vor Flussmündungen sich anhäufende Erdreich.

Barrings, die —; die Träger, in welche die Reserve-Rundhölzer auf Deck zu liegen kommen.

Bart, der — **am Schiffe;** die Gewächse, welche sich an eisernen und ungekupferten hölzernen Schiffen ansetzen.

Bassin, s. Dock.

Batterie, s. Batteriedeck.

Batteriedeck, das —; das unter dem obersten Deck befindliche zweite Deck, auf welchem die Geschütze placirt sind.

Batterieofficier, der —; derjenige Officier, welcher dem Artillerie-Detail vorsteht und im Gefechte die Batterie kommandirt. Ihm ist das Feuerwerkspersonal untergeordnet.

Bauch des Schiffes, der —; der untere Theil vom Kiel bis zu den Kimmen (s. Flach).

Bauch des Segels, der —; der mittlere untere Theil eines Segels.

Bauchgordinge, die —; die Taue, mit welchen beim Aufgeien (s. d.) das Unterliek (s. d.) der Segel auf die Raa (s. d.) geholt wird.

Bauchstücke oder **Lieger,** die —; die untersten Theile der Spanten (s. d.) am Kiele.

Bauernknopf, der —; ein Knoten.

Baum, der —; ein Rundholz, um den unteren Theil eines Gaffelsegels (s. d.) daran auszuholen.

Baumsegel, s. Gieksegel.

Befahren; seeerfahren.

Befrachten, v.; ein Schiff von dem Rheder miethen.

Befrachter, der —; der Miether.

Begeben, sich —; von einander weichen.

Behaltene Ankunft, behaltene Fahrt, die —; die glückliche Ankunft, Fahrt eines Schiffes.

Behaltene Kurs, der —; der von den Fehlern der Abtrifft etc. korrigirte Kurs.

Bei dem Winde oder **am Winde segeln;** ein Schiff segelt ‚bei dem Winde‘ oder ‚am Winde‘, wenn der Wind, von v o r n aus gerechnet, mit dem Kiele desselben einen Winkel von sechs Kompassstrichen macht.

Beidrehen, v.; die Segel so einander entgegenstellen, dass die Wirkung des Hinter-Quartiers (s. d.) die des Vorder-Quartiers (s. d.) aufhebt und das Schiff stehen bleibt.

Beidrehen; joc. niedersetzen.

Beilegen, v.; das Schiff durch Gegenbrassen (s. brassen) der Raaen (s. d.) zum Stillstehen bringen und im Sturme mit dichtgereeften Segeln mit dem Ruder in Lee (s. d.) liegen.

Beiliegen, v.; bei einem Sturme mit möglichst wenigen Segeln dicht am Winde liegen, damit das Schiff beinahe auf derselben Stelle bleibt.

Beisetzen, die Segel —; dieselben losmachen und heissen.

Bekalmen, ein Schiff —; an der Luvseite (s. d.) eines anderen Schiffes so nahe vorbeifahren, dass man demselben den Wind abfängt.

Bekleiden, die Taue —; dieselben mit Tauwerk und Segeltuch umwickeln, um sie vor dem Schamvielen oder Durchscheuern zu schützen.

Bekneifen, sich —; eingeklemmt sein (von Tauen gesprochen).

Belegen, ein Tau —; dasselbe irgendwo mit einigen Schlägen festmachen.

Belegklampen, s. Klamp.

Bemalen, v.; eine Schablone anlegen.

Bemannen, ein Schiff —; dasselbe mit Mannschaft oder Besatzung versehen.

Bemasten, ein Schiff —; die Masten einsetzen.

Bendsel, s. Bindsel.

Beplattung hinter dem Panzer, die —; besteht entweder aus sehr starken Blechen oder aus zwei aufeinander befestigten Lagen dünnerer Bleche.

Bergelohn, der —; besteht meistens in dem dritten Theile des Werthes der geborgenen Güter.

Bergen, die Güter —; Güter und Effekten oder Geräthschaften eines verunglückten Schiffes auffischen oder vom Strande in Sicherheit bringen.

Bergen, die Segel —; bei starkem Winde die Lee- und Stagsegel (s. d.) niederholen und die Raasegel (s. d.) festmachen oder beschlagen.

Berger, die —; Leute, welche sich eigens zum Bergen (s. d.) gebrauchen lassen.

Berghölzer, die —; die in der Gegend der Wasserlinie befindlichen stärksten Planken der Aussenhaut.

Bergung, s. bergen, die Güter.

Besahn, die —; das am meisten nach hinten befindliche, langschiffs auszuholende und zum Manövriren des Schiffes höchst wichtige Segel.

Besahnbaum, der —; der Baum (s. d.), mit welchem das Unterliek (s. d.) der Besahn (s. d.) ausgespannt wird.

Besahndempgordinge, die —; die Geitaue (s. d.) der Besahn (s. d.).

Besahndirk, der —; die Toppenanten (s. d.) des Besahnbaumes (s. d.).

Besahnever, der —; ein Ever (s. d.) mit einem Besahnmaste (s. d.).

Besahngaffel, die —; das Rundholz, an welchem das Oberliek (s. d.) der Besahn (s. d.) befestigt wird.

Besahngeerden, die —; zwei Taue, welche von der Nock (Spitze) der Besahngaffel (s. d.) auf das Hinterdeck hinabgehen.

Besahnmast, der —; bei Barkschiffen (s. d.) und Dreimast-Schunern (s. d.) der hinterste Mast; bei Vollschiffen (s. d.) wird derselbe Kreuzmast genannt.

Besahnrüsten, die —; bei Barkschiffen (s. d.) und Dreimast-Schunern (s. d.) die hintersten Rüsten (s. d.).

Besahnschooten, die —; die Taue zum Anholen und Lösen derjenigen unteren Ecke der Besahn (s. d.), welche vom Maste absteht.

Besahnstag, das —; das Stag (s. d.) des Besahnmastes (s. d.).

Besahntopp, der —; die Spitze des Besahnmastes (s. d.).

Besahnwanten, die —; die Wanten (s. d.) des Besahnmastes (s. d.).

Beschlag, auf ein Schiff — legen.

Beschlag eines Blockes, der —; diejenigen Blöcke (s. d.), welche einen Haken oder ein Warrel (s. d.) haben, bekommen zur Verstärkung einen eisernen Beschlag oder einen eisernen Stropp (s. d.).

Beschlagen, die Segel —; dieselben festmachen.

Beschlagseisinge, die —; Taue zum Festmachen der eingenommenen Segel.

Beschmarten, die Taue —; dieselben mit Segeltuch bekleiden.

Besteck, das — auf der Karte; die Bezeichnung des Standpunktes des Schiffes auf derselben.

Besteck, das — machen; den Punkt bestimmen, auf welchem das Schiff sich befindet, was mittels astrono-

mischer Observation und Berechnung des gesteuerten Kurses und der gesegelten Distanz geschieht.

Betakeln, das Ende eines Taues —; dasselbe mit einem Bindsel (s. d.) belegen, damit seine Duchten (s. d.) nicht auseinandergehen.

Beting, die —; starke aufrecht stehende Balken, durch Querbalken verstärkt, an denen die Ankerketten festgemacht werden, wenn das Schiff vor Anker liegt.

Bilancella; eine kleine italienische Tartana (s. d.).

Bindsel, der —; ein Stück von einer dünnen Leine, mit welchem zwei Taue vereinigt werden.

Bindsel, der **Herz-** — **der Wanten**; der zunächst an der Jungfer (s. d.) angebrachte Bindsel.

Binnen; statt **innen** gebraucht und dem **buten** (aussen) entgegengesetzt.

Binnenhafen, der —; der innerste Theil eines Hafens, welcher am tiefsten in das Land oder die Stadt geht.

Binnenhintersteven, der —; ein Stück Holz, welches zur Verstärkung des Hinterstevens (s. d.) dient.

Binnenlaufen, v.; in einen Hafen oder Strom hineinsegeln.

Binnenschoote des Leesegels; das Tau, mit welchem die dem Schiffe zugekehrte untere Ecke des Leesegels befestigt wird.

Binnenvorsteven, der —; eine Art Knie, welches an der Innenseite des Vorstevens (s. Steven) und zu dessen Verstärkung angebracht ist.

Binnenweigerung, die —; die im Unterraume auf den Innhölzern befestigten Planken.

Blatt eines Riems, das —; der flache und breite Theil eines Riems (s. d.), welcher in das Wasser getaucht wird.

Blaujacke, die —; joc. für Matrose.

Blickfeuer, das —; Signale, die man zur Nachtzeit durch Ansteckung von losem Pulver von Zeit zu Zeit macht, um sich einander Nachricht zu geben.

Blinde Klippen; nahe unter dem Wasserspiegel befindliche Klippen.

Blinde Raa, die —; früher eine Raa (s. d.) zu einem Segel unter dem Bugspriet (s. d.).

Blinde Raagaffeln, die —; kurze Gaffeln (s. d.) an der Spitze des Bugspriets (s. d.), welche jedoch kein Segel führen, sondern nur als Stützpunkte des stehenden Klüver- und Aussenklüvergutes (s. Klüver und Gut) dienen.

Blind liegen; Segel liegen blind, wenn andere ihnen den Wind stehlen.

Blitzableiter, der —; aus Kupferstreifen an den Spitzen der Masten angebracht.

Block, der —; das zu Lande unter dem Namen R o l l e oder K l o b e n bekannte mechanische Werkzeug, welches an Bord auf unendlich vielfache Weise gebraucht wird, und in Verbindung mit dem dazu gehörigen Tauwerke das T a k e l w e r k des Schiffes ausmacht. Die Blöcke sind am einfachsten nach der Anzahl der Scheiben, die sie führen, zu klassificiren, indem man sie in 1. einfache, 2. doppelte, 3. drei- und vierfache und 4. Halb-Blöcke eintheilt. Eine andere Eintheilung der Blöcke ist nach ihrer Form und Verwendung und giebt es darnach 19 verschiedene Arten. In Bezug auf das Material giebt es eiserne und hölzerne Blöcke.

Block an Block; das Zusammentreffen der Kloben eines Flaschenzuges.

Blockdreher oder **Blockmacher,** der —; der Handwerker, welcher die Blöcke (s. d.) verfertigt.

Blocknagel, s. Nagel.

Blockscheibe, s. Scheibe.

Blockwerk, das — **eines Schiffes;** sämmtliche Blöcke (s. d.) eines Schiffes zusammengenommen.

Blokade, die —; die Sperrung eines Hafens durch Kriegsschiffe.

Blokiren, v.; einen Hafen durch Kriegsschiffe sperren.

Blüse, die —; ein Feuerzeichen an der Küste.

Bock, der —; zwei aufrecht stehende oben zusammengebundene Tannenbäume, welche mit der Grundfläche ein Dreieck bilden und zum Aufwinden von Lasten, zum Ein- und Aussetzen der Masten u. s. w. gebraucht werden.

Boden des Schiffes, der —; der unterste im Wasser befindliche Theil des Schiffsgebäudes.

Bodenplanken, die —; die im Boden (s. d.) des Schiffes angebrachten Planken der Aussenhaut.

Bodenwrangen, s. Bauchstücke.

Bö, die —; ein plötzlich entstehender und auch nur kurze Zeit dauernder Windstoss.

Boje, die —; ein auf dem Wasser schwimmendes, am Grunde befestigtes Zeichen; die Ankerboje ist am Anker befestigt und zeigt die Stelle an, wo dieser liegt.

Bojer, der —; ein einmastiges Eider-Fahrzeug mit Stagfock (s. d.) und Grosssegel und Schwerter (s. d.) an den Seiten. Der Rumpf ist vorn und hinten ganz gleich, die Seiten sind oben einwärts gebogen, wie bei der Buttake, der Rumpf ist aber nicht so gedrungen, sondern lang, schmal, geradeweg, ohne jeglichen Spring (s. d.) gebaut. Die Bojer sind Flussfahrzeuge, welche durch die Schleusen weit in's Land gehen und ihren Mast niederlegen können, um Brücken und Schleusen zu passiren. Sie segeln oftmals sehr gut. Ihre Takelung ist derjenigen der Kuff (s. d.) fast identisch.

Bojereep, das —; das Tau, mit welchem die Boje (s. d.) am Anker befestigt wird.

Bolien, s. Buliene.

Bollwerk, das —; eine mit Holzbalken verkleidete Kajemauer oder Quaimauer.

Bolten eines Segels, die —; an gewissen Stellen desselben angebrachte Verdopplungen.

Bolzen, der —; Stücke von eisernen oder kupfernen Stangen, zur Verbindung der Theile eines Schiffes.

Bolzenring, Bolzensplint u. s. w., s. Ring u. s. w.

Bombarda, die —; zweimastiges Mittelmeer-Fahrzeug. Der Fockmast (s. d.) steht nahezu in der Mitte des Schiffes und hat Raasegel (s. d.); der Grossmast hat kleine, stark hintenliegende Schunersegel, das Bugspriet (s. d.) mehrere Klüver (s. d.).

Bonnet, das —; ein zur Vergrösserung eines Segels dienender Streifen, welcher mittels einer Leine am Unterliek (s. d.) befestigt wird.

Boot, das —; Kollektiv-Bezeichnung für alle Fahrzeuge mit Riemen (s. d.) und Segel, welche ein Seeschiff mit sich führt.

Boot ahoi! Anruf der dem Schiffe sich nähernden Boote durch den Ausguck (s. d.).

Bootsdavids, die —; Krahnbalken ausserhalb des Schiffes an Steuerbord und Backbord neben dem rückwärtigen Maste, an welchen die Seitenboote (Kutter) hängen.

Bootshaken, der —; eine hölzerne Stange mit eiserner Spitze und eisernem Haken, zum Fortstossen und Festhalten.

Bootsklampen, die —; die Unterlagen auf Deck vor dem Grossmaste, auf welchen die Barkasse (s. d.) steht.

Bootskrahne, s. Bootsdavids.

Bootsmann, der —; derjenige Deckofficier, dem die Aufsicht über die Takelung, Anker und Boote zugetheilt ist; auch hat er alle beim Laden und Löschen vorkommenden Arbeiten zu leiten.

Bootsmannskammer, die —; die Kammer, in welcher der Bootsmann wohnt; auch zuweilen der Raum, in welchem der Bootsmann sein Reservegut aufbewahrt.

Bootsmannsmaat, der —; der Gehilfe des Bootsmannes (Unterofficier).

Bootsmannspfeife, die —; die Pfeife, mit welcher der Bootsmann die Zeichen zu den verschiedenen Arbeiten, namentlich zu den Segelmanövern giebt.

Bootsrolle, die —; diejenige Rolle (s. d.), welche die Eintheilung der Mannschaft zur Bemannung der Boote zeigt.

Bootstaljen, die —; die Taljen (s. d.), mit welchen die Boote, die an Davids (s. d.) hängen, geheisst oder gestrichen werden.

Bord an Bord; wenn zwei Schiffe dicht an einander liegen.

Bordarrest, der —; der Schiffsarrest.

Bordbefehl, der —; der Schiffsbefehl.

Bord des Schiffes, der —; eigentlich nur der oberste Rand des Schiffsgebäudes; man gebraucht aber gewöhnlich das Wort statt des ganzen Schiffes, z. B. an Bord fahren, am

Bord sein, an Bord kommen, von Bord gehen, aussen Bords (aussenbords) u. s. w.

Bordgericht, das —; das Schiffsgericht.

Bordspital, das —; das Schiffsspital.

Borduhr, die —; die Uhr des Schiffes.

Borg; Vorsilbe für ‚Hilfs‘, z. B. Borghanger = Hilfshanger, also eine Verdopplung oder ein Extra-Exemplar irgend eines Schiffstheiles.

Borgraa, die —; eine Reserveraa.

Borgstag, das —; ein zweites Stag (s. d.).

Bottelier, der —; der Verausgaber des Proviants; Proviantmeister.

Bottlerei, die —; der Ort, wo im Schiffe der tägliche Proviant aufbewahrt und vertheilt wird.

Bovo; eine kleine Felucke (s. d.).

Brackwasser, das —; halbsalziges Wasser.

Bragozzo, der —; Fischerfahrzeug im adriatischen Meere, in früheren Zeiten nur halb, gegenwärtig ganz gedeckt, mit zwei Masten und zwei trapezoïdischen Segeln, von fünf Mann bedient. Tragfähigkeit 6 bis 8 Tonnen, Länge 9 bis 12^m. Die Bragozzi werden in der italienischen Fischerstadt Chioggia (bei Venedig) konstruirt und fast ausschliesslich von den Chioggiotten zum Fischen, meist weit vom Lande auf die Art verwendet, dass von zwei derselben, welche in paralleler Richtung vom Winde getrieben werden, das an sie angebundene Schleppnetz, Cocchia genannt, an seinen beiden Enden zugleich am Meeresgrunde, oft meilenweit fortgeschleppt wird. Das Charakteristische des Bragozzo ist seine geringe Tauchung (16 bis 21^{cm}), aber ein sehr grosses, tiefgehendes Steuerruder, dem er seine Stabilität verdankt.

Bram; Vorsilbe zur Bezeichnung der zweiten, obersten Verlängerung der Masten und der dort befindlichen Theile der Takelung.

Brambrassen, die —; die Brassen (s. d.) der Bramraaen (s. d.).

Bramfall, das —; das Fall (s. d.) der Bramraaen (s. d.).

Bramgasten, die —; die zur Bedienung der Bramraaen (s. d.) bestimmten Matrosen.

Bramgasten, enter auf! Kommando beim Segelmanöver.

Bramleesegel, die —; die Segel zur Verbreiterung der Bramsegel (s. d.).

Brampardunen, die —; die Pardunen (s. d.) der Bramstengen (s. d.).

Bramraaen, die —; die dritten Quersegelstangen am Maste von unten gezählt; an ihnen sind die Bramsegel befestigt.

Bramraaen auf! Kommando zum Aufbringen der Bramraaen (s. d.).

Bramsahling, die —; ein Gerüst von leichten Balken in Gestalt eines Rostes unterhalb der Toppen (s. d.) der Marsstengen (s. d.).

Bramschooten, die —; Taue zur Befestigung der unteren Ecken der Bramsegel (s. d.).

Bramschooten vor! Kommando beim Bramsegel setzen.

Bramsegel, die —; die dritten Raasegel (s. d.) von unten gezählt.

Bramsegelkühlte, die —; jeder mittelmässig starke Wind, bei dem ein vor dem Winde segelndes Schiff Bramsegel führen kann.

Bramstage, die —; die Stage (s. d.) der Bramstengen (s. d.).

Bramstengen, die —; die zweiten Verlängerungen der Masten.

Bramtopp, der —; die Spitze einer Bramstenge (s. d.).

Bramtoppenanten, die —; die Toppenanten (s. d.) der Bramraaen (s. d.).

Bramtuch, das —; leichtes Segeltuch.

Bramwanten, die —; die Wanten (s. d.) der Bramstengen (s. d.).

Brander, der —; ein altes mit feuerfangenden Materien angefülltes Fahrzeug, das auf die feindlichen Schiffe getrieben wird, um solche in Brand zu stecken.

Brandung, die —; das Brechen der Wellen an Küsten, Ufern, Klippen und Untiefen.

Brass'! Kommando zum Brassen (s. d.) der Raaen (s. d.).

Brassen, die —; die Taue an beiden Enden der Raaen (s. d.), mit welchen dieselben horizontal bewegt werden können.

Brassen, v.; die Raaen (s. d.) mit den Brassen (s. d.) derart bewegen, dass der Wind die Segel voll

(s. vollbrassen), back (s. d.) oder kill (s. killen) macht.

Brassen und Toppenanten straff! Kommando beim Manöver.

Brass' vierkant! Kommando zum vierkant (s. d.) brassen (s. d.) der Raaen (s. d.).

Bratspill, das —; die horizontal liegende Ankerwinde.

Brazzera, die —; Küstenfahrzeug im adriatischen Meere mit lateinischen (dreieckigen) Segeln, ein- oder zweimastig, mit oder ohne Klüver (s. d.), bisweilen auch noch mit einer kleinen Besahn (s. d.) als Beilieger. Länge 10 bis 16ᵐ. Heimat: Istrien und Dalmatien. Die Brazzera ist ähnlich der Felucke (s. d.), nur kleiner.

Brefock, die —; (richt. Breitfock) ein Quersegel auf kleinen Fahrzeugen, welche für gewöhnlich nur Schratsegel (s. d.) fahren.

Breite, die — eines Schiffes.

Breite, die geographische —; die Polhöhe.

Brigantine, die —; eine im Mittelmeere häufig vorkommende Varietät der Brigg (s. d.). Die Brigantine hat nämlich die Untermasten und Marsstengen (s. d.) aus einem Stücke mit darauf gesetzten Bramstengen (s. d.); es fehlen ihr sonach die Marsen (s. d.).

Brigantino; ital. Term. für Brigg (s. d.).

Brigantino-Goletta; ital. Term. für Briggschuner (s. Marssegel-Schuner).

Brig a palo; ital. Term. für Bark (s. d.).

Brigg, die —; ein Fahrzeug mit zwei vollgetakelten Masten, d. i. Raasegel (s. d.) an beiden Masten; der rückwärtige heisst Grossmast, der vordere Fockmast.

Briggschuner, s. Marssegel-Schuner.

Briggsegel, das —; das Gieksegel (s. d.) am Grossmaste einer Brigg (s. d.).

Brise, die —; eine sanfte oder leichte Kühlte (s. d.).

Brodgewinner, der —; ein Segel zur Verbreiterung der Besahn (s. d.).

Brook, Brohk, der —; ein Tau, welches den Zweck hat, das Geschütz beim Abfeuern vom starken Rücklaufe abzuhalten.

Brücke, die —; die Brücke quer über das Deck; der gewöhnliche Aufenthalt des Wachofficiers. Von ihr aus werden alle Manöver kommandirt.

Brustwehrmonitor, der —; Monitore (s. d.), bei welchen eine starke gepanzerte Brüstung die Basis der Thürme, den unteren Theil des Schlottes und die Luken schützt.

Bucht, die —; eine kleine Bai.

Bucht, die —; die Biegung eines Taues.

Büchse, die —; z. B. im Gangspill (s. d.), in einer Blockscheibe u. s. w., eine jede Höhlung, worin sich eine Pinne oder Welle bewegt.

Bügel, der —; ein eiserner Beschlag.

Bügel, der **Leesegelspieren-** —; ein eiserner Beschlag der Raanocken (s. d.) zur Aufnahme der Leesegelspieren (s. d.).

Bügel, der **Luken-** —; eiserne Stangen zum Verschlusse der Luken (s. d.).

Bug, der —; der Vordertheil des Schiffes.

Bug, der **Schlag-** oder **Streck-** —; beim Kreuzen (s. d.) ein vortheilhafter Gang.

Buganker, der —; der Anker, welcher vorn am Buge (s. d.) liegt.

Bugbänder, die —; starke Querhölzer im Vorschiffe.

Bughölzer, die — (Bugstücke); zu beiden Seiten des Vorstevens (s. d.) stehende Spanten (s. d.).

Bugmann, der —; der vorderste Rojer (s. d.) in einem Boote.

Bugsiren, v.; ein Schiff durch ein anderes oder durch Boote fortbewegen.

Bugsirtau, das —; das Tau, mit welchem das zu bugsirende Schiff fortgezogen wird.

Bugspriet, das —; ein Rundholz, welches in schräg aufsteigender Rich-

tung über den Bug (s. d.) hinausreicht.

Bugstag, Backstag, das —; ein Tau, mit welchem das Bugspriet (s. d.) nach der Seite hin befestigt wird.

Bugstücke, s. Bughölzer.

Bug, über den anderen — wenden; beim Kreuzen (s. d.) das Schiff auf die andere Seite legen.

Buliene, die — (richt. Bugleine); ein Tau, mit welchem das Luvseitenliek (s. Liek) eines Segels nach vorn hin gespannt wird.

Bulienen los! Kommando beim Manöver.

Bulienen überall! Kommando beim Wenden (s. d.).

Bulienen und Schooten vor! Kommando beim Manöver.

Bulienspriet, das —; die kurzen Taue zusammengenommen, welche die Bulienlägel (s. Lägel) eines Segels verbinden und an welche die eigentliche Buliene (s. d.) gestochen wird.

Bullentau am Fockhals, das —; ein kurzes Tau zur temporären Befestigung der unteren Ecke der Fock (s. d.).

Bullentau am Giekbaum, das —; ein Tau, um das Zurückschlagen des Baumes (s. d.) zu verhindern.

Bumboot, das —; Boote, welche in den Häfen sich mit dem Kleinverkauf von Esswaaren u. s. w. an die Mannschaft der Schiffe beschäftigen.

Bungel, der —; ein fast aufgegeites Segel.

Buserun, das —; eine Blouse von grauem Drillich.

Buten, plattd. für **aussen;** auch in den zusammengesetzten Butenklüver, Butensteven u. s. w.

Butluf, der —; ein Stück Spiere zum Aussetzen des Fockhalses (s. d.).

C.

(Was nicht unter C zu finden, suche man unter K.)

Centrum voluminis, s. Gravitäts-Centrum des Schiffes mit seiner Last.

Chronometer, der —; die Seeuhr.

Colomb'scher Signal-Apparat; sein Princip ist nur ein Signalzeichen, bei Nacht

eine Laterne, bei Tage ein dunkler Gegenstand, der in bestimmten Intervallen verschwinden und wieder erscheinen kann, bei Nebel der Ton eines Nebelhornes oder der Dampfpfeife

D.

Daal, s. Pumpendaal.

Dampfschiff, — das; ein Schiff, welches mittels Dampf fortbewegt werden kann.

Daumkraft, die —; eine Maschine zum Aufschrauben von Lasten.

Davids, die —; hölzerne oder eiserne Träger an den Seiten des Schiffes, an welchen die Boote (Seitenboote) aufgehängt werden.

Deck, das —; die horizontal liegenden Plankenbedeckungen der verschiedenen Schiffsräume, welche auf den Deckbalken (s. d.) befestigt sind.

Deckbalken, der —; die Unterlags-(Quer-) Balken der Deckplanken, welche zugleich zur Verstrebung der Seitenwände des Schiffsgebäudes gegeneinander dienen.

Deckbänder, die —; Verbindungen starker Hölzer, welche in der Höhe der verschiedenen Decke im Buge (s. d.) und Heck (s. d.) angebracht werden und zur Verbindung der Steven (s. d.) mit den Seiten des Schiffsgebäudes dienen.

Deckboot, das —; ein namentlich im östlichen Schleswig gebräuchliches Küstenfahrzeug, das einer kleinen Jacht (s. d.) ähnlich ist und gelegentlich mit Riemen (Ruder) bewegt wird. Grösse von 5 bis 22 Tonnen.

Deckkniee, die —; die Eisenunterlagen der Deckbalken (s. d.).

Deckofficier, der —; Deckofficiere sind der Bootsmann (s. d.), der Steuermann (s. d.), der Feuerwerker (s. d.), der Maschinist (s. d.), der Meister und der Torpeder. In der deutschen Marine sind die Deckofficiere in zwei Klassen getheilt, von denen die erste Klasse den Beisatz ,O b e r' führt, z. B. Ober-Bootsmann u. s. w. In der österreichisch-ungarischen Marine existirt die Charge des Deckofficiers nicht und rangiren der Bootsmann u. s. w. zu den Unterofficieren.

Deckplanken, die —; die Planken, welche über die Deckbalken gelegt werden und so das Deck bilden.

Deckstützen, die —; die Stützen der Deckbalken (s. d.), entweder von Eisen oder Holz.

Deining, die — (engl. swell); eine gewisse Bewegung der See, welche nach schweren Stürmen noch einige Tage fortdauert und selbst nachdem der Wind schon seine Richtung verändert hat, noch ihre erste Richtung beibehält.

Deinsen, v.; rückwärts gehen mit dem Schiffe, (s. sacken, über den Achtersteven —).

Dempgordinge, die —; die Geitaue (s. d.) der Besahn (s. d.).

Deplacement, das —; die von einem Schiffe verdrängte Wassermasse.

Deviation, die —; die Lokalattraktion der Magnetnadel.

Diana, die —; die Tagwache, die Tagreveille; die Morgenwache (s. d.).

Dicht; das Gegentheil von leck (s. d.).

Dicht anlegen; so nahe als nur möglich anlegen.

Dicht beim Winde segeln; so nahe als möglich ,beim Winde' segeln.

Dichten, die Nähte —; dieselben kalfatern (s. d.).

Dichtgereefte Segel; stark verkleinerte Segel.

Dirk, der —; die Taue, in welchen der Baum (s. d.) hängt.

Dock, das —; ein Bassin zur Aufnahme von Schiffen, entweder bestimmt, um in Gewässern mit Ebbe als Binnenhafen-Bassin zu dienen, oder für Reparatur, beziehentlich auch Bau von Schiffen angelegt. Die Docks ersterer Art (nasse Docks, engl. docks, franz. bassins) sind im Lande ausgegrabene grosse Bassins, welche gegen die See durch Schleusenthore abgeschlossen sind und dadurch, trotz der wechselnden Höhe von Ebbe und Fluth, stets einen ebenso gleichmässigen Wasserstand behalten wie Häfen in Gewässern ohne Ebbe und Fluth. Besonders ausgedehnt sind die Dockanlagen dieser Art in London, Liverpool, Havre, Antwerpen, Bremerhaven und Hamburg. — Von Docks zur Reparatur (Trockendocks, engl. dry-docks) giebt es drei verschiedene Arten: die gewöhnlichen Trockendocks (s. d.), die schwimmenden Docks (s. d.) und die hydraulischen Docks (s. d.).

Docken, v.; ein Schiff in den Dock bringen.

Dollbord, der —; der obere Rand eines Bootes, worin die Dollen (s. d.) eingeschnitten sind oder eingesteckt werden.

Dollen, die —; eiserne oder hölzerne Gabeln, in denen die Riemen (s. Riem) beim Rojen (s. d.) eingelegt werden, damit sie darin ihren Stützpunkt finden.

Domper, s. Stampfstock.

Doodshoofd, das —; eine Art Block (s. d.) ohne Scheibe.

Dregg, das —, **Dregganker,** der —; ein kleiner Anker mit drei oder mehreren Armen.

Dreggen, v.; mit dem Dregg (s. d.) nach etwas am Grunde Liegendem fischen.

Dreher, der —; ein Werkzeug des Taklers.

Drehreep, das —; das ziemlich starke Tau, an welchem die Raaen (s. d.), namentlich die Marsraaen (s. d.), aufgezogen und niedergelassen werden.

Dreidecker, der —; ein Linienschiff (s. d.) mit drei gedeckten Batterien.

Dreimaster, der —; Laienausdruck für Vollschiff (s. d.), Bark (s. d.) und Dreimast-Schuner (s. d.).

Dreimast-Marssegel-Schuner oder **Bark-schuner,** der —; ein Dreimast-Schuner (s. d.) mit vollgetakeltem Fockmaste (s. d.).

Dreimast-Schuner, der —; ein Fahrzeug mit drei Masten, von welchen jedoch nur der vorderste Quersegel fährt.

Dreimast-Toppsegel-Schuner, der —; ein Dreimast - Schuner (s. d.), dessen Fockmast (s. d.) nur eine Stenge (s. d.) mit Toppsegeln (s. d.) fährt.

Drempel, s. Trempel.

Dubliren, ein Vorgebirge —; dasselbe umfahren.

Duchten, die — **eines Bootes;** die Ruderbänke.

Duchten, die — **eines Taues;** die Hauptstränge desselben.

Duckdalben, die — (richt. Duc d'Alben); Kränze von Pfählen im Wasser, welche dicht über Wasser durch eiserne Ringe zusammengehalten sind, um Schiffe daran vertäuen (befestigen) zu können.

Dünen, die —; die von den Wellen aufgeworfenen Sandhügel an den Küsten.

Dullen, s. Dollen.

Dullgatten, die —; die Löcher, in welche die Dollen (s. d.) gesteckt werden.

Durchdrehen, s. Eule, eine — fangen.

Dwars; querab.

Dwarsahlinge, die —; in Einschnitte der Langsahlinge (s. d.) gelegte Querhölzer, an welchen die unteren Enden der Stenge- oder Bramwanten (s. d.) befestigt werden.

E.

Ebben, v.; das Ablaufen des Wassers.

Ebbe und Fluth, die —; die regelmässige Bewegung des Meeres, vermöge welcher das Wasser täglich zweimal steigt und fällt.

Eiland, das —; die Insel.

Einbinden, die Jungfern —; den doppelten Part eines Wanttaues (s. d.) um die Keep (s. d.) einer Jungfer (s. d.) legen und denselben mit einem Hartbindsel um dieselbe befestigen.

Einbinden, ein Reef —; reefen, die Segel kleiner machen.

Einholen, v.; das nicht senkrechte Einziehen irgend eines Gegenstandes, z. B. der Leesegelspieren (s. d.).

Einkeepung, s. Keep.

Einkriechen, v.; das Abflauen des Windes.

Einmausen, v.; einen Haken mit einem Bendsel versehen, damit er nicht aushake.

Einnehmen, Segel —, s. bergen.

Einpalmen, v.; ein Tau mit den Händen einziehen (s. palmen).

Einscheeren, v.; das Ende eines Taues durch einen Block u. s. w. ziehen.

Einschiebsel, die —; die Seitenkiel-schweine bei eisernen Schiffen.

Einschiffen, v.; Waaren, Truppen, Personen u. s. w. an Bord nehmen.

Einsetzen, die Boote —; dieselben aus dem Wasser heben und sie auf Deck einschiffen.

Einsetzen, die Masten —; die Masten mittels eines Bocks einsetzen.

Einstecken, ein Reef —, s. einbinden.

Eisenwerk, das —; die sämmtlichen Bolzen, Beschläge u. s. w.

Embargo, das —; der von der Regierung verhängte Arrest auf Schiffe.

Enden, die —; laufende Taue.

Enter auf! erstes Kommando bei jedem Segelmanöver (s. entern).

Entern, v. (auf- und niederentern); in Bezug auf die Takelung: hinauflaufen und herabkommen.

Entern, v.; ein feindliches Schiff mit Enterhaken und Enterdreggen an sich ziehen, um es zu ersteigen und in Besitz zu nehmen.

Entmastet; der Masten durch Unfall beraubt.

Equipage, die —; die Besatzung eines Schiffes.

Ermafrodita, s. Mistico.

Eselshaupt, Eselshoofd, das — (auch Mohrenkopf genannt); ein hölzerner oder eiserner Klotz, mit einem viereckigen und einem runden Loche versehen, zur Verbindung von Mast und Stenge (s. d.) oder von Mars- und Bramstenge (s. d.).

Etmal, das —; der Zeitraum von 24 Stunden, von einem Mittage zum anderen.

Eule, eine — fangen; wenn durch Unaufmerksamkeit des Mannes am Ruder oder durch plötzliche Veränderung des Windes das am Winde (d. i. 6 Striche von der Richtung desselben, woher er weht) segelnde

Schiff den Wind plötzlich von vorn oder von der anderen Seite bekommt, wodurch die Vorsegel zunächst back (s. d.) werden und das Schiff schliesslich nach rückwärts bewegt wird (,deinst' oder ,über den Achtersteven sackt').

Ever, der —; ein dem Elbrevier eigenthümliches Fahrzeug, sowohl Kauffahrer, als Fischer. Der Ever hat nicht den starken Spring der Jacht (s. d.), ist aber breiter und flacher als dieselbe, sonst von derselben Grösse, von 6 bis 98 Tonnen. Das Boot treibt hinten an der Fangleine und wird in See an Bord genommen. Das Heck ist immer platt. Der Mast steht aber weiter nach vorn als bei der Jacht. Die Fischer-Ever haben einen sehr hohen Vorsteven und verlaufen nach hinten sehr schmal, mit plattem Heck und stark überfallenden Hintersteven, den der Ever sehr häufig hat im Gegensatze zu dem mehr gerade aufstehenden Hintersteven der Jacht; der Boden des Fischer-Evers ist ganz platt, ohne Kiel, oft mit durchlöchertem Fischkasten. Gegen Abtrift sind sie geschützt, indem unter Wasser die letzten zwei Fuss der Schiffswand fast senkrecht heruntergehen und so der überall platte Boden (ohne Kiel) einen scharfen Winkel mit den Seitenwänden bildet. Ausserdem fehlen bei keinem Ever die Schwerter (s. d.). Die See-Ever haben ohne Ausnahme, ausser dem Grossmaste, einen kleinen Besahnmast als Beilieger.

Everkahn, der —; hat die Luken des Kahnes (s. d.) bei sonstiger Bauart des Evers (s. d.). Grösse 44 bis 55 Tonnen.

Evolutionen einer Flotte; die verschiedenen Bewegungen einer Flotte in See.

F.

Faden, der —; eine Klafter = 6 Fuss = 1·7194ᵐ.

Fähre, die —; ein Fährschiff.

Fahrbar bed. so viel als schiffbar. Ein Revier (Strom) ist fahrbar, wenn

dasselbe überall die erforderliche Tiefe hat.

Fahren, zur See.

Fahren, v.; das Tauwerk ,fährt' in der Seesprache durch Blöcke, die Stenge

(s. d.) ‚fährt‘ durch das Eselshaupt u. s. w.

Fahrt, das Schiff hat oder **macht** —; die Geschwindigkeit oder der Lauf eines Schiffes.

Fahrwasser, das —; der Weg, welchen ein Schiff zwischen Untiefen u. s. w. einzuschlagen hat; auch der Stromstrich eines fliessenden Gewässers.

Fahrzeug, das —; Kollektiv-Bezeichnung für alle kleineren Schiffe.

Fall, das —; jedes Tau, welches zum Aufziehen und Herunterlassen von Segeln, Flaggen u. s. w. dient.

Fall, der —; die Neigung aus der senkrechten Linie, z. B. der Masten.

Fallreep, das —; die Taue an der Fallreepstreppe (s. d.) zum Festhalten.

Fallreepsknopf, der —; eine Art Knoten.

Fallreepstreppe, die —; eine Treppe, welche im Hafen ungefähr am vorderen Ende des Quarterdecks an die Steuerbordseite des Schiffes aussenbords gehängt wird; in See benutzt man die aussenbords angebrachten Treppklampen oder Jakobsleitern (s. d.).

Fallwind, der —; ein plötzlich heftiger Windstoss, der von oder zwischen Bergen von der Küste nach der See zu weht.

Fangleine, die —; ein Tau zum Festmachen der Boote.

Farbgangsplanken, die —; die obersten Planken der Aussenhaut.

Felgen, die — des Rades; die Speichen des Steuerrades.

Felucke, die —; ein im Mittelmeere gebräuchliches Küstenfahrzeug mit zwei senkrechten oder leicht nach vorn geneigten Masten; beide Masten sind Pfahlmasten (s. d.) mit lateinischen (dreieckigen) Segeln. Je nach ihrer Form haben die Felucken einen Klüverbaum (s. d.) oder keinen.

Feste Dock (Trockendock), **das** —; ein ausgegrabenes oder ausgesprengtes, mit Mauerwerk gefüttertes und sich nach dem Hafen oder Strome öffnendes Dock (s. d.).

Festgeben, ein Tau —, s. belegen.

Festmachen, die Segel —, s. beschlagen.

Festmachen, ein Tau —, s. belegen.

Feuer, das —; ein Leuchtfeuer auf einem Leuchtthurme oder Feuerschiffe.

Feuerrolle, die —; diejenige Rolle (s. d.), welche die Vertheilung der Mannschaft zeigt, wenn Feuer am Bord ausgebrochen ist.

Feuerwerker, der —; derjenige Deckofficier (s. d.), welcher die Aufsicht und Verwaltung des Artillerie-Inventars an Bord hat.

Feuerwerkersmaat, der —; der Gehilfe des Feuerwerkers (s. d.) mit dem Range eines Unterofficiers.

Fid, der —; ein grosser Pfriem, d. i. eine kegelförmige Pinne, um in den Tauen die Augen (s. d.), Gatte (s. d.) u. s. w. aufzuweiten.

Fieren, v.; straffen Tauen nachgeben; solche ausstechen.

Fingerlinge, die —; ein Theil des Ruderbeschlages; in ihnen drehen sich die Ruderhaken.

Finkenetze, die —; hölzerne Kästen oberhalb und längs der Rehling (s. d.), in welche die Hängematten der Mannschaft während des Tages placirt werden.

Finkenetzkleider, die —; getheerte Segeltuchüberzüge, mit welchen die Hängematten in den Finkenetzen (s. d.) bei schlechtem Wetter bedeckt werden.

Fische, Fischungen, die —; die z. B. für die Masten gelassenen Oeffnungen in den Decken.

Fixer Kerl; joc. der Matrose par excellence.

Flach, das —; der Boden des Schiffes zwichen Fock- (s. d.) und Grossmast (s. d.).

Flachstücke, die —; die Innhölzer, welche das Flach (s. d.) bilden.

Flagge! In der englischen und deutschen Marine die Antwort eines an Bord fahrenden und vom Ausguck angerufenen Bootes, wenn ein Admiral im Boote ist (vergl. Admiral!).

Flagge, die —; die Fahne des Schiffes.

Flagge, die — niederholen; die Flagge mit dem Fall (s. d.) niederlassen.

Flagge, die — streichen; in der Schlacht das Zeichen, dass sich ein Schiff für überwunden erklärt und sich ergiebt.

Flagge, die — **zeigen;** die Flagge aufziehen.

Flagge halbstocks; die halbaufgezogene
Flagge, als Zeichen der Trauer.

Flagge im Schau; die ·Flagge ihrer Tiefe
nach zusammenlegen und sie so
zusammengewickelt aufziehen und
wehen lassen, um die am Lande
befindlichen Leute und Boote an
Bord zu rufen, wenn man unter
Segel gehen will. In See ist es ein
Zeichen der Noth.

Flaggen, v.; Flaggen aufziehen, Flaggen
wehen lassen.

Flaggenfall, das —; die Leine, mit welcher die Flaggen aufgezogen werden.

Flaggengala, die —; bei festlichen Gelegenheiten lassen die Schiffe sämmtliche Flaggen (auch Signalflaggen),
die sie an Bord haben, an Flaggen-
leinen (s. d.) auswehen, welche über
die Spitzen der Rundhölzer der Takelung gezogen werden. Die deutsche
und englische Kriegsmarine flaggen
so, dass die mit zahlreichen Flaggen
geschmückte Flaggenleine von der
Gaffel (s. d.) nach der Spitze des
hinteren, von da nach der des mittleren, von da nach der des vorderen
Mastes, von da nach der Spitze des
Klüverbaumes (s. d.) läuft und hier
mit einem Gewichte am Ende in's
Wasser hängt. Die französische Marine
und die meisten Mittelmeer-Flotten
flaggen so, dass an jedem Maste eine
besondere Flaggenleine von dem einen
Bord aufsteigt, über die Nocken
(s. d.) der Raaen (s. d.) bis zur Mast-
spitze geht und über die Nocken
der anderen Seite wieder herab zu
Bord fährt.

Flaggenknopf, der —; runde oder läng-
liche Knöpfe, welche auf die obersten
Spitzen der Flaggenstöcke und der
Oberbramstengen (s. d.) gesetzt werden und mit einem Scheibengatte
versehen sind, durch welches das
Flaggenfall (s. d.) geschoren wird.

Flaggenleine, die —; die Leine, mittels
der die Flagge am Flaggenfall (s. d.)
befestigt wird.

Flaggenstock, der —; ein kleiner, dünner
Mast, welcher auf manchen Schiffen
am Heckbord steht und sich etwas
nach hinten überneigt. Am obersten

Ende befindet sich ein runder Knopf
mit einem Scheibengatt, durch welches das Flaggenfall (s. d.) fährt.
Hat ein Schiff keinen Flaggenstock,
so wird die Nationalflagge an der
Spitze der Besahngaffel (s. d.) geheisst.

Flaggentuch, das —; der leichte, wollene
Stoff, von welchem die Flaggen gemacht werden.

Flaggkapitän, der —; der Kommandant
des Flaggschiffes (s. d.).

Flaggofficier, der —; ein Officier, der
eine eigene Flagge an einem der
Toppe führt; also entweder ein Admiral, Vice-Admiral, Kontre-Admiral
oder Kommodor.

Flaggschiff, das —; das Schiff, an dessen
Bord die Admiralsflagge oder der
Kommodor-Stander weht.

Flechtung, die —; die um den Topp
(s. d.) der Masten und Stengen
(s. d.) liegenden Augen der Wanten
(s. d.), Pardunen (s. d.), Hanger
(s. d.) u. s. w.

Flotte, die —; entweder die ganze Seemacht eines Staates oder nur eine
unter einem Admirale zu irgend
einer Unternehmung vereinigte Anzahl von Kriegsschiffen.

Flott sein; vom Wasser getragen.

Flügel, der —; die Windfahne.

Fluth, s. Ebbe und Fluth.

Fluthen, v.; das Auflaufen der Fluth.

Fluththür, die —; der Punkt, wo der
Strom kentert.

Fock, die —; das unterste Raasegel
am Fockmaste (s. d.).

Fockbrassen, die —; die Brassen (s. d.)
der Fockraa (s. d.).

Fockhalsen, die —; Taue, mittels welchen
die unteren Ecken der Fock (s. d.)
nach vorn zu geholt werden.

Fockmast, der —; der vorderste Mast
eines Schiffes.

Fockraa, die —; die Segelstange der
Fock (s. d.).

Fockrüsten, die —; die Rüsten (s. d.)
der Fockwanten (s. d.).

Fockschooten, die —; Taue, mittels
deren die unteren Ecken der Fock
(s. d.) nach rückwärts geholt werden.

Fockstag, das —; ein starkes Tau zur
Befestigung des Fockmastes (s. d.)
in der Richtung nach vorn.

Focktoppenanten, die —; die Toppenanten (s. d.) der Fockraa (s. d.).

Fockwant, das —, plur. **Fockwanten,** die —; die Wanten (s. d.) des Fockmastes (s. d.).

Fregatte, die —; ursprünglich ein vollgetakeltes, leichtes Kriegsschiff mit e in e r vollen Lage Geschützen und ausserdem noch mit Geschützen auf Back (s. d.) und Schanze · (s. d.). Später ein vollgetakeltes Kriegsschiff mit z w e i Lagen Geschützen, wovon eine unter Deck. In neuester Zeit, besonders seit Einführung der schweren Geschütze, wird der Ausdruck sehr willkürlich gebraucht, und decken sich jetzt die Ausdrücke ‚Fregatte‘ und ‚gedeckte Korvette‘ (s. d.) vollständig. Bei den Panzerschiffen wird der Ausdruck noch willkürlicher gebraucht; in der deutschen Marine werden sogar die seegehenden, vollgetakelten Thurmschiffe officiell ‚Panzerfregatten‘ genannt.

Freiwächter, die —; jene Personen der Besatzung, welche nur bei ‚Klar Schiff‘ oder bei Manöver mit ‚Alle Mann‘ zu dem ihnen nach den Schiffsrollen speciell übertragenen Dienste, nicht aber zum Wachdienste herangezogen werden.

Füllhölzer, die —; dienen zur Ausfüllung der freien Räume zwischen den einzelnen Spanten (s. d.).

Fuss des Mastes, s. Hieling.

Fuss der Stenge, s. Hieling.

Fussblock, der —; ein Block am Deck befestigt, zum Durchleiten eines Takelläufers oder Falls.

Fussstöcke, die —; die Querlatten unten in Booten.

G.

Gaëta, die —; ein Fischerfahrzeug im adriatischen Meere, theilweise gedeckt, einmastig mit lateinischem Segel (s. d.) und Klüver (s. d.), manchmal statt des Klüvers ein zweites kleines lateinisches Segel am Buge. Grösse 2 bis 3 Tonnen, Länge 5 bis 6^m, Breite 1.$_3$^{m}, Höhe 0.$_6$^{m}, Besatzung 3 bis 5 Mann. Die Gaëta wird zum Auswerfen des Sardellen-Hängnetzes und anderer benutzt, und mit einem Leuchtkorbe von Eisenstäben (Graticola) versehen. Sie dient als Illuminatore beim Sardellenfange mit grossem Zugnetze. Während einer mondlosen Nacht, bei Beleuchtung mit harzigem Fichten- oder Kiefernholz (Kienholz), sucht ein geschickter Mann mittels einer mit Blei beschwerten Leine (Scandaglio), aus deren, von der daran anstossenden mehr oder weniger zahlreichen Fischen verursachten Bewegung er die betreffende Fischart und die Tiefe, in der sie sich vorfindet, mit einiger Wahrscheinlichkeit zu erkennen vermag, die Sardellen auf und leitet sie mittels Licht in eine Bucht, wo sie mit Netz eingeschlossen gegen ·das Land gezogen werden. Heimat der Gaëta: vorzugsweise Dalmatien.

Gaffel, die —; eine Segelstange, welche normal in der L ä n g srichtung des Schiffes am Maste oder Schnaumaste (s. d.) angebracht ist und an welcher das Oberliek (s. d.) des Gaffelsegels (s. d.) befestigt wird.

Gaffelfall, das —; das Fall (s. d.) einer Gaffel (s. d.).

Gaffelfock, die —; das Gaffelsegel (s. d.) des Fockmastes (s. d.).

Gaffelschuner, der —; ein Schuner (s. d), welcher gar keine Raasegel (s. d.), also auch am Fockmaste (s. d.) nur Gaffelsegel und Gaffel - Toppsegel fährt.

Gaffelsegel, das —; ein an einer Gaffel (s. d.) befestigtes Schratsegel (s. d.).

Gaffeltoppsegel, das —; ein leichtes Segel über einem Gaffelsegel (s. d.).

Galeasse, die —; ein in der Ostsee und an der Unter-Elbe gebräuchliches Fahrzeug von 34 bis 248 Tonnengehalt mit plattem Heck (s. d.) und starkem Spring (s. d.); der Bug war früher voller als jetzt. Der vordere Mast ist der Hauptmast und ist wie der Fockmast des Schuners (s. d.) getakelt, steht aber weiter nach hinten als beim Schuner. Der Besahnmast (s. d.) steht weit zurück, ist niedrig und hat nur eine kleine Besahn (s. d.). Das grosse Gaffelsegel (s. d.) am Vormast, Grosssegel genannt, und die vier vorderen Stagsegel (s. d.) bilden nebst der kleinen Besahn den charakteristischen Unterschied der Ostsee-Galeasse vom Schuner. Die Galeassen der Unter-Elbe dagegen haben Gaffel- und Schratsegel mit einer losen Fock. An der Ostsee werden in jüngster Zeit weniger Galeassen gebaut.

Galeass-Ever, der —; grosse Ever (s. d.) mit Galeass-Takelung, d. h. Grossmast mit hohem Untermaste und kleinen Toppsegeln und mitunter noch eine Bramstenge, woran eine lose Fock (s. d.), Toppsegel (s. d.) und laufendes Bramsegel fahren und dazu einen Besahnmast; im letzteren Falle ohne Schwerter (s. d.). Die Galeass-Ever sind 39 bis 97 Tonnen gross.

Galeere, die —; allgemeine Bezeichnung der grösseren Ruderkriegsschiffe des Mittelalters, besonders im mittelländischen Meere; im specielleren Sinne: Name einer besonderen Gattung dieser Schiffe.

Galerie, die —; ein auf grösseren Schiffen um das Heck (s. d.) herumgebauter Balkon.

Galgen, der —; eine Vorrichtung zum Aufhängen der Schiffsglocke.

Galjon, das —; ein oben vor dem Buge des Schiffes vorspringender Ausbau, welcher dem Bugspriet (s. d.), wo es aus dem Schiffe tritt, ästhetisch als Basis dient und im Profile dessen Verbindung mit der Linie des Vorstevens (s. d.) vermittelt. In seinem Innern befinden sich ein Boden aus Röstwerk (Holzgitter) und die Mannschafts-Toiletten (um sie vor dem Winde zu bringen); vor seiner Front trägt es die Bildsäule oder Büste der Persönlichkeit, nach der das Schiff seinen Namen hat (Galjonsbild, Galjonsfigur). Die Panzerschiffe mit ihrem oben eingezogenen Buge haben kein Galjon, sondern blos ein

dreieckiges, vergoldetes Arabeskenfeld auf jeder Seite des Vorstevens über den Klüsen (s. d.).

Galjonsbild, s. Galjon.

Galjonsfigur, s. Galjon.

Galjonszeitung; joc. Bordklatsch.

Galjote, die —; ein in der Nordsee, namentlich an der Weser und Eider, jetzt auch an der Ems gebräuchliches Fahrzeug von 29 bis 210 Tonnengehalt. Die Galjote ist eine aus der Kuff (s. d.) hervorgegangene jüngere Schiffsform. Sie hat freilich in der Takelung noch manche Aehnlichkeit mit der Kuff, ist ebenso stark gebaut und geeignet zur Befahrung seichter Gewässer, ist aber hinten und vorn mehr abgerundet, ohne Schwerter (s. d.), weil etwas schärfer und überhaupt von einer gefälligeren Gross-Schiffsform. Manche haben einen sogenannten Pielsteert oder ein rundes Heck und steuern auch meistens mit dem Rade; doch hat die Galjote in der Regel mehr Spring (s. d.) als die grösseren Schiffe. Der charakteristische Unterschied der Galjote von der Kuff besteht darin, dass der Vorsteven (s. d.) und Bug der Galjote nach vorn überfallend gebaut ist, während der der Kuff gerade aufsteht und ganz oben nach binnen einfällt, und dass Galjoten feste Rehlingsstützen (s. d.) und Schanzkleidung (s. d.) haben. Getakelt ist die reine Galjote verschiedentlich, meist mit einem vorderen Hauptmaste mit Raasegeln, hinten einem kleineren Maste mit Besahn (s. d.) und auch wohl Gaffel-Toppsegel (s. d.) darüber. Die Eider-Galjoten führen, obgleich kleiner, auch öfters keine Schwerter, haben steil aufgebaute Hintersteven, vorn starken Stevenfall, am Fockmaste ein loses Gaffel-Toppsegel und ein kleines Raa-Toppsegel unter dem Fockstage.

Gang, der —; den Weg, welchen ein Schiff beim Kreuzen (s. d.) in gerader Linie bei dem Winde macht, bis es wieder wendet, nennt man einen Gang.

Gang, der — von Planken.

Gangspill, das —; eine aufrecht stehende Ankerwinde (vergl. Bratspill).

33*

Garn, das —; von Hanf als Segelgarn (zum Nähen der Segel) oder Kabelgarn (woraus das Tauwerk gemacht wird).

Garniren, v.; die inneren Seiten und den Raum (s. d.) des Schiffes mit Planken belegen.

Garnirung, die —; die innere Beplankung des Schiffsgebäudes.

Garn spinnen; joc. erzählen.

Gast, der —, plur. **Gasten,** die —; angehängte Bezeichnung für Mannschaften, welche bestimmte Funktionen an bestimmten Orten zu verrichten haben, z. B. Toppgasten, Leute, welche in den Toppen (s. d.), Backsgasten, welche vorn in der Back (s. d.) u. s. w. stationirt sind.

Gatt, das —; seemännische Bezeichnung: 1. für ‚Loch‘, z. B. Hennegatt (s. d.); 2. für kleine dunkle Räumlichkeiten, z. B. Hellegatt (s. d.); 3. für einen hinteren Theil, speciell des Schiffes.

Geerden, die —; die Brassen (s. d.) der Gaffeln (s. d.).

Gefechtsrolle, die —; zeigt die Vertheilung der Mannschaft zum Gefechte.

Gei’ auf! Kommando zum Aufgeien (s. geien) der Segel.

Geien, v.; ein gesetztes Segel mittels Taue zusammenziehen.

Geitaue, die —; die Taue, mit welchen die Schoothörner (s. d.) der Raasegel nach der Mitte der Raa (s. d.) geholt werden.

Gelichtet, den Anker —; aufgewunden.

Gerojet! (scil. es ist —) Kommando zum Einstellen des Ruderns.

Geschwader, das —; eine Vereinigung mehrerer Kriegsschiffe unter einem Chef.

Gezeit, die —; Ebbe und Fluth (s. d.).

Giekbaum, der —; das Rundholz für die untere Seite eines Gaffelsegels (s. d.); auch kurzweg ‚Baum‘ genannt.

Gieksegel, das —; ein Gaffelsegel (s. d.), welches unten einen ‚Baum‘ (s. d.) hat.

Gien, die —; ein schweres Takel (Flaschenzug).

Gienblock, der —; der Block einer Gien (s. d.).

Gienläufer, der —; das Tau einer Gien (s. d.).

Gieren, v.; das zickzackförmige Abweichen eines Schiffes während seiner Fahrt von der geraden Linie. Je nachdem es nach Steuerbord (s. d.) oder Backbord (s. d.) giert, sagt man: es macht einen Steuerbord- oder Backbord-Gierschlag.

Gierschlag, s. gieren.

Gigg, das —; ein kleines Boot für den Gebrauch des Kommandanten.

Gilling, die — **des Schiffes;** der nach Innen gewölbte Theil des Hinterschiffes.

Gilling, die — **eines Segels;** die Abweichung von der geraden Linie an den Seiten des Segels.

Gillingshölzer, die —; die krummen Hölzer, aus denen die Gilling (s. d.) gebildet wird.

Gissung, die —; die Schätzung des Weges, den ein Schiff gemacht hat, und die Muthmassung der Stelle, an welcher es sich befindet.

Glasen, Glasen schlagen; die seit Beginn der vierstündigen Wache abgelaufene Anzahl halbe Stunden durch Glockenschläge bezeichnen.

Glattes Deck, ein —; ein Deck ohne Back (s. d.) und Schanze (s. d.).

Gleichlastig; auf horizontalen Kiel geladen.

Gösch, die —; eine viereckige Flagge, welche am Bugspriet (s. d.) aufgesteckt wird.

Goletta; ital. Term. für Schuner (s. d.).

Goletta a palo; ital. Term. für Dreimast-Schuner (s. Dreimast-Toppsegel-Schuner).

Golf, der —; ein Meerbusen.

Gordinge, die —; alle Taue, mit welchen ausser den eigentlichen Geitauen (s. d.) die Segel aufgegeit werden (s. geien).

Gräting, die —; Rost- oder Gitterwerk zum Bedecken der Luken.

Gravitätscentrum, das — **des Schiffes mit seiner Last** oder **Centrum voluminis;** der Schwerpunkt des Schiffes mit Allem, was darin ist.

Gravitätscentrum, das — **des Wasserraumes** oder **Deplacements;** der Schwerpunkt der Wassermasse, welche das Schiff bei seinem Einsinken in das Wasser aus der Stelle drängt, oder was dasselbe ist: der Punkt, in welchem die Kraft des Wassers, das Schiff aufrecht zu erhalten, sich vereint.

Greling, . s. Pferdelien.

Gretchen vom Deiche; joc. das Kreuzbramsegel (s. d.).

Grossbramsegel, das —; das dritte Raasegel (von unten) am Grossmaste (s. d.).

Grossbrassen, die —; die Brassen (s. d.) der Grossraa (s. d.).

Grosshalsen, die —; die Halsen (s. d.) des Grosssegels (s. d.).

Grossmarssegel, das —; das zweite Raasegel (von unten) am Grossmaste (s. d.).

Grossmast, der —; auf dreimastigen Schiffen der Mittelmast, auf Briggs und Schunern der rückwärtige, auf Galjoten, Galeassen und Kuffen der vordere Mast.

Grossoberbramsegel, das —; das vierte Raasegel (von unten) am Grossmaste (s. d.).

Grossraa, die —; die Segelstange des Grosssegels (s. d.).

Grossrüsten, die —; die Rüsten der Grosswanten (s. d.).

Grosssegel, das —; das unterste Segel am Grossmaste (s. d.).

Grosssegel bei! Kommando beim Manöver.

Grossschooten, die —; die Schooten (s. d.) des Grosssegels (s. d.).

Grossstag, das —; das Stag (s. d.) des Grossmastes (s. d.).

Grosstoppenanten, die —; die Toppenanten (s. d.) der Grossraa (s. d.).

Grosswant, das —, plur. **Grosswanten,** die —; die Wanten (s. d.) des Grossmastes (s. d.).

Grund, der —; der Boden des Meeres.

Grunde, zu — gehen; untersinken.

Grundgeschirr, das —; das Ankergeräth.

Gut, das —; die Kollektivbezeichnung für Tau- und Takelwerk. Man unterscheidet stehendes und laufendes Gut. Zu ersterem gehören Wanten (s. d.), Pardunen (s. d.) und Stage (s. d.), zu letzterem alles Tauwerk, welches durch Blöcke geleitet wird und auf- und niederfährt.

H.

Hängematte, die —; das hängende Bett der Matrosen, von Segeltuch gemacht, an dessen beiden Enden dünne Leinen sich in einen Ring vereinigen, mit dem sie an den Haken der Deckbalken aufgehängt werden.

Häuer, die —; die Gage der Kauffahrtei-Matrosen.

Häuern, v.; miethen (Seeleute).

Hafen, der —; ein Platz am Ufer des Stromes oder an der Seeküste, wo Schiffe gegen die Gewalt der Stürme und Wellen geschützt sind und sicher vor Anker liegen können.

Hafengeld, das —; eine Abgabe.

Hafenkapitän, der —; ein Officier oder Beamter, der die Aufsicht über den Hafen führt.

Hafenwachschiff, das —; ein Kriegsschiff, das vor einem Hafen oder einer Strommündung liegt und auf Alles Acht zu geben hat, was sich dem Hafen oder der Küste nähert.

Hahnepoot, der —, **Hahnpfote,** die —; die Vereinigung von mehreren gespreizten Tauen in einem Punkte wie Radien eines Kreises.

Halbdeck, s. Quarterdeck.

Halbe Balken, die —; Hölzer, welche parallel mit den Deckbalken (s. d.) an denjenigen Stellen der Decke eingelegt werden, an denen die Deckbalken der Masten, Luken, Schornsteine u. s. w. wegen weiter als 3 bis 4 Fuss von einander gelegt werden müssen.

Halber Schlag, der —; eine gewisse Art, mit Tauen etwas zu befestigen.

Halber Wind; der mit der Schiffsseite einen rechten Winkel machende Wind.

Hals, der —, plur. **Halsen,** die —; Taue, mittels deren die unteren Ecken der unteren Raa- und Gaffelsegel nach vorn zu geholt werden.

Halsen, v.; Manöver, um bei ganz flauer Brise (s. d.) oder starkem Sturme das Schiff vor dem Winde herum zu wenden (vergl. wenden).

Halsen auf! Kommando beim Wenden (s. d.) zum Loswerfen der Halsen (s. d.)

Halsgatt, das —; ein Loch, durch welches der Hals (s. d.) fährt.

Halsklampen, der —; ein Holz mit einem Loch für den grossen Hals (s. d.).

Halstalje, die —; ein Flaschenzug, mit welchem der Hals (s. d.) angezogen wird.

Halten, am Winde —.

Halten, die See —.

Halten, die Segel —.

Halten, in Luv (s. d.) oder **in Lee** (s. d.).

Handgriff, der — **eines Riems** (s. d.).

Handspake, die —; ein Windebaum am Spill (s. d.).

Hanger, der —; Ketten oder Taue zum Aufhängen der Unterraaen (s. d.) oder der Seitentakeln (s. d.).

Hartbindsel, s. Herzbindsel.

Haut, die —; die äussere Bekleidung des Schiffsgebäudes.

Hautplanken, s. Haut.

Havarie, die —; ein Seeschaden.

Havarie grosse, die —; ein Seeschaden, der von Schiff, Ladung und Fracht getragen wird

Havarie particulaire, die —; ein Seeschaden, der von einem einzelnen Gegenstande, z. B. dem Schiffe allein, getragen wird.

Heck, das —; der obere Theil des Hinterschiffes, in welchem sich die Kajütsfenster befinden. Bis vor kurzer Zeit baute man das Heck der meisten Schiffe platt (plattgatted); in neuerer Zeit giebt man ihm entweder eine elliptische oder kreisförmige Rundung (rundgatted).

Heck, das **ausfallende** —; ein Heck, dessen Umriss so beschaffen ist, dass der untere Theil desselben gegen den oberen Theil vorspringt.

Heck, das **einfallende** —; ein Heck, dessen Umriss so beschaffen ist, dass der untere Theil desselben gegen den oberen Theil eingezogen erscheint.

Heckbänder, die —; werden auf der Wegerung (s. d.) zwischen den einzelnen Decken und im Raume (s. d.) angebracht und bestehen aus je einem Kniestücke oder aus einer Verbindung von Hölzern.

Heckbalken, der —; ein Krummholz, das an der Unterkante der Gilling (s. d.) am Hintersteven (s. d.) befestigt ist. Nicht alle Schiffe haben einen Heckbalken. Bei den mit einem runden Heck erbauten und den scharfen Schiffen mit einem platten oder elliptischen Heck ist er nicht vorhanden.

Heckbord, der —; der oberste Rand oder Bord des Hecks (s. d.) über den Kajütsfenstern; gewöhnlich ist derselbe mit Malerei oder Bildhauerarbeit verziert.

Heckpforten, die —; Pforten (s. d.), durch welche der Heckschuss (s. d.) ermöglicht wird.

Heckschuss, der —; der Schuss in der Kielrichtung nach rückwärts.

Heckstützen (Gillingsstützen), die —; die Krummhölzer, durch welche die Form des Hecks gebildet wird.

Hecktjalk, die —; eine Tjalk (s. d.), bei welcher die beiden obersten Seitenplanken hinten ziemlich schräg aufwärts zusammen laufen, so dass die Ruderpinne (s. d.) unter ihnen durchfährt.

Heissen, v. (ink. hissen); einen Gegenstand mit einem einfachen Tau oder mit Hilfe eines Flaschenzuges (Gien, Takel, Talje, Klappläufer, Jollentau) senkrecht in die Höhe ziehen, wie z. B. schwere Lasten, Schiffsgüter, Geschütze, Boote, Segel, Flaggen u. s. w.

Helgen, s. Helling.

Hellegatt, das —; der unterste Raum im Vorschiffe; Aufbewahrungsort für Schiffsmaterial.

Helling, die —; das Fundament, auf welchem die Schiffe erbaut (‚aufgelegt‘) werden.

Helm, s. Ruder.

Helmstock, s. Ruderpinne.

Hennegatt, das —; das Loch im Hinterschiffe, durch welches der Ruderkopf in das Schiff eindringt.

Herzbindsel, der —; der Bindsel, der zunächst an der Jungfer (s. d.) liegt.

Herz einer Jungfer, das —; die eine (platte) Seite des ‚Jungfer‘ (s. d.) genannten Blockes.

Herz eines Taues, das —; der innere Strang bei viersträngigen Tauen.

Hiel, Hieling, s. Fuss.

Hieling des Kiels, die —; das hinterste Ende des Kiels.

Hiessen, s. Heissen.

Hieven, v.; aufwinden.

Hinten; rückwärts.

Hinterlastig; hinten tiefer gehend, als vorn.

Hinterliek, das —; das Liek (s. d.), an welchem die hintere Seite eines Segels festgenäht ist.

Hinterquartier, das—; alle hinter der Drehachse des Schiffes befindlichen Segel.

Hintersteven, der —; der Steven (s. d.), welcher hinten am Schiffe angebracht ist.

Hissen, s. Heissen.

Hochwasserzeit, die —; die Springzeit (Fluth).

Höhe des Schiffes, die —; die vertikale Linie von dem Flachbord oder Schandeck (s. d.) bis zur unteren Fläche des Kiels gemessen. Sie muss von der Tiefe des Schiffes wohl unterschieden werden (vergl. Hohl).

Hoftaue, die —; das erste ,Spann-Want' jedes Mastes; auch gleichbedeutend mit Wanttauen.

Hohl, das —; die Tiefe des Schiffes im Raume (s. d.).

Hohl streichen, die Stengen in —, s. streichen, in Hohl —.

Huckergaleasse, die —; hat ein plattes oder rundes Heck und starken Spring; vorn eine vollgetakelten Mast mit einem grossen Gaffelsegel (s. d.) am Untermaste. Der Besahnmast steht weit nach rückwärts, ist niedrig und fährt eine kleine Besahn und öfters ein Gaffel-Toppsegel darüber. Jetzt sind die Huckergaleassen meist aus dem Gebrauche gekommen.

Hüsing, die —; dünne Leine zum Bindseln (s. d.).

Hütte, die —; ein Aufbau auf dem Hinterschiffe.

Hulk, der —; ein altes, ausgedientes, nicht mehr seefähiges Schiff.

Hulken, v.; ein nicht mehr dienstfähiges Schiff ausrangiren.

Hummer, der —; das oberste Ende der Stengen (s. d.), welches gewöhnlich nicht rund, sondern viereckig ist.

Hummergatt, das —; das Loch für die Scheibe im Hummer (s. d.).

Hundeende eines Taues, das —; das Ende einer neuen Trosse (s. d.).

Hundefot, der —; ein kleiner Stropp (s. d.) am Blocke zur Befestigung des Läufers (s. d.).

Hundepünt, der —; ein spitz gemachtes Tauende.

Hundewache, die —; die Wache von 12 Uhr Nachts bis 4 Uhr Morgens.

Hydraulische Dock, das —; da bei Schwimmdocks (s. d.) und bei den gewöhnlichen Trockendocks (s. d.) die Wände den am Schiffe arbeitenden Leuten viel Licht wegnehmen und der Mangel an freiem Luftzug das Trocknen erschwert, hat man in den letzten Jahren (so z. B. in Malta und Bombay) sogenannte hydraulische Docks konstruirt. Auf einer Stelle des Hafens, welche genügende Wassertiefe hat, sind in den Grund zwei Reihen hohler eiserner Pfosten, wie eine Allee von hohlen Säulen, eingerammt, die durch starke Eisenverbindung ein festes System bilden. In jeder dieser Röhren lässt sich ein Stempel (wie der Kolben mit Kolbenstange im Cylinder einer Dampfmaschine) durch hydraulischen Druck in die Höhe treiben, und die Köpfe sämmtlicher Stempel tragen eine horizontale eiserne Plattform, welche sich so weit über Wasser heben oder so tief senken lässt, dass ein Schiff darüber hinfahren kann. Befindet sich das zu reparirende Schiff gerade über der Plattform, so wird letztere gehoben und nimmt das Fahrzeug, welches mittlerweile abgestützt wird, in die Höhe bis über Wasser, wo dasselbe mit aller Bequemlichkeit reparirt werden kann. Ein Vortheil dieses Systems ist, dass, wenn die Plattform ihrer Länge nach aus mehreren Stücken besteht, mehrere kleinere Schiffe, hinter einander placirt, unabhängig von einander reparirt werden können.

I. J.

Ja, ja! In der deutschen Marine die Antwort eines vom Ausguck angerufenen und anlegenden Bootes, wenn ein Officier darin ist (vergl. Officier!).

Jacht, die —, (engl. Yacht); ein Vergnügungsfahrzeug.

Jacht, die —; ein kleines einmastiges Ostsee-Küstenfahrzeug von 5 bis 91 Tonnen, meist 20 bis 40 Tonnen Grösse, scharf gebaut, tief stehend, breit im Verhältnisse zur Länge, mit starkem Spring, plattem Heck, woran an zwei Krahnbalken das Boot hängt, wie bei den Galeassen. Der Mast steht gewöhnlich auf $1/3$ der Länge vom Vordersteven und hat keine Stenge, der Topp ist nach vorn übergearbeitet. Das Grosssegel ist unten breit und oben schmal, an kurzer Gaffel; dazu gehören lose Breitfock, grosse Stagfock und noch 2—3 Vordersegel, gerade wie beim Kutter. Die ziemlich grosse Stagfock erscheint schmal, weil das Gut reichlich hoch liegt. Die Jachten sind gute Seeschiffe und im ganzen Norden verbreitet; in neuerer Zeit takelt man sie auch mit Gross- und Besahnmast, in Norwegen sogar wie Schuner. Die Nordsee- (ostfriesischen) Jachten sind vorn und hinten abgerundete Fahrzeuge mit dicken Berghölzern und eingebogenen Borden, mit Verdeck, Wegerung und Schwertern. Sie führen einen Mast mit Gaffelsegel und dienen zum Fischfang und zur Wattschiffahrt.

Jachtgaleasse, die —; eine Jacht (s. d.) mit Galeass-Takelung; sie sind 30 bis 133 Tonnen gross.

Jackstag, das —; jede Raa (s. d.) ist mit einem Jackstag versehen. Dieses wird entweder von Eichenholz gemacht oder von Eisen, indem man circa 45^{cm} auseinander kleine Augbolzen in die Raa schlägt und eine Rundeisenstange durch die Augen steckt. Das Jackstag dient dazu,

das Oberliek des Segels anzubendseln.

Jagdpforten, die —; die Pforten, durch welche der Jagdschuss (s. d.) ermöglicht wird.

Jagdschuss, der —; der Schuss in der Kielrichtung nach vorn.

Jager, der —; auf kleinen Fahrzeugen eine Art Klüver (s. d.).

Jagerbaum, der —; auf kleinen Fahrzeugen der Klüverbaum (s. d.).

Jakobsleiter, die —; eine Leiter aus Tauen mit hölzernen Sprossen.

Jan Maat; joc. der Matrose par excellence.

Innen, s. binnen.

Innenfall, heiss' auf! Kommando beim Setzen der Leesegel (s. d.).

Innere Beplattung, die —; grosse eiserne Schiffe, namentlich Panzerschiffe, erhalten meistens ausser den Aussenhautplatten noch eine Beplattung, die an den verkehrten Winkeleisen an der Oberkante der Bodenwrangenplatten befestigt wird. Die Schiffe erhalten hierdurch einen doppelten Boden und ist der zwischen beiden Beplattungen liegende Raum durch die Bodenwrangenplatten in eine grössere oder geringere Anzahl wasserdichter Zellen geschieden. Die innere Beplattung des Bodens erstreckt sich nicht vom Buge bis zum Hintertheile, ist vielmehr nur in dem mittleren Theile der Schiffe (auf circa $2/3$ der Länge derselben) vorhanden und endigt an den vorn und hinten stehenden wasserdichten Querschotten.

In Sicht; sichtbar.

In's Kreuz! Kommando zum Kreuzen der Bramraaen (s. d.).

Jolle, die —; ein kleines einmastiges Küstenfahrzeug, namentlich an der Westküste Schleswig-Holsteins und am linken Elbe-Ufer, von 7 bis 21 Tonnen. Die Jollen sind hinten und vorn fast gleich spitz auslaufend gebaut, mit einem Maste, woran

Grosssegel und Stagfock. Sie dienen meist zum Obst- und Fruchtfahren.

Jolle, die —; das kleinste Boot eines Kriegsschiffes.

Jolle, die —; ein über einem einschiebigen Blocke fahrendes Tau zum Auf- und Niederholen.

Jollenführer, der —; ein Fährmann in einem Hafen.

Jolltau, das —; dünnes Tau.

Journal, das —; das Schiffstagebuch.

Jütte, die —; ein kurzer, etwas gekrümmter Balken, an dessen Ende sich eine Scheibe befindet.

Juffer, s. Jungfer.

Junge, s. Schiffsjunge.

Jungfer, die —; linsenförmig gearbeitete Blöcke, welche statt der Scheiben drei runde Löcher zum Durchscheeren der Taljereepen (s. d.) haben. Sie dienen dazu, die Wanten (s. d.) straff anzuholen. Zu jedem Wanttau gehören zwei Jungfern, deren eine am unteren Ende des Wanttaues ,eingebunden' ist, die andere sitzt fest am Schiffe (s. Pütting).

Jungmann, s. Leichtmatrose.

K.

Kabbeln, v.; die Bewegung im Wasser, welche durch den gegen den Seegang gerichteten Wind hervorgebracht wird.

Kabel, das —; starkes Tau, welches zum Schleppen, Festmachen u. s. w. benutzt wird. In früherer Zeit als Ankertau benutzt.

Kabelaring, die —; eine dünne Kette, welche beim Ankerlichten um das Gangspill (s. d.) gelegt und an die Ankerkette befestigt wird, und mit dem Gangspill und dadurch zugleich mit ihr die Kette eingewunden wird.

Kabelgarn, das —; die einzelnen Hanfgarne, aus welchen die Taue geschlagen werden.

Kabelgatt, das —; die Abtheilung vorn im Schiffe für Taue, Blöcke u. s. w.

Kabellänge, die —; der zehnte Theil einer Seemeile. Da solche zu 1855^m gerechnet wird, so ist eine Kabellänge 185.$_5$^{m} lang; gewöhnlich rechnet man sie aber nur zu 185^m.

Kabelstellung, die —; die Rolle, um welche die Kabeltaue (Trossen) aufgerollt werden.

Kabeltau, das —; kabelweise geschlagenes Tauwerk.

Kabelweise geschlagenes Tauwerk; alles Tauwerk, welches zweimal zusammengeschlagen ist; es besteht aus drei Kardeelen (s. d.) und jedes Kardeel aus drei Duchten (s. d.).

Kadett, s. Seekadett.

Kälber, die —; Holzfütterungen, damit die aufgelegten Wanten (s. d.) nicht gescheuert werden.

Kahn, der —; ein Weser-Fahrzeug mit ganz plattem Boden ohne Kiel. Die Seitenwände laufen stark gebaucht auf, wie überhaupt der Kahn am Nullspant, wo das Schwert angebracht ist, unverhältnissmässig breit ist und nach hinten ganz schmal verläuft; das Heck ist platt, der Hintersteven gerade aufstehend, der Vordersteven ziemlich hoch, konvex überfallend. Eigenthümlich sind am Kahn die Luken gebaut. Der Kahn hat als Luke ein hohes, steiles Dach mit einem Längsbalken als First, zwei dreiseitige Schotten an jedem Ende, und zur Bedeckung lange, einzelne Planken, welche klinkerweise (s. d.) in der Längenrichtung des Fahrzeuges übereinandergelegt werden. Diese unverhältnissmässig grosse Luke wird Zelt genannt. Die Kähne sind von 8 bis 127 Tonnen gross. Die grösseren Kähne führen eine Besahnmast und am Vormaste eine lose Breitfock; dazu Schwerter (s. d.). An Segeln fährt der Kahn ein Grosssegel mit Baum und Gaffel, darüber Gaffel-Toppsegel und Stagfock nebst Klüfock. Eigens für kleine Fahrten über See gebaute Kähne haben platte Luken, die aber bis auf etwa 1½ Fuss an den Wassergang heranreichen. Die kleineren

Kähne sind entweder einmastig oder sie haben an dem Hintersteven einen kleinen Besahnmast im Deck. Die meisten Weser-Kähne finden als Leichter (s. d.) zwischen Bremen und Brake oder Bremerhaven ihre Verwendung.

Kai'! Kommando zum Kaien (s. d.) der Bramraaen (s. d.).

Kaien, v.; die Raaen (s. d.) aus der horizontalen in eine vertikale Lage bringen, um sie auf Deck geben zu können.

Kaien und toppen; eine Nock (s. d.) einer Raa (s. d.) streichen, jene der höher befindlichen Raa auf die entgegengesetzte Seite, so dass sich die beiden Nocken berühren u. s. f.; ein Zeichen der Trauer.

Kaje, die —; der Quai, das Hafenufer; wenn mit Holzwerk und Bohlen verkleidet, nennt man sie Bollwerk (s. d.).

Kajegeld, das —; eine Hafenabgabe.

Kajüte, die —; die Wohnungsräume für den Kommandanten und die Officiere.

Kajütswächter, der —; der Aufwärter des Kapitäns auf Kauffahrteischiffen.

Kalfateisen, das —; ein Werkzeug zum Kalfatern (s. d.).

Kalfaterer, s. Kalfatern.

Kalfatern, v.; die zwischen den Planken befindlichen Fugen mit Werg verstopfen und dann mit Theer überstreichen.

Kammern, die —; die Abtheilungen im Raume und zwischen Deck, welche durch Schotten oder Bretterwände von einander gesondert sind. Sie dienen theils zur Aufbewahrung der verschiedenen Schiffsbedürfnisse, theils zur Wohnung der Officiere, namentlich die Kammern vor und neben der Messe (s. d.).

Kanal, der —; eine Wasserstrasse.

Kanonenboot, das —; Kollektivname für alle kleineren Kriegsfahrzeuge, von der Korvette abwärts, gleichviel ob für den Stationsdienst oder für die Küstenvertheidigung bestimmt.

Kante, die —; die Seite z. B. einer Planke.

Kanten, v.; umkippen, oder in Bezug auf die Segel: dieselben kunstgerecht ‚setzen‘ oder ‚trimmen‘ (s. d.).

Kantspanten, die —; Verbindungen von Krummhölzern, die den vorderen und hinteren Theil des Schiffsgerippes bilden und nicht wie die Spanten (s. d.) rechtwinklig zum Kiele, sondern mehr oder minder gegen denselben gedreht (gekantet) stehen. Während bei den Spanten Steuerbord- und Backbordhälfte unmittelbar zusammenhängen, sind bei den Kantspanten beide Hälften getrennt und an der Seite der Aufklotzung (s. d.) befestigt. Die einzelnen Hölzer, aus denen die Kantspanten bestehen, heissen halbe Bodenwrangen (s. d.) und Auflanger (s. d.).

Kap, das —; ein Vorgebirge.

Kaper, der —; Schiffe, welche in Kriegszeiten von einzelnen Privaten oder auch von Aktien-Gesellschaften ausgerüstet werden, um Schiffe wegzunehmen, welche seindliche Eigenthum feindlicher Unterthanen sind oder zu einem neutralen Staate gehören, aber dem Feinde Kriegsvorräthe zuführen oder gegen die Blokadegesetze Handel nach und von feindlichen Häfen führen. Die zu solcher Ausrüstung erforderliche Autorisation ertheilt die Regierung des Landes, dem die Kaper angehören. Im Pariser Frieden von 1856 wurde die Abschaffung der Kaperei beschlossen, eine Vereinbarung, welcher die meisten Kulturstaaten beigetreten sind.

Kaperbrief, der —; der von der Regierung ausgestellte Pass.

Kapern, s. Kaper.

Kapitän, der —; der Kommandant eines grösseren Schiffes. Eigentlich kommt dieser Titel nur den Kapitänen der Kriegsmarine zu, und die Befehlshaber der Kauffahrteischiffe sollten nur S c h i f f e r genannt werden; man giebt aber auch diesen allgemein den Titel Kapitän.

Kapitänlieutenant, der —; in der deutschen Marine die auf den ‚Lieutenant zur See‘ folgende Seeofficiers-Charge.

Kappe, die —; eine Erhöhung und Bedachung der Luken (s. d.).

Kappen, v.; Taue auf eine erforderliche Länge abschneiden oder in einem

Sturme Wanten (s. d.) und Masten durchhauen.

Kardeele eines Taues, die —; die grösseren Theile oder Trossen, welche aus Duchten zusammengedreht sind und noch einmal zu kabelweise geschlagenen Tauen zusammengedreht werden. Ein kabelweise geschlagenes Tau besteht demnach aus drei Kardeelen und jedes Kardeel wieder aus drei Duchten und jede Ducht aus mehr oder weniger Kabelgarnen.

Karkedortje, s. Schlapplien.

Karreltuch, das —; Segeltuch zu Klüvern etc.

Karte, s. Seekarte.

Karvielnagel, s. Koffinnagel.

Karvielwerk, s. Krawehl, auf — gebaut.

Kasemattschiff, das —; in der österreichisch - ungarischen Marine die officielle Bezeichnung für alle Panzerschiffe mit Centralbatterie.

Katt, die, —; ein Flaschenzug zum Aufwinden des Ankers von der Klüse (s. d.) zum Krahnbalken (s. d.).

Kattblock, der —; der zur Katt (s. d.) gehörende Gienblock.

Katten, den Anker (auf) —; denselben unter den Krahn winden.

Kattspuren, s. Schlangen.

Kattsteert, der —; ein kurzes Ende Tau zur Befestigung eines Blockes.

Katzenkopf, der —; ein Knüppel am Bratspill (s. d.) zur Befestigung der Kette.

Katzenrücken, der —; ein Schiff hat einen Katzenrücken, wenn der Kiel gebrochen oder nach aufwärts durchgebogen ist (der Kielbruch).

Kauffahrteischiff, das —; Handelsschiff.

Kausche, die —; eiserner Ring mit konkaver äusserer Rinne, um welchen ein Tau gesplisst wird, damit es ein festes Auge bilde.

Keep, die —; die Kerbe an dem Block für den Stropp (s. d.).

Kehrtaue, die —; Ausholer und Wasserschoote des Schwingbaumes (s. d.).

Keil, der —; entweder von Holz oder von Eisen.

Kentern, v.; das Umstürzen des Schiffes oder eines Bootes durch Windstösse, Brandung, Umschiessen der Ladung u. s. w.

Kerkedortje, s. Schlapplien.

Kette, die **Anker-** —, s. Ankerketten.

Kettenkasten, der —; Raum zur Aufnahme von Ankerketten.

Kiel, der —; das erste Stück Holz, welches auf die Stapelblöcke gelegt wird und die Basis des Schiffsgebäudes bildet. Grosse eiserne Schiffe, z. B. Panzerschiffe, haben jetzt häufig gar keinen Kiel.

Kielgang, der —; der Plankengang nächst dem Kiele.

Kielholen, v.; ein Schiff zur Reparatur der unter Wasser befindlichen Theile auf die Seite winden, so dass event. der Kiel blosszuliegen kommt.

Kiellichter, der —; ein Fahrzeug, das zum Kielholen (s. d.) eines Schiffes benutzt wird.

Kielplanken, die —; die dem Kiele zunächst liegenden Planken der Aussenhaut. Sie sind bei Kriegsschiffen sehr stark, meistens balkenförmig, bei Handelsschiffen mit den Bergholzplanken (s. d.) von gleicher Stärke.

Kielplatz, der —; eine Stelle zum Kielholen.

Kielschwein, das —; ein Balken, der vertikal über dem Kiele auf die Innenseite der Spanten (s. d.) gelegt wird und über diese nach vorn und hinten bis auf die Aufklotzungen (s. d.) reicht.

Kielwasser, das —; die Spur, die ein Schiff bei seiner Fahrt zurücklässt.

Kielwasserlinie, die —; wenn ein Schiff im Kielwasser (s. d.) des anderen segelt.

Kielwasser unten im Schiff, s. Kimmwasser.

Kiesen, die —; eine Vorrichtung am Bratspill (s. d.) zur Verhinderung des Rücklaufes.

Killen oder schibbern, v.; das Schlagen der Segel, wenn der Wind auf die ,gesetzten' Segel recht von der Seite kommt, sie also weder von vorn noch von hinten füllt.

Kimm oder Kimmung, die —; der Horizont.

Kimm oder Kimmung, die —; der Uebergang des beinahe flachen Schiffsbodens zu den aufwärts steigenden Seiten.

Kimmstücke, die —; die auf die Bodenwrangen (s. d.) folgenden Hölzer in
der Zusammensetzung eines Spantes
(s. d.).

Kimmungsplanken, die —; die in der
Richtung der stärksten Krümmung
der Spanten (der Kimmung) angebrachten Planken der Aussenhaut.

Kimmwasser, das —; das durch die
Pumpen nicht herauszubringende
Wasser.

Kimmwegerungsplanken, die —; die in
der Kimmung (s. d.) der Spanten
(s. d.) angebrachten Planken der
Innenbordsbekleidung.

Kink, die —; eine bei drall gedrehten
und schlaff werdenden Tauen von
selbst entstehende knappe Bucht,
die z. B. das Durchlaufen durch
einen Block verhindern kann.

Kinnback (des Kiels), der —; das vordere Ende des Kiels und unterste
Ende des Vorderstevens (s. d.).

Kinnbacksblock, der —; ein Block mit
einem Einschnitte an der Seite zum
Einlegen des Taues, welches also
nicht mit seinem Ende eingeschoren
zu werden braucht.

Kippen, v.; den am Krahne hängenden
Anker mit dem Schafte in eine horizontale Lage längs der Bordwand
bringen.

Klameien, v.; eine Art des Kalfaterns.

Klammer, die —; eine platte, eiserne
Stange, welche zur festeren Verbindung um zwei Hölzer gespikert
wird.

Klampen, die —; kleine Hölzer zu verschiedenen Zwecken, z. B. Tauwerk
daran zu befestigen.

Klamphauer; joc. Zimmermann.

Klappläufer, der —; ein einfaches Takel
(s. d.), welches nur aus zwei einschiebigen Blöcken besteht.

Klar; bei Tauwerk das Gegentheil von
verwickelt, verworren; im Allgemeinen die Bedeutung von ‚fertig‘.

Klar! (?); das Aviso ‚Klar‘ kann sowohl
als Frage, wie auch als Befehl, sich
für die Ausführung bereit zu halten,
gebraucht werden.

Klardeck machen; das Deck in Ordnung bringen.

Klaren, v.; klar machen, Verworrenes in
Ordnung bringen.

Klariren, v.; ein Schiff beim Zollamte
abfertigen.

Klarschiff, das —; das Schiff zum Gefechte bereit.

Klar zum Wenden! der erste Kommando-
ruf beim Wenden (s. d.).

Klaue, s. die Mick.

Klaufall, das —; das Tau zum Aufziehen
des am Maste befindlichen Endes
einer Gaffel.

Kleid eines Segels, ein —; die einzelnen
Breiten Tuch, aus denen ein Segel
besteht.

Kleiden, v.; die Taue mit Schiemannsgarn (s. d.) dicht umwickeln.

Kleidkeule, die —; ein Werkzeug zum
Bekleiden der Taue (s. Kleiden).

Kleidspan, der —; eine Art Kleidkeule
(s. d.).

Klick, des Ruders, der —; das hinterste
Stück am Ruder.

Klinkbolzen, der —; ein Bolzen, der
an einem Ende vernietet wird.

Klinken, verklinken, v.; Bolzen vernieten.

Klinkerweise gebaut; auf Klink gebaut,
nennt man Fahrzeuge, deren Planken
mit den langen Seiten übereinander-
liegen, wie die Bretter eines Daches.

Klippen, s. blinde Klippen.

Klohn; plattd. für Knäuel.

Kloten, die — (plur.); kleine, durch-
bohrte kugel- oder cylinderförmige
Hölzer zum Leiten des laufenden Tauwerkes etc.

Klüfock, die —; ein dreieckiges Segel
auf kleinen Fahrzeugen.

Klüsen, die —; Löcher, durch welche
die Ankerketten durch den Bug
fahren und die mit Blei oder Eisen
ausgefüttert sind.

Klüsen, die —; joc. die Augen.

Klüsen, v.; bei Sturm vor Anker liegen
und Wasser durch die Klüsen (s. d.)
bekommen.

Klüshölzer, die —; starke Hölzer, in
welchen die Klüsen (s. d.) ausgebohrt
sind.

Klüver, der —; das am Klüverbaume
(s. d.) befindliche, zum Manövriren
des Schiffes höchst wichtige Stagsegel (s. d.).

Klüverbackstage, die —; die Taue,
welche dem Klüverbaume (s. d.)
die Befestigung seit- und rückwärts
geben.

Klüverbaum, der —; die erste Verlängerung des Bugspriets (s. d.), an welcher der Klüver (s. d.) ,fährt'.

Klüverfall, das —; das Tau zum Aufziehen des Klüvers (s. d.).

Klüvergasten, die —; die mit der Bedienung des Klüvers betraute Mannschaft.

Klüvergasten, leg' aus! Kommando.

Klüverstag, das —; das Tau, welches vom Topp (s. d.) der Vorstenge (s. d.) nach dem Bügel am Klüverbaume (s. d.) geht und dem · Klüver (s. d.) als Leiter (s. d.) dient.

Klüverstampfstag, das —; das Tau, welches dem Klüverbaume (s. d.) die Befestigung nach abwärts giebt.

Kluft, die —; eine Einzapfung zur Verbindung von Hölzern.

Knapen, die —; kleine würfelförmige Stücke Holz, welche man auf solche Gegenstände legt, die so festgespikert werden sollen, dass man sie ohne Beschädigung wieder losmachen kann.

Knebel, der —; ein kleiner hölzerner Stock oder Pflock, womit zwei Stroppen (s. d.), die in entgegengesetzter Richtung wirken sollen, mit einander verbunden werden.

Kneifzange, die —; das bekannte eiserne Werkzeug zum Wiederherausziehen der Spiker (s. d.) aus dem Holze.

Kneifzange; iron. Frack.

Knie, das —; ein Stück Holz oder Eisen mit zwei einen Winkel bildenden Armen; s. Winkelknie und Vertikalknie.

Knopf, Knoten, der —; eines Taues. Im Allgemeinen unterscheidet sich ein Knoten von einem Stiche oder Schlage dadurch, dass er fester zusammengezogen wird. Die gebräuchlichsten Knoten sind: der einfache und doppelte Fallreepsknoten, der einfache und doppelte Taljenreepsknoten, der englische Fallreepsknoten, der amerikanische Fallreepsknoten, der Stopperknoten, der Bojenreepsknoten, der feste und laufende Türkenkopf, der einfache und doppelte Wandknoten. Einige dieser Knoten sind sehr künstlich gearbeitet.

Knopf, der —; des Flaggenstocks, der Oberbramstengen.

Knoten segeln oder **machen;** Seemeilen per Stunde zurücklegen.

Knüttel, die —; kurze Enden (s. d.) dünner Leinen.

Koch, der —.

Kochsgast, der —; isst nach der übrigen Mannschaft mit dem Koche; z. B. wer am Ruder gestanden ist.

Kochsmaat, der —; der Gehilfe des Koches.

Koffinnagel, der —; metallene oder hölzerne Pinnen (s. d.), um Taue daran zu belegen.

Koje, die —; die wandschrankähnliche Schlafstelle der Matrosen auf Kauffahrteischiffen.

Koker, der —; die Bekleidung einer Oeffnung mit Holz; die Oeffnung selbst; durch den Ruderkoker fährt das Ruder.

Kolschwein, s. Kielschwein.

Kombüse, die —; die Schiffsküche.

Kombüsenbesteck machen; joc. die Rechnung ohne den Wirth machen.

Kommandant, der —; der Befehlshaber eines Kriegsschiffes.

Kommodor, der —; ein Titel, der für die während des Kommandos dem als Geschwader-Chef fungirenden ältesten Kapitän beigelegt wird und ungefähr dasselbe ist, als wenn in der Armee ein Oberst Brigadier wird. Der Kommodor führt als Rangabzeichen eine dreieckige oder Zungen-Flagge, den sogenannten Kommodor-Stander am Grosstopp (Spitze des Mittelmastes), während die Admiralsflaggen viereckig sind.

Kommodor-Stander, s. Kommodor.

Kompass, s. Seekompass.

Kompassstrich, s. Strich.

Kontrebrassen, die —; die Grossraa (s. d.) hat doppelte Brassen (s. d.); die nach vorn fahren, heissen Kontrebrassen.

Kontre- oder **Gegen-Admiral,** s. Admiral.

Konvoi, das —; eine Anzahl Handelsschiffe oder Transportfahrzeuge, die unter dem Schutze von Kriegsschiffen segeln.

Koppelkurs, der —; der aus den verschiedenen gesteuerten Kursen zusammengestellte allgemeine Kurs.

Korvée- oder **Piquet-Dienst;** im Allgemeinen die Bereitschaft, in welcher

526

nach Beendigung eines periodischen Dienstes die betreffenden Personen, während einer diesem Dienste gleich langen Zeitdauer sich halten müssen, um als Ersatz für momentane Abgänge in demselben eintreten zu können, ferner um den Bedürfnissen, welche ausserhalb des Schiffes bestritten werden müssen, zu genügen, oder um Verrichtungen auszuführen, welche nicht durch das Reglement einer bestimmten Person zugewiesen sind. Die allfällige Thätigkeit hierbei wird gleichfalls Korvée- oder Piquet-Dienst genannt. Der erste Terminus ist der in der österreichisch-ungarischen, der zweite der in der deutschen Marine gebräuchliche.

Korvette, die —; nannte man früher diejenigen Kriegsschiffe, welche bei Vollschiff-Takelung (drei Masten mit Raaen) eine Lage Geschütze auf dem Oberdeck führten. In der Neuzeit baut man jedoch auch sogenannte g e d e c k t e Korvetten, welche wie die Fregatten (s. d.) eine Lage Geschütze unter Deck, auf dem Oberdeck jedoch nur 2—4 schwere Kanonen führen. Als allgemeines Kennzeichen der ungepanzerten Korvette gilt, dass sie nur e i n e vollständige Lage Geschütze, sei es über (Glattdeck-Korvette) oder unter Deck (gedeckte Korvette) hat und als Vollschiff getakelt ist. Bei gepanzerten Korvetten trifft dies jedoch nicht zu. Hier giebt man den Namen Korvette an Schiffe, welche wegen geringerer Dimensionen nicht die schwersten Kaliber führen können, oder auch, wenn sie mit den letzteren bewaffnet sind, dann aber nur eine Lage Geschütze auf dem Oberdeck haben.

Krängen, v.; auf die Seite neigen oder geneigt werden.

Krängung, die —; der Winkel, um den das Schiff beim Schlingern (s. d.) aus seiner perpendikulären Lage gebracht wird.

Kragen, der Masten, die —; zusammengenähte Stücke Segeltuch, die an dem Maste dicht über dem Deck befestigt sind, um das Eindringen des Wassers zu verhüten.

Krahnbalken, der —; ein am Buge aussenbords befindlicher sehr starker Balken zum Tragen des Ankers beim Fallenlassen und Aufwinden desselben.

Krahnbalksweise; in der Richtung nach vorn, halb rechts oder halb links.

Krahnlien, s. Dirk.

Krampe, die —; ein Eisen, das die Gestalt eines grossen lateinischen U hat.

Krapp, adv.; kurz (von Seen).

Krapp, adv.; drall (von Tauen).

Krawehl, auf — gebaut; krawehlweise gebaut, nennt man Fahrzeuge, deren Planken mit ihren schmalen Seiten aneinander stossen.

Krengen, s. Krängen.

Kreuzbrambrassen, die —; die Brassen (s. d.) der Kreuzbramraa (s. d.).

Kreuzbramfall, das —; das Fall (s. d.) der Kreuzbramraa (s. d.).

Kreuzbrampardunen, die —; die Pardunen (s. d.) der Kreuzbramstenge (s. d.).

Kreuzbramraa, die —; die dritte Segelstange von unten am hintersten Mast.

Kreuzbramsegel, das —; das Segel an der Kreuzbramraa (s. d.).

Kreuzbramstag, das —; das Stag (s. d.) der Kreuzbramstenge (s. d.).

Kreuzbramstenge, die —; die zweite Verlängerung des hintersten Mastes.

Kreuzbramtoppenanten, die —; die Toppenanten (s. d.) der Kreuzbramraa (s. d.).

Kreuzbramwanten, die —; die Wanten (s. d.) der Kreuzbramstenge (s. d.).

Kreuzbrassen, die —; die Brassen (s. d.) der Kreuzmarsraa (s. d.).

Kreuzbulienen, die —; die Bulienen (s. d.) des Kreuzsegels (s. d.).

Kreuzen der Raaen; selbe, wenn sie geheisst worden sind, mit den Toppenanten (s. d.) in horizontale Lage bringen.

Kreuzen, v.; mit einem Bindsel (s. d.) eine Kreuzung machen, d. h. durch quer darübergehende Schläge eine Tau-Sorrung etc. besser zusammenschnüren.

Kreuzen, v.; im Zickzack gegen den Wind segeln.

Kreuzen, v.; eine Zeit lang in einer gewissen Seegegend hin- und herfahren.

Kreuzer, der —; ein zum Kreuzen (s. d.) bestimmtes Kriegsschiff.

Kreuzfall, das —; das Fall (s. d.) der Kreuzmarsraa (s. d.).

Kreuzhölzer, die —; eine Art Klampen zum Festmachen von Tauwerk, gewöhnlich der Schooten der Untersegel.

Kreuzmarssegel, das —; das dritte Segel von oben am hintersten Maste.

Kreuzmast, der —; der hinterste Mast eines Vollschiffes (s. d.).

Kreuzoberbrambrassen, die —; die Brassen (s. d.) der Kreuzoberbramraa (s. d.).

Kreuzoberbramfall, das —; das Fall (s. d.) der Kreuzoberbramraa (s. d.).

Kreuzoberbrampardunen, die —; die Pardunen (s. d.) der Kreuzoberbramstenge (s. d.).

Kreuzoberbramraa, die —; die vierte Segelstange von unten am hintersten Mast.

Kreuzoberbramsegel, das —, das erste Segel von oben am hintersten Maste.

Kreuzoberbramstag, das —; das Stag (s. d.) der Kreuzoberbramstenge (s. d).

Kreuzoberbramstenge, die —; die Verlängerung der Kreuzbramstenge (s. d.).

Kreuzoberbramtoppenanten, die —; die Toppenanten (s. d.) der Kreuzoberbramraa (s. d.).

Kreuzpardunen, die —; die Pardunen (s. d.) der Kreuzmarsstenge (s. d.).

Kreuzraa oder **Kreuzmarsraa,** die —; die zweite Segelstange von unten am hintersten Maste.

Kreuzsegel, das —; das dritte Segel von oben am hintersten Maste.

Kreuzstenge, die —; die erste Verlängerung des Kreuzmastes (s. d.).

Kreuzstengenstag, das —; das Stag (s. d.) der Kreuzstenge (s. d.).

Kreuzstengenwanten, die —; die Wanten (s. d.) der Kreuzstenge (s. d.).

Kreuztoppenanten, die —; die Toppenanten (s. d.) der Kreuzraa (s. d.).

Kriegsflotte, s. Flotte.

Kriegsschiff, das —; jedes der Kriegsmarine angehörige Schiff.

Krimpen, v.; auf nördlichen Breiten die Veränderung des Windes in der Richtung von West nach Süd, von Süd nach Ost, also: ‚gegen die Sonne‘.

Krummholz, das —; alles Holz, welches nach besonderen Krümmungen gewachsen ist und beim Schiffbau zu Innhölzern, Knieen u. s. w. verwendet wird.

Kühlen, v.; das Stärkerwerden des Windes.

Kühlte, die —; die verschiedenen Grade des Windes, inscfern sie auf die Beisetzung einer grösseren oder kleineren Segelmasse Bezug haben, werden sämmtlich mit dem Namen Kühlte und Brise bezeichnet. Man unterscheidet im Allgemeinen zehn solcher Grade: flaue, labbere Kühlte, leichte, mässige, frische und steife Brise (der höchste Grad des Windes, bis zu welchem man Bramsegel (s. d.) führen kann, daher nennt man wohl auch sämmtliche Brisen zusammen Bramsegel-Kühlte), mässige oder Marssegel-, frische und steife Kühlte (bei letzteren beiden werden bereits die Marssegel (s. d.) gereeft), schwerer Wind. Ueber 40 Fuss in der Sekunde beginnt der Sturm.

Küste, die —.

Küstenfahrer, der —; ein Fahrzeug, welches nur nach wenig entfernten Gegenden fährt.

Küstenfahrt, s. Küstenfahrer.

Kuff, die —; ein holländisches und Ems-Fahrzeug. Die Kuffen haben einen ziemlich gleichmässig breiten, vorn und hinten nahezu vierkantigen, langgestreckten, stark gebauten Rumpf mit starkem Spring (s. d.), rundlichem Boden und hohem Kiele; gegen Abtrifft sind die kleineren Fahrzeuge mit Schwertern (s. d.), die grösseren mit Kimmkielen versehen. Sie ‚tragen das Ruder auf dem Rücken‘, d. h. das Ruder hängt an dem Hintersteven herunter, überragt diesen sowohl wie das Heck (s. d.) und wird durch eine lange Steuerpinne auf dem Deck gehandhabt. Diese Pinne geht bei den Kuffen über die das Deck 1 bis 2 Fuss überragende, ganz hinten gelegene Kajüte hinweg, welch’ letztere allerdings grösstentheils unter Deck liegt, und durch zwei Fenster am Heck, aber auch noch durch Decklichter erhellt wird. Als Verschanzung (s. d.) haben die Kuffen einen hohen festen Bord, d. h. sie sind 1 bis 2 Fuss über dem Wassergange mit einem festen Bord versehen, der von innen und aussen beplankt ist, worauf dann die Rehlingstützen gesetzt sind. So weit der feste Bord reicht, ist ganz hinten das Deck erhöht für die Kajüte. Der vordere Mast ist der Grossmast; er besteht aus hohem Untermaste, an welchem eine nach unten spitz auslaufende Stenge derartig gelascht ist, dass der ganze Mast aus einem Stücke zu bestehen scheint und also weder Mars (s. d.), noch Sahling (s. d.) trägt. Der Besahnmast steht ziemlich weit nach hinten, um Platz für den grossen Baum (s. d.) zu lassen. Die Hauptsegel sind natürlich am Vormaste, Breitfock, Toppsegel und ein stets laufendes oder loses Bramsegel, nebst Fock, Klüver-Fock und Jager, sodann das Gaffel-Grosssegel; die Besahn ist hoch und schmal; ein Gaffel-Toppsegel darüber zu fahren, ist sehr wenig gebräuchlich. Es giebt auch einmastige Kuffen, deren Mast dann mit etwas längerer Stenge versehen ist, als die der Tjalk (s. d.).

Kuffgaljote, die —; hat den Rumpf der Galjote (s. d.) und die Takelung der Kuff (s. d.); Grösse 51 bis 78 Tonnen. Sie ist eine halb modernisirte Kuff.

Kufftjalk, die —; hat den Rumpf der Kuff (s. d.), aber die Takelung der Tjalk (s. d.).

Kuhbrücke, s. Zwischendeck.

Kuhbrücke, die — **von Stengen und Raaen** ; die Reserve-Rundhölzer werden mit dem einen Ende auf die Back (s. d.) oder auf einen Galgen beim Fockmaste gelegt, und mit dem anderen auf einen ähnlichen Galgen vor dem Grossmaste, so dass sie eine Art Deck bilden.

Kuhfuss, der —; ein eiserner Hebel.

Kuhl, die — **eines Schiffes;** der Theil des Oberdeckes zwischen dem Gross- und Fockmaste.

Kundwächter, der —; ein Tau zum Heranholen des am Schwingbaume (s. d.) liegenden Bootes.

Kupferfest; ist ein Schiff, welches eine Verbolzung von Kupfer oder von irgend einer Kupferlegirung (Muntzmetall, Metall im engeren Sinne) hat.

Kupferhaut, die —; die aus Kupfer- oder Messing- (Metall-) Platten be-

stehende Bekleidung des Schiffsbodens.

Kutter, der —; ein in England, Deutschland und Amerika sehr beliebtes einmastiges Fahrzeug von 12 bis 100 Tonnen Grösse. Die Kutter sind gewöhnlich 50 bis 60 Fuss lang, haben aber für diese geringe Länge einen sehr bedeutenden Tiefgang von 9 bis 10 Fuss. Sie sind scharf gebaut, vortreffliche Segler und namentlich ausgezeichnete Seefahrzeuge, so dass sie trotz ihrer Kleinheit schwere Stürme abwettern können. Das Hauptsegel ist ein grosses Gieksegel (s. d.). Die Stenge (s. d.) ist hoch, das Bugspriet (s. d.) horizontal, der Aussenklüver (s. d.) gross. Die Kutter dienen vielfach als Lootsen- und Fischerfahrzeuge, in England auch als Lustfahrzeuge (Jachten). In neuester Zeit haben die Kutter häufig zwei Masten, von welchen der hintere aber sehr kurz ist und nur ein kleines Segel führt, welches das Fahrzeug mit dem Kopfe am Winde halten soll, wenn es beim Fischen ohne sonstige Segel vor dem Grundnetze treibt.

Kurs, der —; der Kompassstrich, auf dem ein Schiff segelt, um einen bestimmten Ort zu erreichen.

Kurs, der gesteuerte —; der Kompassstrich, nach dem man im Schiff steuert, ohne dabei auf die Abtrift des Schiffes und die Abweichung der Magnetnadel Rücksicht zu nehmen.

Kurs, der **Koppel** —; mehrere verbesserte Kurse, welche ein Schiff in einem Etmal (s. d.) gemacht hat, und aus denen man den Generalkurs berechnet, d. h. denjenigen, welchen das Schiff hätte machen müssen, um in gerader Linie den wirklich durchgemachten Weg zu durchlaufen.

Kurs, der **magnetische** —; der Kompassstrich, auf dem das Schiff wirklich gesegelt ist oder segelt, nachdem die Verbesserung der Abtrift etc. wegen angebracht ist.

Kurs, der **wahre** —; der Kompassstrich, auf welchem das Schiff wirklich gesegelt ist oder segelt, nachdem Abtrift, Strömung, Deklination und Deviation in Rechnung gebracht worden.

L.

Labbern, s. killen.

Labsalben, v.; das Tauwerk mit Theer, Masten und Stengen (s. d.) mit Oel oder Fett einschmieren, um sie besser gegen die Witterung zu schützen.

Ladebaum, der —; ein Rundholz, an welchem das Windetakel hängt.

Ladefähigkeit, s. Lastigkeit.

Laden, v.; Güter u. s. w. in das Schiff bringen.

Ladetakel, das —; ein Takel, welches über der grossen Luke (s. d.) am Toppreep (s. d.) hängt und zum Einund Ausladen der Güter dient.

Ladung, die — **eines Schiffes.**

Lägel, der —; ein Ring von Tauwerk; desgleichen von Holz oder Eisen.

Lähnig; 1. leicht zu biegen (von Tauen); 2. schwach von Verband (von Schiffen).

Länge, die —; eine Schlinge zum Aufwinden von Fässern.

Länge, die geographische —.

Längsbänder, die —; bestehen aus einer Plattenverbindung, die unmittelbar auf den Deckbalken (s. d.) an jeder Seite der Luken (s. d.) parallel mit der Mittellinie des Schiffes gelegt und an jedem Deckbalken, sowie im Buge und Heck (s. d.) am Wassergange befestigt wird.

Längsspanten, die —; Verbindungen breiter Platten, welche in dem Raume zwischen dem Kiele und dem Panzerträger (s. d.) an jeder Seite des Schiffes fast in der Richtung der Sentebenen (s. Senten) in angemessenen Zwischenräumen angeordnet werden. Gewöhnlich reicht nur die halbe Anzahl der Längsspanten vom Vorsteven (s. d.) bis zum Hintersteven (s. d.), die übrigen endigen eine Strecke vor den genannten Verbandstücken in wasserdichten Querschotten. Die Längsspanten stellen bei Eisenschiffen einen vorzüglichen Längenverband her.

Läufer, der —; das Tau eines Flaschenzuges.

Lafwindig; geneigt zum Abfallen (s. d.); das Gegentheil von ,luvgierig' (s. d.).

Landen, v.; an das Land fahren.

Landfeste, die —; ein Tau, mit welchem ein Schiff am Lande befestigt wird.

Landkennung, die —; die Kenntniss der Landmarken und der Küsten.

Landmarken, die —; die Kennzeichen am Lande.

Langhals, der —; ein langer Stropp (s. d.) am Block (s. d.).

Langsahlinge, die —; Hölzer unter dem Topp der Masten und Stengen (s. d.), auf welchen die Quersahlinge (s. d.) ruhen.

Langschott, s. Schott.

Lappen, v.; ausbessern (Segel).

Lasch, Laschung, die —; die Zusammenfügung zweier gleichartiger Hölzer zu einem Ganzen.

Laschen, v.; zusammenfügen, zusammenverbinden.

Lass' fallen! Das fünfte Kommando beim Manöver ,Segel los!', worauf sämmtliche Segel zugleich von ihren Raaen (s. d.) geworfen werden.

Lass' fallen! Kommando zum Einfallen der Riemen (Ruder eines Bootes) in das Wasser.

Lass' laufen! Kommando, um ein Boot auslaufen zu lassen.

Last, die —; der unterste Raum im Schiffe, daher Fleischlast, Brotlast u. s. w.

Lastigkeit, die —; die Tragfähigkeit eines Schiffes.

Lateinisches Segel, das —; ein dreieckiges, in weite Spitzen auslaufendes, an einer langen leichten, beinahe senkrechten Raa befestigtes Segel. Die Raa ist stets länger als der Mast. Lateinische Segel sind besonders im Mittelmeere gebräuchlich.

Laterne, die —; es giebt an Bord verschiedene Arten von Laternen, z. B. Fallreeps-, Positions-, Signal-Laternen.

Laufendes Tauwerk, s. Tauwerk.

Laufplanken, die —; das Oberdeck zu beiden Seiten der Kuhl (s. d.) zwischen dem Gross- und Fockmaste (s. d.).

34

Laufstage, die —; zwei Taue längs des Bugspriets (s. d.).

Laviren, v.; Laienausdruck für Kreuzen (s. d.).

Lebendige Werk, das —; der bei voller Ladung unter der Wasserlinie liegende Theil des Schiffsgebäudes.

Lebensboje, die —; die am Hintertheile des Schiffes hängende Rettungsboje, die beim Rufe: ‚Mann über Bord!‘ sofort fallen gelassen wird und hinten hinaustreibt.

Leck, das —; eine nicht beabsichtigte Oeffnung, durch welche Wasser dringt; das Eindringen des Wassers selbst.

Leckage, die —; der Verlust durch das Lecken von Fässern.

Lecken, v.; von Fässern gesprochen.

Lee, Leeseite, die —; die dem Winde n i c h t zugekehrte Seite des Schiffes oder des Landes; man nennt sie auch die Seite unter dem Winde.

Leebrassen, Leebulienen und andere Zusammensetzungen s. unter Brassen, Bulienen u. s. w.

Leesegel, das —; ein Segel, durch welches ein Raasegel (s. d.) bei günstigem Winde verbreitert wird. Leesegel werden an der L u v s e i t e (s. d.) des Schiffes beigesetzt.

Leesegelhals, s. Binnenschoote.

Leesegelraa, die —; die Raa (s. d.) eines Leesegels (s. d.).

Leesegelspiere, die —; die Spieren, mit welchen die Leesegel (s. d.) an ihrem unteren Liek (s. d.) ausgespannt werden.

Leewärts; die Richtung nach Lee (s. d.) hin.

Leeweg, der —; die Abtrift (s. d.) des Schiffes.

Leg’ aus! Kommando beim Manöver ‚Segel los!‘, auf welches die Mannschaft auf die Raaen auslegt.

Legerwall, der —; die Seite des Landes, welche dem stürmischen Winde zugekehrt ist.

Leguan, der —; ein Kranz von Tauwerk.

Leibhölzer, s. Wassergänge.

Leibknoten, der —; eine offen bleibende Schlinge.

Leichter, Lichter, der —; ein Fahrzeug, welches ein anderes erleichtert.

Leichtmatrose, der —; auf Kauffahrteischiffen der Grad unter dem Matrosen.

Leik, s. Liek.

Leine, die —; ein dünnes Tau.

Leiter, der —; bei Stagsegeln (s. d.) ist, wenn sie nicht unmittelbar am Stage (s. d.) fahren, ein in der Richtung des Stages gespanntes Tau vorhanden, welches der ‚Leiter‘ heisst.

Lenspumpen, v.; so viel Wasser aus dem Schiffsraume pumpen, bis die Pumpe nicht mehr saugt, also kein Wasser mehr im Schiffe ist.

Lenzen, v.; bei Sturm vor dem Winde laufen; können keine Segel geführt werden, so nennt man dies ‚vor Topp und Takel lenzen‘.

Leuto, der —; Küsten- und Fischer-Fahrzeug im adriatischen· Meere, ganz gedeckt, einmastig, mit lateinischen Segel, meistens ohne Klüver (s. d.) und statt dessen ein kleines lateinisches Segel am Buge. Grösse (als Fischer-Fahrzeug) 3 bis 5 Tonnen, Länge 6 bis 8ᵐ, Besatzung 5 bis 7 Mann. Diese Fahrzeuge dienen beim Sardellenfang mit Zugnetz als Hauptfahrzeug, auf dem das Sardellen - Netz geführt wird. Heimat: vorzugsweise Rovigno in Istrien.

Lichten, v.; etwas in die Höhe heben. ‚Anker lichten‘ heisst: den Anker in die Höhe winden.

Liek, Leik, das —; das Saumtau (Taueinfassung) an einem Segel.

Linienschiff, das —; die früheren Schlachtschiffe. Sie wurden in Zweidecker und Dreidecker eingetheilt, je nachdem sie zwei oder drei Lagen Kanonen unter Deck führten. Ausserdem führten sie noch Geschütze auf dem Oberdeck. Die grössten Dreidecker hatten 120 bis 130 Kanonen. Jetzt sind an die Stelle der Linienschiffe die Panzerschiffe (s. d.) getreten.

Lippklampen, der —; Hölzer zum Festmachen des laufenden Tauwerkes.

Loch, s. Gatt.

Löchern, v.; Löcher einschlagen, z. B. in Metallplatten.

Löschbord, das —; eine Vorrichtung zum Schutze der Schiffsseite beim Löschen (s. d.).

Löschen, v.; die Ladung aus dem Schiffe nehmen.

Löschung, die —; die Ausladung.

Logg, das —; Instrument, mit welchem die Geschwindigkeit eines Schiffes im Wasser gemessen wird. Das Logg besteht aus dem Loggbrett (s. d.), der Loggrolle (s. d.), der mit ihren Enden an diese beiden befestigten Loggleine (s. d.) und dem Logg-Glase (s. d.). Von den vielen Patentloggs, welche konstruirt sind, verdient nur Massey's Patentlogg Erwähnung. Dies Instrument besitzt ein Uhrwerk, welches durch Schraubenflügel, die durch die Fahrt des Schiffes bewegt werden, in Thätigkeit gesetzt wird. Es dient zur Kontrole des gewöhnlichen Loggs.

Loggbrett, das — (Loggsektor); ist ein aus hartem Holze gearbeiteter Quadrant von 150 bis 200^{mm} Radius und von 6 bis 8^{mm} Dicke, in dessen Kreisrand, welcher aber einem grösseren Radius angehört, ein so schwerer Streifen Blei eingelassen ist, dass das Loggbrett senkrecht im Wasser schwimmt und seine Spitze nur wenig aus dem Wasser hervorragt.

Loggbuch, das —; Ausdruck für Schiffsjournal.

Loggen, v.; die Geschwindigkeit des Schiffes mittels des Loggs (s. d.) messen. Zum Loggen sind drei Personen erforderlich, von denen *A* die Loggrolle (s. d.), *B* das Logg-Glas (s. d.) hält, *C* den Stöpsel *x* fest in den hohlen Kegel *y* (Figur 11 auf Seite 37) steckt (wie es die Figur 10 zeigt) und dann das Loggbrett (s. d.) über Bord wirft; *C* lässt nun die Leine lose durch die Hand laufen und sobald der Lappen des Vorläufers (s. Loggleine) diese passirt, ruft er *B* zu, das Logg-Glas zu drehen. Wenn dieses abgelaufen, hält *C* die Leine fest und zählt nun die ausgelaufenen Knoten (s. Loggleine). Durch das Festhalten der Leine zieht sich der Stöpsel *x* von selbst aus dem Kegel *y* (Figur 11) und ermöglicht so ein Einholen der Leine. Die Anwendung des Loggs geht von der Annahme aus, dass der

Sektor unbeweglich an derselben Stelle verharre.

Logger, s. Lugger.

Logg-Glas, das —; eine kleine Sanduhr, welche zum Loggen (s. d.) gebraucht wird. Sie läuft gewöhnlich 14 oder 28 Sekunden.

Loggleine, die —; das eine Ende der Loggleine ist an der Spitze des Loggbrettes (s. d.) befestigt, und ungefähr 250 bis 300^{mm} von dem Loggbrette entfernt ist ein hohler Kegel so an der Leine angebracht, dass die Oeffnung desselben nach dem Sektor zu liegt. In den beiden anderen Ecken des Sektors wird eine 500 bis 600^{mm} lange, gleich starke Leine mit ihren Enden befestigt, in deren Mitte sich ein in den hohlen Kegel passender Stöpsel befindet, um auch während des Loggens den Sektor senkrecht im Wasser zu halten. Von diesem Kegel wird zuerst die Länge des Schiffes auf der Leine abgemessen und diese Stelle durch einen grösseren Lappen gekennzeichnet; dieses Ende (Vorläufer genannt) dient dazu, das Loggbrett aus dem Kielwasser zu bringen, ehe das eigentliche Messen der Fahrt beginnt. Der übrige Theil der Leine ist gleichmässig durch kleine eingesteckte Tauknoten getheilt. Die Länge dieser durch kleine Knoten abgegrenzten Theile (Knotenlänge) hängt von der Zeit der Sanduhr (Logg-Glas, s. d.) ab; sie beträgt so viel Meridiantertien, als das Logg-Glas Zeitsekunden zum Ablaufe braucht. Da nun die Seemeile gleich der mittleren Meridianminute ist, so macht das Schiff so viele Seemeilen in einer Stunde, als es Meridiantertien in einer Zeitsekunde durchläuft. Das andere Ende der Leine ist an der Loggrolle (s. d.) befestigt.

Loggrolle, die —; eine leicht drehbare Rolle, auf welcher die Loggleine (s. d.) aufgerollt ist. An den beiden Enden der Achse derselben befinden sich Handhaben, damit der betreffende Mann, welcher die Rolle hält, solche bequem horizontal und frei von seinem Körper halten kann.

Logis, s. Volkslogis.

Lokalattraktion, die —; die Deviation oder örtliche Abweichung der Magnetnadel.

Lootse, der —; ein des Hafens, der Hafeneinfahrt oder der engen, von Untiefen besetzten Fahrstrassen kundiger Seemann, welcher die ein- und auslaufenden Schiffe führt. Meistens sind die Lootsen vom Staate angestellt und besoldet, oder doch zu diesem Dienste geprüft und autorisirt. Die Lootsen sind verpflichtet. auch bei stürmischer See an Bord der Schiffe zu gehen. Da der Lootse für allen Schaden, der durch sein Versehen dem Schiffe zustösst, verantwortlich ist, so übernimmt er den Befehl desselben und Alles muss nach seiner Anordnung geschehen.

Lootsen, v.; die Arbeit der Lootsen (s. d.), Schiffe aus- und einzubringen.

Lootsenboot, das —; gut segelnde und wetterfeste Fahrzeuge, für den Lootsendienst bestimmt. In neuerer Zeit werden auch kleine Dampfer zu diesem Dienste benutzt.

Lootsenfahrwasser, Lootsenrevier, das —; die Strecke, so weit das Lootsen (s. d.) geschehen muss.

Lootsengeld, das —; die dem Lootsen zu zahlende, festgesetzte Vergütung. Schiffe, welche ohne Lootsen aus- und einsegeln, müssen auch das Lootsengeld bezahlen.

Lootsensignal, das —; ein festgesetztes Signal, um den Lootsen an Bord zu rufen.

Loskiel, der —; starke Planken, resp. Hölzer, die unter dem Kiele, nur mit diesem befestigt, angebracht sind, um bei einem Aufgrundkommen des Schiffes den eigentlichen Kiel vor Beschädigung zu sichern.

Loth, das —; das Senkblei.

Lothen, v.; das Senkblei auswerfen.

Lothleine, die —; die Leine, an welcher das Loth befestigt ist.

Lothrecht, s. auf und nieder.

Lüstern, v.; wenn ein Schiff sich sehr leicht durch das Steuerruder regieren lässt. Hart auf das Steuer sein ist die entgegengesetzte Eigenschaft.

Lugger, der —; zweimastiges, zuweilen auch dreimastiges, besonders in Frankreich beliebtes Küstenfahrzeug, das meist zur Fischerei auf offener See benutzt wird. Die Lugger sind durchweg gute Seefahrzeuge und können viel abhalten. Es sind niedrige, aber langgestreckte Fahrzeuge mit plattem Heck, von circa 70 bis 80 Tonnen Gehalt, mit sogenannten Luggersegeln, deren Raaen auf ein Drittel ihrer Länge mit dem Fall an den Masten fahren. Ist ein dritter Mast vorhanden, so dient er als Beilieger, wenn die Fahrzeuge vor den Netzen treiben; die vorderen Masten können auf Deck niedergelegt werden. Die Ostsee-Lugger, die aber auch Frachtfahrer sind, haben zwei Masten.

Luggerkahn, der —; hat die Luken des Kahnes (s. d.) und die übrige Bauart des Luggers (s. d.); Grösse: 35 bis 63 Tonnen.

Luke, die —; die Oeffnungen in den Decken des Schiffes, theilweise als Auf- und Niedergänge benutzt.

Luke, die —; der Lukendeckel.

Lukenschalken (auch Lukenschalmen), die —; Latten, die bei der Befestigung der Lukentücher (Persenninge) gebraucht werden.

Lukenscheerstöcke, s. Scheerstöcke.

Luksillen, die —; die Begrenzungsrahmen der Luken zum Schutze der unteren Räume gegen das Eindringen des auf den Decken sich sammelnden Wassers.

Luv, die —; die Richtung, von welcher der Wind kommt.

Luvbrassen, Luvbulienen und andere Zusammensetzungen s. unter Brassen u. s. w.

Luvbrassen straff! Kommando beim ‚Wenden‘.

Luven, anluven, v.; das Schiff mehr in die Richtung des Windes bringen, woher derselbe weht.

Luvgierig; wenn ein Schiff überwiegende Neigung hat, sich mit dem Vordertheile der Richtung des Windes zu nähern oder anzuluven. Das Gegentheil heisst lafwindig.

Luvseite, die — **des Schiffes;** die dem Winde zugekehrte Seite.

Luvwärts; Alles, was nach der Luvseite (s. d.) des Schiffes zu liegt.

M.

Maat, der —; der Gehilfe, daher z. B. Bootmannsmaat etc.; auch Gefährte, Kamerad; — Backsmaaten, die miteinander eine Menage bilden.

Makler, s. Schiffsmakler.

Mall, die —; eine Schablone, ein Modell von dünnen, fichtenen Brettern für Spanten u. s. w.

Mallen, v.; unstetig von Richtung sein (vom Winde gesprochen).

Mamirung, die —; ein Schlauch von Segeltuch.

Manifest, das —; das Ladungsverzeichniss.

Mannschaft, s. Schiffsmannschaft.

Manöver, das —; eine jede nach gewissen Gesetzen bewerkstelligte Wendung oder Veränderung des Weges eines Schiffes mittels der Segel und des Steuers, z. B. wenden, halsen, abfallen, beilegen, aufbrassen, lenzen, vor Anker gehen. Das Manöver einer ganzen Flotte nennt man Seetaktik (s. d.). Es heisst ferner auch jede Arbeit oder jeder Dienst, der bei den Segeln, Tauen und Ankern geschieht, ein Manöver, z. B. die Segel reefen, beschlagen, beisetzen, aufgeien, streichen, brassen etc.; das Boot aus- und einsetzen, die Anker lichten, aufkatten u. s. w.; ein Schiff vertäuen, bugsiren; Stengen und Raaen heissen und streichen u. s. w.

Manöverrolle, die —; weist der Besatzung bei den verschiedenen Segelmanövern, Bootaussetzen u. s. w. ihre Stationen an.

Mantel, der —; ein Theil einer Art von Flaschenzug.

Manteltakel, das — oder **Mantel und Takel;** eine Art von Flaschenzug.

Marine, die —; das Seewesen.

Marine-Architekt, s. Schiffbau-Ingenieur.

Marine-Architektur, die —; die Schiffbaukunst.

Markbrief, der —; das Kaperpatent.

Marken, s. Landmarken.

Marlen, v.; mit Leinen anbinden, mit Leinen umwickeln.

Marlien, Marling, die —; eine dünne Leine.

Marlpfriem, Marlspicker, der —; eine Art eiserner Pinne oder Bolzen zum Durchbohren bei Arbeiten mit Tauwerk.

Mars, die —; eine halbkreisförmige Plattform, welche auf die Sahlinge (s. d.) der Masten gelegt wird, um die Stengenwanten zu spreizen.

Marsbrassen, die —; die Brassen (s. d.) der Marsraaen (s. d.).

Marsfallen, die —; die Fallen (s. d.) der Marsraaen (s. d.).

Marsgasten, die —; die für die Bedienung der Mars- und Untersegel (s. d.) bestimmten Leute.

Marsgasten der Unterraaen, leg' aus! Kommando zum Hinauslaufen.

Marsgasten, enter auf! Kommando zum Hinauflaufen.

Marsleesegel, die —; die Leesegel (s. d.) der Marssegel (s. d.)

Marsraaen, die —; die Rundhölzer, an welchen die Marssegel befestigt sind.

Marsschooten, die —; die Schooten (s. d.) der Marssegel (s. d.).

Marsschooten vor! Kommando beim Marssegelsetzen.

Marssegel, die —; die dritten Quersegel an den Masten von oben. Auf grösseren Kauffahrteischiffen sind in neuerer Zeit die Marssegel in zwei Theile getheilt, d. h. sie fahren doppelte Marssegel. Die Raa (s. d.) des unteren bleibt am Eselshaupt (s. d.), die des oberen kann auf- und niedergelassen werden.

Marssegel, heiss' auf! Kommando beim Marssegelsetzen.

Marssegel-Schuner oder **Briggschuner,** der —; ein Schuner (s. d.), dessen Fockmast vollgetakelt ist, also Mars- und Bramstenge mit Mars- und Bramsegel hat.

Marstoppenanten, die —; die Toppenanten (s. d.) der Marsraaen (s. d.).

Martingäle, s. Stampfstock.

Mast, der —; besteht aus zwei bis drei Theilen: dem Untermaste mit der

Stenge oder der Marsstenge und der
Bramstenge; je nachdem die einzelnen Taue und Segel speciell für diese
einzelnen Theile wirksam sind, erhalten sie die Silben: ‚Unter‘, ‚Mars‘
und ‚Bram‘ vorgesetzt, z. B. Untersegel, Marssegel, Bramsegel u. s. w.

Mastband, das —; ein Reif von Eschen-
holz zur Befestigung von Gaffelsegeln am Maste (s. Band).

Mastenkrahn, der —; eine Vorkehrung
zum Ein- und Aussetzen von Masten.

Mastenmacher, der —; in einigen Ländern gehört derselbe zu einem besonderen Gewerbe.

Mastkorb, der —; Laienausdruck für
Mars (s. d.).

Mastkragen, der —; zusammengenähtes
Segeltuch zur Verhinderung des Ein-
dringens von Wasser zwischen Mast
und Deck.

Mastspur, s. Spur.

Mastwerk, das; — sämmtliche Masten
und Stengen, auch alle Raaen etc.,
also alle R u n d h ö l z e r.

Matrose, der —; ein Seemann, der auf
einem Schiffe die verschiedenen praktischen Schiffsarbeiten zu verrichten hat.

Matte, die —; eine von Schiemannsgarn oder Kabelgarn geflochtene
Matte.

Matte, die gespikte —; eine mit Garn-
enden verstärkte Matte.

Maulstich, der —; eine Art Schlinge.

Maus, die —; eine künstliche Erhöhung
des Umfanges von Tauen.

Mausen, s. einmausen.

Meerbusen, der —; ein Busen ist grösser
als eine Bai und diese grösser als
eine Bucht.

Meerenge, die —; der von den Seeleuten mehr gebrauchte Name ist
S t r a s s e.

Meeresgrund, s. Grund.

Meile, die — (See-); der sechzigste
Theil eines Aequatorgrades; 4 See-
meilen = 1 geograph. deutsche
Meile = 7420.$_{4385}$ ᵐ.

Merker, der — **der Luke** (auch Scheer-
stock genannt); ein über der Luken-
öffnung liegender loser Balken.

Merlen, Merlpfriem, s. Marlen etc.

Messbrief, der —; eine Urkunde über
die Grösse des Schiffes.

Messe, die —; der Essraum für die
Officiere.

Metacentrum, das —; ein gewisser
Punkt, der sich über dem Schwerpunkte des Schiffes befinden muss.
Er wird durch die Schneidung zweier
Linien bestimmt, von denen die eine
aus dem Schwerpunkte des im Wasser
befindlichen Theiles des Schiffes,
wenn dasselbe geneigt ist, vertikal
in die Höhe geht. Die andere Linie
geht aus dem Schwerpunkte des
ganzen Schiffes, perpendikulär mit
den beiden Achsen desselben, in die
Höhe. Das Metacentrum ist die
äusserste Höhe, in welcher sich der
Schwerpunkt des Schiffes befinden
kann. Nur dann, wenn sich das Schiff
nach einer Seite geneigt hat, kann
sich das Metacentrum zeigen; bei
geradem, senkrechtem Stande befindet sich der vertikale Druck des
Wassers in einer Fläche und Linie
mit dem Schwerpunkte des Schiffes.

Metallhaut, die —; ein Beschlag des
Bodens von gelbem Metall (Muntz-
Metall).

Mick der Gaffel, die —; das gabelförmige Ende derselben am Maste.

Mick der Pumpe, s. Pumpenmick.

Missweisung, die —; die Abweichung
der Magnetnadel.

Mist, der —; der Seeausdruck für N e -
b e l; so sagt man auch m i s t i g e s
Wetter.

Mistico oder **Ermafrodita** (Hermaphrodit,
Zwitter; auch ‚Mezzo uomo = mezza
donna‘ genannt); Mittelmeer-Küstenfahrzeug mit zwei Masten, von denen
der vordere Raasegel, der rückwärtige aber Trabakel- oder auch lateinische Segel fährt. Heimat: vorzugsweise griechischer Archipel,
adriatisches Meer und Küste von
Algier.

Mittelklüver, der —; grosse Kauffahrteischiffe fahren zwischen dem Klüver
(s. d.) und dem Vorstengenstagsegel
(s. d.) noch ein Stagsegel (s. d.) an
einem eigenen Leiter (s. d.) und
nennen es den Mittel- oder Binnen-
klüver.

Mittelspant, s. Nullspant.

Mittschiffs; die Mitte des Schiffes hinsichtlich seiner Breite, d. h. alle

Stellen der Längenlinie, welche das Schiff in zwei gleiche Theile scheiden; alles auf dieser Linie Befindliche, wie die Achsen der Masten, Gangspille (s. d.) u. s. w. stehen mittschiffs. So giebt es auch ein Kommando: ‚Ruder mittschiffs!‘ d. h. die Ruderpinne soll in die Mitte gebracht werden.

Monitor, der —; eine eigene Klasse von Thurmschiffen für die Küstenvertheidigung. Ihr oberer Schiffskörper ragt nämlich kaum aus dem Wasser hervor, indem der Rumpf fast bis an die Wasserfläche versenkt werden kann und so blos ein oder zwei gepanzerte Thürme den feindlichen Geschossen als Zielpunkt dienen.

Moker, der —; ein schwerer eiserner Hammer zum Eintreiben der Bolzen in das Schiff.

Monsun, der —; ein periodischer Wind im indischen Ocean; in der einen Jahreshälfte (April bis Oktober) weht er von Südwest, in der anderen Jahreshälfte (Oktober bis April) weht er aus Nordost.

Morgenwache, die —; die Wache von 4 bis 8 Uhr Morgens (vergl. Diana).

Muddern, v.; wenn das Schiff in der Fahrt den Grund berührt und durch dessen Aufregung das Wasser trübt.

Musterrolle, die —; die Liste, in welche die Schiffsmannschaft verzeichnet wird.

Musterung, die —; der Mannschaft eines Schiffes.

Mutte, die —; einmastige, vorn und hinten gleich rund auslaufende, flachbordige und mit grossen, ganz flachen Luken versehene Fluss- und Wattfahrzeuge der Ems-Gegend. Sie werden vorwiegend zum Torftransporte auf den Fehnen gebaut und sind von 13 bis 30 Tonnen gross. Die Segel sind Stagfock- und Grosssegel. Es giebt auch halbe Mutten, welche vorn und hinten spitz sind.

N.

Nachmittagswache, die —; die Wache von 12 Uhr Mittags bis 4 Uhr Nachmittags.

Nachthaus, das —; darin steht der Kompass.

Nachtsignale, s. Signale.

Nachtwache, die **erste** —; die Wache von 8 Uhr Abends bis 12 Uhr Nachts.

Nähung, die —; eine Verbindung einzelner Theile durch Taue.

Nagel, der **hölzerne** —; zur Befestigung von Planken.

Nagel, der — **eines Blockes**; um ihn dreht sich die Scheibe.

Nagelbank, die —; darin stecken die Koffinnägel (s. d.) zum Belegen des laufenden Tauwerkes.

Naht, die —; der Zwischenraum (Fuge) zwischen zwei nebeneinander befindlichen Planken, welcher mit Werg ausgefüllt und mit Pech abgedichtet wird.

Namensbrett, das —; ein dünnes Brett, worauf der Name des Schiffes steht.

Nase, die — **des Schiffes**; der Vordertheil des Schiffes.

Nationalflagge, die —; wird entweder an der Besahngaffel (s. d.) oder an einem am Heck (s. d.) angebrachten Flaggenstocke geheisst.

Nautik, die —; die Seefahrt, die Seefahrtskunde.

Nave; ital. Term. für Vollschiff (s. d.).

Nave a palo; ital. Term. für Viermast-Schiff.

Nave goletta; ital. Term. für Barkschuner (s. Dreimast - Marssegel-Schuner).

Navicello; Mittelmeer - Küstenfahrzeug mit zwei Masten und Klüverbaum. Der Fockmast, dicht am Vorsteven stehend und weit nach vorn geneigt, trägt ein Trapezoïdsegel (Settie-Segel), der Grossmast entweder ein lateinisches Segel oder eine Besahn (s. d.) und ein Toppsegel (s. d.). Der Klüverbaum hat einen Klüver (s. d.).

Navigation, die —; die Seefahrt, die Seefahrtskunde.

Navigationsofficier, der —; auf Kriegsschiffen derjenige Officier, der die

Ortsbestimmung des Schiffes zu machen hat. Neben der Ueberwachung und Instandhaltung der nautischen Instrumente etc. liegen ihm alle wissenschaftlichen und hydrographischen Aufgaben ob. Das Steuermannspersonal ist ihm untergeordnet.

Neer, die —; die Gegenströmung.

Nein, nein! In der deutschen Marine die Antwort eines vom Ausguck angerufenen Bootes, wenn kein Officier im Boote ist (vergl. An Bord!).

Nicht höher! Das Aviso - Kommando, nicht dichter beim Winde zu halten.

Niederentern, v.; aus dem Takelwerk herunterkommen.

Niederholen, v.; etwas, worauf eine Kraft wirkt, um es an seiner Stelle zu halten, niederziehen, sei es mit den Händen oder mit Werkzeugen.

Niederholer, der — **der Stagsegel;** ein Tau, welches an die oberste Spitze des Segels befestigt ist, und in entgegengesetzter Richtung, als wie der Aufholer oder das Fall (s. d.) wirkt, so dass das Segel am Stage (s. d.)

niedergleitet, indem die Lägel (s. d.) daran herabgehen, durch welche zugleich der Niederholer fährt.

Nock, die —; das äusserste Ende einer Raa (s. d.).

Nockbindsel, das —; die Leine, mit welcher die obere Ecke eines Segels an der Nock (s. d.) befestigt wird.

Nocken, die — **eines Segels;** die oberen Ecken eines Raasegels (s. d.).

Nockpferd, das —; ein Tau unter der Nock (s. d.), um darauf zu stehen (s. auch Pferd).

Nothhafen, der —; wird angelaufen, wenn der Bestimmungshafen nicht erreicht werden kann.

Nothmast, der —; wird an Stelle eines unbrauchbar gewordenen zugerichtet.

Nothspake, die —; eine Speiche, die dicker ist als eine Handspeiche.

Nüsse, Ankernüsse, die —; eiserne Zapfen oben am Schafte, die in d. Stock fassen.

Nullspant, das —; das weiteste Spant (s. d.).

Nustergatten, die —; Löcher, durch welche das Wasser zu den Pumpen (s. d.) gelangt.

O.

Oberbootsmann, s. Bootsmann.

Oberbrambrassen, die —; die Brassen (s. d.) der Oberbramraaen (s. d.).

Oberbramfall, das —; das Fall (s. d.) der Oberbramraaen (s. d.).

Oberbramgasten, die —; die Leute zur Bedienung der Oberbramsegel (s. d.).

Oberbramgasten, enter auf! Kommando zum Hinauflaufen der Oberbramgasten (s. d.).

Oberbrampardunen, die —; die Pardunen (s. d.) der Oberbramstengen (s. d.).

Oberbramraaen, die —; die Rundhölzer, an welchen die Oberbramsegel (s. d.) befestigt werden.

Oberbramraaen auf! Kommando.

Oberbramschooten, die —; die Schooten (s. d.) der Oberbramsegel (s. d.).

Oberbramschooten vor! Kommando.

Oberbramsegel, die —; die ersten Quersegel an den Masten von oben an gezählt.

Oberbramstag, das —; das Stag (s. d.) der Oberbramstenge (s. d.).

Oberbramstenge, die —; die Verlängerung der Bramstenge (s. d.).

Oberbramtoppenanten, die —; die Toppenanten (s. d.) der Oberbramraaen (s. d.).

Oberdeck, das —; das Verdeck.

Oberliek, das —; das Liek (s. d.), welches an der oberen Seite eines Segels ist.

Obersteuermann, s. Steuermann.

Ochsenauge, das —; die runden Seitenfenster im Schiffe.

Oesen, v.; das Wasser aus dem Boote mit dem Oesfass (s. d.) schöpfen.

Oesfass, das —; eine kleine hölzerne Schaufel mit einem kurzen Stiel und Handgriff, um das Wasser aus einem Boote zu schöpfen.

Oesgatt, das —; die Stelle am Boden eines Bootes, von wo das Wasser ausgegossen wird.

Offenes Fahrzeug, das —; ein Fahrzeug ohne Deck.

Officier, s. Seeofficier.

Officier! In der österreichisch-ungarischen Marine die Antwort eines vom Ausguck angerufenen und an Bord anlegenden Bootes, wenn Officiere im Boote sind (vergl. Ja, ja!).

Officier, der **erste** —; der mit dem Detail des ganzen Schiffes betraute Officier und Stellvertreter des Kommandanten, dem Jedermann an Bord untergeordnet ist und der für seine Thätigkeit nur dem Kommandanten verantwortlich ist. In der österreichisch - ungarischen Marine heisst der erste Officier officiell: G e s a m m t - D e t a i l - O f f i c i e r.

Officier der Wache, der —; der diensthabende Officier.

Officierskammern, die —; die Kammern, welche durch Thüren mit der Officiersmesse (s. Messe) in Verbindung stehen, oder auch vor der Messe an den beiden Seiten des Schiffes angebracht sind.

Ohrhölzer, auch **Judasohren** oder **Boxhörner,** die —; die Hölzer dicht am Vorsteven (s. d.), zwischen welchen das Bugspriet (s. d.) zu liegen kommt.

Ohrlamm, das —; ein befahrener Matrose.

Orienbaar, der —; ein unbefahrener Matrose.

Orkan, der —; der heftigste Grad des Sturmwindes.

Orlog, der —; der Krieg.

Orlogsflotte, die —; die Kriegsflotte.

Orlogsschiff, das —; das Kriegsschiff.

P.

Paarden, s. Pferde.

Paardlien, s. Pferdeleine.

Packetschiff, Packetboot, das —; ein Postschiff, welches regelmässig Briefe, Packete und Passagiere von einem Orte zum anderen bringt.

Pagaien, die —; kurze Riemen (s. d.) mit breitem ,Blatt', mit welchen man rojet (s. d.), ohne dieselben in Dollen (s. d.) zu legen.

Pagaier, der —; ein dünnes Tau zum Geien (s. d.) der Leesegel (s. d.).

Pall; ein Gegenstand liegt ,pall', wenn er fest anliegt.

Pallbeting, die —; der Aufbau, an welchem die Pallen (s. d.) befestigt sind.

Pallen, die —; die hölzernen oder eisernen Sperrkegel, welche am Gangspill (s. d) und am Bratspill (s. d.) den Rücklauf der Wellen verhindern.

Pallklampe, die —; eine Extra-Palle.

Pallpfosten, der —; ein in der Mittellinie des Oberdecks der Handelsschiffe vor den Betingen (s. d.) vertikal gestellter eiserner Balken zur Befestigung des Pallgehäuses.

Pall winden; das Spill so weit herumwinden, bis die Pallen (s. d.) es halten.

Palmen, v.; auf den Läufern einer Talje, oder auf ein einfaches Scheibentau so holen, dass man eine Hand über die andere anschlägt.

Palo; ital. Term. für Pfahlmast (s. d.).

Panzerfahrzeug, s. Panzerschiff.

Panzerschiff, das —; Schiffe von einer solchen Grösse, um einen schweren Panzer und schwere Artillerie tragen zu können, und dabei die See halten können, im Gegensatze zu den blos zur Küstenvertheidigung bestimmten Panzerfahrzeugen.

Panzerträger, der —; das oberste Längsspant; auf ihm ruht die Unterkante des Panzers und der Panzerunterlage; die für ihn verwendeten Platten sind bedeutend stärker als die übrigen Längsspanten. Er wird durch sehr starke Winkeleisen mit den Platten d. Aussenhaut verbunden.

Pardunen, die —; starke Taue, mit welchen die Stengen (s. d.) nach rückwärts gehalten werden.

Part, die — **eines Taues;** die einfache Länge eines Taues.

Part, die ,holende' und ,stehende' — **eines Takels;** die Theile des Läufers einer Talje, von denen das eine Ende am Block befestigt ist (‚steht‘), das andere zum ‚Holen‘ dient.

Passatwind, der —; die in den tropischen Gegenden, namentlich des atlantischen und stillen Oceans beständig wehenden Ostwinde.

Passer, der —; der Zirkel (das Instrument).

Passirt! Antwort eines vom Ausguck eines Schiffes angerufenen Bootes, wenn es nur vorbeifährt.

Patentlogg, das —; ein Instrument von grösserer Genauigkeit als das gewöhnliche Logg (s. d.). Das Patentlogg besteht aus: 1. dem Propeller (Schraube), 2. dem Zählwerke und 3. der Leine. Der Propeller ist gewöhnlich aus Messing und vierflügelig; sein Cylinder ist vorn zugespitzt und mit einem Auge versehen zur Aufnahme einer Verbindungsleine mit dem Z ä h l w e r k e. Dieses ist eine flache Büchse aus Messing und hat im Innern eine Zusammenstellung von ineinandergreifenden Zahnrädern, an deren hervorragenden Achsen Zeiger über Zifferblättern spielen. Das Räderwerk ist so eingerichtet, dass, wenn der Propeller e i n e Seemeile weit geschleppt wurde, der erste Zeiger e i n e Umdrehung, der zweite den z e h n t e n und der dritte den h u n d e r t s t e n Theil einer Umdrehung gemacht hat. Die Zifferblätter sind durch einen Schieber geschützt, in z e h n Theile getheilt und von **0** bis **9** numerirt. Man liest demnach auf dem ersten die Z e h n t e l, auf dem zweiten die E i n h e i t e n und auf dem dritten die Z e h n e r der zurückgelegten Seemeilen ab. Das Gehäuse des Zählwerkes trägt an seinem breiteren Ende, unmittelbar an der Triebachse, eine Buje zur Aufnahme der Verbindungsleine mit dem Propeller; am schmäleren, vorderen Ende ist ein durchlöcherter Ansatz zur Befestigung der Loggleine; diese ist aus weissem Tau erzeugt und ungefähr von doppelter Schiffslänge.

Wenn Schiffe grössere Distanzen in einem und demselben Kurse durchlaufen sollen und man regelmässige und genaue Meilenangaben benöthigt, wendet man mit Vortheil das Patentlogg an. Um jedoch mit demselben günstige Resultate zu erzielen, ist die sorgfältige Einhaltung e i n e s Kurses Hauptbedingung. Ausserdem muss dieser Loggapparat stets achtsam behandelt und jede Beschädigung und Verunreinigung vermieden werden, da schon eine kleine Verbiegung eines Propellerflügels, oder das durch Unreinlichkeit träge gewordene Zählwerk grosse Störungen im richtigen Gange des Loggs verursachen. Sehr geringe Geschwindigkeit wird meist unwahre Angaben zur Folge haben, ebenso hohe See und das zu oftmalige an Bord holen. — Soll das Patentlogg gebraucht werden, so wird erst Propeller und Zählwerk mittels der Drehleine verbunden, die Loggleine mit wenigstens ein und einhalb Schiffslängen von den vorderen Ansatze des Zählwerkes festgegeben und das andere Ende an einem hervorragenden Punkte in Lee belegt. Alle drei Zeiger des Zählwerkes werden auf Null gestellt, der Schieber geschlossen, der ganze Apparat in's Wasser getaucht, von der Leine bis zum Beleg ausgestochen und die Zeit notirt. — Durch die Fahrt des Schiffes wird die Drehung des Propellers und der Verbindungs- und Drehleine verursacht; mittels der Buje am Zählwerke theilt sich die Rotation der Triebachse und dem Räderwerke mit. Zur Ablesung, welche in der Regel alle v i e r Stunden und nothwendig bei jedem Kurswechsel vorzunehmen ist, wird der Apparat an Bord geholt und alle Zeiger neuerdings auf Null gestellt. — Das Patentlogg wird meist von einem besonders hervorragenden festen Gegenstand aus in's Wasser gegeben, z. B. Bootskrahnen, Radkästen, und stets an der Leeseite.

Patentloth, das —; ein Instrument von grösserer Genauigkeit als das gewöhnliche Loth (s. d.).

Pavian, der —; der Matrose, welcher in einem Boote die Wache hält, wenn das Schiff vor Anker liegt.

Peajacket, das —; ein Jacket von blauem Düffel.

Pech, das —; das durch Kunst gereinigte und geläuterte Fichten- und Kiefernharz.

Peerd, s. Pferd.

Peilen, v.; messen, z. B. das Wasser in den Pumpen.

Peilung, s. peilen.

Penterbalken, der —; ein loser Balken. der beim Aufsetzen des Ankers auf dem Buge gebraucht wird.

Perpendikel, die — (plur.); vertikale, im Längenplane eingetragene, meistens bis zur Mittellinie des Wasserlinienrisses verlängerte Linien. Die eine derselben ist vorn eingezeichnet und heisst vorderes Perpendikel, die andere hinten und heisst hinteres Perpendikel. Die Stellen, an denen beide Linien eingezeichnet werden, sind nicht nur für die verschiedenen Nationen, sondern sogar bei jeder einzelnen, meistens nach dem Ermessen des Konstrukteurs, abweichend. Zwischen den Perpendikeln wird die Länge des Schiffes gemessen.

Persenning oder **Presenning**, die —; getheertes Segeltuch zum Schutze gegen Nässe, z. B. zum Bedecken der Luken.

Perturleine, die — (richt. Porteurleine); das kurze, starke Tau oder die Kette, in welcher der Anker, nachdem er gekattet (s. d.) worden, zu hängen kommt.

Pfahlmast, der —; ein Mast aus einem Stücke, d. i. ohne Stengen (s. d.).

Pfahlstich, der —; eine Art Schlinge.

Pferde oder **Peerde**, die —; Taue unter den Raaen (s. d.), auf welchen die Matrosen zu stehen kommen, als Halt für sie beim Arbeiten mit Segel und Raaen.

Pferdeleine, die —; ein Tau, dünner als das Kabeltau (s. d.), aber ebenso lang.

Pflicht, die —; eine Art Kajüte auf kleineren Kauffahrteischiffen.

Pflichtanker, der —; der Hauptanker eines Schiffes.

Pforttrempel, s. Trempel.

Pforte, **Stückpforte**, **Kanonenpforte**, die —; die Oeffnungen oder Schiess-scharten für die Kanonen in den Seiten eines Kriegsschiffes.

Pick der Gaffel, die —; das vom Maste entfernte Ende der Gaffel (s. d.).

Pick des Schiffes, die —; unten beim Hintersteven (s. d.) der Raum im Scharf des Schiffes.

Pickfall, das —; das Tau zum Aufziehen des hinteren höheren Endes einer Gaffel (s. d.).

Pickstücke, s. Kantspanten.

Pielego, der —; Küstenfahrzeug im adriatischen Meere, in der Takelung dem Trabaccolo (s. d.) ganz gleich, nur kleiner: 20 bis 60 Tonnen gross.

Pinasse, die —; das zweitgrösste Boot eines Kriegsschiffes.

Pink, die —; ein dreimastiges Seeschiff von der Grösse und Bemastung der Bark (s. d.). Doch ähnelt sie dadurch dem Vollschiffe (s. d.), dass sie am Besahnmaste (s. d.) ein Toppsegel (s. d.) und darüber wohl auch ein Bramsegel (s. d.) fährt. Deshalb führen die Schiffsregister von Preussen und Pommern sie auch als Vollschiffe auf, während das Register der Stadt Danzig, ihrer eigentlichen Heimat, den Namen ‚Pink‘ bis nun konservirt hat. Der Rumpf ist jetzt ganz wie der anderer moderner Seeschiffe; früher soll das Heck (s. d.) höher und spitz auflaufend gewesen sein (was bei grösseren Schiffen damals durchaus Mode war) und soll der Name daher rühren, dass sie beim Insichtkommen mit diesem hohen Heck zuerst aus der Kimm ‚aufpinkte‘ (sichtbar wurde). Die Grösse der Pinken schwankt zwischen 589 und 1283 Tonnen.

Pinne, die —; ein jedes scharfe oder spitze Ende, oder auch ein stumpfer Zapfen eines Holzes oder eines Eisens, welches in ein dazu passendes Loch eingelassen oder eingezapft ist.

Pinne des Gangspills, die —; die aufrecht stehende Achse desselben.

Pinne des Ruders, die —; der am Steuerruder angebrachte Hebelarm zum Drehen desselben, welcher auch Helmstock genannt wird.

Pisspotten, die —; joc. die Kreuzbulienen (s. d.).

Planke, die —; die Bohlen, mit denen die Innhölzer des Schiffes und die Deckbalken (s. d.) bekleidet werden.

Plankengang, der —; eine Reihe aneinandergesetzter Planken (s. d.), welche einerlei Breite haben und nach dem Verlaufe des Schiffes vom Vorsteven (s. d.) bis zum Hintersteven (s. d) reichen.

Platte, die —; eine Untiefe, eine Bank.

Plattfuss, der —; die beiden Wachen von 4 bis 6 Uhr und von 6 bis 8 Uhr Abends.

Plattgatted-Schiff, ein —; ein Schiff mit einem platten Heck (s. d.).

Platting, die —; ein schmales Geflecht von Kabelgarnen, welches an Stelle von Leinen (s. d.) gebraucht wird.

Plattköpfe, **Platthofden**, die —; kleine Spiker (s. d.) mit grossem Kopfe.

Plattloth, das —; gewalztes Blei.

Pockholz, das —; das feste und harte Holz des in Westindien und Südamerika wachsenden Guajak-Baumes. Es wird auch Lebensholz (lignum vitae) genannt und dient besonders zu den Scheiben der Blöcke (s. d.).

Pöller, der —; hölzerne oder eiserne, klotzartige Stützen, um starke Taue, auf welchen starke Lasten ruhen, ringsum dieselben zu belegen (s. d.).

Polacca, die —; eine im Mittelmeere heimische Varietät der Bark (s. d.). Die Polacca hat nämlich beim Fock- (s. d.) und Grossmaste die Untermasten und Marsstengen (s. d.) aus einem Stücke mit aufgesetzten Bramstengen (s. d.), und es fehlen ihr sonach die Marsen (s. d.). Der Besahnmast ist gleich der einer Bark. Nimmt man der Polacca den Besahnmast weg, so entsteht die Brigantine (s. d.).

Popowka, die —; kreisrunde Panzerfahrzeuge für die Küstenvertheidigung.

Porteurleine, s. Perturleine.

Prahme, die —; ein Flussfahrzeug mit ganz plattem Boden, vorn und hinten spitz auslaufend, ohne Schanzkleidung, einmastig, mit Schwertern (s. d.) an den Seiten. Die Prahmen dienen meist als Leichterfahrzeuge, kommen zumeist im östlichen Holstein, doch auch an der Ems vor und haben eine Grösse von 21 bis 39 Tonnen.

Praktika, die —; der freie Verkehr, die Befreiung von der Quarantaine (s. d.).

Prangen oder **Pressen**, v.; so viel Segel führen, als das Schiff tragen kann, um einer Gefahr zu entrinnen.

Preien, **anpreien**, v.; ein Schiff anrufen, mit ihm sprechen.

Prise, die —; ein feindliches Schiff, welches von einem Kriegsschiffe oder einem Kaper (s. d.) genommen und aufgebracht worden.

Proviant, der —; der Mundvorrath.

Pünte, die —; die Landspitze.

Pütse, die —; ein Eimer zu Wasser, Theer u. s. w.

Püttinge, die —; eiserne Stangen oder Schienen zur Befestigung der Wanten (s. d.) und Pardunen (s. d.).

Püttingsbolzen, die —; ein Bolzen zur Befestigung der Püttingseisen.

Püttingswanten, die —; verbinden die Enden der Langsahlinge (s. d.) nach unten mit dem Mast, resp. der Stenge (s. d.).

Puhahn, der —; joc. der die Aufsicht führende Stellvertreter des Schiffszimmermeisters auf einer Werft.

Pulverkammer, die —; ein Verschlag ganz hinten im Raume (s. d.) und bei grösseren Schiffen auch noch einer ganz vorn im Raume, in welchem das Pulver und die Geschosse aufbewahrt werden.

Pumpe, die —; die Handelsschiffe haben meistens gewöhnliche hölzerne Pumpen, die durch Menschenkraft getrieben werden. Auf Dampfschiffen schafft die Maschine das eindringende Wasser fort. Auf Kriegsschiffen hat man Kettenpumpen und Dawnton-Pumpen. Auf den neueren Panzerschiffen hat man kräftigere Pumpenwerke eingerichtet, zu deren Betriebe eine eigene Maschine von 30 bis 40 Pferdekraft dient und die kolossale Wassermassen fortschaffen können.

Pumpen, s. Pumpe.

Pumpendahl, der —; eine Gosse für das ausgepumpte Wasser.

Pumpeneimer, der —; ein Bestandtheil des Pumpgeschirres.

Pumpenmick, Pumpmick, die —; der Pumpenschwengel.

Pumpenschuh, der —; ein Bestandtheil des Pumpengeschirres.

Pumpensood, Pumpsood, der —; der Bretterverschlag, in welchem die Pumpen stehen (Sood-Brunnen).

Pumpenspiker, der —; ein kleiner Nagel.

Pumpenstange, die —; ein Bestandtheil des Pumpengeschirres.

Purren, auspurren, v.; aufwecken, aus dem Schlafe wecken.

Q.

Quarantaine halten, die —; wenn die Besatzung und die Passagiere eines Schiffes, das aus Gegenden kommt, wo die Pest herrscht, auf Befehl der Obrigkeit des Hafens, in welchen es einläuft, eine gewisse Anzahl von Tagen am Bord oder in einem dazu eingerichteten Lazareth-Gebäude, ohne allen Verkehr mit den Einwohnern bleiben müssen.

Quarterdeck, das —; der hinter dem Grossmaste liegende Theil des Oberdecks (s. Schanze).

Quartier, das —; die vier Unterabtheilungen der beiden Wachen (s. Wache) heissen Quartiere.

Quartiermeister, der —; in der österreichisch-ungarischen Marine der niederste Unterofficiers-Grad. Die nächsthöhere Charge ist ‚Maat'.

Quase, die —; ein in Flensburg gebräuchliches Fischerfahrzeug mit durchlöchertem Fischkasten im Boden, von 11 bis 25 Tonnen Grösse.

Quast, der —; eine Art grosser Pinsel von Schafwolle oder auch von Stücken Zeug, die übereinander an einen Stock gespikert sind.

Quer, s. dwars.

Quernaht, die — **an Planken.**

Querschott, s. Schott.

Quersegelschiff, das —; ein Seeschiff, welches an mehr als einem Maste feste Raaen (s. d.) hat.

Querspanten hinter dem Panzer, die —; bestehen aus sehr breiten Winkeleisen, an denen wenigstens je ein verkehrtes Winkeleisen zur Verstärkung angebracht ist.

Querspanten über dem Panzer, die —; sind aus Winkeleisen und verkehrten Winkeleisen zusammengesetzt, welche entweder eine Verlängerung der Spanten hinter dem Panzer bilden, oder ganz unabhängig von diesen auf dem eisernen Wassergange des an der Oberkante des Panzers liegenden Decks befestigt sind.

R.

Raa, die —; horizontal vor den Masten und Stengen (s. d.) aufgehängte Rundhölzer zum Ausbreiten und Tragen der Quersegel.

Raabänder, Raabendsel, die —; mit denselben wird das Segel an die Raa (s. d.) gebunden.

Raa, die **Bagien-** —; die unterste Raa (s. d.) am Kreuzmaste (s. d.); sie führt in der Regel kein Segel.

Raa, die **Fock-** —; die unterste Raa (s. d.) am Fockmaste (s. d.).

Raa, die **Gross-** —; die unterste Raa (s. d.) am Grossmaste (s. d.).

Raa, die **Grossbram-** —; die dritte Raa (s. d.) am Grossmaste (s. d.) von unten an gezählt.

Raa, die **Grossmars-** —; die zweite Raa (s. d.) am Grossmaste (s. d.) von unten an gezählt.

Raa, die **Grossoberbram-** —; die vierte Raa (s. d.) am Grossmaste (s. d.) von unten an gezählt.

Raa, die **Kreuz-** —; die zweite Raa

(s. d.) am Kreuzmaste (s. d.) von unten an gezählt.

Raa, die Kreuzbram- —; die dritte Raa (s. d.) am Kreuzmaste (s. d.) von unten an gezählt.

Raa, die Kreuzoberbram- —; die vierte Raa (s. d.) am Kreuzmaste (s. d.) von unten an gezählt.

Raa, die Vorbram- —; die dritte Raa (s. d.) am Fockmaste (s. d.) von unten an gezählt.

Raa, die Vormars- —; die zweite Raa (s. d.) am Fockmaste (s. d.) von unten an gezählt.

Raa, die Voroberbram- —; die vierte Raa (s. d.) am Fockmaste (s. d.) von unten an gezählt.

Raagaffeln, die **blinden** —; s. blinde Raagaffeln.

Raaliek, Raaleik, das —; das Liek (s. d.), welches bei Raasegeln (s. d.) die obere Seite einfasst.

Raanock, die —, plur. **Raanocken,** die —; die äussersten Enden einer Raa (s. d.).

Raaschiff, s. Quersegelschiff.

Raasegel, das —; ein Segel, welches an einer Raa (s. d.) angeschlagen wird.

Rabatteisen, das —; wird beim Kalfatern (s. d.) gebraucht.

Rabentuch, das —; leichtes Segeltuch zu Bramsegel (s. d.).

Rack, das —; Taue oder Ketten, mit welchen die Raaen (s. d.) in der Mitte am Maste, resp. der Stenge (s. d.), festgehalten werden.

Rackklampen, die —; Klampen, welche an der Mitte der Raa (s. d.) befestigt sind.

Räumen, das Tauwerk —, s. aufschiessen.

Räumte, die —; die hohe See.

Raken, v.; kommen, gerathen, treffen, berühren u. s. w.

Raken, an den Grund —; an den Grund kommen.

Rammbug, der —; ein Bug (s. d.) mit einem senkrechten oder einfallenden Vorsteven (s. d.), welcher zum Zwecke des Rammens (s. d.) in eine Schneide ausläuft.

Rammen, v.; ein feindliches Schiff anrennen.

Ramponirt; durch Seeunfall zerbrochen.

Randgeer, die —; eine der obersten Planken eines Bootes.

Randsomhölzer, die —; das hinterste Kantspant (s. d.); es bildet bei Plattheckschiffen die seitliche Ecke des Hecks (s. d.).

Rang, der —; die Klasse (bei Kriegsschiffen).

Rank; ein Schiff ist rank, wenn es sich bei einem Seitenwinde sehr leicht auf die Seite neigt und dadurch in Gefahr ist, zu kentern (s. d.). Das Gegentheil von rank ist **steif** (s. d.).

Ranzion, die —; das Lösegeld.

Rapert, das —; die Laffete.

Ration, die —; der Theil Lebensmittel und Getränk, den der Seemann zum Mittag- oder Abendessen erhält.

Raum, der — **eines Schiffes;** der tiefste innere Ladungsraum eines Schiffes, vom untersten Deck bis zum Kielschwein (s. d.), und zwar vom Vorbis zum Achtersteven (s. d.).

Raum; günstig (vom Winde gesprochen).

Raumanker, der —; wird gewöhnlich auf das unterste Deck gestaut und nur im Fall der Noth gebraucht.

Raumen, v.; vom Winde gebrauchter Ausdruck, bedeutet Aenderung des Windes in einer für das segelnde Schiff günstigen Richtung: der Wind raumt (vergl. schralen).

Raumer Wind; der Wind 7—9 Striche von der Seite.

Raumgasten, die —; die gewöhnlich im Raume (s. d) beschäftigten Leute.

Raumschoots segeln; mit günstigem Seitenwinde segeln.

Raveling, die —; die Gegenströmung in einem Flusse.

Recken, v.; sich ausdehnen.

Ree! Kommandowort, Abkürzung für Ruder in Lee (s. d.).

Reef, das —; eine Abtheilung des Segels zum Kleinermachen desselben.

Reefe ausstechen, s. ausstechen.

Reefe ausstecken; joc. die Stirne runzeln.

Reefband, das —; ein quer über das Segel genähter Streifen Segeltuch.

Reefbendsel, der —; wird zum Kleinermachen (reefen) des Segels gebraucht.

Reef, das — **einbinden, einstecken,** s. reefen.

Reefen, v.; die Segel bei zunehmendem Winde verkleinern.

Reefgatten, die —; die Löcher, durch welche die Reefbendsel (s. d.) gesteckt werden.

Reeflägel, der —; eiserne Ringe an den Seiten eines Reefs (s. d.).

Reefseisinge, die —; platt geflochtene und spitz zulaufende Taue, mit welchen die Untersegel (s. d.) und Marssegel (s. d.) gereeft werden.

Reeftalje, die —; eine Talje (s. d.), mit welcher das äusserste Ende eines Reefs (s. d.) unter die Raa (s. d.) geholt wird, wenn das Segel gereeft (s. d.) werden soll.

Reep, das —; ein dünneres Tau; es wird nur in zusammengesetzten Wörtern gebraucht, wie Bojereep, Fallreep, Windreep u. s. w.

Reeper oder **Reepschläger,** der —; der Handwerker, welcher aus Hanf oder anderen Stoffen Taue, Trossen, Leinen und Garne aller Art verfertigt.

Reeperbahn, die —; eine lange, gerade Bahn oder ein Gang, in welchem die Reeper oder Reepschläger (s. d.) spinnen.

Reepschlägerei, die —; die ganze Werkstätte der Reeper (s. d.).

Reem, s. Riem.

Rees, die — **auf die Naht setzen;** die Nähte eines Segels mit Mittelstichen versehen.

Reh, s. Senten.

Rehling, die —; lange, dünne Riegel oder Latten, die in gewissen Entfernungen durch Stützen, die Rehlingsstützen (s. d.), getragen werden. Die Rehling und ihre Stützen bilden rund um den Bord des Schiffes das oberste Geländer und werden mit der sogenannten Schanzkleidung (s. d.) umgeben.

Rehlingstützen, die —; sind Hölzer, welche zum Befestigen der Rehling (s. d.) und der Schanzkleidung (s. d.) dienen; sie sind entweder eine Fortsetzung der obersten Auflanger (s. d.), oder werden unabhängig von den Spanten (s. d.) lose eingesetzt.

Reibhölzer, s. Wreifhölzer.

Reidknie, das —; ein Krummholz, welches zur Verbindung des Kiels (s. d.) mit dem Vorsteven (s. d.) dient; es wird am Binnenvorsteven (s. d.) und

auf der vorderen Aufklotzung (s. d.) durch Bolzen befestigt.

Reil, der —; das Oberbramsegel (s. d.).

Reilbrassen etc. etc., s. Oberbrambrassen etc. etc.

Reiltopp, der —; die Spitze der Oberbramstenge (s. d.).

Reinschiffrolle, die —; zeigt die Vertheilung der Mannschaft zum Reinigen des Schiffes.

Reiten, vor Anker —; vor Anker liegend stampfen (s. d.).

Reservegut, das —; alle am Bord befindlichen Gegenstände, die aus Vorsicht mitgenommen werden, um die durch Sturm oder Zufall verlorenen oder beschädigten zu ersetzen, wie überzählige Segel, Stengen, Raaen, Blöcke, Taue u. s. w.

Reveille schlagen oder blasen; die Tagwache schlagen oder blasen (s. auch Diana).

Revier, das —; ein für Seeschiffe fahrbarer Fluss.

Rhede, die —; der Aussenankerplatz.

Rhede, die **offene** —; ein Aussenankerplatz, der weder gegen Wind, noch Wellen geschützt ist.

Rheder, der —; der Eigenthümer eines ihm zum Erwerb durch die Seefahrt dienenden Schiffes.

Rhederei, die —; die Ausrüstung und Befrachtung von Kauffahrteischiffen.

Riem, der —, plur. **Riemen,** die —; hölzerne, flach verlaufende Stangen zum Fortbewegen der Boote; das Ruder der Büchersprache.

Riemen auf!
Riemen ein! } Kommando in den Booten.
Riemen hoch!

Riff, das —; eine lange und dabei sehr schmale Bank in der See; besteht sie aus Sand, so heisst sie Sandriff, aus Steinen ein Stein- oder Felsenriff.

Ring, der —; ein eiserner Ring, der an einem Bolzen oder an einem Anker oder sonstwo befestigt ist.

Ringbolzen, der —; ein Bolzen (s. d.) mit einem Ringe daran.

Rippen, die —; die Innhölzer oder Spanten eines Schiffes.

Rippen, die — **zwischen den Deckbalken;** gewissermassen leichtere Deckbalken.

Riss oder **Abriss eines Schiffes;** die Konstruktionszeichnung eines Schiffes besteht aus den auf einem Blatte befindlichen, den drei Projektionsebenen entsprechenden Rissen, nämlich: dem **Aufriss** (Längenplan), dem **Grundriss** (Wasserlinienriss) und dem **Querriss** (Spantenriss). Die Konstruktionszeichnung wird für hölzerne und eiserne Kriegsschiffe für die Aussenkante der Planken, resp. Platten, für hölzerne und eiserne Kauffahrteischiffe für die Aussenkante der Spanten entworfen. Der Wasserlinienriss wird nur für die eine der beiden kongruenten Seiten des Schiffes gefertigt. Der Spantenriss enthält rechts von einer vertikalen (der Mittellinie) die eine Seite der Spantenlinien des Vorschiffes, links die eine Seite der Spantenlinien des Hinterschiffes.

Röhring, die — **des Ankers;** um den Ankerring gewundene Tauenden.

Röstwerk, Rösterwerk, das —; ein Gitter.

Rojedollen, s. Dollen.

Rojen, v.; rudern.

Rojen, an Steuerbord — und an Backbord streichen; an der rechten Seite vorwärts rudern und an der linken Seite die Riemen (s. d.) gegen das Wasser streichen; alsdann dreht sich das Boot nach der linken Seite. Soll es sich nach rechts drehen, so macht man es natürlich umgekehrt.

Rojen, hart —; stark rudern.

Rojen, lang —; lange Züge mit den Riemen (s. d.) machen.

Rojen, mit vollen Riemen —; aus allen Kräften rudern.

Rojen, stehend —; aufrecht stehend, mit dem Gesichte nach vorn gekehrt, rudern. Sitzend sind dagegen die Rojer (s. d.) mit dem Rücken nach dem Vordertheile gewendet.

Rojer, der —; die Matrosen, welche in einem Boote zum Rojen (s. d.) gebraucht werden.

Rojet backbord! ⎫
Rojet steuerbord! ⎬ Kommandos.

Rollen, s. schlingern.

Rollen, die —; die Vertheilung der Besatzung des Schiffes zu den verschiedenen Dienstverrichtungen, so dass Jedermann weiss, wo er hingehört, sobald das betreffende Kommando gegeben wird. Es giebt in der Regel sieben Rollen: die Gefechts-, Wach-, Manöver-, Feuer-, Boots-, Backs- und Reinschiff-Rolle.

Rollen, v.; die See rollt, wenn sie sehr hohl geht.

Rondeboot, das —; ein Boot, welches im Hafen herumfährt, um zu sehen, ob Alles wachsam ist.

Roof, der —; eine Art Hütte auf dem Oberdeck von Galjoten (s. d.), Galeassen (s. d.), Kuffen (s. d.) u. s. w.

Ruder, das —; das Steuerruder.

Ruderfingerlinge, die —; die an dem Steuerruder befindlichen Haken, mittels welcher dasselbe in die am Hintersteven (s. d.) befindlichen Oesen eingehakt wird und sich darum herumdreht. Die Ruderfingerlinge und Ruderscheeren (Ruderösen) hölzerner Ruder sind bei eisenfest erbauten Schiffen von Eisen, bei kupferfest erbauten, so weit der Beschlag reicht, aus Bronce, bei Kriegsschiffen sind sie gewöhnlich sämmtlich von Bronce. Die Ruderscheeren (Ruderösen) werden bei Segelschiffen und Raddampfern am Hintersteven (s. d.), bei Schraubenschiffen am Rudersteven (s. d.), die Fingerlinge bei allen Schiffen am Ruder befestigt, die aus demselben Materiale wie die Ruderscheeren bestehen. Bei eisernen Rudern giebt es keine Fingerlinge, die Ruderfinger werden vielmehr in das Rahmstück eingesetzt. Die Ruderösen werden entweder an den Hintersteven oder den Rudersteven festgeschmiedet.

Ruderfüllstücke, die —; machen die Breite des Ruders aus und werden am Ruderherz (s. d.) mittels Bolzen befestigt. Das gewöhnliche eiserne Ruder ist bei kleineren Schiffen aus einem Stücke geschmiedet, bei grösseren besteht es aus einem starken Rahmstücke und einer an jeder Seite desselben befestigten Bekleidung aus dünnen Blechen nebst einer zwischen beiden Bekleidungen liegenden Füllung von Fichtenholz.

Rudergast, der —; ein Matrose, welcher steuern kann.

Ruderherz, das —; der gerade Theil des gewöhnlichen hölzernen Ruders.

Ruderjoch, das —; bei den mit einem Schraubenbrunnen (s. d.) versehenen Schiffen ist häufig der Raum hinter dem Ruderkopfe unter dem Batteriedeck oder über demselben so beschränkt, dass die nach hinten gerichtete Ruderpinne (s. d.) zu kurz würde. Es wird statt derselben in diesem Falle ein sogenanntes Ruderjoch angewendet.

Ruderkoker, der —; der Rudertrichter (s. Koker).

Ruderkopf, der —; der obere Theil des Ruderherzens (s. d.).

Rudern, s. rojen.

Ruderösen, s. Ruderfingerlinge.

Ruderpinne, die —; ein Hebel am Steuer von Holz oder Eisen, und entweder nach hinten oder nach vorn gerichtet. Die nach ersterer Richtung angebrachten Pinnen können nur kurz sein und werden benutzt, wenn die Steuerung durch ein Rad erfolgt; die in letzterer Richtung angebrachten sind gewöhnlich lang und werden zur Steuerung mittels einer Talje bei Handelsschiffen benutzt; bei Kriegsschiffen wird auch bei Vorhandensein einer langen Pinne mit einem Rade gesteuert.

Ruderscheeren, s. Ruderfingerlinge.

Rudersteven, der —; ein gerades Holz, welches bei den hölzernen Schraubenschiffen zur Befestigung der Ruderscheeren dient. Bei eisernen Schiffen erhält der Hintersteven (s. d.) eine Anschwellung am Durchgangspunkte der Schraubenwelle und wird er bei diesen Schiffen mit dem Rudersteven, dem zwischen beiden liegenden Kielende und einem oberen Verbindungsstücke zu einem Rahmstücke zusammengeschweisst.

Rudertaljen, die —; mit denselben wird auf Handelsschiffen, die kein Steuerrad haben, die Ruderpinne (s. d.) bewegt.

Rüste, die —, plur. **Rüsten;** starke ausserhalb des Schiffes horizontal angebrachte Bohlen zum Spreizen der Unterwanten (s. d.).

Rüstleine, die —; das Tau, mittels dessen der Anker an seinem unteren Ende horizontal in der Nähe der Rüste (s. d.) aufgehängt wird.

Rufer, s. Sprachrohr.

Rumpf, der —; das Schiffsgebäude ohne die Takelung.

Rundes Heck, s. Rundgattet-Schiff.

Rundgattet-Schiff, ein —; ein Schiff mit einem runden Heck (s. d.).

Rundholz, das —; Kollektivname für alles cylinderförmige Holz, welches oberhalb und ausserhalb des Schiffsgebäudes zur Führung der Segel und Befestigung der Takelung dient, wie Masten, Stengen (s. d.), Raaen (s. d.), Bäume (s. d.) und Spieren (s. d.).

Rundhölzer, die —; joc. Arme und Beine.

Rundschlag, der —; Befestigungsweise eines Taues.

S.

Saadholz, s. Kielschwein.

Sacken, v.; niedersinken. Auf einem Flusse absacken, heisst, sich vom Strome nach der Mündung zu treiben lassen.

Sacken, über den Achtersteven —, s. deinsen.

Sahling die — (richt. Sattlung); Längs- und Querhölzer am Topp (s. d.), der Untermasten und Marsstenge (s. d.) zum Spreizen der Stengen- und Bramwanten (s. d.). Die unteren Sahlinge dienen zugleich als Unterlagen der Marsen (s. d.).

Salutiren, v.; das Begrüssen eines Schiffes oder einer Festung, an der man vorüberfährt, oder eines Hafens, dem man sich nähert oder von dem man abfährt. Es geschieht am gewöhnlichsten durch eine gewisse, ungleiche Anzahl von Kanonenschüssen.

Sandbank, s. Bank.

Sandstrakplanken, die —; die parallel dem Kielschweine (s. d.) angebrachten Planken der Innenbordsbekleidung.

Schablone, s. Malle.

Schäckel, der —; eisernes Verbindungsglied, um zwei Theile einer Kette zu verbinden (zusammen zu schäckeln).

Schaffen, v.; essen, Mahlzeit halten.

Schafhock, das —; der Platz auf dem Deck von Kauffahrteischiffen vor dem Bratspill (s. d.).

Schafschenkel, der —; eine Art Sprietsegel (s. d.).

Schaft, s. Schegg.

Schaken, s. abschaken.

Schalen, die —; Hölzer zur Verstärkung von Masten oder Raaen (s. d.).

Schalken, Schalkleisten, die —; werden zum Dichtmachen der Luken (s. d.) gebraucht.

Schaluppe, die —; ein in der Nord- und Ostsee gebräuchliches Fischerfahrzeug von 12 bis 88 Tonnen Grösse. Die Ostsee-Schaluppen haben nicht den starken Spring der Jacht und fahren ein Grosssegel, das oben breiter ist als bei der Jacht, dazu ein Gaffel-Toppsegel; ausserdem, da sie eine hohe Stenge haben, gewöhnlich ein festes Toppsegel und ein loses Bramsegel, dazu zwei Vorsegel und unter Umständen einen grossen Aussenklüver.

Schaluppe, die —; ein Schiffsboot.

Schamvielen, v.; abscheuern, abwetzen, durch Reibung beschädigt werden.

Schandeckel, der —; eine aus platt auf den Oberkanten der Spanthölzer (s. d.), dem obersten Farbgange (s. d.) und der Setzbordplanke (s. d.) des Oberdecks (s. d.) liegenden Planken bestehende Holzverbindung. Er reicht bei Kriegsschiffen ohne Oberdeck-Batterie von der Hinterkante der Fockrüste (s. d.) bis zum Kreuzmaste (s. d.), bei solchen mit Batterie auf Back (s. d.) und Schanze (s. d.) nur bis zum Grossmaste (s. d.), bei Schiffen mit voller Deckbatterie ist er nicht vorhanden. Bei Handelsschiffen reicht er vom Vorsteven (s. d.) bis zum Heck (s. d.), liegt aber bei mittleren und kleinen Schiffen, da diese selten einen Setzbord (s. d.) haben, entweder auf dem Wassergange (s. d.), oder stösst von aussen gegen ihn.

Schanze, die —; der hinter dem Grossmaste (s. d.) liegende Theil des Oberdecks (s. auch Quarterdeck).

Schanzkleid, das —; die Bekleidung der Rehlingsstützen (s. d.) zwischen dem Schandeckel (s. d.) und der Rehling (s. d.).

Scharbock; Skorbut.

Scharf, das —; heisst beim Schiffe der untere Vor- und Hintertheil.

Scharf am Wind segeln; die Segel so nahe als möglich beim Winde brassen (s. d.).

Scharf anbrassen; die Raaen (s. d.) so weit als es die Wanten (s. d.) und Pardunen (s. d.) erlauben, brassen (s. d.).

Scharf gebrasst; iron. angetrunken.

Schau, die Flagge im —, s. Flagge im Schau.

Schauermannsknoten, der —; eine Art Knoten, welcher besonders bei Taljereepen (s. d.) vorkommt.

Schebecke, die — (ital. Sciabecco); ein Mittelmeer-Fahrzeug mit drei senkrechten oder leicht nach vorn geneigten Masten; Fock- und Grossmast sind Pfahlmasten (s. d.) mit lateinischen Segeln (s. d.), der Besahnmast ist entweder den beiden vorderen gleich getakelt oder mit einer Besahn (s. d.) versehen. Die Schebecken haben je nach der Form ihres Rumpfes entweder ein Bugspriet (s. d.) und einen Klüverbaum (s. d.), oder sie sind gänzlich ohne Bugspriet.

Scheeren, v.; Ausdruck für: 1. Tauwerk durch Blöcke (s. d.) ziehen und 2. herankommen; z. B. eine Talje (s. d.) wird geschoren; man lässt ein Boot längsseits des Schiffes scheeren u. s. w.

Scheergänge, s. Senten.

Scheerleinen, die —; die einzelnen Theile eines Hahnepoots (s. d.).

Scheerstöcke, die — **der Luken;** dienen zum Tragen der Lukenklappen.

Schegg, das —; die Verstärkung an der Vorderseite des Vorstevens (s. d.), welche von dessen unterem Theile bis unter das Bild des Galjons (s. d.) reicht.

Scheibe, die —; heisst ein rund zusammengelegtes längeres Ende (Tauwerks).

Scheibe, die — **eines Blockes,** s. Block.

Scheibengatt, das —; das Loch, in welchem die Scheibe sich bewegt.

Scheidenagel, Scheinagel, der —; ein hölzerner Nagel, welcher quer durch die Naht einer Lasch (s. d.) geht und das Eindringen des Wassers verhindert.

Scheilicht, das —; einfallendes Licht über Kajüten (s. d.).

Scheitern, v.; es findet statt, wenn ein auf · Grund festgerathenes Schiff in Stücke bricht.

Schenkel, der —; ein kurzes Ende Tau zur Befestigung eines Blockes (s. d.).

Schenkelhaken, s. Schinkelhaken.

Scherbe, s. Lasch.

Schibbern, s. Killen.

Schiemann, der —; der unter dem Bootsmanne (s. d.) stehende Unterofficier (Bootmannsmaat).

Schiemannen, v.; die Takelung (Taue, Blöcke u. s. w.) ausbessern.

Schiemannsarbeiten, die —; die Zubereitung des Tauwerkes für die Takelung.

Schiemannsgarn, das —; aus zwei bis drei Kabelgarnen zusammengesetztes Garn (s. kleiden).

Schiemannswoit, s. Woit.

Schiessen, s. ausschiessen.

Schiff, das —; Abkürzung für Vollschiff (s. d.). In der Büchersprache nennt man jedes Fahrzeug, das die See befährt, ein Schiff.

Schiffbau-Ingenieur, der —; der Schiffbaumeister.

Schiffbaukunst oder **Marine-Architektur,** die —.

Schiffbruch, der —; der Verlust oder Untergang eines Schiffes.

Schiffer, der —; der Befehlshaber eines Kauffahrers.

Schiffsart, nach —; nach den Regeln der Seemannschaft (s. d.).

Schiffsetikette, die —; die hergebrachten Förmlichkeiten an Bord der Kriegsschiffe.

Schiffsjunge, der —; Knaben von 14 bis 16 Jahren, welche in der Kriegsmarine auf eigenen Schulschiffen zu Seeleuten herangebildet werden. Auf Kauffahrteischiffen, die meistens nur einen, höchstens zwei Jungen haben, dienen sie dem Kapitän als Aufwärter und lernen dabei das Seewesen.

Schiffskapitän, s. Kapitän.

Schiffskörper, s. Rumpf.

Schiffsmakler, der —; eine Person in Seestädten, welcher den Rhedern (s. d.) Fracht verschafft, aus- und eingehende Schiffe klarirt, Frachten

einkassirt und den Rhedern Rechnung legt.

Schiffsmannschaft, die —; man theilt die ganze Besatzung eines Kriegsschiffes in folgende Hauptklassen ein: 1. in den Stab (s. d.), 2. den Unterstab (s. d.), 3. das seemännische Personal, 4. das Maschinen-Personal, 5. das Handwerks-Personal und 6. das Seesoldaten-Detachement.

Schiffsrheder, s. Rheder.

Schiffswerft, s. Werft.

Schiffswurm, s. Wurm.

Schiffszimmermann, s. Zimmermann.

Schildern, v.; anmalen.

Schinkelhaken, der —; damit werden Fässer aufgewunden.

Schlachtrolle, s. Gefechtsrolle.

Schladding, die —; altes Tauwerk zum temporären Bekleiden von Wanten (s. d.) u. s. w.

Schlag mit einem Riem, der —; das einmalige Eintauchen und Anziehen des Riems (s. d.).

Schlag, der — **am Steuer.**

Schlag, der — **in einer Talje;** wenn die Läufer (s. d.) nicht klar sind.

Schlag, der — **eines Taues;** eine lose Umlegung eines Taues um einen Gegenstand ohne alle Verwicklung.

Schlag, der — **in der Vertäuung;** wenn die Ketten nicht klar vom Schiffe nach dem Anker im Grunde laufen, sondern vor dem Schegg (s. d.) sich kreuzen oder mehrmals um einander gewickelt sind.

Schlagbug, s. Streckbord.

Schlagen, v.; Tauwerk drehen oder machen.

Schlagpütse, die —; ein Eimer zum Aufschöpfen von Wasser über die Schiffsseite herein.

Schlagseite, die —; das nicht durch Wind verursachte stabile Ueberkrängen (s. d.) eines Schiffes, was bei ranken (s. d.) Schiffen sehr leicht geschieht.

Schlangen, die — (auch **Kattspuren** genannt); Hölzer, welche im Schiffsraume in diagonaler Richtung über mehrere Spanten (s. d.) oder Kantspanten (s. d.) reichen.

Schlapplien, die —; eine Leine zum Aufholen des Unterlieks (s. d.) bei Windstille.

Schleppen, s. bugsiren.

Schlingern, das —; das Ueberholen des Schiffes von einer Seite zur anderen.

Schlingern, v.; die Bewegung des Schiffes von einer Seite zur anderen, eine bei hoher See für die Masten sehr gefährliche.

Schlingerpardunen, die —; Pardunen (s. d.), welche beim starken Schlingern (s. d.) an den Stengen (s. d.) und den Schiffsseiten befestigt werden.

Schlippen, slippen, v.; ein Tau oder eine Kette ganz auslaufen, resp. fahren lassen.

Schlitten, der —; ein Gerüst von Balken unter dem Boden eines Schiffes, das vom Stapel laufen soll.

Schlopen, s. abbrechen.

Schlossgatt, das —; ein Loch am Fusse einer Stenge (s. d.), wodurch das Holz gesteckt wird, welches dieselbe auf den Sahlingen (s. d.) hält.

Schlossholz, das —; das Holz, welches die Stenge (s. d) auf den Sahlingen (s. d.) hält.

Schlossholz; figürl. ein dummer Mensch; ein unbefahrener Matrose.

Schmarting, die —; altes getheertes Segeltuch zum Bekleiden von Tauen.

Schnaumast, der —; ein längs der Hinterseite des Mastes befindliches Rundholz an dem die Gaffel (s. d.) auf- und abgleiten kann.

Schnigge, die — (auch **Eider-Bulle** genannt); ein der Eider eigenthümliches Fahrzeug von 12 bis 17 Tonnen. Die Schniggen sind ein- und zweimastig, über der Wasserlinie kuffähnlich, unter Wasser flach gebaut, mit starkem Spring, einem circa 1½ Fuss hohen Halbdeck mit gewöhnlich zwei Gängen Bergholzplanken und sind vorn und hinten bis zu den Pollern mit festem Bord versehen; mittschiffs haben sie eine aufrecht stehende Planke als Verschanzung, wie die Tjalken (s. d.). Sie haben gewöhnlich Schwerter (s. d.), jedoch giebt es einige neuere, die schärfer gebaut sind und keine haben. Die Masten haben lange Toppen (s. d.) und sind leichter und schlanker als bei Kuffen (s. d.) und Tjalken (s. d.). Sie haben überhaupt viel

Aehnlichkeit mit den Tjalken, nur ist ihr Grosssegel (Sprietsegel) bedeutend kleiner und zum Ersatze für diese geringe Grösse führen sie an einem kleinen Besahnmaste (s. d.) ein kleines Gaffelsegel (s. d.); sodann sind sie vorn schärfer als hinten und sehr tragfähige Fahrzeuge.

Schooner, s. Schuner.

Schooten, die —; Taue, mittels welchen die unteren Ecken der Segel angeholt, straff gezogen werden.

Schootenstich, der —; eine Art Schlinge.

Schooten vor! Kommando beim Segelsetzen.

Schoothorn, das —; die Ecke des Segels, woran die Schoote (s. d.) befestigt ist; Raasegel (s. d.) haben zwei Schoothörner.

Schott, das —; eine Scheidewand. Die Schotten werden in Quer- und Längsschotten getheilt. Die durch die Querschotten erzielte Theilung der Schiffe in eine Anzahl wasserdicht von einander getrennter Räume dient einestheils zur Verstärkung des Querverbandes, hauptsächlich aber zur Beschränkung des durch ein Leck einströmenden Wassers auf einen kleinen Theil des Schiffes. Die eisernen Panzerschiffe erhalten ausser den Querschotten gewöhnlich noch an jeder Seite, in einer Entfernung von 4—6 Fuss vom Bord, Längsschotten, die wesentlich zum Längenverband beitragen. Sie sind gleich den Querschotten wasserdicht gemacht.

Schralen, v.; Aenderung des Windes in einer für das segelnde Schiff ungünstigen Richtung (vergl. raumen).

Schrapen, v.; abkratzen.

Schratsegel, die —; Kollektivausdruck für alle dreiseitigen und trapezoïden Segel, z. B. Klüver-, Besahn-Segel u. s. w.

Schraube; iron. Cylinderhut.

Schraubenbrunnen, der —; Vorrichtung zum Hinaufziehen (Heissen) der Schraube. Die Form und Grösse des Brunnens richtet sich nach der Form der Schraube. Bei hölzernen Schiffen ist er entweder aus eichenen Planken zusammengesetzt oder aus Eisenblech gefertigt; bei eisernen Schiffen stets aus letzterem Materiale.

Schraubenschiff, das —; ein Schiff, welches durch eine oder mehrere Schrauben fortbewegt wird.

Schricken, v.; ruckweise Taue loslassen.

Schrottau, das —; damit werden Fässer auf einer schiefen Ebene bewegt.

Schrubben, v.; die Seiten des Schiffes mit einem Schrubber oder spanischen Besen reinigen.

Schuh, der —; Ankerschuh, Pumpschuh.

Schuner (ink. Schooner), der —; Fahrzeug mit zwei oder drei Masten ohne Raaen (s. d.) oder mit Raaen nur am vorderen Maste.

Schunerbark, die —; eine Bark (s. d.), deren Fock- und Grossmast nicht Mars- und Bramstengen (s. d.) mit Mars- und Bramsegeln (s. d.) haben, sondern nur e i n e Stenge mit Topp- und Bramsegeln fahren.

Schunerbrigg, die —; eine Brigg (s. d.), deren Masten nicht Mars- und Bramstengen (s. d.) mit Mars- und Bramsegeln (s. d.) haben, sondern nur e i n e Stenge mit Topp- und Bramsegeln fahren.

Schunergaleasse, die —; hat den Rumpf der Galeasse (s. d.) und die Takelung des Schuners (s. d.). Die Schunergaleasse unterscheidet sich dadurch von der Huckergaleasse (s. d.), dass bei ersterer der vordere Mast nicht völlig so hoch, und dass der Besahnmast (s. d.) und somit auch die Besahn (s. d.) grösser ist als bei der Huckergaleasse. Der Besahnmast steht auch nicht so weit nach hinten. Die Grösse der Schunergaleassen variirt zwischen 63 und 251 Tonnen.

Schunergaljote, die —; hat den Rumpf und das Ruder der Galjote (s. d.) und die Takelung des Schuners (s. d.). Die Schunergaljoten haben eine Grösse von 95 bis 270 Tonnen.

Schunerkuff, die —; hat den Rumpf der Kuff (s. d.) und die Takelung des Schuners (s. d.). Die Grösse variirt zwischen 68 und 210 Tonnen.

Schute, die —; ein den Mutten (s. d.) ähnliches Wattenfahrzeug der westfriesischen Inseln, vorn und hinten scharf gebaut, aber plattbodig und circa 10 Tonnen gross.

Schwabber, der —; ein Geräth aus altem Tauwerke zum Reinigen der Decke.

Schwabber; joc. die Epauletten der höheren Officiere.

Schwabbern, v.; mittels des Schwabbers (s. d.) reinigen.

Schwadern, v.; im Geschwader segeln und mit demselben taktische Uebungen vornehmen.

Schwaien, v.; Ausdruck für die Drehung des Schiffes vor Anker in die Windrichtung; überhaupt die Drehung des Schiffes auf der Stelle.

Schwalbenschwanz, der —; eine Art Lasch (s. d.).

Schwalken, v.; plattd. umherschwärmen (saufend).

Schwalker, der —; ein trunkfälliger, sonst tüchtiger Matrose.

Schwanenhals am Giekbaum, der —; ein Haken am inneren Ende des Giekbaumes (s. d.), welcher in das Auge eines um den Mast liegenden Bügels gehakt wird und den Baum am Maste festhält.

Schwarze Liste, die —; joc. die Strafarbeiter am Bord der Kriegsschiffe.

Schweinsrücken, der —; die Stelle, wo die Hand des horizontal gelegten (aufgesetzten) Ankers zu liegen kommt.

Schweres Loth, s. Tiefloth.

Schweres Wetter, s. Sturm.

Schwert, das —; eine Vorrichtung, um das Seitwärtstreiben plattgebauter Fahrzeuge abzuschwächen.

Schwichten, v.; zwei schon angespannte Taue mittels einer Leine, die im Zickzack von einem Taue zum anderen führt, zusammenziehen und noch mehr spannen.

Schwichtung, s. Schwichten.

Schwimmdock, das —; ein kolossaler schwimmender eiserner Kasten, bei welchem die beiden schmalen Wände fehlen, die beiden Längswände und der Boden aber hohl, aus doppelten Eisenplatten gebildet sind und so viel Schwimmkraft haben, dass sie das ganze Dock mit der oberen Fläche seines Bodens über Wasser halten. Soll nun ein Schiff im Schwimmdock reparirt werden, so lässt man Wasser in die Hohlraume des Bodens und der Seitenwände einströmen und das Dock senkt sich auf diese Weise so weit, dass seine obere Bodenfläche noch etwas tiefer unter Wasser liegt, als der Tiefgang des auszubessernden Schiffes beträgt. Darauf fährt das Schiff in das Dock hinein, und wenn es zwischen den beiden Längswänden schwimmt, beginnen gewaltige Dampfpumpen das Wasser aus den Hohlräumen zu entfernen. Hierdurch hebt sich das Dock, nimmt im Steigen das Schiff, das jetzt abgesetzt auf seinem Boden zu stehen kommt, mit empor und bringt es endlich in solche Höhe, dass die obere Bodenfläche des Docks und das ganze Schiff sich ausser Wasser befinden. Sobald die Reparatur des Schiffes beendigt ist, wird das Dock durch Einlassen von Wasser wieder gesenkt und das Schiff kann ruhig hinausfahren.

Schwingbaum, der —; (auch **Backspiere** genannt); die Spiere zum Aussetzen des Unterleesegels.

See, die —; das Meer.

See, eine —; eine Welle der See, so sagt man z. B. lange See, kurze See, Sturzsee.

Seearsenal, s. Werft.

Seebär; joc. ein alter Seemann.

Seebeine haben; seediensttüchtig sein.

Seefahrtskunde, s. Steuermannskunde.

Seefest; so befestigt, dass die Verbindung in See nicht lose werden kann.

See, in — gehen; aus einem Hafen oder von einer Rhede in das offene Meer hinausfahren.

See halten; in der See bleiben.

Seekadett, der —; junge, gebildete Leute, welche durch den Besuch einer Marineschule und durch mehrjährigen Dienst auf einem Kriegsschiffe sich zum Seeofficiersdienste vorbereiten.

Seekarten, die —; Karten, welche die Meere oder Theile derselben darstellen.

Seekennung, die —; die Kunde von der Beschaffenheit der See.

Seeklar; bereit, in See zu gehen (von einem Schiffe gesprochen).

Seekompass, der —; das für die Navigirung unentbehrliche Instrument, welches mittels der Magnetnadel die Weltgegenden anzeigt. Man theilt die Kompasse in drei Arten:

Azimuthal-, Peil- und Steuer-Kompasse.

Seekrankheit, die —; die bekannte Krankheit, von welcher die an die See nicht Gewohnten befallen werden.

See, kurze —; diejenigen Wellen, welche schnell einander folgen und dicht hintereinander herlaufen, dabei auch öfters übereinander fortrollen und sich brechen.

See, lange —; diejenigen Wellen, welche in einer grossen Strecke parallel einander folgen, ohne sich zu brechen.

Seemacht, die —; bedeutet sowohl einen Staat, welcher eine Kriegsflotte hat, als auch die Kriegsflotte selbst.

Seemann, der —; jeder, der aus Beruf zur See fährt.

Seemannschaft, die —; Alles, was nur im Dienste am Bord in See gelernt werden kann.

Seemeile, die —; der sechzigste Theil eines Aequatorgrades; 4 Seemeilen = 1 geograph. deutsche Meile = 7420.4385 m.

Seeofficier, der —; fast in jeder Marine haben die Seeofficiere eine etwas andere Benennung und Rangordnung, theilen sich jedoch überall in Admirale, Kapitäne und Lieutenants.

Seepass, der —; eine Regierungsurkunde.

Seeprotest, der —; eine eidliche Erklärung des Kapitäns und der Besatzung bei Havarien.

Seeräuber, der —; ein Schiff, das ohne einen Mark- oder Kaperbrief einer Landesregierung Seeräuberei treibt.

Seerecht, das —; die Sammlung von Gesetzen, nach denen alle Streitigkeiten in Seesachen entschieden werden.

Seeschlag, der —; die Begegnung einer Welle und eines festen Gegenstandes.

Seesoldat, der —; Soldaten, die auf den Kriegsschiffen als Musketiere dienen; einige Flotten haben keine Seesoldaten (z. B. die österreichisch-ungarische) oder verwenden sie nur am Lande (z. B. die französische Marine).

Seetag, der —; die von Mittag bis Mittag von dem Schiffe durchsegelte Distanz.

Seetaktik, die —; das Manövrir-Reglement für eine Flotte oder ein Geschwader.

Seetriften, die —; was in der See umhertreibt und aufgefunden wird.

Seetüchtig; für den Seedienst geeignet.

Seeuhr, die —; eine sehr künstlich verfertigte, tragbare Uhr von so regelmässigem Gang, dass mit ihrer Hilfe die geographische Länge gefunden werden kann (s. Chronometer).

Seeusancen, die —; gewisse allgemeine Grundsätze und Gebräuche, welche bei dem Seerechte und den Behandlungen der Seeangelegenheiten zur Grundlage gemacht werden.

Seeverklarung, s. Verklarung.

Seewärts; nach der See zu.

Seewind, der —; ein Wind, der von der See nach dem Lande weht.

Seewurf, der —; das Ueberbordwerfen von Gegenständen zur Erleichterung des Schiffes bei Gefahr.

Seezug, der —; das Auslaufen der Flotte oder eines Geschwaders zu einer kriegerischen Aktion.

Segel, das —; die Segel werden aus mehreren K l e i d e r n zusammengenäht, d. h. aus mehreren ganzen Breiten Segeltuch. Die starke Einfassung derselben von Tau heisst Liek (s. d.); die zur Befestigung von Tauen daran angebrachten Augen oder Tauschleifen heissen Lägel (s. d.).

Segel, die — **aufgeien;** die unteren Ecken der Segel mittels der Geitaue (s. d.) auf die Raa (s. d.) ziehen.

Segel abschlagen; die Segel von den Raaen (s. d.) abnehmen.

Segel anschlagen; die Segel an die Raaen (s. d.) befestigen.

Segelbalken, der —; der längste von allen Deckbalken, der in der grössten Breite des Schiffes liegt. Er dient als Hauptmass zu vielen Dimensions-Bestimmungen.

Segel bergen; festmachen.

Segel beschlagen; die Segel aufrollen und festbinden.

Segelboden, der —; die Werkstätte des Segelmachers.

Segelducht, die —; die Bank in einem Boote, in welchem der Mast steht.

Segel fallen lassen; losmachen.

Segelfertig; in Bereitschaft sein, um jeden Augenblick in See gehen zu können.

Segelgarn, das —; damit werden Segel genäht.

Segel, unter — gehen; aus einem Hafen oder von einer Rhede in das offene Meer hinausfahren.

Segelkammer, die —; der Ort im Schiffe, wo die Reservesegel aufbewahrt werden.

Segel kanten; bedeutet, dass die Segel, wenn sie nicht kriegsschiffsmässig stehen, gestreckt, resp. die Schooten (s. d.) vorgeholt und die Raaen (s. d.) besser gebrasst (s. d.) werden sollen.

Segelklar; segelfertig (s. d.).

Segelkoje, s. Segelkammer.

Segelmacher, der —; der Handwerker, welcher die Segel verfertigt.

Segelmoment, der —; nennt man die Zahl, welche entsteht, wenn man das Areal jedes einzelnen Segels mit der Entfernung seines Schwerpunktes von der obersten Wasserlinie multiplicirt und die Produkte addirt.

Segeln, v.; mit beigesetzten Segeln fahren.

Segeln, bei dem Winde —; wenn ein Schiff den Wind nicht mehr von der Seite, sondern schon in einer schiefen Richtung von vorn bekommt.

Segeln, mit halbem Winde —; wenn der Wind perpendikulär auf den Kiel trifft.

Segeln, mit raumen Winde oder **Backstagswinde** —; wenn der Wind mit dem Kiele einen Winkel von 45° macht.

Segeln, rückwärts —, s. deinsen.

Segeln, vor dem Winde —; den Wind gerade von hinten her in die Segel bekommen. Es ist dies keineswegs der vortheilhafteste Wind; denn theils ist das Schiff dann schwer zu steuern und giert (s. d.) bald nach der einen, bald nach der anderen Seite von der geraden Linie ab, theils stehlen auch die Hintersegel den vorderen den Wind. Der vortheilhafteste Wind ist der Backstagswind (s. d.).

Segelordnung, die —; die Ordnung, in welcher eine Flotte segelt.

Segel pressen; so viel Segel führen, als das Schiff tragen kann; es geschieht hauptsächlich, um von einem

Legerwall (s. d.) loszukommen (s. prangen).

Segelpunkt oder **Wirkungspunkt des Segel-Systems,** nennt man den Punkt, in welchem die Gesammtkraft der Segel zur Fortbewegung des Schiffes vereint ist.

Segel reefen; Segel verkleinern.

Segel setzen oder **beisetzen;** die Vorbereitung zum unter Segel gehen, oder der Wiedergebrauch eines festgemacht gewesenen Segels.

Segelspiel, ein —; die für sämmtliche Raaen (s. d.), Gaffeln (s. d.) und Stage (s. d.) nothwendigen Segel.

Segeltuch, das —; das aus Hanf verfertigte Tuch, woraus die Segel verfertigt werden.

Segelwerk, das —; die sämmtlichen Segel eines Schiffes.

Seil und Treil; Segel und Tauwerk.

Seisen, v.; festschnüren.

Seising, die —; ein plattgeflochtenes Tau zum Seisen (s. d.).

Seite, die — **eines Schiffes;** mit dem Gesichte nach vorn stehend, nennt man die rechte Seite die Steuerbord- und die linke die Backbord-Seite. Die Seite, welche der Wind trifft, heisst Luv-, die ihr entgegengesetzte Lee-Seite.

Seitengalerien, die —; an beiden Seiten des Hinterschiffes hervorspringende Erker.

Seitentakel, die —; Takel, die an jeder Seite eines Mastes an die daselbst befindlichen Hanger befestigt werden und dazu dienen, Lasten aus- und einzuheben.

Seitentaljen, die — **der Kanonen.**

Senkblei, s. Loth.

Senkrecht, s. auf und nieder.

Senten, die —; dünne, biegsame Latten, welche die Schiffszimmerleute vom Vor- bis zum Hintersteven (s. d.) in gewissen Entfernungen von einander auf die Spanten (s. d.) spikern, um darnach die Biegung oder den Strock der Seitenplanken zu ordnen.

Serving, die —; Taue zur Bekleidung.

Setzbord, der —; eine aufzusetzende und abzunehmende Erhöhung der Seite auf kleinen Fahrzeugen, um das Ueberschlagen der Wellen zu verhindern.

Setzbordplanken, die —; die unmittelbar auf den Wassergängen (s. d.) stehenden Planken der Innenbordsbekleidung.

Setzen, die Segel —, s. Segel setzen.

Setzen, die Wanten —, s. ansetzen, die Wanten —.

Sextant, der —; ein astronomisches Instrument zu Höhen- und Distanzmessungen.

Signale, die —; gewisse Zeichen, durch welche man in mehr oder weniger bedeutenden Entfernungen anderen Schiffen die nöthigen Befehle und Nachrichten ertheilt. Sie werden durch geheisste Flaggen, aufgezogene Laternen, Kanonenschüsse und verschiedene sogenannte Blickfeuer oder Raketen gegeben.

Sinken, v.; untersinken.

Sitzen, v.; festgerathen sein.

Sitzer, s. Kimmstücke.

Slip, der — (deutsch zuweilen durch ‚Schlepp‘ wiedergegeben); wo keine Trockendocks (s. d.) zur Verfügung stehen, bedient man sich zu Reparaturen des Schiffes unter Wasser eines Slips, d. h. einer Gleitbahn, welche wie ein Stapel (s. d.) von einer Wassertiefe, die dem Tiefgange des betreffenden Schiffes entspricht, nach dem Strande hinaufläuft. Diese Gleitbahn besteht entweder aus zwei Wangen oder Balken, auf und zwischen denen placirt das Schiff in seiner Kielrichtung mittels Winden auf's Trockene geholt wird, oder aus einer grösseren Anzahl solcher Balken (die dann auf dem Trockenen geringere Länge haben), auf welchen das Schiff quer, dem Strande parallel, auf's Trockene gezogen wird. Hat man weder Trockendocks, noch Slips, so muss man das Schiff behufs Ausbesserung unter Wasser kielholen (s. d.).

Slip, der — oder **Rücklauf der Schraube;** der Procentsatz, um welchen das Produkt aus der Steigung und der Umdrehungszahl grösser ist als der von dem Schiffe in der Minute zurückgelegte Weg.

Slitage, die —; Abnützung.

Sloopen, v.; abbrechen.

Smack, die —; ein Fischerfahrzeug in der Nordsee nach Art der Lugger

(s. d.), jedoch einmastig, höchstens mit einem kleinen Beilieger. Grösse circa 80 Tonnen.

Sog, s. Kielwasser.

Soldatengatt, das —; die in der Mitte einer Mars (s. d.) befindliche Oeffnung, durch welche der Topp (s. d.) des Mastes und der Fuss der Marsstenge (s. d.) geht; durch dasselbe kriechen furchtsame Matrosen, statt über den Aussenrand der Mars zu steigen.

Sonnensegel, das —; ein Sonnenzelt, welches über die einzelnen Theile des Oberdecks gespannt wird.

Sorgleine, die —; zwei Ketten oder Taue an jeder Seite des Steuerruders, um das Steuer zu halten, im Falle die Ruderfinger (s. d.) aus den Oesen (s. d.) springen sollten.

Sorren, v.; etwas festbinden.

Sorrklampen, der —; ein Holz mit einer Oeffnung für die Sorrung (s. d.).

Sorrung, die —; Taue zum Festbinden.

Spake, Handspake, die —; ein hölzerner Hebebaum, der sich mit der Hand regieren lässt.

Spaken, die — **des Spills;** die Hebebäume für das Brat- und Gangspill (s. d.).

Spaken, die — **des Steuerrades;** die Speichen desselben.

Spann-Want, das —; je zwei zusammengehörige Wanttaue (s. d.), da solche paarweise gefertigt werden, so dass die Bucht um den Topp (s. d.) des Mastes zu liegen kommt.

Spanten, die —; die Rippen des Schiffes; sie bestehen aus je zwei miteinander verbundenen Hölzern und werden aus mehreren Stücken nach oben zusammengesetzt; die unteren heissen Bodenwrangen (s. d.) hierauf folgen die Sitzer oder Kimmstücke (s. d.), auf diese die Auflanger (s. d.).

Spantenriss, s. Riss oder Abriss eines Schiffes.

Speck einer Matte, das —; aufgedrehte Garne zum Dickermachen einer Matte.

Speigatt, das —, plur. **Speigatten,** die —; Rinnen, resp. Röhren, aus denen das Wasser von den Decken nach aussenbords ablaufen kann.

Spiegel, der —; die schräg vom Achtersteven (s. d.) aufsteigende Fläche bei einem plattgatted (s. d.) Schiffe, zwischen Heckbalken (s. d.) und Heckbord (s. d.). Im Spiegel befinden sich bei grösseren Schiffen die Fenster der Kapitäns-Kajüte, und an demselben ist stets der Name des Schiffes, sowie häufig auch eine Verzierung angebracht.

Spiegelwrangen, s. Worpen.

Spielvogel; joc.; auf Kauffahrern diejenigen Anfänger im seemännischen Berufe, welche durch Verzicht auf die Löhnung oder gar durch eine an den Schiffsführer zu zahlende Summe ihre Lehrzeit in den niedrigen Handleistungen abzukürzen wünschen.

Spieren, die —; im weiteren Sinne alle Rundhölzer (s. d.); im engeren Sinne die Rundhölzer, mit welchen die Leesegel (s. d.) an ihrem unteren Liek (s. d.) ausgespannt werden.

Spieren aus! Kommando beim Setzen der Leesegel.

Spierendeck, s. Kuhbrücke.

Spiker, der —; Nagel.

Spikerhaut, die —; eine Verdopplung der Aussenplanken.

Spikern, v.; mit Spikern (s. d.) etwas befestigen.

Spikerpinnen, die —; hölzerne, in alte Nagellöcher zu schlagende Pflöcke.

Spill, das —; Ankerwinde; man unterscheidet Gangspille (s. d.) und Bratspille (s. d.), letztere meist für Kauffahrteischiffe.

Spillbäume, s. Spaken.

Spillfutter, s. Ausfütterung.

Spillgatten, die —; die Löcher im Spill (s. d.) zu den Speichen.

Spindje, das —; ein Schrank.

Spinnkopf, der —; ein Holz mit mehreren Löchern zu Tauen.

Spint, das —; das unmittelbar unter der Rinde befindliche Holz.

Splinte, die —; ein plattes, keilförmiges Eisen, welches in das Splintgatt eines Splintbolzens (s. d.) gesteckt wird.

Splintbolzen, der —; ein Bolzen, welcher an seinem unteren Ende ein kleines längliches Loch hat, durch welches eine Splint (s. d.) getrieben

wird, um den Bolzen am Zurückweichen zu hindern.

Splissen, v.; zwei Taue zu einem Ganzen verknüpfen.

Splisshorn, das —; ein grosser Marlpfriem (s. d.).

Splissung, die —; eine Verbindung zweier Taue zu einem Ganzen.

Sponnung, die —; eine Rinne, die der Kiel (s. d.) in seiner ganzen Länge an jeder Seite zur Aufnahme der einen Längskante der Kielplanken erhält.

Sporn, der —; ein Rammbug (s. d.), dessen Schneide in eine Spitze ausläuft.

Sprachrohr, das —.

Spriet, das —; eine Spiere (s. d.), welche ein Sprietsegel (s. d.) beinahe in seiner Diagonale ausspannt.

Sprietsegel, das —; ein Segel, welches mittels einer in diagonaler Richtung angebrachten Spiere (s. Spriet) ausgespannt wird.

Spring, der —; die Erhebung der Decke eines Schiffes aus der Mitte nach vorn und hinten.

Spring, Springtau, das —; ein vom Hintertheile des Schiffes an der Ankerkette befestigtes Tau, um beim Ausstechen der Kette das Schiff in eine quere Lage zu bringen.

Springstroppen, die —; kurze Taue, welche in einiger Entfernung von einander mit dem oberen Ende um die Raa (s. d.) gelegt werden und senkrecht von ihr herabhängen. Am unteren Ende befindet sich ein Auge (s. d.), durch welches die Pferde (s. d.) der Raa fahren. Sie dienen dazu, dass die Pferde nicht zu tief niederhängen, wenn einzelne Leute darauf treten.

Springzeit, die —; die Zeit um Neu- und Vollmond.

Spunt, das —; ein kleines Stück Holz zur Ausbesserung einer schadhaften Stelle.

Spur, die —; die Verklotzung, in die der Fuss des Mastes etc. zu stehen kommt.

Stab eines Schiffes, der —; dazu gehören: die Officiere, das ärztliche Personal, der Maschinen-Ingenieur, der Zahlmeister oder Bordverwalter,

der Prediger oder Bordkaplan und die Seekadetten.

Stab! Antwort eines vom Ausguck angerufenen und an Bord anlegenden Bootes, wenn ein Stabsofficier im Boote ist (österr.-ung. Marine). In der deutschen Marine wird, wenn der Kommandant im Boote ist, der Name des Schiffes gerufen.

Stabilität, Steife, die — **eines Schiffes;** die Kraft, mit welcher das auf die Seite geneigte Schiff eine frühere aufrechte Stellung wieder erlangt.

Stag, das —; starkes Tau zur Befestigung von Masten und Stengen (s. d.) in der Richtung nach v o r n.

Stagauge, das —; der um den Topp (s. d.) des Mastes liegende Theil des Stages (s. d.).

Stagen, v.; die Masten und Stengen (s. d.) in richtigen Fall (Schrägstellung) bringen, durch Anholen der Stage (s. d.).

Stagen, über Stag gehen, s. wenden.

Stagfock, die —; das Segel am Stage (s. d.) des Fockmastes (s. d.).

Stagsegel, das —; ein an einem Stage (s. d.) fahrendes Segel.

Stagweise; die Ankerkette steht stagweise, wenn sie parallel mit dem Fockstag (s. d.) ist.

Stampfen, v.; die Bewegung des Schiffes der Länge nach, welche durch den Seegang hervorgerufen wird.

Stampfstag, das —; ein vom Klüverbaume (s. d.) zum Stampfstocke (s. d.) führendes Tau.

Stampfsteven, der —; ein fast rechtwinklig auf dem Kiele stehender Steven (s. d.).

Stampfstock, der — (auch **Martingäle** oder **Domper** genannt); ein eiserner oder hölzerner senkrecht vom Ende des Bugspriets (s. d.) nach unten stehender Stock, um das den Klüver und Aussenklüverbaum (s. d.) nach unten stützende Tauwerk zu spreizen.

Stander, der —; eine Flagge, welche das Unterscheidungszeichen eines Kommodors (s. d.) oder Geschwader-Chefs ist, der keinen Admiralsrang hat. Der Stander ist dreieckig oder viereckig, aber in zwei Zungen gespalten, und wird stets am Grosstopp geheisst.

Stapel, der —; die lange Reihe von starken Klötzen in der Mitte der Helling (s. d.), auf welchen der Kiel des im Bau befindlichen Schiffes ruht. Im weiteren Sinn ist Stapel wohl auch identisch mit Helling.

Stapel, vom — laufen; ein Schiff von seiner Baustelle in's Wasser gleiten lassen.

Stauen, v.; die Ladung eines Schiffes gehörig vertheilen und verpacken.

Stauer, der —; einer, der sich erwerbsmässig mit dem Stauen beschäftigt.

Stauholz, das —; Stücke Holz, die zwischen die Güter gelegt werden.

Stauwasser, das —; die Zeit zwischen Ebbe und Fluth.

Stechbolzen, die —; Taue, welche am Seitenliek der Segel dazu dienen, das zu reefende Segel an die Nocken (s. d.) der Raaen (s. d.) zu ziehen.

Stechen, Tau —, s. fieren.

Stechen, in See —; Laienausdruck für ‚in See gehen‘.

Stechknie, s. Vertikalknie.

Steerage, die —; ein Platz im Zwischendeck hinter dem Grossmaste (auf Kauffahrteischiffen).

Steert, das —; ein kurzes Tau, welches an einem Gegenstande befestigt ist.

Steertblock, der —; ein mit einem kurzen Tau versehener Block.

Stehende Gut, das —; Wanten (s. d.), Pardunen (s. d.) und Stage (s. d.).

Steif; ein Schiff nennt man steif, wenn es sich geschickt zeigt, den Seitenbewegungen zu widerstehen und seine aufrechtstehende Stellung wieder zu erlangen, nachdem die Kräfte, welche es auf die Seite neigten, zu wirken aufgehört haben.

Steife, die — **eines Schiffes,** s. Stabilität.

Stell, das **Segel-** —; sämmtliche Segel mit Ausnahme der Reservesegel.

Stelling, die —; ein Gerüst.

Stenge, die —; Kollektivname für alle beweglichen Verlängerungen der Untermasten.

Stengenstag, das —; die Taue, mit welchen die Stengen (s. d.) ihre Befestigung nach vorn erhalten.

Stengenwanten, die —; die Taue, welche die Stengen (s. d.) nach den Seiten stützen.

Stengenwindreep, das —; ein Tau zum Aufbringen und Niederlassen der Stengen (s. d.).

Stern; engl. Terminus für Heck (s. d.). Stern ist sonach kein deutscher Seeausdruck und kommt nur in schlechten Uebersetzungen aus dem Englischen vor.

Steuer-, das — **Ruder;** Laienausdruck für Ruder.

Steuerbord; die Seite des Schiffes, welche der von hinten nach vorn Schauende zu seiner Rechten hat.

Steuerbordwache, die —; die Besatzung eines Kriegsschiffes wird in zwei gleiche Abtheilungen getheilt, von welchen die eine ungerade Nummern von 101 bis 999, die andere gerade Nummern von 102 bis 1000 erhält. Die erste Abtheilung mit ungeraden Nummern heisst die Steuerbordwache; die beiden Unterabtheilungen derselben heissen erstes und drittes Quartier (s. d.).

Steuerlastig; ist ein Schiff, das hinten tiefer im Wasser liegt als vorn.

Steuerlastigkeit, die —; der Unterschied im Tiefgange des Schiffes vorn und hinten.

Steuermann, der —; auf Kriegsschiffen derjenige Deckofficier (s. d.), welcher dem Navigationsofficier (s. d.) zur Unterstützung beigegeben ist, und fällt ihm alles dasjenige zu, was der Navigationsofficier der selbstständigen Ausführung desselben glaubt übertragen zu können. Hierher gehören: Besteckrechnung, Beaufsichtigung der Logg- und Lothhandhabung und aller hierzu dienenden Vorrichtungen und die Fertigung der Abschrift des Loggbuches. Bei ‚Reinschiff‘ hat er die Aufsicht über die Mannschaft des Oberdeckes hinter dem Grossmaste. — Auf Kauffahrteischiffen folgt der Steuermann im Kommando auf den Schiffer.

Steuermannskunst, die —; die Kunst, ein Schiff auf dem kürzesten und sichersten Wege über See zu führen und den jeweiligen Ort, auf dem sich dasselbe befindet, zu finden. Sie zerfällt in zwei Haupttheile: die geographische und astronomische Steuermannskunst (s. Nautik und

Navigation). Als Hilfswissenschaft der Steuermannskunst ist die Mathematik unerlässlich und es basiren alle nautischen Berechnungen auf der Trigonometrie.

Steuermannsmaat, der —; auf Kriegsschiffen der Gehilfe (Unterofficier) des Steuermannes (s. d.).

Steuern, v.; das Schiff mittels des Ruders (s. d.) regieren.

Steuerrad, das —; ein stehendes Rad, um das Ruder zu bewegen.

Steuerreep, das —; ein Tau, welches an den Kopf der Ruderpinne (s. d.) befestigt ist, durch Blöcke (s. d.) an die Seiten des Schiffes fährt und um die Welle des Steuerrades (s. d.) geschlagen ist, so dass durch dessen Drehung die Pinne bald nach Steuerbord (s. d.), bald nach Backbord (s. d.) gehen muss.

Steuertaljen, s. Rudertaljen.

Steven, fortsteven, v.; Fahrt haben.

Steven, der **Hinter- (Achter-)** —; ein gerades Holz, welches zum grössten Theile die Begrenzung des Schiffsgebäudes nach hinten zu bildet. Er wird auf das Hinterende des Kiels (s. d.) mittels eines Zapfens meist vertikal gestellt, nur bei Schuner- und Kutter-Jachten ist er mitunter nach hinten übergeneigt. Bei eisernen Schiffen wird er in ähnlicher Weise angefertigt; bei Schraubenschiffen wird er mit dem Rudersteven (s. d.), dem zwischen beiden liegenden Kielende und einem oberen Verbindungsstücke entweder zu einem Rahmstücke zusammengeschweisst, oder diese Theile werden mit einander vernietet.

Steven, der **Ruder-** —, s. Rudersteven.

Steven, der **Vor-** —; ein Krummholz, welches die Begrenzung des Schiffsgebäudes nach vorn hin bildet. Er wird auf das Vorderende des Kiels (s. d.), meist nach vorn übergeneigt, gestellt. Bei den Panzerschiffen hat er jedoch meist eine Neigung nach rückwärts (Schwanenhalsform). Bei eisernen Schiffen wird er aus aneinander geschweissten Eisenstangen gefertigt und bei Schiffen, welche ein Galjon (s. d.) erhalten sollen, meist derart geformt, dass er zugleich das Galjonsschegg (s. d.) bildet. Bei

Panzerschiffen erhält er häufig einen Sporn, der als Ramme dienen soll.

Stevenpumpe, die —; mit derselben wird Wasser von aussen aufgepumpt.

Stevenfall, der —; die Neigung des Stevens (s. d.) aus der senkrechten Linie.

Steward, der —; der Aufwärter, Diener.

Stich, der —; die Verwicklung oder Zusammenstechung eines Tauendes mit dem Taue selbst, um etwas mit diesem Taue festzuhalten. Ein Knoten (s. d.) wird fest zugezogen, ein Stich dagegen nur so, dass er leicht wieder aufgemacht werden kann.

Stiecklin, die —; eine dünne getheerte, trossweise (s. d.) geschlagene Leine, etwas dicker als Hüsing (s. d.); sie besteht aus drei Duchten (s. d.), von denen jede zwei Garne hat. Sie wird hauptsächlich zu starken Bindseln (s. d.) gebraucht.

Stieper, der —; Stützen.

Stille, s. Windstille.

Stock, der — **des Ankers,** s. Ankerstock.

Stopp! Kommandowort zum stoppen (s. d.).

Stoppen, v.; festhalten.

Stopper, der —; eine Vorrichtung zum Bekneifen (s. d.) von Tauen und Ketten.

Stossen, v.; den Grund berühren.

Stossklampe, die —; eine keilförmige Klampe.

Stosslappen, der —; eine der Verdopplungen an Marssegeln (s. d.).

Stosstalje, die —; eine Talje (s. d.) zur besseren Befestigung der Raaen (s. d.) bei starkem Schlingern (s. d.).

Strand, der —; jener Theil der Küste, welcher nur zur Fluthzeit mit Wasser bedeckt wird.

Stranden, v.; wenn ein Schiff durch Sturm, Zufall oder auch zuweilen vorsätzlich, um einer anderen Gefahr zu entgehen, auf den Strand (s. d.) oder auf eine Untiefe in der See gerathen ist und daselbst festsitzt.

Strandrecht, das —; das Recht des Landesherrn oder Eigenthümers eines Strandes, sich die daselbst gestrandeten Schiffe und Güter anzueignen. Geschieht aber von den Eigenthümern eine Reklamation, so erhält der

Strandeseigenthümer nur ein Drittel, die Berger ein Drittel und der ursprüngliche Eigenthümer ein Drittel.

Strandung, s. Stranden.

Strasse, die — ; eine Meerenge.

Streckbord, der — ; wenn das Schiff einen Gegenwind hat, so dass es kreuzen (s. d.) muss, so kann derselbe von der Art sein, dass er dem Schiffe, wenn es auf der einen Seite oder über den einen Bord liegt, weniger entgegengesetzt ist, als wenn es über den anderen segelt; den günstigeren Bord nennt man alsdann den Streckbord oder Streckbug.

Streckbug, s. Streckbord.

Strecktau, s. Jackstag.

Streich'! Der Befehl, ein Takel zu fieren, um etwas zu streichen (s. d.) oder niederzulassen.

Streich' Backbord! — Steuerbord! Der Befehl an die Rojer (Ruderer), entweder an Backbord (s. d.) oder an Steuerbord (s. d.) zu streichen (s. d.), damit das Boot nach der gleichnamigen Seite hinwendet.

Streich' überall! Der Befehl an die Rojer (Ruderer), an beiden Seiten die Riemen (Ruder) zu streichen (s. d.), wodurch das Boot deinst, d. i. rückwärts geht.

Streichen, v.; das senkrechte Niederholen eines Gegenstandes, z. B. einer Stenge (s. d.), einer Raa (s. d.), eines Segels u. s. w.; jedes andere Niederlassen wird durch ‚einholen' oder ‚niederholen' bezeichnet. Bei der Flagge darf das Wort ‚streichen' nur im Sinne von ‚ergeben vor dem Feinde' gebraucht werden, während das sonstige Einziehen der Insignien, Signale und Wimpel ‚niederholen' oder ‚einholen' genannt wird; z. B. die Stengen (s. d.) werden ‚gestrichen', die Leesegel (s. d.) werden ‚eingeholt', die Klüver (s. d.) werden ‚niedergeholt'.

Streichen, in Hohl — ; alle Raaen (s. d.) und zum Theile auch Stengen (s. d.) auf Deck geben, um den Windfang zu vermindern, was man in einem Hafen bei Sturme thut.

Streichen, mit den Riemen — ; rückwärts rudern.

Strich, Kompassstrich, der — ; der 32. Theil der Windrose.

Strom, der — ; die Strömung.

Strom, der — ; die Mitte eines Fahrwassers; das Fahrwasser selbst.

Stromkenterung, die — ; die Stelle, wo Ebbe und Fluth sich begegnen.

Stropp, der — ; ein kurzes Tau ohne Ende oder ein durch Zusammensplissung beider Enden gemachter Tauring.

Stroppen, bestroppen, v.; einen Stropp (s. d.) um etwas legen.

Stückpforten, die — ; die Oeffnungen oder Schiessscharten für die Kanonen in den Seiten eines Kriegsschiffes.

Stürzgüter, die — ; sind solche, welche unverpackt in das Schiff gebracht werden und gewöhnlich die ganze Ladung ausmachen.

Stützen, die — ; die Hölzer, mit denen ein auf dem Stapel stehendes Schiff abgestützt wird, um es stehend zu erhalten.

Stützplatten, die — ; zur Verbindung und Verstärkung der äusseren und der verkehrten Spantwinkeleisen werden bei eisernen Schiffen mit Längsspanten keine durchlöcherten Bodenwrangenplatten, sondern nur kurze Blechstücke, die Stützplatten, angebracht, welche mit den Winkeleisen und wenn die äusseren Spantwinkeleisen nicht umgebogen sind, auch mit den Längsspanten durch besondere kurze Winkeleisen verbunden werden.

Stuhl eines Mastes, der — ; ein zuweilen unten am Maste zur Verlängerung desselben angebrachtes Stück.

Stucken, sich stucken; auf ein Hinderniss stossen (bei Bolzen, welche eingeschlagen werden).

Sturm, der — ; eine Luftbewegung von mehr als 40 Fuss in der Sekunde.

Sturmklüver, der — ; das Vorstengenstagsegel (s. d.).

Sturmleiter, die — ; eine Art Strickleiter zum Besteigen des Schiffes.

Sturzscherbe, s. Lasch.

Sturzsee, die — ; eine über das Schiff brandende Welle.

Stuv; stumpf.

Südwester, der — ; ein Oelhut, rückwärts mit breitem Schirme.

Sund, der — ; eine Meerenge.

T.

Täuanker, der —; ein zweiter Anker zur Unterstützung des erst ausgeworfenen.

Taïfun (Typhoon, Ty-fun), der —; ein Dreh-Orkan in den ostasiatischen Gewässern.

Takel, das —; ein Flaschenzug, Windezeug.

Takelage, s. Takelung.

Takeler, der —; Einer, der Schiffe auftakelt.

Takelgarn, das —; eine Art Bindfaden.

Takeln, v.; ein Tauende mit Bindfaden umwickeln.

Takeln, s. auftakeln.

Takel- oder **Segelriss,** der —; enthält ausser dem Umrisse des Schiffes, so weit dasselbe über dem Wasser sichtbar ist, die Angabe der Masten und des hauptsächlichsten Rundholzes seiner gehörigen Lage und Länge nach, nebst der Zeichnung der Segel, welche ihre genaue Form und Grösse zeigt.

Takelung, die — (ink. Takelage); alles Tauwerk sammt Blöcken u. s. w., welches zum Halten der Masten und Stengen (s. d.), sowie zur Regierung der Raaen (s. d.), Gaffeln (s. d.) u. s. w. und Segel dient; im weiteren Sinne rechnet man auch alle Rundhölzer und die Segel selbst dazu.

Takelwerk, das —; alles dasjenige, was zur Handhabung der Taue nothwendig ist, also Blöcke, Scheiben u. s. w.

Taktik zur See, s. Seetaktik.

Talje, die —; Ausdruck für eine Gattung Flaschenzüge.

Taljereep, das —; dünnere Taue, welche durch die Löcher der oberen und unteren Jungfern (s. d.) geschoren werden, um die Wanten (s. d.) straff zu holen (,zu setzen').

Taljereeptrosse, die —; ein Tau, von welchem Taljereepe (s. d.) gemacht werden.

Tamp, das —; ein kurzes Ende (s. d.); das Ende eines Taues.

Tank, Wassertank, der —; ein eiserner Wasserkasten oder Wasserbehälter.

Tartana, die — (italienische); ein Mittelmeer-Küstenfahrzeug mit einem Pfahlmaste (s. d.) und einem grossen lateinischen Segel (s. d.). Der Klüverbaum hat entweder zwei oder mehrere Klüver (s. d.).

Tartana, die — (österreichische); Küsten- und Fischerfahrzeug im adriatischen Meere, in der Takelung dem Bragozzo (s. d.) ganz gleich und von diesem nur durch seine grössere Länge (bis 16ᵐ) und Breite verschieden.

Taschen, die —; (früher) eine Verbreiterung des Hinterschiffes durch eine Art von Anbau.

Tau, das —; der allgemeine Name für alles Seilwerk von den dünnsten Leinen bis zu den dicksten Kabeltauen. Die dünnsten Taue heissen ,Leinen', die stärkeren ,Trossen', die stärksten ,Kabeltaue'. In Bezug auf das Material unterscheidet man: 1. Hanf-, 2. Eisendraht-, 3. Ledertauwerk und 4. Tauwerk aus Manillahanf.

Taucher, der —; Einer, der untertaucht.

Tauchung, die — **eines Schiffes,** s. Tiefgang.

Tausendbein, das —; ein langer Block (s. d.) mit 8 bis 10 Scheiben übereinander.

Tauwerk, das —; alle Taue, welche zur Takelung des Schiffes dienen.

Tauwerk, laufendes —; diejenigen Taue, welche nicht an beiden Enden fest sind, sondern durch Blöcke (s. d.) hin und her und auf und nieder fahren.

Tauwerk, stehendes —; diejenigen Taue, welche an beiden Enden fest sind und stets an ihrer Stelle bleiben.

Teakholz, das —; das Holz des Teakbaumes oder der indischen Eiche. Da es fast nur gerade wächst und nicht zäh genug ist, um starke Biegungen zu ertragen, so wird es hauptsächlich nur für Deckbalken und als Fütterung der Panzerplatten verwendet. Unter Wasser ist es noch dauerhafter als unsere Eiche und der Fäulniss nicht ausgesetzt.

Theer, der —; das bekannte brandige Oel, das noch mit halb zerstörten, harzigen und gummigen Theilen vermischt ist.

Theer; joc. für Seemann.

Theeren, v.; etwas mit Theer anstreichen.

Theerquast, der —; ein Pinsel zum Theeren.

Theerräucherung, die —; Räucherung mit Theer in den unteren Schiffsräumen.

Thurmschiff, das —; Panzerschiffe (s. d.), welche 2 bis 4 sehr schwere Geschütze in 1 oder 2 Thürmen führen.

Tjalk, die —; ein dem Ems-Revier eigenthümliches, einmastiges Küstenfahrzeug. Die Tjalk ist in ihrer viereckigen Form der Kuff (s. d.) verwandt, aber noch flacher gebaut und hat weniger Spring (s. d.) als diese. Sie ist langgestreckt, die Luken nehmen die Hälfte des Deckes ein und sind wie beim Ever (s. d.) geformt, mit Längsbalken in der Mitte und Querlagen. Hinten laufen die beiden obersten Seitenplanken öfters ziemlich schräg aufwärts zusammen, so dass die Ruderpinne unter ihnen durchfährt (s. Hecktjalk). Der Mast steht ziemlich weit vorn, wenigstens ist der Hintertheil auffallend lang und führt die Tjalk daher ein mächtiges Grosssegel mit langem Baume, aber sehr kleiner, häufig ramsnasig gekrümmter Gaffel (s. d.), wie namentlich die an Grösse die deutschen überragenden Groninger Tjalken. Die deutschen Tjalken sind 26 bis 75 Tonnen gross.

Tide, die — ; Fluth oder Ebbe; die Dauer derselben.

Tiefe, die — **eines Segels;** sie ist zu messen vom Raaliek (s. d.) bis zum Unterliek (s. d.).

Tiefe, die — **eines Schiffes,** s. Hohl.

Tiefgang, der —; der Tiefgang oder die Tauchung eines Schiffes im Wasser wird an drei verschiedenen Stellen gemessen: hinten, vorn und auf dem Hauptspante (s. d.).

Tiefloth, das —; das schwerste Senkblei.

Todte Werk, das —; der Theil des Schiffskörpers, welcher sich über dem Wasser befindet; der unter Wasser befindliche Theil heisst dagegen das ‚lebendige Werk‘ (s. d.).

Todtholz, s. Aufklozzung.

Todt segeln, den Strom —; gegen den Strom segeln und dabei vorwärts kommen.

Todtwasser; das Gegentheil von Springzeit (s. d.).

Tonne, die — ; ein nicht gar grosses Fass.

Tonne, die — ; gleich 1000^{kg}.

Tonnenboje, die — ; eine Boje (s. d.) von Böttcherarbeit.

Tonnengeld, das — ; eine Schiffsabgabe.

Topp, der — ; das oberste Ende der Masten und Stengen (s. d.).

Toppen, v.; die Raaen (s. d.) in vertikaler Richtung bewegen, im Gegensatze zu ‚brassen‘, d. i. sie in horizontaler Richtung bewegen.

Toppenant, die — (plur. **Toppenanten**); Taue, um die Raaen (s. d.) in vertikaler Richtung zu bewegen (s. toppen).

Toppgasten, enter auf! Kommando beim Manöver.

Toppo, der — ; ein offenes, langes, schmales Fischerfahrzeug im adriatischen Meere mit einem weit rückwärts stehenden Maste mit trapezoïdischem Segel und einem Klüver; wird an einigen Orten, wie z. B. in Zaule bei Triest, Muggia etc., besonders zum Fischen mit dem Schleppnetze ‚Grippo‘ verwendet.

Toppreep, die — ; ein starkes Tau, das vom Topp (s. d.) des Fockmastes (s. d.) bis zum Topp des Grossmastes geht und dazu dient, das Ladetakel (s. d.) daran zu hängen.

Toppsegel, das — ; auf kleineren Fahrzeugen, welche Schunermasten (Masten mit nur e i n e r Stenge) oder Pfahlmasten (s. d.) führen, die oberen Raasegel (s. d.)

Toppsegelschuner, der — ; ein Schuner (s. d.) dessen Fockmast (s. d.) nur e i n e Stenge (s. d.) mit Toppsegeln (s. d.) fährt.

Tornen, v.; hemmen.

Torpeder, der — ; Deckofficiers-Charge in der deutschen Marine.

Torpedo, der — ; unterseeische Minen; es giebt defensive und offensive Torpedos.

Torpedoboot, das —; ein Fahrzeug, das speciell für den Torpedo-Krieg konstruirt ist.

Trabaccolo, das — (deutsch **Trabakel**); das gebräuchlichste Küstenfahrzeug im adriatischen Meere, namentlich in den österreichischen Häfen, mit zwei Masten und zwei luggerähnlichen Ruthensegeln (sogenannten Trabakelsegeln) als Hauptsegel. Dazu Klüverbaum mit zwei Klüvern. Bisweilen fährt der rückwärtige Mast statt eines Trabakelsegels eine Besahn.

Trächtigkeit, die — **eines Schiffes;** die Tragfähigkeit (s. Lastigkeit).

Transportschiff, das —; Schiffe, welche dazu bestimmt sind, Truppen, Pferde, Geschütze, Munition, Lebensmittel und sonstige Kriegsbedürfnisse für ein Heer oder eine Flotte über See zu führen.

Treiben, v.; Nichthalten des Ankers im Grunde, so dass der Wind das Schiff von seiner Stelle treibt.

Trempel, der —; die Zargenstücke, in welche die Kanonen - Pfortenluke genau passt, heissen die Trempel der Pforte (s. d.); man scheidet sie in den oberen, die Seiten- und den unteren Trempel.

Trensen, v.; dicke Taue mit dünnen Leinen, die in die Rillen des Taues gelegt werden, umwickeln.

Trensing, die —; die zum Trensen (s. d.) benützte dünne Leine.

Treppe, die —; eine gewöhnliche Treppe, mittels welcher man von einem Deck des Schiffes zum anderen geht.

Triftig sein; (vor Anker) treibend.

Trimmen, v.; in Ordnung bringen.

Trockendock, das —; grosse ausgegrabene und ausgemauerte Bassins, die hart am Hafen oder Strome gelegen und mit demselben durch eine Art Schleusenthor verbunden, durch eben diese Thore gänzlich vom Hafen oder Strome abgesperrt und dann durch Dampfpumpen trocken gelegt werden können. Soll nun ein Schiff in dem Theile, der unter Wasser liegt, ausgebessert werden, so wird es durch das geöffnete Thor des Bassins in das letztere hineingebracht, die Schleusenthore werden geschlossen, das Wasser wird ausgepumpt, das Schiff gegen die terrassenartig abgestuften Wände des Docks abgestützt und die Reparatur kann beginnen. Sobald dieselbe vollendet ist, werden die Thore wieder geöffnet, das Wasser strömt ein, das Schiff wird flott, und wird dann auf dem umgekehrten Wege wie vorhin wieder aus dem Bassin hinausgebracht. Die Trockendocks werden in neuester Zeit in England und Deutschland für sehr schwere Panzerschiffe auch zum Neubau benützt.

Troier; Unterjacken.

Trompete, die —; eine Schlinge zum Verkürzen eines Taues.

Trosse, die —; gewöhnlich 120 Klafter irgend eines Seiles von etwa ein Zoll Umfang an bis zu den dicksten, mit Ausnahme der Kabeltaue.

Trossweise geschlagen; alles Tauwerk, das nur einmal zusammengedreht ist, also nur aus Duchten (s. d.) besteht.

Tuch' auf! Kommando zum Festmachen der Segel.

Tümmler, der —; joc. die Seesoldaten an Bord.

Typhoon, Ty-fun, s. Taïfun.

U.

Ueberall! Ueberall! Der seemännische Ruf, auf welchen die ganze dienstfähige Mannschaft auf Deck zu eilen hat.

Ueberhellen, s. krängen.

Ueberholen, die Segel, s. umlegen, die Segel —.

Ueberladen, adj.; zu schwer beladen.

Ueberladen, v.; von einem Schiffe in ein anderes bringen.

Ueberlegen, das Ruder —; die Ruderpinne (s. d.) oder das Ruder nach der anderen Seite wenden.

Uebermastet; zu hohe Masten habend.

Ueberschiessen (des Ballastes etc.); auf eine Seite stürzen.

Uebersegeln, v.; auf ein anderes Schiff stossen.

Ueber Stag gehen, s. wenden.

Ueber Steuer gehen, s. deinsen.

Umbrassen, v.; die Raaen (s. d.) von einem Buge gegen den anderen scharf brassen (s. d.), was beim ‚Wenden‘ (s. d.) durch die Kommandos: ‚Vorn rund!‘ (s. d.) und ‚Achter rund!‘ (s. d.) geschieht.

Umlegen, das Ruder —, s. überlegen.

Umschlagen, umgeschlagenes Tau; ein Tau, das von solchen Kabelgarnen oder Duchten gemacht ist, die schon einmal vorher zu einem Taue zusammengedreht gewesen.

Umstauen, v.; die Ladung auf andere Weise vertheilen.

Unbefahren; des Seedienstes ungewohnt.

Ungetheert, s. weisses Tauwerk.

Unklar; das Gegentheil von klar (s. d.).

Unklar laufendes Tau; wenn ein durch Blöcke (s. d.) fahrendes, oder um ein Spill (s. d.) gehendes Tau sich irgendwo reibt, oder bekneift, oder verwickelt, oder Kinken (s. d.) hat.

Unterlauf des Kiels, der —; der vordere Theil desselben, auf dem der Vorsteven (s. d.) ruht.

Unterleesegel, die —; die Segel, welche neben der Fock (s. d.) ausserhalb des Schiffes beigesetzt werden.

Unterleesegelsbaum, s. Schwingbaum.

Unterliek, das —; das Saumtau an der unteren Seite eines Segels.

Unterlieutenant zur See; der niederste Seeofficiersgrad in der deutschen Marine.

Untermasten, die —; die eigentlichen Masten ohne den Stengen (deren Verlängerungen).

Unterofficier, der —; die Maaten (s. d.) des Bootsmannes, des Feuerwerkers, des Steuermannes, des Maschinisten, des Meisters u. s. w. In der österreichisch-ungarischen Marine gehören diese selbst zu den Unterofficieren, und nebst den Maaten, noch die Quartiermeister (s. d.).

Unterraaen, die —; die Raaen (s. d.) der Untermasten (s. d.).

Untersegel, die —; das Fock- (s. d.) und das Grosssegel (s. d.).

Untersinken, s. sinken.

Unterstab, der — eines Schiffes; hierzu gehören: das Verwalterpersonal, die Stabswache, die Messebedienung, die Köche, der Bottelier (s. d.) und die Botteliersgehilfen.

Untersteuermann, der —; der Dritte im Kommando auf Kauffahrern.

Unterwanten, die —; die Wanten (s. d.) der Untermasten (s. d.).

Untiefe, die —; eine seichte Stelle.

Urca; ital. Term. für die nordländischen Kuffen (s. d.) und Galjoten (s. d.).

V.

Variation, die —; die Schwankungen in der magnetischen Abweichung.

Velacciere, die —; ein Mittelmeer-Fahrzeug mit drei senkrechten Masten und Bugspriet. Der Fockmast ist ein Pfahlmast mit Raasegeln, die beiden anderen Masten fahren lateinische Segel.

Ventilator, der —; Röhren zum Herausschaffen der schlechten Luft aus den unteren Schiffsräumen.

Verballasten, v.; Ballast an Bord nehmen.

Verband, der —; die Verbindung der einzelnen Theile des Schiffsgebäudes.

Verbindungsstreifen, die —; sind Plattenstreifen, die zur Verbindung der beim Baue eiserner Schiffe verwendeten Platten, so weit dieselben stumpf gegen einander stossen, dienen.

Verbolzen, v.; etwas mit einander durch Bolzen verbinden.

Verdopplung eines Segels, die —; ein aufgenähter Streifen.

Verfahren, ein Takel —; das Auseinanderbringen der beim Winden sich nahe gekommenen Blöcke (s. d.).

Verfrachten, v.; vermiethen (ein Schiff).

Verfrachter, der —; der Vermiether eines Schiffes.

Verfrachtung, die —; die Vermiethung eines Schiffes.

Vergissen, sich —; den Ort des Schiffes in See durch Muthmassung falsch bestimmen.

Verholen, v.; ein Schiff mittels Taue, welche ausserhalb des Schiffes befestigt werden, fortbewegen.

Verkatten, einen Anker —; einen im Grunde liegenden Anker durch einen Wurfanker verstärken.

Verklarung, die —; die von der Mannschaft beschworene Aussage über die Ergebnisse einer Seereise.

Verklicker, der —; eine Windfahne.

Verklinken, s. klinken.

Verpechen, verpichen, v.; mit Pech bestreichen.

Verschanzung, die —; im Allgemeinen die Brüstung, welche rund um das Oberdeck läuft; ihre einzelnen Theile heissen: Rehlingsstützen (s.d.), Schandeckel (s. d.), Rehling (s. d.), Schanzkleid (s. d.) und Finkenetze (s. d.).

Verscherben, v.; zwei Hölzer in einander fügen.

Verschlissen; abgenutzt.

Versegeln, v.; ein Schiff durch Fehler in der Rechnung auf Grund segeln.

Vertäuen, an einer Boje —, s. Boje.

Vertäuen, vierkant —; vor einem oder zwei Ankern und einer oder zwei Landfesten liegen, so dass das Schiff mit mindestens drei, auch vier Vertäuungen derartig befestigt wird, dass es trotz jedes Windes oder Stromwechsels immer in derselben Lage ruhig liegen bleibt.

Vertäuen, vor Anker und Landfeste —.

Vertäuen, vor einem Anker —; ein Schiff vor einem Anker legen.

Vertäuen, vor zwei Anker oder **im Hahnepoot** —, s. Hahnepoot.

Vertikalknie, das —; ein Knie, welches mit den Innhölzern (Rippen) parallel ist.

Vice-Admiral, s. Admiral.

Vierkant; rechtwinklig.

Vierkant brassen; die Raaen (s. d.) senkrecht auf die Längenachse des Schiffes brassen (s. d.).

Violblock, der —; eine grössere Art Blöcke (s. d.).

Vollbrassen, v.; die Raaen (s. d.) so brassen (s. d.), dass die Segel voll stehen.

Vollhändiges Wetter; so starker Wind, dass die Mannschaft alle Hände voll hat, um die Segel regieren zu können.

Vollmatrose, der —; ein Matrose, der auf Kauffahrteischiffen volle Gage erhält, im Gegensatze zum Leichtmatrosen.

Vollschiff, das —; ein Schiff, welches auf allen drei Masten Raaen (s. d.) fährt.

Volkslogis, das —; auf Kauffahrteischiffen die Abtheilung, wo die Matrosen schlafen und essen.

Vom Stapel laufen, s. Stapel.

Vorbrambrassen, die —; die Brassen (s. d.) der Vorbramraa (s. d.).

Vorbramfall, das —; das Fall (s. d.) der Vorbramraa (s. d.).

Vorbrampardunen, die —; die Parduner (s. d.) der Vorbramstenge (s. d.).

Vorbramraa, die —; das Rundholz, an welchem das Vorbramsegel (s. d.) befestigt wird.

Vorbramsegel, das —; das dritte Quersegel am vorderen Mast von unten gezählt.

Vorbramstag, das —; das starke Tau, welches der Vorbramstenge (s. d.) die Befestigung nach vorn giebt.

Vorbramstenge, die —; die zweite Verlängerung des Fockmastes (s. d.).

Vobramtoppenanten, die —; die Toppenanten (s. d.) der Vorbramraa (s. d.).

Vorbramwanten, die —; die Wanten (s. d.) der Vorbramstenge (s. d.).

Vorbulienen, los! Kommando.

Vor dem Maste; damit bezeichnet man alle jene Personen, welche nicht zum Stabe des Schiffes gehören.

Vor dem Winde segeln; den Wind gerade von hinten her in die Segel bekommen.

Vorderquartier, das —; alle vor der Drehachse des Schiffes befindlichen Segel.

Vordertheil, s. Vorschiff.

Vorfluth, die —; der Anfang der Fluth.

Vorgebirge, s. Kap.

Vorholen, die Schooten —; dieselben so weit wie möglich anziehen.

Vorkastell, s. Back.

Vorläufer, der — **der Loggleine;** der Theil derselben vom Loggbrett bis zum ersten Knoten (s. Loggleine).

Vorlastig; vorn tiefer tauchend als hinten (vom Schiffe gesprochen).

Vorliek, das —; das vorderste Saumtau an einem Stag- oder Gaffelsegel.

Vormars, die —; die Mars (s. d.) des Fockmastes (s. d.).

Vormarsbrassen, die —; die Brassen (s. d.) der Vormarsraa (s. d.).

Vormarsbulienen, die —; die Bulienen (s. d.) des Vormarssegels (s. d.).

Vormarsfall, das —; das Fall (s. d.) der Vormarsraa (s. d.).

Vormarsraa, die —; das Rundholz, an welchem das Vormarssegel (s. d.) befestigt wird.

Vormarssegel, das —; das zweite Quersegel am Fockmaste (s. d.) von unten gezählt.

Vormarsstenge, die —; die erste Verlängerung des Fockmastes (s. d.).

Vormarstoppenanten, die —; die Toppenanten (s. d.) der Vormarsraa (s.d.).

Vormarswanten, die —; die Wanten (s. d.) der Vormarsstenge (s. d.).

Vorn gerojet! Kommando im Boote, vorn das Rudern einzustellen.

Vorn rund! Kommando beim ‚Wenden‘ (s. d.) zum Umbrassen (s. d.) des Vorderquartiers (s. d.).

Vorn scharf anbrassen! Kommando, das Vorderquartier (s. d.) scharf anzubrassen (s. d.).

Vorn vierkant brassen! Kommando, das Vorderquartier (s. d.) vierkant (s. d.) zu brassen (s. d.).

Voroberbrambrassen, die —; die Brassen (s. d.) der Voroberbramraa (s. d.).

Voroberbrambulienen, die —; die Bulienen (s. d.) des Voroberbramsegels (s. d.).

Voroberbramfall, das —; das Fall (s. d.) der Voroberbramraa (s. d.).

Voroberbrampardunen, die —; die Pardunen (s. d.) der Voroberbramstenge (s. d.).

Voroberbramraa, die —; das Rundholz, an welchem das Voroberbramsegel (s. d.) befestigt ist.

Voroberbramsegel, das —; das vierte Quersegel am Fockmaste (s. d.) von unten gezählt.

Voroberbramstag, das —; das Tau, welches der Voroberbramstenge (s. d.) die Befestigung nach vorn giebt.

Voroberbramstenge, die —; die Verlängerung der Vorbramstenge (s. d.).

Voroberbramtoppenanten, die —; die Toppenanten (s. d.) der Voroberbramraa (s. d.).

Vorschiff, das —; der vordere Theil des Schiffes bis zum Fockmast (s. d.).

Vorschooten, v.; die Schooten (s. d.) der Segel an den Raaen (s.d.) ausholen.

Vorsegel, die —; die Segel am Bugspriet (s. d.) und Fockmaste (s. Vorderquartier).

Vorstagsegel, das —; ein Segel, welches am Fockstage (s. d.) fährt.

Vorstenge, s. Vormarsstenge.

Vorstengenstag, das —; das Tau, welches der Vormarsstenge (s. d.) die Befestigung nach vorn giebt.

Vorstengenstagsegel, das —; ein Segel, welches am Vorstengenstage (s. d.) fährt.

Vorstengenwanten, die —; die Wanten (s. d.) der Vormarsstenge (s. d.).

Vorsteven, s. Steven.

Vor Topp und Takel lenzen; ohne Segel vor dem Sturme laufen (s. lenzen).

W.

Wache, die —; der Zeitraum, während dessen die Hälfte der Mannschaft auf Deck bleibt und den Dienst bei den Segeln u. s. w. verrichten muss, während die andere Hälfte sich ausruht. Der Tag der Wache wird gerechnet von 8 Uhr Morgens zu 8 Uhr Morgens, und zwar wird in See der Tag in sieben Wachen eingetheilt, von denen die von 4 bis 6 Uhr und von 6 bis 8 Uhr Abends nur zwei Stunden, alle anderen vier Stunden dauern, im Hafen aber in vier Wachen, von denen die erste von 8 Uhr Morgens an zwölf Stunden, die drei anderen aber vier Stunden dauern. Die Wachen haben folgende Namen:
die ‚Vormittagswache‘ von 8 bis 12 Uhr, die ‚Nachmittagswache‘ von 12 bis 4 Uhr, der ‚erste Plattfuss‘ von 4 bis 6 Uhr, der ‚zweite Plattfuss‘ von 6 bis 8 Uhr, die ‚erste Wache‘ von 8 Uhr Abends bis 12 Uhr Mitternacht, die ‚Hundewache‘ von 12 Uhr Mitternacht bis 4 Uhr Morgens, die ‚Morgenwache‘ von 4 Uhr bis 8 Uhr Morgens.

Wachen, v.; wird von einer Bank oder Boje gesagt; eine Bank ‚wacht‘, wenn sie ganz trocken liegt; eine Ankerboje ‚wacht‘, wenn sie nicht von dem Strome unter die Wasseroberfläche hinabgezogen wird, sondern sichtbar auf dem Wasser schwimmt; dagegen

36*

heisst eine blindstehende Boje
eine solche, welche vom Strome
hinabgezogen wird und daher nicht
zu sehen ist.

Wache, die — haben; die Wache (s. d.)
halten oder mit auf der Wache sein.

Wachofficier, der —; der die Wache
habende Officier.

Wachrolle, die —; hat den Zweck, den
Wachdienst (s. Wache) der Besatzung zu regeln. Die Besatzung
exklusive Officiere, Aerzte, Beamte,
Deckofficiere (s. d.) und Freiwächter
(s. d.) wird zunächst in zwei gleiche
Abtheilungen getheilt, von welchen
die eine ungerade Nummern, die
andere gerade Nummern erhält. Die
erste Abtheilung mit ungeraden
Nummern heisst die Steuerbordwache, die zweite mit geraden
Nummern die Backbordwache.
Diese beiden Abtheilungen (Wachen)
zerfallen jede wieder in zwei Hälften. Auf Schiffen mit einer Besatzungsstärke von 400 Mann und
darüber wird jede Hälfte wieder in
zwei Quartiere eingetheilt. Die
Unterabtheilungen der ersten
Hälfte heissen: erstes und drittes Quartier, die der zweiten
Hälfte: zweites und viertes
Quartier. Diese Hälften, resp.
Quartiere, bilden die Ankerwache.

Wachschiff, das —; ein Kriegsschiff,
welches vor einem Hafen oder einer
Strommündung liegt, um auf Alles
Acht zu geben, was sich dem Hafen
oder der Küste nähert.

Wall, der —; das Ufer, das Land.

Wankantiges Holz; solches Holz, an
welchem noch die Rundung des Baumes wahrzunehmen ist.

Want, die —, plur. Wanten, die —;
sind jene starken Taue, welche den
Masten und Stengen (s. d.) ihre
seitliche Befestigung geben. Sie werden durch Leinen treppenartig verbunden, welche Webeleinen (s. d.)
heissen. Wanten ‚setzen' heisst, dieselben straff anholen.

Wantklampen, der —; Klampen, die
an den Wanten (s. d.) befestigt
sind.

Wantkloten, der —; hölzerne, durch-
bohrte Kugeln, die an den Wanten

(s. d.) und Pardunen (s. d.) befestigt
werden.

Wantknopf, der —; eine Art Knoten.

Wantstropp, der —; ein Tauring.

Wanttau, das —; ein einzelnes Tau
einer Want (s. d.).

Wantweise, s. trossweise.

Warp, Warpen, s. Werpen u. s. w.

Warrel, der —; ein Wirbel oder Eisen,
welches sich frei um eine dadurch
gehende, runde und auf demselben
verklunkene Pinne (s. d.) bewegt.
Solche Wirbel findet man an einigen Blöcken, die sich herumdrehen
müssen.

Wasser machen; vom Lande Wasser
holen.

Wassergang, der —; starke Hölzer,
welche auf den Deckbalken (s. d.)
jedes Deckes an der Innenkante der
Spanten (s. d.) befestigt werden und
von dem im Buge (s. d.) angebrachten Bande bis zum Heckbande
(s. Heck) reichen. Bei eisernen Schiffen
besteht der Wassergang aus einer
Verbindung eiserner Platten. Der
Wassergang ist ein Hauptlängen-
verband.

Wasserlinie, die —; eine Linie rund
um das Schiff, welche den Durchschnitt der Wasserfläche mit der
Aussenseite des Schiffes bezeichnet.
Die oberste dieser Linien, welche
anzeigt, wie tief das Schiff ohne
Nachtheil beladen werden kann,
heisst die Ladewasserlinie.

Wassermarken, die —; bezeichnen den
Tiefgang des Schiffes (s. Ahming).

Wasserpass; wagrecht.

Wasserpassriss, der — eines Schiffes;
der Grundriss oder Wasserlinienriss
(s. Riss).

Wasser schlagen; Wasser mit einem
Eimer aus der See schöpfen.

Wasserschoote, die —; das nach hinten
befestigte Tau am Schwingbaume
(s. d.).

Wasserstag, das —; das Tau oder die
Kette, mit welcher das Bugspriet
(s. d.) seine Befestigung nach unten
erhält.

Wasser ziehen; tauchen (vom Schiffe
gesprochen).

Watten, die —; die Sandbänke in der
Nordsee vor den Mündungen der

Eider, Elbe, Weser, Jade und Ems, die zur Zeit der Ebbe trocken liegen.

Webeleinen, die —; dünne Leinen, welche quer über die Wanten (s. d.) gezogen werden und die Taustufen bilden, auf denen die Matrosen auf- und niederentern (s. d.).

Weben, v.; die Webeleinen (s. d.) an die Wanten (s. d.) befestigen.

Wegern, v.; die Innenbordsbekleidung anbringen.

Wegerungsplanken, die —; die Gänge der Innenbordsbekleidung.

Wegstauen, v.; wegräumen.

Wegweiser, der —; eine Vorkehrung zum Klarhalten des laufenden Tauwerkes.

Weisses Tauwerk; ungetheertes Tauwerk.

Welle, s. See.

Welle des Gangspills, die —; der Cylinder des Gangspills (s. d.).

Welle des Steuerrades, die —; der Cylinder des Steuerrades (s. d.).

Wenden, v., **über Stag gehen, über den anderen Bug gehen;** Manöver, um beim Kreuzen (s. d.) gegen den Wind das am Winde segelnde Schiff gegen die Richtung des Windes so zu bewegen, dass der Wind die Segel von der anderen Seite füllt (vergl. ‚Halsen‘).

Werfen, v.; das Schiff durch Auswerfen von Gegenständen erleichtern.

Werft, die —; der Schiffbauhof.

Werg, das —; aufgedrehtes Tauwerk zum Verstopfen der Nähte.

Werpanker, Wurfanker, der —; ein kleiner Anker.

Werpen, v.; mittels des Werpankers das Schiff von der Stelle bringen.

Werptrosse, die —; eine zum Werpen (s. d.) benutzte Trosse (s. d.).

Wettergalle, die —; eine Oeffnung, die sich bei dickem Wetter in den Wolken zeigt; der Vorbote von Sturm.

Wetterseite, die —; Laienausdruck für Luvseite (s. d.).

Widersee, die —; der Rückschlag einer Welle.

Wielen, die —; zusammengebogene Tau-enden zur Beschützung der Schiffsseite.

Wimpel, der —; eine sehr lange und schmale Art Flagge, welche an einer kleinen Raa, die das Wimpelholz

heisst, vom Topp (s. d.) des Grossmastes weht. Nur Kriegsschiffe führen Wimpel.

Wind, der —; die fühlbare Bewegung der Luft.

Winden, v.; am Spill (s. d.) drehen.

Windreep, das —; ein Tau zum Aufwinden der Stengen (s. d.).

Windsegel, das —; ein weiter Schlauch von Segeltuch, um Luft aufzufangen und innenbords zu leiten.

Windvierung, die —; die Seite des Schiffes vom Heck (s. d.) bis zu den grossen Rüsten (s. d.).

Wind von vorn bekommen, den —; joc. einen Verweis bekommen.

Winkelknie, das —; ein Stück Holz oder Eisen, mit zwei Armen, welches mit den Innhölzern (Rippen) einen Winkel bildet.

Wippe, die —; ein Wind-Tau, welches über nur eine Scheibe läuft.

Wirbel, s. Warrel.

Woid, die —; eine Art Rolle oder Haspel, mit welcher man am Bord Schiemannsgarn (s. d.) spinnt.

Worpen, die —; Krummhölzer, die unterhalb des Heckbalkens (s. d.) an den Hintersteven (s. d.) befestigt werden und bis zu den Randsomhölzern (s. d.) reichen.

Wrack, das —; die Trümmer eines gestrandeten oder gescheiterten Schiffes.

Wrangen, s. Worpen.

Wreifholz, das —; Stücke von alten Rundhölzern zum Schutze der Schiffsseite.

Wricken, v.; ein Boot mittels eines hinten ausgelegten Riems (s. d.), dem man eine schraubenförmige Bewegung giebt, fortbewegen.

Wuhlen, v.; eine Wuhling (s. d.) umlegen.

Wuhling, die —; die Umwicklung eines Gegenstandes mit einem Taue oder einer Kette, so dass die einzelnen Schläge dicht neben einander zu liegen kommen und einen breiten Tau- oder Kettenring bilden.

Wuhling des Bugspriets, die —; eine kreuzweise gemachte Umschlagung eines Taues oder einer Kette um das Bugspriet (s. d.) und durch das Galjon (s. d.), um das Bugspriet fest niederzuhalten, so dass es den Zug der vorderen Stage (s. d.) aushalten kann.

Wurfankertau, s. Werptrosse.

Wurm, Schiffswurm, Bohrwurm, der —; eine weiche, oft über 6 Zoll lange wurmförmige Schnecke, Teredo navalis, welche in einem 6 Zoll langen, darmähnlichen und federkieldicken Mantel steckt. Er bohrt kreuz und quer Kanäle in das Holz und durchlöchert es wie ein Sieb. Um die Holzschiffe vor diesem gefährlichen Thiere zu bewahren, beschlägt man ihren im Wasser befindlichen Theil mit Kupfer.

Wurmhaut, s. Spikerhaut.

Wursten, die —; kurze Stücke von einer Trosse (s. d.) oder einem dicken Taue, die an den Seiten eines Bootes ausgehängt werden, um dieselben vor Schamvielungen zu schützen.

Z.

Zackbolzen, der —; Bolzen, die eine scharfe Spitze und längsauf nach oben gerichtete Zacken haben, so dass sie, einmal eingetrieben, nicht wieder herausgezogen werden können, ohne das Holz zu zerreissen.

Zeit oder **Gezeit,** die —; Ebbe und Fluth.

Zepter, der —; eiserne Stützen, welche in gleichen Entfernungen rundum auf dem Bord des Schiffes senkrecht stehen und die Stelle der Rehlingsstützen (s. d.) vertreten.

Zimmermann, der —; ist dem Officier des Zimmermanns-Details in Bezug auf die Verwaltung und Beaufsichtigung des Zimmermanns-Inventars beigegeben und ist für den guten Zustand des Schiffsrumpfes verantwortlich. Ausser den Arbeiten des Zimmermanns-Personales hat er auch die der Schmiede, Böttcher, Kalfaterer und Taucher zu beaufsichtigen. Den Zustand sämmtlicher Boote und Rundhölzer hat er ebenfalls zu überwachen.

Zimmern, v.; mit Holz ausbessern.

Zurren, v.; zusammenziehen, schnüren, z. B. die Hängematten.

Zurückbrassen, v.; die scharf angebrassten Raaen (s. d.) wieder in die Querrichtung zurückbrassen (s. brassen).

Zurüstung, die —; die Zuthaten, welche zum Schiffsgebäude hinzukommen, um das Schiff zur Seefahrt geschickt zu machen, nämlich: das Rundholz, das Tau- und Takelwerk, die Segel, die Anker und Ketten, die Spillen, die Pumpen, die Kombüsen und Oefen, die Spillspaken, die Treppen und Sturmleitern, die Baljen und Pütsen, die Maschine sammt Kesseln und Räder oder Schrauben, die Boote mit ihren Rudern und Segeln, die Flaggen, Stander und Wimpel. Alle übrigen Zuthaten, wie Mannschaft, Geschütze, Munition, Handwaffen, Lebensmittel, Hängematten, Kochgeräthschaften, Kohlen, Handwerkzeuge, Arzneimittel, Steuermanns-Instrumente, astronomische Instrumente und Karten machen die Ausrüstung aus.

Zuschlieren, v.; wenn Schlingen zu fest sich zuziehen, so sagt man: sie schlieren zu.

Zusetzen, die Halsen und Schooten —; die Halsen (s. d.) und Schooten (s. d.) der Untersegel (s. d.) so weit wie möglich anholen. Bei den Mars- (s. d.) und Bramsegeln (s. d.) heisst dies die Schooten vorholen.

Zutakeln, v.; einem Maste oder einer Stenge (s. d.) die zugehörige Takelung anlegen. Bei einer Raa (s. d.) nennt man es zuzeugen und von dem ganzen Schiffe heisst es auftakeln (s. d.).

Zuzeugen, eine Raa —; eine Raa (s. d.) mit ihrem Segel und ihren Tauen und Blöcken versehen.

Zweidecker, der —; ein Linienschiff (s. d.), welches ausser den Geschützen auf dem Oberdeck noch zwei gedeckte Batterien (zwei Decke voll Kanonen) hat.

Zwischendeck, das —; das Deck unterhalb des Batteriedeckes (s. Banjerdeck).

Zwischen Wind und Wasser; in der Ebene des Wasserspiegels.

BEMANNUNGS-LISTEN.

I.

Deutsche Bemannungs-Liste.

			Panzerschiffe		Gedeckte Korvetten		Glattdeck-Korvetten	Kanonenboote		Aviso Falke
			Typ Kaiser	Typ Grosser Kurfürst	Typ Leipzig	Typ Bismarck	Glattdeck-Korvetten	Typ Albatross	Typ Kyklop	Aviso Falke
Stab	Kommandant	Kapitän zur See	1	1	1	1	.	.	.	.
		Korvetten-Kapitän	.	.	.	.	1	.	.	.
		Kapitän-Lieutenant	.	.	.	.	.	1	1	1
	I. Officier	Korvetten-Kapitän	1	1	1	.	.	.	.	.
		Kapitän-Lieutenant	.	.	.	1	1	1	.	1
		Lieutenant zur See	.	.	.	.	.	.	1	.
	Nav.-Officier	Kapitän-Lieutenant	1	1	1	1	1	.	.	.
	Batt.-Officier	Kapitän-Lieutenant	1	1	1	.	.	.	.	.
	Wach-Officiere	Kapitän-Lieutenant	}4	}4	}4	}4	.	}2	.	.
		Lieutenant zur See					3		}1	}3
		Unterlieutenant zur See	6	6	4	4	2	1		
	Adjutant	Unterlieutenant zur See	1	1	1	1	.	.	.	.
		Seekadett	12	12	10	10	4	.	.	.
	See-Bataillon	Officier	1	1	.	.	.	.	.	.
	Maschinen-Ingenieur-Personal	Maschinen-Oberingenieur	.	.	.	.	.	.	.	.
		„ -Ingenieur	1	1	1	.	.	.	.	.
		„ -Unteringenieur	.	.	.	1	1	.	.	.
	Aerztliches Personal	Ober-Stabsarzt	1	1	1	}1	.	.	.	.
		Stabsarzt	.	.	.		1	.	.	.
		Assistenzarzt	2	2	1	1	.	1	.	1
		Zahlmeister	1	1	1	1	1	.	.	.
		Prediger	.	.	.	1	.	.	.	.
		Summe . . .	33	33	28	26	15	6	3	6
Unter-Stab	Verwalter-Personal	Zahlmeisters-Aspirant	.	.	.	.	.	1	.	1
		„ -Applikant	2	2	1	1	1	.	1	.
		Materialien-Verwalter	1	1	1	1	1	1	1	1
	Schreiber	Unterofficier	1	1	1	1	.	.	.	.
		Gemeiner	.	.	.	.	1	1	.	1
	Stabswache	Stabs-Wachtmeister	1	1	1	1	.	.	.	.
		Sergeant	3	2	1	1	1	}1	.	}1
		Unterofficier oder Gefreiter	3	3	3	3	2			
	Köche	Unterofficier	1	1	1	1	1	.	.	.
		Obermatrose	1	1	1	1	.	1	1	1
		Bottelier	1	1	1	1	.	.	.	.
	Bottelier-Gehilfen	Obermatrose	1	.	.	.	1	1	.	1
		Matrose	.	.	.	.	.	.	1	.
		Summe . . .	15	13	11	11	8	6	4	6

			Panzerschiffe		Gedeckte Korvetten			Kanonenboote		
			Typ Kaiser	Typ Grosser Kurfürst	Typ Leipzig	Typ Bismarck	Glattdeck-Korvetten	Typ Albatross	Typ Kyklop	Aviso Falke
Seemännisches Personal	Feuerwerks-Personal	Ober-Feuerwerker	1	1	1	1	.	.	.	.
		Feuerwerker	.	.	.	.	1	.	.	.
		Ober-Feuerwerkers-Maat	1	3	1	1	1	1	1	1
		Feuerwerkers-Maat	4	6	4	4	2	1	.	1
	Bootsmanns-Personal	Ober-Bootsmann	1	1	1	1	.	.	.	.
		Bootsmann	.	.	1	.	1	1	1	1
		Ober-Bootsmanns-Maat	8	7	6	6	5	1	1	1
		Bootsmanns-Maat	18	16	15	14	10	3	2	4
	Matrosen	Obermatrose	80	58	64	64	33	12	8	8
		Matrose	234	175	193	193	99	40	26	27
		Summe . .	347	267	286	284	152	59	39	43
Maschinen-Personal	Leitender Maschinist	Obermaschinist	.	.	.	.	.	1	1	1
		Maschinist	.	.	.	.	.	.	.	.
	Wach-Maschinisten	Obermaschinist	3	3	3	.	.	.	.	.
		Maschinist	3	3	3	3	3	2	1	2
	Maschinisten-Maate	Ober-Maschinistenmaat	5	4	4	2	2	1	1	1
		Maschinistenmaat	11	9	9	4	4	2	1	3
	Heizer-Personal	Ober-Feuermeister	2	2	2	1	1	.	.	.
		Feuermeister	5	5	5	2	2	.	.	.
		Oberheizer	17	14	12	5	5	2	2	4
		Heizer	51	42	38	18	18	7	7	13
		Summe . . .	97	82	76	35	35	15	13	24
Handwerks-Personal	Zimmerleute	Obermeister	1	1	1	1	.	.	.	.
		Meister	.	.	.	.	1	.	.	.
		Ober-Meistersmaat	.	.	1	1	.	1	.	.
		Meistersmaat	2	1	1	1	2	.	1	1
		Ober-Zimmermanns-Gast	1	1	1	1	1	1	.	2
		Zimmermanns-Gast	4	4	4	4	3	.	.	.
	Segelmacher	Ober-Segelmachers-Maat	1	1	.	1	.	.	.	.
		Segelmachers-Maat	1	.	1	.	1	1	.	1
		Segelmachers-Gast	2	2	2	2	1	.	.	.
	Büchsenmacher	Ober-Büchsenmachers-Maat	1	1	.	1	.	.	.	.
		Büchsenmachers-Maat	.	.	1	.	1	.	.	.
	Maler	Malersmaat	1	1	1	1	.	.	.	.
		Malersgast	1	1	.	.	.	1	.	1
	Böttcher	Böttchersgast	1	1	1	1	.	.	.	.
	Lazareth-Gehilfe	Ober- oder Lazareth-Gehilfe	1	1	1	1	.	.	1	} 1
		Unter-Lazareth-Gehilfe	2	1	1	1	1	.	.	
	Funktionäre	Schuhmacher	2	2	1	1	1	1	1	1
		Schneider	1	1	1	1	1	1	.	.
		Summe . . .	22	19	18	18	14	5	3	7
See-Soldaten-Detachement		Sergeant	1	1	.	.	.	.	.	.
		Unterofficier	5	5	.	.	.	.	.	.
		Tambour	1	1	.	.	.	.	.	.
		Hornist	1	1	.	.	.	.	.	.
		Gemeiner	70	70	.	.	.	.	.	.
		Summe . . .	78	78	.	.	.	.	.	.
Kontraktlich engagirtes Personal		Koch	4	4	3	3	3	2	1	2
		Kellner	4	4	3	3	3	2	1	2
		Total-Kopf-Summe . . .	600	500	425	380	230	95	64	90

Oesterreichisch‑Ungarische Bemannungs‑Liste.

		Panzerschiffe			Fregatten	Korvetten			Kanonenboote			Aviso Miramar
		Custozza	Erzh. Albrecht	Typ Kaiser Max	Fregatten	Typ Donau	Typ Fasana	Typ Zrynyi	Typ Hum	Typ Albatross	Typ Sansego	Aviso Miramar
Kommando- und Schiffsstab	Linienschiffs-Kapitän	1	1	1	1	1	.	.	.	.	.	1
	Fregatten-Kapitän	.	.	.	.	.	1	1	.	.	.	.
	Korvetten-Kapitän	1	1	1	.	.	.	.	1	1	.	.
	Linienschiffs-Lieutenant . . .	5	5	4	4	4	3	3	1	1	2	4
	Linienschiffs-Fähnrich	4	4	3	3	3	2	2	2	2	1	.
	Seekadett	12	12	9	8	8	6	4	2	2	.	4
	Linienschiffs- ⎫	1	1	1	1	.	.	.	.	.	.	1
	Fregatten- ⎬ Arzt	1	1	.	1	1	1	1	1	1	.	.
	Korvetten- ⎭	1	1	1	1	1	1	1	.	.	1	.
	Marine-Kommissariats- ⎰ I. Kl.	1	1	1	1	.	.	.	.	.	.	.
	Adjunkt ⎱ II. „	.	.	.	.	1	1	1	.	.	.	.
	III. „	.	.	.	.	.	.	.	1	1	1	1
	Marine-Kommissariats-Eleve .	1	1	.	1	.	.	.	.	.	.	1
	Maschinist ⎧ I. Klasse . . .	1	1	1	1	1	1	.	.	.	.	1
	⎨ II. „ . . .	2	2	1	1	1	1	1	1	.	.	1
	⎩ III. „ . . .	1	1	2	2	1	1	2	2	1	1	2
	Officiersdiener	19	19	16	16	14	12	12	9	7	6	11
	Summe . . .	51	51	41	41	36	30	28	20	16	12	26
Deck- und Artilleriedienst	Ober-Bootsmann	2	1	.	1	.	.	.	.	.	.	.
	Bootsmann	.	1	1	1	1	1	.	.	.	.	1
	Unter-Bootsmann	1	1	1	1	1	1	1	1	1	.	.
	Bootsmanns-Maat	5	5	4	4	4	3	3	2	1	1	1
	Quartiermeister	13	13	10	12	10	8	6	3	3	2	4
	Marsgast	12	12	12	12	12	8	6	2	4	2	4
	Matrose ⎧ I. Klasse . . .	80	74	48	62	43	30	22	13	12	6	20
	⎪ II. „	80	74	48	62	43	30	22	13	12	6	30
	⎨ III. „	120	111	72	93	65	45	33	19	18	9	10
	⎩ IV. „	120	111	72	93	65	45	33	19	18	9	.
	Hornist	3	3	3	3	2	2	2	1	1	1	1
	Summe . . .	436	406	271	344	246	173	128	73	70	36	71
Steuerdienst	Ober-Steuermann	1	.	.	.	.	.	.	.	.	.	1
	Steuermann	.	1	.	.	.	.	.	.	.	.	.
	Unter-Steuermann	.	.	1	1	1	1	.	.	.	.	.
	Steuermanns-Maat	1	1	1	1	.	.	1	1	.	.	2
	Steuer-Quartiermeister	2	2	1	1	2	2	1	1	1	1	2
	Steuergast	2	2	2	2	2	2	2	2	2	2	2
	Steuermatrose	8	8	8	8	8	8	8	4	5	3	2
	Summe . . .	14	14	13	13	13	13	12	8	8	6	9
Profos. u. Waff.-D.	Unter-Waffenmeister	1	1	1	1	1	1	.	.	.	.	1
	Waffenmaat	2	2	1	2	1	1	1	1	1	.	1
	Waffen-Quartiermeister	2	2	3	2	3	2	1	1	1	1	1
	Waffengast	3	3	3	3	3	.	2	2	2	.	.
	Summe .	8	8	8	8	8	4	4	4	4	1	3

		Panzerschiffe				Korvetten			Kanonenboote			
		Custozza	Erzh. Albrecht	Typ Kaiser Max	Fregatten	Typ Donau	Typ Fasana	Typ Zrynyi	Typ Hum	Typ Albatross	Typ Sansego	Aviso Miramar
Maschinendienst	Ober-Maschinenwärter	1	1	1	1	.	.	.	.	.	.	1
	Maschinenwärter	1	1	.	.	1	1	1	1	.	.	1
	Unter-Maschinenwärter	1	1	2	2	2	.	.	.	1	1	1
	Maschinenmaat	3	3	3	3	1	2	2	2	1	1	.
	Maschinen-Quartiermeister ..	3	3	1	2	2	3	3	2	2	1	3
	Maschinengast	6	6	2	2	3	1	4	2	1	2	3
	Oberheizer	6	6	6	3	3	3	3	3	.	.	3
	Heizer I. Klasse	16	13	15	10	9	9	6	6	3	3	15
	Heizer II. „	17	14	15	11	9	9	6	6	3	3	15
	Summe . . .	54	48	45	34	30	28	25	22	11	11	42
Sanit.-Dienst	Krankenwärter { I. Klasse .	1	1	1	1	1	1	1	.	.	.	.
	II. „	.	.	.	.	.	.	.	1	1	1	1
	III. „	1	1	1	1	1	1	1	.	.	.	.
	Summe . . .	2	2	2	2	2	2	2	1	1	1	1
Professionisten	Meister-Gehilfe	1	1	1	1	1	1	.	.	.	.	1
	Zimmermann	2	2	2	2	2	2	2	1	1	1	1
	Kalfater	3	3	3	3	2	2	2	1	1	.	1
	Segelmacher	1	1	1	2	2	2	2	.	.	.	.
	Büchsenmacher	3	3	2	3	2	2	2	1	1	1	1
	Summe . . .	10	10	9	11	9	9	8	3	3	2	4
Sonstiges Personale	Proviantmeister	1	1	1	1	1	1	1	1	1	1	1
	Proviantmaat	1	1	1	1	.	.	.	.	.	.	.
	Koch	1	1	1	1	1	1	1	1	1	1	1
	Küchenmaat	1	1	1	1	1	1	1	.	.	.	1
	Marinediener	.	.	.	.	.	.	.	.	.	.	2
	Summe . . .	4	4	4	4	3	3	3	2	2	2	5
	Totale . . .	579	543	393	457	347	262	210	133	115	71	161

GESCHÜTZ - TABELLEN.

III.

Krupp-Geschütze.

(Gussstahl, Hinterlader mit Keilverschluss und Broadwell-Liderung.)

Gattung des Geschützes	Rohre				Ladung	Geschosse						Anfangs-Geschwindigkeit
						Stahlgranate		Hartguss-Granate		Zünder-granate		
	Gewicht	Länge	Kaliber	Anzahl der Züge	Gewicht des Pulvers	Spreng-Ladung	Gesammt-Gewicht	Spreng-Ladung	Gesammt-Gewicht	Spreng-Ladung	Gesammt-Gewicht	Stahlgranate
	Tonnen	Zoll	Zoll			Pfund						Fuss per Sekunde
35½cm	57·1	314·961	13·975	80	275*	33·0	1123·3	17·6	1156·4	66·0	903·0	1550
30½cm	35·30	263·781	12·007	72	132*	—	651·2	—	—	—	565·5	1525
28cm Hbitze	9·82	125·985	11·023	72	44*	—	—	—	—	—	437·8	—
K. 26cm	17·67	204·726	10·236	32	70·4	8·8	404·8	4·4	411·40	20·24	349·8	1476
L. 24cm	14·38	205·907	9·267	32	52·8	6·6	294·8	3·3	305·80	14·96	260·7	1410
K. 24cm	13·8	185·355	9·267	32	52·8	6·6	294·8	3·3	305·80	14·96	260·7	1410
L. 21cm	9·84	185·355	8·241	30	37·4	4·4	209·0	2·2	217·80	10·34	173·8	1440
K. 21cm	8·84	154·449	8·241	30	37·4	4·4	209·0	2·2	217·80	10·34	173·8	1440
L. 17cm	5·5	167·323	6·771	48	26·4	2·64	117·70	1·21	121·22	7·26	100·54	1510
K. 17cm	—	133·859	6·771	48	26·4	2·64	117·70	1·21	121·22	7·26	100·54	1510
L. 15cm	3·03	135·433	5·869	24	17·6	3·85	78·10	0·814	75·90	3·86	67·0	1510
L. 15cm II.	3·9	151·536	5·869	24	17·6	3·35	78·10	0·814	75·90	3·86	67·0	1510
K. 15cm	2·9	128·741	5·869	36	17·6	3·85	78·10	0·814	75·90	3·86	67·0	1510
12cm	1·37	115·157	4·735	18	7·7	0·836	39·336	—	—	1·98	33·88	1476
9cm	935 Pfd.	80·310	3·602	16	1·32	—	—	—	—	—	15·18	—
8cm	649 „	76·181	3·090	12	1·10	—	—	—	—	—	9·46	—
6cm	235 „	49·212	2·362	18	0·44	—	—	—	—	—	5·06	—

* Maximum.

IV.
Französische Geschütze.
(Gusseisen und Stahl.)

Gattung des Geschützes	Rohre				Ladung		Geschosse				Anfangs-Ge-schwindigkeit
	Gewicht	Länge	Kaliber	Anzahl der Züge	Uebungs-	Gefechts-	Zünder-Granaten		Panzer-Geschosse		
							Spreng-Ladung	Gesammt-Gewicht	Gesammt-Gewicht		
	Tonnen	Zoll					Pfund				Fuss per Sekunde
32cm . . .	34·5	224·40	12·599	—	136·69	136·69	38·14	631·12	760·51		1312
27cm . . .	21·7	211·81	10·803	5	52·91	88·2	13·67	317·46	476·40		1378
24cm . . .	13·8	179·60	9·499	5	35·27	61·7	9·26	220·46	317·60		1427
19cm . . .	7·9 Ctr.	149·61	7·638	5	17·64	33·1	4·74	115·19	165·40		1486
16cm . . .	98·42	133·30	6·484	3	11·02	16·5	2·87	69·42	99·30		1312
24Pfünder .	—	—	5·456	—	8·82	8·82	2·12	41·12	—		1509
14cm . . .	52·26	—	6·010	—	—	5·5	—	—	—		

V.
Russische Geschütze (Obuchow).

Gattung des Geschützes	Gewicht	Länge	Kaliber	Anzahl der Züge	Uebungs-Ladung	Gefechts-Ladung	Gesammt-Gewicht des Geschosses	Spreng-Ladung	Anfangs-Geschwindigkeit
	Tonnen	Zoll				Pfund			Fuss per Sekunde
Gezogene Stahl-Geschütze									
HL. 12Zöller	40·45	252	12	36	58·3	116·6	644·6	15·8	1446
HL. 11 „	28·7	—	11	—	41·2	82·5	495·0	12·1	1287
HL. 9 „ I. Klasse	15·1	—	9	—	23·4	46·8	270·6	7·7	1338
HL. 9 „ II. „	12·7	—	9	—	23·4	42·8	270·6	7·7	1262
HL. 8 „	9·0	175	8	30	16·2	28·38	173·8	6·1	1383
HL. 6 „ I. Klasse	4·5	140	6·00	—	10·7	18·0	81·2	3·0	1334
HL. 6 „ II. „	4·3	—	6·03	—	10·7	14·0	81·2	3·0	1010
HL. 9Pfünder	0·8	—	3·5	—	2·7	2·7	24·2	0·9	1050
HL. 4 „	0·4	—	2·8	—	1·3	1·3	12·5	0·45	1010
VL. 4 „	0·4	—	2·8	—	1·3	1·3	10·5	0·77	1010
Gezogene Bronce-Geschütze									
VL. 8Pfünder	0·7	—	3·5	—	3·6	3·6	24·2	1·5	—
VL. 4 „	0·4	—	2·8	—	1·8	1·8	12·5	0·9	—
HL. 3 „	0·1	—	2·5	—	0·7	0·7	8·8	0·33	—
Glatte gusseiserne Geschütze								Vollgeschoss	
15Zöller	19·6	—	15·1	—	27·0	67·5	440·6	—	—
60Pfünder I. Klasse . .	4·9	—	6·4	—	9·9	14·4	57·6	—	—
60 „ II. „ . .	3·2	—	6·4	—	8·1	9·9	57·6	—	—
36 „ I. „ . .	3·2	—	5·7	—	2·5	10·8	39·6	—	—
36 „ II. „ . .	2·6	—	5·7	—	2·0	8·1	39·6	—	—
36 „ III. „ . .	2·1	—	5·7	—	1·6	6·3	39·6	—	—
36 „ IV. „ . .	1·8	—	5·7	—	1·4	5·4	39·6	—	—
30 „ I. „ . .	3·1	—	5·4	—	2·3	9·0	33·7	—	—
30 „ II. „ . .	2·4	—	5·4	—	1·7	6·8	33·7	—	—
30 „ III. „ . .	2·0	—	5·4	—	1·5	5·0	33·7	—	—
30 „ IV. „ . .	1·2	—	5·4	—	0·9	3·6	33·7	—	—
Glatte Bronce-Geschütze									
6Pfünder	0·7	—	3·1	—	0·44	1·8	6·4	—	—
3 „	0·3	—	2·5	—	0·22	0·9	3·3	—	—

VI.
Woolwich-Geschütze.

(¹ Schmiedeeisen mit stählernem Seelenrohr; ² Schmiedeeisen; ³ Bronce; ⁴ Gusseisen mit schmiedeeisernem Seelenrohr.)

Gattung des Geschützes	Rohre Gewicht Ton.	Ctr.	Rohr-länge	Kaliber der Bohrung	Ansahl der Züge	Zündergranate Gewicht leer	Spreng-Ladung	Hartgranate Gewicht leer	Spreng-Ladung	Hartvoll-geschoss	Pulver-Ladung	Anfangs-Geschwindigkeit
	Ton.	Ctr.	Zoll			P f u n d					Pb. P.	Fuss
16Zöller¹ ...	81	0	312·60	16	11	—	—	—	—	600	110	—
12 „ Nr. I¹	35	0	191·75	12	9	—	—	—	—	600	85	—
12 „ „ II¹	25	0	171·50	12	9	460·0	35·00	586·0	14·00	600	85	1300
10 „ I¹ ...	18	0	170·00	10	7	373·7	26·25	393·1	6·87	400	70	1364
9 „ Nr. I¹	12	0	147·00	9	6	232·0	18·00	247·2	2·78	250	50	1420
9 „ „ II¹	12	0	147·00	9	6	232·0	18·00	244·5	5·50	250	50	1420
9 „ „ III¹	12	0	147·00	9	6	232·0	18·00	244·1	5·87	250	50	1420
9 „ „ IV¹	12	0	147·00	9	6	232·0	18·00	244·1	5·87	250	50	1420
8 „ I²	9	0	136·50	8	4	167·0	13·00	175·5	4·50	180	35	1420
8 „ „ II²	9	0	136·50	8	4	167·0	13·00	175·5	4·50	180	35	1420
7 „ „ III²	6	10	125·25	7	3	106·7	8·25	112·5	2·50	115	30	1458
7 „ „ IV²	6	10	126·00	7	3	106·7	8·25	112·5	2·50	115	30	1430
7 „ „ V²	4	10	124·50	7	3	106·7	8·25	112·5	2·50	115	30	1430
											R. LG.	
64Pfdr. Nr. I²	—	64	111·50	6·3	3	57·6	7·00	—	—	—	8·0	1017
64 „ „ II²	—	64	113·50	6·3	3	57·6	7·00	—	—	—	8·0	1170
64 „ „ III²	—	64	111·50	6·3	3	57·6	7·00	—	—	—	8·0	1170
9 „ „ II³	—	6	58·00	3	3	57·6	7·00	—	—	—	8·0	—
7 „ „ II³	—	1·8	36·00	3	3	8·5	0·50	—	—	—	1·5	1234
64 „ ex 8Zöll.⁴	—	71	108·00	6·29	3	6·9	0·45	—	—	—	0·5	—

VII.
Armstrong-Geschütze.

(* Hinterlader; ¹ Schmiedeeisen; ² Stahl; ³ Gusseisen mit schmiedeeisernem Seelenrohr.)

Gattung des Geschützes	Rohre Gewicht Ton.	Ctr.	Rohr-länge	Kaliber der Bohrung	Ansahl der Züge	Zündergranate Gewicht leer	Spreng-Ladung	Hartguss Gewicht leer	Spreng-Ladung	Hartvoll-geschoss	Pulver-Ladung	Anfangs-Geschwindigkeit
	Ton.	Ctr.	Zoll			P f u n d					Pb. P.	Fuss
12Zöller Nr. II¹ ..	35	0	191·75	12	9	575·0	40·00	690·0	9·87	700	110	1300
12 „ „ III¹ ..	25	0	161·50	12	9	460·0	36·72	586·0	14·00	600	85	1300
10 „ ¹	18	0	170·75	10	7	377·9	20·75	393·1	6·87	400	70	1360
9 „ ¹	12	0	147·00	9	6	232·0	20·00	244·5	5·50	250	50	1420
8 „ ¹	9	0	136·50	8	4	167·0	14·56	175·5	4·50	180	35	1413
7 „ Nr. II¹ .	6	10	126·00	7	3	106·7	9·25	113·4	1·69	115	35	1525
7 „ „ III¹ .	—	90	124·00	7	3	106·7	9·25	113·3	1·69	115	35	1525
											R. LG.	
64Pfünder¹	—	64	111·50	6·3	3	57·6	7·00	75·0	1·35	77	8·0	1552
9 „ Nr. I¹ .	—	8	68·50	3	3	8·5	0·50	—	—	—	1·7	1380
9 „ „ II¹ .	—	6	58·00	3	3	8·5	0·50	—	—	—	1·5	1262
7 „ „ II³ .	—	1·8	38·90	3	3	6·9	0·42	—	—	—	0·7	955
						Segment-Granate						
* 7Zöller „ I¹ .	—	82	120·00	7	76	98·0	7·72	—	—	—	11·0	1160
*40Pfünder „ I¹ .	—	35	121·00	4·75	56	37·9	2·25	38·6	0·85	400	5·0	1180
*40 „ „ II¹ .	—	32	120·00	4·75	56	37·9	2·25	38·6	0·85	400	5·0	—
*40 „ „ III¹ .	—	32	98·00	4·75	56	37·9	2·25	38·6	0·85	400	5·0	—
*20 „ „ II¹ .	—	15	66·12	3·75	44	20·5	1·12	19·7	—	—	2·5	—
*20 „ „ III¹ .	—	13	66·12	3·75	44	20·5	1·12	19·7	—	—	2·5	1000
*12 „ ¹ .	—	8	72·00	3	38	10·7	0·50	10·4	—	—	1·5	1150
*9 „ ¹ .	—	6	62·00	3	38	8·3	0·38	8·2	—	—	1·1	1057
*6 „ ¹ .	—	3	60·12	2·5	32	—	—	5·4	—	—	0·7	1046
Gattl. Gesch. Nr. II¹	—	7·3	62·50	0·65	7	—	—	—	—	—	—	—
64Pfdr. ex 8Zöller³	—	71	108·00	6·29	3	—	—	—	—	—	—	—

VIII.
Whitworth-Geschütze.

Gattung des Geschützes	Rohrgewicht	Kaliber der Bohrung	Gewicht des Stempel-Geschosses	Granate			Panzergeschoss		
				Länge	Sprengladung	Gewicht	Sprengladung	Gewicht	Ladung
	Tonnen	Meter	Kg.	Meter	K i l o g r a m m				
13Zöller . . .	—	0·322	—	1·162	23·14	425·84	34·05	733·21	68·1
12 „ . . .	—	0·305	—	1·067	18·16	340·50	26·33	567·50	53·12
11 „ . . .	27·0	0·279	—	0·976	14·53	263·32	20·43	438·11	40·86
10 „ . . .	21·0	0·254	—	0·889	10·90	199·76	15·89	335·96	31·78
9 „ . . .	15·0	0·229	—	0·801	8·17	145·28	11·35	242·89	22·70
8 „ . . .	11·0	0·203	—	0·710	5·90	99·88	8·17	173·25	15·44
7 „ . . .	7·5	0·178	68·04	0·647	4·80	68·06	5·45	115·77	10·43
70Pfünder . .	4·2	0·140	31·75	0·463	1·24	31·74	2·72	54·48	5·00
32 „ . .	1·71	0·105	14·51	0·381	0·60	14·50	—	—	—

Sämmtliche Whitworth-Geschütze haben Hexagonalbohrung.

IX.
Tabelle zur Vergleichung der Leistung von aus Krupp'schen, französischen und englischen Geschützen abgeschossenen Projektilen.

Französische Geschütze			Englische Geschütze			Krupp'sche Geschütze		
Gattung des Geschützes	Totale lebendige Kraft in Fuss-Tonnen	Lebendige Kraft per Pfund der Pulverladung	Gattung des Geschützes	Totale lebendige Kraft in Fuss-Tonnen	Lebendige Kraft per Pfund der Pulverladung	Gattung des Geschützes	Totale lebendige Kraft in Fuss-Tonnen	Lebendige Kraft per Pfund der Pulverladung
Zoll			Zoll			Zoll		
12·599	9077	66·4	12	8205	74·6	11·00	6953	78·8
10·630	6273	71·1	11	6415	75·5	10·23	5514	78·2
9·448	4484	72·7	10	5160	73·7	9·44	3657	69·1
7·480	2533	76·5	9	3496	69·9	8·26	2889	77·1
6·299	1185	71·8	8	2492	71·2	6·69	2073	81·7
5·511	649	73·6	7	1943	64·8	5·90	1096	80·1
—	—	—	64Pfdr.	696	87·0	31Pfdr.	206	89·0

X.

Durchschlagskraft der Geschütze.

(Für Holzrücklage ist per 1′ Dicke 7 Fuss-Tonnen per 1″ des Umfanges, für Holzrücklage mit eiserner Schiffshaut von 39mm 40 Fuss-Tonnen per 1″ des Umfanges des Geschosses hinzu zu geben und demgemäss eine höhere Plattendicke zu rechnen.)

Gattung des Geschützes	Stärke der Panzerplatten in Millimetern und Widerstandsfähigkeit derselben per 1″ Geschossumfang — Distanz in Kabeln, auf welche sie durchschossen werden														
	114 = 29 FT.	127 = 34 FT.	139 = 42 FT.	152 = 50 FT.	178 = 67 FT.	203 = 85 FT.	220 = 96 FT.	229 = 101 FT.	254 = 113 FT.	279 = 122 FT.	305 = 135 FT.	355 = 158 FT.	203+203 = 160 FT.	405 = 178 FT.	550 = 240 FT.	610 = 266 FT.
100 Ton. G. Armstr.	·	·	·	·	·	·	·	·	·	·	·	·	·	·	·	10
81 Ton. G. Woolw.	·	·	·	·	·	·	·	·	·	·	·	·	·	·	·	10
35·5cm Krupp . . .	·	·	·	·	·	·	·	·	·	·	·	·	·	·	10	8·7
40 Ton. Obuchow .	·	·	·	·	·	·	·	·	·	·	·	·	·	10	2·0	0
30·5cm Krupp . . .	·	·	·	·	·	·	·	·	·	·	·	·	10	7·8	0	—
32cm franz. Gesch.	·	·	·	·	·	·	·	·	·	·	·	·	10	7·4	0	—
12zöll. 35 T. Wool.	·	·	·	·	·	·	·	·	·	·	·	10	9·0	8·8	5·4	—
28cm Krupp . . .	·	·	·	·	·	·	·	·	·	·	·	10	5·2	5·0	2·4	—
12zöll. 25 T. Wool.	·	·	·	·	·	·	·	·	·	·	·	10	5·0	4·8	1·5	—
27cm franz. Gesch.	·	·	·	·	·	·	·	·	10	8·0	6·4	1·6	1·5	—	—	—
26cm Krupp . . .	·	·	·	·	·	·	·	10	8·9	6·8	4·4	0·9	0·7	—	—	—
24cm Krupp I. Kl.	·	·	·	·	·	·	10	9·0	7·8	5·9	3·4	0·2	0	—	—	—
24cm franz. Gesch.	·	·	·	·	·	·	10	7·9	6·0	2·5	1·0	0	—	—	—	—
24cm Krupp II. Kl.	·	·	·	·	·	10	6·9	5·0	3·9	1·5	0·7	0	—	—	—	—
10Zöller Woolwich	·	·	·	·	·	·	·	10	8·3	5·4	2·5	—	—	—	—	—
9 „ Woolwich	·	·	·	·	·	10	4·9	1·5	—	—	—	—	—	—	—	—
21cm Krupp . . .	·	·	·	·	10	8·4	3·9	1·9	1·0	—	—	—	—	—	—	—
8Zöller Woolwich	·	·	·	10	6·8	1·5	0	—	—	—	—	—	—	—	—	—
19cm franz. Gesch.	·	·	10	8·0	4·5	1·5	0	—	—	—	—	—	—	—	—	—
7Zöller Woolwich	·	10	7·3	2·4	0	—	—	—	—	—	—	—	—	—	—	—
15cm Krupp . . .	10	6·9	4·9	1·4	—	—	—	—	—	—	—	—	—	—	—	—

Wo nicht besonders angegeben, Mass und Gewicht englisch.

FLOTTEN-LISTEN.*⁾

~~~~~~~~~~~~~~

*) Zur Evidenzhaltung der „Flotten-Listen" empfehlen wir den alljährlich im November erscheinenden ‚Marine-Almanach‘, herausgegeben von der Redaktion der ‚Mittheilungen aus dem Gebiete des Seewesens‘ (Pola).

Vorkommende Abkürzungen.

Pzr. = grösste Panzerstärke an der Wasserlinie in Millimetern. In dieser Rubrik bedeutet die zweite Zahl (wo eine solche vorhanden ist) die Dicke der Schiffshaut (*Skin plating*).

T. D. = Tonnen-Deplacement.

T. G. = Tonnengehalt, *Builders measurement*.

Pfk. = Pferdekraft.

eff. = effective.

nom. = nominelle.

In der Rubrik „Bestückung" bedeuten die römischen Zahlen die Anzahl, die arabischen das Kaliber der Geschütze. Arabische Zahlen, hinter denen kein Zoll- oder Centimeterzeichen vorhanden ist, geben das Gewicht der Rundvollkugel in Pfunden.

A. = Armstrong.

K. = Krupp.

W. = Whitworth.

R. = königl. Arsenal Woolwich.

O. = Obuchow'sche Gussstahlwerke.

Sp. = spanisches Erzeugniss. (Modif. Pallisersystem.)

F. = französisches System.

P. = Parrot.

D. = Dahlgren.

Rd. = Rodmann.

Wf. = Wahrendorf.

I. = italienisches Erzeugniss (Gusseisen nach Pallisersystem bereift, Seelenrohr).

Mit. = Mitrailleusen.

gl. = glatte Geschütze.

F. G. = Fahrgeschwindigkeit.

H. = Holz.

E. = Eisen.

EHb. = Eisen mit Holzbeplankung.

Komp. = Kompositsystem.

St. = Stahl.

Stp. = Jahr des Stapellaufes.

ZS. = Zwillingsschrauben.

Hyd. Masch. = Hydraulische Maschine.

Gröss.-Kl. = Grössen-Klasse.

XI.
Brasilien.

Gattung	Name	Pzr.	T.D.	Pfk. nom.	Pfk. eff.	Bestückung	F.G.	Mat.	Stp.	Anmerkung
Thurm-schiff }	Independencia .	305	9000	1200	8500	IV12"W.; II7"W.	—	E.	1877	{2 Thürme, Brustwehr u. Wasserlinie gepanzert
Monitore {	Solimoës . . .	305	3700	500	2200	IV 10" W.	11·2	„	1875	ZS. 2 Th.u.Wasserl. gepz.
	Javary	305	3700	500	2200	IV 10" W.	11·0	„	1875	ZS. Wie vorstehend
Thurm-Fahrzeuge {	Lima Barros . .	114	1350	300	—	IV 7" W.	12·0	„	1866	ZS. „ „
	Silvado	114	1150	200	—	IV 6" W.	—	„	1866	ZS. „ „
	Bahia	114	1000	140	—	II 7" W.	10·5	„	1865	1Th. u. Wasserlinie gepz.
	Sete de Setembro	—	—	300	—	IV 9" W.	—	„	I. B.	
Panzer-Kanonen-boote mit Central-Batterie {	Tamandaré . .	101	980	80	—	II 7"W.; II 68 gl.	8·5	H.	1865	Kasematte u. Gürtel gepz.
	Barroso	101	980	120	420	II 7"W.; II 68 gl.	9·0	„	1864	Wie vorstehend
	Cabral	114	1033	240	750	IV6"W.; IV 68 gl.	10·5	E.	—	ZS. „ „
	Colombo . . .	114	1033	240	750	IV6"W.; IV 68 gl.	10·5	„	—	ZS. „ „
	Herval	114	800	200	—	IV 7" W.	—	„	—	ZS. „ „
	Mariz é Barros .	114	800	200	—	IV 7" W.	—	„	—	ZS. „ „
	Brazil	114	1518	250	—	IV7"W.; IV 68 gl.	11·5	„	—	Wie vorstehend
Fluss-Monitore {	Alagoas	114	340	30	75	I 6" W.	7·5	H.	1864	ZS. 1 Thurm
	Ceará	114	340	30	75	I 6" W.	7·5	„	1864	ZS. 1 „
	Pará	114	340	30	75	I 6" W.	7·5	„	1864	ZS. 1 „
	Piauhy	114	340	30	75	I 6" W.	7·5	„	1864	ZS. 1 „
	Rio Grande . .	114	340	30	75	I 6" W.	7·5	„	1864	ZS. 1 „
	Santa Catarina .	114	340	30	75	I 6" W.	7·5	„	1864	ZS. 1 „

‚Independencia': Rammbug. Brustwehr bildet Verlängerung der Bordwand; die leichten Geschütze im Buge hinter einer gepanzerten Traverse. Manövrirdeck über den Thürmen.

‚Solimoës' und ‚Javary': Manövrirdeck über den Thürmen. Kommandothurm. Boote auf dem Manövrirdeck.

‚Lima Barros' und ‚Silvado': Deckbordwand nahezu ganz zum Niederschlagen. Barktakelung. Fock- und Grossmast teleskopartig.

‚Bahia' ähnlich den vorgenannten. Kamin achter des Grossmastes.

‚Tamandaré' und ‚Barroso': Schwanenhalsbug. Batterie nur Breitseitenfeuer.

‚Cabral' und ‚Colombo': Rammbug. Kasematte auf Deck freistehend; je zwei Stückpforten für Bug- und Heckfeuer. Maschine theilt die Kasematte in zwei getrennte und unabhängige Reduits. Das Deck vorn und achter der Kasematte stark abschüssig gegen die Enden.

‚Herval' und ‚Mariz é Barros' ähnlich wie vorbeschriebene.

‚Brazil' ebenfalls, nur bedeutend grösser.

Die sechs Monitore haben einen rechteckigen Thurm auf runder Drehscheibe.

Ueber die ungepanzerte Flotte konnten keine verlässlichen Daten erhalten werden.

XII.
Chile.

Gattung	Name	Pzr.	T.D.	Pfk. nom.	Pfk. eff.	Bestückung	F.G.	Mat.	Stp.	Anmerkung
Panzerschiffe mit Central-Batterie	Valparaiso	227	3480	500	3000	VI 9" A.	13·2	E.	1875	Gürtel u. Kasematte
	Almirante Cochrane	227	3480	500	3000	VI 9" A.	13·4	„	1874	gepanzert

Beide Schiffe haben Doppelkasematte, deren achterer grösserer Theil über die Bordwände hinaushängt und den vier Geschützen durch Stückpforten in den abgestutzten Ecken das Feuer in der Kielrichtung gestattet. Im vorderen Theile sind zwei Jagdgeschütze in analogen Stückpforten. Bugfeuer vier Geschütze, Breitseitfeuer drei Geschütze, Heckfeuer zwei Geschütze. Sporn 8' lang.

Ungepanzerte Flotte. Schrauben-Korvetten: O'Higgins und Chacabuco zu 7 Gesch. und 300 Pfk.; Magellan zu 4 Gesch. und 300 Pfk.; Esmeralda zu 2 Gesch. und 200 Pfk.; Aviso Cavadonga 140 Pfk. und 2 Gesch.; Raddampfer Abtao, Valdivia 300 Pfk. und 5 Gesch.; Ancud, Independencia und Tolten zu 134, 120 und 100 Pfk.; endlich Ponton Thalaba.

XIII.
Dänemark.

Gattung	Name	Pzr.	T. D.	Pfk. nom.	Pfk. eff.	Bestückung	F. G.	Mat.	Stp.	Anmerkung
Panzerschiffe mit voller Batterie	Dannebrog	114	3057	400	1150	X 24 Wf.; VI 68 gl.	9·0	H.	(4850) 1863	Ganz gepanzert
	Danmark .	127	4747	500	1280	XII 24 Wf.; XII 68 gl.	10·0	E.	1864	„ „
	PederSkram	127	3379	600	1680	VI 24 Wf.; XII 68 gl.	11·5	H.	1864	„ „
Panzersch.m. Central-Batt.	Odin . .	203	3083	500	2500	II 12″/2 A.	13·0	E.	1872	Gürt. u. Kasem. gepz.
Thurmschiff	Helgoland .	314	5347	—	3700	II 12″ A.; I 9″ A.	12·0	„	I. B.	ZS. 1 Drehthurm
Thurm-Fahrzeuge	Rolf Krake	114	1361	235	700	II 8″ A.	10·5	„	1863	2 Kuppelthürme
	Lindormen	140	2087	360	1560	II 10″ A.	12·0	„	1868	1 Drehthurm
	Gorm . . .	180	2344	360	1670	II 10″ A.	12·0	„	1870	1 „

Gattung	Name	T. D.	eff. Pfk.	Gesch.	Stp.	Gattung	Name	T. D.	eff. Pfk.	Gesch.	Stp.
Fregatten	Niels Juels . .	2356	900	26	1855	?	St. Thomas . .	1547	1870	5	1871
	Själland . . .	2356	1000	26	1858		Falster . . .	356	510	1	1873
	Jylland . . .	2447	1300	26	1860		Möen . . .	356	510	1	1875
Korvetten	Thor	1089	650	10	1851		Öresund . .	239	183	1	1874
	Heimdal . . .	1189	750	14	1856		Storebelt . . .	239	196	1	1875
	Dagmar . . .	1193	800	14	1861		Lillebelt . . .	239	180	1	1876
Schuner	Absalon . . .	533	500	3	1861	Kanonenboote	Thura	142	170	2	1857
	Esbern Snare .	533	500	3	1861		Schrödersee .	142	170	2	1859
	Fylla	543	500	3	1862		Willemoës .	142	170	2	1861
	Diana	543	500	3	1863		Krieger . . .	142	170	2	1861
	Ingolf . . .	854	700	3	1876		Marstrand . .	142	170	2	1861
Raddampfer	Hekla	907	530	7	1842		Hauch	95	140	1	1862
	Geiser	713	430	8	1844		Drogden . . .	46	140	1	1862
	Slesvig . . .	696	570	12	1845						

Schrauben-Linienschiff Skjold, Raddampfer Holger Danske, Segelfregatte Dronning Marie, Segelkutter Agnete, Varsko, 8 Kanonenjollen, 20 Transportboote und die Dampf-Transportjolle Fremad.

XIV.
Deutschland.

Gattung	Name	Pzr.	T. D.	ind. Pfk.	Bestückung	F. G.	Mat.	Stp.	Anmerkung
Panzer-Fregatten	Kaiser	254	7559	8000	VIII 26^{cm} K.; I 21^{cm} K.	14·4	E.	1874	Gürtel, Kasematte u.
	Deutschland .	254	7559	8000	VIII 26^{cm} K.; I 21^{cm} K.	14·5	„	1874	Heck gepanzert
	König Wilhelm	203	9603	8000	XVIII 24^{cm} K.; V 21^{cm} K.	14·7	„	1868	Gürtel, Batterie, 2 Halbreduits u. Trav. f. Jagdgeschütze gepzt.
	Preussen . . .	234	6663	5400	IV 26^{cm} K.; II 17^{cm} K.	14·0	„	1873	2 Thürme, Bug, Heck
	Friedrich d. Gr.	234	6663	5400	IV 26^{cm} K.; II 17^{cm} K.	14·0	„	1874	und Kasematte als
	Grosser Kurfürst	234	6663	5400	IV 26^{cm} K.; II 17^{cm} K.	14·0	„	1875	Thurmschutz gepzt.
	Friedrich Karl	127	5912	3500	XVI 21^{cm} K.	13·5	„	1867	Gürtel, Batterie, Bug
	Kronprinz . .	127	5480	4800	XVI 21^{cm} K.	14·3	„	1867	und Heck gepanzert
	Hansa	158	3553	3000	VIII 21^{cm} K.	12·0	H.	1872	Gürtel u. Kasematte gepanzert
Panzer-Korvetten	Sachsen . . .	406	7398	5600	I 30·5^{cm} K.; IV 26^{cm} K.	14·0	E.	1877	ZS. Wasserlinie auf 41·25^{m} Länge, Kasematte und Barbette-Thürme gepzt.
	Bayern	406	7398	5600	I 30·5^{cm} K.; IV 26^{cm} K.	14·0	„	1877	
	C.	406	7398	5600	I 30·5^{cm} K.; IV 26^{cm} K.	14·0	I. B.		
	D.	406	7398	5600	I 30·5^{cm} K.; IV 26^{cm} K.	14·0	I. B.		
	E.	406	7398	5600	I 30·5^{cm} K.; IV 26^{cm} K.	14·0	I. B.		
Panzer-Fahrzeuge	Arminius . . .	114	1583	1200	IV 21^{cm} K.	10·5	„	1864	2 Thürme
	Prinz Adalbert	120	1479	1200	II 17^{cm} K.; I 21^{cm} K.	9·5	H.	1865	ZS. 2 Thürme.

Gattung	Name	Pzr.	T. D.	ind. Pfk.	Bestückung	F. G.	Mat.	Stp.	Anmerkung
Panzer-Kanonenboote	Wespe	203	1000	700	I 30·5cm K.	9·0	E	1876	ZS. Brustwehr und Wasserlinie gepzrt.
	Viper	203	1000	700	I 30·5cm K.	9·0	„	1876	
	Biene	203	1000	700	I 30·5cm K.	9·0	„	1876	
	Mücke	203	1000	700	I 30·5cm K.	9·0	„	1877	
	Skorpion ...	203	1000	700	I 30·5cm K.	9·0	„	1877	
	F.	203	1000	700	I 30·5cm K.	9·0	„	I. B.	
	G.	203	1000	700	I 30·5cm K.	9·0	„	I. B.	
	H.	203	1000	700	I 30·5cm K.	9·0	„	I. B.	

‚Kaiser' und ‚Deutschland': Ueberhängende Kasematte; vorn eingezogene Bordwand. Zwei Kamine, einer vor, der andere hinter dem Grossmaste. Vor dem ersteren Kommandothurm. Sporn. Vollschiff-Takelung.

‚König Wilhelm': Die beiden gepanzerten Halbreduits ragen am achteren Ende der Batteriepanzerung (vor dem Kreuzmaste) über die Batteriebordwand hinaus. Ueber dem vorderen Ende der Batterie-Kasematte hufeisenförmige Traverse für Jagdgeschütze; breites einfallendes Heck; viele Stückpforten. Vollschiff-Takelung. Zwei Kamine.

‚Preussen', ‚Friedrich der Grosse' und ‚Grosser Kurfürst': Ein grosser Theil der Deckbordwand zum Niederschlagen. Ein Kamin; um denselben eine Plattform und Sturmdeck nach achter. Stärkster Thurmpanzer 262mm. Vollschiff-Takelung.

‚Friedrich Karl': Kommandothurm hinter dem Grossmaste. Sporn. Ein Kamin. Barktakelung.

‚Kronprinz': Kein Kommandothurm. Rammbug. Barktakelung.

‚Hansa': Doppelte Kasematte, unten Breitseit-, oben Jagd- und Heckgeschütze. Deckbordwand eingezogen. Ein Kamin. Vollschiff-Takelung.

‚Sachsen', ‚Bayern', C, D, E: Hinter der Mitte ein Barbette-Thurm mit vier Geschützen und Kommandothurm. Vorn ein Barbette-Thurm mit dem 30·5cm Geschütze. Vier Kamine. Keine Takelung, nur ein Signalmast. Einfallendes Heck. Sporn. Tauchung 6m.

‚Arminius': Ein Signalmast. Rammbug. Kommandothurm. Bordwand zum Niederschlagen.

‚Prinz Adalbert': Briggtakelung. Thürme fix; der vordere ganz im Bug, der achtere beim Grossmaste; für letzteren ein Theil der Bordwand zum Niederschlagen. Sehr langer Sporn; pflugartiger Bug; unter Wasser zwei Achtersteven.

Pzr.-Kanonenboote: Vorn gepanzerte Brustwehr; Geschütz über Bank; Rohrachse 3·7m über Wasser. Keine Takelung nur ein Signalmast. Ein Kamin. Tauchung 3·1m. Senkrechtes Heck. Sporn.

Gattung	Name	T. D.	ind. Pfk.	Ge.ch.	Mat.	Stp.	Gattung	Name	T. D.	ind. Pfk.	Gesch.	Mat.	Stp.
Gedeckte Korvetten	Leipzig	3925	4800	12	EHb.	1875	Kanonenboote	Albatross	705	600	4	H.	1871
	Sedan	3925	4800	12	„	1876		Nautilus	705	600	4	.	1871
	Bismarck	2856	2500	16	„	1877		Kyklop	412	250	4	E.	1874
	Blücher	2856	2500	16	„	1877		Otter	500	340	4	„	1877
	Stosch	2856	2500	16	„	1877		Ersatz für Blitz ..	500	340	4	„	I. B.
	Moltke	2856	2500	16	„	1877		Ersatz für Meteor .	—	—		„	I. B.
	D.	2856	2500	16	„	I. B.		Ersatz für Delphin	—	—		„	I. B.
	Ersatz für Hertha	2856	2500	16	„	I. B.		Ersatz für Tiger (Fuchs)	—	—		„	I. B.
	Elisabeth	2468	2400	18	H.	1868		Drache	347	320	3	H.	1865
	Hertha	2264	1500	19	„	1864		Meteor	347	320	3	„	1865
	Vineta	2264	1500	19	„	1863		Komet	347	250	3	„	1860
	Gazelle	2067	1300	18	„	1859		Delphin	347	250	3	„	1860
	Arkona	2067	1300	18	„	1858		Hohenzollern ...	1724	3000	2	E.	1876
Glattdeck-Korvetten	Freya	1985	2400	8	„	1874	Avisos	B.	—	—		„	I. B.
	Luise	1692	2100	8	„	1872		C.	—	—		„	I. B.
	Ariadne	1692	2100	8	„	1871		D.	—	—		„	I. B.
	Augusta	1796	1300	10	„	1864		Falke	1020	1100	2	„	?
	Victoria	1796	1300	10	„	1864		Preussischer Adler .	947	900	2	„	1846
	Medusa	1183	800	9	„	1864		Pommerania ...	395	500	2	„	?
	Nymphe	1183	800	9	„	1863		Loreley	398	350	2	„	1871
								Grille	344	650	2	„	1857

Kanonenboote ausser Typ: Fuchs, Habicht, Hai, Natter, Salamander, Sperber, 264 T. D., 220 ind. Pfk., 1 Gesch. — Torpedoboote: Zieten, Ulan, C. (im Bau), Eival, Minenleger Nr. 1 bis 6, Minenprahme Basilisk, Pfeil. — Transportdampfer: Rhein, Eider. — Artillerieschiff: Linienschiff Renown (Ersatz für Renown im Bau). — Segelschiffe: Fregatte Niobe, Briggs Undine, Rover, Musquito. — Dampf-Fahrzeuge zum Hafendienst: Boreas Notus, Zephyr, Aeolus, Swine, Jade, Motlau, Greif, Lootsendampfer Wilhelmshaven. — Kasernschiffe: Barbarossa, Gefion, Elbe. — Lootsen-Fahrzeuge und Feuerschiffe: Wangerooge, Feuerschiffe Nr. I bis IV. — Hulks und Kohlen-Fahrzeuge: Thetis, Weser, Laura, Chamäleon, Blitz, Hyäne, Jäger, Schwalbe, Wespe, Wolf, Skorpion, Tiger.

XV.
England.

Gattung	Name	Pzr.	T. D.	Pfk. nom.	eff.	Bestückung	F. G.	Mat.	Stp.	Anmerkung
Panzerschiffe mit voller Batterie	Warrior	114	9137	1250	5496	X 9″; XVI 7″	14·3	E.	1861	Nur mittschiffs gepz.
	Black Prince .	114	9137	1250	5772	X 9″; XVI 7″	13·6	„	1862	Wie vorstehend
	Achilles	114	9694	1250	5722	XIV 9″	14·3	„	1864	Gürtel u. Batterie mitt- schiffs gepanzert.
	Northumberland	139	10584	1350	6558	X 9″; VII 7″	14·1	„	1868	Wie vorstehend
	Defence	114	6070	600	2537	XVI 7″	11·6	„	1862	Nur mittschiffs gepz.
	Resistance . .	114	6070	600	2428	XVI 7″	11·8	„	1862	Wie vorstehend
	Hector	114	6713	800	3256	XVIII 7″	12·3	„	1864	Wasserlinie nur mitt- schiffs,Batt. ganz gepz.
	Valiant	114	6713	800	3560	XVIII 7″	12·6	„	1864	Wie vorstehend
	Lord Warden .	139+39	7842	1000	6706	X 9″; VIII 7″	13·5	H.	1867	Ganz gepz. u. Bugkastell
	Repulse	152	6190	800	3347	XII 7″	12·3	„	1867	Wie vorstehend
	Agincourt . . .	139	10627	1350	6867	X 9″; VII 7″	15·4	E.	1868	Gürtel u. Batterie mitt- schiffs gepanzert
	Minotaur . . .	139	10627	1350	6702	X 9″; VII 7″	14·3	„	1867	Wie vorstehend
Panzerschiffe mit Central-Batterie	Bellerophon . .	152+39	7551	1000	6521	X 10″; V 7″	13·8	„	1866	Gürtel, Kasematte,Bug und Heck gepanzert
	Swiftsure . . .	203+31	6633	800	4913	X 9″; IV 64	13·7	„	1871	Gürtel und beide Kasem. gepanz.
	Triumph . . .	203+31	6633	800	4892	X 9″; IV 64	13·8	„	1873	Wie vorstehend
	Audacious . . .	203+31	6034	800	4021	X 9″; IV 64	12·8	„	1870	ZS. Gürtel u. beide Kasem. gepanz.
	Invincible . . .	203+31	6034	800	4832	X 9″; IV 64	13·7	„	1870	ZS. Wie vorstehend
	Iron Duke . .	203+31	6034	800	4268	X 9″; IV 64	13·6	„	1871	ZS. „ „
	Hercules . . .	229+53	8677	1200	8529	VIII 10″; II 9″; IV 7″	14·7	„	1867	Gürtel,Kasematte,Bug und Heck gepanzert
	Sultan	229+39	9286	1200	8629	VIII 10″; IV 9″	14·1	„	1871	Gürtel Kasem. u. Reduit gepanz.
	Alexandra . .	305+39	9492	—	8600	II 12″; X 10″	14·0	„	1875	ZS. Wie vorstehend
	Temeraire . . .	279+39	8412	—	7616	IV 12″; IV 8″	14·6	„	1876	Gürt., Kasem. u. Reduit 2 Barb.-Th.
Glattdeck-Panzerschiffe	Shannon . . .	229+39	5103	—	3500	II 10″; VII 9″	—	„	1875	³/₄ d.Wasserlinie, Bug- traverse gepanzert
	Nelson	229+39	7323	—	6000	IV 10″; VIII 9″	—	„	1876	ZS. ³/₅ d. Wasserl., Bug- u. Hecktraverse gepz.
	Northampton .	229+39	7323	—	6000	IV 10″; VIII 9″	—	„	1876	ZS. Wie vorstehend
Seegehende Thurmschiffe	Monarch . . .	178+38	8322	1100	7842	IV 12″; III 7″	14·9	„	1869	Gürtel, 2 Th. Bugtrav. gepanz.
	Devastation . .	305+58	9190	800	6652	IV 12″ (I. Kl.)	13·8	„	1873	ZS. 2 Thürme, Brustw.
	Thunderer . .	305+58	9190	800	6270	IV 12″ (I. Kl.)	13·5	„	1875	ZS. Wie vorstehend
	Dreadnought .	355+58	10950	1000	8000	IV 12″ (I. Kl.)	14·5	„	1875	ZS. „ „
	Ajax	457	8492	800	6000	IV 12″ (I. Kl.)	—	I. B.		ZS. Centralkasem. u. 2 Th. gepanz.
	Agamemnon . .	457	8492	800	6000	IV 12″ (I. Kl.)	—	I. B.		ZS. Wie vorstehend
	Inflexible . . .	610+58	11406	1000	8000	IV 16″	—	„	1876	ZS. „ „
	New-Agamemnon .	915	—	—	—	II 160 Tons	—	I. B.		—
Panzer-Korvett.	Pallas	114+12	3787	800	3581	IV 8″; IV 64	13·0	H.	1865	Ganz gepanzert
	Penelope . . .	152	4394	600	4703	VIII 9″; III 64	12·7	E.	1867	Gürtel u. Kasem. gepz.
Panzer-Sloop	Research . . .	114+12	1741	200	1042	IV 7″	10·3	H.	1863	Ganz gepanzert
Küstenvertheidigungs-Fahrzeuge	Prince Albert .	114+15	3905	500	2128	IV 10″	11·6	E.	1866	4 Drehthürme
	Scorpion . . .	114+12	2751	350	1455	IV 9″	10·5	„	1865	2 Drehthürme
	Wivern	114+12	2751	350	1446	IV 9″	10·0	„	1865	Wie vorstehend
	Cyclops	203+31	3430	250	1660	IV 10″	10·0	„	1871	ZS. 2 Drehth. u. Brustw.
	Gorgon	203+31	3430	250	1669	IV 10″	11·1	„	1871	ZS. „
	Hecate	203+31	3430	250	1755	IV 10″	10·9	„	1871	ZS. „
	Hydra	203+31	3430	250	1472	IV 10″	11·2	„	1871	ZS. „
	Glatton	305+38	4912	500	2868	II 12″ (III. Kl.)	12·1	„	1871	ZS. Brustw. u. 1 Drehth. gepanz.
Panzer-Widder	Hotspur	279+31	4010	600	3497	I 12″; II 64	12·6	„	1871	ZS. 1 Thurm
	Rupert	279+31	5444	700	4635	II 10″; II 64	13·6	„	1874	ZS. „
Panzer-Kanonen-boote	Viper	114+12	1228	160	696	IV 7″	9·6	„	1866	ZS. Gürtel u. Batterie mittschiffs gepanzert
	Vixen	114+12	1228	160	740	IV 7″	9·5	„	1866	ZS. Wie vorstehend
	Waterwich . .	114+12	1279	160	777	IV 7″	6·5	„	1866	Hyd. Masch.
Panzer-Batterien	Erebus	110	1844	200	493	XVI 64	6·0	„	1855	Ganz gepanzert
	Terror	110	1844	200	493	XVI 64	6·0	„	1855	„
Küsten-vertheid. in Indien	Abyssinia . . .	178	2901	200	949	IV 10″	10·0	„	1868	„ „
	Magdala	203	3344	250	1436	IV 10″	10·7	„	1869	„ „
	Cerberus . . .	203	3344	250	1369	IV 10″	9·7	„	1869	„ „

‚Warrior' und ‚Black Prince': Das Aussehen sehr langer ungepanzerter Fregatten; zwei Kamine. Ungeschütztes Steuer.

‚Achilles': Gerader Bug, verziertes Heck, ungeschütztes Steuer.

‚Northumberland', ‚Agincourt', ‚Minotaur': Fünf Masten, Rammbug, wenig ausfallendes Heck. Die Batterie ist durch Querwände geschlossen.

‚Defence', ‚Resistance': Gerader Bug, ungeschütztes Steuer, Barktakelung mit doppelten Marsraaen.

‚Hector' und ‚Valiant': Aehnlich wie vorgenannte, doch breiteres Heck.

‚Lord Warden': Beinahe gerades Heck, Sporn und Schegg.

‚Repulse': Einfallendes Heck. Rammbug. Die letzterwähnten vier Schiffe sind umgebaute Linienschiffe und an den Formen leicht kenntlich.

‚Bellerophon': Ein vollkommenes Schegg am Rammbug; Bug und Heck für Jagd- und Heckgeschütze bis zur Höhe des Oberdeckes gepanzert.

‚Swiftsure', ‚Triumph', ‚Iron Duke', ‚Audacious' und ‚Invincible': Die untere (Batterie-) Kasematte feuert nur in der Breitseite, während die obere (Deck-) Kasematte über die Bordwand heraustritt und in den abgestutzten Ecken Stückpforten hat. Sporn; Schegg; auf Deck eingezogene Bordwände; einfallendes Heck. Die erstgenannten zwei die Schraube zum Heissen, daher volleres Heck.

‚Hercules': In der Batterie eingezogene Bordwände für Jagd- und Heckschuss auf 22⁰ vom Kiel. Im Bugpanzer eine Stückpforte für Jagdgeschütz; im Heckpanzer für Heckgeschütz. Sporn; stark gerundetes Heck.

‚Sultan': In der Batterie vorn eingezogene Bordwand; über dem achteren Ende der Kasematte das Reduit mit Heckschuss; achter desselben der Kommandothurm. Vor und hinter dem Reduit eingezogene Bordwand; Sporn; wenig gerundetes Heck.

‚Alexandra': Zwei übereinander liegende Kasematten mit abgestutzten Ecken, in welchen Stückpforten sind. Die Deck-Kasematte kürzer als die in der Batterie. Die Batterie-Kasematte Breitseit- und Bugfeuer; Deck-Kasematte Breitseit-, Bug- und Heckfeuer; dem entsprechend eingezogene Bordwände; Sporn; beinahe gerades Heck.

‚Temeraire': Batterie mit Breitseit- und Bugfeuer; für letzteres Stückpforten in den abgestutzten Ecken und eingezogene Bordwand. Auf Deck vorn und achterje ein Barbette-Thurm; Sporn; einfallendes Heck.

‚Shannon': Der Gürtelpanzer hört an ein Viertel der Länge von vorn auf. Geschütze auf Deck ungeschützt installirt, nur wo der Panzer aufhört eine Traverse, welche auf Deck zum Halbkastell wird. Vor demselben eingezogene Bordwände; Sporn; einfallendes Heck.

‚Nelson' und ‚Northampton': Bug und Heck ungepanzert. Der Panzer in der Wasserlinie lässt Bug und Heck frei und endet vorn und achter in Traversen mit Halbkastell wie bei ‚Shannon' vorn. Geschütze auf Deck; Steuervorrichtung im Kiel; Sporn; Fregattenheck.

‚Monarch': Sporn, stark gerundetes Heck. Thürme über dem Deck sichtbar. Volltakelung. Ueber den Thürmen Wetterdeck bis achter des Grossmastes. Galerie um den Kreuzmast.

‚Devastation', ‚Thunderer': Körper sehr nieder über Wasser. Zwischen den Thürmen Deckhütte. Zwei Thürme; Signalmast; Sporn; ganz gerades Heck. Von achter gesehen erscheinen diese Schiffe staffelförmig.

‚Dreadnought': Aehnlich wie die vorgenannten, aber die Brustwehr in der Verlängerung der Bordwand.

‚Inflexible': Die Thürme diagonal zur Kielrichtung; über denselben Brücke. Vorn und achter des Centralkastells über die ganze Schifflänge eine Deckhütte, welche nicht bis zur Bordwand reicht. Jagdschuss, Breitseit- und Heckschuss aus allen vier Geschützen.

‚Prince Albert': Vier Thürme, gerader Bug, gerades Heck.

‚Scorpion' und ‚Wivern': Rammbug, Teleskopmasten. Bordwände nahezu ganz zum Niederschlagen.

‚Glatton': Gerader Bug; der Thurm vor dem Deckhause, dieses achter mit Säulengängen.

Gattung	N a m e	T. D.	eff. Pfk.	Gesch.	Mat.	Gattung	N a m e	T. D.	eff. Pfk.	Gesch.	Mat.
Schrauben-Linienschiffe	Victoria	6959	4191	12	H.	Schrauben-Linienschiffe	St. George . . .	4579	1730	—	H.
	Howe	6557	4524	12	„		Aboukir	4382	1533	24	„
	Marlborough . .	6300	3023	—	„		Albion	4382	1835	—	„
	Duke of Wellington	6071	1999	23	„		Rodney	4375	2246	10	„
	Duncan	5724	2826	—	„		Lion	3842	1732	12	„
	Royal Albert . .	5637	1805	—	„		Inconstant . . .	5782	7361	16	Eih.
	Donegal	5481	3103	18	„	Schrauben-Fregatten	Shah	6040	7500	26	„
	Anson	5260	3583	11	„		Raleigh	5200	6158	22	„
	Atlas	5260	3732	11	„		Ariadne	4583	3350	26	H.
	Defiance	5260	3550	—	„		Galatea	4583	2759	26	„
	Revenge	5260	2896	32	„		Bristol	4020	2088	26	„
	Royal William .	4579	1763	—	„		Glasgow	4020	2020	28	„
	Hannibal	4735	1763	—	„		Newcastle	4020	2453	31	„

Gattung	Name	T. D.	eff. Pfk.	Gesch.	Mat.
Schrauben-Fregatten	Undaunted	4020	2261	31	H.
	Immortalité	3984	2391	28	"
	Topaze	3915	2538	28	"
	Doris	3803	3005	24	"
	Aurora	3582	1576	28	"
	Narcissus	3548	1731	28	"
	Forte	3456	1539	24	"
	Endymion	3197	1620	22	"
Schrauben-Korvetten	Bacchante	3932	5250	16	EHb.
	Euryalus	3932	5250	16	"
	Boadicaea	4027	5250	16	"
	Rover	3494	4964	18	"
	Active	3078	4015	10	"
	Volage	3078	4532	18	"
	Carysfort	2377	2300	14	E. & St.
	Champion	2377	2300	14	"
	Cleopatra	2377	2300	14	"
	Comus	2377	2300	14	"
	Conquest	2377	2300	14	"
	Curaçao	2377	2300	14	"
	Juno	2216	1381	8	H.
	Rattlesnake	2431	1628	17	"
	Wolverene	2431	1549	17	"
	Challenger	2306	1234	8	"
	Clio	2306	1509	18	"
	Racoon	2306	1651	18	"
	Thalia	2216	1597	8	"
	Cadmus	2187	1531	17	"
	Charybdis	2187	1472	17	"
	Pearl	2187	1390	17	"
	Sattelite	2187	1449	17	"
	Scylla	2187	1376	16	"
	Modeste	1954	2177	14	"
	Encounter	1954	2127	14	"
	Amethyst	1954	2149	14	"
	Diamond	1954	2155	14	"
	Sapphire	1954	2364	14	"
	Druid	1870	2272	14	"
	Briton	1870	2149	14	"
	Emerald	1864	2100	14	Komp.
	Garnet	1864	2100	14	"
	Opal	1864	2100	14	"
	Ruby	1864	2100	14	"
	Tourmaline	1864	2100	14	"
	Turquoise	1864	2100	14	"
	Almadine	1864	2100	14	"
	Beryl	1864	2100	14	"
	Coral	1864	2100	14	"
	Cornelian	1864	2100	14	"
	Jasper	1864	2100	14	"
	Onyx	1864	2100	14	"
	Thetis	1854	2275	14	H.
	Blanche	1755	2158	12	"
	Danae	1755	2089	12	"
	Dido	1755	2578	12	"
	Eclipse	1755	1946	12	"
	Sirius	1755	2334	12	"
	Spartan	1755	1582	12	"
	Tenedos	1755	2032	8	"
Schrauben-Sloops	Daphne	1574	1927	5	"
	Dryad	1574	1464	9	"
	Nymphe	1574	2172	9	"

Gattung	Name	T. D.	eff. Pfk.	Gesch.	Mat.
Schrauben-Sloops	Vestal	1574	2154	9	H.
	Cameleon	1365	702	7	"
	Perseus	1365	614	—	"
	Rinaldo	1365	752	7	"
	Greyhound	1260	743	5	"
	Discovery	1247	312	—	"
	Cormorant	1124	900	6	Komp.
	Osprey	1124	900	6	"
	Pelican	1124	900	6	"
	Penguin	1124	900	6	"
	Wild Swan	1124	900	6	"
	Dragon	1124	900	6	"
	Pegasus	1124	900	6	"
	Alert	1045	312	4	H.
	Fawn	1045	434	4	"
	Peterel	913	460	3	"
	Rapid	913	460	3	"
	Rosario	913	436	3	"
	Albatros	894	838	4	Komp.
	Daring	894	916	4	"
	Egeria	894	1011	4	"
	Fantome	894	975	4	"
	Sappho	894	844	4	"
	Flying Fish	894	836	4	"
	Gannet	1124	900	6	H.
	Condor	774	750	3	Komp.
	Falcon	774	750	3	"
	Flamingo	774	750	3	"
	Griffon	774	750	3	"
	Arab	700	656	3	"
	Lily	700	656	3	"
Truppen-Transportschiffe	Assistance	2037	1442	2	E.
	Dromedary	1800	640	—	"
	Himâlaya	4490	5256	3	"
	Orontês	5600	2500	2	"
	Simoom	3302	1576	2	"
	Tamar	4857	2171	2	"
	Crocodile	6211	4044	3	"
	Euphrates	6211	3900	3	"
	Jumna	6211	3040	3	"
	Malabar	6211	4893	3	"
	Serapis	6211	4080	3	"
Torpedo-schiffe	Vesuvius*	260	379	—	"
	Sartorius*	—	—	—	St.
Vorraths-schiffe	Fox	1780	764	2	H.
	Industry	1100	279	2	E.
	Supply	1100	265	2	"
	Wye	1161	629	—	"
Aviso-schiffe	Iris*	3735	7000	10	St.
	Mercury*	3735	7000	10	"
	Helicon	945	1610	2	H.
	Lively	940	1757	2	"
	Salamis	985	1440	2	"
	Vigilant	985	1815	2	"
	Osborne	1860	3363	2	"
Jachten	Victoria and Albert	2470	2980	2	"
	Alberta	370	1208	—	"
	Elfin	93	181	—	"
	Enchantres	985	1318	1	"
Aufnahms-schiffe	Nassau	877	755	4	"
	Porcupine	490	285	1	"
	Sylvia	877	689	?	"

* Zwillingsschrauben.

Schrauben-Kanonenboote I. Klasse.

877 T. D., 200 nom., 720 eff. Pfk., 4 Gesch., Mat.: Holz.
Myrmidon.
774 T. D., 160 nom., 811—985 eff. Pfk., 3 Gesch. Mat.: Holz, ZS.
Bittern, Bullfinch, Curlew, Lawping, Magpie, Philomel, Plover, Ringdove, Seagull, Swallow, Vulture, Woodlark.
584 T. D., 120 nom., 472—696 eff. Pfk., 4 Gesch., Komp. System, ZS.
Avon, Beacon, Boxer, Cracker, Dwarf, Elk, Flirt, Fly, Growler, Hart, Hornet, Lynx, Midge, Pert, Rocket, Teaser, Thistle.
592 T. D., 100 nom., 715—896 eff. Pfk., 4 Gesch., Komp. System, ZS.
Frolic, Kestrel, Ready, Rifleman.
570 T. D., 80 nom., 281—336 eff. Pfk., 5 Gesch., Mat.: Holz.
Dart, Newport, Nimble, Torch.

Schrauben-Kanonenboote II. Klasse.

430—455 T. D , 60 nom., 360—450 eff. Pfk., 4 Gesch., Komp. System.
Ariel, Contest, Coot, Coquette, Cygnet, Decoy, Dunlin, Express, Firebrand, Firefly, Firm, Foam, Forester, Forward, Foxhound, Goshawk, Guillemot, Mallard, Mergauser, Merlin, Moorhen, Mosquito, Puffin, Sheldrake, Swinger, Teal, Zephyre.
363 T. D., 310 eff. Pfk., 3 Gesch., Eisen, ZS.
Dee, Don, Esk, Medina, Medway, Sabrina, Slaney, Spey, Tay, Tees, Trent, Tweed.
330 T. D., 60 nom., 160—277 eff. Pfk., 2 Gesch., Mat.: Holz.
Britomart, Bruiser, Cherub, Cockatrice, Cromer, Heron, Netley, Orwell, Speedy, Tyrian, Wizard.
284 T. D., 60 nom., 160—272 eff. Pfk., 2 Gesch., Mat.: Holz.
Dapper, Earnest, Fervent, Lark, Pheasant, Redwind, Skylark, Trasher, Whiting.
254 T. D., 28 nom., 168—228 eff. Pfk., 1 Gesch., Eisen, ZS.
Ant, Arrow, Badger, Blazer, Bloodhound, Bonetta, Bulldog, Bustard, Comet, Cuckoo, Fidget, Gadfly, Griper, Hyaena, Kite, Mastiff, Pickle, Pike, Pincher, Scourge, Snake, Snape, Tickler, Weazel.
180 T. D., 25 nom. Pfk., 1 Gesch., Eisen, ZS.
Plucky, Staunch. ——————————

Radfregatten: Terrible, Valorous.
Radkorvetten: Argus, Barracouta, Basilisk, Buzzard, Salamander, Sphinx, Spiteful.
Raddampfer: Antelope, Dasher, Fire-Queen, Harpy, Jackal, Pigmy, Pioneer, Princess, Alice, Sprightly, Vivid, Wildfire.
Hafendampfer: African, Albacore, Asp, Buffalo, Bustler, Camel, Carron, Chester, Clover, Despatch, Echo, Elizabeth, Escort, Grinder, Hasty, Locust, Malta, Manly, Mina, Monkey, Otter, Pelter, Perseverance, Prompt, Sampson, Scotia, Shamrock, Sheerness, Spitefire, Trinculo, Trusty, Wards, Widgeon.
Ausserdem: 170 Segelschiffe und Hulks aller Grössen und Gattungen, welche theilweise als Depot-, Hafenwach- und Kasernschiffe dienen und theilweise als Kohlenhulks, Spitalschiffe etc. verwendet werden.

XVI.
Frankreich.

Gattung	Name	Pzr.	T. D.	Pfk. nom.	Pfk. eff.	Bestückung	F. G.	Mat.	Stp.	Anmerkung
Panzerschiffe mit Central-Batterie	Richelieu . . .	220	8400	950	4400	VIII27cm, II24cm F.	14·0	H.	1874	Gürtel, Kasem., 4 Barb.-Th. gpz.
	Colbert	220	8300	950	4200	VIII27cm, II24cm F.	14·0	„	1875	Gürtel, Kasematte, vorn und achter ein Halbreduit gpz.
	Friedland . . .	220	8300	950	4200	VIII27cm, II24cm F.	14·0	„	1874	Wie vorstehend
	Trident	220	8457	950	4200	VIII27cm, II24cm F.	14·0	„	1876	„ „
	Marengo . . .	200	7480	950	3673	IV 27cm, IV 19cm F.	13·5	„	1869	Gürt., Kasem., 4 Barb.-Th. gepanz.
	Océan	200	7480	950	3900	IV 27cm, IV 19cm F.	14·0	„	1868	Wie vorstehend
	Suffren	200	7480	950	4023	IV 27cm, IV 19cm F.	14·1	„	1872	„ „
	Redoutable . .	350	8836	1500	6000	II 32cm, IV 27cm F.	14·5	E.	1876	2S. Gürt., Kasem., 2 Barb.-Th. gpz.
	Dévastation . .	380	9650	1500	6000	IV 32cm, II 27cm F.	14·0	„	I. B.	Wie vorstehend
	Foudroyant . .	380	9650	1500	6000	IV 32cm, II 27cm F.	—	„	I. B.	„
	Duperré	—	—	—	—	—	—	„	I. B.	—
Panzersch. m. voll. Batt.	Solferino . . .	120	6920	900	4000	X 24cm F.	12·8	H.	1861	Gürtel u. Batt. mittschiffs gepanz.
	Flandre . . .	150	5800	900	3500	VIII24cm, IV19cm F.	14·0	„	1864	Ganz gepanzert
	Gauloise . . .	150	5800	900	3500	VIII24cm, IV19cmF.	13·8	„	1865	„ „
	Guyenne . .	150	5800	900	3500	VIII24cm, IV19cmF.	13·9	„	1865	„ „

Gattung	Name	Pzr.	T. D.	Pfk. nom	Pfk. eff.	Bestückung	F. G.	Mat.	Stp.	Anmerkung
Panzerschiffe mit voller Batterie	Magnanime . .	150	5800	900	3500	VIII24^{cm},IV19^{cm}F.	14·0	H.	1864	Ganz gepanzert
	Provence . . .	150	5800	900	3500	VIII24^{cm},IV19^{cm}F.	13·9	„	1863	„ „
	Revanche . . .	150	5800	900	3500	VIII24^{cm},IV19^{cm}F.	13·7	„	1862	„ „
	Savoie	150	5800	900	3500	VIII24^{cm},IV19^{cm}F.	13·6	„	1865	„ „
	Surveillante . .	150	5800	900	3500	VIII24^{cm},IV19^{cm}F.	13·9	„	1864	„ „
	Valeureuse . .	150	5800	900	3500	VIII24^{cm},IV19^{cm}F.	13·6	„	1864	„ „
	Heroïne . . .	150	5800	900	3500	VIII24^{cm},IV19^{cm}F.	14·0	E.	1863	„ „
	Couronne . . .	120	5982	800	2100	VI 24^{cm}, IV 19^{cm} F.	11·0	„	1860	„ „
	Gloire	120	5618	800	2537	VIII 24^{cm} F.	12·8	H.	1859	„ „
?	Dueguesclin . .	?	6000	800		V 24^{cm}, IV 14^{cm} F.	?	EHb.	I. B.	4 Barbette-Thürme
Panzerschiffe mit Central-Batterie	La Galissonière .	200	4150	500	2000	VI 24^{cm} F.	13·0	H.	1874	{ZS. Gürt., Kasem. u. 2 Barb.-Thürme gepz.}
	Triomphante .	200	4150	575	2400	VI 24^{cm} F.	13·0	„	1877	Wie vorstehend
	Victorieuse . .	200	4150	575	2400	VI 24^{cm} F.	13·2	„	1875	„ „
	Turenne . . .							„	I. B.	„ „
	Alma	150	3700	450	1897	VI 19^{cm} F.	12·0	„	1867	„ „
	Armide	150	3700	450	1900	VI 19^{cm} F.	12·0	„	1867	„ „
	Atalante . . .	150	3700	450	1900	VI 19^{cm} F.	12·0	„	1868	„ „
	Jeanne d'Arc .	150	3700	450	1850	VI 19^{cm} F.	12·0	„	1867	„ „
	Montcalm . .	150	3700	450	1850	VI 19^{cm} F.	12·0	„	1868	„ „
	Reine Blanche	150	3700	450	1850	VI 19^{cm} F.	12·0	„	1868	„ „
	Thetis	150	3700	450	1850	VI 19^{cm} F.	12·0	„	1868	„ „
	Belliqueuse . .	150	3700	450	1850	VI 19^{cm} F.	12·0	„	1865	Gürt. u. Kasem. gepz.
Küstenvertheidigungs-Fahrzeuge	Tonnerre . . .	330	5584	900	3600	II 32^{cm} F.	13·0	E.	1876	Brustwehr u. 1 Drehth.
	Fulminant . . .	330	5600	900	3600	II 32^{cm} F.	13·0	„	1876	Wie vorstehend
	Furieuse . . .	330	5600	900	3600	II 32^{cm} F.	13·0	„	1877	„ „
	Vengeur	330	4524	375	1500	II 32^{cm} F.	10·0	„	1876	„ „
	Tonnant	330	4525	375	1500	II 32^{cm} F.	10·0	„	1876	„ „
	Tempête . . .	330	4524	375	1500	II 32^{cm} F.	10·0	„	1875	„ „
	Bélier	220	3600	530	1650	II 24^{cm} F.	11·5	H.	1871	ZS. 1 Drehthurm
	Bouledogue . .	220	3510	530	1700	II 24^{cm} F.	12·0	„	1873	ZS. 1 „
	Cerbère	220	3700	530	1700	II 24^{cm} F.	11·5	„	1868	ZS. 1 „
	Tigre	220	3602	530	2120	II 24^{cm} F.	12·1	„	1874	ZS. 1 „
	Taureau . . .	150	2484	480	1700	I 24^{cm} F.	12·0	„	1865	ZS. 1 Fixthurm (Barb.)
Monitor	Onondaga . . .	170	2592	250	613	II 24^{cm} F.	7·0	E.	1863	ZS. 2 Drehthürme
Panzer-Batterien	Arrogante . . .	120	1360	120	500	VI 19^{cm} F.	6·7	„	1864	ZS.Gürt. u. Kasem. gpz.
	Implacable . . .	120	1360	120	500	VI 19^{cm} F.	6·7	„	1864	ZS. „ „ „ „
	Opiniâtre . . .	120	1360	120	500	VI 19^{cm} F.	6·8	„	1864	ZS. „ „ „ „
	Embuscade . . .	140	1450	120	450	IV 19^{cm} F.	8·5	„	1865	ZS. „ „ „ „
	Imprenable . .	140	1450	120	500	IV 19^{cm} F.	8·5	„	1865	ZS. „ „ „ „
	Protectrice . .	140	1450	120	500	IV 19^{cm} F.	8·5	„	1865	ZS. „ „ „ „
	Refuge	140	1450	120	500	IV 19^{cm} F.	8·0	„	1865	ZS. „ „ „ „
	Nr. 8	80	290	40	100	II 14^{cm} F.	5·5	„	1864	ZS. „ „ „ „
	Nr. 9	80	290	40	100	II 14^{cm} F.	5·5	„	1865	ZS. „ „ „ „
	Nr. 10	80	290	40	100	II 14^{cm} F.	5·5	„	1866	ZS. „ „ „ „
	Nr. 11	80	290	40	100	II 14^{cm} F.	5·5	„	1866	ZS. „ „ „ „

‚Richelieu', ‚Marengo', ‚Océan', ‚Suffren': Vier Barbette-Thürme an den Ecken der Kasematte; nahezu gerades Heck; Sporn. ‚Richelieu' unterscheidet sich von den drei anderen durch die bedeutendere Grösse und durch die Zahl der Stückpforten in der Kasematte, deren er fünf (hiervon drei nur mit schweren Geschützen) besitzt, während die übrigen nur drei (hiervon zwei mit schweren Geschützen) haben.

‚Colbert', ‚Friedland', ‚Trident' haben keine Barbette-Thürme, hierfür aber über die Bordwand hinaustretende ungepanzerte Halbthürme, in welchen die Deckgeschütze stehen. Die Halbthürme sind mit starkem Eisenblech verkleidet und schützen die Bemannung vor Gewehrschüssen. Ausfallendes Heck; Sporn.

‚Redoutable': Die Kasematte stark überhängend, trägt auf ihrem Deck an jeder Seite einen Barbette-Thurm. Achter ein ungeschütztes Heckgeschütz. Sporn; stark ausfallendes Heck.

‚Solferino': Zwei Batterien. Das todte Werk vor und achter der Kasematte aus Holz. Einfallendes Heck; Sporn.

‚Flandre', ‚Gauloise', ‚Guyenne', ‚Magnanime', ‚Provence', ‚Revanche', ‚Savoie', ‚Surveillante', ‚Valeureuse', ‚Heroïne': Altartige Panzerfregatten. Auf Deck im Vordersteven eine Jagdpforte; gerader Bug, der unter Wasser beilartig etwas hervortritt; einfallendes Heck; Ruderstamm geschützt.

‚Gloire' und ‚Couronne' wie vorbenannte, nur ungeschütztes Steuer.

‚La Gallissonière', ‚Triomphante', ‚Victorieuse': Zwei Barbette-Thürme an den vorderen Enden der Kasematte; Sporn; ausfallendes Heck; bei erstgenannter ist das Heck der Zwillingsschrauben halber etwas verschieden geformt.

,Alma‘, ,Armide‘, ,Atalante‘, ,Jeanne d'Arc‘, ,Montcalm‘, ,Reine Blanche‘, ,Thétis‘ wie vorbenannte, doch einfallendes Heck und etwas kleiner.

,Belliqueuse‘: Wie vorige, jedoch ohne Barbette-Thürme; sämmtliche Geschütze in der Batterie. Kommandothurm achter des Fockmastes vor dem Kamin.

,Vengeur‘, ,Tonnant‘, ,Tempête‘: Der eigentliche Schiffskörper sehr niedrig über Wasser; gepanzerte Brustwehr über $^4/_5$ der Schiffslänge. In der vorderen Hälfte der Drehthurm mit Kommandothurm darüber. Achter desselben eine hohe Deckhütte.

,Cerbère‘, ,Bélier‘, ,Bouledogue‘, ,Tigre‘: Der Drehthurm im ersten Drittel der Schiffslänge. Der Aufbau vorn und achter desselben ist ein halber Cylindermantel, der sich vorn gegen die Wasserlinie neigt und in dem Sporn verläuft. Heck schnabelförmig.

,Taureau‘ ähnlich den vorigen, jedoch Barbette-Thurm und einfallendes Heck.

,Onondaga‘: Monitor mit 2 Thürmen.

,Arrogante‘, ,Implacable‘, ,Opiniâtre‘, ,Embuscade‘, ,Imprenable‘, ,Protectrice‘, ,Refuge‘: In der Mitte eine Kasematte. Die Bordwand überall zum Niederschlagen. Die Geschütze sehr niedrig über Wasser.

Nr. 8, 9, 10, 11: Auf Deck ganz freistehende Kasematte.

Gattung	Name	T. D.	nom. Pfk.	Gesch.
Schrauben-Linienschiffe	Louis XIV.	I. Kl.	480	59
	Souverain	„	480	8
	Ville de Bordeaux	II. Kl.	800	8
	„ „ Lyon	„	800	8
	„ „ Paris	„	480	12
	Castiglione	„	640	8
	Charlemagne	„	370	8
	Masséna	„	640	8
	Navarin	„	530	8
	Tage	„	420	8
	Fontenoy	III. Kl.	400	8
	Jean Bart	„	400	8
	Saint Louis	„	400	8
Schrauben-Fregatten	Duquesne	5440	1800	27
	Tourville	5440	1800	27
	Magicienne	3500	480	32
	Thémis	3500	480	32
	Pallas	3620	480	34
	Victoire	3400	480	16
	Guerrière	3400	480	4
	Flore	3160	380	14
	Armorique	2850	340	16
	Minerve	2700	430	16
	Venus	2700	430	16
	Danaé	2500	180	4
	Pandore	2500	180	4
	Renommé	2500	180	4
	Clorinde	1800	150	16
Schrauben-Korvetten	Dugay-Trouin	3180	875	9
	Eclaireur	3180	875	9
	La Perouse	3180	875	9
	Villars	1920	450	10
	Champlain	1920	450	10
	Dupetit-Thouars	1920	450	10
	Laclocheterie	1920	450	10
	Infernet	1920	450	10
	d'Assas	1920	300	18
	Fabert	1910	450	8
	Seignelay	1910	450	6
	Sané	1910	450	6
	Chateau-Renaud	1830	450	5
	Cosmao	1840	340	13
	Decrès	1770	340	6
	Dupleix	1780	340	13
	Desaix	1640	450	4
	Laplace	1590	300	10
	Cassard	850	220	2
	Rapide	.	.	.

Gattung	Name	T. D.	nom. Pfk.	Gesch.
Schrauben-Avisos I. Klasse	Rigault de Genouilly	1640	450	8
	Beautemps-Beaupré	1280	230	3
	Duchaffaut	1280	230	3
	Hugon	1280	230	3
	Kerguelen	1280	230	3
	d'Estrées	1280	250	6
	Hamelin	1280	250	6
	Limier	1280	250	5
	Volta	1300	230	6
	Talisman	1300	230	6
	Vaudreuil	1300	230	6
	Bourayne	1250	230	4
	Dayot	1250	230	4
	Ducouëdic	1250	230	4
	Forbin	1250	230	4
	Kersaint	1250	230	4
	Segond	1250	230	4
	Kléber	1260	230	2
	Hirondelle	1030	450	2
	Linois	830	180	8
Schrauben-Avisos II. Klasse	Labourdonnais	820	175	4
	Bisson	820	175	4
	Renard	840	135	4
	Bouvet	780	175	4
	Parseval	780	175	4
	Lamotte Piquet	770	135	4
	Coëtlogon	760	135	4
	Curieux	760	135	4
	Diamant	760	135	3
	Latouche-Tréville	760	135	4
	Surcouf	760	135	4
	Bougainville	740	100	6
	Bruat	700	135	4
	Adonis	700	135	4
	Guichen	700	150	3
	Boursaint	680	135	4
	Corse	510	100	4
	Hussard	.	.	.
	Chasseur	.	.	.
	Voltigeur	.	.	.
Transportschiffe	Algesiras	Batt.	800	4
	Intrépide	„	800	4
	Entreprenante	„	240	4
	Dryade	„	240	4
	Cérès	„	180	4
		T. G.		
	Pomone	1927	150	4
	Japon	2300	300	2
	Aveyron	f. Pfde.	430	4

Gattung	Name	T. D.	nom. Pfk.	Gesch.	Gattung	Name	T. D.	nom. Pfk.	Gesch.
Transportschiffe	Corrèze	r. Pfde.	430	4	Transportschiffe	Charante	1000	120	2
	Creuse	"	430	4		Adour	900	110	2
	Sarthe	"	430	4		Ariège	900	180	2
	Tarn	"	430	4		Isère	900	140	2
	Orne	"	230	4		Moselle	900	100	2
	Var	"	230	4		Oise	900	150	—
	Calvados	"	200	4		Vienne	900	150	2
	Finistère	"	200	4		Cher	400	150	6
	Garonne	"	200	4		Dives	400	150	2
	Jura	"	200	4		Indre	400	150	6
		T. G.				Rance	400	150	6
	Dordogne	1200	150	4		Loiret	400	90	3
	Marne	1200	150	4		Caravane	400	150	—
	Meuse	1200	150	4		Seudre	400	150	—
	Rhin	1200	230	4		Vire	400	150	—
	Yonne	1200	150	4		Ampère	—	—	—
	Seine	1200	150	2		Annamite	—	—	—
	Bièvre	1000	150	—		Mitho	—	—	—

Radfregatten: Mogador, Albatros, Magellan, Orénoque.
Radkorvetten: Catinat, Coligny, Euménide.
Rad-Avisodampfer I. Klasse: Soufleur, Estaffette, Travailleur.
Rad-Avisodampfer II. Klasse: Chamoix, Alecton, Castor, Magicien, Daim, Rodeur.
Kanonenboote I. Klasse, 60 nom. Pfk., 4 Gesch.: Chacal, Etendard, Fanfare, Gladiateur, Hyène, Jaguar, Léopard, Oriflamme. *Im Bau:* Milan, Vantour, Lutin, Lynx.
Kanonenboote II. Klasse, 50 nom. Pfk., 3 Gesch.: Décidée, Pique, Surprise, Tactique.
Kanonenboote II. Klasse, 40 nom. Pfk., 2 Gesch.: Couleuvre, Diligente, Frélon, Crocodile, Epée, Lionne, Tromblon.
Schraubenschaluppen, 16—10 nom. Pfk., 3—1 Gesch.: Arbalète, Biscaïen, Boutefeu, Epieu, Flambant, Fronde, Guêpe, Javelot, Pertuisane, Bayonnette, Carabine, Caronade, Claymore, Coutelas, Dague, Escopette, Espignole, Estoc, Faulx, Flamberge, Fleuret, Framée, Glaive, Perrier, Rapière, Sabre, Hache, Hellebarde, Harpon, Javeline, Massue, Mousqueton, Sagaïe, Yatagan, Mitrailleuse, Revolver.
Segellinienschiffe: Alexandre, Borda, Inflexible, Loire.
Segelfregatten II. Klasse: Alceste, Nereïde, Sibylle, Virginie.
Segelfregatten III. Klasse: Constitution, Héliopolis, Isis, Andromaque, Resolue.
Briggs: Beaumanoir, Janus, Obligado.
Goeletten: Annexe, Barbillon, Belette, Caledonienne, Canadienne, Emeraude Esmeralde, Evangeline, Gazelle, Levrette, Mésange, Perle, Topaze, Unité.
Transportschiffe: Favorite (600 T.), Provençale (600 T.), Touvre (100 T.), Caledonienne (60 T.).
Servitutsschiffe: 22 Schraubendampfer mit 640 Pfk.; 13 Raddampfer mit 970 Pfk. und 80 Segelschiffe.
Für Fischereiwache: 20 Kutter, 5 Penichen, 2 Schaluppen.
Ausserdem circa 100 Hulks und Schulschiffe.

Flottille.

Schraubenavisos: Actif, Cuvier, Faon mit je 100 Pfk.; Argus, Vigie mit je 50 Pfk.; Marabout, mit 20 Pfk.; Puébla, Favori, Sylphe mit je 10 Pfk.
Radavisos: Averne, Etoile, Archimède, Espadon, Phoque mit je 70 Pfk.; Antilope, Petrel mit je 80 Pfk.; Africain, Arabe mit je 50 Pfk.; Phaëton, Cygne, Serpent mit 'e 35 Pfk.

XVII.[1]

Griechenland.

Panzerschiff ‚Olga‘, 127^{mm} Pzr., 2060 T. D., 350 nom. Pfk., 12 Gesch.
Panzer-Kanonenboot ‚Georgios‘, 177^{mm} Pzr., 1800 T. D., 300 nom. Pfk., II 9″ A. Kasemattschiff mit eingezogenen Bordwänden für Bug- und Heckfeuer, welches durch die Form der Kasematte (sechseckig) und die schiefe Lage der Stückpforten ermöglicht ist; Sporn.
Schrauben-Korvette ‚Hellas‘; Blokadebrecher ‚Amphitrite‘ (Jacht), ‚Kreta‘, ‚Enosis‘; Kanonenboot ‚Parallos‘, 380 T. D., 60 Pfk. und sechs weitere kleine Schrauben-Kanonenboote; 20 Penichen, Kutter etc. für Hafenwach- und Stationsdienste.

XVIII.
Holland.

Gattung	Name	Pzr.	T. D.	nom. Pfk.	Bestückung	F. G.	Mat.	Stp.	Anmerkung
Panzer-Widder	Koning der Nederlanden	—		600	IV 28^{cm} K.	—	E.	1874	ZS. 2 Drehth.
	Prins Hendrik d. Nederl.	114	2096	400	IV 9''A.; IV 12^{cm} K.	12·5	"	1866	ZS. 2 "
	Stier	152	2189	400	II 9'' A.	12·3	"	1868	ZS. 1 Drehth.
	Schorpioen	152	2187	400	II 9'' A.	12·8	"	1868	ZS. 1 "
	Buffel	152	2190	400	II 9'' A.; IV 30 gl.	12·7	"	1868	ZS. 1 "
	Guinea	152	2190	400	II 9'' A.; IV 30 gl.	12·7	"	1870	ZS. 1 "
Ramm-Monitor	Draak	—	—	160	II 28^{cm} K.	—	"	1876	ZS. 1 "
	Hyaena	114	1400	140	II 9'' A.	9·0	"	1870	ZS. 1 "
	Panter	114	1400	140	II 9'' A.	9·0	"	1870	ZS. 1 "
	Haai	114	1400	140	II 9'' A.	9·0	"	1871	ZS. 1 "
	Wesp	114	1400	140	II 9'' A.	9·0	"	1871	ZS. 1 "
	Adder	114	1400	140	II 9'' A.	9·0	"	1871	ZS. 1 "
	Luipaard	—	—	140	I 28^{cm} K.	—	"	1876	ZS. 1 "
	Matador	—	—	140	II 28^{cm} K.	—	I. B.		ZS. 1 "
Monitor	Krokodil	139	1600	140	II 9'' A.	9·.	"	1868	ZS. 1 "
	Heiligerlee	139	1600	140	II 9'' A.	9·0	"	1868	ZS. 1 "
	Tijger	139	1600	140	II 9'' A.	9·9	"	1868	ZS. 1 "
	Cerberus	139	1600	140	II 9'' A.	9·0	"	1869	ZS. 1 "
	Bloedhound	139	1600	140	II 9'' A.	9·0	"	1869	ZS. 1 "
Kbt.	Nr. I	114	500	120	II 60 gl.	10·5	"	1863	ZS. Gürtelpzr.
Strom-fähren	Vahalis	114	190	60		5·0	"	1870	ZS. —
	Rhenus	114	190	60	II 12^{cm} K.	—	"	1877	ZS. —
	Isala	114	190	60	II 12^{cm} K.	—	"	1876	ZS. —

,Prins Hendrik der Nederlanden': Sporn; ausgebauchtes Heck; Bordwand bei den Thürmen zum Niederschlagen; Barktakelung; Fock- und Grossmast tripod; die 12^{cm} Geschütze frei auf Deck. Plattform um den Kamin; Thurmpanzer 139mm.

,Stier' und ,Schorpioen': Sporn; der Thurm vorn; Bordwand zum Niederschlagen; das Oberdeck mit Hütten verbaut. Thurmpanzer 203mm. Zwei Signalmasten.

,Buffel' und ,Guinea': Wie vorbenannte, nur werden auf dem nicht verbauten Deck die vier leichten Geschütze geführt.

Ramm-Monitore und *Monitore* unterscheiden sich nur durch die Bugform, welche bei den Monitoren ein einfacher, gerader Steven ist. Das Deck ganz verbaut; keine Deckbordwand, nur Geländer. Zwei Signalmasten.

Gattung	Name	Grdss. Kl.	nom. Pfk.	Gesch.	Mat.	Stp.
Schr.-Freg. / Schraubenschiffe	Evertsen	—	400	51	H.	1857
	Atjeh	1	450	6	Ehb.	1876
	Tromp	1	450	6		I. B.
	De Ruijter	1	450	6	"	I. B.
	Zilveren Kruis	1	280	12	H.	1869
	Van Galen	1	250	12	"	1872
	Leeuwarden	1	250	14	"	1861
	Metalen Kruis	1	250	16	"	1862
	Curaçao	1	250	14	"	1863
	Citad v. Antwerpen	2	250	13	"	1857

Indische Marine:

Gattung	Name	Grdss. Kl.	nom. Pfk.	Gesch.	Mat.	Stp.
Raddampfer	Soerabaya	2	220	2	H.	1867
	Merapi	2	220	6	E.	1874
	Bromo	2	200	6	"	1874
	Sumatra	3	200	4	"	1867
	Borneo	3	200	4	"	1867
	Banca	3	200	4	"	1867
	Timor	3	200	4	"	1867
	Oenarang	4	100	4	"	I. B.
	Soembing	4	100	4	"	I. B.
	Sindoro	4	100	4	"	I. B.
	Onrust	4	80	3	"	1861
	Salak	4	80	4	"	1874
	Adm.v.Kingsbergen	4	70	1	"	1852
Schr.-Schiffe	Bali	4	100	10	H.	1856
	Aart v. Nes	4	80	6	"	1863

Gattung	Name	Grdss. Kl.	nom. Pfk.	Gesch.	Mat.	Stp.
Schraubenschiffe	Watergeus	2	280	6	H.	1864
	Marnix	2	280	6	"	1867
	Alkmaar	3	140	3	Komp.	1874
	Prinses Maria	3	119	7	H.	1862
	Cornelis Dirks	3	119	6	"	1859
	Kijkduin	4	80	6	"	1863
	Aruba	4	90	3	Komp.	1873
	Suriname	4	90	4	Ehb.	I. B.
	Bonaire	4	90	4	"	I. B.
Raddpfr.	Valk	4	90	4	H.	1864

Indische Marine:

Gattung	Name	Grdss. Kl.	nom. Pfk.	Gesch.	Mat.	Stp.
Schraubenschiffe	Schouwen	4	80	6	H.	1863
	Bommelerward	4	80	6	"	1862
	Riouw	4	80	3	Komp.	1872
	Banda	4	80	3	"	1872
	Amboina	4	80	3	"	1873
	Deli	4	80	3	"	1873
	Sambas	4	90	3	"	1874
	Pontianak	4	90	3	"	1873
	Bandjermassing	4	90	3	"	1874
	Palembang	4	90	3	"	1874
	Samarang	4	90	3	Ehb.	I. B.
	Batavia	4	90	3	"	I. B.
	Makassar	4	90	3	"	I. B.
Aufn.-Sch.	Hydrograaf	4	80	—	Komp.	1873

Kanonenboote der Staunchklasse, 150 T. D., 30 nom. Pfk., I 9″ A., *Zwillingsschrauben, Eisen:* Hijdra, Ever, Dog, Havik, Gier, Raaf, Brak, Lynx, Vos, Fret, Das, Sperwer, Bewer, Geep. Im Bau: Wodan, Thor, Frejr.
Altart. Kanonenboot, 180 T. D., 40 nom. Pfk., II 12ᶜᵐ K., Stahl: Nr. 3.
Drei Torpedofahrzeuge.
Wach- und Küstenschiffe: Schraubenfregatten: Adolf Hertog van Nassau und Anna Paulowna; Schraubenschiff IV. Klasse: Amstel; Segellinienschiff: Kortenaer; Segelfregatte: Prins van Oranje; Segelkorvette: Prins Maurits der Nederlanden; Kanonenboote: Nr. 18 und 35.
Ausserdem 13 Hulks als Schul- und Exercirschiffe.
In Indien: Fregatte Zeeland, Korvetten Van Speijk und Gedeh und Kanonenboot Nr. 14 als Wachschiffe.

XIX.
Italien.

Gattung	Name	Pzr.	T. D.	Pfk. nom.	Pfk. eff.	Bestückung	Mit.	F. G.	Mat.	Stp.	Anmerkung
Panzer-Thurm-schiffe	Dandolo	550	10600	1250	7500	{IV 17″A.(100T.); IV 12ᶜᵐ I. }	4	—	E.	I. B.	{ZS. Centralkastell und 2 Thürme}
	Duilio	550	10600	1250	7500	{IV 17″A.(100T.); IV 12ᶜᵐ I. }	4	—	„	1876	{ZS. Centralkastell und 2 Thürme}
	Stella d'Italia . .	—	13700	1200	—	—	—	—	—	I. B.	—
	Lepanto	—	13700	1200	—	—	—	—	—	I. B.	—
Panzer-Widder	Affondatore . . .	127	4070	700	3200	II 9″ A.	4	13·0	„	1865	{Gürtel unter d. Wasserlinie und 2 Thürme}
Panzersch. mit Central-Batterie	Principe Amadeo	220	5780	900	3200	I 11″ A.; VI 10″ A.	4	12·2	H.	1872	{Gürtel, dopp. Bug und einfache Heckkasem.}
	Palestro	220	5780	900	3500	I 11″ A.; VI 10″ A.	4	12·9	„	1873	Wie vorstehend
	Venezia	150	5700	900	4000	VIII 10″ A.; I 9″ A.	4	13·0	„	1871	{Gürtel, Kasematte, einfaches Heckreduit}
Panzer-schiffe mit voller Batterie	Roma	120	5700	900	3600	XI 10″ A.	4	13·0	„	1869	{Ganz gepanzert, Bugreduit}
	Ancona	120	4250	700	3000	IX 8″ A.; II 9″ A.	4	13·0	E.	1863	{Gürt., Batt. mittschiffs, Bug- und Heckreduit}
	Regina Maria Pia	120	4250	700	2780	IX 8″ A.; II 9″ A.	4	13·1	„	1864	Wie vorstehend
	Castelfidardo . .	120	4250	700	3200	IX 8″ A.; II 9″ A.	4	13·5	„	1865	„ „
	San Martino . . .	120	4250	700	3000	IX 8″ A.; II 9″ A.	4	12·5	„	1863	„ „
	Conte Verde . .	114	3932	600	2000	VI 9″ A.; I 8″ A.	4	8·0	„	1861	{Gürt., Batt. mittschiffs, Bugreduit}
	Terribile . . .	114	2700	400	1800	VIII 8″ A.	2	12·0	„	1862	Ganz gepanzert
	Formidabile . . .	114	2700	400	1800	VIII 8″ A.	2	12·0	„	1862	„ „
Panzer-Kanonenb.	Varese	114	2000	300	1000	IV 8″ A.; I 16ᶜᵐ I.	2	9·0	„	1862	ZS. Gürtel und Kasematte

‚Dandolo' und ‚Duilio': Schiffe mit Centralkastell, vollkommen Typ ‚Inflexible'; Sporn; Signalmasten; vorn Lancirapparat für Whitehead-Torpedos; achter Tunnel für Dampfbarkasse und Streuapparat für kleine Minen.
‚Affondatore': Zwei Kuppelthürme und ein Kommandothurm. Bei den Thürmen Bordwand zum Niederschlagen. Sporn; Signalmasten.
‚Principe Amadeo' und ‚Palestro': Bordwand vom Bug und Heck stark eingezogen. Sporn; Bug unter dem Bugspriet ziemlich weit und nahezu horizontal eingezogen. Einfallendes Heck.
‚Venezia': Bordwand vor und achter der Kasematte eingezogen. Jagdschuss aus dem Bugreduit; Rambug, ähnlich dem des ‚Palestro', doch weniger ausgesprochene Abdachung unter dem Bugspriet.
‚Roma': Volle Batterie und Jagdschuss aus dem Bugreduit; Rammbug.
‚Ancona': ‚Regina Maria Pia', ‚Castelfidardo', ‚San Martino': Sehr weit hervortretender Rammbug. Takelung als dreimastiger Schuner. Ruderstamm über Wasser sichtbar.
‚Conte Verde' ähnlich wie ‚Ancona' etc., aber weniger Stückpforten (8).
‚Terribile' und ‚Formidabile': Ganz im Buge eingezogene Bordwand und Stückpforte für Jagdschuss; Sporn an der Wasserlinie.
‚Varese': Vor und hinter der Kasematte eingezogene Bordwände. Im Vorsteven eine Stückpforte für das Jagdgeschütz; Rammbug.

Gattung	Name	T. D.	nom. Pfk.	Gesch.	Mit.	Gattung	Name	T. D.	nom. Pfk.	Gesch.	Mit.
Schrauben-Fregatten	Maria Adelaide .	3459	600	22	4	Schrauben-Transportdampfer	Città di Napoli .	3733	500	8	2
	Vittorio Emanuele	3415	500	22	2		Città di Genova .	3733	500	4	2
Schrauben-Korvetten	Garibaldi	3444	450	8	2		Europa	2300	220	2	2
	Vettor Pisani . .	1578	300	14	1		Conte Cavour . .	1870	300	2	2
	Caracciolo . . .	1578	300	6	1		Dora	1100	220	2	—
	Cristoforo Colombo	2290	500	5	2		Washington . . .	1400	250	2	—
Schrauben-Avisos	Staffetta	1511	300	1	2	Rad-Transportdampfer	Authion	500	130	2	1
	Rapido	1450	320	1	2		Gariglian? . . .	330	120	2	2
	Vedetta	792	200	2	2		Sirena	354	120	2	1
	MarcantonioColonna	660	280	—	I.B.		Sesia	354	120	2	1
	Agostino Barbarigo	660	280	—	I.B.	Schrauben-Transportdampfer	Calatafimi	269	80	—	—
Schrauben-Kanonenboote	Scilla	1050	160	4	2		Cisterna	260	60	—	—
	Cariddi	1050	160	4	2		Verde	375	70	—	—
	Sentinella . . .	265	60	1	1		Pagano	375	70	—	—
	Guardiano . . .	265	60	1	1		Gorgona	192	50	—	—
	Veloce	274	40	4	—		Ischia	192	50	—	—
	Ardita	274	40	4	—	Lokal-Schraubendampfer	Tino	192	50	—	—
	Confienza . . .	262	60	4	—		Tremiti	192	50	—	—
Rad-Dampfkorvetten	Governolo . . .	1700	450	8	1		Marittimo	192	50	—	—
	Ettore Fieramosca	1400	300	6	1		Mestre	137	90	—	—
	Archimede . . .	1300	300	6	1		Murano	137	90	—	—
	Guiscardo	1400	300	6	1		Baleno	195	70	—	—
Rad-Avisos	Esploratore . . .	1080	350	2	2	Lokal-Raddampfer	Rondine	158	60	—	—
	Messaggere . . .	1080	350	2	2		Luni	151	40	—	—
Torpedoboote	Pietro Micca . .	520	230	—	—		Laguna	130	40	—	—
	SebastianoVeniero	520	230	—	—		San Paolo . . .	84	20	—	—
	Andr. Provano .	520	230	—	—						

XX.
Oesterreich-Ungarn.

Gattung	Name	Pzr.	T. D.	nom. Pfk.	eff. Pfk.	Bestückung	F. G.	Mat.	Stp.	Anmerkung
Panzer-Kasemattschiffe	Tegetthoff	369	7390	1200	7200	VI 28cm K.	14·0	E.	I.B.	Kasematte und Gürtel gepanz.
	Custozza	227	7060	1000	4640	VIII 26cm K.	14·0	„	1872	Doppelkasem. u. Gürt. gepanz.
	Erzh. Albrecht . . .	203	5940	800	4057	VIII 24cm K.	13·5	„	1872	„ „ „ „
	Lissa	158	6080	1000	3663	XII 24cm K.	13·4	H.	1869	Kas., Redait u. Gürt. gepanz.
	Kaiser	158	5810	800	2831	X 9″ A.	12·0	„	1871	„ „ „ „
	Don Juan	203	3550	650	.	VIII 21cm K.	13·5	E.	1875	Kasematte und Gürtel gepanz.
	Kaiser Max . . .	203	3550	650	.	VIII 21cm K.	.	„	1875	„ „ „ „
	Prinz Eugen . . .	203	3550	650	.	VIII 21cm K.	.	„	1877	„ „ „ „
Panzer-Fregatten	Erzh. Ferdinand Max	128	5140	800	2912	XIV 7″ A.	12·5	H.	1865	Ganz gepanzert, Bugreduit
	Habsburg	128	5140	800	2800	XIV 7″ A.	12·5	„	1865	„ „ „
	Salamander . . .	114	3110	500	2060	X 7″ A.	11·7	„	1861	Ganz gepanzert
Donau-Monitore	Maros	46	310	80	320	II 15cm Wf.	8·5	E.	1871	Gürtel u. 4 Drehthurm gepanz.
	Leitha	46	310	80	320	II 15cm Wf.	8·5	„	1871	„ „ 1 „ „

‚Tegetthoff': Bordwand vor und hinter der Kasematte eingezogen. Die Jagdgeschütze feuern aus schiefen Stückpforten; die Stückpforten der übrigen Geschütze sind vertieft; Bug nicht gepanzert; Sporn; in gerader Linie ausfallendes Heck.

‚Custozza' und ‚Albrecht': Zwei ganz gleiche Kasematten übereinander. Bordwand vor denselben parallel zum Kiel und stark eingezogen, achter weniger. Bugfeuer in der Kielrichtung aus vier Geschützen. Ramme; ausfallendes Heck. ‚Custozza' zwei, ‚Albrecht' ein Kamin.

‚Lissa' und ‚Kaiser': Ueber dem vorderen Ende der Kasematte ein ganz geschlossenes Reduit, welches über die Bordwand heraustritt. Vor und hinter demselben die Deckbordwand etwas eingezogen. Rammbug; ausfallendes Heck. ‚Kaiser' sehr volle Bug- und Heckformen.

‚Don Juan', ‚Kaiser Max', ‚Prinz Eugen': Einfache Kasematte; das vorderste Geschütz feuert aus einer schiefen Stückpforte; die Bordwand daselbst nur sehr wenig eingezogen. Rammbug; ausfallendes Heck.

‚Ferdinand Max', ‚Habsburg' und ‚Salamander': Altartige Panzerfregatten mit Rammbug und einfallendem Heck. ‚Salamander' bedeutend kleiner und als Barkschiff getakelt.

‚Maros' und ‚Leitha': Vollkommen freies Deck. Sehr niedrig über Wasser.

Gattung	Name	T. D.	nom. Pfk.	Gesch.	Stp.	Gattung	Name	T. D.	nom. Pfk.	Gesch.	Stp.
Fregatten {	Radetzky . . .	3430	600	15	1872	Kanonen- {	Sansego . . .	350	90	2	1861
	Laudon	3430	600	15	1873	boote {	Möve	370	45	2	1858
Gedeckte	Donau . . .	2440	400	13	1874		Miramar	1830	450	2	1872
Korvetten {	Saïda	2312	400	13	I. B.		Elisabeth . . .	1570	350	5	1854
	Dandolo . . .	1700	230	14	1858		Garghano . . .	1380	270	2	1862
	Friedrich . .	1530	230	14	1857	Raddampfer {	Triest	960	220	2	1851
	Fasana	1970	400	2	1870		Andreas Hofer	850	180	3	1873
Ungedeckte	Helgoland . .	1820	400	5	1867		Taurus	550	150	3	1877
Korvetten {	Zrinyi	1340	230	4	1871		Fiume	440	120	4	1858
	Frundsberg . .	1340	230	4	1872		Triton	180	75	—	1875
	Aurora	1340	230	4	1873	Jachten {	Greif	1350	300	2	1857
	Velebich . . .	900	230	4	1861		Fantasie . . .	330	120	—	1858
	Dalmat	900	230	4	1861	Schr.-Transportsch.	Pola	910	160	2	1870
Kanonen-	Hum	900	230	4	1861	Werkstättenschiff	Kyklop	2150	250	2	1871
boote	Reka	650	130	4	I. B.		Grille	360	90	2	1861
	Nautilus . . .	570	90	2	1873	Tender {	Gemse	360	90	2	1861
	Albatross . . .	570	90	2	1873		Alnoch	180	40	—	1854
	Kerka	540	90	2	1860		Thurn Taxis . .	120	40	—	1861
	Narenta . . .	540	90	2	1860		Gorzkowski . .	40	16	—	1854

Schulschiffe: Fregatten: Adria, Schwarzenberg; Kanonenboot Seehund.
Segelschiffe: Fregatte Bellona; Korvette Minerva; Briggs: Arthemisia, Bravo; Schuner: Arethusa, Chamäleon. — 9 Hulks.

XXI.
Peru.

Gattung	Name	Pzr.	T. G.	Pfk.	Bestückung	F. G.	Mat.	Stp.	Anmerkung
Panzerschiff	Independencia	114	2000	550	XII 6", II 7" W.	.	E.	1865	Gürtel und Batterie
Monitore {	Atahualpa . .	114	1000	300	II 9" W.; II 40 gl.	10·5	„	1865	Gürtel und 1 Thurm
	Mancocapac .	114	1100	300	II 9" W.; II 40 gl.	12·2	„	1865	„ „ 1 „
	Huascar . . .	132	—	—	II 9" W.; II 40 gl.	—	„	—	„ „ 1 „
Batterien {	Victoria . . .	—	—	—	—	—	„	—	„ „ 1 „
	Loa	—	—	—	—	—	„	—	„ „ 1 „

Schraubenfregatten: Apurimac und Amazonas; Schraubenkorvetten: Union und America; Raddampfer: Lerzundi, Chalaco, Duque de Guisa, Iquique.

XXII.
Portugal.

Panzerschiff ‚Vasco de Gama', Pzr. 229; T. D. 2479; 3625 eff. Pfk.; Bestückung II 26cm K., II 15cm, II 40 A.; F. G. 13·5; Mat. Eisen; Stp. 1876. Ein achteckiger Thurm, in welchem die zwei schweren Geschütze installirt sind; die übrigen Geschütze auf Deck.

Gattung	Name	T. D.	nom. Pfk.	Gesch.	Stp.	Gattung	Name	T. D.	nom. Pfk.	Gesch.	Stp.
Schrauben-Korvetten	Estephania	1476	400	19	1859	Schrauben-Kanonen-boote	Zarco	369	80	5	1865
	Bartholomeu Dias .	1243	400	17	1858		Tejo	369	100	2	1869
	Rainha de Portugal	1020	150	8	1876		Douro	369	100	2	1873
	Mindello	1020	150	8	1876		Quanza	—	—		I. B.
	Duque de Terceira	848	220	5	1864		Rio Minho	239	60	1	1864
	Sagres	814	300	4	1858		Camões	80	30	2	1865
	Inf. D. Henrique .	848	200	10	1869	Dampfer	Argus	289	70	2	1853
	Sa de Bandeira ..	848	200	13	1862		Quelimane ...	286	40	1	1868
	Inf. D. João ...	648	150	6	1863		Tete	111	35	1	1871
	Duque de Palmella	648	150	6	1864		Sena	111	35	1	1871
Schrauben-Kanonen-boote	Rio Lima	539	80	5	1875	Transport-schiffe	India	1201	160	2	1871
	Tamega	539	80	5	1876		Africa	1400	—	2	1875
	Sado	539	80	5	1876						

Ausserdem an Segelschiffen: Fregatte D. Fernando; Transportschiff Martinho de Mello; Peate Algarve und Kutter Ligeiro.

XXIII.

Russland

Gattung	Name	Pzr.	T. D.	Pfk. nom.	Pfk. eff.	Bestückung	F. G.	Mat.	Stp.	Anmerkung
Panzersch. m.voll.Batt.	Sewastopol ...	114	6275	800	3088	XVIII 8″ O.	13·9	H	1863	Ganz gepanzert
	Petropawlowsk .	114	6175	800	2808	XX 8″O; IV 60 gl.	11·8	„	1865	Gürtel u. Batt. gepanz.
Panzerschiff m.Centralb.	Knjaz Požarski .	114	4506	600	2835	X 8″ O.	10·6	E.	1867	Gürtel u. Kas. gepanz.
Gepanzerte Kreuzer	General - Admiral	152	4511	900	6300	IV 8″, II 6″ O.	—	„	1873	Gürtel u. Geschützstände
	Herz. v. Edinburgh	152	4511	900	6300	IV 8″, II 6″ O.	—	„	1875	„ „ „
?	Minin	203	5740	800	—	IV 11″	—		I. B.	
Panzer-Batt.	Perwenec	114	3277	300	800	XIV 8″ O.	10·0	„	1863	Ganz gepanzert
	Netron-menja ..	114	3370	450	1140	XVI 8″O; I 60 gl.	8·0	„	1864	„ „
	Kreml......	152	3412	360	913	XII 8″, V 6″ O.	9·0	„	1864	„ „
Panzer-Thurm-schiffe	Peter Weliki ..	356+76	9665	1400	7000	IV 12″ O.	13·2	„	1872	2 Th. u. Brustw. gepanz.
	Admiral Lazarew	114+25	3754	400	2004	VI 9″ O.	10·4	„	1867	3 Thürme
	Admiral Greigh .	114+25	3841	400	2031	III 11″ O.	10·0	„	1868	3 „
	Admiral Čičagow	152	3693	400	2060	II 11″ O.	10·9	„	1868	2 „
	Admiral Spiridow	152	3744	400	2007	II 11″ O.	10·7	„	1868	2 „
Popowka	Vice-Adm. Popow	406	3550	320	—	II 11″ O.	8·3	„	1875	4 Barb.-Th., 4 Schraub.
	Nowgorod ...	227	2491	480	—	II 11″ O.	6·5	„	1873	4 „ 6 „
2thürm. Monit.	Čarodiejka ...	114	1981	200	786	IV 9″ O.	8·5	„	1867	ZS. 2 Thürme
	Rusalka	114	1948	200	705	IV 9″ O.	9·0	„	1867	ZS. 2 „
	Smerč	114	1543	200	700	II 9″ O.	8·3	„	1864	ZS. 2 „
1thürm. Monit.	Strjelec	127	1431	160	444	II 9″ O.	6·0	„	1864	1 Thurm
	Jedinorog	127	1431	160	460	II 9″ O.	6·5	„	1864	1 „
	Latnik	127	1608	160	490	II 9″ O.	6·5	„	1864	1 „
	Bronenosec ...	127	1524	160	481	II 9″ O.	7·7	„	1864	1 „
	Uragan	127	1415	160	453	II 9″ O.	7·0	„	1864	1 „
	Tifon	127	1405	160	444	II 9″ O.	7·5	„	1864	1 „
	Lawa	127	1490	160	335	II 9″ O.	7·2	„	1864	1 „
	Perun	127	1549	160	338	II 9″ O.	6·5	„	1864	1 „
	Wješčun	127	1549	160	529	II 9″ O.	6·7	„	1864	1 „
	Koldun	127	1420	160	481	II 9″ O.	8·3	„	1864	1 „

‚Sewastopol': Staffelförmiger Bug; Sporn. Einfallendes Heck. Ruderstamm über Wasser sichtbar.
‚Petropawlowsk': Sporn; einfallendes Heck. Kein Jagdschuss.
‚Knjaz Požarski': Einfache Kasematte; wenig eingezogene Bordwände vor und hinter derselben; Sporn; gerade abfallendes Heck.

‚General-Admiral' und ‚Herzog von Edinburgh': Geschütze auf Deck in über die Bordwand heraustretenden Halbthürmen; Bug- und Heckgeschütz. Schraube zum Heissen.

‚Perwenec': Bug und Heck nahezu ganz gleich geformt (stark zurücktretender Schwanenhals). Bordwände von der Wasserlinie an einfallend. Als Dreimast-Schuner getakelt.

‚Netron-menja': Rammbug. Das Heck tritt senkrecht aus dem Wasser und ist dann im Viertelkreisbogen (hohl) eingezogen. Bordwände an der Wasserlinie senkrecht, dann unter 45° geneigt.

‚Kreml': Rammbug; senkrechtes Heck. Die an Bug und Heck eingezogenen Bordwände gestatten direktes Feuer in der Kielrichtung.

‚Popow' und ‚Nowgorod': Die zwei Geschütze mit einander verbunden (in der Schildzapfenachse).

‚Peter Weliki': Die Brustwehr an den Seiten bildet die Verlängerung der Bordwand; vorn und achter spitz zulaufend. Wetterdeck über den Thürmen.

Die Monitore haben an den Thürmen elfzölligen Panzer.

Gattung	Name	T. D.	nom. Pfk.	Gesch.	Stp.	Gattung	Name	T. D.	nom. Pfk.	Gesch.	Stp.
A. Ostsee.											
Linienschiff	Retwizan	3823	500	—	1855						
Fregatte	Swietlana	3203	450	18	1858	**B. Schwarzes Meer.**					
Korvetten	Askjold	2402	360	14	1863						
	Witjaz	2248	360	9	1862						
	Bohatyr	2155	360	10	1860						
	Warjat	2144	360	18	1862		Wojin	1828	250	11	1858
	Bajan	1997	300	10	1857	Korvetten	Sokol	1016	220	11	1859
	Wojewoda	889	160	6	1856		Lwica	890	160	10	1865
	Bojarin	889	160	6	1856		Pamiat Merkurja	890	160	12	1865
	Griden	871	160	11	1856		Turok	425	200	2	1869
	Almaz	1821	350	6	1861	Rad-dampfer	Taman	505	180	2	1869
	Izumrud	1807	350	7	1862		Elborus	443	70	4	1854
	Žemčug	1725	350	7	1861		Jeriklik	1145	180	2	1866
	Jachont	1585	350	7	1862	Jacht	Liwadja	1964	460	4	1871
Klipper	Kreuzer	1334	250	8	1875		Bombory	760	90	2	1852
	Džigit	1334	250	8	1876		Ingul	749	90	2	1872
	Rasbojnik	1334	250	3	I. B.		Gonec	745	80	.	I. B.
	Najezdnik	1334	250	3	I. B.		Redutkale	562	70	2	1854
	Hajdamak	1204	250	8	1860		Kazbek	764	260	4	1851
	Wsadnik	1069	300	8	1860	Schuner	Don	360	50	2	1856
	Olaf	1796	400	6	1852		Salgir	360	50	2	1857
	Smielij	1784	400	6	1858		Psezuape	339	60	2	1857
Rad-dampfer	Rurik	1661	300	3	1870		Pitzunda	335	60	3	1857
	Chrabrij	1450	300	6	1858		Kelasury	306	60	4	1859
	Wladimir	1215	350	2	1845		Souk-su	306	60	4	1859
	Wolga	500	200	—	1858		Taubse	298	60	3	1858
	Dniepr	500	200	—	1858						
	Deržawa	3113	720	6	1871						
	Sztandard	895	400	4	1858						
Jachten	Carewna	734	130	4	1874						
	Aleksandrja	228	140	—	1851	**C. Sibirien.**					
	Strjelna	176	75	—	1857						
	Slavjanka	182	40	—	1874						
	Golubka	14	9	—	1872						
Transport-schiffe	Krasnaja gorka	631	80	2	1861	Klipper	Abrek	1069	300	7	1860
	Artlesčik	607	70	—	1858		Jermak	706	60	2	1870
	Bakan	290	40	—	1857	Schuner	Tunguz	706	60	4	1870
	Kompas	290	40	—	1859		Aleut	284	40	2	1862
Schuner	Sekstan	290	40	—	1859		Wostok	210	40	2	1852
	Straž	234	70	1	1874	Transport-schiffe	Japonec	1472	300	2	1858
	Casowoj	234	70	1	1874		Mandžur	816	150	2	1858
	Zorkaja	80	40	1	1874	Rad-dampfer	Amerika	555	140	.	1856
Minenschiff	Wzriw	—	—	—	I. B.						

Kanonenboote. *A. Ostsee:* *215 T. D., 60—70 nom. Pfk., 3 Gesch., Holz:* Zabijaka, Osetr, Bujan, Grom, Rosa, Kopčik, Molnija, Tolčeja, Chwat, Lichacz, Korszun. — *280 T. D., 70 Pfk., 1 Gesch., Comp.:* Opit, Jorsch.

C. Sibirien: *450 T. D., 80 Pfk., 1 Gesch., Holz:* Morž, Gornostaj, Sobol, Nerpa.

Flussdampfer. *A. Ostsee:* Ladoga, Peterburg, Jastreb, Onega, Ilmen, Newka, Rabotnik, Ižora, Newa, Koldunczyk, Razsilnij, Wiestowoi, W. kn. Wladimir, W. kn. Aleksij; ferner 18 Dampfbarkassen von 5—33 Pfk.

B. Schwarzes Meer: Inkerman, Sulin, Prut.

C. Sibirien: Amur, Suifun und 3 Dampfbarkassen.

Segelschiffe. *A.* O s t s e e: Korvette Giljak; Jachten: Cor. Wiktorja (257), Niksa (131), Zabawa (171), Kostja (76), Botik Uwalen (70), Kadet (77), Miroliubiwaja (25), Malaja (12), Imprenable (139), Gorlica (92), Maliutka (49), Julia (25), Hollandbuer (27).
B. S c h w a r z e s M e e r: Schuner Bug, Berezan.
C. S i b i r i e n: Schuner Farwater; Kutter Kuegda.

D. Flottille am kaspischen See.

Kanonenboote: Tjolen, Siekira, Piščal.
Raddampfer: Nasr-Eddin-Shah, Krasnowodski, Derbent, Ural, Kura, Baku, Arax.
Schraubenschuner: Persjanin, Chiwenec.
Segelschuner: Czajka, Martiszka, Baklan, Nirok, Gagara, Czapla, Jersch, Karas.

E. Aralsee.

Dampfer: Perowskij, Aral, Sir Darja, Samarkand, Taschkent.
Schuner: Samojed, Poljarnaja Zwiezda.

XXIV.
Schweden und Norwegen.

Gattung	Name	Pzr.[1]	Pzr.[2]	T. D.	nom. Pfk.	Bestückung	F. G.	Mat.	Anmerkung
Monitore	JohnEricsson(S.)	126	270	1560	150	II 15'' Rd.	7·0	E.	1 Fixthurm, elliptisch
	Thordoen . (S.)	126	270	1560	150	II 10'' Fins	7·5	„	1 „ „
	Tyrfing . . (S.)	126	270	1560	150	II 10'' Fins	7·5	„	1 „ „
	Loke . . . (S.)	126	450	1600	150	II 10'' Fins	8·0	„	1 „ „
	Mjölner . . (N.)	120	—	1566	150	II 9'' A.	8·5	„	1 Drehtburm
	Scorpionem (N.)	120	—	1447	150	II 9'' A.	7·5	„	1 „
	Thor . . . (N.)	179	—	1600	150	II 9'' A.	8·5	„	1 „
	Thrudvang (N.)	120	—	1566	150	II 9'' A.	8 0	„	1 „
	— (N.)	—	—	—	150	—	—	„	1 „
	— (N.)	—	—	—	150	—	—	„	1 „
Kanonen-boote	Garmer . . (S.)	39	150	240	30	I 11'' gl.	5·5	„	1 Kuppel
	Fenris . . (S.)	39	270	300	30	I 10'' Fins	6·0	„	1 Fixthurm
	Sköld . . . (S.)	39	220	280	30	I 10'' Fins	3·7	„	1 „
	Gerda . . . (S.)	64	360	470	50	I 10'' Fins	8·0	„	1 „
	Hildur . . (S.)	64	360	470	50	I 10'' Fins	8·0	„	1 „
	Björn . . . (S.)	64	360	470	50	I 10'' Fins	8·0	„	1 „
	Berserk . . (S.)	64	360	470	50	I 10'' Fins	8·0	„	1 Fixthurm, 2 Steuerruder
	Ulf . . . . (S.)	64	360	470	50	I 10'' Fins	8·0	„	1 Fixthurm
	Sölve . . . (S.)	64	360	470	50	I 10'' Fins	8·0	„	1 Fixthurm, 2 Steuerruder
	Folke . . . (S.)	64	360	470	50	I 10'' Fins	8·0	„	1 Fixthurm, Gesch. kann nach achtern gerichtet werden; 2 Steuerruder

[1]) Pzr. ist der Panzer an der Wasserlinie.
[2]) Pzr. ist der stärkste Panzer an den Thurmfronten.

Gattung	Name	T. D.	nom. Pfk.	Gesch.	Gattung	Name	T. D.	nom. Pfk.	Gesch.
Linienschiff	Stockholm . (S.)	2850	160	66	Korvetten	Nidaros . . (N.)	1700	200	—
Fregatten	Vanadis . . (S.)	2130	400	16		Nordstjernen (N.)	1550	250	—
	Kong-Sverre (N.)	3630	500	—		Nornen . . (N.)	1550	250	—
	Saint Olaf (N.)	2100	400	—	Kanonen-boote	Blenda . (S.)	600	160	2
Korvetten	Balder . (S)	1760	500	6		Disa . . . (S.)	600	160	2
	Gefle . . . (S)	1280	300	8		Urd . . . . (S.)	536	160	2
	Thor . . . (S.)	1530	—	5		Verdande . (S.)	536	160	2
	Saga . . . (S.)	1510	210	8		Skuld . . . (S.)	536	160	2

A u s s e r d e m S c h w e d e n: Kanonenschaluppen Svenksund, Hogland, Ingegerd, Gunhild, Motala, Aslög, Astrid, Sigrid, Carlsund und Alfhild mit je einem leichten Geschütze, 60 nom. Pfk. und 180—200 T. D.; Minenschiff Ran; Transportdampfer Valkyrian; Stationsschiff Sköldmön; Segel-Linienschiff Skandinavien; Segelfregatte Eugenie; Segelkorvetten Josephine, Norrköping, af Chapman, Lagerbjelke; Briggs Nordenskjöld, Snappopp, af Wirsén, Skirner, Falken; Lastbrigg Gladan.
N o r w e g e n: Vier Schrauben-Kanonenboote (24 K.), vier Schraubenschaluppen (4 K.), zwei Radschleppdampfer, eine Segelfregatte und vier Schuner.

XXV.

Spanien.

Gattung	Name	Pzr.	T. D.	Pfk. nom.	Pfk. eff.	Bestückung	F. G.	Mat.	Stp.	Anmerkung
Panzer-	Vitoria . . .	139	7100	1000	—	IV 9″ A.; III 8″ A.; XII 16ᶜᵐ Sp.	12·5	E.	1867	Ganz gepanzert
schiffe	Numancia . .	127	7200	1000	3700	IV 10″A.; III 8″ A.; XVI 16ᶜᵐ Sp.	12·3	„	1864	„ „
mit voller	Arapiles . .	127	5700	800	—	II 10″ A.; II 8″ A.; X 16ᶜᵐ Sp.	12·0	H.	1868	„ „
Batterie	Zaragoza . .	120	5400	800	—	IV 9″ R.; III 18ᶜᵐ, XII 16ᶜᵐ Sp.	10·9	„	1867	„ „
	Mendez Nuñez	114	3250	500	—	IV 9″ R.; II 8″ R.	6·5	„	1861	„ „
Panzer-	Sagunto . .	150	6300	1000	—	II 10″ A.; V 8″ A.; X 16ᶜᵐ Sp.	—	„	I. B.	
schiffemit	Castilla . . .	220	3650	—	2600	—	—	„	I. B.	Gürtel, Batterie
Central-	Aragon . . .	220	3650	—	2600	—	—	„	I. B.	
Batterie	Navarra . . .	220	3650	—	2600	—	—	„	I. B.	
Fluss-Monitor	Puigcerdá . .	101	520	80	260	I 16ᶜᵐ, II 12ᶜᵐ Sp.	8·0	E.	1874	ZS. 2 Fixthürme
Panzer-Batterie	Duc de Tetuan	101	600	80	—	IV 12ᶜᵐ, I 15ᶜᵐ Sp.	6·0	H.	1874	ZS. Ganz gepzt.

Bemerkenswerthes.

‚Vitoria‘: Ungeschütztes Steuer; Rammbug; grosse Anzahl Pforten.
‚Numancia‘: Ungeschütztes Steuer; Sporn; grosse Anzahl Pforten.
‚Sagunto‘: Batteriepanzer nur' mitschiffs; Rammbug.
‚Zaragoza‘ ebenfalls.
    Die vier vorerwähnten Schiffe führen auf Deck ein ungeschütztes Jagdgeschütz und auf jeder Bordseite je ein Geschütz hinter Panzerschutz.

Gattung	Name	nom. Pfk.	Gesch.	Stp.	Gattung	Name	nom. Pfk.	Gesch.	Stp.
	Villa de Madrid . . .	800	48	1862		Pizarro	350	6	1851
	Almansa	600	48	1864	Radfregatten	Hernan-Cortés	350	6	1856
	Navas de Tolosa . .	600	48	1865	und	Churruca	400	2	.
Schrauben-	Gerona	600	48	1864	Korvetten	Leon	230	2	1846
Fregatten	Astúrias	360	51	1857		Vulcano	200	6	1846
	Cármen	600	41	1861		Lepanto	200	2	1846
	Lealtad	500	33	1860	Aviso	Fernando el Catolico	150	3	1874
	Concepcion	600	32	1860		Marqués del Duero .	150	3	1874
	Blanca	360	38	1859		Liniers	147	2	1856
	Maria de Molina . .	300	18	I. B.		Vigilante	120	2	1845
	Jorge Juan	300	3	1876		Alerta	120	2	1845
	Sanchez Barcáiztegui	300	3	1876	Rad-	Conde del Venadito .	120	2	1852
Schrauben-	Tornado	300	6	1866	dampfer	D. Juan de Austria .	120	1	1849
schiffe	Consuelo	200	2	1859		Guadalquivir	120	1	1852
II. Kl.	Vencedora	160	3	1861		Bazan	115	2	
	Narvaéz	160	3	1858		Maria	28	1	1869
	Santa Lucia	160	3	1862				T. G.	
	Diana	160	5	1871		San Quintin	300	4300	angel. 1859
	Africa	160	3	1862		San Francisco de Borja	300	4300	
Radfregatten	Ciudad de Cadiz . .	500	16	1850	Schrauben-	Marqués de la Vitoria	160	1200	1855
und	Isabel la Catolica . .	500	16	1850	Transport-	Patiño	160	1200	1857
Korvetten	Colon	350	6	1849	schiffe	Ferrol	120	800	1858
	Blasco de Garay . .	350	6	1846		San Antonio	90	800	1854

Schraubenkanonenboote.

130 Pfk., 3 Geschütze, Stp. 1863—64.
    Guadiana, Sirena, Ligera, Favorita.
100 Pfk., 2 Geschütze, Stp. 1859.
    Santa Filomena, Constancia, Valiente, Animosa.
80 Pfk., 2 Geschütze, Stp. 1856—60.
    Prosperidad, Buenaventura, Caridad, Concordia, Edetana, Céres.

40 Pfk., 1 Geschütz, Stp. 1870.

Activo, Cuba, Española, Argos, Lince, Centinela, Guardian, **Vigia**, **Astuto**, Almendáres, Eco. Destello, Contramaestre, Marinero, Ericsson, Cazador, Cauto, **Gacela**, **Telegrama**, Criollo, Ardid, Indio, Caribe, Alarma, Descubridor, Yumuri, Flecha, Dardo, Pelicano, Cocodrilo, Salamandra, Fradera, Martin, Alvarez.

Schrauben-Flusskanonenboote.

75 Pfk., 2 Geschütze, Stp. 1874.

Somorrostro, Ebro, Bidasoa, Teruel, Nervion, Toledo, Tajo, Arlanza, Turia, Segura, Atrevida, Mindanao.

30 Pfk., 1 Geschütz, Stp. 1866—71.

Calamianes, Paragua, Mindoro, Prueba, Panay, Samar, Filipino.

20 Pfk., 1 Geschütz, Stp. 1865—71.

Bulusar, Joló, Maribeles, Arayak, Pampanga, Bojeador, Albay, Manileño, Caviteno, Callao.

Ausserdem:

Für hydrographische Zwecke die Dampfer Piles und Vad-Ras.

Für Schulzwecke: Segelfregatte Esperanza, Segelkorvetten: Ferrolana und Villa de Bilbao, Brigantin Subic, Segelschuner Isabelita.

Ponton Algeciras.

XXVI.
Türkei.

Gattung	Name	Pzr.	T. G.	Pfk. nom.	Pfk. eff.	Bestückung	F. G.	Mat.	Stp.	Anmerkung
	Messudijeh (Die Glückliche) .	305	5349	1200	7200	XII 10″, III 7″ A.	13·1	E.	1875	Gürtel u. Kasem. gepzt.
	Hamidijeh (Die Löbliche) . .	305	5349	1200	7200	XII 10″, III 7″ A.	14·0	„	1876	„ „ „ „
	Nussratijeh (Die Siegreiche) .	250	4167	800	—	X 9″, II 7″ A.	—	„	I. B.	„ „ „ „
	Assar-i-Tevfik (Zeichen des göttlichen Beistandes) .	200	3143	750	—	VI 9″, II 8″ A.	13·3	„	1868	{Gürtel, Kasematte und {2 Barb.-Thürme gepzt.
Panzerschiffe mit Central-Batterie	Mukademe-i-Chaïr (Vorhut des Glückes)	227	1608	500	2700	IV 9″ A.	13·0	„	1872	Gürtel u. Kasem. gepzt.
	Feth-i-Bulend (Grosse Er-oberung Machende) . .	227	1608	500	3250	IV 9″ A.	13·5	„	1869	„ „ „ „
	Avni-llah (Hilfe Gottes) .	152	1400	400	—	IV 9″ A.	12·5	„	1868	„ „ „ „
	Muin-i-Zafer (Beistand des Sieges)	152	1400	400	—	IV 9″ A.	12·5	„	1868	„ „ „ „
	Idschlalijeh (Die Majestätische)	149	1650	300	—	IV 9″, I 7″ A.	11·0	„	1870	{Gürtel, Kasematte und {1 Barb.-Thurm gepzt.
	Nedschm-i-Schevket (Stern der Macht)	127	1583	350	—	V 9″ A.	11·5	„	1868	{ZS. Gürt., Kasem. und {1 Barb.-Thurm gepzt.
	Assar-i-Schevket (Anzeichen der Macht)	127	1583	350	—	V 9″ A.	11·2	„	1869	{ZS. Gürt., Kasem. und {1 Barb.-Thurm gepzt.
Panzerschiffe mit voller Batterie	Azizijeh (nach Sultan Abdul Aziz benannt)	139	4221	900	—	{XIV 7″ A., I 9″ A.,} {X 36pfd. gl.}	13·5	„	1864	Ganz gepzt.,,Bughalbred.
	Mahmudijeh (nach Sultan Mahmud benannt) . . .	139	4221	900	—	{XIV 7″ A., I 9″ A.,} {X 36pfd. gl.}	12·7	„	1864	„ „ „
	Osmanijeh (nach dem Gründer der Dynastie benannt) .	139	4221	900	—	{XIV 7″ A., I 9″ A.,} {X 36pfd. gl.}	12·0	„	1864	„ „ „
	Orchanijeh (nach Sultan Orchan benannt)	139	4221	900	—	{XIV 7″ A., I 9″ A.,} {X 36pfd. gl.}	12·4	„	1865	„ „ „
Thurmschiffe	Fetzijeh (Die Erfolgreiche) .	355	3491	800	—	IV 12″ A.	—	„	I. B.	—
	Burdsch-i-Zafer (Zeichen des Sieges)	305	3075	600	—	IV 12″ A.	—	„	1876	—
	Peïk-i-Scheref (Bote der Ehre)	305	3075	600	—	IV 12″ A.	—	„	1876	—
	Hüfz-i-Rahman (Schutz des gnädigen Gottes) . .	139	1771	200	—	II 9″, II 7″, I 5″ A.	12·0	„	1868	{2 Drehthürme u.gepzt. {Bughalbreduit
Panzer-Kanonen-boote auf der Donau	Feth-i-Islam (Serbische Stadt Negotin)	80	408	80	290	II 26pfd. A.	8·1	„	1864	Gepanz. Kasem. auf Deck
	Semendire (Ortsname) . .	80	408	80	290	II 26pfd. A.	8·2	„	1864	„ „ „ „
	Ischkodra (Ortsname) . . .	80	408	80	290	II 26pfd. A.	8·3	„	1864	„ „ „ „
	BögrDelen(Der Flankenbrecher)	80	408	80	290	II 26pfd. A.	8·3	„	1864	„ „ „ „
	Podgorizza (Ortsname) . .	80	408	80	290	II 26pfd. A.	8·0	„	1864	„ „ „ „
Donau-Monitor	Hizber (Der Löwe)	79	512	100	400	II 12cm K.	7·0	„	1875	1 Drehthurm

‚Messudijeh', ‚Hamidijeh': Einfallendes Heck; Sporn; eingezogene Bordwände vor und achter der Kasematte. Ein Kommandothurm an jeder Ecke der Kasematte. Steuerstamm etwas sichtbar. Beide in England gebaut.

‚Assar-i-Tevfik': Rammbug. In der Mitte der Kasematte an jeder Bordseite ein über die Bordwand heraustretender Barbette-Thurm. In Frankreich erbaut.

‚Feth-i-Bulend' und ‚Mukademe-i-Chaïr': Das ganze todte Werk vor und hinter der Kasematte stark eingezogen. Die Geschütze feuern aus Stückpforten, welche in den abgestutzten Ecken der Kasematte angebracht sind. Sporn; wenig ausfallendes Heck; ersteres Brigg-, letzteres Schunertakelung. ‚Feth-i-Bulend' in England, ‚Mukademe-i-Chaïr' in Konstantinopel erbaut.

‚Muin-i-Zafer' und ‚Avni-Ilah': Zwei achteckige überhängende Kasematten sind durch eingezogene Panzerwände so verbunden, dass der Plan der Batterie die Gestalt einer Violine hat. Rammbug; Schunertakelung. Beide in England erbaut.

‚Idschlalijeh': Stark ausfallendes Heck und sehr ausgesprochener Rammbug. Der Barbette-Thurm mittschiffs nahezu in der Mitte der Kasematte; die Bordwand stark einfallend; Briggtakelung. Erbaut in Muggia bei Triest.

‚Nedschm-i-Schevket' und ‚Assar-i-Schevket': Einfallendes Heck; Sporn. Der Barbette-Thurm am achteren Ende der Kasematte; Briggtakelung. Beide in Frankreich erbaut.

‚Azizijeh', ‚Orchanijeh', ‚Mahmudijeh', ‚Osmanijeh': Nahezu senkrecht abfallendes rundes Heck; Steuerstamm sichtbar; Bug nur wenig ausfallend; Sporn; Barktakelung. Sämmtlich in England gebaut.

‚Hüfz-i-Rahman': Der vordere Thurm grösser als der achtere; Sporn; Barktakelung; Tripodmasten. Vorn auf Deck ein gepanzertes Halbreduit, hinter welchem der 40Pfünder installirt ist. Die Thürme werden mit Handkraft gedreht. In Frankreich erbaut.

Die *Kasematt-Kanonenboote* haben die Kasematte ganz frei auf Deck stehend. Die Stückpforten mit Panzerplatten verschliessbar. Viele Schiessscharten in Kasematte und Rumpf. Erbaut in Frankreich.

‚Hizber': Auf Deck achter eine hohe Deckhütte; der Thurm vorn; Sporn; ein Signalmast. Erbaut in Konstantinopel.

Gattung	Name	T. G.	nom. Pfk.	Gesch.	Stp.
	Kossowa (Zum Andenken an die Schlacht bei Kossowa)	3538	800	97	1858
Linienschiffe	Fethijeh (Die Eroberung)	3380	600	97	1855
	Schadijeh (Die Fröhlichkeit)	3380	600	97	1857
	Peïk-i-Zafer (Der Siegesbote)	3120	600	78	1840
	Selimijeh (Nach dem Sultan Selim)	4717	600	55	1865
	Ertogrul (Nach dem Sultan gleichen Namens) . . .	3344	600	41	1863
Fregatten	Chudavendighiar (Name des Distriktes Brussa) . . .	2897	600	41	1860
	Muchbir-i-Surur (Bote der Freude)	1477	450	22	1851
	. . . .	1621	450	9	I. B.
	Libnan (Berg Libanon)	800	150	12	1864
	Mensureh (Stadt in Egypten)	800	150	12	1863
	Muzafer (Der Sieger)	800	150	12	1863
Korvetten	Sinop (Stadt)	800	150	12	1859
	Edirneh (Adrianopel)	800	150	12	1859
	Ismir (Smyrna)	800	150	12	1859
	Brussa (Stadt)	800	150	12	1859
	Rehbéri-Tevfik (Der hilfreiche Führer)	—	—	—	—
	Peïk-i-Meserret (Bote der Freude)	—	—	—	—
	Iskenderijeh (Alexandrien)	609	160	9	1862
	Zohaf (Der Zuave)	609	160	9	1862
Sloops	Merritsch (Fluss Maritza)	609	160	9	1863
	Utharit (Merkur)	609	160	9	1863
	Beirut (Stadt)	609	160	12	1859
	Seddül Bahr (Damm des Meeres)	609	160	12	1859
	Seijar (Die Coursirende)	220	40	4	1865
	Mossul (Stadt)	220	40	4	1865
	Istankiöji (Insel Eos)	203	50	—	1874
	Jali Kiöschk (Ortsname)	195	50	3	1869
	Ainali Kavak (Ortsname)	195	50	3	1869
Kanonenboote	Intibah (Die Wachsamkeit)	258	80	4	1866
	Siver-i-Derja (Schmuck des Meeres)	258	80	4	1866
	Muschde-i-Ressan (Ueberbringer guter Nachrichten)	258	80	4	1866
	Sahir (Der Wächter)	258	80	4	1866
	Schaheddin (Herr des Glaubens)	258	80	4	1866
Jacht	Surreja (Der Planet)	500	160	4	1865
	Izzedin (Ehre des Glaubens)	1075	300	4	1865
Avisos	Ismail (Stadt)	1075	300	4	1865
	Thalia (Die Vorhut)	1075	300	4	1865

Gattung	Name	T. G.	nom. Pfk.	Gesch.	Stp.
Avisos	Fhevaid (Die Nützlichkeit)	1075	300	4	1865
	Candia (Insel)	955	250	6	1863
	Chania (Stadt)	829	180	3	1863
	Pertev-i-Pialeh (Der Lichtstrahl) *	909	350	—	1865
	Rethmo (Stadt)	778	270	3	1869
	Arkadi (Der Akadier)	767	250	6	1867
	Medar-i-Zafer (Die Siegesursache)	1385	314	4	1869
	Esser-i-Nusret (Das Siegesanzeichen)	1385	314	4	1869
Transportdampfer der Kriegsmarine	Schaar-i-Nusret (Zeichen des Sieges)	3029	800	2	1869
	Mevret-i-Nusret (Der Siegesbringer)	3029	800	2	1869
	Sultanijeh (Die Sultanische)	2902	800	4	1861
	Babel (Stadt Babilon)	1733	450	—	1863
	Taïf (Stadt in Nedsched)	1609	450	4	1871
	Assyr (Stadt)	1609	450	4	1865
	Mukademe-i-Nusret (Vorbote des Sieges)	2132	200	—	1875
	Mukademe-i-Scheref. (Vorhut der Ehre)	2132	200	—	1875
	Peïk-i-Mesret (Bote der Freude)	2132	200	—	—
	Rehber-i-Tevfîk (Der Hilfreiche)	2132	200	—	—
	Medschidijeh (Nach Sultan Abdul Medschid benannt)	1490	450	4	1846
	Feiz-i-Bari (Grossmuth des Schöpfers)	1490	450	4	1848
	Esser-i-Dschedid (Neues Werk)	1108	300	6	1841
	Tahir-i-Bahri (Vogel des Meeres)	506	160	4	1838
	Peïk-i-Schevket (Bote der Macht)	465	130	4	1853
	Esser-i-Chaïr (Zeichen des Glückes)	313	100	4	1839
Transportdampfer der Idareï Azizijeh	Kaïsserjeh (Stadt)	1134	150	—	—
	Medari Tevfîk (Mittel des Erfolges)	1043	170	—	1867
	Scheref-Ressan (Ehrebringer)	1043	170	—	1867
	Selanik (Ortsname)	797	105	—	1867
	Djanik (Ortsname)	867	120	—	—
	Batum (Ortsname)	867	120	—	—
	Malakoff (Ortsname)	834	110	—	—
	Vassita-i-Tydscharet (Vermittler des Handels) . . .	861	300	—	—
	Schehper (Die Schwungvolle)	724	280	—	—
	Mudanija (Ortsname)	509	130	—	—
	Persud (Ortsname)	672	280	—	—
	Lutfîjeh (Die Gütige)	542	110	—	—
	Sülhijeh (Die Friedliche)	180	90	—	1868
	Esser-i-Nüzhet (Zeichen des Vergnügens)	193	60	3	1847
	Peïk-i-Tydscharet (Handelsbote)	193	50	8	1845
	Mermere (Marmara-Meer)	153	—	—	1873
	Eregli (Ortsname)	137	—	—	1873
	Rustschuk (Ortsname)	112	—	—	1873
Servituts-Fahrzeuge	Jeni Kapu (Ortsname)	112	25	—	1873
	Dschebali (Ortsname)	112	25	—	1873
	Kabatsch (Ortsname)	112	25	—	1873
	Tophaneh (Ortsname)	112	25	—	1873
	Kassim Pascha (Ortsname)	77	25	—	1873
	Dschetana (Remorqueur)	78	25	—	1858
	Funduklu (Ortsname)	77	25	—	1873
	Oltenitsa (Ortsname)	78	25	—	1858
	Rehber (Konducteur)	40	30	—	1863
	Ismid (Ortsname)	367	100	—	—
	Herbeli (Ortsname)	347	80	—	—
	Hereke (Ortsname)	347	80	—	—
	Medar-i-Fuad (Mittel der Nützlichkeit)	347	80	—	—
	Kadikiöji (Ortsname)	328	120	—	—
	Maltepeh (Ortsname)	328	120	—	—
Lokaldampfer der Idareï Azizijeh	Kartal (Ortsname)	298	100	—	—
	Mossul (Ortsname)	218	100	—	—
	Kandilli (Ortsname)	163	60	—	—
	Pessendideh (Die Löbliche)	193	60	—	—
	Ghemlik (Ortsname)	219	90	—	—
	Büjük-Ada (Ortsname)	175	60	—	—
	Pendik (Ortsname)	—	—	—	—
	Mirghuin (Ortsname)	—	—	—	—

* Sultans-Jacht.

Gattung	Name	T. G.	nom. Pfk.	Gesch.	Stp.
Dampfer am Scutari-See	Syrat (Die Schnelligkeit)	184	60	2	1863
	Suda (Hafen von Canea)	184	60	2	1864
	Bojana (Fluss gleichen Namens)	80	30	2	—
	Bar (Antivari)	—	40	2	—
	Eürgen (Stadt in Anatolien)	—	40	2	—
Donau-Kanonenboote	Schevket Numa (Der Machtentfalter)	200	60	4	1864
	Sünne (Sulina)	200	60	4	1870
	Varna (Stadt)	200	60	4	1869
	Akkia (St. Jean d'Acre)	200	60	4	1869
Donau-Dampfer der Kriegsmarine	Kylidsch Ali (Name eines früheren Admirals) . . .	474	100	2	—
	Chaïreddin (Glück des Glaubens)	474	100	2	—
	Rhodos (Insel)	203	50	—	1874
	Isslahat (Die Reform)	120	—	—	1873
Donau-Dampfer der Idareï-Chaïrijeh	Nuzhetijeh (Die Vergnügliche)	507	145	—	—
	Azizijeh (Nach Sultan Abdul Aziz benannt)	325	120	—	—
	Sofia (Ortsname)	95	35	—	—
	Nisch (Ortsname)	56	25	—	—
	Widdin (Ortsname)	226	100	—	—
	Lom (Ortsname)	100	60	—	—
	Sistow (Ortsname)	97	25	—	—
	Nakl (Der Transport)	220	45	—	—
	Sijareh (Der Planet)	56	18	—	—

Ausserdem die *Segelschiffe:* Fregatte Gueïvanibahry; Korvetten: Ferat, Dschejhun, Adeischi Dehria, Haïdany Bahry, Fera' Numa; Briggs: Nuveïdi Futusch, Kaossi Zafer, Scheref Numa, Hodscha Bey, Lütfijeh, Bagdadi, Hedadschet, Fethi Ali, Salijeh, Nr. 2 und Nr. 4. Ferner: 3 Schuner, 1 Kutter, 17 Pontons.

XXVII.

Vereinigte Staaten von Nord-Amerika.

Gattung	Name	Pzr.	T. G.	Pfk. nom.	Pfk. eff.	Bestückung	Anzah d.Thürme	F. G.	Mat.	Stp.
Monitore der II. Grössen-Kl.	Roanoke	114	2260	250	—	VI 15″ R.	3	6·5	H.	1863
	Colossus	158+206	2127	—	—	IV15″R.; VI 7″P.	2	—	n	—
	Massachusetts . .	158+206	2127	—	—	IV15″R.; VI 7″P.	2	—	n	86
	Oregon	158+206	2127	—	—	IV15″R.; VI 7″P.	2	—	n	—
	Puritan	152+206	1870	—	4500	II 20″ R.	2	12	n	1877
	Dictator	152+206	1750	—	4500	II 15″ R.	1	12	n	1862
Monitore der III. Grössen-Kl.	Miantonomoh . .	305	4570	—	2500	II15″D.; II 200 P.	2	—	E.	1876
	Monadnock . . .	178	5000	800	1625	II 15″D.; II 200 P.	2	—	n	1877
	Terror	152+206	1085	800	—	IV 15″ R.	2	7	H.	1865
	Amphitrite . . .	152+206	874	600	—	IV 15″ R.	2	7	n	1865
Monitore der IV. Grössen-Kl.	Ajax	127+165	550	400	—	II 15″ R.	1	6·8	E.	1864
	Canonicus	127+165	550	400	—	II 15″ R.	1	8	n	1865
	Mahopac	127+165	550	400	—	II 15″ R.	1	8	n	1865
	Manhattan	127+165	550	400	—	II 15″ R.	1	8	n	1865
	Saugus	127+165	550	400	—	II 15″ R.	1	8	n	1864
	Wyandotte	127+165	550	400	—	II 15″ R.	1	8	n	1865
	Camanche	127	496	200	—	I 15″ R.; I 11″ D.	1	8	n	1863
	Catskill	127	496	200	—	I 15″ R.; I 11″ D.	1	8	n	1863
	Jason	127	496	200	—	I 15″ R.; I 11″ D.	1	8	n	1864
	Lehigh	127	496	200	—	I 15″ R.; I 11″ D.	1	8	n	1864
	Montauk	127	496	200	—	I 15″ R.; I 11″ D.	1'	8	n	1864
	Nahant	127	496	200	—	I 15″ R.; I 11″ D.	1	8	n	1863
	Nantucket	127	496	200	—	I 15″ R.; I 11″ D.	1	8	n	1863
	Passaic	127	496	200	—	I 15″ R.; I 11″ D.	1	8	n	1864

Der Panzer dieser Schiffe besteht durchgehends aus 25·4^{mm} starken, übereinander gelegten Eisenblechen. Wo zwei Zahlen in der Rubrik Panzer angegeben sind, ist die zweite die Dicke der langschiffs hinter dem Panzer liegenden Eisenbarren.
Der Thurmpanzer ist durchgehends doppelt so stark wie der Panzer an der Wasserlinie.

Gattung	Name	T. D.	Gesch.	Gattung	Name	T. D.	Gesch.
Schraubenschiffe I. Klasse	Niagara	5440	12		Galena	1840	8
	Franklin . . .	5170	39		Vandalia . . .	1840	8
	Colorado . . .	4700	46		Marion	1840	8
	Minnesota . .	4700	46		Iroquois. . . .	1575	6
	Wabash . . .	4650	45		Kearsage . . .	1550	6
	Connecticut . .	4450	21		Adams	I. B.	6
Schraubenschiffe II. Klasse	Florida	4220	12		Enterprise . .	I. B.	6
	Tennessee . .	4220	23		Essex	I. B.	6
	New-York . .	4070	21		Huron	541 T.G.	6
	Jowa	4000	23		Alert	541 T.G.	4
	Antietam . . .	4000	21	Schraubenschiffe III. Klasse	Alliance . . .	I. B.	4
	Java	4000	21		Ranger	I. B.	4
	Pennsylvania .	4000	21		Wachusett . .	1550	6
	Lancaster . . .	3250	22		Mohican	1550	8
	Congress . . .	3050	16		Tuscarora . . .	1550	6
	Worcester . . .	3050	15		Wyoming . . .	1550	6
	Trenton	3000	11		Narangansett .	1235	5
	Brooklyn . . .	3000	20		Kansas	900	3
	Pensacola . . .	3000	20		Nipsic	900	3
	Hartford . . .	2900	18		Saco	900	3
	Richmond . . .	2700	14		Nyak	900	3
	Alaska	2400	12		Shawmut . . .	900	3
	Benicia	2400	12		Yantic	900	3
	Omaha	2400	12	Schraubenschiffe IV. Klasse	Palos	420	6
	Plymouth . . .	2400	12		Despatch . . .	400	4
	Lackawanna .	2220	10		Powhattan . .	3980	17
	Tigonderoga .	2220	11		Ashuelot . . .	1370	6
	Canandaigua .	2130	10		Monocacy . . .	1370	6
	Monongahela .	2100	11	Raddampfer	Frolic	1300	8
	Shennandoa .	2100	11		Tallapoosa . .	1270	2
Schraubenschiffe III. Klasse	Juniata	1900	8		Gettysburg . .	1100	2
	Ossipee	1900	8		Michigan . . .	685	8
	Quinnebaug . .	1840	8		Wasp	600	1
	Swatara	1840	8				

Ausserdem:

Die Torpedoschiffe: Alarm (700 T. D.), Intrepid (330 T.), Spuyten Duyvil (116 T.), Nina (306 T.).

Die Hafendampfer: Blue light, Catalpa, Cohasset, Emerald, Fortune, Glance, Jean Sands, Leyden, Mayflower, Monterey, Phlox, Pilgrim, Pinta, Portfire, Rescue, Rocket, Rose, Snowdrop, Sorrel, Speedwell, Standish, Triana, Wyandak, Grapeshot, Seaweed.

Die Segelschiffe: Linienschiffe: New-Hampshire, New-Orleans, Ohio, Vermont; Fregatten: Constellation, Constitution, Independence, Santee, Savannah, St. Lawrence; Korvetten: Portsmouth, Cyane, Jamestown, Saratoga, St. Louis, St. Mary's, Dale, Pawnee; Transportschiffe: Guard, Onward, Supply, Relief.

XXVIII.
Die Handelsflotten der Welt.

Dem vierten Jahrgange (1874—1875) des vom ,Bureau Veritas, Internationalem Register für Schiffsklassifikation' herausgegebenen ,General-Register der Handels-Marine aller Länder' entnehmen wir nachstehende Daten über die Grösse der hauptsächlichsten Kauffahrteiflotten der Welt, welche freilich nur mit grösster Vorsicht aufzunehmen sind und nicht den Anspruch machen können, vollständig zu sein. Immerhin ist diese Statistik die vollständigste, welche es überhaupt giebt, und weder die officielle, noch die private Statistik irgend eines Landes hat ein zweites Werk aufzuweisen, welches diesem gleichzustellen wäre. Wir bringen die Zahlen in tabellarischer Form, geordnet nach dem Tonnengehalte im Jahre 1874. Wir müssen leider bis zu diesem Jahre zurückgreifen, da neuere Daten nur von einzelnen Ländern vorliegen.

A. Gesammte Kauffahrtei-Marine.

Rangs-Nummer	Nationalität	Zahl der Schiffe	Tonnengehalt
1	Grossbritannien	23.540	8,399.536
2	Vereinigte Staaten	7.482	2,950.383
3	Norwegen	4.576	1,400.241
4	Italien	4.453	1,318.827
5	Deutschland	3.703	1,121.617
6	Frankreich	4.095	1,055.083
7	Spanien	2.886	665.184
8	Holland	1.525	479.024
9	Russland	1.572	442.422
10	Schweden	2.100	438.808
11	Griechenland	2.072	412.266
12	Oesterreich-Ungarn	1.036	410.781
13	Dänemark	1.306	212.456
14	Portugal	433	111.260
15	Türkei und Egypten	306	70.890
16	Belgien	90	57.694
17	Süd-Amerika	291	135.148
18	Central-Amerika	147	51.912
19	Asien	41	16.986
	Zusammen . . .	61.654	19,750.518

B. Segelschiffe.

Rangs-Nummer	Nationalität	Tonnengehalt an sich		Tonnengehalt in Procenten		Schiffszahl an sich		Schiffszahl nach Procenten	
		1870	1874	1870	1874	1870	1874	1870	1874
1	Grossbritannien . .	6,993.153	5,383.763	43·59	37·08	23.165	20.538	38·92	36·48
2	Vereinigte Staaten .	2,400.607	2,181.659	14·96	15·02	7.025	6.869	11·60	12·19
3	Norwegen	989.882	1,349.138	6·17	9·29	3.652	4.464	6·14	7·93
4	Italien	907.570	1,227.816	5·66	8·45	3.395	4.343	5·70	7·72
5	Deutschland . . .	1,046.044	852.789	6·52	5·87	4.320	3.483	7·26	6·19
6	Frankreich	891.828	736.326	5·56	5·07	4.968	3.780	8·35	6·72
7	Spanien	545.607	509.767	3·41	3·51	3.036	2.674	5·09	4·75
8	Griechenland . . .	375.680	406.937	2·34	2·80	1.860	2.003	3·13	3·67
9	Holland	444.111	385.301	2·77	2·65	1.690	1.418	2·84	3·52
10	Schweden	340.188	361.368	2·12	2·49	1.930	1.905	3·24	3·38
11	Russland	346.176	331.350	2·16	2·28	1.306	1.428	2·20	2·54
12	Oesterreich-Ungarn	317.780	327.742	1·98	2·26	852	955	1·43	1·70
13	Dänemark	183.510	173.480	1·14	1·19	1.415	1.239	2·38	2·20
14	Portugal	87.018	92.808	0·54	0·64	368	410	0·62	0·73
15	Türkei und Egypten	—	43.360	—	0·30	—	277	—	0·49
16	Belgien	26.148	17.158	0·16	0·12	72	51	0·12	0·09
17	Süd-Amerika . . .	—	82.761	—	0·57	—	219	—	0·39
18	Central-Amerika .	—	46.580	—	0·32	—	138	—	0·25
19	Asien	—	13.527	—	0·09	—	35	—	0·06
20	Verschiedene . . .	147.196	—	0·92	—	464	—	0·78	—
	Total . . .	16,042.498	14,523.630	100	100	59.918	52.289	100	100

C. Dampfschiffe.

Rangs-Nummer	Nationalität	Tonnengehalt an sich		Tonnengehalt in Procenten		Schiffszahl an sich		Schiffszahl in Procenten	
		1870	1874	1870	1874	1870	1874	1870	1874
1	Grossbritannien . .	1,651.767	3,015.773	59·13	57·70	2.426	3.002	58·71	55·96
2	Vereinigte Staaten .	513.792	768.754	18·39	14·70	597	613	14·47	11·43
3	Frankreich	212.976	318.757	7·62	6·10	288	319	6·97	5·87
4	Deutschland . . .	105.131	268.828	3·76	5·14	127	220	3·07	4·10
5	Spanien	72.845	155.417	2·61	2·97	148	212	3·58	3·95
6	Russland	28.422	111.072	1·02	2·13	62	144	1·50	2·68
7	Holland	39.405	93.723	1·42	1·79	82	107	1·98	1·99
8	Italien	36.358	91.011	1·30	1·74	86	110	2·08	2·05
9	Oesterreich-Ungarn	44.312	83.039	1·59	1·59	74	81	1·79	1·51
10	Schweden	18.633	77.440	0·67	1·48	83	195	2·01	3·63
11	Belgien	10.442	40.536	0·37	0·78	, 14	39	0·34	0·73
12	Dänemark	12.085	38.976	0·43	0·75	44	67	1·06	1·25
13	Norwegen	7.321	31.103	0·26	0·59	26	112	0·63	2·09
14	Türkei und Egypten	—	27.530	—	0·53	—	29	—	0·54
15	Portugal	13.126	18.452	0·47	0·35	18	23	0·43	0·43
16	Griechenland . . .	3.267	5.329	0·12	0·10	8	9	0·19	0·17
17	Süd-Amerika . . .	—	52.387	—	1·00	—	72	—	1·34
18	Central-Amerika . .	—	5.332	—	0·10	—	9	—	0·17
19	Asien	—	3.459	—	0·07	—	6	—	0·11
20	Verschiedene . . .	23.550	—	0·84	—	49	—	1·19	—
	Total . . .	2,793.432	5,226.888	100	100	4.132	5.365	100	100

Die Zunahme der Dampferflotte gegenüber den Veränderungen in den Segelflotten mag am übersichtlichsten aus nachstehender Tabelle der New-Yorker ‚Nautical-Gazette‘ ersehen werden, welche wir nach den Procenten, um welche sich der Tonnengehalt der Dampferflotten vermehrt hat, geordnet haben.

D. Zu- und Abnahme beider Flotten in Procenten.

Rangs-Nummer	Nationalität	Dampfer		Segler			
		Zunahme		Tonnengehalt		Zahl	
		des Tonnen-gehaltes in Procenten	der Zahl in Procenten	Zunahme in Procenten	Abnahme in Procenten	Zunahme in Procenten	Abnahme in Procenten
1	Norwegen	598·03	330·77	36·29	—	22·23	—
2	Schweden	315·61	134·94	6·23	—	—	1·30
3	Russland	290·80	132·25	—	4·28	9·34	—
4	Belgien	288·20	178·57	—	34·28	—	29·17
5	Dänemark	222·52	52·27	—	5·47	—	12·44
6	Deutschland . . .	155·71	73·23	—	18·47	—	19·38
7	Italien	150·31	27·91	35·29	—	27·92	—
8	Holland	137·85	30·49	—	13·24	—	16·09
9	Spanien	113·35	43·24	—	6·57	—	11·92
10	Oesterreich-Ungarn	87·40	9·46	3·13	—	12·09	—
11	Grossbritannien . .	82·58	23·74	—	25·01	—	11·34
12	Griechenland . . .	63·12	12·50	8·32	—	10·91	—
13	Frankreich	49·67	9·37	—	17·44	—	23·91
14	Amerika	49·62	2·62	—	9·12	—	2·22
15	Portugal	40·58	27·77	6·65	—	11·41	—
16	Verschiedene . . .	276·68	136·73	26·52	—	44·18	—
	Durchschnittlich	87·11	27·84	—	9·47	—	5·45

Wie bemerkt, können wir keinerlei Garantie für die absolute Richtigkeit dieser angeführten Zahlen übernehmen. Selbst für Deutschland und Oesterreich-Ungarn wagen wir, manchen Erfahrungen zufolge, nicht einzustehen, denn das amtliche ‚Alphabetische Verzeichniss der deutschen Kauffahrteischiffe für 1874‘ giebt die deutsche Handelsmarine am 1. Januar 1874

mit 4495 Schiffen von 1,033.725 Tonnengehalt, und zwar: 253 Dampfschiffe von 167.633 Tonnengehalt und 4242 Segelschiffe von 866.092 Tonnengehalt, und der „Annuario marittimo" die
österreichisch-ungarische Handelsmarine am 1. Januar 1874

mit	78	Dampfern	weiter Fahrt	von	57.265 Tonnengehalt
„	27	„	der Küstenfahrt	„	1.439 „
„	516	Segelschiffen	weiter Fahrt	„	225.595 „
„	113	„	grosser Küstenfahrt .	„	9.426 „
„	1845	„	kleiner „ .	„	24.863 „
Zusammen mit	2579	Schiffen	.	von	318.588 Tonnengehalt an.

Der Widerspruch zwischen diesen Zahlen und den Zahlen der ‚Veritas' ist so auffallend,
dass wir den Herren es selber überlassen müssen, sich einmal gelegentlich über Principien und
Register zu verständigen. Wir wollen indessen hoffen, dass bald ein ‚Marine-Stephan' sich dieses
maritimen Wirrwarrs annehme und eine gesunde internationale Vereinbarung auf Grund der
gemeinsamen Messungsmethode herbeiführe, wozu anscheinend die geistigen und materiellen
Mittel fehlen.

Es lassen sich darum die Zahlen auch nur ihrem relativen Werthe nach diskutiren, und
sind deshalb die Tabellen A, B und C weniger unbedenklich als die Tabelle D, welche mit der
procentischen Zu- und Abnahme der einzelnen Flotten zu relativer Vergleichung auffordert.

Das thatsächliche Uebergewicht der Handelsflotten von Grossbritannien und den Vereinigten Staaten hat die Rhedereien der kleineren Seestaaten nicht gehindert, mit grösster
Energie, namentlich durch Vermehrung der Dampfflotten, an einer Ausgleichung zu arbeiten.
Die Tabelle D lässt die gewaltigen Anstrengungen erkennen, welche Norwegen, Schweden,
Russland, Belgien, Dänemark, Deutschland, Italien, Holland, Spanien und Oesterreich-Ungarn
machten, um es Grossbritannien, welches in absoluter Grösse seiner Dampfflotte weit voraus das
erste Land ist, im Procentsatz der Vermehrung der Dampfer zuvorzuthun; hier nimmt Grossbritannien erst den elften Platz ein. Norwegen und Italien vergrössern gleichzeitig ihre Segelflotten in bedeutendstem Grade; Norwegen vielfach durch Ankauf ausrangirter Schiffe anderer
Nationen. Das kleine Belgien, in Tabelle B am sechszehnten Platze, scheint sich ausschliesslich
auf Dampfer werfen zu wollen, da es seine Segler mehr als irgend ein anderer Staat vernachlässigt; nach ihm reduciren Grossbritannien, Deutschland und Frankreich ihre Segelflotten am
bedeutendsten.

Es sind diese generellen Bemerkungen wohl in's Auge zu fassen, zumal wenn einzelne
Theile eines grossen Landes aus lokalen Gründen sich veranlasst sehen, der allgemeinen Strömung
entgegen zu arbeiten, und ist genaue Aufmerksamkeit nothwendig, um den Punkt rechtzeitig im
Voraus zu erkennen, wo die Fluth nach wirthschaftlichen Nothwendigkeiten kentern muss.

Einen verlässlichen Anhaltspunkt würde eine genaue Statistik bieten, wenn sie anzeigte,
dass die kombinirte Segel- und Dampfflotte eines gewissen Distriktes, dessen Reduktion in
Segelschiffen ausgeglichen wäre, durch eine entsprechende Vermehrung der Segler eines anderen
Distriktes, sich wieder zu den alten oder den Zeitverhältnissen entsprechenden grösseren Leistungsfähigkeit erhoben hätte und so der fremden Hilfe nicht mehr bedürfte. Dann wäre diese schon
gezwungen, einen sicheren Rückhalt aufzugeben und sich einen anderen Markt zu suchen,
eventuell ganz und gar auf den Weltmarkt mit allen seinen Risiken zu treten.

Man sieht, von welcher wirthschaftlichen Bedeutung es für Europa wäre, wenn es auf
sichere statistische Angaben über seine Kauffahrtei-Marine in den letzten 25 Jahren zurückgreifen
könnte, innerhalb welcher das neue Bewegungsmoment, der Dampf, sich eingeführt hat. Frei-
gebige Bewilligung für eine gute Statistik der Kauffahrtei-Marine würde zu den produktivsten
Anlagen der Staaten gehören; das bis jetzt Vorhandene schadet mehr als es nutzt, weil es den
Schein erweckt, als wäre wirklich etwas Brauchbares da.

Vor allen Dingen aber wäre es wünschenswerth, dass die Seestaaten sich über gleiche
Principien und Formen maritimer Statistik einigten, und würde es eine dankbare Aufgabe sein,
mit praktischen Vorschlägen dazu vor die Oeffentlichkeit zu treten, und so den sicheren Boden
vorzubereiten, von welchem aus Beschlüsse von höchster volkswirthschaftlicher Bedeutung zu
fassen wären.

INHALT.

IV. Die Zurüstung oder die Takelung.

V. Die Ausrüstung.

VI. Der Seemann.

39*

Tafeln mit gegenüberstehenden Erklärungen.

I. Eine Fregatte mit Rundhölzern, stehendem und laufendem Tauwerke, und
  sonstigen zugehörigen Gegenständen.
II. Eine Fregatte mit den hauptsächlichsten Segeln.
III. Takelung des Fockmastes von hinten gesehen.
IV. Takelung des Fockmastes von vorn gesehen.

Verzeichniss der Text-Illustrationen.

Verzeichniss der Schiffsportraits.

Flaggenkarte in Farbendruck, 56 Flaggen enthaltend.

Namensregister

der im

VIII. Kapitel beschriebenen oder überhaupt erwähnten Kriegsschiffe.

VERZEICHNISS

von

Druckfehlern und Verbesserungen.

Seite	Zeile von oben	Zeile von unten	steht	lies
22	4	.	westlichen Theil Japans	östlichsten Theil Japans
25	.	14	Pamperos	Tornados
27	13	.	Südsee	China-See
34	8	.	vorgebeugt	vorbeugt
36	.	10 u. 11	als zwischen Viertel-Minuten und Stunden	als zwischen halben Minuten und Stunden
39	.	8	das Land	die Topographie des Landes
41	2	.	etwas gelichtet	etwas gelöscht
52	16	.	keiner von beiden	keine von beiden
59	14	.	$4._5 : 5._5$, bei Kreuzern $5._5 : 6._5$	$4._5$ bis $5._5 : 1$, bei Kreuzern $5._5$ bis $6._5 : 1$
63	2	.	Sturvens	Stevens
63	19	.	gewährt es noch den Nutzen	gewährt sie noch den Nutzen
64	5	.	Lager der Stösse	Lagen der Stösse
71	.	4	letzteres	das Schiff
102	.	16	und somit	und dabei
102	.	14	5931 Seemeilen	5390 Seemeilen
113	.	18	BESTY CANES	BETSY CANES
193	.	10	Ortolon	Ortolan
299	18	.	Tafel 8	Tafel 9
325	.	5	ALMIRANTE, COCHRANE	ALMIRANTE COCHRANE
330	9	.	ALMIRANTE,- COCHRANE	ALMIRANTE COCHRANE
342	2	.	Schlott	Schott
561	rechte Spalte 7	.	ohne den Stengen	ohne die Stengen

Tafel I.

~~~~~~

Eine Fregatte mit Rundhölzern, stehendem und laufendem Tauwerke und sonstigen zugehörigen Gegenständen.

Masten und Rundhölzer.

A Kreuzmast.

B Kreuzstenge.

C Kreuzbramstenge und Kreuzoberbramstenge, aus einem Stück.

D Kreuzmasttopp.

E Kreuzstengentopp.

F Kreuzoberbramstengentopp.

G Kreuzmars.

H Kreuzstengensahling.

I Kreuzeselshaupt.

K Kreuzstengeneselshaupt.

L Knopf des Kreuzoberbramstengen-
topps mit Blitzableiter.

M Besahnschnaumast.

N Besahnbaum.

O Besahngaffel.

P Bagienraa.

Q Kreuzraa.

R Kreuzbramraa.

S Kreuzoberbramraa.

T Grossmast.

U Grossstenge.

V Grossbramstenge und Grossober-
bramstenge, aus einem Stück.

W Grossmasttopp.

X Grossstengentopp.

Y Grossoberbramstengentopp.

Z Grossmars.

a Grossstengensahling.

b Grosseselshaupt.

c Grossstengeneselshaupt.

d Knopf des Grossoberbramstengen-
topps mit Blitzableiter.

e Grossschnaumast.

f Grossgaffel.

g Grossraa.

h Grossmarsraa.

i Grossbramraa.

k Grossoberbramraa.

l Grossmarsleesegelspieren.

m Grossbramleesegelspieren.

n Fockmast.

o Vorstenge.

p Vorbramstenge und Voroberbramstenge, aus einem Stück.

q Vormasttopp.

r Vorstengentopp.

s Voroberbramstengentopp.

t Vormars.

u Vorstengensahling.

v Voreselshaupt.

w Vorstengeneselshaupt.

x Knopf des Voroberbramstengentopps
mit Blitzableiter.

y	Vorschnaumast.		

y Vorschnaumast.
z Vorgaffel.
aa Fockraa.
bb Vormarsraa.
cc Vorbramraa.
dd Voroberbramraa.
ee Backspieren.
ff Vormarsleesegelspieren.
gg Vorbramleesegelspieren.
hh Raanocken.
ii Gaffelnocken.

kk Bugspriet.
ll Klüverbaum.
mm Aussenklüverbaum.
nn Topp des Bugspriets.
oo Topp des Klüverbaumes.
pp Topp des Aussenklüverbaumes.
qq Eselshaupt des Bugspriets.
rr Bügel des Klüverbaumes.
ss Stampfstock.
tt Blinde Gaffeln.

Sonstige zugehörige Gegenstände.

uu Davids der Seitenboote (Seitendavids).
vv Heckdavids.
ww Kreuzrüsten.
xx Grossrüsten.
yy Fockrüsten.
zz Püttinge.
I Krahnbalken.
II Penterbalken.
III Butlufe.
IV Brassdavids, Brassenausleger zum Freihalten der Grossbrassen.
V Ankerboje.
VI Rauchfang, Schlott.
VII Reserverundhölzer.
VIII Seitenboote.
IX Gigg.
X Rüstanker.
XI Buganker. (Siehe Tafel II.)
XII Zeltstützen.

Stehendes Tauwerk des Kreuzmastes.

1 Kreuzwanten
2 Kreuzstengenwanten.
3 Kreuzpüttingswanten.
4 Kreuzbramwanten.
5 Feste Kreuzstengenpardunen.
6 Kreuzstengenschlingerpardunen.
7 Kreuzbrampardunen.
8 Kreuzoberbrampardunen.
9 Kreuzstag.
10 Kreuzstengenstag.
11 Kreuzbramstengenstag.
12 Kreuzoberbramstengenstag.

Stehendes Tauwerk des Grossmastes.

13 Grosswanten.
14 Grossstengenwanten.
15 Grosspüttingswanten.
16 Grossbramwanten.
17 Grossoberbramwanten.
18 Feste Grossstengenpardunen.
19 Grossstengenschlingerpardunen.
20 Grossbrampardunen.
21 Grossoberbrampardunen.
22 Grossstage.
23 Grossstengenstage.
24 Grossbramstengenstag.
25 Grossoberbramstengenstag.

Stehendes Tauwerk des Fockmastes.

26 Fockwanten.
27 Vorstengenwanten.
28 Vorpüttingswanten.
29 Vorbramwanten.
30 Voroberbramwanten.
31 Feste Vorstengenpardunen.
32 Vorstengenschlingerpardunen.
33 Vorbrampardunen.
34 Voroberbrampardunen.
35 Fockstage.
36 Vorstengenstage.
37 Vorbramstengenstag.
38 Voroberbramstengenstag.
39 Vorstengenstagsegelleiter.

112 Grossoberbrambrassen.
113 Grossmarsbulienen.
114 Grossbrambulienen.
115 Grossseitentakel mit Hanger.
116 Grossmarsbauchtalje.

Laufendes Tauwerk des Fockmastes.

117 Focktoppenanten.
118 Vormarstoppenanten.
119 Vorbramtoppenanten.
120 Voroberbramtoppenänten.
121 Hangerkette der Fockraa.
122 Vormarsdrehreepe.
123 Vormarsfallen.
124 Vorbramfall.
125 Voroberbramfall.
126 Vorstengenstagsegelfall.
127 Klüverfall.
128 Aussenklüverfall.
129 Vorgaffelaussenfall.
130 Vorgaffelinnenfall.
131 Vorgaffelgeerden mit Schenkel.
132 Fockhalsen.
133 Fockschooten.
134 Vormarsschooten.
135 Vorbramschooten.
136 Voroberbramschooten.
137 Fockgeitaue.
138 Vormarsgeitaue.
139 Vorbramgeitaue.
140 Voroberbramgeitaue.
141 Vormarsreeftaljen.
142 Fockbrassen.
143 Vormarsbrassen.
144 Vorbrambrassen.
145 Voroberbrambrassen.
146 Fockbulienen.
147 Vormarsbulienen.
148 Vorbrambulienen.
149 Vorseitentakel mit Hanger.
150 Toppenanten der Backspieren.

151 Rückholer der Backspieren.
152 Vorholer der Backspieren.
153 Vormarsbauchtalje.

Laufendes Tauwerk des Bugspriets.

154 Laufstage des Bugspriets.
155 Vorstengenstagsegelschooten mit Schenkel.
156 Klüverschooten mit Schenkel.
157 Aussenklüverdoppelschoote.
158 Niederholer der blinden Gaffeln.

Sonstige, zum laufenden Tauwerke gehörige Gegenstände.

159 Toppenanten der Seitendavids mit Hahnfussschenkel.
160 Backstage der Seitendavids.
161 Verbindungsstage der Seitendavids.
162 Butlufstage, Butlufschenkel.
163 Pferde der Raaen, des Besahnbaumes, des Klüverbaumes und des Aussenklüverbaumes.
164 Nockpferde der Raaen.
165 Springstroppen.
166 Wanderbügel der Marsdrehreepe.
167 Flagge.
168 Wimpel.
169 Flaggenfall, Flaggenleine.
170 Gösch.
171 Windsegel, Windsäcke.
172 Windsegelfallen.
173 Windsegelbrassen.
174 Grossnocktakel und Vornocktakel mit Hanger zum Heissen der schweren Boote.
175 Pentertakel.
176 Stage der Penterbalken.
177 Toppenanten der Penterbalken.
178 Jakobsleiter des Besahnbaumes.
179 Ruderketten mit Hanger.
180 Ankerkette.

40 Klüverleiter.
41 Aussenklüverleiter.

Stehendes Tauwerk des Bugspriets.

42 Innere Wasserstage.
43 Aeussere Wasserstage.
44 Backstage des Bugspriets.
45 Klüverstampfstag.
46 Backstage oder Anholer des Stampf-
   stockes.
47 Aussenklüverstampfstag.
48 Klüverbackstage.
49 Aussenklüverbackstage.
50 Wuhling des Bugspriets.

Sonstige, zum stehenden Tauwerke gehörige Gegenstände.

51 Stage des Schlottes.
52 Webeleinen.
53 Jungfern der Wanten und Pardunen.
54 Taljereepe der Unterwanten, Stengenwanten und Pardunen.
55 Doodshoofden und Taljereepe des
   Fockstages.
56 Doodshoofden und Taljereepe der
   Wasserstage.
57 Sprietwursten der Unterwanten und
   Stengenwanten.

Laufendes Tauwerk des Kreuzmastes.

58 Bagientoppenanten.
59 Kreuztoppenanten.
60 Kreuzbramtoppenanten.
61 Kreuzoberbramtoppenanten.
62 Hangerkette der Bagienraa.
63 Kreuzmarsdrehreep.
64 Kreuzmarsfall.
65 Kreuzbramfall.
66 Kreuzoberbramfall.
67 Baumdirke.
68 Piekfall, Besahnaussenfall.
69 Miekfall, Besahninnenfall.

70 Baumschooten.
71 Besahnschoote.
72 Besahngaffelgeerden mit Schenkel.
73 Kreuzmarsschooten.
74 Kreuzbramschooten.
75 Kreuzoberbramschooten.
76 Kreuzmarsgeitaue.
77 Kreuzbramgeitaue.
78 Kreuzoberbramgeitaue.
79 Kreuzmarsreeftaljen.
80 Bagienbrassen.
81 Kreuzmarsbrassen.
82 Kreuzbrambrassen.
83 Kreuzoberbrambrassen.
84 Kreuzmarsbulienen.
85 Kreuzbrambulienen.
86 Kreuzmarsbauchtalje.

Laufendes Tauwerk des Grossmastes.

87 Grosstoppenanten.
88 Grossmarstoppenanten.
89 Grossbramtoppenanten.
90 Grossoberbramtoppenanten.
91 Hangerkette der Grossraa.
92 Grossmarsdrehreepe.
93 Grossmarsfallen.
94 Grossbramfall.
95 Grossoberbramfall.
96 Grossgaffelaussenfall.
97 Grossgaffelinnenfall.
98 Grossgaffelgeerden mit Schenkel.
99 Grosshalsen.
100 Grossschooten.
101 Grossmarsschooten.
102 Grossbramschooten.
103 Grossoberbramschooten.
104 Grossgeitaue.
105 Grossmarsgeitaue.
106 Grossbramgeitaue.
107 Grossoberbramgeitaue.
108 Grossmarsreeftaljen.
109 Grossbrassen.
110 Grossmarsbrassen.
111 Grossbrambrassen.

Tafel III.

Takelung des Fockmastes von hinten gesehen.

A Fock.
B Vormarssegel.
C Vorbramsegel.
D Voroberbramsegel.
E Unterleesegel.
F Marsleesegel.
G Bramleesegel.
a Fockmast.
b Vorstenge.
c Vorbramstenge und Voroberbramstenge aus einem Stück.
d Fockraa.
e Vormarsraa.
f Vorbramraa.
g Voroberbramraa.
h Backspiere.
i Vormarsleesegelspieren.
k Vorbramleesegelspieren.
l Unterleesegelraa.
m Vormarsleesegelraa.
n Vorbramleesegelraa.
o Fockrüsten.
p Vorpüttinge.
q Jungfern der Fockwanten und Vor-
pardunen.
r Jungfern der Fockrüsten.
1 Fockwanten.
2 Vorstengenwanten.
3 Vorpüttingswanten.
4 Vorbramwanten.
5 Voroberbramwanten.
6 Schwichtung der Vorbramwanten.
7 Vorstengenpardunen.
8 Vorbrampardunen.
9 Voroberbrampardunen.
10 Flechtung der Wanten.
11 Focktoppenanten.
12 Vormarstoppenanten.
13 Vorbramtoppenanten.
14 Voroberbramtoppenanten.
15 Jakobsleiter der Vorbramstenge.
16 Vormarsdrehreepe.
17 Vormarsfallen.
18 Vorbramfall.
19 Voroberbramfall.
20 Fockschooten.

21 Fockhalsen.
22 Vormarsschooten.
23 Vorbramschooten.
24 Voroberbramschooten.
25 Fockgeitaue.
26 Vormarsgeitaue.
27 Vorbramgeitaue.
28 Voroberbramgeitaue.
29 Fockbrassen.
30 Vormarsbrassen.
31 Vorbrambrassen.
32 Voroberbrambrassen.
33 Pferde.
34 Nockpferde.
35 Springstroppen.
36 Hintere Reefleinen.
37 Reefnockbindsel.
38 Beschlagseisinge.
39 Fockreeftaljen.
40 Vormarsreeftaljen.
41 Racke der Raaen.
42 Backspierentoppenant.
43 Vormarsleesegelspierentoppenant
mit Hanger.
44 Unterleesegelaussenfall.
45 Unterleesegelinnenfall.
46 Vormarsleesegelfall.
47 Vorbramleesegelfall.
48 Niederholer der Backspiere.
49 Rückholer der Backspiere.
50 Unterleesegelschoote.
51 Doppelschoote des Vormarsleesegels.
52 Vorbramleesegelschoote.
53 Unterleesegelhals (fährt zur grossen
Rüste).
54 Vormarsleesegelhals.
55 Vorbramleesegelhals.
56 Bekaier, Niederholer des Vormarsleesegels.
57 Vormarsleesegelbrasse (fährt zur grossen Rüste).

Anmerkung. Die entsprechenden Taue
des Gross- und Kreuzmastes führen
gleiche Benennungen, mit der Bezeichnung des Mastes, der Stenge oder des
Segels, zu denen sie gehören.

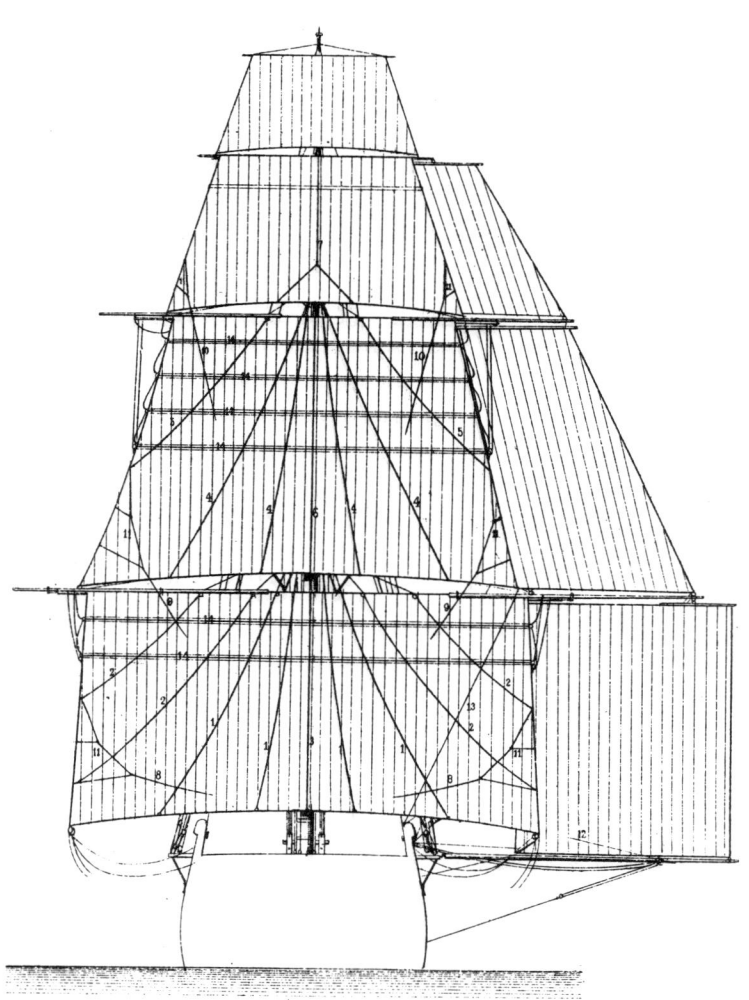

Tafel IV.

Takelung des Fockmastes von vorn gesehen.

1 Fockbauchgordinge.
2 Focknockgordinge.
3 Fockbauchleine.
4 Vormarsbauchgordinge.
5 Vormarsnockgordinge.
6 Vormarsbauchleine.
7 Vorbramgording.
8 Fockbulienen.

9 Vormarsbulienen.
10 Vorbrambulienen.
11 Bulienenspriete, Bulienhahnepoot, Bulienschenkel.
12 Vorholer der Backspiere.
13 Doppelschoote des Vormarsleesegels.
14 Vordere Reefleinen.

Benennung von Tauwerk etc., welches auf den Zeichnungen nicht angegeben ist.

Barkasse.
Pinasse.
Jolle.
Stromanker.
Wurfanker.
Kreuzstengenwindreep.
Grossstengenwindreep.
Vorstengenwindreep.
Nock- und Querbindsel.
Halsaufholer der Besahn.
Halsaufholer des Grossgaffelsegels.
Halsaufholer des Vorgaffelsegels.
Anschlagtaue.
Ladetakel.
Schlingertakel der Grossraa.
Schlingertakel der Fockraa.
Grosse Borgbrassen.
Fockborgbrassen.

Borgtoppenanten der Grossraa.
Borgtoppenanten der Fockraa.
Leesegelspierenausholer.
Hanger der Backspieren für Boote.
Jakobsleiter der Backspieren.
Laufstage der Backspieren.
Borgwasserstag des Bugspriets.
Leiter des Fockstagsegels.
Niederholer des Fockstagsegels.
Fall des Fockstagsegels.
Fockstagsegelschooten mit Schenkel.
Perturleinen für die Anker.
Rüstleinen für die Anker.
Rüstketten für die Anker.
Kabellaring.
Kattfallen.
Grossbulienen.
Leesegelspierenaufholer.

Tafel II.

Eine Fregatte mit den hauptsächlichsten Segeln.

Segel des Kreuzmastes.

A   Besahn.
B   Kreuzmarssegel.
C   Kreuzbramsegel.
D   Kreuzoberbramsegel.

Segel des Grossmastes.

E   Grossgaffelsegel.
F   Grosssegel.
G   Grossmarssegel.
H   Grossbramsegel.
I   Grossoberbramsegel.
K   Grossmarsleesegel.
L   Grossbramleesegel.

Segel des Fockmastes.

M   Vorgaffelsegel.
N   Fock.
O   Vormarssegel.
P   Vorbramsegel.
Q   Voroberbramsegel.
    Unterleesegel (siehe Tafel III und IV).
R   Vormarsleesegel.
S   Vorbramleesegel.

Segel des Bugspriets.

Fockstagsegel (auf der Zeichnung nicht angegeben).
T   Vorstengenstagsegel.
U   Klüver.
V   Aussenklüver.

Tauwerk der Segel des Kreuzmastes.

1 Besahnschooten.
2 Besahnhals.
3 Nockdempgordinge, Nockgordinge der Besahn.
4 Mitteldempgordinge, Mittelgordinge der Besahn.
5 Halsdempgordinge, Halsgordinge der Besahn, Besahnbrook.
6 Schootdempgordinge, Fussgordinge der Besahn.
7 Kreuzmarsschooten.
8 Kreuzbramschooten.
9 Kreuzoberbramschooten.
10 Kreuzmarsgeitaue.
11 Kreuzbramgeitaue.
12 Kreuzoberbramgeitaue.
13 Kreuzmarsreeftaljen.
14 Kreuzmarsbulienen mit Schenkel.
15 Kreuzbrambulienen mit Schenkel.

Tauwerk der Segel des Grossmastes.

16 Schoote des Grossgaffelsegels.
17 Hals des Grossgaffelsegels.
18 Nockdempgordinge, Nockgordinge des Grossgaffelsegels.
19 Halsdempgordinge, Halsgordinge des Grossgaffelsegels mit Seitentakel.
20 Schootdempgordinge, Fussgordinge des Grossgaffelsegels.
21 Grossschooten.
22 Grosshalsen.
23 Grossmarsschooten.
24 Grossbramschooten.
25 Grossoberbramschooten.
26 Grossgeitaue.
27 Grossmarsgeitaue.

28 Grossbramgeitaue.
29 Grossoberbramgeitaue.
30 Grossreeftaljen.
31 Grossmarsreeftaljen.
32 Bulienenspriet, Bulienschenkel des Grosssegels.
33 Grossmarsbulienen.
34 Grossbrambulienen.
35 Grossmarsleesegel.
36 Doppelschoote des Grossmarsleesegels.
37 Grossmarsleesegelhals.
38 Bekaier, Niederholer des Grossmarsleesegels.
39 Grossbramleesegelfall.
40 Grossbramleesegelschoote.
41 Grossbramleesegelhals.

Tauwerk der Segel des Fockmastes.

42 Vorgaffelsegelschoote.
43 Vorgaffelsegelhals.
44 Nockdempgordinge, Nockgordinge des Vorgaffelsegels.
45 Halsdempgordinge, Halsgordinge des Vorgaffelsegels mit Seitentakel.
46 Schootdempgordinge, Fussgordinge des Vorgaffelsegels.
47 Fockschooten.
48 Fockhalsen.
49 Vormarsschooten.
50 Vorbramschooten.
51 Voroberbramschooten.
52 Fockgeitaue.
53 Vormarsgeitaue.
54 Vorbramgeitaue.
55 Voroberbramgeitaue.
56 Fockreeftaljen.
57 Vormarsreeftaljen.
58 Fockbulienen mit Schenkel.
59 Vormarsbulienen.
60 Vorbrambulienen.
61 Vormarsleesegelfall.

62 Vorbramleesegelfall.
63 Doppelschoote des Vormarsleesegels.
64 Vorbramleesegelschoote.
65 Vormarsleesegelhals.
66 Vorbramleesegelhals.
67 Bekaier, Niederholer des Vormarsleesegels.

Anmerkung. Das Tauwerk der Unterleesegel ist aus Tafel III und Tafel IV ersichtlich.

Tauwerk der Segel des Bugspriets.

68 Vorstengenstagsegelschooten mit Schenkel.
69 Klüverschooten mit Schenkel.
70 Aussenklüverdoppelschoote.
71 Vorstengenstagsegelfall.
72 Klüverfall.
73 Aussenklüverfall.
74 Vorstengenstagsegelniederholer.
75 Klüverniederholer.
76 Aussenklüverniederholer.
77 Vorstengenstagsegelhals.
78 Klüverhals.
79 Aussenklüverhals.

Sonstige, zu den Segeln gehörige Gegenstände.

80 Reefe.
81 Reefleinen.
82 Reefseisinge.
83 Reefnockbindsel.
84 Lägel der Gaffelsegel.
85 Lägel des Vorstengenstagsegels und der Klüver.

Raaen der Leesegel.

86 Grossmarsleesegelraa.
87 Grossbramleesegelraa.
88 Vormarsleesegelraa.
89 Vorbramleesegelraa.

Anmerkung. Bauch- und Nockgordinge der Raasegel sind aus Tafel IV ersichtlich.

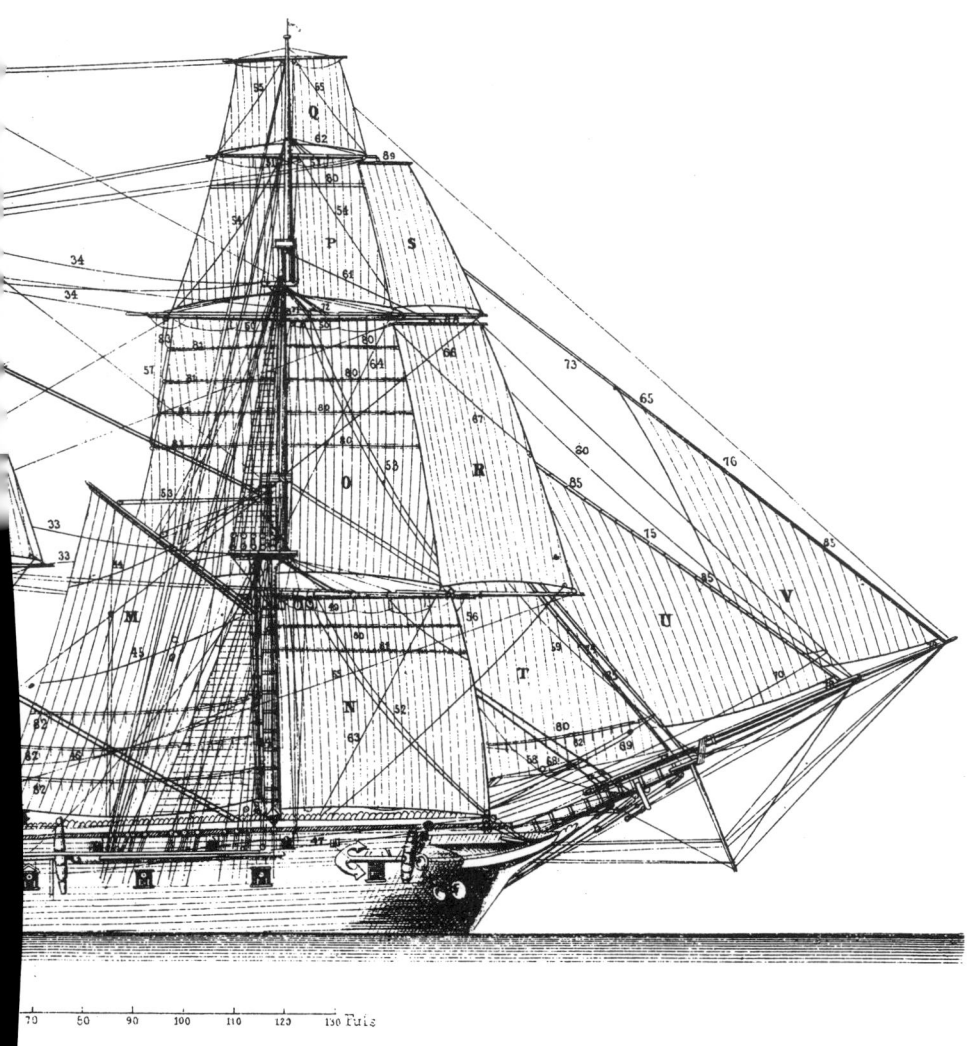

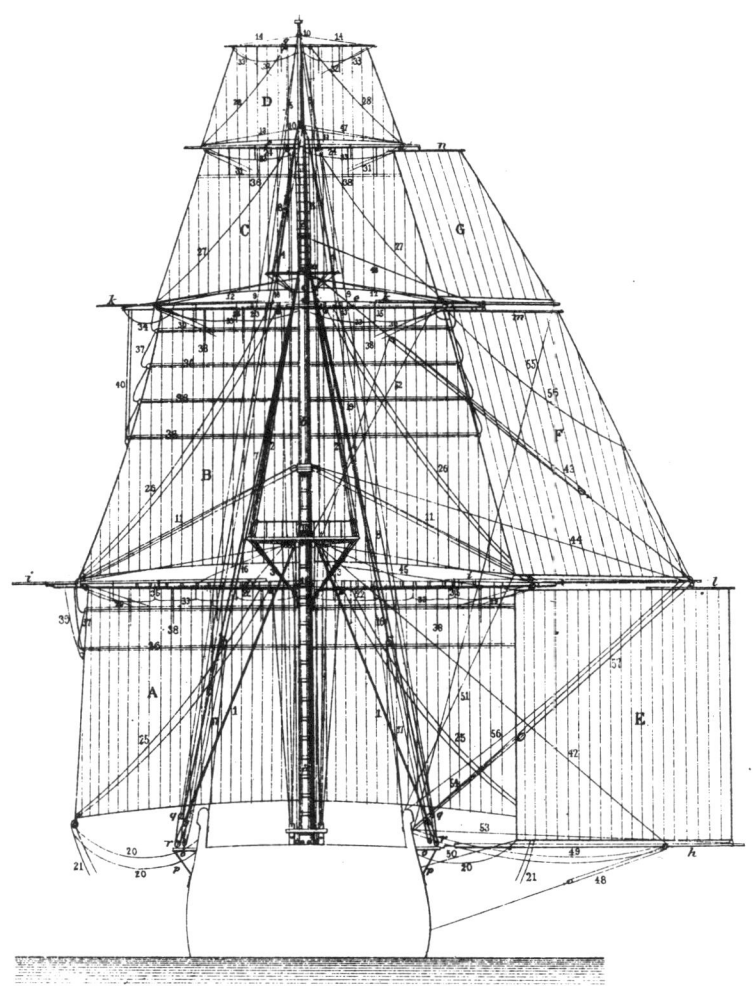

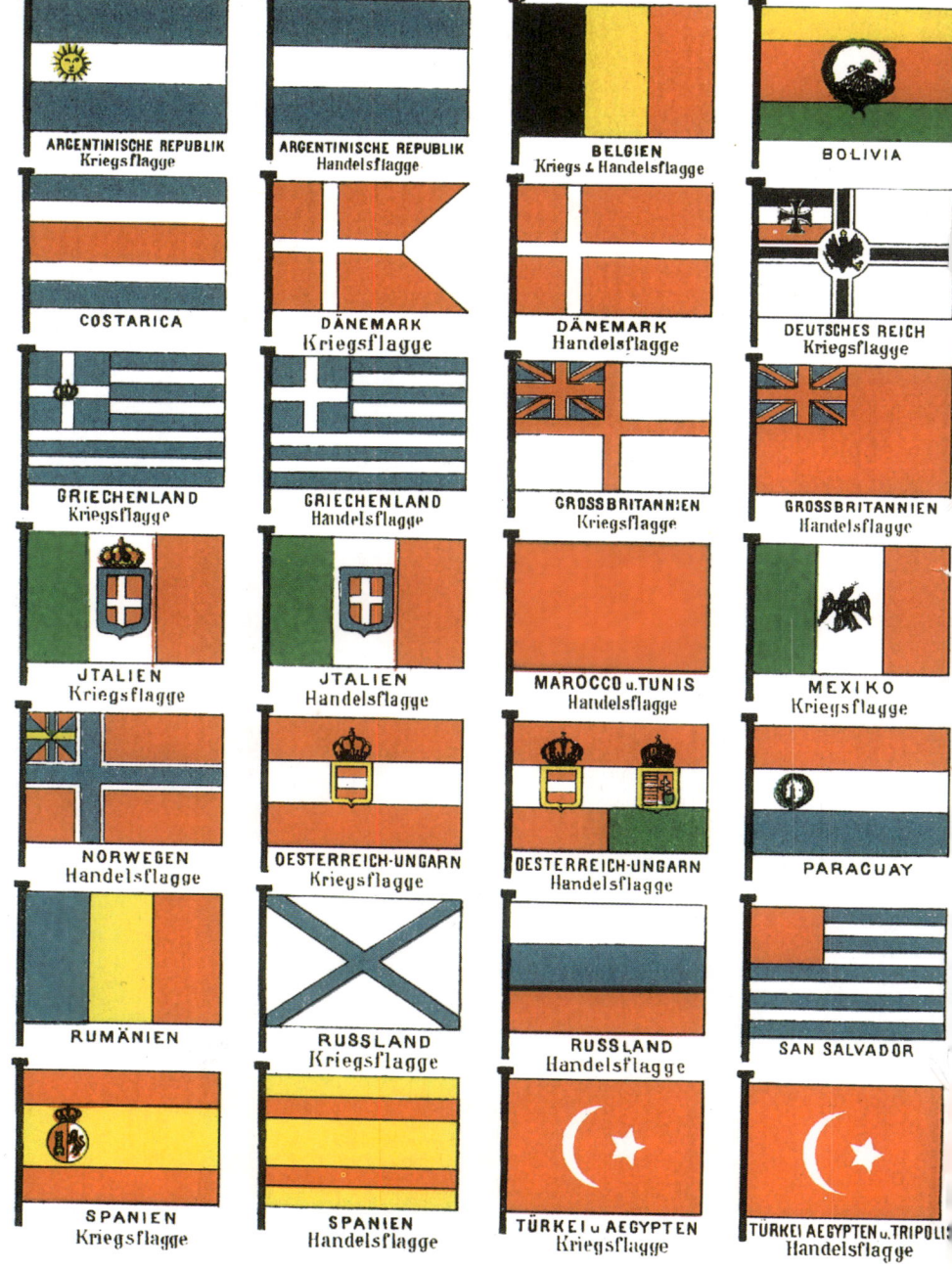

ARGENTINISCHE REPUBLIK
Kriegsflagge

ARGENTINISCHE REPUBLIK
Handelsflagge

BELGIEN
Kriegs ⊥ Handelsflagge

BOLIVIA

COSTARICA

DÄNEMARK
Kriegsflagge

DÄNEMARK
Handelsflagge

DEUTSCHES REICH
Kriegsflagge

GRIECHENLAND
Kriegsflagge

GRIECHENLAND
Handelsflagge

GROSSBRITANNIEN
Kriegsflagge

GROSSBRITANNIEN
Handelsflagge

JTALIEN
Kriegsflagge

JTALIEN
Handelsflagge

MAROCCO u. TUNIS
Handelsflagge

MEXIKO
Kriegsflagge

NORWEGEN
Handelsflagge

OESTERREICH-UNGARN
Kriegsflagge

OESTERREICH-UNGARN
Handelsflagge

PARAGUAY

RUMÄNIEN

RUSSLAND
Kriegsflagge

RUSSLAND
Handelsflagge

SAN SALVADOR

SPANIEN
Kriegsflagge

SPANIEN
Handelsflagge

TÜRKEI u. AEGYPTEN
Kriegsflagge

TÜRKEI AEGYPTEN u. TRIPOLIS
Handelsflagge